CONSTRUCTIVISMO LÓGICO-SEMÂNTICO:

Homenagem aos 35 anos do grupo de estudos de Paulo de Barros Carvalho

CIP-BRASIL. CATALOGAÇÃO NA PUBLICAÇÃO

SINDICATO NACIONAL DOS EDITORES DE LIVROS, RJ

C775

Constructivismo lógico-semântico: homenagem aos 35 anos do grupo de estudos de Paulo de Barros Carvalho/ coordenação Paulo de Barros Carvalho; organização Jacqueline Mayer da Costa Ude Braz. - 1. ed. - São Paulo : Noeses, 2020.

600 p.
ISBN 978-85-8310-143-7

1. Direito - Linguagem. 2. Hermenêutica (Direito). 3. Semântica (Direito). 4. Norma (Filosofia). I. Carvalho, Paulo de Barros. II. Braz, Jacqueline Mayer da Costa Ude.

19-61135

CDU: 340.12

Vanessa Mafra Xavier Salgado - Bibliotecária CRB-7/6644

Coordenação:
PAULO DE BARROS CARVALHO

Organização:
JACQUELINE MAYER DA COSTA UDE BRAZ

CONSTRUCTIVISMO LÓGICO-SEMÂNTICO:

Homenagem aos 35 anos do grupo de estudos de Paulo de Barros Carvalho

2020

Copyright © Editora Noeses 2020
Fundador e Editor-chefe: Paulo de Barros Carvalho
Gerente de Produção Editorial: Rosangela Santos
Arte e Diagramação: Renato Castro
Revisão: Georgia Evelyn Franco
Designer de Capa: Aliá3 - Marcos Duarte

TODOS OS DIREITOS RESERVADOS. Proibida a reprodução total ou parcial, por qualquer meio ou processo, especialmente por sistemas gráficos, microfílmicos, fotográficos, reprográficos, fonográficos, videográficos. Vedada a memorização e/ou a recuperação total ou parcial, bem como a inclusão de qualquer parte desta obra em qualquer sistema de processamento de dados. Essas proibições aplicam-se também às características gráficas da obra e à sua editoração. A violação dos direitos autorais é punível como crime (art. 184 e parágrafos, do Código Penal), com pena de prisão e multa, conjuntamente com busca e apreensão e indenizações diversas (arts. 101 a 110 da Lei 9.610, de 19.02.1998, Lei dos Direitos Autorais).

2020

Editora Noeses Ltda.
Tel/fax: 55 11 3666 6055
www.editoranoeses.com.br

APRESENTAÇÃO

Trinta e cinco anos do grupo de estudos

No ano de 2019, o Grupo de Estudos celebra trinta e cinco anos de atividade ininterrupta. Tornou-se uma tradição! Num país que dá pouca importância às práticas reiteradas no tempo, aos costumes que se repetem, insistentemente, essa notícia histórica repercute com firmeza, exibindo a disposição de um punhado de estudiosos, no sentido de perseguir certos objetivos, independentemente dos eventuais benefícios ou das incertas recompensas que advenham dessa atividade. Convenhamos que o Brasil, conquanto rico de acontecimentos na sua trajetória, não tem o hábito de preservar suas instituições, de prestigiá-las com o empenho e o entusiasmo que estariam por merecer. Acontecimentos históricos não faltam; documentos e registros genuínos também não. Aquilo de que carece a nação brasileira é o apego ao seu passado, a vibração com suas conquistas e, sobretudo, o amor que há de existir no que concerne às suas origens.

Pois bem. O Grupo de Estudos é uma exceção a esse modo de ser e de existir: há uma força centrípeta que une seus participantes, em torno de ideais simples, mas efetivos. Chega a ser curioso o conjunto de fatores que interferem neste processo: não há obrigatoriedade de presenças; o horário em que se realiza é nobre em termos profissionais (das 13 h às 15:30h);

V

CONSTRUCTIVISMO LÓGICO-SEMÂNTICO
Homenagem aos 35 anos do grupo de estudos de Paulo de Barros Carvalho

toda a terça-feira; a lista de presença é colhida apenas como expediente de controle para efeitos comunicacionais; o esquema operacional é aberto, vale dizer, feito de leituras em voz alta, com interpretações improvisadas. Fala-se muito de experiência, mas as teses teóricas prevalecem significativamente. Há um método sempre pronto para intervir, encaminhando soluções, ordenando as ideias. O clima é de cordialidade intensa, e o respeito se faz presente, em todos os momentos. Desse modo transcorrem os encontros. De dois em dois anos, aproximadamente, os participantes se organizam e fazem uma excursão acadêmica: Madrid, Bolonha, Veneza. E aí o Grupo se multiplica: chegam a participar 80 (oitenta) a 100 (cem) pessoas, nem todas, é verdade, ligadas diretamente ao núcleo central.

Os temas que são objeto de estudos alternam-se, tanto com relação ao autor, como em função da obra. A fonte de inspiração primeira foi o pensamento do Professor Lourival Vilanova, com seus textos profundos, vazados num plano de expressão realmente difícil, avançando em direção aos objetivos com a máxima determinação, muitas vezes sem conceder arras à clareza, porquanto a finalidade procurada estava bem longe de ser didática ou pedagógica. Caminhávamos decididamente voltados às categorias fundantes, bem ali onde descansam os alicerces do saber profundo, a plataforma a partir da qual o raciocínio deita suas raízes e a associação dos conceitos se torna límpida, começando suas evoluções. A obra do ilustre professor pernambucano foi analisada e discutida várias vezes, assim as Estruturas Lógicas, como a Causalidade, Lógica Jurídica e o Conceito de Direito. Poder-se-ía até afirmar, sem qualquer exagero, que o Grupo de Estudos percorreu os escritos do mestre, nada deixando para trás, vasculhando artigos publicados no *Diário de Pernambuco*, peças esparsas e, sobretudo, fazendo editar o monumental *"Escritos Jurídicos e Filosóficos"*, em dois volumes, que foi lançado em noite memorável, com a presença de aproximadamente mil pessoas, representando o que havia de mais significativo para a comunidade jurídica e filosófica do país.

CONSTRUCTIVISMO LÓGICO-SEMÂNTICO
Homenagem aos 35 anos do grupo de estudos de Paulo de Barros Carvalho

Ao ter a honra de prefaciar trabalho de tanta magnitude, salientei:

Perpassa o tecido da obra, atravessando-a de cima para baixo, um projeto semiótico bem concebido, em que os planos sintático, semântico e pragmático se encontram estrategicamente distribuídos, apesar da inegável prevalência do prisma lógico, por deliberação consciente do autor. Segue junto ao registro dessa preponderância a nota mediante a qual aquele jusfilósofo adverte, de modo veemente, acerca dos eventuais excessos no trato com o formal. Devemos ter presente que o ponto de partida do conhecimento é o mundo existencial e o regresso às formas lógicas é uma ascese temporária, uma renúncia momentânea, que suspende o interesse pelos objetos do mundo, interesse que renasce logo depois, para dirigir-se com mais força aos dados da experiência. Desse modo, a visão lógica é necessariamente parcial e o discurso linguístico há de ser visto na sua inteireza constitutiva, vale dizer, na sua integridade comunicacional, susceptível sempre de análise nas três dimensões semióticas supramencionadas.

Ainda que essa tenha sido nossa fonte principal de inspiração, as leituras se expandiram por muitas e muitas obras. Representantes das ciências da linguagem, trabalhos de filosofia e, dentro dela, de lógica, de retórica, de antropologia cultural, de filologia entre outras lá compareceram, expondo teorias e relatando teses. Nas sessões do Grupo, estiveram presentes personalidades importantes sobre semiótica, análise do discurso, hermenêutica jurídica e todos os tópicos que interessam de perto ao Constructivismo Lógico-Semântico, nome sugerido pelo próprio Professor Lourival Vilanova às atividades do Grupo, como procurei acentuar no já mencionado prefácio.

Mas, além dessa intensa atividade de cunho intelectual, não poderia omitir as viagens que o Grupo empreendia à Faculdade de Direito da Universidade Federal de Pernambuco, para participar de seminários que o mestre organizava, anualmente, nos meses de janeiro ou fevereiro, durante o espaço de tempo de quinze anos, quando tínhamos a oportunidade de travar contato com juristas e professores pernambucanos.

Bem, com palavras ligeiras, assim se desenvolveu essa aproximação intelectual e pessoal que deixou marcas indeléveis em todos nós, a ponto de suscitar até a criação de um movimento acadêmico, hoje difundido no Brasil e reconhecido fora dele, respeitado pela sua operatividade e, sobretudo, pela seriedade daqueles que o praticam.

Eis o que me pareceu adequado dizer a respeito do já famoso Grupo de Estudos que pode muito bem ser chamado pelo nome de *Constructivismo* Lógico-Semântico.

Que seus trinta e cinco anos de existência, contínua e produtiva, respeitosa para com aqueles que, por motivos diversos, dela discordem, fator histórico de estímulo para seu fortalecimento e de crescente entusiasmo para todos nós que a integramos, permaneça cumprindo seus elevados objetivos.

São Paulo, 17 de novembro de 2019.

Paulo de Barros Carvalho

Professor Emérito e Titular da PUC/SP e da USP.
Membro da Academia Brasileira de Filosofia.

SUMÁRIO

APRESENTAÇÃO .... **V**

Capítulo I
INTERPRETAÇÃO E
CONSTRUÇÃO DE SENTIDO

LA HIPÓTESIS TRIBUTARIA: APROXIMACIÓN CONCEPTUAL Y POSIBILIDAD DE APLICACIÓN PARA EL FORTALECIMIENTO DEL SISTEMA TRIBUTARIO CHILENO – *Antonio Faúndez-Ugalde* 3

DA ZETÉTICA À DOGMÁTICA: INTERPRETAÇÃO DA NORMA JURÍDICA À LUZ DOS PRESSUPOSTOS DO CONSTRUCTIVISMO LÓGICO-SEMÂNTICO – *Adriano Luiz Batista Messias* 57

CONSTRUÇÃO DE SENTIDO E IDENTIFICAÇÃO DE CONFLITOS ENTRE NORMAS – *Marina Vieira de Figueiredo* 103

COMPLETUDE DO SISTEMA JURÍDICO E AS LACUNAS – *Paulo Bassil Hanna Nejm* 119

CONSTRUCTIVISMO LÓGICO-SEMÂNTICO
Homenagem aos 35 anos do grupo de estudos de Paulo de Barros Carvalho

A HOMOGENEIDADE SINTÁTICA DO SISTEMA DE DIREITO POSITIVO: UMA BREVE ANÁLISE DA ESTRUTURA NORMATIVA – *Isaías Luz da Silva* 137

O CONSTRUCTIVISMO E O RIO QUE CORRE PELA NOSSA ALDEIA – *Cristiane Pires e Charles William McNaughton* 163

O CONSTRUCTIVISMO LÓGICO-SEMÂNTICO E A NORMA JURÍDICA TRIBUTÁRIA – *Ana Claudia Sousa de Campos* 169

FRASES SEM TEXTO NO DIREITO – *Cristiane Pires e Josiane Minardi* 193

BREVE ESTUDO DA LINGUAGEM E DO MÉTODO CONSTRUCTIVISTA – *Regina Lúcia Balderrama Kishi* 209

Capítulo II

O CONSTRUCTIVISMO LÓGICO-SEMÂNTICO COMO MÉTODO

CONSTRUCTIVISMO LÓGICO-SEMÂNTICO – *Renata Elaine Silva Ricetti Marques* 233

CONFORMIDADE TRIBUTÁRIA: PROPOSTA DE DIÁLOGO ENTRE O CONSTRUCTIVISMO LÓGICO-SEMÂNTICO E A TEORIA COMUNICACIONAL DO DIREITO – **Robson Maia Lins** 253

O CONSTRUCTIVISMO LÓGICO-SEMÂNTICO E A REGRA-MATRIZ DE INCIDÊNCIA TRIBUTÁRIA: SUA RELEVÂNCIA METODOLÓGICA – **Paulo Ayres Barreto** 275

X

CONSTRUCTIVISMO LÓGICO-SEMÂNTICO E DIREITO CONSTITUCIONAL TRIBUTÁRIO: UMA ANÁLISE SEMÂNTICA, SINTÁTICA E PRAGMÁTICA – *Jonathan Barros Vita* 295

CONSTRUTIVISMO LÓGICO-SEMÂNTICO NA CONSTRUÇÃO E FRUIÇÃO DA ARTE E O DIREITO TRIBUTÁRIO – *Edmur Oliveira Adão* 315

A RELEVÂNCIA DO EVENTO PARA A PRODUÇÃO DO FATO JURÍDICO TRIBUTÁRIO À LUZ DO CONSTRUCTIVISMO LÓGICO-SEMÂNTICO – *Ana Carolina Tenerelli Barbará e André Bertolaccini Bastos* 341

Capítulo III

O DIREITO TRIBUTÁRIO EM FACE DO CONSTRUCTIVISMO LÓGICO-SEMÂNTICO

A SANÇÃO PELO EXERCÍCIO IRREGULAR DE COMPETÊNCIAS JURÍDICAS – UMA ANÁLISE ESTRUTURAL – *Tácio Lacerda Gama* 365

O PROTAGONISMO DO DIREITO NA TEORIA CONSTRUCTIVISTA – POLÍTICA E REFORMA TRIBUTÁRIA: MATÉRIA DE DIREITO OU DE ECONOMIA? – *Daniela Floriano* 391

ESTRUTURA LÓGICA DA NORMA DE COMPETÊNCIA E REFORMA TRIBUTÁRIA – *Emanuele Longrova* .. 403

A (DES)NECESSIDADE DA HOMOLOGAÇÃO JUDICIAL DOS NEGÓCIOS JURÍDICOS PROCESSUAIS ATÍPICOS: APORTES À LUZ DO CONSTRUCTIVISMO LÓGICO-SEMÂNTICO – *Tárek Moysés Moussallem e José Borges Teixeira Júnior* 429

CONSTRUCTIVISMO LÓGICO-SEMÂNTICO
Homenagem aos 35 anos do grupo de estudos de Paulo de Barros Carvalho

NORMA INTRODUZIDA POR DECISÃO EM AÇÃO ANTIEXACIONAL DECLARATÓRIA E SEUS EFEITOS NO PROCESSO DE POSITIVAÇÃO SOB A ÓTICA DO CONSTRUCTIVISMO-LÓGICO SEMÂNTICO – *Jorge Vinícius Salatino de Souza* 451

CONSTRUCTIVISMO LÓGICO-SEMÂNTICO: ENTRE A FORMA E O CONTEÚDO – *Jacqueline Mayer Da Costa Ude Braz* 475

RESPONSABILIDADE DO SÓCIO ADMINISTRADOR NA DISSOLUÇÃO IRREGULAR DA PESSOA JURÍDICA (ART. 135 do CTN) E O POSICIONAMENTO DO CARF – *Danielle Mariotto Sanches Dias da Silva e Paula França Porto* 515

A APLICAÇÃO DO CONSTRUCTIVISMO LÓGICO SEMÂNTICO NA SISTEMÁTICA DA PROGRESSIVIDADE TRIBUTÁRIA – *Sirley Lopes Bauer Alvarez* .. 537

A FALÁCIA DO DISCURSO JURÍDICO – *Ana Luiza Vieira Santos* 569

Capítulo I

INTERPRETAÇÃO E CONSTRUÇÃO DE SENTIDO

LA HIPÓTESIS TRIBUTARIA: APROXIMACIÓN CONCEPTUAL Y POSIBILIDAD DE APLICACIÓN PARA EL FORTALECIMIENTO DEL SISTEMA TRIBUTARIO CHILENO[1]

Antonio Faúndez-Ugalde[2]

1. Introducción

La hipótesis tributaria es un término cuyo origen se encuentra en la doctrina brasileña de derecho tributario, teniendo como mayor exponente al jurista Paulo de Barros. Ella forma parte de una estructura lógica que el referido autor paulista denomina como "norma padrón de incidencia o regla-matriz de incidencia tributaria"[3]. Indica nuestro autor que dentro de ese esqueleto la hipótesis tratará la previsión de un hecho, en

---

1. La mayor fuente de información de esta investigación deriva de mi tesis doctoral titulada "La hipótesis jurídica tributaria en las proposiciones normativas en la Ley sobre impuesto a la renta chilena", defendida en junio del año 2016 en la Escuela de Derecho de la Pontificia Universidad Católica de Valparaíso. Asimismo, este artículo fue publicado en la Revista Ius Et Praxis, 25(2), 67-106.

2. Abogado, doctor en Derecho, magíster en Gestión con mención en Tributación Internacional, profesor asociado de la Escuela de Comercio de la Pontificia Universidad Católica de Valparaíso. Dirección postal: Avenida Brasil 2830, Edificio Monseñor Gimpert 6º Piso, Valparaíso, Chile, y correo electrónico: antonio.faundez@pucv.cl.

3. BARROS (2009), p. 261.

I

INTERPRETAÇÃO E CONSTRUÇÃO DE SENTIDO

cuanto la consecuencia prescribirá la relación jurídica que se va a instaurar.[4] En tal sentido, la hipótesis es un supuesto de posible verificación (también denominada como antecedente, supuesto, prótasis, descriptor, etcétera) que, en palabras de Paulo de Barros, forma parte de una norma tributaria en sentido estricto, es decir, "aquella que marca el núcleo del tributo".[5]

Con anterioridad a Paulo de Barros, ya otros autores brasileños habían utilizado, con un matiz similar, el enunciado hipótesis. Así, por ejemplo, Gomes de Sousa[6] plantea que el hecho generador es justamente la hipótesis prevista en la ley tributaria en abstracto. Becker[7] se refiere al término "hipótesis de incidencia". Ataliba,[8] utilizando el mismo enunciado que Becker, indica que la hipótesis de incidencia es el concepto legal, esto es, un estado de hecho y no el propio estado de hecho. Vieira,[9] limitando el área normativa, utilizó el enunciado "hipótesis de incidencia tributaria" orientado a la descripción abstracta de un hecho de posible ocurrencia.

En Chile encontramos autores como Pedro Massone, quien ha citado dichas corrientes paulistas, pero, como se verá, con una línea argumentativa que resulta incompatible, lo que implica que han sido interpretadas de manera incorrecta.

En atención a lo anterior, el objetivo de este trabajo es, por un lado, presentar un acercamiento al concepto de hipótesis tributaria, precisando su contenido, y, por otro lado, establecer la posibilidad de aplicar estas corrientes paulistas en el sistema tributario chileno.[10] Este objetivo se posiciona en el

---

4. BARROS (2009), p. 262.

5. BARROS (2009), p. 262.

6. GOMES DE SOUSA (1975), p. 87.

7. BECKER (2007), p. 313.

8. ATALIBA (1977), p. 51.

9. VIEIRA (1993), p. 62.

10. Entiéndase por sistema tributario chileno el conjunto ordenado de conocimiento que acerca del derecho nos provee la ciencia jurídica a través de las llamadas reglas

CONSTRUCTIVISMO LÓGICO-SEMÂNTICO
Homenagem aos 35 anos do grupo de estudos de Paulo de Barros Carvalho

campo de la interpretación de las normas jurídicas tributarias, sobre la base de construcciones hermenéuticas dotadas de contenido axiológico, lo que puede contribuir a la praxis de la jurisprudencia administrativa y judicial en la aplicación de las normas jurídicas tributarias. Dicho ámbito de interpretación ha mantenido un desarrollo frugal en la doctrina tributaria chilena, teniendo como principal representante al autor Jorge Streeter, quien publicó en el año 1968 el artículo "La interpretación de la ley tributaria", con un alcance finalista del derecho y sin considerar una teoría de la norma jurídica, como lo reconoce el propio autor.[11] Así, el estudio del proceso de construcción de una hipótesis tributaria es innovador en Chile y su aplicación puede lograr un importante avance en el proceso de interpretación de las normas jurídicas tributarias.

2. La estructura lógica de las normas jurídicas

Es en la estructura lógica de la norma jurídica general y abstracta en donde aparece, en la mayoría de los casos, una hipótesis tributaria (o antecedente normativo) que se conjuga con una consecuencia (o consecuente normativo). Es una función dual propia de los juicios condicionales desarrollados en la teoría pura de Kelsen; esto es, la percusión de una consecuencia por la realización de un acontecimiento fáctico o hecho social que se subsume en el antecedente o hipótesis. Así, como ya se mencionó, la hipótesis es el supuesto de posible verificación, mientras que el consecuente normativo (también denominado como tesis, mandato, apódosis, prescriptor, etcétera) se constituye en la proposición implicada, prescriptiva de una conducta que debe ser cumplida por un sujeto (deudor) con relación a otro (acreedor). Dicha conducta puede asumir tres modalidades: prohibida (V), permitida (P) u obligatoria (O).[12]

---

de derecho o proposiciones acerca de las normas jurídicas. SQUELLA (2011), p. 434.

11. STREETER (1968), p. 9.

12. Asumo aquí la posición sostenida por Paulo de Barros en cuanto a excluir a la facultad como una cuarta modalidad, pues ese operador desempeña el papel de

I
INTERPRETAÇÃO E CONSTRUÇÃO DE SENTIDO

Esta función dual ha sido la principal base para un sector de la doctrina brasileña de derecho tributario de los últimos veinte años, en especial para un grupo de autores ligados a la maestría y doctorado impartido por la Pontificia Universidad Católica de São Paulo.[13] Sin embargo, en lo que se refiere a mi posición frente a estas corrientes, una estructura lógica de una norma jurídica tributaria no debiera reconocer la posibilidad de subsumir antecedentes basados solamente en fuentes sociales, sino que dicha estructura también debe aceptar la existencia de normas cuyo contenido o identificación dependa de la satisfacción de ciertos criterios morales. Lo contrario implica aceptar un positivismo duro que no comparto.[14] Por lo demás, el derecho positivo reconoce contenidos axiológicos. Explica Paulo de Barros que el dato valorativo está presente en toda configuración de lo jurídico, desde sus aspectos formales (lógicos), concluyendo que, ahí donde hay derecho, habrá, ciertamente, el elemento axiológico.[15] Bajo la misma dimensión, Contipelli señala que el componente axiológico participa en todas las etapas de concreción de la experiencia jurídica, desde el proceso nomogenético que culmina con el momento de producción de la norma jurídica, a partir de la integración dialéctica entre hechos y valores, seleccionados por actos decisorios de poder, pasando por la fase de interpretación destinada a la construcción de significado deóntico de los modelos jurídicos, hasta la efectiva aplicación en el plano social.[16]

---

autorización bilateral, siendo reductible, por lo tanto, a una de las tres modalidades: prohibida, permitida u obligatoria. BARROS (2004), p. 68.

13. Entre estos autores se encuentran: BARROS (2011), p. 100; LINS E SILVA (2012), p. 179; MOUSSALLEM (2012), p. 123; FERREIRA (2013), p. 41; CUNHA (2011), p. 101; CARRAZZA (2010), p. 62; DARZÉ (2010), p. 24; COSTA (2009), pp. 186 y 187; NARDI (2007), p. 20; SOUSA (2013), pp. 58 y 59; ROCHA (2012), p. 54; VIEIRA (2011), pp. 87 y 88; BELLUCCI (2008), p. 70; ARAÚJO (2007), p. 56; FERREIRA (2006), p. 52; MOTTA (2006), p. 299.

14. En cuanto a la crítica al positivismo duro véase: ATRIA (2016), p. 31.

15. BARROS (2013), p. 173.

16. CONTIPELLI (2009), p. 20.

CONSTRUCTIVISMO LÓGICO-SEMÂNTICO
Homenagem aos 35 anos do grupo de estudos de Paulo de Barros Carvalho

Es con base en la referida experiencia jurídica, como modalidad de objeto de cultura y producción de la acción humana, que Reale formula su teoría tridimensional del derecho bajo la siguiente estructura: el elemento valor, como intuición primordial; el elemento norma, como medida de concreción de lo valioso en el plano de la conducta social, y, finalmente, el elemento hecho, como condición de la conducta, base empírica de la ligación intersubjetiva, coincidiendo el análisis histórico con la realidad jurídica fenomenológicamente observada.[17]

En concreto, la descripción hipotética que es parte de la referida estructura lógica debe comprender el dato valorativo en todas las etapas de concreción de la experiencia jurídica, la que estará formulada sobre la base de posibles ocurrencias futuras de la siguiente manera: "si ocurriere la hipótesis F", lo que llevado a un ejemplo cotidiano sería "si percibiere rentas por servicios profesionales en el territorio nacional durante un año". En este caso, el verbo está planteado en futuro del subjuntivo (percibiere), identificándose un límite espacial (en el territorio nacional) y un límite temporal (durante un año).

Es muy importante tener presente que la hipótesis tributaria indicada en el ejemplo anterior no se encontrará transcrita de la misma forma que el enunciado del texto de la ley,[18] atendido que dicho enunciado en la mayoría de los casos ofrece directrices de carácter general. Esto llevará al operador jurídico a consultar distintas disposiciones del texto para lograr identificar la pretensión del derecho. Vernengo[19] señala que toda interpretación de textos jurídicos tiene por finalidad llegar a disponer de una traducción aceptable del texto del cual se trate, por

---

17. REALE (2002), pp. 508-509.

18. Entiéndase aquí el término "texto" como objeto del mundo físico en el que se plasman los enunciados; esto es, tinta sobre papel. Algunos autores, como Mauricio Beuchot, otorgan al término "texto" un sentido más amplio, esto es, "no son solo los escritos, sino también los hablados, los actuados y aun de otros tipos; un poema, una pintura y una pieza de teatro son ejemplos de textos. Van, pues, más allá de la palabra y el enunciado". BEUCHOT (2016), pp. 13-14.

19. SQUELLA (2007), p. 53.

I
INTERPRETAÇÃO E CONSTRUÇÃO DE SENTIDO

lo que entender un enunciado es disponer de otro enunciado que pueda traducir el primero. Aquí radica la utilidad de la hipótesis tributaria para Paulo de Barros; esto es, generar aproximaciones didácticas a partir de los estímulos sensoriales del texto legislado que realiza el intérprete, identificando una hipótesis que describe un supuesto de contenido económico y un consecuente que estatuye un vínculo obligacional entre el Estado, en condición de sujeto activo, y una persona física o jurídica, particular o pública, como sujeto pasivo, de tal suerte que el primero estará investido del derecho subjetivo público de exigir, del segundo, el pago de una determinada cuantía en dinero.[20]

Sin embargo, la tarea del intérprete en establecer el verdadero sentido del texto legislado debe evitar caer en una construcción hipotética fundada únicamente en la función sintáctica y semántica de la literalidad de los enunciados. Por lo mismo, sería un error asumir solamente una hermenéutica unívoca propia de los positivistas lógicos, es decir, aquella que "pretenden una exactitud, un rigor, una fidelidad en la interpretación de los textos que no podemos alcanzar humanamente".[21] Pero tampoco resulta apropiado aprovecharse en exceso de interpretaciones sin límites que derivan de la hermenéutica equívoca o posmoderna. Conviene, entonces, una posición intermedia que logre conciliar la univocidad con la equivocidad, como aquella que muestra Gadamer al decir que la interpretación tiene el modelo o estructura de la *phrónesis* o prudencia, ya que esta es sentido de la proporción y, por lo mismo, no es otra cosa que analogía puesta en práctica, hecha carne de uno mismo.[22-23] Lo planteado aquí no se constituye

---

20. BARROS (2004), pp. 612 y 613.

21. BEUCHOT (2016), p. 33.

22. BEUCHOT (2016), p. 37.

23. La phrónesis deriva de las enseñanzas de Aristóteles; fue recogida por los medievales en su exégesis bíblica y, posteriormente, utilizada en el romanticismo de Schleiermacher, herencia que fue recibida por Dilthey y, luego, por Heidegger, quien la transmite a su discípulo Gadamer, influyendo en los más recientes Ricoeur y Vattimo. Véase BEUCHOT (2013b), pp. 8 y 9.

en contradicción con los alcances interpretativos propios del derecho tributario chileno, en donde pareciera que lo restrictivo es condición esencial para aplicar una determinada norma jurídica, sino que lo que se busca es un equilibrio o proporcionalidad aplicada a un caso determinado, en donde también interviene la equidad como modo de ponderación a la hora de aplicar el derecho.

También cabe considerar que la interpretación parte de los enunciados del texto, los que solamente pueden ser recogidos a través de un lenguaje, es decir, para que esa interpretación pueda ser abrazada por el derecho, es menester que sea vertida en un lenguaje. Aquí la semiótica cobra relevancia, pero no de manera independiente, sino en un rango de complementación con la hermenéutica.

Peirce (1839-1914) utilizó el término semiótica para designar la teoría general de los signos, dividiéndola en gramática pura, lógica pura y retórica pura, lo que después – con Charles Morris (1901-1979) – se llamaría sintaxis, semántica y pragmática.[24] Asimismo, dividió los signos en índice, ícono y símbolo. El índice es el signo natural de los escolásticos; es un signo unívoco y que no tiene problemas de interpretación, pues guarda con lo significado una relación de causalidad. Así, por ejemplo, la huella es efecto del animal que pasó, el humo lo es del fuego y las nubes son causa de la lluvia. El símbolo es un signo equívoco, de carácter arbitrario, como son las lenguas; es decir, una cosa se puede decir de distintas maneras, por ejemplo, *impuesto*, *tax*, *imposto*, etcétera. En cambio, el ícono es un signo intermedio, ni completamente natural ni completamente cultural, sino parte y parte; por eso es un signo analógico, como es el caso de un simulador de un avión, el que se constituye en representación icónica y reproduce la situación para el que está aprendiendo a pilotear, pero no es totalmente igual, tiene sus diferencias propias.[25]

---

24. BEUCHOT (2013a), p. 196; BEUCHOT (2012), p. 8.

25. BEUCHOT (2016), pp. 29-30.

I
INTERPRETAÇÃO E CONSTRUÇÃO DE SENTIDO

Peirce también establece una relación triádica entre el signo, el interpretante y el objeto. Indica que el signo es representación; es decir, estar en lugar de otro, en este caso en lugar de un objeto. Pero, antes de que el signo represente a un determinado objeto, se verifica una relación de coherencia entre signos; es decir, el signo se relaciona con otros signos, lo que se denomina sintaxis. Luego se presenta una relación de correspondencia entre los signos y los objetos, dando lugar a la semántica; aquí concretamente el signo representa al objeto, lo que se da en la mente del intérprete. Este proceso Peirce lo denomina como interpretante, que no es lo mismo que el intérprete; por lo tanto, el interpretante implica una representación que da lugar a un signo. Finalmente, cuando los signos se relacionan con los usuarios, se establece un uso que es denominado pragmática. De esta manera, en la teoría de Peirce se justifica la relación triádica cuando el signo es usado por un emisor y un receptor, lo que se vincula con las tres dimensiones del lenguaje, esto es, la sintaxis, la semántica y la pragmática.[26]

De esta forma, si se adopta la formulación hipotética ofrecida por Paulo de Barros, su descripción necesariamente deberá

---

26. Posterior a Peirce y Morris, resaltaron las teorías desarrolladas por el británico Bertrand Russell (1872-1970), el alemán Gottlob Frege y el discípulo de estos últimos, el austriaco Ludwig Wittgenstein (1889-1951). Para un mayor análisis de estos autores con relación a los signos, se puede consultar: BEUCHOT (2013a), p. 221, y FREGE (1973), p. 57. En forma coetánea a la línea pragmatista y analítica, se desarrollaron las corrientes estructuralistas iniciadas por el suizo Ferdinand de Saussure, las que realizaron importantes aportes a la filosofía del lenguaje. A diferencia de Peirce, Saussure ubica su estudio en la psicología, estableciendo la dualidad entre el significante y el significado, en donde el primero se constituye en la imagen acústica de la palabra en cuestión y el segundo es el concepto o la imagen mental del objeto [Beuchot (2012), pp. 158-159]. También resalta el análisis fenomenológico del lenguaje de Edmund Husserl, en pugna con el psicologismo. Husserl plantea que el signo puede significar una señal o una expresión, con lo cual el signo puede tener un aspecto físico y un aspecto psíquico o mental [Beuchot (2013a), pp. 291-292]. Esto le permite a Husserl establece una estructura trilateral del lenguaje vinculada con: i) una esencia material, de naturaleza física, el signo escrito en el papel o, también, el complejo vocal articulado. También ii) una dimensión ideal, esto es, la representación que se forma en la mente de los hablantes, que es designada con el nombre de significación. De ello, incluye un tercer campo, iii) de los significados, esto es, los objetos a los que se refieren los signos, produciéndose en esta etapa una relación semántica [HUSSERL (1967), p. 239; HUSSERL (1962), pp. 306-321].

ser vertida por un lenguaje, para lo cual cobra relevancia la sintaxis y la semántica; sin embargo, su correcta aplicación no debe olvidar que los efectos del uso del lenguaje estarán orientados a la comunidad de los usuarios, en donde la pragmática juega un rol esencial.

Uno de los autores más destacados de las corrientes pragmáticas del lenguaje es el austriaco Ludwig Wittgenstein, quien centra su teoría en el uso de los signos; es decir, en el significado como resultado del uso lingüístico. Wittgenstein no busca entidades físicas ni abstractas como significados, sino usos; los significados son usos que se aplican tanto a las palabras como a los enunciados: unas y otros tienen significado por su uso. Plantea este autor que los enunciados correctos –desde un punto de vista sintáctico y semántico– se forman a partir de pequeños grupos de signos, pero la proposición pasa a ser movimiento en el juego del lenguaje; esto es, el lenguaje en conexión con las acciones con las que está entrelazado.[27] De esta forma, la hipótesis tributaria en esencia es una proposición y, como tal, en su construcción debe considerar los aspectos pragmáticos, lo que permitirá de mejor manera lograr las aproximaciones didácticas ofrecidas por las corrientes paulistas de derecho tributario. Demos un paso más hacia su contenido.

3. La hipótesis tributaria como creación conceptual abstracta

La hipótesis tributaria tiene un carácter abstracto, es decir, conlleva, necesariamente, que un sujeto proceda intelectualmente a su construcción. Así, la construcción hipotética puede referirse a acciones humanas o naturales, representada en la fórmula "si ocurre la hipótesis F". Paulo de Barros[28] señala que lo hipotético no quiere significar que el suceso relatado en el enunciado descriptivo todavía no haya sucedido,

---

27. WITTGENSTEIN (1986), p. 5.

28. BARROS (2004), pp. 48 y 49.

I
INTERPRETAÇÃO E CONSTRUÇÃO DE SENTIDO

sino que se presenta como modalidad de relación. Por lo tanto, el operador jurídico tendrá que iniciar un recorrido por el texto de la ley para comenzar a relacionar distintas disposiciones o artículos, hasta construir, en su mente, la hipótesis tributaria. Veamos el siguiente ejemplo.

Para establecer la hipótesis tributaria que traerá como consecuencia el pago del impuesto sobre la percepción de rentas de las personas, lo más probable es que se tenga que encontrar, dentro del texto de la ley, aquella disposición que haga referencia a la percepción de rentas (criterio material), la que se relacionará con otras disposiciones del texto vinculadas, por un lado, al lugar donde se tendrá que percibir la renta (criterio espacial) y, por otro, al momento en que tendrá que ocurrir la percepción de la renta (criterio temporal). Esta sumatoria de disposiciones que realiza el operador jurídico en su mente es lo que otorga el carácter abstracto a la hipótesis tributaria.

Construir una hipótesis tributaria no significa que la norma jurídica ha quedado al arbitrio del operador jurídico. Cabe recordar que será siempre el legislador, de acuerdo con sus facultades legales, quien imputará determinadas consecuencias jurídicas por la ocurrencia de ciertos hechos que se subsumen en la hipótesis tributaria, lo que configura el denominado principio de imputación.

El fenómeno de la imputación de la causalidad normativa ha sido desarrollado mayormente por la doctrina brasileña, relacionándolo con la denominada incidencia de la norma tributaria, cuya creación ha sido asignada al autor Francisco Pontes de Miranda,[29] y seguida por varios de sus compatriotas, como Marcos Bernales, José Souto y Alfredo Becker.[30] El autor Soares da Costa[31] señala que si bien, la concepción de

---

29. SOARES DA COSTA (2009), p. 25.

30. Becker indica que, por incidencia de la norma jurídica, se entiende como su efecto de transformar en hecho jurídico el soporte fáctico que el derecho considera relevante para ingresar al mundo jurídico, BECKER (2007), p. 307.

31. SOARES DA COSTA (2009), p. 40.

CONSTRUCTIVISMO LÓGICO-SEMÂNTICO
Homenagem aos 35 anos do grupo de estudos de Paulo de Barros Carvalho

la incidencia de la norma se debe a Pontes de Miranda, hubo una profunda incomprensión de su pensamiento, que terminó por ser desnaturalizado y transformado en una visión mecanicista ingenua.

Paulo de Barros[32] indica que la llamada incidencia jurídica se reduce, por el prisma lógico, a dos operaciones formales: la primera, de subsunción o inclusión de clases, en que se reconoce que una ocurrencia concreta, localizada en un determinado punto del espacio social y en una específica unidad de tiempo, se incluye en la clase de supuestos de la norma general y abstracta. La segunda, de implicación, por cuanto la fórmula normativa prescribe que el antecedente implica la tesis; vale decir, el hecho concreto, ocurrido *hic et nunc*, hace surgir una relación jurídica también determinada, entre dos o más sujetos de derecho. Agrega dicho autor que es importante tener en mente que tales operaciones lógicas solamente se realizan mediante la actividad del ser humano, que efectúa la subsunción y provoca la implicación que el precepto normativo reclama.

Sin embargo, Soares da Costa plantea una crítica a Paulo de Barros, señalando que dicho autor parte de la premisa de que no cabe distinción entre la incidencia de la norma jurídica y su aplicación, lo que sería un error, porque el plano de la aplicación estaría circunscrito a la prueba de un determinado hecho, mas no de la incidencia, la que se presenta en el mundo del pensamiento.[33]

Sin perjuicio de esta última discusión, lo claro es que un sujeto procederá a la implicación del precepto normativo construyendo las respectivas hipótesis tributarias, orientando su voluntad de acuerdo a la acción prescrita, o bien asumiendo una posición de incumplimiento frente a ella. Por lo mismo, la hipótesis tributaria siempre será válida aun antes de que los hechos sociales se verifiquen o aunque los hechos nunca se presenten. Por lo mismo, una observación lógica de

---

32. BARROS (2012), p. 33.

33. SOARES DA COSTA (2009), p. 47.

I
INTERPRETAÇÃO E CONSTRUÇÃO DE SENTIDO

los enunciados del texto de la ley necesariamente debe conducir a una dimensión abstracta de la hipótesis tributaria, identificando cada uno de los criterios (material, espacial y temporal) que le dan integridad.

4. Los criterios de la hipótesis tributaria

Los criterios de la hipótesis tributaria se constituyen en las directrices que le otorgan integridad. En palabras de Paulo de Barros,[34] la conjunción de esos datos indicativos ofrece la posibilidad de exhibir, en su plenitud, el núcleo lógico-estructural de la norma-patrón, lleno de los requisitos significativos necesarios y suficientes para el impacto jurídico de la exacción. La clave para entender la función que cumplen los referidos criterios es explicada, con admirable precisión, por el autor Geraldo Ataliba:[35] los criterios de la hipótesis tributaria "no son sus causas, no le determinan su ser, sino sólo el modo (la manera) de ser. Se integran en ella y no la originan". Esto es lo que permite sostener el carácter unitario e inescindible de la hipótesis tributaria, lo que no impide, según Paulo de Barros,[36] que se pueda promover la descomposición lógica de ella con la finalidad de dividirla para extraer, de esa operación intelectual, los núcleos de los datos fundamentales que orientarán al estudio sistemático de esa categoría jurídica. En otras palabras, la disgregación de la hipótesis tributaria estaría destinada para el estudio didáctico de cada uno de los criterios que la integran, lo que es autorizado dentro de los estudios propios del lenguaje.

Paulo de Barros[37] utiliza la expresión "elementos" para referirse a los componentes del hecho jurídico tributario, y "criterios", para los de la hipótesis de incidencia de la norma general

---

34. BARROS (2004), p. 117.

35. ATALIBA (1977), p. 82.

36. BARROS (2011), p. 98.

37. BARROS (2004), p. 143.

14

CONSTRUCTIVISMO LÓGICO-SEMÂNTICO
Homenagem aos 35 anos do grupo de estudos de Paulo de Barros Carvalho

y abstracta, agregando que tales nombres los eligió arbitrariamente, teniendo en vista la necesidad de distinguir entidades
lingüísticas con funciones sintácticas y semánticas diversas.
Así, el término "elementos" sugiere una parte que ayuda a la
composición de una cosa, mientras que el término "criterios"
implica características o propiedades de un todo que lo hace
inescindible. Con la finalidad de demostrar la inescindibilidad
de la hipótesis jurídica, Paulo de Barros[38] realiza una analogía
muy ilustrativa con relación a una esfera metálica: si, en un
aula de física, se propusiese como objeto de estudio una esfera
metálica, inicialmente desalentaría al profesor el carácter unitario e inescindible de ese objeto. La esfera no tiene elementos
o partes. No puede ser partida o desarmada. Si fuera escindida,
ya no será más una esfera, sino otro objeto: dos semiesferas.
Para mantener su identidad sustancial, como objeto de estudio, ha de ser considerada unitariamente. Pese a ello, la esfera
puede ser examinada en cuanto a las diversas propiedades, o
características, o aspectos, reconocibles en su identidad sustancial, como por ejemplo en cuanto a su forma, brillo, peso,
simetría, materia, movilidad, tamaño, consistencia, densidad,
etcétera; son aspectos ínsitos en su consistencia unitaria.

Ataliba,[39] adhiriendo a Paulo de Barros, indica que la hipótesis de incidencia no deja de ser una e indivisible por el
hecho de poseer diversos aspectos, cuya consideración no implica su descomposición en partes o elementos. Agrega que
no parece adecuada la expresión "elementos", porque ella
sugiere la idea de que se está frente a algo que entra en la
composición de otra cosa y sirve para formarla. En este sentido, indica que cada aspecto de la hipótesis de incidencia no
es algo *a se stante*, de forma que asociado a los demás resulte en la composición de la hipótesis de incidencia, sino que
simples cualidades, atributos o relaciones de una cosa una
e indivisible, que es la hipótesis de incidencia, jurídicamente

---

38. ATALIBA (1977), pp. 80 y 81.

39. ATALIBA (1977), pp. 80 y 81.

I

INTERPRETAÇÃO E CONSTRUÇÃO DE SENTIDO

considerada; así, la hipótesis de incidencia es un todo lógico unitario e inescindible.

Contrario a lo que se ha venido señalando, se encuentra el autor chileno Pedro Massone, quien indica: "Concuerdo con que estamos frente a conceptos que, como tales, no son escindibles. En definitiva, la realidad que nos rodea es un solo todo continuo e inseparable. Pero el hombre, para conocer esa realidad, y por razones prácticas, corta y separa artificialmente cosas y hechos, y lo que algunos llaman elementos de los mismos, en un proceso de análisis, para después volver a reunirlos en una síntesis que supera el punto de partida".[40] A modo de ejemplo, añade: "Un niño pequeño que recibe un nuevo juguete, desea conocerlo y dominarlo. En forma casi instintiva, tiende a desarmarlo. Cuando lo logra, queda desolado. Corre a sus padres para que lo arreglen o armen nuevamente, para que reconstruyan esa cosa que llamamos juguete. Lo mismo hacemos los mayores al analizar el objeto de nuestro pensamiento (cosa o hecho), pero la recomposición corre también por nuestra cuenta". Finalmente, concluye: "Pienso que las palabras aspectos, criterios, etc. no resultan sinceras y velan la operación que realizamos. Por el contrario, elementos nos muestra más claramente el corte o separación que hacemos, para luego hacer una recomposición destinada a superar el punto de partida. Tal vez, en definitiva, es un problema de gustos. Personalmente prefiero mostrar abiertamente el proceso de análisis y recomposición que efectuamos".

En atención a la precisión terminológica que el lenguaje científico reclama, me inclino por considerar el término "criterios" para referirme al contenido de la hipótesis tributaria, adhiriéndome a los postulados del autor Paulo de Barros, pero precisando lo siguiente: no se trata de una cuestión de gustos, sino de establecer la diferencia entre integrar algo y componer algo, distinción que resulta esencial para la comprensión de la dimensión abstracta de la hipótesis tributaria,

---

40. MASSONE (2013), p. 1138.

CONSTRUCTIVISMO LÓGICO-SEMÂNTICO

Homenagem aos 35 anos do grupo de estudos de Paulo de Barros Carvalho

lo que dista del plano ontológico de los hechos jurídicos tributarios. La acción de integrar implica formar un todo, en cambio componer sugiere que una parte sumada a otras den lugar a un todo.[41] Con base en ello, la hipótesis tributaria surge de la sumatoria de distintas disposiciones del texto de la ley que realiza el operador jurídico en forma abstracta; es decir, por la lectura del texto de la ley, proceso que, una vez concluido, permitirá establecer una determinada hipótesis integrada de distintos criterios que la identifican, pero que no han ayudado en su construcción, ya que tal proceso se debió a la recepción intelectual de los distintos enunciados del texto legal. De esta forma, los criterios no dan origen a la hipótesis tributaria, sino que en tal proceso participa el texto de la ley y el operador jurídico. En cambio, la construcción del hecho jurídico tributario se debe a un proceso de subsunción de hechos sociales en una determinada hipótesis tributaria, en el cual encontraremos distintos elementos que participan en dicha composición y que son parte de los hechos sociales, como por ejemplo el hecho de que exista un sujeto – con nombre o razón social determinada – que participó en dicho evento (elemento personal), el hecho de que el sujeto domiciliado en el extranjero perciba rentas (elemento material), el hecho de que haya percibido esa renta en Chile (elemento espacial) y el hecho de que percibió la renta un día determinado (elemento temporal). Entonces, estos últimos elementos o partes han ayudado al proceso de composición del hecho jurídico tributario como consecuencia de haber sido subsumidos en la hipótesis jurídica tributaria integrada con sus respectivos criterios.

Esta diferencia, aunque parezca muy sutil, no logra ser percibida por Massone, cuyo impedimento se debe a que dicho autor plantea un análisis conjunto entre los criterios de la hipótesis tributaria y los elementos del hecho jurídico

---

41. Así también lo reconoce la Real Academia Española con el siguiente alcance: "integrar", en su primera acepción, significa constituir un todo. Por su parte, "componer", en su primera acepción, significa formar de varias cosas una, juntándolas y colocándolas con cierto modo y orden, y, en su segunda acepción, constituir, formar, dar ser a un cuerpo o agregado de varias cosas o personas.

I

INTERPRETAÇÃO E CONSTRUÇÃO DE SENTIDO

tributario, llegando a concluir que entre dichas instituciones "hay y debe haber una coincidencia total de las respectivas figuras, de modo que el hecho sea un reflejo o espejo de la hipótesis", y agrega que "Esa identidad formal, hace que la descripción de una (hipótesis) sea aplicable al otro (hecho jurídico) y viceversa".[42] El análisis conjunto que plantea Massone lo obliga a decidir por uno de los dos términos, eligiendo la expresión "elementos", sin percatarse de que el error parte en el análisis conjunto que desarrolla.

Por último, frente a la pregunta de cuál sería el término más apropiado para referirse a las directrices que integran la hipótesis tributaria, como por ejemplo "criterios", en palabras Paulo de Barros, o "aspectos", según Ataliba, creo que la respuesta no merece un mayor análisis si, en definitiva, dichas directrices apuntan a identificar una determinada hipótesis y no a originarla. La lingüista y lexicógrafa Tereza Camargo advierte que, teniendo en cuenta la gran cantidad de términos técnicos y científicos, y teniendo en cuenta la escasa utilización de muchos de ellos, el lexicógrafo tendrá una tarea difícil en la selección de las unidades que componen la nomenclatura del diccionario general.[43]

En síntesis, los criterios de la hipótesis tributaria se encuentran a disposición de los hechos sociales del mundo real, en donde, iniciado el procedimiento de subsunción de los últimos en los primeros, dará paso a la elaboración del hecho jurídico tributario. En esto también radica la principal diferencia entre los criterios de la hipótesis tributaria y los elementos del hecho jurídico tributario, en donde en aquella se identifican los predicados o notas individualizadoras de una accióntipo (criterio material) y de sus condicionantes de espacio (criterio espacial) y de tiempo (criterio temporal) – estos dos últimos también en estado de indeterminación –, mientras que, en el hecho jurídico tributario, se presenta una acción concreta,

---

42. MASSONE (2013), pp. 1160 y 1161.

43. BARROS (2006), p. 23.

verificada en un punto del tiempo y en un lugar del espacio.[44] Es por ello que en la hipótesis tributaria no se presentan descripciones específicas, sino que podrá recibir un número infinito de supuestos; en cambio, una vez que nace el hecho jurídico tributario, la descripción será específica, formando una relación entre dos sujetos determinados que asumirán, uno, la calidad de sujeto activo, y, el otro, la de sujeto pasivo plenamente identificado. De ahí la conclusión: que el sujeto pasivo no forma parte de la hipótesis tributaria si no del consecuente normativo con el cual se relaciona.

4.1 El criterio material como núcleo abstracto de la hipótesis tributaria

Paulo de Barros[45] indica que el criterio material se encuentra vinculado a un verbo representativo de comportamientos de personas, sea en una acción de dar, hacer o, simplemente, ser. En Perú, la doctrina representada por el autor Jorge Bravo también ha seguido los planteamientos de Paulo de Barros en cuanto a los alcances del criterio material.[46] Un tanto más alejada de estos postulados se encuentra la doctrina argentina, representada en el autor Héctor Villegas, quien, si bien cita a Paulo de Barros al enfrentar el análisis del criterio material, plantea el enfoque asociado al término "hecho imponible",[47] por lo que asume una postura completamente distinta a la del autor paulista. En la doctrina chilena, Pedro Massone recopila las principales fuentes de la escuela paulista de derecho tributario, reconociendo el criterio material de la hipótesis tributaria,[48] pero incurriendo en una impropiedad al realizar un análisis conjunto con el denominado "hecho jurídico tributario".

---

44. BARROS (2004), p. 143.

45. BARROS (2011), p. 100.

46. BRAVO (2010), p. 172.

47. VILLEGAS (2001), p. 274.

48. MASSONE (2013), pp. 1167-1170.

I
INTERPRETAÇÃO E CONSTRUÇÃO DE SENTIDO

Otros autores, de los cuales disentimos, atribuyen al criterio material un carácter amplio asociado a la imagen abstracta de un hecho jurídico. En tal línea argumentativa se encuentra Geraldo Ataliba[49], quien señala que "el aspecto material de la hipótesis de incidencia es la propia descripción de los aspectos sustanciales del hecho o conjunto de hechos que le sirven de soporte". Indica, además, que el aspecto material, desde un punto de vista funcional y operativo del concepto (de hipótesis de incidencia), es el más importante, porque, precisamente, revela su esencia, permitiendo su caracterización e individualización, en función de todas las demás hipótesis de incidencia. Agrega que el aspecto material, como imagen abstracta de un hecho jurídico, se puede reflejar en: la propiedad inmobiliaria, patrimonio, renta, producción, consumo de bienes, prestación de servicios, o una actuación pública como el hecho de que el Estado realice obras, produzca un servicio, conceda una licencia, una autorización, un permiso, etcétera. En una posición muy similar se encuentra su compatriota Alfredo Becker, quien señala que "en la composición de la hipótesis de incidencia el elemento más importante es el *núcleo*. Es la naturaleza del núcleo lo que permite distinguir las distintas naturalezas jurídicas de los negocios jurídicos. También es el núcleo el que confiere el *género jurídico* al tributo. En las reglas jurídicas de tributación, el núcleo de la hipótesis de incidencia es siempre la *base de cálculo*".[50]

La aproximación dogmática del criterio material de la hipótesis tributaria ha despertado gran interés por los autores señalados, en especial aquella propuesta por Paulo de Barros. Sin embargo, es necesario complementar las referidas corrientes paulistas, análisis que será asumido considerando algunos aspectos de la semiótica, lo que no significa – como ya se explicó – establecer una construcción hipotética fundada únicamente en la función sintáctica y semántica de la

---

49. ATALIBA (1977), p. 114.

50. BECKER (2007), p. 348.

literalidad de los enunciados, sino un modelo interpretativo de normas cuyo contenido o identificación dependa de la satisfacción de ciertos criterios morales, en la búsqueda de un equilibrio o ponderación a la hora de aplicar el derecho.

4.1.1. El verbo y sus complementos

André Martinet[51] afirma que, cualquiera sea la lengua, para la existencia de un enunciado necesariamente debe haber un núcleo, a partir del cual puede producirse una expansión. Agrega que cuando este núcleo es simple, se podrá designar como predicado (verbo), pues tiene ese mismo carácter central de unidad, el que se observa en aquellos enunciados en que el predicado va acompañado de un sujeto. Como ejemplo de ello se puede citar: «los contribuyentes venden», «los herederos negociaron», «el consumidor compra», etcétera. En este sentido, el predicado, como parte esencial en la formulación de proposiciones, puede prescindir de sus expansiones o complementos. Martinet[52] plantea el siguiente ejemplo: en la frase «los perros de la vecina comen la sopa», los segmentos «de la vecina» y «la sopa» pueden desaparecer sin que deje de existir el enunciado «los perros comen»; al contrario, ni «de la vecina comen la sopa», ni «los perros de la vecina la sopa» representan ya un enunciado completo. Los segmentos «perros» y «comen» tienen, pues, un comportamiento aparte, un estatuto particular, que tradicionalmente les ha valido las designaciones de sujeto y predicado.

De acuerdo con el esquema anterior, el criterio material se presenta como un núcleo abstracto de la fórmula hipotética, formado, en su esencia, por un verbo designativo de comportamientos de una persona, sea natural o jurídica, pero que, además, requerirá de complementos o extensiones para lograr su total comprensión. Ante esto, en el proceso de construcción de la hipótesis tributaria, el operador jurídico deberá extraer

---

51. MARTINET (1968), p. 221.

52. MARTINET (1968), p. 221.

I

INTERPRETAÇÃO E CONSTRUÇÃO DE SENTIDO

del texto de la ley tanto el verbo como sus complementos para representar, en un plano abstracto, el criterio material que integrará dicha hipótesis. Cabe precisar que tanto el verbo del texto de la ley como el que se incorpora al criterio material de la hipótesis tributaria, tendrá un carácter asertivo finito: asertivo, porque es producido entre dos pausas, y finito, porque tiene una entonación específica final.[53] Por lo tanto, el verbo se constituye en el medio de conexión de las masas elocutivas de carácter sustantivo, adjetivo y adverbial, de acuerdo a las reglas de enlace y ordenamiento que entrega la sintaxis.

Si bien la articulación del lenguaje en algunos pasajes no requiere de nominativos para la construcción gramatical, como sucede en los enunciados «hace frío», «está limpio», «es tarde» o «habrá regalos», la situación cambia frente a la elaboración de la hipótesis tributaria, en donde para la identificación de su criterio material se requerirá relacionar y conectar el verbo con sus complementos o expansiones. De esta manera, si se consideran combinaciones gramaticales relacionadas con el impuesto a la obtención de la renta, tomando como base factores como la residencia, una actividad económica, el lugar de la fuente de la renta, entre otros, se podrá llegar al siguiente supuesto: «percibir» será el verbo que nos acercará a la identificación del criterio material; luego, las expansiones o complementos se inclinarán en los términos «renta», «residente» y en una actividad económica, como por ejemplo «servicios profesionales». Si se considera la fórmula hipotética «si ocurre la hipótesis F», el criterio material quedaría representado de la siguiente forma: «si el residente percibiere rentas por un servicio profesional». Esta proposición se descompone en la conjunción «si», en el artículo «el», en el sustantivo «residente», en el verbo en modo subjuntivo futuro «percibiere», en el sustantivo «rentas», en la preposición «por», en el artículo «un», en el sustantivo «servicio» y en el adjetivo «profesional». Considerando que en lenguaje todo es

---

53. BENVENISTE (2005), p. 166.

CONSTRUCTIVISMO LÓGICO-SEMÂNTICO
Homenagem aos 35 anos do grupo de estudos de Paulo de Barros Carvalho

combinación, sintácticamente se pueden presentar distintas cadenas de palabras orientadas a identificar el criterio material; sin embargo, como se aprecia en el ejemplo, el verbo será el punto incipiente para comenzar la búsqueda, en el texto de la ley, de sus respectivas expansiones o complementos.

En el ejemplo propuesto, el verbo «percibir» cumple la función propia de los roles participantes de acuerdo con la gramática de construcciones propuesta por la autora norteamericana Adele Goldberg.[54] Así, el verbo «percibir», sin complementos o expansiones, podría encontrar dos roles participantes: el «percibidor», esto es, quien percibe, y lo «percibido», es decir, lo que se percibe.

Dentro de los roles participantes a los que se refiere Goldberg también se pueden presentar distintas valencias, esto es, en opinión de Portilla,[55] aquellas que se refieren al número de participantes implicados en un determinado enunciado expresado por un verbo. Por ejemplo –indica este último autor–, semánticamente, el verbo «golpear» se refiere a un supuesto que implica necesariamente dos participantes, un agente que ejecuta la acción de golpear y un paciente que es golpeado, en donde el verbo tendrá un carácter bivalente. Por su parte, el verbo «caminar» se refiere a una situación en la que está implicado solamente un participante: quien realiza el movimiento, caso en el cual el verbo será monovalente. El verbo será trivalente si implica la presencia de un agente, un paciente y un beneficiario o recibidor, como en el caso de los verbos «regalar», «enviar», «vender». Finalmente, existen en español verbos nulovalentes o de valencia cero que, prototípicamente, no contemplan la presencia de ningún participante, como, por ejemplo, aquellos que expresan fenómenos naturales como *llover, tronar, amanecer*, que gramaticalmente son verbos unipersonales.

---

54. GOLDBERG (1995), p. 43.

55. PORTILLA (2008), p. 188.

I
INTERPRETAÇÃO E CONSTRUÇÃO DE SENTIDO

Si volvemos al ejemplo del verbo «percibir», podría calificar como un verbo trivalente si consideramos el enunciado «María percibió de Juan una renta», en donde «Juan» es el agente, «María» la beneficiaria y la «renta» el paciente. Sin embargo, en las normas generales y abstractas no nos encontraremos con este tipo de enunciados, frente a lo cual determinar el tipo de valencia de un verbo del criterio material dependerá de cada caso en particular.

Considerando estos roles participantes se puede llegar de manera más segura a los complementos comprendidos en la construcción gramatical. Según Goldberg,[56] el marco semántico de un verbo incluye la delimitación de roles participantes, los que deben distinguirse de los roles asociados con la construcción, los cuales se denominan roles argumentales. La distinción tiene por objeto captar el hecho de que los verbos están asociados a roles de marco específico, mientras que las construcciones están asociadas con roles más generales. En este sentido, agrega Goldberg,[57] si un verbo es un miembro de una clase verbo que se asocia convencionalmente con una construcción, a continuación, los roles participantes del verbo pueden ser semánticamente fusionados con los roles argumentales de la construcción.

La relación entre los roles participantes y los roles argumentales también puede ser apreciada en la fórmula hipotética del criterio material que se ha venido señalando: «si el residente percibiere rentas por un servicio profesional». En efecto, el rol participante «percibidor» se puede relacionar con el rol argumental «residente», mientras que el rol participante «renta», con el rol argumental «por un servicio profesional». En este caso, se desprenden dos participantes del verbo, asumiendo un carácter bivalente, en donde el «percibidor» es el agente y la «renta» el paciente.

---

56. GOLDBERB (1995), p. 43.

57. GOLDBERG (1995), p. 50.

CONSTRUCTIVISMO LÓGICO-SEMÂNTICO
Homenagem aos 35 anos do grupo de estudos de Paulo de Barros Carvalho

Según el autor chileno Sabaj,[58] el problema radica en determinar cuántos son los argumentos que entraña un predicado (verbo) y de qué tipo son estos argumentos, lo cual se define a partir de los roles temáticos (participantes). Su compatriota Daniel Pereira[59] señala que la relación de los roles participantes y los roles argumentales se desarrolla con base en dos principios. Primero, el principio de coherencia semántica: solo pueden fusionarse los roles semánticamente compatibles, es decir, si un rol es una instancia de otro; así, por ejemplo, no podría fusionarse el rol participante «percibidor» con el rol argumental «renta». Segundo, el principio de correspondencia: cada rol participante perfilado léxicamente se puede fusionar con un rol argumental de la construcción, es decir, si el verbo posee más roles participantes que roles argumentales perfilados por la construcción, entonces se puede agregar un rol más a la construcción, y también viceversa.

Advierte Sabaj[60] que lo que se denomina participantes semánticos "ha sido objeto de estudio de distintas corrientes lingüísticas, básicamente, desde la semántica y la sintaxis. Esta variedad de enfoques se refleja en las distintas nominaciones que, dependiendo de la orientación teórica, o el énfasis en lo semántico o en lo sintáctico, el mismo término presenta: participantes semánticos, roles semánticos, papeles temáticos, marcos, esquemas sintácticos, casos, actantes, etc. Debido a la unión entre aspectos semánticos y sintácticos que confluyen para explicar los predicados verbales, se sostiene que el ámbito específico del estudio de los participantes semánticos es objeto de la interfaz léxico-sintáctica". Indica el mismo autor que, independientemente del tipo de predicados que se esté estudiando, el tema de los roles semánticos parece ser un asunto especialmente controversial, lo que se debe a que, a pesar de la proliferación de aproxima-

---

58. SABAJ (2006), p. 270.

59. PEREIRA (2013), p. 138.

60. SABAJ (2006), p. 268.

I
INTERPRETAÇÃO E CONSTRUÇÃO DE SENTIDO

ciones y modelos que lo abordan, nunca ha habido acuerdo en cuáles ni cuántos son estos papeles semánticos.[61] Sin embargo, a pesar de estas controversias en el plano de los lingüistas, no existe impedimento para establecer la respectiva construcción gramatical del criterio material de la hipótesis tributaria a la luz de los roles participantes de los verbos, lo que se constituye en una adecuada herramienta de conexión con sus expansiones o complementos.

Entonces, el verbo es la esencia de ese núcleo abstracto que es el criterio material; la falta de él podría generar graves inconvenientes de interpretación. Por ejemplo, si la recepción del texto de la ley fuera la frase «establécese un impuesto sobre la renta»,[62] lo más probable es que se dificulte la construcción de la hipótesis tributaria, cuyo criterio material no estaría premunido de un verbo vinculado a un comportamiento de una persona. Esta proposición se descompone en el verbo «establécese», en el artículo «un», en el sustantivo «impuesto», en la preposición «sobre», en el artículo «la» y en el sustantivo «renta». El único verbo en dicha proposición es «establécese», el cual tiene una conjugación no personal, es decir, no está ligado a una acción de una persona. En este caso, lo más probable es que se tenga que recurrir a otras disposiciones del texto de la ley para la búsqueda de ese núcleo que identificará correctamente el criterio material. Puede que el camino se dificulte para quien recién comience en estas latitudes, tanto como tratar de revelar el secreto del sonido de un violín Stradivarius. En estricto rigor, la citada proposición creada en nuestra mente no resulta adecuada; es tan confusa como afirmar «establécese un impuesto sobre un árbol». Lo correcto es señalar «establécese un impuesto sobre la tala de árboles», en donde el verbo «talar» será el predicado que llevará a construir la hipótesis tributaria que persigue el

---

61. SABAJ (2006), p. 268.

62. Una redacción parecida ofrece el artículo 1º de la Ley sobre impuesto a la renta, consagrada en el artículo 1º del Decreto Ley Nº 824 de 1974.

legislador, es decir, que la «tala» de un árbol traerá como consecuencia el pago de un tributo.

Hasta aquí solamente se ha identificado el criterio material, estando pendiente, para la elaboración definitiva de la hipótesis tributaria, identificar su criterio temporal y espacial. Según Paulo de Barros,[63] es sumamente difícil referirse al criterio material sin hacer mención, aunque levemente, a las circunstancias de tiempo y lugar que le son atinentes. Agrega que el criterio material debe estar delimitado por condiciones espaciales y temporales, para que el perfil típico esté perfecto y acabado, por lo que sería absurdo imaginar una acción humana, o cualquier suceso de la naturaleza, que se realice independientemente de un lugar y ajeno a una cantidad de tiempo.[64] En esto radica el carácter escindible de la hipótesis tributaria, la que, para su construcción y comprensión, necesariamente debe estar premunida de todos sus criterios; es decir, una vez identificado el verbo – que se constituye en base del núcleo –, en sus complementos o expansiones también se integrarán expresiones que estarán asociadas a criterios temporales y espaciales. Pero, antes de comenzar el estudio de estos últimos criterios, previamente se analizarán las distintas corrientes doctrinarias relacionadas con la procedencia de establecer un cuarto criterio de la hipótesis tributaria, esto es, el denominado criterio personal.

4.1.2 Corrientes doctrinarias sobre el denominado criterio personal

Las construcciones dogmáticas sobre la cantidad de criterios que identifican una hipótesis tributaria no han sido uniformes. A los tres criterios esbozados –material, espacial y temporal–, parte de la doctrina agrega un cuarto, al que denomina criterio personal o subjetivo, lo que no ha estado ajeno a críticas, como se pasará a explicar.

---

63. BARROS (2011), p. 99.

64. BARROS (2012), p. 290.

I
INTERPRETAÇÃO E CONSTRUÇÃO DE SENTIDO

Entre los autores que incluyen el referido cuarto criterio se encuentra Geraldo Ataliba,[65] quien señala que "el aspecto personal, o subjetivo, es la cualidad – inherente a la hipótesis de incidencia – que determina a los sujetos de la obligación tributaria que el hecho imponible hará nacer. Consiste en una conexión (relación de hecho) entre el núcleo de la hipótesis de incidencia y dos personas, que serán erigidas, en virtud del hecho imponible y por fuerza de la ley, en sujetos de la obligación. Es pues un criterio de indicación de sujetos, que se contiene en la hipótesis de incidencia". Indica, además, que la mayoría de las veces, el aspecto personal queda implícito, aunque sea patente, lo que no obsta a que la ley sea expresa en la determinación de uno de los dos sujetos. Agrega que lo que, en la ley, recibe la calificación de aspecto personal de la hipótesis de incidencia es la determinación –explícita o implícita– del sujeto activo y el establecimiento del criterio para identificar al sujeto pasivo, criterio este que también puede venir explícito o implícito. Aunque, reconoce nuestro autor –al alero de Paulo de Barros–, que, si bien solo en el hecho imponible (hecho jurídico tributario, en mi terminología) es posible determinar correctamente el sujeto pasivo, "la hipótesis de incidencia tiene un criterio genérico de identificación del sujeto pasivo".[66]

En la misma línea se encuentra el autor brasileño Navarro,[67] quien señala que los aspectos más significativos de la hipótesis tributaria son cuatro: el personal, el material, el temporal y el espacial. Agrega que el aspecto personal de la hipótesis de incidencia dice relación con la persona envuelta en el hecho elegido como jurídico – para fines tributarios – por el legislador. Para aclarar su posición, Navarro[68] cita como ejemplo el fenómeno de la sustitución tributaria, en donde

---

65. ATALIBA (1977), pp. 85-87.

66. ATALIBA Y BARROS (1978), p. 9.

67. NAVARRO (2003), p. 92.

68. NAVARRO (2010), p. 597; navarro (2000), p. 375.

CONSTRUCTIVISMO LÓGICO-SEMÂNTICO
Homenagem aos 35 anos do grupo de estudos de Paulo de Barros Carvalho

se demuestra que la persona obligada a pagar el tributo, por expresa determinación de la norma, es diferente de aquella que, en la hipótesis de incidencia de la misma norma, practica el hecho elegido como jurídico. Concilia también esta posición su compatriota Souza,[69] manifestando que no existe la menor posibilidad de imaginarse una norma impositiva que no posea un criterio personal en su antecedente.

El brasileño Maia[70] sostiene que los tres criterios propuestos por Barros Carvalho – material, espacial y temporal – son suficientes para la existencia de la relación jurídica tributaria; sin embargo, otros criterios pueden ser aglutinados a estos, atendido que tanto el legislador como el cientista describen y sistematizan el producto legislado, siendo necesarias otras informaciones para que el tributo nazca. Con base en estas mismas ideas, su compatriota Leal[71] señala que, sin un sujeto en la hipótesis, no es posible construir lógicamente la regla-matriz de incidencia tributaria, por cuanto habría casos en que se tendrían hipótesis tributarias sin obligaciones tributarias correspondientes, como por ejemplo en el caso del impuesto sobre la renta resultante del trabajo asalariado para los servidores diplomáticos de gobiernos extranjeros. Propone el mismo autor que, para evitar ambigüedades, a este criterio se lo denomine como subjetivo, para establecer una diferencia entre el sujeto que consta en el antecedente y el sujeto pasivo que aparece en el criterio personal del consecuente, porque se trata de criterios diferentes, con funciones diferentes y, posiblemente, personas diferentes, pues no es necesario que el sujeto pasivo sea la persona que realiza el verbo. En una posición muy parecida se encuentra el brasileño Cunha,[72] quien señala que el ámbito de validez personal de las normas generales existe: ellas valen, genéricamente,

---

69. SOUZA (1999), p. 170.

70. MAIA (2008), p. 124.

71. LEAL (2008), pp. 178-181.

72. CUNHA(2011), p. 105.

I
INTERPRETAÇÃO E CONSTRUÇÃO DE SENTIDO

para todos los que practicaren el hecho previsto en el verbo del criterio material, objeto de acción humana. Agrega que se puede ocultar para fines de simplificación del análisis, pues, gran parte de las veces, él no es relevante en el análisis de la norma de incidencia tributaria, pero no niega su existencia, siendo, en tal caso, igualmente genérico y abstracto el sujeto del antecedente.

Las ideas anteriores también son compartidas por el jurista peruano Bravo,[73] quien señala que "el aspecto personal de la hipótesis de incidencia es el conjunto de coordenadas (condicionantes y calificaciones) referidas al sujeto que realizará la conducta que la norma tributaria pretende afectar". Luego, adhiriéndose a los postulados del autor brasileño Sacha, indica que es del entendimiento que, para la configuración del supuesto de hecho, debe atenderse a las condiciones y calificaciones de la persona involucrada en el hecho.

Encauzando mi posición frente a las distintas motivaciones doctrinarias, no comparto la posibilidad de que en la hipótesis tributaria se presente un cuarto criterio de carácter personal, con funciones y características propias, que permitan otorgarle una categoría similar a la de los demás criterios. Con esto no desconozco la posibilidad de que existan aspectos referidos a un sujeto, sino que considero que estos aspectos pasan a formar parte del denominado criterio material. De esta manera, la acción vinculada a un sujeto no es más que una función complementaria del verbo, integrándose, en consecuencia, al criterio material.

Si recordamos los roles participantes y roles argumentales que se presentan en toda construcción gramatical, ambos pueden ser semánticamente complementados. Por ejemplo, si se considera la fórmula hipotética del criterio material «si el residente percibiere rentas por un servicio profesional», el rol participante «percibidor» se puede relacionar con el rol argumental «residente». Siendo así, los sujetos –no determinados– que

---

73. BRAVO (2010), p. 174.

se puedan asociar a una acción se constituyen en complementos o expansiones del verbo, todo lo cual pasa a formar parte del criterio material de la hipótesis tributaria. Otra función no es posible apreciar. En cambio, como se verá más adelante, los criterios espacial y temporal de la hipótesis tributaria cumplen una función distinta; esto es, limitan, en lugar y tiempo, al criterio material que ha sido previamente identificado.

Por lo tanto, el conjunto de coordenadas referidas al sujeto que realizará la conducta solamente se puede encontrar a partir de la acción y, con mayor precisión, a través de un proceso de complementación entre los roles argumentales y los roles participantes del verbo. El verbo, entonces, conlleva una acción ligada a un sujeto no determinado, la que siempre formará parte del criterio material. El autor Eduardo Pereira[74] observa que "según Ayer y otros distintos gramáticos, expresar acción es una característica fundamental del verbo. Otros, sin embargo, consideran que esta característica pertenece a ciertos verbos llamados por ello activos, como andar, amar, etc., mientras que los otros verbos expresan estados, como estar, quedar, ser, vivir. De ahí definen el verbo como la palabra que expresa acción o estado, o, incluso, la cualidad, atribuida al respectivo sujeto. Sin embargo en los propios verbos de estado se concibe algún grado de actividad del sujeto. La diferencia entre las dos actividades está en que ésta es espontánea del sujeto, y aquella reflexiva". En consecuencia, la acción no se puede desligar del sujeto y, en esa forma, se proyectará en el núcleo del criterio material de la hipótesis tributaria.

4.2   El criterio espacial de la hipótesis tributaria

Como se dejó asentado en el acápite anterior, el criterio material se encontrará limitado en el espacio y en el tiempo, todo lo cual pasará a integrar el contenido propiamente tal de la hipótesis tributaria, pero, para fines didácticos, dichas

---

74. BARROS (2011), pp. 99 y 100.

I
INTERPRETAÇÃO E CONSTRUÇÃO DE SENTIDO

limitantes serán abordadas en forma separada. Indica Paulo de Barros[75] que, tratándose de una elaboración del espíritu humano, construida a partir de los enunciados constantes del derecho establecido, la norma, como juicio implicacional que es, goza de integridad conceptual, lo que no impide su disgregación a efectos analíticos, autorizada, única y exclusivamente, para los fines de análisis del lenguaje.

Justificado el estudio particular del criterio espacial, su función estará destinada a identificar aquellas circunstancias de lugar que complementarán y limitarán el núcleo de la hipótesis tributaria. Sin embargo, la articulación del trabajo dogmático con base en dicho criterio no es una tarea sencilla. Advierte Paulo de Barros[76] que no se debe referir al criterio espacial como la propia condición o la propia circunstancia de lugar, pues nos encontramos en aquel plano lógico de las descripciones hipotéticas, que, en último término, corresponden a meros conjuntos de criterios. De la misma manera, indica dicho autor, se tiende a atribuir a este criterio la cualidad de delinear los límites dentro de los cuales la norma jurídica se hace imperativa, es decir, vinculado al ámbito territorial de aplicación de las leyes, lo que parecería reducir injustamente la dimensión del referido criterio, convirtiéndolo en un simple indicador, casi siempre implícito, del campo de validez de la proposición jurídico-normativa, llevándolo a un indisimulable empobrecimiento de aquella realidad.

Lins e Silva[77] precisa que tampoco se debe confundir el criterio espacial de la hipótesis con el campo de eficacia de la ley tributaria, entidades que son ontológicamente distintas, y que no se confunden con el campo de validez de la ley aunque las condiciones sean hasta cierto punto frecuentes. Paulo de Barros[78] nos recuerda que la vigencia no se confunde con la efica-

---

75. BARROS (2004), p. 118.

76. BARROS (2011), p. 103.

77. LINS E SILVA (2012), p. 182.

78. BARROS (2009), p. 85.

CONSTRUCTIVISMO LÓGICO-SEMÂNTICO
Homenagem aos 35 anos do grupo de estudos de Paulo de Barros Carvalho

cia, principalmente porque una norma puede estar en vigor y no presentar eficacia técnica (sintáctica o semántica) e, igualmente, no tener eficacia social. Puede, por otro lado, no estar en vigor, presentando, sin embargo, eficacia técnica y eficacia social. Y termina señalando que no cabe hablar de norma válida y vigente como dotada, o no, de eficacia jurídica, ya que tal carácter es cualidad de los hechos jurídicos, no de las normas.

Siendo así, el criterio espacial se constituirá en el complemento o expansión que requieren los roles participantes del verbo del criterio material, es decir, formará parte de los denominados roles argumentales. Pero este complemento o expansión tiene una función particular que permite su identificación en la hipótesis tributaria, esto es, condiciona o limita al criterio material a determinadas circunstancias de lugar, pudiendo abarcar múltiples situaciones, que, en algunos casos, coincidirán con los límites dentro de los cuales la ley se hace imperativa.

Por lo tanto, el criterio espacial se plantea dentro del ámbito abstracto de las normas y en tal medida debe ser abordado. Así, por ejemplo, si se considera el siguiente criterio material: «si el residente percibiere rentas por un servicio profesional», el rol argumental del criterio espacial podría estar vinculado a la proposición «dentro o fuera del territorio nacional», integrándose la hipótesis tributaria de la siguiente forma: «si el residente percibiere rentas por un servicio profesional dentro o fuera del territorio nacional». En este modelo, el criterio espacial está plenamente especificado, lo que no siempre sucederá. De esta manera, este criterio podrá estar explícita o implícitamente integrado en la hipótesis tributaria y, en este último caso, se tendrán que realizar tantas conjugaciones de roles participantes como argumentales como sea posible, hasta lograr su completa identificación.

Lo anterior lleva necesariamente a sostener que podrán existir múltiples circunstancias identificadoras de un lugar, pero ligadas, según la doctrina,[79] a tres posibles límites: primero,

---

79. Véase: BARROS (2009), p. 293; LINS E SILVA (2012), pp. 181 y 182; CARRAZZA

I
INTERPRETAÇÃO E CONSTRUÇÃO DE SENTIDO

hipótesis cuyo criterio espacial está conectado con determinadas localidades, como una casa, una oficina, un aeropuerto, etcétera; segundo, hipótesis en que el criterio espacial alude a áreas específicas, de tal modo que su integración considerará una zona geográfica determinada, y, tercero, hipótesis en que el criterio espacial es de carácter más bien genérico, que puede coincidir con el manto de la vigencia territorial de la ley instituidora.

Ejemplo de la primera situación se encuentra en el impuesto sobre las importaciones, establecido en la letra a) del artículo 8º de la Ley sobre impuesto a las ventas y servicios,[80] cuya hipótesis tributaria quedaría integrada de la siguiente forma: «si importare, en forma habitual o no, un bien corporal mueble». En este caso, el término «importare», además de constituir un verbo en modo subjuntivo futuro, puede encontrar su rol participante «importar», como acción de un sujeto de ingresar una determinada mercancía al país, lo que puede ser complementado con el rol argumental referido a la localidad en donde se materializa dicha acción, esto es, en las oficinas del Servicio Nacional de Aduanas que funcionan en las fronteras, puertos o aeropuertos de cada país. En este caso, el criterio espacial no se ha establecido explícitamente en la proposición, sino que fluye en forma implícita, para lo cual fue necesario establecer el marco semántico del verbo para, luego, complementarlo con determinados roles argumentales. Esto permite demostrar que una interpretación sistemática de las normas puede llevar a integrar de manera correcta el criterio espacial de la hipótesis tributaria. En cuanto a la segunda situación, se puede indicar como ejemplo el impuesto único del 5,9 % por las ventas realizadas a zonas francas de extensión,[81] de acuerdo con lo estable-

---

(2010), p. 70; BRAVO (2010), p. 173.

80. Decreto Ley Nº 825, de 1974.

81. La letra a) del artículo 2° del Decreto con Fuerza de Ley Nº 2, de 2001, del Ministerio de Hacienda, define zona franca como: "El área o porción unitaria de territorio perfectamente deslindada y próxima a un puerto o aeropuerto amparada por presunción de extraterritorialidad aduanera". Por su parte, el artículo 21 del mismo Decreto con Fuerza de Ley señala que: "No obstante lo dispuesto en el presente decreto ley, el Presidente de la República, dentro del plazo de un año, contado

CONSTRUCTIVISMO LÓGICO-SEMÂNTICO
Homenagem aos 35 anos do grupo de estudos de Paulo de Barros Carvalho

cido en el artículo 11 de la Ley N° 18.211, sobre bonificaciones compensatorias a los trabajadores del sector público y normas de carácter financiero.[82] En este caso, la situación geográfica complementa en forma explícita el contenido de la hipótesis tributaria, la cual puede ser construida de la siguiente forma: «si vendiere bienes corporales a zonas francas de extensión», en donde la complementación del predicado «vendiere» estará dada por el lugar geográfico «zonas francas de extensión».

Finalmente, como ejemplo de la tercera situación se puede señalar el impuesto adicional a las bebidas alcohólicas, analcohólicas y productos similares, establecido en el artículo 42 de la Ley sobre impuesto a las ventas y servicios,[83] en donde la hipótesis tributaria coincidirá con el ámbito de vigencia territorial de la ley, lo que se regula en el artículo 4° del mismo cuerpo legal en los siguientes términos: "[e]*starán gravadas con el impuesto de esta ley las ventas de bienes corporales muebles e inmuebles ubicados en territorio nacional, independiente del lugar en que se celebre la convención respectiva*". Así, entonces, el núcleo de la hipótesis tributaria será complementado con el criterio espacial, que tendrá un carácter genérico: «si vendiere licores en el territorio nacional».

Un examen más exhaustivo podría dar lugar a otros ejemplos de limitantes de espacio, los que dependerán de los roles argumentales que se identifiquen en una determinada hipótesis tributaria. Cabe recordar que uno de los principales problemas en las construcciones gramaticales es "determinar cuántos son los argumentos que entraña un predicado [o verbo] y de qué tipo son estos argumentos, lo cual se define a

---

desde el 4 de noviembre de 1975, podrá, respecto de las Zonas Francas de Iquique y Punta Arenas, extender estas Zonas fuera del recinto perfectamente deslindado a que se refiere la letra a) del artículo 2° de este decreto ley, sólo para los efectos de lo señalado en los incisos siguientes".

82. Ley N° 18.211, de 1983.

83. Decreto Ley N° 825, de 1974.

I
INTERPRETAÇÃO E CONSTRUÇÃO DE SENTIDO

partir de los roles temáticos [o participantes]".[84] De esta manera, existirán situaciones en que la identificación de la limitante espacial requerirá un mayor esfuerzo intelectual. Ejemplo de ello se puede presentar en la siguiente proposición: «si el establecimiento permanente percibiere rentas», en donde el rol participante «percibidor» se puede complementar con el rol argumental «establecimiento permanente». Aquí se ha utilizado el principio de coherencia semántica al que se refiere Pereira;[85] esto es, que solo pueden fusionarse los roles semánticamente compatibles, es decir, si un rol es una instancia de otro. Entonces, la instancia del establecimiento permanente puede orientar a conjugar que la renta debe ser percibida por un sujeto radicado o establecido en un lugar determinado. Ya en trabajos anteriores he señalado que el establecimiento permanente es una prolongación efectiva, en otro país, de la actividad empresarial de su casa central, que puede o no estar relacionado con un lugar físico de operaciones;[86] en tal sentido, el lugar físico que caracteriza al establecimiento permanente es lo que permitirá identificar el criterio espacial de la hipótesis tributaria, sin perjuicio de que, una vez verificado el hecho social, nos encontremos en presencia de la prolongación de una actividad en otro país realizada por medios electrónicos, lo que podría dificultar la subsunción de dicho hecho en la hipótesis tributaria.

4.3 El criterio temporal de la hipótesis tributaria

4.3.1 Función abstracta del criterio temporal

El criterio temporal tiene como función principal identificar aquel momento dentro del cual se puede materializar el

---

84. SABAJ (2006), p. 270.

85. PEREIRA (2013), p. 138.

86. FAÚNDEZ (2013), pp. 50 y 51.

36

CONSTRUCTIVISMO LÓGICO-SEMÂNTICO

Homenagem aos 35 anos do grupo de estudos de Paulo de Barros Carvalho

criterio material. De ahí que resulte correcto afirmar que el criterio material se encuentra limitado a un criterio temporal.

Considerando esta función abstracta del criterio temporal, se incurre en un error de precisión terminológica si se sostiene que dicho criterio determina el momento en que se verifica el hecho jurídico tributario. Entre quienes sostienen esta errada visión se encuentra Ataliba, quien define el criterio temporal "como la propiedad que [él] tiene de designar (explícita o implícitamente) el momento en que se debe reputar consumado (sucedido, realizado) un hecho imponible".[87] La función del criterio temporal no es establecer el momento de ocurrencia de dicho hecho jurídico, sino que su finalidad es identificar aquel momento dentro del cual se puede materializar el criterio material que integra la hipótesis tributaria, todo lo cual ha sido construido en la mente del operador jurídico.

Por lo tanto, al igual que el criterio espacial, el criterio temporal se constituye en el complemento o expansión que requieren los roles participantes del verbo del criterio material, es decir, cumple una función propia de los roles argumentales, lo que puede desencadenar múltiples conjugaciones. Veamos algunos ejemplos.

De acuerdo con el criterio material limitado en espacio: «si el residente percibiere rentas por un servicio profesional dentro o fuera del territorio nacional», el rol argumental del criterio temporal podría estar vinculado a la proposición: «durante un año comercial», integrándose la hipótesis tributaria de la siguiente forma: «si el residente percibiere rentas por un servicio profesional, dentro o fuera del territorio nacional, durante un año comercial». En este modelo, en que el criterio temporal se identifica por el período de un año, dentro del cual se pueden percibir rentas derivadas de un servicio profesional, puede incidir en hechos sociales que se verifiquen en un determinado año comercial o en otros, teniendo aplicación la misma hipótesis. Por ejemplo, un residente percibió rentas en los meses de enero,

---

87. ATALIBA (1977), p. 97.

I

INTERPRETAÇÃO E CONSTRUÇÃO DE SENTIDO

junio y septiembre del año 2013 y enero de 2014, por servicios profesionales prestados en cada uno de esos meses, caso en el cual los hechos sociales verificados en los tres primeros meses se agruparán para ser subsumidos en la hipótesis tributaria limitada al año comercial 2013, mientras que el último hecho social, verificado en el mes de enero de 2014, será subsumido en la misma hipótesis, pero limitada al año comercial 2014.

El ejemplo anterior nos lleva a una interesante conclusión: que, construida una hipótesis tributaria, esta siempre será una sola, por más que tenga incidencia en hechos sociales verificados en distintos períodos. Así, en el caso analizado, se presentaron cuatro hechos sociales a los cuales se les aplicó la misma hipótesis, pero agrupados en distintos años comerciales. Por la misma razón, se debe tener cuidado en no confundir el criterio temporal con el tiempo o el momento en que se verifican los hechos sociales. Pertenecen a campos absolutamente distintos. El criterio temporal no es la ocurrencia de un evento o de un hecho, sino que su función siempre estará ligada al mundo abstracto, destinado a integrar una hipótesis tributaria que podrá incidir en hechos sociales ocurridos hoy, en una semana más, en un mes más, en un año más, en diez años más, etcétera.

También se puede ilustrar el criterio temporal en el caso del tributo a las operaciones de crédito de dinero,[88] cuyo criterio material limitado en espacio quedaría de la siguiente forma: «si se suscribe en el territorio nacional una operación de crédito de dinero», en donde el rol argumental del criterio temporal podría estar vinculado a la proposición «en cualquier momento». Sin embargo, en el caso descrito, es razonable concluir que, frente al proceso de construcción de la hipótesis tributaria, sería suficiente indicar el criterio material limitado en espacio, entendiendo que el criterio temporal estaría integrado implícitamente en dicha hipótesis. A diferencia del ejemplo anterior, aquí no es necesario agrupar distintos

---

88. En Chile este tipo de tributos corresponde al impuesto de timbres y estampillas consagrado en el Decreto Ley Nº 3.475, de 1980.

hechos sociales en un período de tiempo determinado; por lo tanto, verificado el hecho social o la operación de crédito, el proceso de subsunción de dicho hecho en la hipótesis tributaria puede ser iniciado en forma inmediata con la finalidad de establecer el nacimiento del hecho jurídico tributario.

Por otro lado, considerando que el proceso de construcción de una hipótesis tributaria implica considerar los enunciados del texto de la ley, en algunos casos la vigencia de dicho texto tendrá importancia para establecer las hipótesis que incidirán sobre los hechos sociales. Así, por ejemplo, en el caso en que una ley establezca un tributo a la venta de libros a un determinado plazo, su hipótesis se podría elaborar de la siguiente forma: «si vendiere un libro en el territorio nacional hasta el 31 de diciembre de 2014». En esta situación, el criterio temporal limita la hipótesis hasta el 31 de diciembre de 2014; por lo tanto, los hechos sociales que ocurran con posterioridad a dicha fecha no podrán ser subsumidos en la construcción hipotética.

4.3.2 Clasificación jurídica de la hipótesis tributaria en consideración al criterio temporal

Sin duda pueden existir tantas clasificaciones como autores que se pronuncien sobre ellas; sin embargo, la aceptación de una determinada clasificación siempre estará condicionada a la comprobación de la conclusión que el jurista espera obtener a través de dicha clasificación.[89] Considerando esta prevención, la doctrina tradicional ha desarrollado distintas clasificaciones sustentadas en aspectos de tiempo que integrarían el denominado hecho generador, pero que, al someterlas a un

---

89. Si llevamos esta afirmación al plano de la argumentación jurídica: establecer la veracidad de la premisa permitirá obtener una regla de inferencia, esto es, "si las premisas son verdaderas, entonces también tiene que serlo necesariamente la conclusión" ATIENZA (1997), p. 31. Pero, una premisa verdadera también podría llevar a una conclusión falsa si el factor de conexión es incorrecto, como se desprende en el siguiente ejemplo: si eximirse de un tributo da alegría, y si el hombre alegre hace divertir a los demás, entonces, sería una falacia sostener que: eximirse de un tributo hace divertir a los demás.

I
INTERPRETAÇÃO E CONSTRUÇÃO DE SENTIDO

examen riguroso en cuanto a los distintos ámbitos al que pertenecen las normas jurídicas y los hechos jurídicos, denotan una serie de falencias que hacen cuestionable sus conclusiones.

El principal exponente de estas clasificaciones es el autor brasileño Amílcar de Araújo,[90] quien señala que de acuerdo con la naturaleza del hecho generador desde el punto de vista de su producción en el tiempo, se ofrecen dos situaciones perfectamente distintas: la de los hechos generadores instantáneos y la de los hechos generados conjuntivos (complexivos). Los instantáneos serían hechos generadores que ocurren en determinado momento de tiempo y que cada vez que surgen dan lugar a una relación obligacional tributaria autónoma, como por ejemplo el impuesto a la importación, el que sería debido con la salida del producto del establecimiento aduanero. En cuanto a los hechos generadores conjuntivos, su ciclo de formación se completaría en determinado período de tiempo y consisten en un conjunto de hechos, circunstancias o acontecimientos globalmente considerados, como por ejemplo el tributo sobre la percepción de rentas.

Sin embargo, he asumido una clasificación de la hipótesis tributaria distinta de aquellas que plantea la doctrina brasileña tradicional, dependiendo de si el criterio temporal tiene un carácter explícito o implícito en la hipótesis, sin oponerme a la posibilidad de que se puedan presentar otras, pero en la medida de que sus premisas sean concomitantes con las conclusiones que se pretenden.

Así, el criterio temporal puede estar identificado explícitamente en la hipótesis tributaria, lo que ocurrirá, por ejemplo, en la siguiente proposición: «si el residente percibiere rentas por un servicio profesional, dentro o fuera del territorio nacional, durante un año comercial», en donde el rol argumental que asume el criterio temporal se identifica por el período de un año, dentro del cual se pueden percibir rentas

---

90. ARAÚJO (1964), pp. 99-102. También se adhieren a esta posición los autores paulistas: SAMPAIO (1968), p. 167; FANUCCHI (1976), p. 151.

CONSTRUCTIVISMO LÓGICO-SEMÂNTICO
Homenagem aos 35 anos do grupo de estudos de Paulo de Barros Carvalho

derivadas de un servicio profesional. De esta forma, se podrá asumir, con base en el criterio temporal, que la hipótesis tributaria construida por el operador jurídico puede tener incidencia en todos aquellos hechos sociales que se verifiquen dentro de ese año comercial.

Por otro lado, se encuentran aquellas hipótesis en que, si bien el criterio temporal no está identificado en forma explícita, de todas maneras fluye de ella implícitamente, como es el caso del tributo a las operaciones de crédito de dinero, suponiendo el siguiente criterio material limitado en espacio: «si se suscribe en el territorio nacional una operación de crédito de dinero», en donde no es necesario que el rol argumental del criterio temporal se incorpore a la proposición, atendido que este está referido a cualquier tiempo, lo que se deduce de manera implícita. Así, entonces, verificado el hecho social o la operación de crédito, el proceso de subsunción de dicho hecho en la hipótesis tributaria puede ser iniciado en forma inmediata. Coincidiendo con Paulo de Barros,[91] por el hecho de no constar el criterio temporal en la expresión verbal de la hipótesis, el intérprete no está autorizado a concluir la inexistencia del condicionante temporal, pues implicaría el absurdo de concebir un hecho que no se realice en el tiempo, sino sólo en el espacio. Agrega dicho autor, que debemos ser plenamente conscientes de que verdaderamente no incumbe al legislador entregar proposiciones jurídicas, normativas o no, dentro de esquemas lógicos que abrevien el trabajo del jurista, haciéndolo inútil. Una labor de este tipo traería subyacente la necesidad de que la emprendieran los propios científicos del derecho, cuando todos sabemos que las leyes se dictan por quienes reúnen instrumental político, y no jurídico. Ahora, indica nuestro autor, compete exclusivamente al jurista recibir el trabajo legislativo, en el estado de claridad y compostura jurídica en el que se encuentre, para encuadrarlo en las categorías adecuadas, otorgándole la significación que el todo

---

91. BARROS (2011), p. 106.

I
INTERPRETAÇÃO E CONSTRUÇÃO DE SENTIDO

sistemático impone. Esta es, primordialmente, la función del científico del derecho. Por lo tanto, no causa aversión encontrar disposiciones normativas en las que no se haga mención expresa al criterio temporal, porque el legislador no está obligado a hacerlo y, de cualquier modo, el jurista tendrá los instrumentos para sacarlo a la luz.

Esta clasificación deja de manifiesto que el criterio temporal de la hipótesis tributaria siempre estará presente en ella, no concibiendo la posibilidad de excluirlo de su integridad.

5. Posibilidad de aplicación para el fortalecimiento del sistema tributario chileno

Se puede establecer, a esta altura, que el proceso de construcción de una hipótesis tributaria permite realizar formulaciones didácticas en beneficio de la labor interpretativa de los operadores jurídicos. Sin embargo, las corrientes paulistas encabezadas por Paulo de Barros desarrollan sus postulados en la función dual de los juicios hipotéticos condicionales de matiz kelseniana, lo que podría llevar, en exceso, a un positivismo duro basado solamente en fuentes sociales. Esto permite advertir que la construcción de una hipótesis tributaria debe aceptar la existencia de normas cuyo contenido o identificación dependa de la satisfacción de ciertos criterios morales. En esta línea, el proceso de construcción de una hipótesis tributaria puede lograr importantes beneficios para el sistema tributario chileno, como se verá a continuación.

Para justificar el referido beneficio, se procederá a determinar la hipótesis tributaria del impuesto de segunda categoría de los trabajadores dependientes para ser contrastada con la jurisprudencia administrativa del Servicio de Impuestos Internos.

La Ley sobre impuesto a la renta se refiere a este tributo en el Nº 1 del artículo 42,[92] el que tiene un carácter único por

---

92. Decreto Ley Nº 824, de 1974.

42

expresa indicación del inciso segundo del N° 1 del artículo 43,[93] sin perjuicio de que, excepcionalmente, el contribuyente opte por reliquidar anualmente el tributo, o bien se encuentre en la obligación de hacerlo cuando haya obtenido rentas de más de un empleador, de conformidad con lo establecido en el artículo 47.[94]

La jurisprudencia administrativa del Servicio de Impuestos Internos plasmada en el Ordinario N° 2.154,[95] deja en evidencia los problemas interpretativos con relación a establecer lo que realmente quiere gravar el citado impuesto de segunda categoría. Dicho pronunciamiento dio respuesta a una consulta sobre la tributación de un bono otorgado por el artículo segundo de las disposiciones transitorias de la Ley N° 20.250,[96] al personal de atención primaria de salud municipal, declarando lo siguiente: *"dicho bono, conforme al concepto de renta definido en el N° 1, del artículo 2° de la LIR, constituye un beneficio o incremento patrimonial para quién las percibe. De esta manera, en conformidad a lo establecido en el artículo 42 N° 1 de la misma ley, si las referidas sumas son percibidas por trabajadores afectos al Impuesto Único de Segunda Categoría, dichas cantidades constituyen una mayor remuneración por la prestación de los servicios personales, la que se devenga en la fecha de pago de la cuota respectiva, y por tanto, deben considerarse junto a las demás rentas de dichos períodos para el cálculo del impuesto"*. En lo anterior cabe advertir dos puntos: primero, que limitaría la aplicación del gravamen del artículo 42 N° 1 a las cantidades percibidas (*"si las referidas sumas son percibidas"*), y, segundo, que el devengo sería *"en la fecha de pago de la cuota respectiva"*. Lo anterior quita toda posibilidad de que una determinada remuneración se grave en el momento en que sea devengada, es decir, en el instante en que el contribuyente tenga un título o derecho, independientemente de su actual exigibilidad

---

93. Decreto Ley N° 824, de 1974.

94. Decreto Ley N° 824, de 1974.

95. Servicio de Impuestos Internos, Ordinario N° 2.154, de 3 de octubre de 2013.

96. Ley N° 20.250, de 2008.

I

INTERPRETAÇÃO E CONSTRUÇÃO DE SENTIDO

y que constituya un crédito para su titular, de conformidad con lo señalado en el N° 2 del artículo 2.[97] Si consideramos la metodología propuesta en este trabajo se puede llegar a la conclusión de que el gravamen del artículo 42 N° 1 dice relación tanto con rentas percibidas como devengadas. Veamos por qué.

El N° 1 del artículo 42[98] indica que: *"Se aplicará, calculará y cobrará un impuesto en conformidad a lo dispuesto en el artículo 43, sobre las siguientes rentas: 1°. Sueldos, sobresueldos, salarios, premios, dietas, gratificaciones, participaciones y cualesquiera otras asimilaciones y asignaciones que aumenten la remuneración pagada por servicios personales, montepíos y pensiones, exceptuadas las imposiciones obligatorias que se destinen a la formación de fondos de previsión y retiro, y las cantidades percibidas por concepto de gastos de representación"*. Los primeros verbos que se desprenden de la citada disposición corresponden a: *aplicará, calculará, cobrará, aumenten* y *destinen,* los que no se condicen en una estructura lógica que permita establecer lo que realmente se quiere gravar, es decir, no se pretende establecer un impuesto a la aplicación, al cálculo, al aumento o al destino. Sin embargo, el verbo «percibir», utilizado en la última parte del citado artículo (*"y las cantidades percibidas por concepto de gastos de representación"*) pareciera entregar algún indicio de lo que se pretende gravar, esto es, la percepción de una renta, pero limitada a los gastos de representación, manteniéndose la duda respecto de los demás tipos de remuneraciones. La ambigüedad que produce la literalidad estatuida en el N° 1 del artículo 42[99] lleva a plantear la siguiente interrogante: ¿se gravan solamente las rentas percibidas, o bien tanto las rentas percibidas como las devengadas?

Planteado el problema, un primer indicio puede obtenerse a partir de lo señalado en el artículo 19,[100] disposición que

---

97. Decreto Ley N° 824, de 1974.

98. Decreto Ley N° 824, de 1974.

99. Decreto Ley N° 824, de 1974.

100. Decreto Ley N° 824, de 1974.

CONSTRUCTIVISMO LÓGICO-SEMÂNTICO
Homenagem aos 35 anos do grupo de estudos de Paulo de Barros Carvalho

da inicio al Título II, instituido como *Del impuesto cedular por categoría*, el que indica lo siguiente: *"Las normas de este Título se aplicarán a todas las rentas percibidas y devengadas"*. De esta forma, salvo regla especial, tanto el impuesto cedular de primera como de segunda categoría gravan las rentas percibidas o devengadas, disposición que no se ve alterada por lo señalado en el N° 1 del artículo 42.[101] Lo anterior hay que concordarlo con lo prescrito en el artículo 46,[102] el que reza lo siguiente: *"Tratándose de remuneraciones del número 1° del artículo 42 pagadas íntegramente con retraso, ellas se ubicarán en el o los períodos en que se devengaron y el impuesto se liquidará de acuerdo con las normas vigentes en esos períodos"*, esto permite la posibilidad de que el tributo opere también sobre remuneraciones devengadas, lo que implícitamente lleva a sostener que también grava las remuneraciones percibidas.

Identificado, entonces, el núcleo de la hipótesis tributaria, y considerando los roles argumentales del verbo, el criterio material quedará de la siguiente forma: «si se percibiere o devengare sueldos, sobresueldos, salarios, premios, dietas, gratificaciones, participaciones y cualesquiera otras asimilaciones y asignaciones que aumenten la remuneración pagada por servicios personales, montepíos y pensiones, exceptuadas las imposiciones obligatorias que se destinen a la formación de fondos de previsión y retiro, y las cantidades percibidas por concepto de gastos de representación».

En cuanto al criterio espacial, tendrá aplicación lo señalado en el artículo 3°,[103] esto es, los domiciliados o residentes en Chile tributarán por las rentas que tengan su fuente tanto en Chile como en el extranjero. Así, el criterio espacial estará identificado con la siguiente proposición: «dentro o fuera del territorio nacional», la cual, integrada con el criterio material, da como resultado lo siguiente: «si se percibiere o devengare

---

101. Decreto Ley N° 824, de 1974.

102. Decreto Ley N° 824, de 1974.

103. Decreto Ley N° 824, de 1974.

I
INTERPRETAÇÃO E CONSTRUÇÃO DE SENTIDO

sueldos, sobresueldos, salarios, premios, dietas, gratificaciones, participaciones y cualesquiera otras asimilaciones y asignaciones que aumenten la remuneración pagada por servicios personales, montepíos y pensiones, exceptuadas las imposiciones obligatorias que se destinen a la formación de fondos de previsión y retiro, y las cantidades percibidas por concepto de gastos de representación, dentro o fuera del territorio nacional».

Por otro lado, el criterio temporal limitará al criterio material respecto de aquellas remuneraciones que se perciban o devenguen en un período mensual, lo que se obtiene a partir de lo señalado en el N° 1 del artículo 74,[104] en relación con el artículo 78. La primera disposición se refiere a la obligación de retener los impuestos, la que indica: *"Estarán igualmente sometidos a las obligaciones del artículo anterior: 1°. Los que paguen rentas gravadas en el N° 1 del artículo 42"*. La segunda disposición señala: *"Dentro de los primeros doce días de cada mes, las personas obligadas a efectuar las retenciones a que se refieren los números 1, 2, 3, 5, y 6 del artículo 74 deberán declarar y pagar todos los tributos que hayan retenido durante el mes anterior"*. En consecuencia, la hipótesis tributaria quedará limitada temporalmente a aquellas remuneraciones que se percibieren o devengaren en un mes, ante lo cual el rol argumental del criterio temporal quedará vinculado a la proposición «durante un mes», la que, integrada al criterio material y espacial, otorga la hipótesis tributaria completa: «si se percibiere o devengare sueldos, sobresueldos, salarios, premios, dietas, gratificaciones, participaciones y cualesquiera otras asimilaciones y asignaciones que aumenten la remuneración pagada por servicios personales, montepíos y pensiones, exceptuadas las imposiciones obligatorias que se destinen a la formación de fondos de previsión y retiro, y las cantidades percibidas por concepto de gastos de representación, dentro o fuera del territorio nacional, durante un mes». Queda en evidencia, entonces, que la posibilidad de construir una hipótesis tributaria en los términos señalados se

---

104. Decreto Ley N° 824, de 1974.

puede constituir en una herramienta destinada a fortalecer el sistema tributario chileno.

Conclusiones

La hipótesis tributaria, como parte de una estructura lógica, se constituye en una manifestación del propio lenguaje, cuya construcción permite al intérprete un mejor acercamiento frente a la percusión de las normas jurídicas tributarias en los hechos ocurridos en la realidad. Así, en la elaboración de dicha hipótesis, su proposición es puesta no solamente en la función sintáctica y semántica de los enunciados, sino que también en los aspectos pragmáticos desarrollados – según Wittgenstein – en el uso lingüístico de dichos enunciados.

Si bien esta propuesta metodológica tiene sus orígenes en el derecho tributario brasileño, su aplicación en Chile ha generado problemas al no ser debidamente comprendida por los autores. Prueba de ello es la forma en que fue recogida por el autor chileno Pedro Massone en su libro "Principios de derecho tributario", quien, al plantear un análisis conjunto entre los criterios de la hipótesis tributaria y los elementos del hecho jurídico tributario, no logró percibir los ámbitos distintos en los que se desenvuelven dichos conceptos.

En atención a ello, para la aplicación en Chile de las citadas corrientes paulistas, se debiera considerar que la construcción hipotética no puede quedar radicada solamente en una interpretación literal del texto, sino que debe reconocer la posibilidad de aceptar la existencia de normas cuyo contenido o identificación dependa de la satisfacción de ciertos criterios morales. Esto en ningún caso se presenta como una contradicción con los alcances interpretativos propios del derecho tributario chileno, en donde pareciera que lo restrictivo es condición esencial para aplicar una determinada norma jurídica, sino que lo que se busca es un equilibrio o proporcionalidad aplicada a un caso determinado.

I
INTERPRETAÇÃO E CONSTRUÇÃO DE SENTIDO

En cuanto al contenido de la hipótesis tributaria, el criterio material se presenta como un núcleo abstracto, formado, en su esencia, por un verbo designativo de comportamientos de una persona, el que necesita ser complementado para alcanzar su total comprensión. Estos complementos, a mi entender, pueden ser encontrados en los roles participantes o argumentales del verbo, siguiendo la gramática de construcciones propuesta por la autora norteamericana Adele Goldberg. Así, del verbo se puede deducir el número de participantes implicados en un determinado enunciado, permitiendo una mejor aproximación al texto legislado.

Además, el verbo, como núcleo abstracto del criterio material de la hipótesis tributaria, es designativo de comportamientos de una persona, sea natural o jurídica; es decir, el verbo conlleva una acción ligada a un sujeto no determinado, el que siempre formará parte del criterio material. Esto permite sostener que en la hipótesis tributaria no tiene cabida un criterio de carácter personal, atendido a que la acción no se puede desligar del sujeto y, en esa forma, se proyectará solamente en el núcleo del criterio material de la hipótesis tributaria.

Los criterios espacial y temporal también se constituyen en complementos que requieren los roles participantes del verbo del criterio material, no concibiendo la posibilidad de excluirlos de su integridad. En el caso del criterio espacial, condiciona o limita al criterio material a determinadas circunstancias de lugar, pudiendo abarcar múltiples situaciones que, en algunos casos, coincidirán con los límites dentro de los cuales la ley se hace imperativa. La limitante temporal no tiene como función establecer el momento de ocurrencia del hecho jurídico tributario, sino que su finalidad es identificar aquel momento dentro del cual se puede concretar el criterio material que integra la hipótesis tributaria.

Planteado el estudio en la praxis de la jurisprudencia administrativa del Servicio de Impuestos Internos, se pudo establecer que si el Ordinario Nº 2154 hubiese considerado la metodología propuesta en esta investigación, la conclusión sería distinta. Dicha instrucción limita el criterio material en el verbo «percibidas», quitando toda posibilidad de que una remuneración de un trabajador dependiente se grave en el momento en que sea devengada. De esta manera, la integración del criterio material con sus limitantes espaciales y temporales, permitió establecer que el núcleo se encontraría asociado a los verbos «percibir» y «devengar», lo que demuestra que compete exclusivamente al jurista recibir el texto legislativo en el estado de claridad y compostura jurídica en el que se encuentre, para encuadrarlo en las categorías adecuadas, otorgándole la significación que el todo sistemático impone.

Bibliografia citada

ARAÚJO FALCÃO, Amílcar de (1964): *El hecho generador de la obligación tributaria* (traducc. Carlos Giuliani Fonrouge, Buenos Aires, Editorial Depalma).

ARAÚJO SEABRA DE MOURA, Federico (2007): *Lei complementar e normas gerais em matéria tributária* (São Paulo, Tesis de maestría en derecho de la Pontificia Universidad Católica de São Paulo).

ATALIBA NOGUEIRA, Geraldo (1977): *Hipótesis de incidencia tributaria* (traducc. Roque García Mullín, Montevideo, Fundación de Cultura Universitaria de Montevideo).

ATALIBA NOGUEIRA, Geraldo, y Barros carvalho, Paulo de (1978): *VI curso de especialização em direito tributário* (São Paulo, Editorial Resenha Tributária).

ATIENZA RODRÍGUEZ, Manuel (1997): *Las razones del derecho, teorías de la argumentación jurídica* (Madrid, Centro de Estudios Constitucionales).

ATRIA LEMAITRE, Fernando (2016): *La forma del derecho* (Madrid, Marcial Pons).

I
INTERPRETAÇÃO E CONSTRUÇÃO DE SENTIDO

ALMEIDA BARROS, Lídia (2006): "Aspectos epistemológicos e perspectivas científicas da terminologia", en: *Ciência e Cultura* (Vol. 58, N° 2), pp. 22-26.

BARROS CARVALHO, Paulo de (2009): *Curso de direito tributário, vigésima primera edición* (São Paulo, Editora Saraiva).

_____(2004): *Derecho tributario: fundamentos jurídicos de la incidencia, segunda edición* (traducc. Hilda Guillén de Vizcarra, Buenos Aires, Editorial Depalma).

_____(2012): *Direito tributário: fundamentos jurídicos da incidência, novena edición* (São Paulo, Editora Saraiva).

_____(2013): *Direito tributário, linguagem e método, quinta edición* (São Paulo, Editora Noeses).

BARROS CARVALHO, Paulo de (2011): *Teoría de la norma tributaria* (traducc. Jorge Bravo Cucci y Juan Carlos Panez Solórzano, Lima, Ara Editores).

BECKER, Alfredo (2007): *Teoria geral do direito tributário*, cuarta edición (São Paulo, Editorial Noeses).

BELLUCCI, Maurício (2008): *Imposto sobre a renda e indenizações* (São Paulo, tesis de maestría en Derecho de la Pontificia Universidad Católica de São Paulo).

BENVENISTE, Émile (2005): *Problemas de linguística geral I, quinta edición* (traducc. Maria da Glória Novak y Maria Luisa Neri, São Paulo, Editoria Pontes).

BEUCHOT PUENTE, Mauricio (2016): *Hechos e interpretaciones, hacia una hermenéutica analógica* (Ciudad de México, Fondo de Cultura Económica).

_____(2013a): "Historia de la filosofía del lenguaje, segunda reimpresión" (Ciudad de México, Fondo de Cultura Económica).

_____(2012): "La semiótica, quinta reimpresión" (Ciudad de México, Fondo de Cultura Económica).

_____(2013b): "Perfiles esenciales de la hermenéutica, segunda reimpresión" (Ciudad de México, Fondo de Cultura Económica).

BRAVO CUCCI, Jorge (2010): *Fundamentos de derecho tributario*, cuarta edición (Lima, Jurista Editores).

CARRAZZA, Roque (2010): *Reflexões sobre a obrigação tributária* (São Paulo, Editora Noeses).

CAVALLO, Ricardo (2005): "A regra-matriz de incidência da contribuição provisória sobre Movimentação Financeira e a utilização de seus dados para a fiscalização de outros tributos". Disponible en: https://sapientia.pucsp.br/ bitstream/ handle/8688/1/cpmf2.pdf [visitado el 19.03.2017].

CONTIPELLI, Ernani de Paula (2009): *Solidariedade social tributária na perspectiva da teoria tridimensional do direito de Miguel Reale* (São Paulo, tesis de doctorado en Derecho de la Pontificia Universidad Católica de São Paulo).

COSTA, Regina Helena (2009): *Curso de direito tributário* (São Paulo, Editora Saraiva).

CUNHA, Carlos Renato (2011): *O simples nacional, a norma tributária e o princípio federativo* (Curitiba, Juruá Editora).

DARZÉ, Andréa Medrado (2010): *Responsabilidade tributária, solidariedade e subsidiariedade* (São Paulo, Editora Noeses).

FANUCCHI, Fábio (1976): *Curso de direito tributário*, cuarta edición (São Paulo, Resenha Tributária).

FAÚNDEZ UGALDE, Antonio (2014): *Reorganización empresarial, derecho tributario y tributación interna, segunda edición* (Santiago, LegalPublishing).

I
INTERPRETAÇÃO E CONSTRUÇÃO DE SENTIDO

FERREIRA, Eduardo Marcial (2013): *Curso de direito tributário* (São Paulo, Editora Noeses).

FERREIRA CASTELLANI, Fernando (2006): A vinculação das receitas tributárias e as contribuições no sistema tributário nacional (São Paulo, Tesis de maestría en derecho de la Pontificia Universidad Católica de São Paulo).

GOTTLOB FREGE, Friedrich (1973): *Estudios sobre semántica, segunda edición* (traducc. Ulises Moulines, Barcelona, Editorial Ariel).

GOLDBERG, Adele E. (1995): Constructions. A construction grammar approach to argument structure (Chicago, The University of Chicago).

GOMES DE SOUSA, Rubens (1975): *Compendio de legislação tributária*, edición póstuma (São Paulo, Editorial Resenha Tributária).

HUSSSERL, Edmund Gustav Albrecht (1962): *Ideas relativas a una fenomenología pura y una filosofía fenomenológica*, segunda edición (traducc. José Gaos, Ciudad de México, Fondo de Cultura Económica).

_____(1967): *Investigaciones lógicas*, segunda edición (traducc. Manuel Morente y José Gaos, Madrid, Revista de Occidente).

LEAL GRIZ, Rodrigo (2008): Isenção tributária: fundamentos para uma teoria do fato jurídico tributário (São Paulo, Tesis de maestría en derecho de la Pontificia Universidad Católica de São Paulo).

LINS E SILVA, Joana (2012): *Fundamentos de la norma tributaria* (traducc. Juan Carlos Panez Solórzano, Lima, Juristas Editores).

MAIA, Robson Maia (2008): A mora no direito tributário (São Paulo, Tesis de doctorado en derecho de la Pontificia Universidad Católica de São Paulo).

CONSTRUCTIVISMO LÓGICO-SEMÂNTICO
Homenagem aos 35 anos do grupo de estudos de Paulo de Barros Carvalho

MARTINET, André (1968): *La lingüística sincrónica* (traducc. Felisa Marcos, Madrid, Editorial Gredos).

MASSONE PARODI, Pedro (2013): *Principios de derecho tributario, tercera edición* (Santiago, LegalPublishing).

MOTTA, Angela da (2006): *Ficções jurídicas tributárias* (São Paulo, tesis de doctorado en Derecho de la Pontificia Universidad Católica de São Paulo).

MOUSSALLEM, Tárek Moysés (2012): *Fuentes del derecho tributario* (traducc. Juan Carlos Panez Solórzano, Lima, Juristas Editores).

NARDI DÁCOMO, Natália de (2007): Hipótese de incidência do ISS (São Paulo, Editora Noeses).

NAVARRO COELHO, Sacha (2010): *Curso de direito tributário brasileiro, undécima edición* (Río de Janeiro, Forense).

_____(2000): *Manual de direito tributário* (Río de Janeiro, Forense).

_____(2003): *Teoria geral do tributo, da interpretação e da exoneração tributária, tercera edición* (São Paulo, Dialética).

PEREIRA PEREIRA, Daniel Ignacio (2013): "Construcciones de movimiento causado con el verbo *poner*: un estudio de corpus", en: *Revista Literatura y Lingüística* (N° 27), pp. 137-151.

PORTILLA CHAVES, Mario (2008): "Los pronombres reflexivos clíticos como operadores de destransitivación en español", en: *Filología y Lingüística* (N° XXXII), pp. 185-201.

REALE, Miguel (2002): *Filosofia do direito*, décimo novena edición (São Paulo, Editora Saraiva).

ROCHA, Rodrigo Antonio da (2012): Fontes do direito tributário: reflexão sobre a vontade na enunciação normativa (São Paulo, Tesis de doctorado en derecho de la Pontificia Universidad Católica de São Paulo).

I
INTERPRETAÇÃO E CONSTRUÇÃO DE SENTIDO

SABAJ MERUANE, Omar (2006): "El uso de los participantes semánticos en los predicados de cambio de estado del español: una aproximación basada en corpus", en: *Revista Literatura y Lingüística* (N° 17), pp. 267-301.

SAMPAIO DORIA, Antônio (1968): Da lei tributária no tempo (São Paulo, Obelisco).

SOARES DA COSTA, Adriano (2009): *Teoria da incidência da norma jurídica*, segunda edición (São Paulo, Malheiros Editores).

SOUZA DE QUEIROZ, Luís (1999): Sujeição passiva tributária (Rio de Janeiro, Forense).

MENDONÇA, Mauritânia de Sosa (2013): Lançamento tributário: vícios materiais e formais para fins do art. 173, II, do Código tributário nacional (São Paulo, tesis de maestría en Derecho de la Pontificia Universidad Católica de São Paulo).

SQUELLA NARDUCCI, Agustín (2007): ¿Qué *es el derecho?* (Santiago, Editorial Jurídica de Chile).

_____. (2011): *Introducción al derecho*, segunda edición (Santiago, Editorial Jurídica de Chile).

VIEIRA, José Roberto (1993): A regra-matriz da incidência do IPI: texto e contexto (Curitiba, Juruá).

VIEIRA DE FIGUEIREDO, Marina (2011): *Lançamento tributário* (São Paulo, tesis de maestría en Derecho de la Pontificia Universidad Católica de São Paulo).

VILLEGAS, Héctor (2001): *Curso de finanzas, derecho financiero y tributario*, séptima edición (Buenos Aires, Editorial Depalma).

WITTGENSTEIN, Ludwig (1986): Philosophical Investigations (traducc. G.E.M. Anscombe, Oxford, Basil Blackwell).

Normas jurídicas citadas

Decreto con Fuerza de Ley Nº 2, aprueba del texto refundido, coordinado y sistematizado del Decreto con Fuerza de Ley Nº 341, de 1977, sobre Zonas Francas. Diario Oficial, 10 de agosto de 2001.

Decreto Ley Nº 824, aprueba Ley sobre impuesto a la renta. Diario Oficial, 31 de diciembre de 1974.

Decreto Ley Nº 825, Ley sobre impuesto a las ventas y servicios. Diario Oficial, 31 de diciembre de 1974.

Decreto Ley Nº 3.475, Ley de timbres y estampillas. Diario Oficial, l 4 de septiembre de 1980.

Ley Nº 18.211, sobre bonificaciones compensatorias a los trabajadores del sector público y normas de carácter financiero. Diario Oficial, 23 de marzo de 1983.

Ley Nº 20.250, sobre beneficios a personal de atención primaria. Diario Oficial, 9 de febrero de 2008.

Jurisprudencia citada

Servicio de Impuestos Internos (2013): Departamento de Impuestos Directos 3 octubre 2013 (consulta tributación de bono extraordinario). Disponible en: http://www.sii.cl/pagina/jurisprudencia/adminis/2013/ley_renta2013.htm [visitado el 19.03.2017].

DA ZETÉTICA À DOGMÁTICA: INTERPRETAÇÃO DA NORMA JURÍDICA À LUZ DOS PRESSUPOSTOS DO CONSTRUCTIVISMO LÓGICO-SEMÂNTICO

Adriano Luiz Batista Messias[1]

1. Introdução

O presente artigo presta homenagens ao Grupo de Estudos do Instituto Brasileiro de Estudos Tributários – IBET, concebido em 1985 para estudos mais alentados, esclarecimentos e reflexões sobre o Direito, e que tenho a honra de participar desde o ano de 2015. Não poderia deixar de prestigiar o Professor Paulo de Barros Carvalho, quem se doou ao Grupo, em reuniões semanais nas quais cedeu seu precioso tempo, revelando que dentre todas as atividades que desenvolve, o Grupo de Estudos é a principal.

Oferecendo fundamentos de concepção jurídico-filosófica aos estudos, o Grupo busca das respostas às questões do Direito Tributário, com valiosas contribuições à Teoria Geral

---

1. Mestrando em Direito Tributário pela Pontifícia Universidade Católica de São Paulo, Especialista em Direito Tributário pelo COGEAE/PUC de São Paulo, Professor do curso de pós-graduação em Direito Tributário da PUC/SP, Professor orientador de monografias no Instituto Brasileiro de Estudos Tributários – IBET. Advogado. adriano.messias1@hotmail.com

I

INTERPRETAÇÃO E CONSTRUÇÃO DE SENTIDO

do Direito, e reconstrução da própria Filosofia do Direito, através das concepções advindas do Constructivismo Lógico-Semântico que permitem a conversa entre proposições teoréticas e da experiência, mediante critérios racionais, que repercutem na pragmática da comunicação jurídica em diferentes setores do Direito.

Neste contexto, o presente texto busca demonstrar que o Constructivismo Lógico-Semântico questionou os fundamentos óbvios outrora aceitos no Direito Tributário,[2] mediante análises críticas que explicitaram suas premissas. Inicialmente, portanto, procurou questionar as opiniões já formadas, indagando e investigando os paradigmas e, com isso, tornou-se método científico que construiu um novo modelo de aproximação com o direito positivo, solucionando e demarcando com firmeza o seu discurso.

Com primorosa condução pelo Professor Paulo de Barros Carvalho, o Grupo de Estudos vem açacalar a Escola do Constructivismo Lógico-Semântico, lapidando o processo de interpretação da norma jurídica, redefinindo o trato científico dado ao ordenamento jurídico.

2. Algo sobre o conhecimento

O homem representa o mundo intelectualmente pelo conhecimento, que se consubstancia na sua forme de consciência. Esta, por sua vez, é função em que se trava contato com as vivências interiores e exteriores, relativamente a algo, cuja apreensão se dará mediante certa forma, produzida por determinado ato.

Diferenciam-se, portanto: (i) o ato de consciência (*noeses*), tais como perceber, lembrar, imaginar etc.; (ii) o resultado

---

2. Tal terminologia foi utilizada por Alfredo Augusto Becker, ao aduzir que *"o Direito Tributário está em desgraça e a razão deve buscar-se não na superestrutura – mas precisamente naqueles seus fundamentos que costumam ser aceitos como demasiado 'óbvios' para merecerem a análise crítica"*. BECKER, Alfredo Augusto. *Teoria geral do direito tributário*. 5 ed. São Paulo: Noeses, 2010, p. 12.

deste ato, ou seja, sua forma (conhecimento), que consiste na percepção, lembrança, imaginação etc.; e (iii) seu conteúdo, que é o objeto do conhecimento (*noema*) captado pela consciência e articulável no intelecto, como, por exemplo, o percebido, o lembrado, o imaginado, *et cœtera*.[3]

O ato de conhecer, portanto, consubstancia-se na tentativa de satisfação do espírito humano em estabelecer uma ordem lógica para o mundo, tanto exterior como interior, tornando-o inteligível, ou seja, posto numa ordem lógica passível de articulação intelectual, que chamamos de racionalidade.

Lourival Vilanova[4] destaca os componentes do conhecimento, que são inseparáveis, entretanto discerníveis, sendo *"a) o sujeito cognoscente; b) os atos de percepção e de julgar; c) o objeto do conhecimento (coisa, propriedade, situação objetiva); d) a proposição (onde diversas relações de conceito formam estruturas)"*.

Após a racionalização, isto é, processo de mediante o qual o conhecimento é legitimado, aceito como verdadeiro, o intelecto justifica e legitima a intuição e as correlatas proposições construídas. Trata-se da organização das ideias, em que são firmadas as condutas e atitudes conscientes, num pensamento ordenando. O ato de conhecer pressupõe uma redução de complexidades, tendo o conhecimento como seu produto, expresso em sinais captados pelos sentidos humanos através da linguagem.

Adverte-se que a racionalidade jamais atingirá a completude de suas afirmações, uma vez que na proposta de conhecimento integral abrangerá inclusive certezas em relação ao futuro, com a possibilidade de antecipar as consequências de determinado fato.

Em sentido amplo, toda forma de consciência que aprisiona um objeto intelectualmente como seu conteúdo é

---

3. HUSSERL, Edmund. *Investigações filosóficas* – Sexta investigação. Elementos de uma elucidação fenomenológica do conhecimento. São Paulo: Nova Cultural, 2005, *passim*.

4. VILANOVA, Lourival. *As estruturas lógicas e o sistema do direito positivo*. 5ª ed. São Paulo: Noeses, 2015, p. 1

I
INTERPRETAÇÃO E CONSTRUÇÃO DE SENTIDO

conhecimento. Em sentido estrito, por sua vez, o conhecimento se dará quando seu conteúdo aparecer numa de suas modalidades, como na forma de juízo de valor, submetido a critérios de confirmação ou infirmação, onde serão atribuídas características a estes objetos e das propriedades que lhes definem.

Isso não quer dizer, contudo, que os objetos serão ontologicamente considerados. Parte-se da premissa de que as manifestações cognoscíveis são limitadas à consideração dos objetos como fenômenos. Ainda que se pretenda a suspensão de juízos, a contemplação desinteressada não nega a existência do objeto, como alude a *epokhé* (εποχη) fenomenológica de Husserl.[5] Entretanto, a atitude dogmática demanda emissão juízos e, em relação aos objetos culturais, a implantação de valores.

A partir da intuição, ou seja, sensação direcionada e incerta de existência acerca de determinado objeto, nasce o conhecimento. A intuição não consiste em uma linha de pensamento ordenado, pois as impressões absorvidas pelo cérebro são realizadas por instinto natural e inicial do ser humano em assimilar tudo que está ao seu redor.

Conhecer consiste na representação perante um objeto, cujo processo cognitivo está fundado na representação, o objeto representado e o sujeito que representa referido objeto.[6] Mas como o real é infinito em seus aspectos, inesgotável nas suas manifestações, e irrepetível, é preciso seccioná-lo, recortá-lo, em proposta artificial que torna admissível o expediente cognoscitivo.

Como toda articulação intelectual tem suas bases na linguagem, que possibilita a construção de mensagens necessárias à comunicação, elemento necessário às relações intersubjetivas. Neste sentido, o conhecimento, cuja construção se dará através de proposições e relacionados a juízos, também

---

5. HUSSERL, Edmund. *Ideias para uma fenomenologia pura e para uma filosofia fenomenológica*. São Paulo: Ideias & Letras, 2006, *passim*.

6. ALVES, Alaor Caffé. *Lógica – Pensamento forma e argumentação* – Elementos para o discurso jurídico. São Paulo: Edipro, 2000, p. 27.

não existe sem linguagem. Assim, através da linguagem, bem como de seus limites, que o homem constrói a sua realidade, ou seja, o conhecimento está limitado à capacidade de formular proposições sobre determinado objeto, ou seja, fixam-se as significações conceptuais e se comunica o conhecimento. É neste sentido que Wittgenstein[7] doutrina que *os limites da minha linguagem significam o limite do meu mundo*.

A realidade do indivíduo é representada pela subjetividade do conteúdo dos objetos que capta no ato de conhecimento, ou seja, como tal objeto se apresenta como elemento integrante do mundo da consciência, havendo uma relação dialética entre o sujeito e o objeto.

E aqui se encontra o ponto central de nossa investigação. A partir dos enfoques zetético (em que se colocam as dúvidas) e dogmático (onde se fixam as premissas científicas em sentido estrito) para aproximação do direito positivo, tomado como objeto da Ciência do Direito, temos que a compreensão da norma jurídica se dá através da interpretação, que é, também, um fenômeno comunicacional. E o Constructivismo Lógico-Semântico, tomado como método,[8] é o modo de se trabalhar o direito que dá firmeza à mensagem jurídica. A linguagem dos juristas, frequentemente, utiliza-se de termos soltos, vagos (*verbi gratia* "justiça"), que podem ter diferentes sentidos a cada indivíduo.

A proposta interpretativa constructivista é desenvolvida a partir de uma combinação de várias ciências, partindo do modelo analítico de lógica deôntica juntamente com a teoria da

---

7. WITTGENSTEIN, Ludwig. *Tractatus Logico-philosophicus*. São Paulo: Edusp, 2001, p. 111.

8. Admitimos, contudo, que o constructivismo lógico-semântico pode ser visto em duas acepções: como método de investigação do sistema jurídico; e como corrente formada pelo exame do direito a partir de uma série de conceitos e preocupações que imprimem determinado estilo de investigação dotado de um discurso característico. Veja-se, sobre o assunto: MCNAUGHTON, Charles William. Constructivismo lógico-semântico. *In Direito Tributário e os novos horizontes do processo*. Paulo de Barros Carvalho (coord.). São Paulo: Noeses, 2015.

I
INTERPRETAÇÃO E CONSTRUÇÃO DE SENTIDO

proposição normativa kelseniana, que lhe serve como estrutura lógico-sintática mínima da norma jurídica a ser construída ao final do percurso interpretativo. Como Ciência do Direito em sentido estrito (Dogmática Jurídica), partilha da Analítica da Linguagem, da Hermenêutica Filosófica e da Semiótica, apropriando-se da Teoria dos Signos (intepretação dos textos jurídicos considerando os aspectos sintático, semântico e pragmático). A proposta metodológica da Escola do Constructivismo Lógico-Semântico consiste em estudar o direito dentro da concepção epistemológica demarcada pela Filosofia da Linguagem e, a partir desse referencial, realizar a amarração lógica e semântica de suas proposições para a construção de seu objeto, sem deixar de considerar o contexto comunicacional.

3. Zetética e dogmática jurídica: o constructivismo lógico-semântico como método de investigação do sistema jurídico

A atitude zetética (*zetein*) tem o questionamento como posição fundamental, avaliando e reavaliando as premissas outrora adotadas, podendo ser alteradas e até desconstituídas.[9] Pode ser vista como oposição à dogmática (*dokein*), mas a abertura aos pontos de vista que conservam o caráter hipotético e problemático, a despeito de serem importantes para delimitar o horizonte de questões, deve voltar-se à verificação científica das premissas e, a partir delas, amarrar o discurso, colocando-o em bases bem definidas.

O objeto do Constructivismo Lógico-Semântico consiste em dar consistência ao discurso jurídico, impingindo a definição das acepções dos termos utilizados no direito, elucidando o sentido das palavras.

---

9. Assim nos explica Tercio Sampaio Ferraz Junior: "*a investigação zetética tem sua característica principal na abertura constante para o questionamento dos objetos em todas as direções (questões infinitas)*". FERRAZ JÚNIOR, Tercio Sampaio. *Introdução ao estudo do direito*: técnica, decisão, dominação. 2 ed. São Paulo: Atlas, 1994, p. 44.

Para tanto, em atitude zetética, questionou os paradigmas até então vigentes que tomavam o direito posto como objeto, promovendo uma desconstrução de premissas da retórica tradicional, com negação de validade aos fundamentos óbvios. Mas a adoção de atitude correlata à teoria zetética pelo Constructivismo Lógico-Semântico ficou limitada ao questionamento de modelos, buscando sempre a demarcação de premissas para análise do direito positivo como objeto, por meio de apreciação epistemológica voltada à resolução dos problemas teóricos, levando-se em conta que *"o conhecimento está sempre em processo de modificação, repensando, reconstruindo, reinventando suas formas, seus métodos, redesenhando seu campo de possibilidades empíricas, seus mecanismos de autoavaliação."*[10]

Cabe aqui manifestação acerca da relevância da análise epistemológica, imprescindível na elaboração científica. Em todo ato de fala há retórica, e o que caracteriza o saber científico é o método adotado. No positivismo, procurou-se dar sentido científico ao mundo, mas não há neutralidade na ciência: o homem não pode ficar impassível diante de um objeto que se encontra no mesmo espaço circunstancial. Sempre há comprometimento com o objeto, ainda que mínimo, pois a neutralidade absoluta é inatingível, ainda que se deva tender à neutralidade científica.

O exegeta, instado pelas inerentes dificuldades de interpretação ao ver-se envolvido com o direito, que é um objeto cultural, sempre se verá na contingência de lançar vistas às noções fundamentais em que estão depositados os conceitos de sua ciência. Mas deve guardar em mente que o fenômeno do conhecimento jamais cobrirá totalmente a extensão do objeto em um só eito, sendo necessário seccioná-lo artificialmente, a fim de tornar admissível o expediente cognoscitivo.

O direito convive com valores e exige certas doses de subjetividade para ser interpretado. Neste ponto, exige-se a

---

10. CARVALHO, Paulo de Barros. *Direito tributário:* reflexões sobre filosofia e ciência em prefácios. São Paulo: Noeses, 2019, p. 8.

I
INTERPRETAÇÃO E CONSTRUÇÃO DE SENTIDO

aplicação de uma estratégia de explicação das normas jurídicas. Neste sentido, leciona Paulo de Barros Carvalho:[11]

> O constructivismo lógico-semântico é antes de tudo um instrumento de trabalho, modelo para ajustar a precisão da forma da pureza e nitidez do pensamento. Meio e discurso para a construção rigorosa do discurso, no que atende, em certa medida, um dos requisitos do saber científico tradicional. Acolhe, com entusiasmo, a recomendação de Norberto Bobbio, segundo o qual não haverá ciência ali onde a linguagem for solta e descomprometida. O modelo constructivista se propõe a amarrar os termos da linguagem, segundo os esquemas lógicos que deem firmeza a mensagem, pelo cuidado especial com o arranjo sintático da frase, sem deixar de se preocupar com o plano do conteúdo, escolhendo as significações mais adequadas à fidelidade da enunciação.

O Constructivismo Lógico-Semântico não se resume à estruturação de problemas sintáticos, ou seja, relativos à conexão de palavras na estrutura da frase, ou mesmo lógicos, que ocorrem em relação à coerência de uma expressão com outras expressões dentro de um contexto, avançando ao plano semântico, isto é, no significado das palavras individuais ou das frases (utilizando-se os preceitos de Alf Ross[12] em relação aos problemas da interpretação). Toca as notas do pragmatismo, pois o início do giro linguístico se dá na pragmática.

A justiça é um dado solto, sendo resultado do processo de conformação com os valores do indivíduo. Há, sempre, um critério relativista, o que dificulta o conhecimento, mas não ao ponto de negar-se tudo, o que levaria a um niilismo. O intérprete também faz adaptações às construções passadas, ou seja, acomodações de acordo com novos referenciais, dinâmicos da evolução da cultura, por novos parâmetros.

O conhecimento do direito, portanto, depende da interpretação. Atualmente, a hermenêutica moderna fala em

---

11. CARVALHO, Paulo de Barros. Algo sobre o constructivismo lógico-semântico. *In Constructivismo lógico-semântico.* São Paulo: Noeses, 2014, p. 4.

12. ROSS, Alf. *Direito e justiça.* Tradução de Edson Bini. São Paulo: Edipro, 2000, p. 151-165.

leitura, interpretação como processo e compreensão como produto. Não há como interpretar sem leitura, mas aquilo que se lê é apenas o ponto de partida para a interpretação, não sendo, ainda, interpretação. Após o ato de leitura, passa-se a atribuir significações (combinação de palavras etc.) até chegar à compreensão. O direito vem depois do fato social, pois a vida moderna é acelerada em termos de acontecimentos: o direito não a acompanha. A interpretação, neste caso, consistirá no plano pragmático da comunicação, onde se dará novo sentido à resultante, sem mudança da palavra da lei.

Alguns pontos sintetizam as ideias da escola constructivista: i) a realidade é construída pela linguagem, onde toda Ciência constrói seu objeto em nome de uma descrição, mediante a estruturação lógico-semântica de conceitos; ii) a verdade é um valor, que é atribuída às conclusões de um discurso quando estas se encontram em coerência como o modelo de premissas utilizado para sua construção, não havendo teorias absolutas, pois todas são dependentes do sistema de referência; iii) o direito, enquanto objeto, pode ser recortado sob vários enfoques, sendo de especial interesse o enfoque jurídico, ou seja, o direito positivo enquanto conjunto de normas jurídicas válidas; iv) o direito é texto, e as normas jurídicas são resultado da interpretação, não se encontrando no suporte físico dos textos jurídicos, mas construídas na mente daqueles que o interpretam; v) concebendo o direito enquanto linguagem, a Semiótica, a Lógica, a Teoria dos Valores, da Decisão, das Provas[13] e a Hermenêutica funcionam como técnicas para a implementação do método do constructivismo; vi) não há interpretações certas ou erradas no direito, somente falando-se em interpretações válidas, ou seja, vertidas em linguagem competente; vii) as normas jurídicas não incidem naturalmente, sendo necessário um ato de aplicação humano para que os

---

13. A dinâmica da prova é observada no contexto do fato comunicacional e considerada em suas projeções axiológicas. Sobre o tema, vide TOMÉ, Fabiana Del Padre. *A prova no direito tributário:* de acordo com Código de Processo Civil de 2015. 4 ed., rev., atual. São Paulo: Noeses, 2016.

I
INTERPRETAÇÃO E CONSTRUÇÃO DE SENTIDO

fatos sejam juridicizados, desencadeando os efeitos jurídicos que lhe são próprios; viii) os fatos jurídicos são legitimados pelo procedimento e se constituem em razão das provas apresentadas e não em razão da correspondência com os acontecimentos aos quais fazem referência; ix) o direito se realiza mediante relações jurídicas, ou seja, vínculos abstratos constituídos em razão da incidência normativa, mediante o qual um sujeito fica obrigado, proibido ou permitido em relação a outro sujeito; e x) a validade das normas jurídicas é uma relação de pertencialidade das normas para com o sistema e não uma relação de coerência destas normas com o sistema.

Tais circunstâncias aproximam muito a interpretação constructivista daquela proposta pela Hermenêutica Filosófica, que sem dúvida alguma é a mais "liberal" das teorias da interpretação a informar o constructivismo.

Trata-se, no entanto, de uma liberdade interpretativa controlada pelas categorias retiradas dos modelos analíticos, que são reconhecidamente mais restritivos quanto à criatividade interpretativa, de maneira a permitir que o processo hermenêutico seja racionalmente controlável.

Parece-nos que é justamente esta combinação de modelos interpretativos que dá azo à afirmação de que o método próprio ao constructivismo é o hermenêutico-analítico. Contudo, tal modelo interpretativo não constitui óbice à evolução dos níveis de compreensão do ser cognoscente, em uma atitude dogmática, ou seja, em linguagem da Ciência do Direito em sentido estrito.

4. Direito como linguagem

A linguagem é composta de duas partes: (i) uma social (essencial), que é a língua; (ii) outra individual (acessória), que é a fala. Língua é um sistema de signos artificialmente constituído por uma comunidade de discurso e fala é um ato de seleção e atualização da língua, dependente da vontade do

CONSTRUCTIVISMO LÓGICO-SEMÂNTICO

Homenagem aos 35 anos do grupo de estudos de Paulo de Barros Carvalho

homem e diz respeito às combinações pelas quais ele realiza o código da língua com o propósito de constituir seu pensamento.[14] A língua é, enquanto sistema convencional de signos, uma instituição social, não sendo possível ser modificada por atos individuais isolados, mas somente através de uma evolução histórica. A língua está imersa no inconsciente humano como sistema de signos e de regras de utilização destes signos, a despeito de ser social.

A realidade jurídica é constituída pela língua jurídica. A língua não é uma estrutura por meio da qual compreendemos o mundo, mas uma atividade mental estruturante do mundo, ou seja, cada língua cria uma realidade.

Paulo de Barros Carvalho[15] nos ensina que a língua é tomada como sistema de signos em vigor numa determinada comunidade social, usada como instrumento de comunicação. A língua, enquanto sistema convencional de signos, está representada pela linguagem, participando do mundo físico, fisiológico e psíquico, da índole pessoal de cada um e do seu contorno social, sendo este o corte metodológico. A fala é ato individual de seleção e atualização, em face da língua, que é instituição e sistema. Num processo dialético, não pode haver língua sem fala. Linguagem, língua e fala são noções correlatas, indissociáveis. A linguagem significa a capacidade do ser humano para comunicar-se por intermédio de signos cujo sistema utilizado é a língua.

Como unidade de um sistema que permite a comunicação inter-humana, signo é um ente que tem status lógico de relação, em que um suporte físico se associa a um significado e a uma significação. O suporte físico é a palavra falada ou escrita, de natureza física, material que se refere a algo do mundo exterior ou interior, da existência concreta ou imaginária, atual ou

---

14. SAUSSURE, Ferdinand de. *Curso de linguística geral*. Trad. Antônio Chelini, José Paulo Paes e Isidoro Blikstein. 28 ed. São Paulo: Cultrix, 2012, p. 15-32.

15. CARVALHO, Paulo de Barros. *Direito tributário:* linguagem e método, 5ª ed. rev. ampl. São Paulo: Noeses, 2013, pp. 30-32.

I
INTERPRETAÇÃO E CONSTRUÇÃO DE SENTIDO

passada, que é seu significado, e suscita em nossa mente uma noção, ideia ou conceito, que chamamos de significação. A classificação do gênero signo pode ser feita em três espécies: índice (signo que mantém conexão física com o objeto que indica), ícone (procura reproduzir, de algum modo, o objeto que se refere, oferecendo trações de semelhança ou refletindo atributos que estão no objeto significado), e símbolo (signo arbitrariamente construído, não guardando, em princípio, qualquer ligação com o objeto do mundo a que ele significa).

A fala consiste num ato individual de seleção e atualização da língua.[16] O homem seleciona as palavras e as relações a serem estabelecidas, dentre os signos e regras presentes em seu inconsciente, mantendo presentes os signos e estruturações como elementos de uma língua. A fala tem caráter individual, manifestadas pelas escolhas daqueles que se utiliza da língua que, por sua vez, se transforma por meio da fala. A linguagem é produto da fala, sendo o resultado da utilização da língua por um sujeito, resultante da capacidade do ser humano de comunicar-se por meio dos signos.

Como a própria língua se trata do conjunto de signos ordenados para comunicação e a fala é cada uma dos atos utilizados para comunicar algo a alguém, temos uma relação de coimplicação. A linguagem, por sua vez, é tomada como a atividade de produzir atos de fala em geral, nos trazendo a noção de comunicação.

Na comunicação sempre existirá o emissor, que transmitirá a mensagem (ou texto) a um destinatário. O emissor da mensagem tem o trabalho de dar à mensagem um formato acessível para o destinatário, procurando evitar a ocorrência de ruídos na comunicação. O papel do destinatário, por sua vez, consiste na reconstrução da intenção do emissor e de interpretar a mensagem. A atribuição de sentido à mensagem transmitida, portanto, é feita pelo destinatário, numa atitude que leva em conta os próprios conhecimentos.

---

16. SAUSSURE, Ferdinand de. *Curso de linguística geral*. Trad. Antônio Chelini, José Paulo Paes e Isidoro Blikstein. 28 ed. São Paulo: Cultrix, 2012, p. 18.

CONSTRUCTIVISMO LÓGICO-SEMÂNTICO
Homenagem aos 35 anos do grupo de estudos de Paulo de Barros Carvalho

Na linguística de Saussure,[17] as relações sintagmáticas opõem-se às relações associativas (paradigmáticas). Dentro do estruturalismo, a distinção entre eixo sintagmático – eixo horizontal de relações de sentido entre as unidades da cadeia falada, que se dão em presença – e o eixo paradigmático – eixo vertical das relações virtuais entre as unidades comutáveis, que se dão em ausência – se dão naquelas relações que se dão no domínio da fala, os elementos que constituem o enunciado e aquelas pertencentes ao domínio da língua, em que apenas um dos elementos pode ser válido no enunciado produzido, resultando na comutatividade das palavras, dependendo do contexto e da natureza do enunciado.

Podemos estabelecer, assim, as medidas significativas do enunciado no cotejo entre os eixos, através de representação por curva assintótica, onde serão estipuladas as dimensões do texto e do contexto, sem desconsiderar que os objetos se apresentam como fenômenos dependentes de construção humana.

Como o plano de expressão corresponde ao suporte físico, ou seja, a base empírica da comunicação, somente será considerado texto se possível construir sentido a cada uma das palavras, nos respetivos eixos sintagmático (em que há uma palavra após a outra, organizadas na forma de frases ou enunciados, segundo as regras próprias da sintaxe, que se preocupa com estes caminhos horizontais sequenciais) e paradigmático (possibilidades de conotações em eixo vertical, em que são postas as acepções semânticas).

Considerando as premissas de Vilém Flusser,[18] para quem o universo, conhecimento, verdade e realidade são aspectos linguísticos, tudo aquilo que nos vem por meio dos sentidos, sendo realidade, consiste em dado bruto que se torna somente no contexto da língua, processo de compreensão através do intelecto.

---

17. SAUSSURE, Ferdinand de. *Curso de linguística geral*. Trad. Antônio Chelini, José Paulo Paes e Isidoro Blikstein. 28 ed. São Paulo: Cultrix, 2012, p. 15-32.

18. FLUSSER, Vilém. *Língua e realidade*. 3 ed. São Paulo: Annablume, 2007, *passim*.

I
INTERPRETAÇÃO E CONSTRUÇÃO DE SENTIDO

Assim, somente por meio da linguagem é possível o conhecimento como algo objetivado, criando aquilo que é real e capaz, igualmente, de desconstituir o real, criando novas realidades.

O direito se trata de objeto cultural linguístico que constrói a sua própria realidade, dentro de fundamentos que compõem a unidade do sistema. Neste sentido, como objeto do mundo, o direito existe como linguagem. Através da linguagem, o direito cria sua realidade, diferenciando-se de outros sistemas. Como conjunto estruturado de signos, o direito é tomado como texto, sendo um dos pressupostos do Constructivismo Lógico-Semântico.

O direito, portanto, oferece o dado da linguagem como seu integrante constitutivo. Ensina-nos Paulo de Barros Carvalho[19] que

> a linguagem não só fala do objeto (Ciência do Direito), como participa de sua constituição (direito positivo), o que permite a ilação forte segundo a qual não podemos cogitar de manifestação do direito sem uma linguagem, idiomática ou não, que lhe sirva de veículo de expressão.

O direito positivo se trata do conjunto de normas que regem a vida do indivíduo e de determinada sociedade, dentro de um espaço temporal de vigência e em determinada territorialidade, através da expressão de juízo axiológico dos comportamentos prescritos. Tem sua estrutura de linguagem correspondente à Lógica Deôntica, ou do dever-ser, cujas proposições serão válidas ou não válidas. A Ciência do Direito, por sua vez, guarda relação com o entendimento sistematizado objeto de estudo científico do direito, distinguindo-lhe de atribuições morais, aplicando-se a Lógica Apofântica, em que as proposições que o jurista formula terão valores de verdade e falsidade.

A interpretação, neste sentido, constitui-se na atribuição de valores aos símbolos, adjudicando-lhes significações.

---

19. CARVALHO, Paulo de Barros. *Direito tributário:* fundamentos jurídicos de incidência. 9ª ed. São Paulo: Saraiva, 2012, p. 105.

A linguagem é sempre um objeto da cultura que carrega valores, típicos da realização do espírito humano. Trata-se de conteúdo axiológico a partir de determinado texto, onde a linguagem permite a construção de um conteúdo, a ser percorrido no percurso da construção de sentido, que discorreremos durante este trabalho.

Considerando-se que o signo consiste em uma relação triádica entre um (i) suporte físico, (ii) um significado e (iii) uma significação, na terminologia de Edmund Husserl,[20] temos que a linguagem utiliza o signo como elemento intercalar no conjunto sistematizado da língua.

Vale ressaltar que o suporte físico se trata da parte material do signo, apreendida pelos sentidos através do contato físico, referente a algo que se encontra no mundo, denominado de seu significado, assim entendido como a representação individualizada do suporte físico. A ideia, noção ou conceito suscitados na mente de quem interpreta é a significação.[21]

Contudo, nós vemos o que aparece: o fenômeno, pois aquilo do objeto que escapa à consciência (*noúmeno*, em alusão a Immanuel Kant)[22] é inacessível, mas dos dados brutos sensíveis ou do saber tomado como "não científico" chegar-se-ia ao conhecimento científico através da própria conformação do espírito, posto de forma absoluta na consciência. Neste aspecto, admite-se que inconsciência dá o direcionamento das escolhas posteriormente racionais, advindas da própria experiência.

Tenhamos em mente que não saímos das formas, pois estamos presos na linguagem, cujo cerco é inapelável. Como somente temos acessos às formas (a ideia/conteúdo permanece na mente até ser enunciada/forma), o conteúdo somente

---

20. HUSSERL, Edmund. *Investigações filosóficas – Sexta investigação*. Elementos de uma elucidação fenomenológica do conhecimento. São Paulo: Nova Cultural, 2005.

21. CARVALHO, Paulo de Barros. *Direito tributário: linguagem e método*, 5ª ed. São Paulo: Noeses, 2013. pp. 33/34.

22. KANT, Immanuel. *Crítica da razão pura*. São Paulo: Abril Cultural, 1980.

I
INTERPRETAÇÃO E CONSTRUÇÃO DE SENTIDO

aparece na objetividade da linguagem intersubjetiva: a forma é o fundo aparecendo, e as coisas têm *pseudo*essências, cujo acesso nós não temos (*noúmenos*), mas tão somente ao que aparece (fenômenos).

Assim, reafirma-se que o limite do mundo do ser humano é aquele de sua linguagem, ou seja, sobre aquilo que pode emitir proposições (p→p). Cabe aqui uma advertência quanto a tal afirmativa: logicamente, o negador somente existe a partir de uma proposição base, ou seja, o recorte metodológico do suporte fático consiste delimitar aquilo que não quer conhecer para delimitar aquilo que quer, isolando o objeto e reduzindo complexidades, compondo algo homogêneo a partir daquilo que é heterogêneo. Ainda segundo Wittgenstein, aquilo que não tem como se representar linguisticamente, não existe, mas isso nos conduziria à conclusão de que não haveria como delimitar o horizonte cultural, pois a utilização do negador à proposição base, para delimitação do objeto, já faria parte da linguagem e, portanto, do mundo, conduzindo a uma expansão infinita da espiral hermenêutica.

Mas aquele que toma contato com o objeto estabelece limites provisórios, tendo em vista que o ser humano é carente, e a necessidade de cindir o objeto é desde o início.[23] O homem necessita da linguagem, e é através dela que constitui os objetos do mundo, não havendo problema insolúvel: o mero estabelecimento por meio da linguagem dos limites do objeto não se trata de ausência de limites ao helicoide da interpretação.

Não pode deixar de mencionar que o raciocínio de estabelecimento de limites à espiral hermenêutica mediante o uso um negador encontra similaridade com a Teoria das Classes, em que o conjunto vazio é subconjunto de qualquer conjunto dado e, identificados elementos que não pertencem ao conjunto, este se trata de conjunto complemento. A classe não pode existir fora da mente dos sujeitos, porque depende da formação de

---

23. MIRANDA, Francisco Cavalcanti Pontes de. *O problema fundamental do conhecimento*. Porto Alegre: Globo, 1937.

uma ideia acerca do objeto que se pretende examinar, ou seja, de valoração do sujeito a respeito dos atributos desse objeto. Tratam-se de construções intelectivas sem correspondência na natureza, a que alude Tárek Moussallem:[24] *"não vemos as classes, criam-se, linguisticamente as classes"*. Assim, as classes não são descobertas, mas sim criadas pelos autores das proposições que as documentam, e novamente criadas na mente dos sujeitos que interpretam esses enunciados.

5. Teoria dos atos de fala e semiótica na construção da mensagem jurídica

O Constructivismo Lógico-Semântico emprega expedientes da semiótica e análise do discurso normativo, que tem grande valor ao permitir uma nova perspectiva quanto à construção da norma jurídica. Como o direito se comporta como linguagem, o emprego da semiótica é possível para o deslinde de problemas jurídicos, abrindo horizontes para investigação. Fixam-se assim, duas premissas: a) o direito é texto, e se insere em um específico contexto comunicacional, qual seja, o de prescrição de condutas; e b) o texto é vertido em uma linguagem própria, diferente da realidade social e, por isso, a linguagem tem atributo de jurídica.

É possível afirmar, assim, que a linguagem consiste no emprego de símbolos que têm referência a um ou vários objetos, e quando inseridos no discurso, integram o conjunto de enunciados existentes em determinado corpo de linguagem, constituindo realidade própria. Tais enunciados instauram a realidade inaugurada pela língua. Especificamente no campo jurídico, Tárek Moysés Moussallem,[25] define que fonte do direito é a atividade de enunciação, ou seja, a atividade produtora dos enunciados não constantes do documento normativo,

---

24. MOUSSALLEM, Tárek Moysés. *Revogação em matéria tributária*. São Paulo: Noeses, 2011, p. 41.

25. MOUSSALLEM, Tárek Moysés. *Fontes do direito tributário*. 2ª ed. São Paulo: Noeses, 2006, p. 137.

I
INTERPRETAÇÃO E CONSTRUÇÃO DE SENTIDO

que se esvai no tempo e no espaço (enunciação). A atividade exercida por órgão credenciado pelo sistema do direito positivo, que tem por efeito a produção de normas, atividade essa inacessível imediatamente ao conhecimento humano, por carecer de linguagem.

O ser cognoscente, assim, busca incessantemente a compreensão dos textos prescritivos. Considerando que todo texto contém um plano de expressão (natureza material) e um plano de conteúdo, será neste que ingressará a subjetividade do intérprete na composição da significação da mensagem. Seu primeiro contato, portanto, será com a literalidade textual, ou seja, suporte físico que contém o plano dos significantes, intersubjetivo e de estruturas morfológicas e gramaticais.

Neste ponto, a atividade legislativa empenhada na criação de normas jurídicas, de todos aqueles habilitados pelo sistema, constituem atos de fala, cuja decomposição analítica consubstancia-se em atos locutórios, ou seja, atos tendentes a pronunciar um enunciado, ou seja, frase adicionada ao seu contexto; atos ilocucionários, quando o locutor pronuncia um enunciado em certas situações comunicativas, ou dentro de um contexto; e perlocucionários, com o efeito eventual dos atos locucionais e ilocucionais, criado no interlocutor com os atos de linguagem. Não é demais lembrar que os atos de fala são decisivos para a comunicação, e mesmo o silêncio, dentro de um determinado contexto, significa comunicação.

Observa-se a presença da relação com a Semiótica, ou Teoria dos Signos. Considerando que signo é a unidade do sistema comunicacional, apresentada através de uma relação triádica, temos que o texto de lei se trata do *suporte físico* (depósito de tinta no papel) que se associa a um *significado*, ou seja, ideia individual do objeto a que o suporte físico se refere, e a uma *significação*, ou seja, à ideia geral do objeto referido, ou seja, apresenta-se em três dimensões: sintático, semântico e pragmático.

Ressalte-se, contudo, a mudança de paradigma da Filosofia do Conhecimento adotada pelo Constructivismo

74

Lógico-Semântico: as palavras não possuem significado ontológico e os objetos são criados pela linguagem.

Todo sistema jurídico, composto de unidades que lhe são integrantes (normas jurídicas), tem como desafio a construção de conteúdo, sentido e alcance de suas regras. Trata-se de trabalho que deve considerar a dicotomia entre a letra da lei e a natureza do fenômeno jurídico subjacente, pois se o texto está objetivado, o está intersubjetivamente. Aquilo que é construído é sobrejacente.

6. Teoria comunicacional do direito e elementos da mensagem jurídica

A interpretação do texto jurídico implica, através da leitura, a compreensão do conteúdo linguístico contido no próprio texto para aplicá-lo ao caso concreto. Assim, o sentido do texto somente terá uma referência operativa na medida em que o intérprete compreende sua realidade em referência com a realidade linguística do texto, ou seja, o intérprete realiza um labor de indagação hermenêutica.

Ressalte-se que, na hermenêutica, o papel do intérprete é fundamental para entender a finalidade da interpretação, pois somente haverá uma compreensão daquilo que, efetivamente, se interpreta, na medida da experiência do ser cognoscente, ou seja, numa compreensão de si mesmo.

Através da comunicação social, como interação, é possível captar o discurso normativo. O comunicador normativo pode assumir diversas posições ante a reflexibilidade do discurso, que pode canalizar conflitos. Tercio Sampaio Ferraz Junior[26] nos dá importante lição, ao definir:

> a situação comunicativa normativa é, pois, caracterizada pela presença de três comunicadores, sendo que entre os

---

26. FERRAZ JÚNIOR, Tercio Sampaio. *Teoria da norma jurídica* – Ensaio de pragmática da comunicação normativa. 4ª ed. Rio de Janeiro: Forense, 2009, p. 44.

I
INTERPRETAÇÃO E CONSTRUÇÃO DE SENTIDO

> comunicadores sociais e o terceiro se instaura uma interação, cujas regras fundamentais privilegiam a posição do último. Estas regras, pelo que foi dito, podem ser denominadas: a) regra de imputação do dever de prova pela recusa da comunicação ao endereçado; b) regra de garantia de conflito, pela qual os comunicadores sociais não podem mais eximir-se da situação, sem que o terceiro, de algum modo, se manifeste, o que dá ao conflito o seu caráter institucionalizado; c) regra de exigibilidade, que dá às expectativas do comunicador normativo o seu caráter contrafático. Graças a essas regras, a relação entre comunicador normativo e seus endereçados se configura como metacomplementar.

A proposta da Teoria Comunicacional aborda o conhecimento do direito desde três níveis ou perspectivas, de acordo com o modelo proposto pela Filosofia da Linguagem, cuja base distingue a linguística, tradicionalmente, entre sintaxe, semântica e pragmática. A Teoria Comunicacional denomina estes três níveis, respectivamente, de Teoria Geral do Direito, Teoria da Dogmática Jurídica (ou Ciência dos juristas) e Teoria das Decisões Jurídicas, constituindo ângulos distintos de aproximação intelectual do direito, mas guardam alguns aspectos comuns.

Trata-se de encarar o direito como manifestação nos diversos âmbitos jurídicos, em que se formam processos de comunicação conectados e concretáveis em textos, sendo este seu primeiro aspecto.

O segundo aspecto consiste em considerar o direito desde dentro, ou seja, a perspectiva da Teoria Comunicacional é interna ou imanente, mas não nega a necessidade de considerar o direito desde fora, mas tais perspectivas externas correspondem a outras disciplinas (Sociologia Jurídica, Psicologia Jurídica, Análise Econômica do Direito, Antropologia Jurídica etc.). Ressalte-se a exceção que ocupa a História do Direito, cujas nuances podem ser elaboradas com perspectivas internas ou externas.

O terceiro aspecto, por sua vez, consiste no uso do método hermenêutico-analítico, salientando que cada nível tem suas próprias modulações ou matizes.

76

Oportuno ressaltar que os níveis de análise (sintaxe, semântica e pragmática) mantêm uma dependência recíproca, sendo o primeiro, a decisão que aparece no direito positivo, onde a Teoria das Decisões Jurídicas é prévia à Teoria Geral do Direito é à Teoria da Dogmática Jurídica, considerando o ponto de vista genético. Contudo, prevalece seu objeto prioritário, que consiste na totalidade textual que compõe o ordenamento.

Oportuno, neste aspecto, o escólio de Gregorio Robles:[27]

> *En cualquiera de sus tres niveles de tratamiento la Teoría comunicacional centra su atención en un objeto prioritario; la totalidad textual que es el ordenamiento jurídico. A partir de esa totalidad textual se plantean todos los problemas, empezando por el desarrollo de una teoría del sistema jurídico y una teoría de las decisiones. El texto jurídico [...] es un texto decisional, institucional y normativo.*

Neste sentido, o tratamento dos textos, em qualquer perspectiva, supõe sempre e necessariamente uma atitude hermenêutica, ou seja, interpretativo-construtiva, em que a análise formal somente é possível sobre a base de compreensão inicial do texto, ou seja, para poder analisar uma simples frase e seus elementos gramaticais é preciso entender seu significado, ainda que de modo aproximado.

Assim, a hermenêutica está, como método, sempre presente quando enfrentamos textos. Já que todo o direito se manifesta em texto ou é reduzível a texto, chega-se à conclusão que o método hermenêutico é onipresente.

Ressalte-se que não há como ter acesso ao empírico, ou seja, ao plano físico, mas tão somente à linguagem que o constitui, ou seja, a sua significação, que consiste na construção e conhecimento dos objetos mediante a atribuição de sentido aos conteúdos perceptíveis, condicionados pelos referenciais culturais.

---

27. ROBLES, Gregorio. *Teoría del derecho:* fundamentos de teoría comunicacional del derecho, vol. II. Madri: Thomson Reuters, 2015, p. 399.

I
INTERPRETAÇÃO E CONSTRUÇÃO DE SENTIDO

O conhecimento do indivíduo resume-se a sua interpretação. Nessa perspectiva, Hans-Georg Gadamer[28] assevera que *"a forma de realização da compreensão é a interpretação, todo o compreender é interpretar e toda interpretação se desenvolve em meio a uma linguagem que pretende deixar falar o objeto e ao mesmo tempo a linguagem própria de seu intérprete"*. Conhecer, portanto, é interpretar. Como o ser humano (intérprete) encontra-se no mundo cultural permeado de valores, nenhum objeto é livre de valoração.

Neste contexto, a Teoria Comunicacional do Direito tem como premissa que o direito positivo se apresenta na forma de um sistema de comunicação, em que direito é linguagem, pois a linguagem que constitui normas jurídicas que, por sua vez, são resultados de atos de fala, expressos por palavras e inseridos no ordenamento por veículos introdutores, cujas dimensões sígnicas são o suporte físico, o significado e a significação.

Todos estes atos de fala encontram-se inseridos como elementos componentes da comunicação jurídica, sendo textos que supõem uma ou mais mensagens. Tais mensagens, bem como seus conteúdos, são verificadas em uma situação comunicacional específica, em que são atores o emissor e o receptor. Vale ressaltar que nas relações intersubjetivas não é possível deixar de realizar a comunicação, e até mesmo o silêncio é considerado ato de fala.[29]

Neste aspecto, o direito possui específicos códigos de comunicação e peculiares reproduções de elementos, conferindo-lhes operações de fechamento e abertura cognitivas, ingressando no ordenamento jurídico os fatos que ali sejam

---

28. GADAMER, Hans-Georg. *Verdade e método I:* traços de uma hermenêutica filosófica. Tradução Flávio Paulo Meurer. 6ª. ed. Petrópolis: Vozes, 2004, p. 467.

29. Como ato de fala, o silêncio é tomado como juridicamente relevante em diversas situações em que tal conduta é qualificada, como, *verbi gratia*, no caso de ausência de contestação em processo judicial em que o réu foi regularmente citado, tal atitude terá como efeito a revelia: *Art. 344 do Código de Processo Civil. Se o réu não contestar a ação, será considerado revel e presumir-se-ão verdadeiras as alegações de fato formuladas pelo autor.*

postos pela linguagem eleitas por suas regras,[30] configurando-se, assim, um sistema autopoiético.

Esclarece-se, assim, que a construção de normas jurídicas pelo intérprete não caracteriza o direito no plano das subjetividades, pois, como objeto cultural, é suscetível de valoração que se objetivam no texto positivado.

7. Emissor da mensagem como manipulador da comunicação jurídica e o papel do destinatário na construção da norma

Todo texto, ainda que manifestado oralmente, gestualmente ou por escrito, supõe uma mensagem, algo que é dito pelo emissor a alguém, destinatário, tendo caráter pessoal e conteúdo, que é o elemento material da mensagem, transmitido por um determinado meio, produzido dentro de um marco determinado definido pela situação comunicacional que o ato linguístico tem lugar.

O emissor, ou seja, aquele que emite a mensagem, pronuncia atos de fala tendentes à produção de um objeto que deve parecer significativo, composto de manipulações da significação para alcançar determinados efeitos comunicativos. Assim, o emissor da mensagem é o autor do texto que expressa dita mensagem, sendo responsável pelo seu ato de emissão e por suas consequências.

O destinatário é a outra parte pessoal da mensagem, aquele a quem vai dirigido o seu conteúdo, e recebe, com efeito, as mensagens transmitidas. Somente com a recepção da mensagem se tem efetivado o fenômeno comunicacional.

É importante ressaltar que todas as decisões de texto no ordenamento jurídico constituem atos linguísticos geradores

---

30. ROBLES, Gregorio. *As regras do direito e as regras dos jogos:* ensaio sobre a teoria analítica do direito. Trad. Pollyana Mayer. São Paulo: Noeses, 2011.

I

INTERPRETAÇÃO E CONSTRUÇÃO DE SENTIDO

de mensagens, assim como as normas jurídicas postas no ordenamento mediante processo legislativo.

A significação pode ser alterada em relação ao objeto mediante o processo de comunicação, geralmente escondendo (a significação) autêntica comunicação, pois o destinatário acredita descobrir o sentido de algo, mas na realidade recebe uma comunicação cuidadosamente elaborada por um emissor, que realiza complexa manipulação do contexto comunicacional no interesse de que fazer com que outro (destinatário) perceba certo sentido.[31]

Afirmar que o emissor é detentor da manipulação da mensagem não quer dizer que o destinatário irá, tão somente, desvelar seu conteúdo. Considerando os preceitos de que mensagem (principalmente a jurídica) é construída na mente do intérprete – pressuposto do Construcvismo Lógico-Semântico – temos que o receptor tem grande influência na qualificação do texto, emergindo dele um sentido.

Mas não se deve deixar de considerar que um texto diz mais do que está na superfície, porque não transmite somente conteúdos explícitos, mas também conteúdos implícitos, que foram marcadas no enunciado ou na situação da comunicação, cuja apreensão se dá por meio de inferências. Além dos conteúdos explícitos (aquele que é posto), os conteúdos linguísticos podem ser pressupostos e subentendidos, sendo necessário que o primeiro seja verdadeiro ou tomado como tal para que os conteúdos explícitos façam sentido.

A pressuposição, como recurso argumentativo, conduz à aceitação de certas ideias do enunciador, tornando o interlocutor cúmplice de sua perspectiva, já que o pressuposto é apresentado como algo certo. A pressuposição aprisiona o enunciatário, ou seja, aquele que recebe a comunicação, numa lógica em que o posto é proposto como verdade, enquanto o pressuposto é imposto como verdade, e sua negação impede a continuidade da argumentação, pois pressupostos diferentes

---

31. VOLLI, Ugo. *Manual de semiótica*. São Paulo: Loyola, 2015, p. 20.

80

impedem que haja um contexto comum, até mesmo uma conexão psicológica, entre os elementos pessoais da mensagem.

Ao enunciatário caberá o papel do subentendido, sendo sua a responsabilidade de propor a ideia da mensagem, mas de uma maneira que não se comprometa, de sugerir, mas não afirmar.

A atribuição de sentido é o ponto de partida para o complexo processo de interpretação, sendo que a recepção sempre será também um ato de fala, razão pela qual, como enunciatário, também realiza atividade de enunciação, e não só permanece numa condição passiva. Ressalte-se que o foco no receptor na função prescritiva da linguagem nos remente à noção conativa da mensagem.

Ora, as relações humanas e a própria interpretação estão em constante evolução, o que possibilita a revisão de posicionamentos outrora adotados, inclusive aqueles incompatíveis com as alterações legislativas posteriores às decisões proferidas.

A teoria da interpretação adotada pelo constructivismo jurídico acolhe, sem maiores pudores, a tese da inesgotabilidade e intertextualidade da interpretação,[32] admitindo que o contexto no qual a atividade interpretativa é realizada consiste em fator determinante para a construção das significações normativas. Neste sentido, assevera Marcelo Dascal:[33]

> Dada a dependência contextual ou "historicidade" tanto do texto como do intérprete e dado o caráter ilimitado do contexto, ou seja, o fato de que potencialmente qualquer fator contextual pode acabar sendo relevante para a interpretação, seja qual for a compreensão alcançada, ela é sempre provisória e passível de ser revisada ou inteiramente substituída à luz de fatores contextuais previamente desconsiderados.

---

32. CARVALHO, Paulo de Barros. *Direito tributário*, linguagem e método. 5ª ed. São Paulo: Noeses, 2013. pp. 196/197.

33. DASCAL, Marcelo. *Interpretação e compreensão*. São Leopoldo: Editora Unisinos, 2006, p. 632.

I
INTERPRETAÇÃO E CONSTRUÇÃO DE SENTIDO

Assim, os conteúdos de significação normativos dos sistemas jurídico-positivos não são totalmente determináveis *ex ante*, pois estão sujeitos a constantes modificações decorrentes de contingências contextuais, a final de contas, matérias sociais novas reivindicam, a todo instante, sua absorção pelas hipóteses normativas, passando a ser reguladas pelo direito. Assim, a delimitação dos conteúdos de significação normativos está fortemente sujeita às oscilações provocadas por fatores de ordem pragmático-contextual, pelo que perfeitamente plausível a revisão das decisões e entendimentos judiciais no ordenamento.

No Constructivismo Lógico-Semântico, o ser humano é o ponto de referência de onde se irradiam os espaços correspondentes, ou seja, é o centro a partir do qual os objetos do mundo são considerados: esta é a visão antropocêntrica, onde o homem é o núcleo que integra todas as tentativas de localização dos objetos. O sentido, pois, é produto da ação humana sobre o mundo natural e social, para adaptá-los ou transformá-los de acordo com suas necessidades naturais e históricas. Assim, não pode o sentido concreto das palavras se considerado como oriundo tão somente de uma estrutura puramente sintática e semântica dos enunciados, pois o sentido sempre estará situado em determinadas condições pragmáticas.

O operador do direito passa a ter papel central na construção do sentido normativo, visto que é o responsável por converter o fator parcial de solução tópica dos problemas em norma jurídica em si, promovendo o trabalho de concretização.

Há de se reafirmar, contudo, que a construção normativa se dá na mente do intérprete, que pode ou não realizar uma conduta, dando eficácia daquilo que interpretou – *tempo 1*, em que assume, tão somente, o papel de enunciatário –, e também pode realizar atividades de enunciação ao fazer o proferimento do resultado daquilo que foi construído, no ciclo de positivação seguinte – *tempo 2*, em que assume a posição de emissor através de cálculo das marcas da primeira mensagem, numa relação de comparação entre os dois contextos. É o que ocorre ao proferir-se decisões judiciais, por exemplo.[34] Esse ciclo de positivações tem sua limitação no próprio sistema, ao definir (no caso de decisões judiciais), quando o enunciado não será mais objeto de mutação (trânsito em julgado) e deverá traduzir-se em intelecção para conformar-se em uma ação humana.

8. Definição do conceito de norma jurídica e percurso gerador de sentido

Qualquer objeto de estudo é conceituável, falando-se em objeto se este se apresentar em correlação com um conceito. O conceito, em comparação com os processos intuitivos, está mais distante da realidade que, por sua vez, é constituída de individualidade, elementos heterogêneos, formando seres únicos de sua espécie, fenômenos singulares. Portanto, *"da multiplicidade das coisas, fenômenos, propriedades, atributos, relações, o conceito escolhe alguns. Tem ele uma função seletiva em face do real. Em rigor, implica um ponto de vista, a partir do qual encara o ser em sua inabordável heterogeneidade."*[35]

Assim, o conceito de norma jurídica trata-se, antes de tudo, de um esquema em cujos limites o real é pensado e, sendo assim, somente aquilo que do real cai dentro da órbita

---

34. Observa-se essa dicotomia entre contextos, na comparação de posições relativas de emissor e destinatário, prevista no Regimento Interno da SRF - Portaria MF nº 430, de 9 de outubro de 2017, publicada em 11 de outubro de 2017, que prevê, em seu artigo 94, V e VI:
Art. 94. À Coordenação-Geral de Tributação (Cosit) compete gerenciar as atividades relativas: [...]
V - à interpretação da legislação tributária, aduaneira e correlata, às propostas de acordos e convênios internacionais e às normas complementares necessárias à sua execução, inclusive relativamente às nomenclaturas que tenham por base o Sistema Harmonizado de Designação e de Codificação de Mercadorias, à classificação de mercadorias e à classificação de serviços;
VI - à formulação de atos normativos de interpretação, uniformização e regulamentação da legislação tributária, aduaneira e correlata;[...].

35. VILANOVA, Lourival. *Escritos jurídicos e filosóficos.* vol. I. São Paulo: Axis Mvndi/IBET. 2003, p. 7.

I

INTERPRETAÇÃO E CONSTRUÇÃO DE SENTIDO

desse esquema é objeto que, por sua vez, é o contraposto delineado pelo conceito. Ensina-nos Lucas Galvão de Britto:[36]

> Num subdomínio como o das normas tributárias, que se fia intensamente na ideia de subsunção como fundamento à incidência de suas normas, assume especial relevância a exegese a respeito da "definição, conteúdo e alcance" dos conceitos legais. De fato, não se pode realizar a operação lógica de subsunção se, antes, não se compreender como os vários enunciados jurídicos se concatenam para enunciar o conjunto de propriedades que um elemento deve apresentar para se quadrar ao conceito normativo.

Todo conceito, ideia ou noção se faz exprimir por um termo, um nome. Com o conhecimento do conceito, seus fins, confins e limites, sabe-se a que objeto se pode atribuir o termos e a quais não se pode. Assim, há uma relação próxima entre ter as propriedades de um conceito e pertencer a um conjunto.

A norma jurídica trata-se da unidade integrante do ordenamento jurídico vinculada a sua existência que, em sentido amplo, alude aos conteúdos significativos das frases do direito posto, vale dizer, dos enunciados prescritivos, não enquanto manifestações empíricas do ordenamento, mas como significações que seriam construídas pelo intérprete. Em sentido estrito, trata-se das mensagens com sentido deôntico-jurídico completo produzidas pela composição articulada dessas significações. Consiste, portanto, na significação construída a partir dos textos positivados e estruturados consoante a forma lógica dos juízos condicionais, compostos pela associação de duas ou mais proposições prescritivas,[37] cuja forma é: $NJ(e) = D [H \rightarrow C]$.[38]

---

36. BRITTO, Lucas Galvão de. *A regra-matriz de incidência tributária e as definições produzidas pelas agências reguladoras*. São Paulo: Noeses 2017, p. 90.

37. CARVALHO, Paulo de Barros. *Direito tributário, linguagem e método*. 5ª ed. São Paulo: Noeses, 2013. p. 128 e 129.

38. Desformalizando, temos que NJ(e) corresponde à norma jurídica em sentido estrito; D é o functor-de-functor, que afeta a relação implicacional; H é a hipótese descritora de fato de possível ocorrência; → é o functor implicacional, de caráter condicional; e C é o consequente.

CONSTRUCTIVISMO LÓGICO-SEMÂNTICO
Homenagem aos 35 anos do grupo de estudos de Paulo de Barros Carvalho

A definição deste conceito é, portanto, mais abrangente do que aquele proposto por Kelsen, que define a estrutura da norma jurídica, segundo a descrição dada pela proposição jurídica, como a ligação deôntica entre a referência a certo comportamento e uma sanção, ou seja, de modo mais simples, podendo ser compreendida como a imposição de uma sanção à conduta nela considerada.[39]

Considerando que a norma jurídica é posta no sistema por atos de enunciação, ou seja, atividades psicofísicas tendentes à produção de um enunciado, mediante procedimento adequado e por autoridade competente, temos que o produto legislativo não deixa de ser um componente na estrutura do processo de comunicação. As normas jurídicas, em sentido amplo, também são atos de fala que lhe sofrem a incidência do modal deôntico, aquilo que deve-ser juridicamente relevante.

A construção normativa consubstancia-se num processo dialeticamente complexo, condicionada por (e condicionante de) vários fatores, dentre estes, a experiência do indivíduo, formada pelas situações vivenciadas em sua existência, conformadas em sua essência. Ressalte-se que na transmissão da mensagem deve haver um código comum, sob pena de comprometimento da comunicação idiomática, além de uma mínima conexão psicológica, que estabeleça o nível de compreensão da mensagem, dentro de um determinado contexto.

A compreensão dos enunciados jurídicos somente se torna possível no momento da tomada da decisão normativa aplicadora, onde serão postas as circunstâncias fáticas específicas ao caso concreto. A construção de juízos normativos não é previamente determinada pelo ordenamento, o que levaria a uma interpretação estática. A emissão de decisões normativas deve ser adequada às peculiaridades da situação concreta, tenho como elemento de conexão as necessidades pragmáticas. A atividade do exegeta é guiada cientificamente, porém jamais

---

39. KELSEN, Hans. *Reine Rechslehre*. Edição portuguesa. 5 ed. Coimbra: Arménio Amado, 1979.

I
INTERPRETAÇÃO E CONSTRUÇÃO DE SENTIDO

substituída pela própria ciência, pois esta traça as diretrizes que condicionam o esforço e metodizam as lucubrações sem, contudo, dispensar o coeficiente pessoal, o valor subjetivo.

Assim, mais importante que a mensagem normativa do texto de lei elaborado pelo legislador, encontra-se a construção de sentido feita pelo intérprete da norma jurídica. O enunciador tem controle sobre a inferência semântica, mas não pode ter certeza do ato perlocucionário que irá produzir, pois a retórica decorre de raciocínio cuja conclusão é provável.

O direito se trata de um fenômeno comunicacional, não existe enunciado sem contexto, razão pela qual todo enunciado é argumentativo. Toda transmissão de mensagem, ao sair de seu autor, utiliza de um canal até chegar ao receptor. Assim, o sentido transmitido pelo enunciado é definido em função daquilo que o enunciador quer transmitir e pela construção de sentido do enunciatário, tornando-o possível de argumentar, cujo conjunto (de argumentos) constitui o raciocínio, também expresso em linguagem.

A significação é dada pelos elementos linguísticos e pela relação entre eles, enquanto o sentido é o resultado da significação mais as informações do contexto ou da situação de comunicação. O sentido, portanto, é mais amplo que a significação de base, em que deve se considerar aquilo que está implícito, além do pressuposto e do subentendido.

A recepção da mensagem se dá com atos de fala, inclusive quanto à mensagem jurídica contida na norma posta. Nada vale no direito se a outra parte não tiver ciência do ato jurídico ou processual realizado, por exemplo. Assim a recepção é decisiva no direito.

A construção da mensagem jurídica, assim, tem como início o contato do intérprete do léxico de enunciados postos no ordenamento por meio de procedimento adequado, resultantes das atividades de enunciação inerentes ao labor legislativo.

86

CONSTRUCTIVISMO LÓGICO-SEMÂNTICO

Homenagem aos 35 anos do grupo de estudos de Paulo de Barros Carvalho

Vilém Flusser[40] considera que o universo, o conhecimento, a verdade e a realidade são aspectos linguísticos, tudo aquilo que nos vem por meio dos sentidos, sendo realidade, consiste em dado bruto que se torna somente no contexto da língua, processo de compreensão através do intelecto. Assim, somente por meio da linguagem é possível o conhecimento como algo objetivado, criando aquilo que é real e capaz, igualmente, de desconstituir o real, criando novas realidades. A mensagem jurídica não é diferente.

A linguagem não exerce função apenas descritiva de fatos, mas também serve para realizar ações. O direito, portanto, oferece o dado da linguagem como seu integrante constitutivo. Ensina-nos Paulo de Barros Carvalho[41] que

> a linguagem não só fala do objeto (Ciência do Direito), como participa de sua constituição (direito positivo), o que permite a ilação forte segundo a qual não podemos cogitar de manifestação do direito sem uma linguagem, idiomática ou não, que lhe sirva de veículo de expressão.

A interpretação, neste sentido, constitui-se na atribuição de valores aos símbolos, adjudicando-lhes significações. A linguagem é sempre um objeto da cultura que carrega valores, típicos da realização do espírito humano. Trata-se de conteúdo axiológico a partir de determinado texto, onde a linguagem permite a construção de um conteúdo, a ser percorrido no processo de adjudicação de sentido.

Partindo-se dos pressupostos do giro-linguístico, temos a ideia de que significação e significado misturam-se, pois a realidade a que se refere o suporte físico sempre será construída pelo intérprete, condicionada às suas experiências, assim entendidas como vivências. Prosseguindo-se, tanto o significado como a significação materializam-se noutros suportes físicos,

---

40. FLUSSER, Vilém. *Língua e realidade*. 3 ed. São Paulo: Annablume, 2007, *passim*.

41. CARVALHO, Paulo de Barros. *Direito tributário:* fundamentos jurídicos de incidência, 9 ed. São Paulo: Saraiva, 2012, p. 105.

I
INTERPRETAÇÃO E CONSTRUÇÃO DE SENTIDO

confirmando a premissa de que nenhuma realidade existe senão pela linguagem e, também, que o signo consiste em uma relação onde todos estes conceitos então ligados, de modo que um influi diretamente na existência do outro, pois todo suporte físico suscita uma interpretação que constitui uma realidade como seu significado que, por sua vez, trata-se de linguagem materializada num suporte físico que suscita outra interpretação (significação).

Neste sentido, é a linguagem que cria a realidade, ou seja, o conhecimento de algo somente é possível porque o ser humano realiza o processo de construção por meio de sua linguagem. Considerando a presença inarredável da linguagem no processo comunicativo e o fato de a comunicação ser elemento integrante do sistema social, inexiste sociedade sem linguagem. Importante observação de Lourival Vilanova,[42] ao discorrer sobre a formalização da linguagem jurídica, prescreve:

> Aqui também o caminho para encontrar-se com as estruturas lógicas é a linguagem. O direito é um fato cultural, um de cujos componentes é a linguagem. A linguagem jurídica é o suporte material das formas. Mas a expressão linguagem jurídica é ambígua. Refere-se a dois níveis de linguagem: a do direito positivo e a da Ciência-do-Direito que tem o direito positivo como objeto de conhecimento (dogmático).

Portanto, o direito se trata de um objeto cultural, que se materializa na forma idiomática escrita, sendo um instrumento de intervenção social, e não de intervenção no mundo físico, pois consiste em linguagem prescritiva que toma como objeto a linguagem social, a fim de manipulá-la. A imposição de formas normativas ao comportamento social somente é possível através de um processo comunicacional, com a produção de linguagem própria, que é a linguagem das normas.

---

42. VILANOVA, Lourival. *As estruturas lógicas e o sistema do direito positivo*. São Paulo: Noeses, 2005, p. 29.

CONSTRUCTIVISMO LÓGICO-SEMÂNTICO
Homenagem aos 35 anos do grupo de estudos de Paulo de Barros Carvalho

Oportuna a observação de Celso Fernandes Campilongo,[43] para quem *"na rede de comunicações da sociedade, o direito se especializa na produção de um tipo particular de comunicação que procura garantir expectativas de comportamentos assentadas em normas jurídicas"*.

O direito, para cumprir sua finalidade de alterar a conduta humana visando a solucionar conflitos, necessita estabelecer uma comunicação que, por sua vez, impõe uma linguagem. Interessante a lição de Gregorio Robles,[44] para quem *"no es concebible una sociedad sin lenguaje, como tampoco es concebible sin Derecho. Sociedad, lenguaje y Derecho son realidades que siempre han ido unidas"*.

Sendo o direito linguagem, sua manifestação se dá através da palavra, sobretudo em textos, sendo um sistema de comunicação cuja função pragmática é organizar a convivência humana mediante, basicamente, a regulação das ações. Não é possível expressar o direito senão mediante linguagem. Apresentando-se na forma de texto, permite ao intérprete a construção de discurso, ou seja, conteúdo obtido no processo gerativo de sentido.

O percurso gerador de sentido da norma jurídica é construção de Paulo de Barros Carvalho,[45] que decompõe o sistema de direito positivo em quatro subsistemas, sendo: (S1) plano da literalidade, (S2) plano das significações das palavras nos textos normativos, (S3) na organização desses sentidos na estrutura normativa (de hipótese e consequente), e (S4) na organização dessas estruturas nas suas relações de subordinação e coordenação.

---

43. CAMPILONGO, Celso Fernandes. *O direito na sociedade complexa*. São Paulo: Max Limonad, 2000, p. 162.

44. ROBLES, Gregorio. *Teoría del Derecho*: fundamentos de teoría comunicacional del derecho, vol. I. 3ª ed. Navarra: Civitas, 2010, p. 86.

45. CARVALHO, Paulo de Barros. *Direito tributário* – fundamentos jurídicos da incidência. 9 ed. São Paulo: Saraiva. 2012, p. 67 e ss.

I
INTERPRETAÇÃO E CONSTRUÇÃO DE SENTIDO

Todos estes subsistemas são, eminentemente, jurídicos. Tais incisões, de caráter epistemológico, não podem ser vistas como fronteiras entre os subsistemas.

Para que se tenha início tal percurso, necessária se faz a distinção entre enunciado e norma jurídica nos diferentes campos de irradiação semântica. Ora, se entende por enunciado toda magnitude provida de sentido da cadeia falada ou do texto escrito, prévia a qualquer análise linguística ou lógica.

A elaboração do sentido tem início na análise dos suportes físicos dos enunciados prescritivos (S1), atinentes às diretrizes fundamentais de organização de frases, para existência de sentido. Trata-se de análise restrita à linguagem escrita, relativa à morfologia ou à sintaxe, que consiste no exame da estrutura e formação dos signos jurídicos e da composição frásica em termos de concordância, regência e de colocação. O plano S1 ainda não contém o sentido normativo, muito embora, dentro da perspectiva formal, já se possa falar em norma jurídica, dentro de uma das definições de seu conceito. Contudo, não há neste plano, a totalidade da dimensão do discurso normativo. Consiste no primeiro contato do intérprete com os textos jurídicos, dentro do sistema dos enunciados prescritivos, tratando-se do plano de expressão do direito positivo. Este campo de literalidade textual é o único dado que lhe é objetivo, sendo base material para a construção das significações jurídicas, formada pelo conjunto estruturado de letras, palavras, frases e parágrafos produzidos pelos respectivos órgãos legitimados a criá-los.

Considerando a premissa de que os enunciados consistem em suporte das significações, ou seja, sua produção de sentido, a saída do plano da literalidade textual para subida na espiral hermenêutica ingressa no plano de conteúdo e visualização do contexto. Com o ingresso no plano de conteúdo (S2), o exegeta passa à análise do significado dos signos jurídicos, associando-os e comparando-os para estruturar as significações de cunho jurídico, relativas às condutas subjetivas. A questão da validade é aplicável neste subsistema, já que as

90

CONSTRUCTIVISMO LÓGICO-SEMÂNTICO
Homenagem aos 35 anos do grupo de estudos de Paulo de Barros Carvalho

expressões linguísticas deverão ser portadoras de sentido, produzidas por órgãos credenciados pelo ordenamento para sua expedição e, ainda, consoante o procedimento específico que a ordem jurídica estipular.[46] Este plano trata dos conteúdos significativos ainda não estruturados deonticamente, ou seja, o intérprete trabalha com a Lógica Alética, cujas significações se erguem a partir de frases prescritivas, de enunciados pertencentes ao arcabouço legislado, em que são vistas as expressões linguísticas portadoras de sentido, sua produção por órgão competente credenciado pelo ordenamento e consoante procedimento estipulado pela ordem jurídica. Trabalha o intérprete, nesta etapa, à construção das significações isoladas dos enunciados, com base em sentenças soltas consideradas individualmente e desprovidas de qualquer forma deôntica de agrupamento.

Ao ingressar no universo dos conteúdos significativos, o intérprete deverá promover sua contextualização, com a finalidade de produzir unidade completas de sentido para as mensagens deônticas (S3), buscando cada uma das estruturas mínimas e irredutíveis de significação para outorgar unidade ideológica à conjunção de regras que organizam os setores da convivência social. Trata-se da interpretação da norma pela conjunção dos termos sintáticos com as proporções semânticas e pragmáticas. Aplica-se, assim, o conceito de validade, nos moldes dos ensinamentos de Fabiana Del Padre Tomé[47]: *"se a norma prescrever uma conduta impossível ou uma conduta necessária, carecerá de sentido deôntico, pois só haverá sentido em proibir, permitir ou obrigar a prática de determinada ação se existirem dou ou mais comportamentos possíveis"*. Não é no plano de expressão que encontramos a norma jurídica em sua plenitude, como resultado do processo interpretativo, pois não faz parte do sistema morfológico e gramatical do direito e, sendo assim, não é explícita. A norma, assim,

---

46. CARVALHO, Paulo de Barros. *Curso de direito tributário*. 25 edição. São Paulo: Saraiva. 2013, p. 123.

47. TOMÉ, Fabiana Del Padre. *Contribuições para a seguridade social da social à luz da Constituição Federal*. 2. ed. Curitiba: Juruá, 2013, p. 45.

I
INTERPRETAÇÃO E CONSTRUÇÃO DE SENTIDO

encontra-se no plano dos conteúdos significativos elaborados deonticamente. Trata-se de proposição estruturada na fórmula de hipótese que implica consequência. Neste subsistema, verificamos os critérios da regra-matriz de incidência, ou seja, a estrutura hipotético-condicional contida na norma jurídica em sentido estrito, com antecedente e consequente e relação entre descritor e prescritor, em estrutura lógica mínima necessária para a construção de um sentido deôntico.

O plano S4 organiza as normas numa estrutura escalonada, coordenando e aplicando critérios de subordinação entre as unidades construídas. Enquanto no plano S3 as significações se agrupam nos esquema de juízos implicacionais, sendo normas jurídicas, no plano S4 encontra-se o conjunto montado na ordem superior de sistema, cujo esforço hermenêutico se voltará à composição hierárquicas das normas, e número finito: estas são as regras de estrutura, subconjunto de regras que estabelecem como outras regras devem ser postas, modificadas ou extintas no interior do sistema, participando da composição do sistema jurídico-normativo como conjunto autorreferencial. No plano S4, são estabelecidas as relações horizontais e as graduações hierárquicas das significações normativas construídas no plano S3, espelhando a organização das normas construídas, onde se estabelecem os vínculos de coordenação e subordinação entre as regras.

Através do trânsito entre os subdomínios S1, S2, S3 e S4, o intérprete encontrará a unidade do sistema jurídico e a exata dimensão do comando normativo dentro dos limites do horizonte de sua cultura. Tal percurso revela os níveis de compreensão do intérprete. Assim, a atribuição de valores (atos de valoração) se dará dentro do percurso gerador de sentido da norma jurídica, onde a interpretação deve análise à integração das normas, seus eixos de subordinação, de coordenação e pertinência à totalidade do sistema (validade).

Observa-se que as regras do direito têm feição dúplice: norma primária, a que prescreve um dever, se e quando acontecer o fato previsto no suposto; norma secundária, a que prescreve uma providência sancionatória, aplicada pelo

CONSTRUCTIVISMO LÓGICO-SEMÂNTICO
Homenagem aos 35 anos do grupo de estudos de Paulo de Barros Carvalho

Estado-Juiz, no caso de descumprimento da conduta estatuída na norma primária.[48]

No campo do Direito Tributário, por exemplo, as relações estabelecem-se em torno da figura do tributo, cuja prescrição nuclear é a do art. 3º do Código Tributário Nacional.[49] Tributo consiste na prestação pecuniária, de relação obrigacional, instituído através de lei, que não constitua sanção de ato ilícito, cobrado e arrecadado mediante atividade administrativa vinculada.

Assim, no plano do direito material tributário, entende-se por norma jurídica primária, cuja hipótese ou antecedente descreve um fato econômico de possível ocorrência no mundo fenomênico (evento tributário) e consequente prescreve a relação jurídica que irá se instaurar entre o particular e o Fisco se o fato previsto na hipótese vier a ocorrer no mundo social, consistindo, portanto, em relação jurídica linear. Demonstrando-se a estrutura formal, temos: $D[H{\to}R'(S', S'')]$.[50] Na norma primária, revelados os sujeitos integrantes da consequência normativa, temos modalizada a conduta nos functores obrigatório (O), permitido (P) e proibido (V).

Esta estrutura, hipotética condicional – $D(H \to C)$ – tanto o antecedente, ou hipótese, ou descritor, como o consequente, ou descritor, na norma jurídica tributária, podem ser representados pela regra-matriz de incidência tributária,[51] composta de seus pertinentes critérios, que pode ser representada pela fórmula:

$$D\{[Cm(v.c).Ce.Ct]{\to}[Cp(Sa.Sp).Cq(bc.al)]\}$$

---

48. CARVALHO, Paulo de Barros. *Direito tributário, linguagem e método*, 5ª ed. São Paulo: Noeses, 2013, p. 851.

49. *"Art. 3º Tributo é toda prestação pecuniária compulsória, em moeda ou cujo valor nela se possa exprimir, que não constitua sanção de ato ilícito, instituída em lei e cobrada mediante atividade administrativa plenamente vinculada."*

50. Explicando a fórmula: D é o functor-de-functor, que afeta a relação implicacional; H é a hipótese descritora de fato de possível ocorrência; → é o functor implicacional, de caráter condicional; e R' (S',S'') é a consequência, que prescreve uma conduta intersubjetiva entre dois sujeitos de direito, sendo R' o relacional deôntico, S' o sujeito ativo e S'' o sujeito passivo.

51. CARVALHO, Paulo de Barros. *Direito tributário:* fundamentos jurídicos de incidência, 9 ed. São Paulo: Saraiva, 2012.

I
INTERPRETAÇÃO E CONSTRUÇÃO DE SENTIDO

Explicando: "D" representa cópula deôntica, que outorga validade à norma jurídica, incidindo sobre o conectivo implicacional para juridicizar o vínculo entre a hipótese e a consequência. "[Cm(v.c).Ce.Ct]" é hipótese normativa, em que "Cm" é o critério material da hipótese, núcleo da descrição fática; "v" é o verbo, sempre pessoal e de predicação incompleta; "c" é o complemento do verbo; "Ce" é o critério espacial; "Ct" o critério temporal; "." é o conectivo conjuntor; "→" é o símbolo do conectivo condicional, interproposicional; e "[Cp(-Sa.Sp).Cq(bc.al)]" é o consequente normativo, em que "Cp" é o critério pessoal; "Sa" é o sujeito ativo da obrigação; "Sp" é sujeito passivo; "Cq" trata-se do critério quantitativo; "bc" é a base de cálculo; e "al" é a alíquota.[52]

Tal fórmula, abstrata, não é o fenômeno da incidência tributária, mas representação da estrutura mínima da norma apta à incidência, ou seja, à caracterização ou conduta que venha ensejar o pagamento do tributo. Assim, esta estrutura é construída pelo intérprete. Com efeito, o modelo analítico clássico de Lógica Dêontica juntamente com a teoria da proposição normativa kelseniana,[53] fornecem ao constructivismo a estrutura lógico-sintática mínima da norma jurídica a ser construída no final do percurso interpretativo.

9. Proposições conclusivas

O Constructivismo Lógico-Semântico está fundado em concepções filosóficas conscientes, outorgando firmeza, seriedade e aprofundamento ao direito positivo, alimentando as investigações jurídicas preambulares e específicas, que questionam

---

52. CARVALHO, Paulo de Barros. *Direito tributário, linguagem e método*. 5ª ed. São Paulo: Noeses, 2013, p. 613.

53. Teorias estas que também fundamentam o postulado da homogeneidade sintática das normas jurídicas em sentido estrito – o mínimo irredutível do deôntico a que se refere Lourival Vilanova –, adotado pelo constructivismo jurídico. Sobre o assunto, vide *As estruturas lógicas e o sistema do direito positivo*, p. 189.

CONSTRUCTIVISMO LÓGICO-SEMÂNTICO
Homenagem aos 35 anos do grupo de estudos de Paulo de Barros Carvalho

os fundamentos óbvios e reorientam os pressupostos, sem dispensar o entrelaçamento de metodologias adjacentes.

A concepção epistemológica demarcada na Filosofia da Linguagem, que é uma das vertentes da Filosofia do Conhecimento, permite afirmar que a interpretação jurídica deve ser empreendida com plena consciência dos vieses, demandando uma hermenêutica reorientada cientificamente pela capacidade de reflexão sobre o automatismo do cérebro. Deve se abster, ou reordenar, as predisposições tendenciosas fora do sistema reflexivo, considerar as dúvidas e ambiguidades existentes no ordenamento, manutenção de posicionamento mesmo se tal interpretação conduz ao pensamento da minoria, desapego às posições anteriores quando sobrevir novos fundamentos (considerando, inclusive, a expansão dos horizontes culturais), além de outras direções oblíquas.

O intérprete, assim, deve abandonar condicionamentos errôneos, estressantes e danosos (advindos até inconscientemente, pela intuição), mas não tentar extingui-los: deve aprimorá-los, ou seja, trocar por ideias melhores. A interpretação do sistema jurídico com solidez, sustentabilidade e sendo balanceado advém de um redirecionamento das próprias rotinas do pensamento. Como não existe um limite objetivo para a interpretação, as técnicas de construção e valorações atribuídas ao direito encontram objetividade em seu suporte físico, pois o Direito é texto.

Aquele que interpreta encontra-se limitado pelos seus horizontes culturais, numa intersecção entre a teoria e prática, pela linguagem intermediária da experiência, que lhe atribui referenciais, e adjudica significações na atribuição de valores aos símbolos, até atingir a compreensão do texto. A este processo, denominado interpretação, surge o referencial metodológico do Constructivismo Lógico-Semântico, com vistas à justificação e fundamentação das proposições construídas.

A pragmática da linguagem dá ao modelo interpretativo constructivista os instrumentos para, por meio da investigação

I
INTERPRETAÇÃO E CONSTRUÇÃO DE SENTIDO

dos usos das palavras e expressões constantes da linguagem jurídica, delimitar, empiricamente, os parâmetros contextuais que circundam as situações comunicacionais presentes no momento em que os atos de fala prescritivos são exarados. Oportuno salientar que o giro linguístico tem seu início na pragmática e, portanto, o constructivismo não tem seu corte limitado à estrutura lógico-semântica, abrangendo, também, a pragmática.

A influência de aspectos contextuais ao intérprete no processo de atribuição de sentido, para o Constructivismo Lógico-Semântico, se dá pela Hermenêutica Filosófica de corte gadameriano, cujo postulado ôntico adotado toma o direito como objeto cultural. A hermenêutica, a retórica e a compreensão têm nítida relação: o ato de compreender é o se por de acordo.

A interpretação, em si, é ato pessoal, cujo sentido do texto jurídico se dá com a combinação dos conhecimentos jurídicos com as emoções e valores do indivíduo. Não se pode, portanto, eliminar esse *quantum* de subjetividade na interpretação, sempre suscetível dessa diferenciação de indivíduo para indivíduo, de acordo com seus estudos.

O constructivismo admite essa diferenciação na interpretação, de acordo com o indivíduo, sendo esta uma característica própria do direito, que outros campos (ou sistemas) não possuem, pois tem uma organização complexa, em que se admite (e existe) o Poder Judiciário para resolver, justamente, os conflitos entre interpretações, sendo chamado a dirimir conflitos de interesses. É admissível ao modelo constructivista a possibilidade de indivíduo formar seu entendimento (interpretação) em bases objetivas (intersubjetivas) de forma mais clara possível, diferenciando o discurso jurídico do discurso político.

A formação de opinião do intérprete também depende do convencimento de terceiros, ou seja, consideração uma propriedade retórica. A construção, portanto, depende do rigor, coerência e manutenção da consistência do discurso, tornando respeitável a interpretação.

O discurso tem como elementos o *ethos*, o *pathos* e o *logos*, que são indissociáveis e sempre estarão interagindo entre si,

CONSTRUCTIVISMO LÓGICO-SEMÂNTICO
Homenagem aos 35 anos do grupo de estudos de Paulo de Barros Carvalho

ou seja, encontram-se necessariamente em relação, que levam à persuasão da mensagem. A mensagem jurídica não é diferente: o legislador, tomado como emissor da mensagem, dotado de *ethos* que lhe garante competência (legitimidade) para tanto se, e somente se, adotar o procedimento adequado, coloca ao *pathos* (auditório, ou melhor, a comunidade jurídica) o suporte físico no sistema, que servirá de base para a construção normativa pelo intérprete: a norma jurídica é construída por ato perlocucionário, com características do *pathos* aristotélico, com as necessárias incursões nos demais contextos do discurso (*ethos* e *logos*), pois valem para formação das comunidades linguísticas e retórica da criação da própria realidade.

Mas isso não quer dizer que a linguagem não possua a função constatativa, voltada à descrição de estado de coisas. Além desta, possui também a função performativa, utilizada para realizar ações. O ato ilocucionário está ligado à ação realizada ao expedir ato de fala, assim entendido como enunciado ou proferimento. O direito, que se manifesta em linguagem, cria sua própria realidade e interfere na conduta humana.

Todas as ações são realizadas mediante o uso de palavras, em determinado contexto. A performatividade jurídica do enunciado se dará se, e somente se, seu significado corresponder um efeito jurídico, ou determinada qualificação jurídica.

Neste sentido, a norma jurídica é resultado da interação entre a realidade do caso concreto e o texto de norma, assim considerados no processo de interpretação que engloba, inclusive, tais percepções em linguagem. O relato e a alteração de qualquer objeto advêm de sua percepção, inclusive do próprio ser humano, pois há porosidade na linguagem.

O ser cognoscente deve ser considerado, ele mesmo, nas suas relações sociais específicas e históricas, definidoras de seu horizonte cultural. O homem faz parte da situação dada, não por ato de sua consciência e vontade e, no âmago dessa situação, a transforma continuamente mediante a práxis criadora.

Assim, a movimentação das estruturas do direito em direção à maior proximidade das condutas intersubjetivas exige a

97

I
INTERPRETAÇÃO E CONSTRUÇÃO DE SENTIDO

certificação da ocorrência do fato conotativamente previsto na hipótese da norma que se pretende aplicar. Tal verificação não se dará somente por aquele que insere no ordenamento a proposição prescritiva, mas preponderantemente por aquele que realiza as operações lógicas de subsunção e implicação. Para que o relato ingresse no universo do direito, constituindo fato jurídico, é preciso que seja enunciado em linguagem competente, quer dizer, que seja descrito consoante as provas em direito admitidas. Provas são tomadas como relatos linguísticos do evento, sendo argumentativos, e não deixam de ser, também, fatos.

O processo de construção de sentido, tomado como base aquele proposto pelo constructivismo jurídico, toma como ponto de partida os textos jurídicos positivos, sendo seu suporte físico, ou seja, dado empírico a ser interpretado. Tal modelo revela a precípua preocupação com a identificação dos conteúdos de significação dos enunciados jurídicos, aspecto semântico da construção das unidades normativas, que se consubstanciam em normas em sentido estrito, assim tomadas como estruturas lógico-sintáticas de significação, bem como a organização lógico-sintática destas unidades, sob a forma superior de sistema.

Esse processo gerativo de sentido tem seu curso em subida de espiral determinantes dos níveis de compreensão do intérprete. Contudo, não há menção – ao menos expressamente – das contingências fáticas e contextuais que afetam tal percurso. O isolamento do arcabouço da norma jurídica não é suficiente para expressar a orientação da conduta, sendo necessário ao ciclo exegético um esforço de contextualização. É no átimo da tomada de decisão acerca da aplicação da norma jurídica à situação concreta que o intérprete terá, por fim, completado o percurso gerador de sentido normativo.

A interpretação, portanto, deve concretizar a norma jurídica, ou seja, a compreensão adequada do texto demanda sua compreensão em cada situação concreta. O intérprete toma contato com as manifestações expressas do direito positivo e,

98

por meio da adjudicação de sentido, produz as significações. Essa é a trajetória do dever-ser até o ser da conduta.

Como o direito é um objeto de cultura penetrado por valores com a finalidade de regular condutas intersubjetivas, ao exegeta dos textos jurídico-positivos cabe identificar as estimativas variáveis em função das ideologias de quem interpreta e os problemas da metalinguagem, que abrange as dúvidas sintáticas e de ordem semântica e pragmática.

Com resultado de suas lucubrações, surgirá a norma jurídica, ou seja, juízo implicacional construído pelo intérprete à razão de sua experiência no trato destes suportes comunicacionais, cuja estrutura não se confunde com a expressão literal de tais enunciados ou mesmo o conteúdo de sentido quando isoladamente considerados.

Ao juntar as significações proposicionais, em tópicos de antecedente e consequente próprios do juízo implicacional, chega o intérprete à construção de entidades mínimas e irredutíveis de manifestação do deôntico, com sentido completo, formando as unidades normativas que, articuladas em relação de coordenação e subordinação, compõem o sistema normativo.

O legislador, portanto, insere no ordenamento os suportes físicos das normas, em sentido amplo, que servirão de base para a construção normativa pelo intérprete, como normas ainda em sentido amplo, como em sentido estrito. É na mente do intérprete, portanto, que se dotará o significado do enunciado prescritivo de efeito jurídico correspondente, atribuindo-lhe performatividade jurídica.

Referências

ADEODATO, João Maurício. *Uma teoria da norma jurídica e do direito subjetivo*. 2 ª ed. rev. ampl. São Paulo: 2014.

ALVES, Alaor Caffé. *Lógica – Pensamento forma e argumentação* – Elementos para o discurso jurídico. São Paulo: Edipro, 2000.

I
INTERPRETAÇÃO E CONSTRUÇÃO DE SENTIDO

BECKER, Alfredo Augusto. *Teoria geral do direito tributário.* 5ª ed. São Paulo: Noeses, 2010.

BRITTO, Lucas Galvão de. *A regra-matriz de incidência tributária e as definições produzidas pelas agências reguladoras.* São Paulo: Noeses, 2017.

_____. *O lugar e o tributo:* Ensaio sobre a competência e definição do critério espacial da regra-matriz de incidência tributária. São Paulo: Noeses, 2014.

_____. Sobre o uso de definições e classificações na construção do conhecimento e na prescrição de condutas. *In:* CARVALHO, Paulo de Barros (Coord.). *Lógica e direito.* São Paulo: Noeses, 2016.

CAMPILONGO, Celso Fernandes. *O direito na sociedade complexa.* São Paulo: Max Limonad, 2000.

CARVALHO, Paulo de Barros. Algo sobre o constructivismo lógico-semântico. *In Constructivismo lógico-semântico.* São Paulo: Noeses, 2014.

_____. *Curso de direito tributário.* 25. ed. São Paulo: Saraiva, 2013.

_____. *Direito tributário:* fundamentos jurídicos de incidência. 9ª ed. São Paulo: Saraiva, 2012.

_____. *Direito tributário, linguagem e método.* 5ªed. São Paulo: Noeses, 2013.

_____. *Direito tributário:* reflexões sobre filosofia e ciência em prefácios. São Paulo: Noeses, 2019.

CHALHUB, Samira. *Funções da linguagem.* 12. ed. São Paulo: Ática, 2006.

DASCAL, Marcelo. *Interpretação e compreensão.* São Leopoldo: Unisinos, 2006.

FERRAZ JÚNIOR, Tercio Sampaio. *Introdução ao estudo do direito*: técnica, decisão, dominação. 2 ed. São Paulo: Atlas, 1994.

_____. *Teoria da norma jurídica* – Ensaio de Pragmática da Comunicação Normativa. 4ª ed. Rio de Janeiro: Forense, 2009.

FIORIN, José Luiz. *Argumentação*. São Paulo: Contexto, 2016.

FLUSSER, Vilém. *Língua e realidade*. 3ª ed. São Paulo: Annablume, 2007.

GADAMER, Hans-Georg. *Verdade e Método I: Traços de uma hermenêutica filosófica*. Tradução Flávio Paulo Meurer. 6ª ed. Petrópolis: Vozes, 2004.

HUSSERL, Edmund. *Ideias para uma fenomenologia pura e para uma filosofia fenomenológica: introdução geral à fenomenologia pura*. 6. ed. São Paulo: Ideias & Letras, 2006.

_____. *Investigações filosóficas* – Sexta investigação. Elementos de uma elucidação fenomenológica do conhecimento. São Paulo: Nova Cultural, 2005.

KANT, Immanuel. *Crítica da razão pura*. São Paulo: Abril Cultural, 1980.

KELSEN, Hans. *Reine Rechslehre*. Edição portuguesa. 5ª ed. Coimbra: Arménio Amado, 1979.

MCNAUGHTON, Charles William. Constructivismo lógico-semântico. *In Direito Tributário e os novos horizontes do processo*. Paulo de Barros Carvalho (coord.). São Paulo: Noeses, 2015.

MESSIAS, Adriano Luiz Batista. A estrutura da norma jurídica que institui contribuições para a seguridade social. *Revista de Direito Tributário Contemporâneo*, ano 3, vol. 15. São Paulo: Thomson Reuters Revista dos Tribunais, 2018.

_____. A importância dos atos de fala do enunciatário para construção das normas jurídicas. *Revista de Direito Tributário Contemporâneo*, ano 4, vol. 19. São Paulo: Thomson Reuters Revista dos Tribunais, 2019.

MOUSSALLEM, Tárek Moysés. *Fontes do direito tributário*. 2. ed. São Paulo: Noeses, 2006.

I

INTERPRETAÇÃO E CONSTRUÇÃO DE SENTIDO

_____. *Revogação em matéria tributária*. São Paulo: Noeses, 2011.

ROBLES, Gregorio. *As regras do direito e as regras dos jogos:* ensaio sobre a teoria analítica do direito. Trad. Pollyana Mayer. São Paulo: Noeses, 2011.

_____. *Teoría del derecho:* fundamentos de TEORÍA COMUNICACIONAL DEL DERECHO, vol I. 3. ed. Navarra: Civitas, 2010

_____. *Teoría del derecho:* fundamentos de Teoría Comunicacional del Derecho, vol II. Madri: Thomson Reuters, 2015.

ROSS, Alf. *Direito e justiça*. Tradução de Edson Bini. São Paulo: Edipro, 2000.

SAUSSURE, Ferdinand de. *Curso de linguística geral*. Trad. Antônio Chelini, José Paulo Paes e Isidoro Blikstein. 28 ed. São Paulo: Cultrix, 2012.

SCAVINO, Dardo. *A filosofia atual:* pensar sem certezas. Trad. Lucas Galvão de Britto. São Paulo: Noeses, 2014.

TOMÉ, Fabiana Del Padre. *A prova no direito tributário:* de acordo com Código de Processo Civil de 2015. 4 ed., rev., atual. São Paulo: Noeses, 2016.

_____. *Contribuições para a seguridade social da social à luz da Constituição Federal*. 2 ed. Curitiba: Juruá, 2013.

VILANOVA, Lourival. *As estruturas lógicas e o sistema do direito positivo*. São Paulo: Noeses, 2005.

_____. *Causalidade e relação no direito*. 5. ed., São Paulo: Noeses, 2015.

_____. *Escritos Jurídicos e Filosóficos*, vol. I. São Paulo: Axis Mvndi/IBET. 2003.

VOLLI, Ugo. *Manual de semiótica*. São Paulo: Loyola, 2015.

WITTGENSTEIN, Ludwig. *Tractatus Logico-philosophicus*. São Paulo: Edusp, 2001.

CONSTRUÇÃO DE SENTIDO E IDENTIFICAÇÃO DE CONFLITOS ENTRE NORMAS

Marina Vieira de Figueiredo[1]

1. Introdução

Quando ingressei no Curso de Especialização do IBET[2] travei o primeiro contato com a obra de Lourival Vilanova, precursor do movimento filosófico denominado "Constructivismo Lógico-Semântico". Foram, porém, os estudos promovidos por Paulo de Barros Carvalho que me permitiram compreender, em todos os seus contornos, esse modo especial de compreensão do direito, bem como as repercussões decorrentes da adoção desse modelo na construção do discurso.

Como o próprio nome indica, essa concepção filosófica, intensamente difundida por Paulo de Barros Carvalho, parte de uma postura *constructivista*, concebendo o objeto não como algo dado, mas sim como algo construído pelo intérprete. O

---

1. Mestre e doutora em direito pela Pontifícia Universidade Católica de São Paulo. Conselheira Julgadora no Conselho Municipal de Tributos da Prefeitura de São Paulo. Professora dos Cursos de Especialização do Instituto Brasileiro de Estudos Tributários (IBET) e da Coordenadoria Geral de Especialização, Aperfeiçoamento e Extensão da PUC-SP (COGEAE). Advogada. E-mail: marina@mvfigueiredo.com.br.

2. Instituto Brasileiro de Estudos Tributários.

I

INTERPRETAÇÃO E CONSTRUÇÃO DE SENTIDO

abandono da postura meramente descritiva, por sua vez, contribui decisivamente para compreender os conflitos entre normas jurídicas.

Com efeito, não há como negar a existência, dentro do sistema jurídico, de conflitos entre as normas que o integram. No entanto, a produção de normas conflitantes e a própria identificação do conflito decorrem justamente do fato de a norma ser construção do intérprete. É exatamente isso que se pretende demonstrar neste singelo artigo.

2. As relações de derivação/fundamentação entre as normas jurídicas

O direito positivo, enquanto conjunto de normas dedicadas a regular a vida em sociedade, não toca o mundo do ser. As normas, sozinhas, não alteram as condutas dos sujeitos, apenas atuam de modo a estimular que estas pessoas se conduzam na forma desejada pelo ordenamento.

É imprescindível, portanto, que os comandos normativos se aproximem cada vez mais dos sujeitos cujas condutas pretendem regular. E isso se dá mediante o "processo de positivação", em que normas de superior hierarquia servem de fundamento para a produção de normas inferiores, até a individualização dos comandos prescritivos. O ato de produção de uma norma (norma inferior), portanto, não é outra coisa senão um ato de aplicação da norma que se serve de fundamento (norma superior).

Por ser o ordenamento jurídico uma estrutura onde normas de nível superior fundamentam a produção de normas de níveis inferiores,[3] seus elementos acabam se organizando

---

3. Como assevera Clarice von Oertzen de Araujo, "além da relação linguagem-objeto/metaliguagem que se verifica entre o direito positivo – linguagem prescritiva de condutas – e a Ciência que o descreve, observa-se relação semelhante na forma intrassistêmica, no interior do sistema de Direito Positivo, que trabalha com a organização hierárquica dos preceitos normativos e com critérios de interpretação para a solução e/ou eliminação de contradições no interior da linguagem prescritiva". (*Se-*

de forma escalonada, evidenciando, assim, as relações de derivação/fundamentação.

Ao analisar essas relações, por outro lado, percebe-se que, ao fundamentar a produção de outras prescrições, as normas de superior hierarquia determinam as condições a serem observadas (sujeito + procedimento + matéria) para a produção de novas regras. É, assim, qualidade comum a toda e qualquer norma jurídica o fato de ter a sua produção condicionada ao que prescrevem outras normas.[4]

3. Normas jurídicas como construções do intérprete

Se é verdade que o agente competente para a produção de novas regras não pode atuar fora dos limites impostos pela norma superior, não se poderia, em princípio, conceber a elaboração de normas em conflito com aquelas que lhes servem de fundamento.

Ocorre que a norma não é algo dado, mas sim construído pelo intérprete. Nesta atividade, por sua vez, podem os intérpretes basear-se em premissas distintas, de modo que o resultado da interpretação nem sempre será uniforme. Significa dizer: os aplicadores podem construir normas superiores distintas, de modo que, ainda que condicionados por suas disposições, poderão produzir normas inferiores diversas.

---

miótica do direito. São Paulo: Quartier Latin, 2005, p. 22).

4. Justamente pelo fato de regular a forma como seus elementos serão criados (e também extintos) é que o ordenamento jurídico é qualificado como um sistema autopoiético, significa dizer, "que reproduz seus elementos valendo-se de seus próprios componentes, por meio de operações internas. A peculiaridade do sistema autopoiético confere-lhe as seguintes características: (i) autonomia: é capaz de subordinar toda a mudança de modo que permaneça sua auto-organização; (ii) identidade: mantém sua identidade em relação ao ambiente, diferenciando-se deste ao determinar o que é e o que não é próprio ao sistema; (ii) não possui *imputs* ou *outputs*: o ambiente não influi diretamente no sistema autopoiético; não é o ambiente que determina as alterações, pois quaisquer mudanças decorrem da própria estrutura sistêmica que processa as informações vindas do ambiente." (TOMÉ, Fabiana Del Padre. *A prova no direito tributário*. São Paulo: Noeses, 2006, p. 43).

I
INTERPRETAÇÃO E CONSTRUÇÃO DE SENTIDO

3.1 Do processo de construção do sentido

Paulo de Barros Carvalho, ao tratar da interpretação do direito positivo, decompõe analiticamente esse processo de construção do sentido em quatro fases:[5]

(i) **1ª Fase – Plano S1**: neste plano, o aplicador toma contato com o suporte físico, ou seja, com o texto que servirá de base para a construção do sentido (norma jurídica);

(ii) **2ª Fase – Plano S2**: a partir do exame do texto, o aplicador começa, então, a construir as significações isoladas dos termos utilizados pela autoridade competente ao elaborar o texto jurídico;

(iii) **3ª Fase – Plano S3**: construídas as significações isoladas (S2), o aplicador agrupa-as, de modo a formular o juízo hipotético condicional que corresponde à norma jurídica; e

(iv) **4ª Fase – Plano S4**: em seguida, o aplicador faz a análise das relações de coordenação e subordinação existentes entre a norma construída e as demais que compõem o sistema.

Como assinala referido autor, o simples contato com o texto jurídico (S1) não é suficiente para que o intérprete compreenda o comando prescritivo, tendo em vista a necessidade de construção do sentido das palavras empregadas pelo legislador (S2).

Quando a lei prescreve, por exemplo, que a base de cálculo do tributo é a renda auferida, é indispensável construir o sentido do termo "renda". Contudo, mesmo após definir o conceito de renda, ainda não é possível compreender adequadamente o comando imposto pela lei. Afinal, surgirão questões como: quem deve pagar este tributo? Para quem este

---

5. *Direito tributário:* fundamentos jurídicos da incidência, p. 25.

tributo deve ser pago? Se a base de cálculo é a renda, qual é a alíquota aplicável?

Para respondê-las, deverá o intérprete construir os sentidos dos outros termos empregados pelo legislador para definir sujeito passivo, alíquota etc. (ainda no plano S2) e então reuni-los (S3) para possibilitar a compreensão da mensagem transmitida pelo legislador, ou seja, entender qual a conduta regulada e de que maneira ela é regulada.

Uma vez construído o juízo condicional, é necessário, então, verificar sua relação, seja de coordenação, seja de subordinação, com as demais normas que integram o sistema (S4). Tal procedimento, contudo, somente poderá ser executado se forem construídos também os sentidos destas outras normas com as quais a regra construída mantém relação.

Examinando todas estas etapas, fica claro que o texto, enquanto suporte físico, é o único dado objetivo de que dispõe o intérprete para a construção das normas jurídicas e, nessa qualidade, serve como importante instrumento de controle das interpretações adotadas pelos participantes do sistema no momento da aplicação dessas normas. O problema é que tal "limite" não é suficiente para evitar a construção de normas conflitantes.

3.2 Ambiguidade e vaguidade dos termos empregados nos textos jurídico-positivos

A linguagem é o veículo por meio do qual o homem se comunica. Não por outra razão, esse é o substrato utilizado pelo direito para comunicar os padrões de comportamento que devem ser observados pela sociedade.[6]

---

6. "[...] o direito somente é possível mediante palavras. Suprimidas as palavras, suprime-se automaticamente o direito. Algumas espécies animais formam comunidades organizadas que realizam regularmente determinados comportamentos; mas nem assim dizemos que têm uma ordem jurídica. O direito surge com o homem, como expressão de sua capacidade de configurar a vida em sociedade. Aparece em sociedade, é um fenômeno social. Mas sua essência consiste em palavras, sem as

I
INTERPRETAÇÃO E CONSTRUÇÃO DE SENTIDO

Ao estabelecer estes padrões, o legislador seleciona palavras e as combina em frases, de acordo com o sistema sintático da língua que utiliza. Essa seleção, contudo, não é de livre escolha do legislador. Ele deve, necessariamente, se utilizar de um repertório comum àqueles a quem se dirige a mensagem legislativa.

Isso porque, como observa Roman Jakobson, para que ocorra a comunicação, melhor dizendo, para que se transmita uma mensagem, é indispensável que tanto o seu emissor – no caso, o legislador –, quando o seu receptor – aqueles a quem se dirigem os comandos prescritivos – compartilhem o mesmo código.[7]

Com efeito, seria impossível que o direito cumprisse seu papel – regular as condutas intersubjetivas – se não se manifestasse em linguagem inteligível para todos os seus destinatários. O problema, porém, é que os destinatários das normas, em especial aqueles a quem cumpre aplicá-las, muitas vezes possuem noções diversas sobre o sentido dos termos empregados nos textos prescritivos e, como consequência, o resultado da atividade interpretativa pode ser diverso.

Apesar do esforço dos juristas para eliminar vaguezas e ambiguidades, os conceitos empregados nos textos prescritivos não possuem um campo de significação rigorosamente delimitado.[8] Isso porque a linguagem jurídica, apesar

---

quais não é nada. Retiremos as palavras do Código Civil: não sobra nada. Suprimamos as palavras da constituição: não sobra nada. Esqueçamos as palavras de um contrato ou de uma escritura pública: não sobra nada. E não se trata de uma prova contundente apenas em relação ao texto escrito, que é a parte mais substancial de todo o direito moderno. Retiremos as palavras do costume: o que resta dele? Um comportamento carente de significado, porque o que configura o costume não é o comportamento habitual de uma comunidade, mas o significado obrigatório de tal comportamento, e o significado só é possível mediante sua vinculação às palavras." (ROBLES MORCHÓN, Gregorio. *O direito como texto:* quatro estudos de teoria comunicacional do direito. São Paulo: Manole, 2005, p. 38-39).

7. JAKOBSON, Roman. *Linguística e comunicação.* São Paulo: Cultrix, 2005, p. 37.

8. "Existem fatores que distorcem, dificultam ou retardam o recebimento da

de mais "especializada", possui basicamente as mesmas características da linguagem natural, já que não comporta definições absolutas e precisas como a linguagem matemática ou lógica.

Com efeito, palavras são signos, ou seja, são resultados da associação de um suporte físico a um significado (objeto) e a uma significação (interpretante).

Suporte físico é a palavra propriamente dita, falada ou escrita.[9] Significado, por sua vez, é o dado do mundo exterior a que esta palavra se refere.[10] Por fim, significação é a noção ou ideia que surge em nossa mente a partir do contato com o

---

mensagem, tecnicamente denominados 'ruídos'. A ambiguidade e a vaguidade, por exemplo, são problemas semânticos presentes onde houver linguagem. Um termo é vago quando não existe regra que permita decidir os exatos limites para sua aplicação, havendo um campo de incerteza relativa ao quadramento de um objeto na denotação correspondente ao signo. Já a ambiguidade é caso de incerteza designativa, em virtude da coexistência de dois ou mais significados." (CARVALHO, Paulo de Barros. "O sobreprincípio da segurança jurídica e a revogação de normas tributárias". In: CARVALHO, Paulo de Barros et al. *Crédito-prêmio de IPI: estudos e pareceres*. v. 3. Barueri: Manole, 2005, p. 22-3).

9. "É oportuno relembrar que a palavra 'enunciado' quer aludir tanto à forma expressional, matéria empírica gravada nos documentos dos fatos comunicacionais, como ao sentido a ele atribuído. Assim, os enunciados pertencem à plataforma da literalidade textual, suporte físico de significações, ao mesmo tempo em que participam do plano de conteúdo, com o sentido que necessariamente suscitam. Distingue-se, por isso, o *enunciado* da *proposição* por ele expressa. Muitas vezes, de um único enunciado podemos chegar a duas ou mais proposições (sentidos), circunstância que indica ambiguidade. Entretanto, a recíproca também é verdadeira, porquanto de dois ou mais enunciados podemos, em alguns casos, construir apenas uma proposição (ou sentido)." (Paulo de Barros Carvalho, *Curso de direito tributário*, p. 117).

10. Importante ressaltar que a integridade do signo, ou seja, a construção da significação, independente da existência factual do objeto a que se refere o suporte físico. Como observa Umberto Eco: "Com efeito, sabe-se muito bem que existem significantes que se referem a entidades inexistentes, como «unicórnio» ou «sereia», de sorte que, em casos tais, uma teoria extensional prefere falar de 'extensão nula' (Goodman, 1949) ou de 'mundos possíveis' (Lewis, 1969)." Prossegue o autor afirmando que "os códigos, enquanto aceitos por uma sociedade, constroem um mundo cultural que não é nem atual nem possível (pelo menos nos termos da ontologia tradicional): sua existência é de ordem cultural e constitui o modo pelo qual uma sociedade pensa, fala e, enquanto fala, resolve o sentido dos próprios pensamentos por meio de outros pensamentos, e estes por meio de outras palavras." (*Tratado geral da semiótica*. São Paulo: Perspectiva, 2005, p. 52).

I
INTERPRETAÇÃO E CONSTRUÇÃO DE SENTIDO

suporte físico. A relação entre esses elementos pode ser representada da seguinte forma:

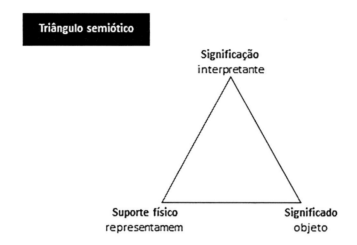

Ocorre que o fato de a palavra estar relacionada a um significado não impede que sejam construídos sentidos distintos pelo intérprete. Isso porque um mesmo suporte físico pode ser associado a mais de um elemento,[11] de modo que sua leitura pode levar a construção de diferentes significações. Nas palavras de Umberto Eco:

> Uma função sígnica se realiza quando dois funtivos (expressão e conteúdo) entram em mútua correlação: mas o mesmo funtivo pode também entrar em correlação com outros elementos, tornando-se assim um funtivo diferente, que dá origem a uma outra função sígnica.
>
> Assim, os signos são o resultado provisório de regras de codificação que estabelecem correlações transitórias em que cada

---

11. Como observa Tercio Sampaio Ferraz Júnior, numa concepção convencionalista da língua – defendida pela teoria analítica, "a língua é vista como um sistema de signos, cuja relação com a realidade é estabelecida arbitrariamente pelos homens. Dado esse arbítrio, o que deve ser levado em conta é o *uso* (social ou técnico) dos conceitos, que pode variar de comunidade para comunidade. Desse modo, a caracterização de um conceito desloca-se da pretensão de se buscar a natureza ou essência de alguma coisa (que é *a* mesa?) para a investigação sobre os critérios vigentes de uso comum para usar uma palavra (como se emprega 'mesa'?)." (*Introdução ao estudo do direito*, p. 13).

> elemento é, por assim dizer, autorizado a associar-se com um outro elemento e a formar um signo somente em certas circunstâncias previstas pelo código.
>
> Basta pensar numa expressão como │plano│, da qual podemos registrar uma série notável de conteúdos (≪nível≫, ≪projeto≫, ≪liso≫, etc.): destarte, identificamos ao menos três funções sígnicas, │plano│ = X, │plano│ = Y, │plano│ = Z.[12]

De fato, a relação da palavra com o objeto que ela representa (significado) é resultado de ato arbitrário de um ser humano (melhor dizendo, da sociedade).[13] Muitas vezes, contudo, uma mesma palavra é utilizada como "representamen" de mais de um objeto, ou seja, possuem diversas regras de uso na comunidade em que está inserida.

Portanto, ainda que o intérprete, no momento de construir a interpretação do texto legislado, considere o uso corrente das palavras ali empregadas, continuará tendo dificuldades para determinar qual o objeto que está sendo designado por estes suportes físicos.[14]

3.3 Os pré-conceitos que influenciam a atividade interpretativa

É imprescindível ressaltar, também, que a interpretação do texto escrito é sobremaneira influenciada pela historicidade do sujeito que a realiza. Ora, o intérprete não pode optar

---

12. ECO, Umberto. *Tratado geral da semiótica*. São Paulo: Perspectiva, 2005, p. 40.

13. "A linguagem pode manifestar-se como uma série de formas auditivas ou visuais (fala e escrita). O significado atribuído a estas formas é claramente convencional. Nada impediria que a palavra *gato* fosse empregada para designar o animal doméstico de quatro patas que faz '*uau, uau*' e *cão* para designar o que faz '*miau*'." (Alf Ross, *Direito e justiça*, p. 140).

14. "[...] há circunstância em que as palavras possuem perfeita aplicabilidade à linguagem constitutiva do real, da mesma forma que há casos em que a inaplicabilidade da palavra é hialina, é a chamada 'zona de certeza das palavras'. Mas existem situações outras nas quais a linguagem da realidade social não se subsome perfeitamente ao conceito da palavra, tornando incerta sua aplicabilidade: é a chamada 'zona de penumbra'". (MOUSSALLÉM, Tárek Moysés. *Fontes do direito tributário*. São Paulo: Noeses, 2006, p. 34).

I
INTERPRETAÇÃO E CONSTRUÇÃO DE SENTIDO

pela adesão ou não aos pré-conceitos e à pré-compreensão que lhe é inerente. Trata-se de condições de sua existência.[15]

Como consequência, nenhuma interpretação será amparada unicamente nos textos prescritivos. Além deles, servirá também de parâmetro para a construção das normas jurídicas também a ideologia do intérprete.

Diante disso, e tendo em vista a multiplicidade de contextos nos quais os intérpretes podem estar inseridos, uma mesma palavra (ou mensagem) poderá suscitar a construção de sentidos dos mais diversos:

> [...] o cruzamento das circunstâncias e das pressuposições entrelaça-se com o cruzamento dos códigos e dos subcódigos, fazendo de cada mensagem ou texto uma FORMA VAZIA a que se podem atribuir vários sentidos possíveis. A mesma multiplicidade dos códigos e a indefinida variedade dos contextos e das circunstâncias faz com que a mesma mensagem possa ser decodificada de diversos pontos de vista e com referência a diversos sistemas de convenções. A denotação de base pode ser entendida como o emitente queria que fosse entendida, mas as conotações mudam simplesmente porque o destinatário segue percursos de leitura diversos dos previstos pelo emissor (ambos os percursos sendo autorizados pela árvore componencial a que ambos se referem).[16]

Em síntese, verificamos que o intérprete da lei, ao construir a norma jurídica, deve levar em consideração o uso das palavras empregadas pelo legislador. Afinal, se admitirmos que a interpretação não encontra quaisquer limites, "seremos forçados a concluir que toda a expressão poderia significar qualquer coisa, independentemente do uso corrente da língua e de toda a experiência linguística".[17]

---

15. "[...] lejos de construir un obstáculo para un pensamiento verdadero, aquelles pre-juicios son, según los hermeneutas, 'las condiciones de posibilidad de la experiencia', la propia 'verdad' entendida como apertura originaria al mundo de la vida, al lenguage de la comunidad, a un sistema de valores y creencias compartidas." (Dardo Scavino, *La filosofia actual. Pensar sin certezas*, p. 48).

16. *Teoria geral de semiótica*, p. 127.

17. Thatiane dos Santos Piscitelli, *Os limites à interpretação das normas tributárias*, p. 72.

Isso, todavia, não elimina completamente as divergências na atribuição de sentido, pelo simples fato de que o uso de um termo pode variar a depender do contexto em que o intérprete está imerso. Luis Alberto Warat exemplifica a questão da seguinte forma:

> Toda expressão possui um número considerável de implicações não manifestas. A mensagem nunca se esgota na significação de base das palavras empregadas. O sentido gira em torno do dito e do calado. Desta forma, o êxito de uma comunicação depende de como o receptor possa interpretar o sentido latente. A forma gramatical e o significado de base, por vezes, em lugar de ajudar na busca do sentido latente, servem para encobri-lo.[18]

Não são raros, portanto, os casos em que os aplicadores, ao interpretarem os textos normativos, constroem normas diversas, aplicando-as de modos igualmente distintos.

Vejamos um exemplo: a Lei 9.718/98, ao instituir a Contribuição ao PIS e a COFINS, prescreveu que: (i) o fato que dá ensejo ao pagamento destas contribuições é auferir faturamento; (ii) o sujeito passivo destas contribuições é a pessoa jurídica que aufere esse faturamento; e (iii) a base de cálculo do tributo é o faturamento, assim entendido como a receita bruta da pessoa jurídica.

Reunindo estes enunciados num juízo condicional, de modo a construir a norma que institui referidas contribuições, temos o seguinte:

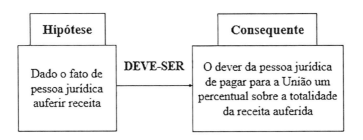

---

18. *O direito e sua linguagem*. 2ª ed. Porto Alegre: Sergio Antonio Fabris Editor, 1995, p. 65.

I
INTERPRETAÇÃO E CONSTRUÇÃO DE SENTIDO

Esta norma, por sua vez, mantinha relação de subordinação com as normas constitucionais que regulam a instituição e a cobrança de tributos. Mais especificamente, estava subordinada à norma de competência construída com suporte no art. 195, I, da Constituição da República, o qual, à época em que a Lei 9.718/98 foi editada, possuía a seguinte redação:

> Art. 195. A seguridade social será financiada por toda a sociedade, de forma direta e indireta, nos termos da lei, mediante recursos provenientes dos orçamentos da União, dos Estados, do Distrito Federal e dos Municípios, e das seguintes contribuições sociais:
>
> I – dos empregadores, incidente sobre a folha de salários, o faturamento e o lucro;

Ao interpretar referido enunciado, não resta dúvida de que o legislador ordinário conferiu ao termo faturamento o sentido de "totalidade das receitas da pessoa jurídica". Ou seja, construiu norma de competência segundo a qual estava autorizado a instituir contribuição sobre todas as receitas da pessoa jurídica.

Tomando tal interpretação como referência, a conclusão seria pela constitucionalidade da norma que instituiu as contribuições (construída com suporte na Lei 9.718/98), pois a base de cálculo destes tributos era exatamente aquela autorizada pela Constituição. Em outros termos, não haveria qualquer conflito entre as normas superior e inferior:

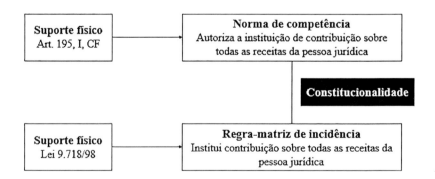

Os contribuintes, no entanto, interpretaram o texto constitucional de modo diverso, atribuindo outro sentido ao termo faturamento e defendendo, assim, que a norma que instituiu o tributo seria inconstitucional:

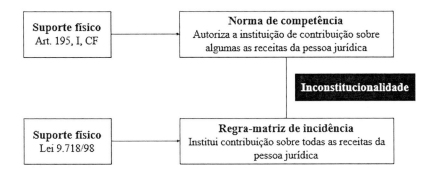

Como se percebe, o conflito na interpretação do art. 195 da CF e na construção da norma de competência resultou, igualmente, num desacordo no que diz respeito à constitucionalidade ou não da norma instituidora dos referidos tributos, o que motivou a propositura de medidas judiciais para que o Poder Judiciário decidisse: (i) qual a interpretação a ser conferida ao texto constitucional; e, portanto, (ii) se a regra-matriz de incidência seria ou não viciada (inconstitucional).

O exemplo bem serve, como se vê, ao propósito de demonstrar não somente a possibilidade de construção de normas conflitantes, mas também que a própria identificação do conflito entre norma superior e inferior depende, primeiro, da solução da divergência quanto ao conteúdo dessas normas.

4. Conclusão

No início deste artigo, deixamos claro que as normas superiores determinam a maneira como serão produzidas as normas inferiores, disciplinando: (i) o sujeito que pode criar novas normas; (ii) o procedimento que deve seguir para criar essas normas; e (iii) a matéria sobre a qual essas normas

I
INTERPRETAÇÃO E CONSTRUÇÃO DE SENTIDO

poderão versar. Tais normas, contudo, não se confundem com os textos prescritivos. São construídas pelo intérprete a partir deste suporte físico.

Como consequência, e tendo em vista os vícios de ambiguidade e vaguidade que acometem os textos prescritivos, é comum a construção de normas superiores conflitantes, o que leva a produção de normas inferiores igualmente diversas.

Esses conflitos, portanto, podem ser divididos em duas categorias: (i) conflitos na construção da norma a aplicar; e (ii) conflitos entre a norma aplicada (norma superior) e a regra que resulta dessa operação (norma inferior). A resolução dos primeiros – os quais denominaremos "conflitos de primeira ordem" – é, contudo, indispensável para que se possa decidir pela existência, ou não, daqueles outros ("conflitos de segunda ordem").

Referências

ARAUJO, Clarice von Oertzen de. *Incidência jurídica:* teoria e crítica. São Paulo: Noeses, 2011.

CARVALHO, Paulo de Barros. *Curso de direito tributário.* 25 ed. São Paulo: Saraiva, 2013.

_____. *Direito tributário:* fundamentos jurídicos da incidência. São Paulo: Saraiva, 2009.

_____. "O sobreprincípio da segurança jurídica e a revogação de normas tributárias". In: CARVALHO, Paulo de Barros et al. *Crédito-prêmio de IPI:* estudos e pareceres. v. 3. Barueri: Manole, 2005.

ECO, Umberto. *Tratado geral da semiótica.* São Paulo: Perspectiva, 2005.

FERRAZ JR., Tercio Sampaio. *Introdução ao estudo do direito.* 6ª ed. São Paulo: Atlas, 2008.

FIGUEIREDO, Marina Vieira de. *Lançamento tributário:* revisão e seus efeitos. São Paulo: Noeses, 2014.

JAKOBSON, Roman. *Linguística e comunicação.* São Paulo: Cultrix, 2005.

KELSEN, Hans. *Teoria pura do direito.* 7ª ed. São Paulo: Martins Fontes, 2006.

MOUSSALLEM, Tárek Moysés. *Fontes do direito tributário.* São Paulo: Noeses, 2006.

ROBLES MORCHÓN, Gregorio. *O direito como texto:* quatro estudos de teoria comunicacional do direito. São Paulo: Manole, 2005.

ROSS, Alf. *Direito e justiça.* São Paulo: EDIPRO, 2003.

SCAVINO, Dardo. *La filosofia actual. Pensar sin certezas.* Buenos Aires: Paidós, 2007.

TOMÉ, Fabiana Del Padre. *A prova no direito tributário.* São Paulo: Noeses, 2006,

VILANOVA, Lourival. *Estruturas lógicas e o sistema do direito positivo.* São Paulo: Noeses, 2005.

WARAT, Luis Alberto. *O direito e sua linguagem.* 2ª ed. Porto Alegre: Sergio Antonio Fabris Editor, 1995.

COMPLETUDE DO SISTEMA JURÍDICO E AS LACUNAS

Paulo Bassil Hanna Nejm[1]

1. Introdução

Neste artigo, abordaremos um dos dogmas do direito positivo que é a completude do ordenamento jurídico, analisando as chamadas *lacunas* no direito, tendo como base o sistema jurídico brasileiro.

Cumpre frisar desde já que, apesar de entendermos coerentes as correntes que fazem distinções entre ordenamento jurídico e sistema jurídico, adotaremos a posição de ter as duas expressões como sinônimas.

Tárek Moysés Moussallem faz distinção entre ordenamento jurídico e sistema jurídico, entendendo o primeiro como sendo o conjunto composto por diversos sistemas jurídicos sucessivos nos tempos, portanto, refere-se a *sistema de direito positivo* como um conjunto de normas estaticamente consideradas, enquanto que o ordenamento seria dinâmico, sendo composto pela sequência desse conjunto de normas.

---

1. Mestrando em Direito Tributário pela PUC/SP. Especialista em Direito Tributário. Especialista em Direito Processual Civil. Professor da Universidade Paulista – UNIP. Advogado.

I
INTERPRETAÇÃO E CONSTRUÇÃO DE SENTIDO

> Assim o conjunto OJ é composto por vários subconjuntos denominados SDP_1, SDP_2, SDP_3, SDP_n, sucessivos nos tempos t_1, t_2, t_3, t_n, modificados por expansão, contração ou revisão de acordo com as regras constitutivas de introdução e de eliminação. O ordenamento jurídico não é um conjunto de normas, mas, sim, uma sequência temporal de conjuntos de normas.[2]

Apesar de muito bem formulada a posição supra, preferimos a tese de que o ordenamento jurídico constitui-se como um sistema.

Como ensina Lourival Vilanova "onde há sistema há relações e elementos, que se articulam segundo leis",[3] nesse sentido, considerando ordenamento jurídico como o conjunto de normas válidas, e que a validade de cada norma deve ser observada de acordo com um princípio unificador, fundadas em regras de coordenação e subordinação, concluímos que o ordenamento jurídico é um sistema, portanto, ao falarmos em ordenamento jurídico ou sistema jurídico, estaremos nos referindo à mesma coisa.

O ordenamento é composto apenas por normas válidas, assim, notamos que a validade não é uma qualidade da norma, mas uma relação de pertinência dessa norma jurídica com o ordenamento, assim como ensina Paulo de Barros Carvalho:

> A validade não deve ser tida como predicado monádico, como propriedade ou como atributo que qualifica a norma jurídica. Tem *status* de relação: é o vínculo que se estabelece entre a proposição normativa, considerada na sua inteireza lógico-semântica e o sistema do direito posto, de tal sorte que ao dizermos que u'a norma "n" é válida, estaremos expressando que ela pertence ao sistema "S".[4]

---

2. MOUSSALLEM, Tárek Moysés. *Revogação em matéria tributária*. 2ª ed. São Paulo: Noeses, 2011, p. 139.

3. VILANOVA, Lourival. *As estruturas lógicas e o sistema do direito positivo*. 4ª ed. São Paulo: Noeses, 2010, 87.

4. CARVALHO, Paulo de Barros. *Direito tributário:* fundamentos jurídicos da incidência. 10ª ed. ver. e atual. São Paulo: Saraiva, 2015, pp. 99/100.

Como um conjunto de normas válidas, o ordenamento jurídico caracteriza-se como um sistema, pois, a validade da norma só pode ser verificada relacionando-a com outras normas do ordenamento, conforme regras de coordenação e subordinação.

Tercio Sampaio Ferraz Jr., observa que "o sistema é um complexo que se compõe de uma estrutura e um repertório. Nesse sentido, ordenamento é sistema".[5]

As características de um sistema jurídico são a unicidade, a coerência e a completude. E como bem observou Norberto Bobbio, "todo ordenamento jurídico, unitário e tendencialmente (se não efetivamente) sistemático, pretende ser também *completo*".[6]

É justamente a completude do sistema e os problemas das chamadas *lacunas* do direito que passaremos a analisar com mais atenção.

2. Completude do ordenamento jurídico

Dizemos que um ordenamento jurídico é completo quando qualquer caso concreto puder ser regulado por uma norma jurídica. Enquanto que a ausência de norma, por sua vez, é chamada de *lacuna*.

Como bem observa Tácio Lacerda Gama, a completude "Trata-se pois, de atributo complementar à coerência", correspondendo a "circunstância de o sistema disciplinar toda e qualquer conduta. Inversamente, ordenamento incompleto é aquele que não dispõe de normas para regular algum caso concreto."[7]

---

5. FERRAZ JUNIOR, Tercio Sampaio. *Introdução ao estudo do direito:* técnica, decisão, dominação. 9ª ed. São Paulo: Atlas, 2016, p.140.

6. BOBBIO, Norberto. *Teoria do ordenamento jurídico.* Trad. Ari Marcelo Solon. 2ª ed. São Paulo: Edipro, 2014, p. 48.

7. GAMA, Tácio Lacerda. *Competência tributária:* fundamentos para uma teoria da nulidade. 2ª ed. São Paulo: Noeses, 2011, p. 159.

I

INTERPRETAÇÃO E CONSTRUÇÃO DE SENTIDO

Numa análise axiológica desse atributo do sistema, Norberto Bobbio diz que "a completude não era um mito, mas uma exigência de justiça; não era uma função inútil, mas uma defesa útil de um dos valores supremos a que deve servir a ordem jurídica, a *certeza*".[8]

Com as constantes transformações sociais, bem como pelo aumento de troca de informações e avanços tecnológicos, os agentes competentes por introduzir normas no sistema jurídico dificilmente acompanham as inovações, tornando, assim, o problema das lacunas do direito cada vez mais em voga, e consequentemente surgem dúvidas quanto à efetiva completude do sistema jurídico.

Evidente que as transformações ocorrem numa velocidade muito superior à capacidade de produção de textos legais, até porque, na maioria das vezes, o legislador os elabora com base nos acontecimentos sociais.

As mutações sociais além de apresentarem novas realidades, em razão do avanço tecnológico, como, por exemplo, a *internet das coisas*, carros que não mais necessitam de motoristas etc. Também podemos observar alterações em termos jurídicos, a exemplo, do conceito de *casamento*, que ao longo do tempo foi se transformando para se adaptar a novas realidades. Nesse sentido, Paulo de Barros Carvalho ensina que:

> Com o sensível aumento na velocidade das informações, os processos de alteração significativa dos termos jurídicos vêm se desenvolvendo em intervalos cada vez mais curtos, o que valoriza a pesquisa da dimensão pragmática, na busca do reconhecimento das mudanças por que passam os sistemas jurídico-positivos.[9]

Notamos que, inevitavelmente, surgirão novas situações que as normas postas podem não abarcar, acarretando no que chamamos acima de *lacunas* do direito.

---

8. BOBBIO, Norberto. *Teoria do ordenamento jurídico*. Trad. Ari Marcelo Solon. 2ª ed. São Paulo: Edipro, 2014, p. 123.

9. CARVALHO, Paulo de Barros. *Direito tributário:* fundamentos jurídicos da incidência, p. 115.

CONSTRUCTIVISMO LÓGICO-SEMÂNTICO
Homenagem aos 35 anos do grupo de estudos de Paulo de Barros Carvalho

Houve quem defendesse, ainda, a inexistência de lacuna no direito, argumentando subsistir, nesses casos em que não há a previsão de norma, o que se chamou de *espaço jurídico vazio*. Para esta corrente, as situações não previstas na legislação seriam juridicamente irrelevantes, constituindo um espaço jurídico vazio.

Assim, para essa corrente, como o direito constitui restrição sobre a liberdade do ser humano, o que não fosse relevante para o direito, estaria completamente permitido, estando o indivíduo livre para agir como bem entendesse.

A primeira inconsistência dessa tese encontra-se no fato de que para o direito o que é permitido também é juridicamente relevante, visto que as normas jurídicas são modalizadas como obrigatórias, proibidas ou permitidas.

Além disso, os únicos fatos irrelevantes para o direito são os impossíveis e os necessários, tendo em vista que se o fato é impossível de ocorrer ou necessariamente deve acontecer, não podemos modalizá-lo em obrigatório, proibido ou permitido.

Assim, não entendemos como plausível este argumento, ao menos não em nosso ordenamento jurídico, onde nenhuma lesão ou ameaça a direito pode ser excluída da apreciação do Poder Judiciário. Em tese, toda situação possível e não necessária é potencialmente relevante para o direito.

Hans Kelsen classifica a ideia de lacuna como uma ficção. Na visão de Kelsen "quando a ordem jurídica não estatui qualquer dever de um indivíduo de realizar determinada conduta, permite essa conduta", assim, sempre seria possível aplicar a ordem jurídica, e entender de forma contrária acarretaria, segundo o citado jurista, na possibilidade de afastar a aplicação do Direito por razões ético-políticas, conferindo poder ao juiz para decidir arbitrariamente, sempre que entender como insatisfatória a aplicação da ordem jurídica no caso concreto.[10]

---

10. KELSEN, Hans. *Teoria pura do direito*, p. 273/275.

I
INTERPRETAÇÃO E CONSTRUÇÃO DE SENTIDO

Para Kelsen, as situações que não sejam qualificadas pelo sistema como obrigatórias ou proibidas, são juridicamente permitidas, não existindo, assim, lacunas no direito, essa seria o que a doutrina chamou de *norma geral exclusiva*. Certamente, essa visão reducionista do problema não encontra mais espaço num sistema tão complexo quanto o nosso.

Talvez possamos aceitar como válida a ideia de normas gerais exclusivas em áreas como a do Direito Penal que tipificam condutas ilícitas, onde se prega que não há a possibilidade de enquadramento penal sem lei que expressamente admita essa possibilidade, *nullum crimen sine lege*. Neste caso, tudo aquilo que não está previsto em lei como proibido ou obrigatório, do ponto de vista criminal, está permitido.

Porém, quando falamos em atos vinculados, como os atos que devam ser praticados pelos agentes da administração pública, a ideia é diametralmente oposta, visto que os agentes públicos, ao praticarem atos vinculados devem realizar apenas o permitido pela norma jurídica, assim, na ausência de lei, não há qualquer permissão, mas uma proibição.

3. Lacunas

Como acabamos de mencionar, o crescente aumento da complexidade das relações sociais, nem sempre é acompanhado pela produção legislativa, o que faz com que possam existir casos não contemplados pelas normas jurídicas.

As relações sociais sofrem tantas mutações ao longo do tempo que a própria significação de certas palavras pode vir ser alterada, assim, sem que exista qualquer mudança no texto da lei, poder-se-ia imprimir significação diversa à norma jurídica.

Isso ocorre pelo fato de o direito manifestar-se por meio de linguagem, no entanto, alterando-se a significação dos vocábulos, implicará a transformação da norma jurídica, ou a norma jurídica poderá não ser mais satisfatória, tornando-se obsoleta.

CONSTRUCTIVISMO LÓGICO-SEMÂNTICO
Homenagem aos 35 anos do grupo de estudos de Paulo de Barros Carvalho

Neste caso, poderíamos ter o que Norberto Bobbio denomina de lacunas ideológicas, que retrata aquela situação em que se verifica "a ausência não de uma solução, qualquer que seja, mas de uma solução *satisfatória*, ou, em outras palavras, não a ausência de uma norma, mas a ausência de uma *norma justa*, isto é, daquela norma que gostaríamos que existisse, mas não existe".[11]

Bobbio distingue as espécies de lacunas, também, em *subjetivas* e *objetivas*, sendo as primeiras relativas à omissão do legislador, e a segunda verificada em razão do desenvolvimento das relações sociais, que provocam o "envelhecimento dos textos legislativos". As lacunas subjetivas, o autor subdivide, ainda, em *voluntárias* e *involuntárias*, estas últimas dizem respeito à "distração do legislador", que deixa de se manifestar, por descuido, ou por achar a situação pouco relevante, e as voluntárias são aquelas que o legislador deixa em aberto para que o julgador analise no caso concreto, em razão da complexidade da matéria. E por fim, distingue as lacunas em *praeter legem*, quando a norma é excessivamente específica, não sendo possível compreender todos os casos possíveis, e *intra legem*, quando, ao contrário, as normas são demasiadamente genéricas, cabendo ao intérprete preencher esses "vazios".[12]

Parte da doutrina entende que a existência de lacuna, ou não, depende de quem é o intérprete.

Kelsen faz a distinção entre *intérprete autêntico* e *intérprete não autêntico*. O intérprete autêntico é o órgão aplicador do direito, enquanto que o não autêntico é aquele indivíduo que deve observar o Direito, seja como cientista do direito, ou praticando condutas na sociedade. Nas palavras do jurista:

> Dessa forma, existem duas espécies de interpretação que devem ser distinguidas claramente uma da outra: a interpretação do Direito pelo órgão que aplica, e a interpretação do Direito que não

---

11. BOBBIO, Norberto. *Teoria do ordenamento jurídico*, p. 133.

12. BOBBIO, Norberto. *Teoria do ordenamento jurídico*, p. 136/137.

I
INTERPRETAÇÃO E CONSTRUÇÃO DE SENTIDO

é realizada por um órgão jurídico mas por uma pessoa privada e, especialmente, pela ciência jurídica.[13]

Herbert Hart classifica esses sujeitos como observadores e participantes do sistema jurídico. Sendo os observadores os cientistas do direito, que analisam o sistema e o descrevem. Enquanto que os participantes são os agentes competentes para julgar o caso concreto.

Adotando a classificação de Hart, Tácio Lacerda Gama entende que aqueles que participam do sistema estão impossibilitados de se esquivar do dever de decidir utilizando como fundamento a inexistência de norma disciplinando o caso concreto, para o participante "que detém competência para aferir a regularidade e aplicar o direito ao caso concreto, o sistema é completo e oferece normas que regulam todas as situações concretas." O autor complementa dizendo que a ausência de norma pode ser percebida no âmbito intrassubjetivo, no entanto, ao expor a sua interpretação, o participante decide com fundamento na lei. "E faz isso em nome da operatividade do sistema, ou seja, faz isso em nome da sua unidade, coerência e completude."[14]

Vale ressaltar que o direito cuida das relações intersubjetivas e pouco se interessa nas de âmbito intrassubjetivas.

Da mesma forma, entendemos que para os operadores do direito, não há o que se falar em lacuna, visto que em razão do Princípio da Inafastabilidade do Poder Judiciário, que permeia o poder jurisdicional do Estado, exige-se que todos os casos levados à sua apreciação sejam decididos.

Esta é uma premissa que, em última análise, pressupõe que o sistema é completo, pois, o julgador não pode se esquivar de realizar as suas funções alegando ausência de norma.[15]

---

13. KELSEN, Hans. *Teoria pura do direito*, p. 388.

14. GAMA, Tácio Lacerda. *Competência tributária*: fundamentos para uma teoria da nulidade, p. 162.

15. Em nosso ordenamento este princípio pode ser extraído do inciso XXXV, do art. 5º da Constituição Federal, conjugado com o art. 140, do Código de Processo Civil, que prescreve que "O juiz não se exime de decidir sob a alegação de lacuna ou obscuridade do ordenamento jurídico".

CONSTRUCTIVISMO LÓGICO-SEMÂNTICO
Homenagem aos 35 anos do grupo de estudos de Paulo de Barros Carvalho

Ainda que as partes de uma relação jurídica tivessem encontrado dificuldades em construir adequadamente a norma jurídica que regularia a conduta, não haveria lacuna, pois, aquele que necessariamente terá de julgar a situação, numa eventual lide, deve completar o sistema, verificada a ausência de norma.

No campo da ciência jurídica podem ser apontadas falhas no sistema, para o fim de aperfeiçoá-lo, desconstruí-lo, ou pura e simplesmente criticá-lo, indicando o problema. Mas para os operadores do direito o sistema é completo.

O doutrinador, em sua análise, observando o direito, pode identificar lacunas, e ao identificá-las, pode, ou não, integrar o sistema da forma como lhe for mais conveniente, inclusive sugerindo soluções existentes em outros sistemas de direito positivo, como o direito comparado, ou buscando a integração com a moral, religião etc. O doutrinador é livre para expor as suas ideias, que poderão ser tidas como mais ou menos adequadas, sem com isso influenciar diretamente no sistema.

Não estamos aqui negando a possibilidade de a doutrina influenciar no sistema jurídico, o que pode ocorrer no caso de uma citação bibliográfica num julgado, ou na utilização de um parecer, mas esta influência não será direta.

Assim, o doutrinador pode ou não apresentar sugestões para a solução de eventual lacuna por ele observada, tendo à sua disposição as mesmas ferramentas de integração do sistema que o intérprete participante. A diferença é que, como intérprete observador, pode ele deixar a sua obra inacabada, sem com isso apresentar a sua sugestão de integração do sistema, nem por isso o sistema é incompleto.

4. Sistema jurídico completável

O sistema pode aparentemente não ser completo, no entanto, ele é completável, ou seja, o próprio ordenamento oferece ferramentas para que possamos alcançar a completude sistêmica, ainda que nossos legisladores não tenham normatizado todas as condutas possíveis.

I
INTERPRETAÇÃO E CONSTRUÇÃO DE SENTIDO

No ordenamento jurídico brasileiro, por exemplo, a Lei de Introdução às Normas do Direito Brasileiro apresenta um modelo genérico de integração do sistema jurídico, permitindo que em casos omissos o julgador decida o caso concreto utilizando-se das seguintes ferramentas: analogia, os costumes e os princípios gerais de direito.[16]

O mesmo diploma legal nos indica, ainda, como é possível solucionar as chamadas *lacunas ideológicas*, dizendo que juiz atenderá aos fins sociais a que a lei se dirige e às exigências do bem comum.[17]

Alguns ramos do direito apresentam metodologias específicas a serem utilizadas para a chamada integração do sistema, a exemplo do direito tributário, que prevê regras próprias, dispostas no Código Tributário Nacional, onde o intérprete, em matéria tributária, deverá utilizar, na ordem indicada a *analogia*; os *princípios gerais de direito tributário*; os *princípios gerais de direito público*; a *equidade*.[18]

O próprio sistema impede, no entanto, por opção legislativa, prescrever que determinas técnicas para integrar o sistema sejam aplicadas em situações específicas, a exemplo do §1º, do artigo supracitado,[19] que impede a utilização de analogia caso o seu emprego resulte na exigência de tributo não previsto em lei.

Essa regra serve tanto para evitar a antinomia, quanto para estabelecer uma norma (negativa) de integração do sistema,

---

16. Art. 4º. Quando a lei for omissa, o juiz decidirá o caso de acordo com a analogia, os costumes e os princípios gerais de direito.

17. Art. 5º. Na aplicação da lei, o juiz atenderá aos fins sociais a que ela se dirige e às exigências do bem comum.

18. Art. 108. Na ausência de disposição expressa, a autoridade competente para aplicar a legislação tributária utilizará sucessivamente, na ordem indicada:
I - a analogia;
II - os princípios gerais de direito tributário;
III - os princípios gerais de direito público;
IV - a equidade.

19. § 1º O emprego da analogia não poderá resultar na exigência de tributo não previsto em lei.

ou seja, evita a utilização de analogia para integrar o sistema, quando essa regra puder entrar em conflito com o princípio da legalidade, que determina, em brevíssima síntese, que a hipótese de incidência de um tributo deve ser criada por lei.

Como vimos, o sistema apresenta as técnicas juridicamente válidas para se auto- integrar. Neste sentido, por mais que possamos, no processo de interpretação do direito positivo, perceber eventual ausência de norma a ser aplicada, teremos sempre presentes os critérios válidos para integrar o sistema.

Como bem ensina Paulo de Barros Carvalho, as normas são sempre implícitas, pois, estão sempre na implicitude dos enunciados, não existindo *normas explícitas*.[20]

Nesse sentido, existem normas, chamadas de *implícitas*, por não fazerem relação direta com qualquer enunciado prescrito no ordenamento, no entanto, o exegeta, ao conjugar enunciados expressos no ordenamento, as constrói. É o caso, por exemplo, do princípio da *segurança jurídica*, ou da *supremacia do interesse público sobre o privado*, dentre outros, que derivam da conjugação de diversos outros enunciados e suas proposições.

Entendemos essa classificação (implícito) por equivocada, pois, a norma é sempre implícita, como a construção realizada pela conjugação dos enunciados expressos.

As normas jurídicas são sempre possíveis de serem construídas, assim, a norma não é a literalidade do texto normativo, não havendo a necessidade de estarem expressamente previstas nos suportes físicos legislados.

Portanto, necessário traçar a distinção entre enunciados, proposições e normas jurídicas, os primeiros apresentam-se como produto da atividade de enunciação, ou seja, como textos que obedecem a regras gramaticais de determinado idioma, as proposições representam a carga semântica (significação) expressa pelos enunciados, enquanto que as normas

---

20. CARVALHO, Paulo de Barros. *Fundamentos jurídicos da incidência tributária*, p. 47.

I
INTERPRETAÇÃO E CONSTRUÇÃO DE SENTIDO

jurídicas são as "significações construídas a partir dos textos positivados e estruturas consoante a forma lógica dos juízos condicionais, compostos pela associação de duas ou mais proposições prescritivas".[21]

5. Construtivismo Lógico-Semântico e a completude do sistema jurídico

O Construtivismo Lógico-Semântico apresenta-se como método eficiente para auxiliar o operador do direito, na interpretação do sistema de direito positivo, e especificamente, no caso que estamos analisando, identificar eventuais inconsistências no sistema e utilizar das próprias normas jurídicas para realizar a integração sistêmica, alcançando a chamada completude.

Paulo de Barros Carvalho apresenta o Construtivismo Lógico-Semântico da seguinte forma:

> O método apresenta instrumentos adequados para a exploração, em níveis mais profundos, dos textos do direito positivado, decompondo-os em quatro sistemas, todos eles qualificados como *jurídicos*. As mencionadas incisões, como é óbvio, são de caráter meramente epistemológicos, não podendo ser vistas as fronteiras dos subsistemas no trato superficial com a literalidade dos textos.[22]

Ao percorrer esse processo, o intérprete não irá extrair o significado da norma jurídica, mas sim construí-lo, não existindo, necessariamente, um único significado possível, pois, como bem ensina Paulo de Barros Carvalho, a norma jurídica é "uma estrutura categorial, construída, epistemologicamente, pelo intérprete, a partir das significações que a leitura dos documentos do direito positivo desperta em seu espírito".[23]

---

21. CARVALHO, Paulo de Barros. *Fundamentos jurídicos da incidência tributária*, p. 46/48.

22. Idem, p. 107.

23. Idem, p. 111.

Analisaremos adiante, cada um dos subsistemas supracitados, que representam o percurso a ser trilhado pelo intérprete.

5.1 Plano S1

Ao iniciar o processo de interpretação, o primeiro contato que o intérprete tem é com o texto, ou conjunto de textos, que correspondem os enunciados prescritivos das mensagens legisladas, grafados num suporte físico.

Texto como "plano de expressão ou plano dos significantes, base empírica e objetivada em documentos concretos, postos intersubjetivamente entre os integrantes da comunidade do discurso".[24]

Corresponde a uma base empírica e objetivada, pois, o contato com o suporte físico é o início da empreitada do exegeta (base empírica), além de ser a parcela do percurso comum a todos os que iniciam esse mesmo processo (objetivada).

No plano S_1, portanto, o intérprete analisa os textos jurídico-positivos.

Grande parte das alterações promovidas no sistema de direito positivo são realizadas no plano da literalidade, no entanto, é perfeitamente possível, e frequente, que o sistema seja modificado por meio dos planos semânticos ou pragmáticos.

Os textos jurídicos podem manter-se totalmente inalterados, contudo, as palavras podem receber significações diversas ao longo do tempo, acarretando alteração do sistema pelo plano semântico, ou ainda, modificações no campo pragmático, em razão das constantes transformações sociais, com o crescimento exponencial das novas tecnologias, novas formas de se relacionar etc.

---

24. CARVALHO, Paulo de Barros. *Fundamentos jurídicos da incidência tributária*, p. 112.

I
INTERPRETAÇÃO E CONSTRUÇÃO DE SENTIDO

Apesar de admitirmos que o sistema jurídico pode ser alterado por meio dos planos semânticos e pragmáticos, as plataformas físicas de enunciação são a principal forma de modificação sistêmica, e as autoridades competentes se esforçam para contemplar as alterações semânticas e pragmáticas nos suportes físicos.

5.2 Plano S2

No Plano S_2, o intérprete analisa os enunciados dispostos nos suportes físicos selecionados no plano S_1, conferindo significado a eles.

Ainda não podemos falar em norma jurídica, pois, nessa etapa se atribui sentido individualmente aos enunciados.

Importante destacar que ao iniciar o processo de formação de sentido deve ter-se em mente que os enunciados são prescritivos, e que foram inseridos no sistema jurídico por órgãos competentes.

Nesse sentido, Paulo de Barros Carvalho ensina que "serão requisitos para o ingresso nesse subsistema: i) que sejam expressões linguísticas portadoras de sentido; ii) produzidas por órgãos credenciados pelo ordenamento para a sua expedição; e iii) consoante o procedimento específico que a ordem jurídica estipular."[25]

Então nesse plano será construído o sentido individualmente aos textos de direito positivo, na medida em que o intérprete vai entrando em contato com os vocábulos prescritos dispostos nos suportes físicos analisados.

5.3 Plano S3

Depois de entrar em contato com o texto legislado, e interpretar os enunciados isoladamente, no plano S_3 o exegeta

---

25. CARVALHO, Paulo de Barros. *Fundamentos jurídicos da incidência tributária*, p. 117.

conjugará as significações construídas na etapa anterior, construindo o sentido completo da norma jurídica.

Ou nas palavras de Tárek Moysés Moussallem, "como unidades de sentido deôntico obtidas mediante o agrupamento das proposições isoladas, o exegeta organiza as significações em um arquétipo formal de implicação (p ↔ q) com vistas à plenitude de sentido deôntico."[26]

Pela interpretação individualizada de um ou outro texto, como se faz no Plano S_2, não é possível construir a norma com sentido completo. No entanto, quando conjugamos as significações construídas no Plano S_2, constitui-se a estrutura lógica de uma norma jurídica.

5.4 Plano S4

No subsistema S_4, etapa final do percurso de interpretação, organizam-se as normas construídas em S_3 em relação de coordenação e subordinação, compondo a forma superior do sistema normativo.

Lembramos que o intérprete percorrerá os subsistemas S_1, S_2, S_3 e S_4, tantas vezes quantas forem necessárias para que ele construa a norma jurídica e atinja o seu objetivo de interpretar e organizar o discurso.

Entendemos que o intérprete, intrassubjetivamente, quando estiver no exercício interpretativo, poderá identificar as lacunas no direito no plano S_3, quando tentar conjugar as significações construídas no plano S_2, e perceber que os enunciados não são suficientes para construir o sentido completo da norma jurídica.

O intérprete terá de voltar aos planos S_1 e S_2, para buscar os enunciados que prescrevem as formas possíveis de integração do sistema. Identificando as normas de integração, o

---

26. MOUSSALLEM, Tárek Moysés. *Revogação em matéria tributária*. 2ª ed. São Paulo: Noeses, 2011, p. 125.

I

INTERPRETAÇÃO E CONSTRUÇÃO DE SENTIDO

intérprete passará ao plano S_4 para organizar as normas em relação de coordenação e subordinação, pois, como vimos acima, existem diversas normas de integração em nosso sistema.

E então o intérprete retornará àqueles níveis S_1 e S_2, quantas vezes forem necessárias, almejando completar o sistema, até que a norma seja construída.

6. Conclusão

Com as constantes transformações sociais, os textos legislativos dificilmente acompanham as inovações, tornando, assim, o problema das lacunas do direito latente, o que pode levantar dúvida quanto à completude do sistema jurídico.

Como vimos, os operadores do direito, em especial os julgadores, não podem deixar de decidir um caso concreto, alegando ausência de norma disciplinando a situação, não podendo se cogitar em lacuna, visto que em razão do Princípio da Inafastabilidade do Poder Judiciário, exige-se que todos os casos levados à sua apreciação sejam decididos.

O próprio ordenamento apresenta as ferramentas válidas para integrar o sistema no caso de ausência de legislação expressa sobre determinada situação. Assim, o sistema pode aparentemente não ser completo, no entanto, ele é completável, alcançando a completude sistêmica.

O Construtivismo-Lógico Semântico mostra-se como método eficiente no processo de construção da norma jurídica e interpretação do direito positivo, incluindo-se nesse exercício, a identificação de lacunas e integração do sistema.

Referências

BOBBIO, Norberto. *Teoria do ordenamento jurídico*. Trad. Ari Marcelo Solon. 2ª ed. São Paulo: Edipro, 2014.

____. *O positivismo jurídico:* lições de filosofia do direito. Trad. Márcio Pugliesi. São Paulo: Ídone, 1995.

CARVALHO, Paulo de Barros. *Curso de direito tributário.* 27 ed. São Paulo: Saraiva, 2016.

____. *Direito tributário:* linguagem e método. 6ª ed. São Paulo: Noeses, 2015.

____. *Direito tributário:* fundamentos jurídicos da incidência. 10ª ed. ver. e atual. São Paulo: Saraiva, 2015.

FERRAZ JUNIOR, Tercio Sampaio. *Introdução ao estudo do direito:* técnica, decisão, dominação. 9ª ed. São Paulo: Atlas, 2016.

GAMA, Tácio Lacerda. *Competência tributária:* fundamentos para uma teoria da nulidade. 2ª ed. São Paulo: Noeses, 2011.

HART, H. L. A. O conceito de direito. Trad. Antônio de Oliveira Sette-Câmara. São Paulo: WMF Martins Fontes, 2009.

KELSEN, Hans. *Teoria pura do direito.* Trad. João Baptista Machado. 6ª ed. brasileira, São Paulo: Martins Fontes, 1998.

MOUSSALLEM, Tárek Moysés. *Revogação em matéria tributária.* 2ª ed. São Paulo: Noeses, 2011.

VILANOVA, Lourival. *As estruturas lógicas e o sistema do direito positivo.* 4ª ed. São Paulo: Noeses, 2010.

____. *Causalidade e relação no direito.* 5ª ed. São Paulo: Noeses, 2015.

A HOMOGENEIDADE SINTÁTICA DO SISTEMA DE DIREITO POSITIVO: UMA BREVE ANÁLISE DA ESTRUTURA NORMATIVA

Isaías Luz da Silva[1]

1. Palavras introdutórias

Noite de estreia no Theatro Municipal de São Paulo. O toque da terceira campainha silencia o alarido da plateia. Uma orquestra ensaia as últimas notas daquela que será a grande ópera da cena paulistana: *Turandot*, de Giacomo Puccini.

No descerrar as cortinas, sob muitos aplausos, um *mandarino*, arauto do governo chinês, eleva um papiro à altura dos seus olhos, e anuncia, em alto som, na Praça da Paz Celestial, o Decreto do Imperador Altum, aquele que será o enredo da última obra do compositor italiano:

> *Popolo di Pekino!*
>
> *La legge è questa:*
>
> *Turandot la Pura sposa sarà di chi,*

---

1. Pós-graduado em Direito Tributário pelo IBET. Graduação em Direito (UNISI-NOS) com intercâmbio pela Washington University in Saint Louis. Advogado em São Paulo e Rio Grande do Sul. isaias.luz@bmmlaw.com.br

I
INTERPRETAÇÃO E CONSTRUÇÃO DE SENTIDO

di sangue regio,

spieghi i tre enigmi ch'ella proporrà.

Ma chi affronta il cimento

e vinto resta porga alla scure la superba testa![2]

Da audição – ou a simples leitura do *libretto* – do anúncio do *mandarino*, depreende-se que o decreto chinês é composto de duas proposições quando traduzidas para o idioma português:

(1) *Se* algum nobre decifrar os três enigmas que Turandot, a Pura Princesa Chinesa, propor, *então* este nobre a receberá como sua esposa.

(2) *Se* os enigmas propostos por Turandot não forem desvendados pelo nobre príncipe, *então* este terá a sua cabeça decepada.

A trama da ópera se desenvolve a partir do momento em que a princesa Turandot, revoltada e traumatizada pelo estupro e assassinato de sua avó pelos povos bárbaros, dedica-se à castidade e faz um desafio ao seu desposamento: se entregará a quem apostar a própria cabeça contra três enigmas que ela lançará ao pretendente.

Mudando-se o contexto cultural, substituímos o cenário ao qual nos reportamos, pela leitura de um artigo disposto na legislação brasileira. Optaremos, aqui, pelo art. 24 do Código Tributário Nacional, que se refere ao Imposto de Exportação.[3] Da leitura dos seus enunciados, logicamente infere-se que:

---

2. Povo de Pequim!
A lei é esta: Turandot a Pura
Esposa será de quem,
de sangue real,
Decifrar os três enigmas
que ela proporá.
Mas quem enfrenta a prova
E vencido fique
Entregará ao machado a soberba cabeça!

3. Art. 24. A base de cálculo do imposto é:
I - quando a alíquota seja específica, a unidade de medida adotada pela lei tributária;
II - quando a alíquota seja *ad valorem*, o preço normal que o produto, ou seu similar, al-

138

(i) *Se* a alíquota adotada pela pelo imposto de exportação for específica, *então* a base de cálculo do imposto será a unidade de medida adotada pela lei tributária.

(ii) *Se* a alíquota do imposto for *ad valorem, então* a base de cálculo será o preço normal que o produto, ou seu similar, alcançaria ao tempo da exportação, em uma venda em condições de livre concorrência.

O leitor mais atento, nas primeiras linhas deste estudo, já estaria se perguntando sobre a *estranha* aproximação entre o decreto anunciado pelo *mandarino* e o enunciado do art. 24 do Código Tributário Nacional. O que relaciona "normas" de tão diferentes contextos?

Respondemos: a sua estrutura lógica deôntica.

Se função do direito, em qualquer sociedade, consiste em disciplinar condutas intersubjetivas para realizar os valores almejados por aquele meio, tal mister só poderá ser implementado através dos enunciados prescritivos contemplados em uma estrutura lógica. O direito, como objeto cultural que é, revela-se através da linguagem.

O estudo analítico da norma jurídica principia em reconhecer o direito como linguagem. E linguagem formalmente estruturada.

Para tanto, de início, cabe aqui uma ressalva: sabemos que o fenômeno jurídico se mostra para além da análise sintática da norma jurídica, mas o escopo desse estudo é analisar a norma em seu aspecto estrutural (sintático).

2. O ponto de partida da nossa argumentação: o sistema de direito positivo

Qualquer estudo científico que se proponha a analisar um determinado ramo do conhecimento precisa partir de um ponto.

---

cançaria, ao tempo da exportação, em uma venda em condições de livre-concorrência.

I
INTERPRETAÇÃO E CONSTRUÇÃO DE SENTIDO

Busca-se, então, um sistema de referência. É a partir de um sistema de referência que os objetos adquirem um significado, pois passam a ser conhecidos em razão da sua posição em relação a outros elementos. No ensinamento de FABIANA DEL PADRE TOMÉ, "não existe conhecimento sem sistema de referência".[4]

A Escola do Constructivimo Lógico-Semântico, fundada pelo Prof. PAULO DE BARROS CARVALHO com base nas lições do Prof. LOURIVAL VILANOVA tem o seu método firmado na definição dos conceitos para a tomada do conhecimento.

No Constructivismo Lógico-Semântico, parte-se de um referencial filosófico da Filosofia da Linguagem, no qual a realidade é constituída pela linguagem, e cujo objeto do conhecimento são as proposições que descrevem as coisas-em--si, em contraponto à Filosofia da Consciência, que tem como objeto do conhecimento as coisas-em-si.[5]

Nesse aspecto, o método Constructivista Lógico-Semântico contempla o objeto como uma construção, através de uma ordenação lógica-semântica de conceitos organizada a partir de um sistema de referência.[6]

Sendo o objeto uma construção a ser realizado pelo ser cognoscente, a partir do momento que os conceitos vão sendo construídos – diga-se, definidos – a realidade vai se constituindo como uma realidade "definitiva" para o indivíduo em um determinado contexto. Desse modo, ao afirmar-se a acepção a ser utilizada dentro de um contexto, o cientista confere uniformidade e coerência ao seu discurso.

O direito positivo, na referida teoria, como um complexo de normas jurídicas válidas em um determinado país, vale-se da linguagem.

Em termos mais precisos, para entrar no mundo jurídico, o direito carece de uma proposição jurídica. Como esclarece

---

4. TOMÉ, Fabiana Del Padre. *A prova do direito tributário*. São Paulo: Noeses, 2011, p. 9.

5. Idem, p. 3.

6. CARVALHO, Aurora Tomazini. *Curso de teoria geral do direito*: o constructivismo lógico-semântico, São Paulo: Noeses, 2016, p. 97.

PAULO DE BARROS CARVALHO, "ali onde houver regulação jurídica haverá, inexoravelmente, proposições normativas que, escritas ou não escritas, hão de manifestar-se em linguagem".[7]

Ao falar-se em direito como linguagem, reportamo-nos à lição de GREGÓRIO ROBLES, que o concebe na acepção de que sua "forma consubstancial é a linguagem verbalizada suscetível de ser escrita".[8] Eis a premissa fixada para nosso estudo: *o direito é linguagem*.

Buscando um conceito de sistema que melhor corresponda ao nosso foco investigativo, destacamos que nosso corte metodológico aponta para o sistema de direito positivo como um dos subsistemas inseridos na sociedade. O macrossistema social, destacamos, é a sociedade em si mesma considerada, composta por outros subsistemas nela inseridos, tais como o sistema político, jurídico, econômico e científico.

Pois bem. No ensino de AURORA TOMAZINI DE CARVALHO, sistema é formado pelos "elementos e relações que se encontram sob uma referência comum".[9]

Para TÁCIO LACERDA GAMA, há sistema onde exista "um conjunto formado por elementos que se relacionam segundo certos padrões de racionalidade", ou seja, elementos que se reúnem em torno de uma caraterística comum.[10]

Nesse mesmo sentido, FABIANA DEL PADRE TOMÉ identifica o sistema como o conjunto de elementos coordenados entre si.[11]

---

7. CARVALHO, Paulo de Barros. *Direito tributário:* linguagem e método. São Paulo: Noeses, 2015, p. 268.

8. ROBLES, Gregorio. *O direito como texto:* quatro estudos de teoria comunicacional do direito. São Paulo: Manole, 2005, p. 02.

9. CARVALHO, Aurora Tomazini. *Curso de teoria geral do direito:* o constructivismo lógico-semântico. São Paulo: Noeses, 2016, p. 139.

10. GAMA, Tácio Lacerda [et. al]. Uma proposta dialógica para os atributos unidade, coerência e consistência no Sistema Jurídico. *In: Teoria comunicacional do direito:* diálogo entre Brasil e Espanha. São Paulo: Noeses, 2011, p. 346.

11. TOMÉ, Fabiana Del Padre. *A prova do direito tributário.* São Paulo: Noeses, 2011, p. 9.

I
INTERPRETAÇÃO E CONSTRUÇÃO DE SENTIDO

A doutrina de LOURIVAL VILANOVA, outrossim, revela: "falamos de sistema onde se encontrem elementos e relações e uma forma dentro de cujo âmbito, elementos e relações se verifiquem".[12]

Na acepção de PAULO DE BARROS CARVALHO, compreendemos o sistema como o conjunto de elementos inter-relacionados que obedecem a determinadas regras mediante um princípio unificador (ou princípio unitário).[13]

Enquanto sistema de direito positivo, o princípio unificador (ou unitário) é a linguagem prescritiva, disciplinando as condutas sociais, de modo que as relações entre os seus elementos são de coordenação e subordinação (derivação ou fundamentação).[14]

Falamos em coordenação quando há relação entre regras de mesma hierarquia. A derivação pressupõe que das regras superiores derivam as regras de menor hierarquia. E na fundamentação, cada unidade normativa busca o seu fundamento em uma norma superior. Por consequência, todas as normas do sistema de direito positivo confluem-se para um único ponto: a norma fundamental – fundamento de validade da Constituição da República Federativa do Brasil, marcando o caráter unitário do sistema.[15]

Neste estudo, qualquer abordagem que permeie o signo "sistema" merecerá, também, adentrar no signo "ordenamento jurídico". Alguns autores, e aqui citamos GREGORIO ROBLES, tratam o ordenamento jurídico e sistema como distintas referências.[16]

---

12. VILANOVA, Lourival. *As estruturas lógicas e o sistema de direito positivo*. São Paulo: Noeses, 2010, p. 135.

13. CARVALHO, Paulo de Barros. *Curso de direito tributário*. São Paulo: Noeses, 2016, p. 148.

14. Idem, p. 148.

15. CARVALHO, Paulo de Barros. *Direito tributário*: fundamentos jurídicos da incidência. São Paulo: Saraiva, 2015, p. 79.

16. Aula no Grupo de Estudos do Prof. Paulo de Barros Carvalho realizada no IBET/SP em 20/03/2018.

De um lado, a locução "ordenamento jurídico" seria utilizada para o texto bruto construído pelo legislador, o direito positivo em si, enquanto o vocábulo "sistema" conotaria a linguagem de sobressistema (a metalinguagem) organizada pelo jurista, a ciência do Direito.

Ocorre, todavia, que no ensino de PAULO DE BARROS CARVALHO, não há direito sem linguagem, ao passo que o direito é interpretado como um sistema de linguagem que se revela no plano sintático, semântico e pragmático. Desse modo, não haveria como se conceber a atividade do legislador em conceber o texto bruto sem que possa ser vertida em uma linguagem – *em texto*.

Explica o jurista que onde há texto, há a "possibilidade de interpretá-lo, reorganizá-lo, repensá-lo dando origem a novos textos de nível linguístico superior".[17]

Eis a razão pela qual o jusfilósofo pernambucano LOURIVAL VILANOVA emprega o termo sistema no plano da ciência (ciência do direito) e no plano do objeto (direito positivo), pois "o Direito-objeto contém, como capa essencial constituinte sua, as proposições, que são entes lógicos, cujo veículo expressional adequado é a linguagem".[18]

3. Sistema estático e sistema dinâmico em Hans Kelsen

HANS KELSEN segregou o direito objetivo, das normas que regulam a conduta humana, da ciência do direito. O objeto da Ciência do Direito é o sistema de direito positivo. A ciência do Direito é a metalinguagem do Direito Positivo.

Enquanto a unidade do direito positivo é a norma jurídica produzida por um órgão normativo, em nível metalinguístico o

---

17. CARVALHO, Paulo de Barros. *Direito tributário:* linguagem e método. São Paulo: Noeses, 2015, p. 226.

18. VILANOVA, Lourival. *As estruturas lógicas e o sistema de direito positivo*. São Paulo: Noeses, 2010, p. 134.

I
INTERPRETAÇÃO E CONSTRUÇÃO DE SENTIDO

jurista, em seu discurso científico, formula um juízo hipotético que diz respeito à norma jurídica. Essa descrição sobre o ordenamento (e a norma em si) é denominada proposição jurídica.[19]

Apoiado em HANS KELSEN, adotando acepções diferentes, LOURIVAL VILANOVA refere-se às unidades do direito positivo como proposições normativas e ao discurso do cientista como proposições descritivas.[20]

	Hans Kelsen	Lourival Vilanova
Unidade do direito positivo	norma jurídica	proposições normativas
Discurso do cientista, em nível de metalinguagem	proposição jurídica	proposições descritivas

No que toca ao sistema de direito positivo, HANS KELSEN o divide em dois planos: o plano estático e o plano semântico.[21]

O sistema estático é composto por uma norma reguladora de uma conduta humana que deriva de outra norma hierarquicamente superior, através de uma operação lógica. Há uma normal geral da qual se deduz uma norma particular. Como exemplo, KELSEN cita normas como "não devemos mentir, não devemos fraudar, devemos respeitar os compromissos tomados" como pressuposto de uma norma que prescreve a honestidade".[22]

Um sistema estático, desse modo, é um sistema em que as normas estão reunidas em razão do seu conteúdo.

---

19. KELSEN, Hans. *Teoria pura do direito*. São Paulo: WMF Martins Fontes, 2018, p. 80.

20. VILANOVA, Lourival. *As estruturas lógicas e o sistema de direito positivo*. São Paulo: Noeses, 2010, p. 33.

21. KELSEN, Hans. *Teoria pura do direito*. São Paulo: WMF Martins Fontes, 2018, p. 100.

22. Por uma questão idiomática, preferimos aqui adotar o vocábulo "honestidade", não obstante a tradução da obra "A Teoria Pura do Direito" utilize o termo "veracidade".

O sistema dinâmico toma as normas a partir do seu processo de produção, aplicação ou observância a determinadas normas, de modo que as normas jurídicas seriam reguladas a partir de regras de competência e regras reguladoras de sua produção.

Na lição de TÁREK MOYSÉS MOUSSALEM, na análise do sistema dinâmico, "uma norma pertencerá ao sistema do direito positivo, se, e somente se, for criada de acordo com o que nele estiver prescrito para a sua reprodução".[23]

Vemos que em KELSEN, a norma hipotética fundamental está no ápice da pirâmide jurídica, outorgando à Constituição Federal validade sintática, e esta, de forma hierarquizada, às demais normas do ordenamento jurídico.

Os conteúdos das normas cujas condutas são reguladas pelo direito positivo (sistema estático) e a produção legislativa criadora dessas normas (sistema dinâmico) possuem validade sintática decorrente da norma fundante. Não por outras razões, PAULO DE BARROS CARVALHO, ao analisar os corpos de linguagem do sistema jurídico, de forma bastante didática visualiza o sistema estático como a fotografia, em que as normas são surpreendidas em um dado instante.[24]

No que diz respeito ao sistema estático, ainda que seu ângulo de visão esteja ocupado com os conteúdos normativos no sistema de direito positivo – aspecto semântico normativo, cremos ser possível analisar os aspectos sintáticos sob esse mesmo contexto, especialmente a estrutura lógica da norma jurídica.[25]

---

23. MOUSSALEM, Tárek Moysés. *Fontes do direito tributário*. São Paulo: Noeses, 2006, p. 53.

24. CARVALHO, Paulo de Barros. *Direito tributário*: fundamentos jurídicos da incidência. São Paulo: Saraiva, 2015, p. 82.

25. MOUSSALEM, Tárek Moysés. *Fontes do direito tributário*. São Paulo: Noeses, 2006, p. 53.

I
INTERPRETAÇÃO E CONSTRUÇÃO DE SENTIDO

4. O conceito de norma jurídica e sua decomposição entre norma jurídica em sentido amplo e norma jurídica em sentido estrito

Em que pese a expressão "norma jurídica" contemple as mais diversas acepções, é necessária a busca de um conceito que atenda aos objetivos deste estudo. É através desse recorte conceitual que delimitaremos o seu campo de abrangência. Nesse ponto, LUCAS GALVÃO DE BRITTO pontua que:[26]

> [...] *não se pode submeter algo à consciência a não ser por meio de um corte. Aquele que deseja investigar qualquer objeto,* deve primeiro realizar as operações mentais aptas a abstrair todos os demais elementos da experiência que não sejam propriamente, o objeto ao qual se pretende conhecer.

Se o conceito é a formulação de uma ideia ou de uma noção a respeito de uma identidade construída, a definição será a demarcação de um conceito. Não há, portanto, definições certas ou erradas, mas definições apropriadas ou não.

No ensino de IRVING COPI, "una definición enuncia el significado de un término. Pero hay diferentes sentidos de la palabra *significado*".[27]

Cremos, portanto, que não há uma definição mais correta entre os conceitos atribuídos aos termos jurídicos. O que se busca é uma definição cujo contexto seja coerente com o discurso a ser vertido, haja vista que o intérprete pode construir um gama de conteúdos significativos.

Nesse ponto, no que diz respeito às construções realizadas dentro de um determinado contexto, DANIEL KAHNEMAN,[28] psicólogo e economista, bem explica que uma idêntica

---

26. BRITTO, Lucas Galvão de. Sobre o uso de definições e classificações na construção do conhecimento e na prescrição de condutas. In: CARVALHO, Paulo de Barros (Coord.) *Lógica e direito*. São Paulo: Noeses, 2016, p. 317.

27. COPI, Irving M. *Introducción a la lógica*. México: Limusa, 2013, p. 184.

28. KAHNEMAN, Daniel. *Rápido e devagar*: duas formas de pensar. Rio de Janeiro: Objetiva, 2012, p. 104.

representação pode ser ambígua, mas é o contexto, e a forma como a descrevemos, que tende a suprimir a dúvida.

Fazendo uso da tabela acima, KANEHMAN explica que em ambos os quadros, a figura "B" se confunde com o número "13", e vice-versa, de modo que o cérebro humano automaticamente interpreta se número ou letra dentro de um contexto provável. Entretanto, caberá ao intérprete descrever a preferência de acordo com o seu discurso.

A linguagem natural, da qual o direito também se utiliza, é vaga e ambígua, apta a possibilitar a polissemia entre termos jurídicos. Todavia, é através dessa mesma linguagem que o Direito "constrói" a sua própria realidade (autopoiese).

No intuito de justificar a preferência pelas acepções dos termos, cabe ao intérprete atentar para os níveis de contexto, relacionado os termos com os textos do ordenamento jurídico, de modo a adequar o conceito escolhido aos fins do discurso jurídico.

Ainda sobre a importância do recorte conceitual, valemo-nos das palavras de PAULO DE BARROS CARVALHO, para quem "definir é operação lógica demarcatória dos limites, das fronteiras, dos lindes que isolam o campo de irradiação semântica de uma ideia, noção ou conceito".[29]

À vista do que expusemos, passamos, nesse momento, a buscar um conceito de norma jurídica que seja apropriado ao nosso discurso.

A norma jurídica possui três acepções. Pode ser concebida como um documento normativo, como um enunciado prescritivo (conteúdo), e ainda por sua interpretação.[30]

---

29. CARVALHO, Paulo de Barros. *Direito tributário*: linguagem e método. São Paulo: Noeses, 2015, p. 127.

30. IVO, Gabriel. O direito e a inevitabilidade do cerco da linguagem. In: CARVALHO,

I
INTERPRETAÇÃO E CONSTRUÇÃO DE SENTIDO

Em HANS KELSEN, o Direito é o sistema de normas que regulam o comportamento humano, de modo que o vocábulo "norma" para o referido filósofo, "se quer significar que algo deve ser ou acontecer, especialmente que um homem se deve conduzir de determinada maneira",[31] ou seja, a norma pressupõe um comando.

Ao afirmar que "a conduta humana só o é na medida em que determinada pelas normas jurídicas como pressuposto ou consequência",[32] o jurista reconheceu que a norma jurídica seria composta pela ligação de duas proposições jurídicas: uma hipótese e uma consequência. Daí a clássica fórmula kelseniana: "*Se A, então deve ser B*". Na sua obra "A Teoria Pura do Direito", o jurista concentra-se no aspecto estrutural do direito e não em seu aspecto funcional.

Diferentemente dos elementos da natureza, que estão circunspectos à lei da causalidade natural, a norma jurídica estaria atrelada à imputação jurídica (imputação deôntica), ou seja, um ato de vontade produzido por uma autoridade competente.

Sob enfoque diverso, RICARDO GUASTINI chama de norma o enunciado que constitua o sentido ou o significado atribuído a uma disposição, distinguindo a norma, como um texto interpretado, da disposição, que seria o enunciado qualquer pertencente ao texto normativo, ou seja, o texto *a ser* interpretado.[33]

Com o escopo de reduzir as ambiguidades da expressão "norma jurídica" – e as complexidades, em um primeiro momento, o professor PAULO DE BARROS CARVALHO decompôs a expressão em "norma jurídica em sentido amplo" e "norma jurídica em sentido estrito".[34]

Paulo de Barros (Coord.) *Constructivismo lógico-semântico*. Vol. I, Coordenação: Paulo de Barros Carvalho. São Paulo: Noeses, 2014, p. 74.

31. KELSEN, Hans. *Teoria pura do direito*. São Paulo: WMF Martins Fontes, 2018, p. 05.

32. Idem, p. 79.

33. GUASTINI, Ricardo. *Das fontes às normas*. São Paulo: Quartier Latin, 2005, p. 25.

34. CARVALHO, Paulo de Barros. *Direito tributário*: linguagem e método. São Paulo: Noeses, 2015, p. 134.

A norma jurídica em sentido amplo, nas palavras do renomado jurista, seria empregada para "aludir aos conteúdos significativos das frases do direito posto, vale dizer, dos enunciados prescritivos, não enquanto manifestações empíricas do ordenamento, mas como significações que seriam construídas pelo intérprete".[35]

Assim, a norma jurídica em sentido amplo estaria relacionada às frases, como suporte físico do direito posto, aos textos de lei, bem como os conteúdos de significação construídos pelo intérprete, ainda que não expressem uma mensagem deôntica completa.

Nessa mesma vertente, as normas jurídicas em sentido estrito seriam aqueles enunciados do direito positivo cuja mensagem apresenta sentido deôntico jurídico completo, construída a partir dos enunciados do direito positivo, na forma hipotético-condicional ($H \rightarrow C$).

O sentido jurídico completo da norma é representado pela estrutura "$H \rightarrow C$": se ocorrer o fato H, então deve ser a relação (deôntica) intersubjetiva C.

Esta estrutura é o que passaremos a analisar, com mais detalhes, a partir do próximo tópico.

5. A norma jurídica em sentido estrito

A norma jurídica em sentido estrito, conforme observamos alhures, é a significação construída a partir dos enunciados do direito positivo na forma hipótetico-condicional "$D (H \rightarrow C)$".

Ora, mas o que representa o léxico "significação" no contexto do direito positivo?

Iniciemos com JOHN SEARLE, filósofo norte-americano, para o qual "a significação consiste, em parte, na intenção de produzir no ouvinte a compreensão".[36]

---

35. CARVALHO, Paulo de Barros. *Direito tributário*: linguagem e método. São Paulo: Noeses, 2015, p. 135.

36. SEARLE, John R. *Expressão e significado*: estudos da teoria dos atos de fala.

I
INTERPRETAÇÃO E CONSTRUÇÃO DE SENTIDO

Da definição exposta pelo professor da Universidade da Califórnia (Berkeley), depreendemos que a significação é uma construção particular, do próprio indivíduo realizada em um determinado contexto. A compreensão, nesse sentido, é um processo psicológico que indica o entendimento de algo, de modo que esse "algo" também precisa estar inserido em uma determinada realidade.

No que toca ao direito positivo, o conceito por nós adotado – sistemas de normas que visam à regulação das condutas intersubjetivas – toma como suporte físico material os enunciados prescritos em artigos, incisos e parágrafos de uma lei. Os enunciados prescritivos, por regularem as condutas intersubjetivas, a elas se referem. Eis o *significado* do direito positivo. Por conseguinte, a construção da norma jurídica na mente do intérprete (H → C) será a sua *significação*.

Nesse escopo, AURORA TOMAZINI DE CARVALHO pontua que

> uma significação para expressar a completude da mensagem legislada, além de ser construída a partir dos textos do direito positivo, deve estar estruturada na forma hipotético-condicional, pois esta é a fórmula lógica das ordens, é assim que as linguagens prescritivas se manifestam formalmente.[37]

O intérprete, ao travar contato com o texto do direito positivo, constrói em seu intelecto um juízo, e este juízo, quando estruturado na norma hipotético-condicional, é a norma em sentido estrito.

É por meio da estrutura formalizada da linguagem lógica que se estabelecem as formas de construir as estruturas da norma. A lógica formal não se ocupa em conhecer o conteúdo da norma. Também não se presta a conhecer o seu objeto. A ela importa tão somente o abstrato.

São Paulo: Martins Fontes, 2002, p. 49.

37. CARVALHO, Aurora Tomazini de. *Curso de teoria geral do direito*: o constructivismo lógico- semântico, 2016, p. 297.

CONSTRUCTIVISMO LÓGICO-SEMÂNTICO
Homenagem aos 35 anos do grupo de estudos de Paulo de Barros Carvalho

Na lição do Prof. LOURIVAL VILANOVA, "o formalismo lógico esvazia a linguagem de qualquer comprometimento com os objetos individuais, [...] Não é linguagem para conhecer objetos especificados, mas linguagem formalizada".[38]

A proposição, individualizada, como linguagem lógica, nada diz sobre os fatos do mundo. Nada expressa sobre as significações referentes às condutas. Nada diz sobre a linguagem natural. É linguagem que, substituída por variáveis lógicas, reduz a estrutura da norma a uma proposição condicional. Os símbolos lógicos são desprovidos das significações concretas.

Daí que na lição de LOURIVAL VILANOVA, "a lógica formal geral não é lógica de nenhuma região material de objetos, mas é lógica que implica a presença, nos símbolos desprovidos de significações concretas, desse mínimo de significação em geral, correspondente à ideia de objeto e geral".[39]

Em tal análise, remove-se o conteúdo de significação das palavras, permanecendo tão somente os símbolos que representam o objeto, o predicado e as partículas operatórias: a estrutura lógica.

Toda e qualquer ordem prescritiva do direito positivo exterioriza-se formalmente através da estrutura hipotético--condicional. A estrutura "D (H → C)" é a fórmula lógica dos comandos normativos: "deve ser que H implique C".

Nos textos dos professores LOURIVAL VILANOVA e PAULO DE BARROS CARVALHO, a norma jurídica, nesta estrutura, é considerada como a expressão mínima e irredutível de manifestação do deôntico ou como a entidade mínima dotada de sentido completo deôntico.[40]

---

38. VILANOVA, Lourival. *Estruturas lógicas e o sistema de direito positivo*. São Paulo: Noeses, 2010, p. 21.

39. VILANOVA, Lourival. Lógica, Ciência do Direito e Direito. In: CARVALHO, Paulo de Barros (Coord.). *Lógica e direito*. São Paulo: Noeses, 2016, p. 155.

40. CARVALHO, Paulo de Barros. *Direito tributário*: fundamentos jurídicos da incidência. São Paulo: Saraiva, 2015, p. 69.

I
INTERPRETAÇÃO E CONSTRUÇÃO DE SENTIDO

A expressões utilizadas apontam para o mínimo formal que deve conter a estrutura normativa para que seja bem compreendida, quer na elaboração legislativa, quer na interpretação dos textos jurídicos.

6. A estrutura lógica da norma jurídica

A lógica utiliza uma linguagem formal composta por símbolos convencionais e são esses signos que permitem o manejo das proposições de acordo com as relações que possuem entre si.

Na construção da linguagem lógica, a estrutura é composta de constantes e variáveis.

Os símbolos de variáveis (categoremas) ocupam o lugar das proposições ("H" e "C", na estrutura alhures) e referem-se a sujeitos de direito, condutas e fatos naturais.

Os símbolos de constantes, também conhecidos por sincategoremas ou functores, são utilizados para conectar as proposições.[41] Podem ser monádicos, afetando apenas uma proposição (à direita), ou diádicos/binários, refletindo em ambas as proposições (direita e esquerda).

Na experiência da formalização da linguagem jurídica, a proposição jurídica será condicional (também chamada de hipotética ou implicacional). A proposição condicional é composta da fórmula "se" ... "então", de forma que o enunciado que aparece imediatamente após o termo "se" é denominado antecedente (ou prótase) e o enunciado que aparece imediatamente após o termo "então" é chamado de consequente (apódose).[42]

Voltando à estrutura da norma jurídica, teríamos "D(H → C)", onde "H" corresponde à hipótese ou pressuposto como a parte da norma jurídica que descreve uma situação

---

41. GUIBOUG, Ricardio A; ECHAVE, Delia Teresa; URQUINO, Maria Eugenia. *Lógica, proposición y norma*. Buenos Aires: Editorial Astrea de Alfredo y Ricardo Depalma, 2008, p. 38.

42. COPI, Irving M. *Introducción a La Lógica*. México: Limusa, 2013, p. 383.

de possível ocorrência; "C" corresponde ao consequente ou tese, parte da norma cuja função é prescrever as relações entre os sujeitos e o símbolo "→" (que corresponde ao operador proposicional da implicação ou functor interno) é o vínculo implicacional deôntico.

O "dever ser" deôntico vem representado pelo símbolo "D" (também chamado de functor de functor).[43]

Diferente da causalidade expressa nas leis naturais, em que toda causa concreta – *prima causa* – pressupõe, como efeito, uma consequência, independentemente de qualquer intervenção, o [dever] "ser" significado na cópula das proposições jurídicas antecedente e consequente resulta no fato desta mesma ligação ser produzida através de uma norma estabelecida por uma autoridade jurídica através de um ato de vontade. Eis a imputação deôntica em HANS KELSEN.[44]

Desse modo, com arrimo no ensino de LOURIVAL VILANOVA, observa-se que o "dever ser" na estrutura da norma jurídica apresenta-se de duas maneiras: como "dever ser" *interproposicional* simbolizado pelo "→", ligando o antecedente e o consequente da norma jurídica de forma neutra (não modalizada) e como "dever-ser" *intraproposiocional*, que atua dentro da estrutura do consequente normativo, de forma modalizada, entre os sujeitos de direito da relação jurídica.

O functor será deonticamente neutro (*dever-ser neutro*) quando atuar como operador deôntico inter-proposicional, conectando a hipótese a um consequente: D (H → C). Diz-se neutro porque não aparecerá modalizado nas formas "obrigatório" (O), "proibido" (V) ou "permitido" (P).

---

43. Os functores (também chamados de conectivos extencionais, constantes lógicas ou operadores) são partículas que cumprem a função operatória de associar as varáveis de proposição para formar estruturas mais complexas, de forma a afetá-las (operadores monádicos) ou uni-las (operadores diádicos). CARVALHO, Paulo de Barros. *Direito tributário*: linguagem e método. São Paulo: Noeses, 2015, p. 97.

44. KELSEN, Hans. *Teoria pura do direito*. São Paulo: WMF Martins Fontes, 2018, p. 87.

I
INTERPRETAÇÃO E CONSTRUÇÃO DE SENTIDO

Todavia, atuando como operador deôntico intraproposicional, inserto no consequente da norma, impondo uma relação entre os dois sujeitos sobre uma conduta obrigatória (O), proibida (V) ou permitida (P), conforme a seguinte estrutura lógica: D [H → C (S' ↔ S")]. – S tem o dever de cumprir certa conduta em relação a S', que tem o direito de exigi-la.

Em notação simbólica, o símbolo "D" cumpre a função sintática relacional entre proposições normativas, especialmente as jurídicas, atuando diretamente sobre o functor implicacional ("→"), por isso é também chamado de "functor de functor". Nesse sentido, expõe FABIANA DEL PADRE TOMÉ:[45]

> Enquanto na causalidade natural a relação entre hipótese e consequência é descritiva, na lei da causalidade jurídica é o sistema de direito positivo que determina, dentre as possíveis hipóteses e consequências, as relações que devem se estabelecer. É o ato de vontade da autoridade que legisla, expresso por um "dever-ser" neutro, isto é, que não aparece modalizado nas formas "proibido", "permitido" e "obrigatório", o responsável pela conexão deôntica entre hipótese e consequência.

Desse modo, é o functor de functor que diferencia a causalidade natural (mundo do ser) da "causalidade jurídica" (mundo do dever ser).

O operador lógico que atua entre a hipótese e a consequência da norma jurídica é o functor implicacional ("→"). Tal operador, agindo unicamente, não pressupõe a causalidade normativa, sendo necessário, portanto a presença do functor de functor para outorgar-lhe caráter deôntico.

Relembremos: para o prof. LOURIVAL VILANOVA, a causalidade jurídica, é dada pela norma válida, que põe o vínculo entre a hipótese e a consequência. Por força do functor implicacional, o fato jurídico, por si só, não provocaria a consequência, tal como ocorreria na lei da causalidade natural.

---

45. TOMÉ, Fabiana Del Padre. A estrutura lógica das normas jurídicas. In: CARVALHO, Paulo de Barros (Coord.) *Lógica e direito*. São Paulo: Noeses, 2016, p. 317.

Destacamos: para referido jusfilósofo, o fato jurídico abarca todos os fatos do mundo passíveis de juridicização. Adotando-se a teoria tradicional da incidência (ou teoria ponteana), não necessariamente instaura-se a relação jurídica prescrita na consequência, tendo em vista que "ocorridos certos fatos-conteúdo, ou suportes fácticos, que têm de ser regrados, a regra jurídica incide. A sua incidência é como a plancha da máquina de impressão, deixando a sua imagem colorida em cada folha".[46]

Nesse contexto, na adoção da teoria tradicional da incidência, tão somente no momento em que se verifica um acontecimento que preenche as características descritas no antecedente de uma norma jurídica (fato gerador) este é por ela juridicizado, desencadeando os efeitos correlatos.

Para a teoria de PAULO DE BARROS CARVALHO, o fato jurídico é a descrição de um fato social por meio da linguagem competente, ou seja, o evento vertido em linguagem competente. No nexo condicional, a hipótese é condição suficiente do consequente e este é condição necessária daquela. Desse modo, juridicamente, desde que a norma seja eficaz e vigente, ao ser convertida em linguagem competente, àquele acontecimento previsto na hipótese aplica-se o consequente normativo.

Na estrutura normativa, a proposição antecedente, denominada de hipótese, traz a descrição normativa de um evento de possível ocorrência no campo da experiência social.[47]

No ensino de LOURIVAL VILANOVA, "a hipótese da norma jurídica funciona como descritor. E o descritor assenta no modo ontológico da possibilidade".[48]

Dizemos que a hipótese opera como descritor porque descreve os fatos da realidade. Ela não tem o condão de informar

---

46. MIRANDA, Francisco Cavalcanti Pontes de. *Tratado de direito privado*. Tomo I. São Paulo: Editora Revista dos Tribunais. 2012, p. 70.

47. CARVALHO, Paulo de Barros. *Direito tributário*: linguagem e método. São Paulo: Noeses, 2015, p.138.

48. VILANOVA, Lourival. *As estruturas lógicas e o sistema de direito positivo*. São Paulo: Noeses, 2010, p. 134.

I
INTERPRETAÇÃO E CONSTRUÇÃO DE SENTIDO

nada sobre o fato, mas tão somente descrevê-lo. No ensinamento de LOURIVAL VILANOVA, "a hipótese é uma proposição descritiva (declarativa, indicativa ou teorética) das situações objetivas", ou seja, ela descreve o evento que ocorreu, que ocorre ou que ocorrerá vinculando-o às consequências da conduta humana.

Referindo-se a uma conduta impossível, não haverá consequência jurídica porque um dos pressupostos do direito é operar sobre o campo do possível para que seja socialmente eficaz.

Uma hipótese que descreva conduta impossível compromete o seu aspecto semântico, resultando naquilo que PAULO DE BARROS CARVALHO chama de "sem sentido deôntico", ou seja, a aplicação e o cumprimento da norma estariam comprometidos. Nesse ponto, é relevante que a conduta regulada pelo direito, através da hipótese, seja factualmente possível e não necessária.

Sob outro aspecto, o consequente normativo é a proposição que funciona como prescritora das condutas intersubjetivas.[49]

O consequente atua de modo a relacionar, mediante uma variável relacional deôntica "R", os sujeitos de direito S' e S" ao derredor da conduta regulada nos modais "permitido" (P), "proibido" (V) ou "obrigatório" (O), apresentando-se na seguinte fórmula: S'RS".

É no consequente da norma que se encontra o "dever ser" intraproposicional, que aproxima os sujeitos S' e S", ou tantos quanto forem os sujeitos, formando a relação abstrata em que um dos sujeitos recebe a denominação de sujeito ativo "S'", com o direito subjetivo de exigir determinada conduta, e o sujeito passivo "S''", com direito subjetivo de cumprir determinada obrigação.[50]

Dessarte, a fórmula do consequente – S'RS" – expõe os dois componentes da relação jurídica: o elemento subjetivo,

---

49. CARVALHO, Paulo de Barros. *Direito tributário*: fundamentos jurídicos da incidência. São Paulo: Saraiva, 2015, p. 54.

50. CARVALHO, Paulo de Barros. *Direito Tributário*: linguagem e método. São Paulo: Noeses, 2015, p. 141.

formado pelos sujeitos ativo e passivo, e o elemento prestacional, como conteúdo de direito de que é o titular o sujeito ativo e o dever a ser cumprido pelo sujeito passivo.

Como expusemos, simbolicamente, as normas jurídicas, quaisquer que sejam, vêm representadas pela seguinte estrutura:

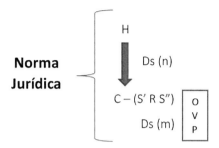

Significa dizer que a norma jurídica possui uma estrutura implicacional (*se H então C*), que deriva da imputação deôntica (ou "causalidade normativa"), ligada pelo conectivo condicional ("→"). Tal conectivo estabelece o vínculo interproposicional que une a hipótese, descritora de um fato de possível ocorrência no mundo social, e a consequência, que estabelece uma relação R entre dois sujeitos (S' e S").

Tal vínculo origina-se da manifestação de vontade do legislador, expresso por um "dever ser" neutro. O enfoque no consequente nos mostra um "dever ser" modalizado, que instala o nexo intraproposicional entre os sujeitos de direito através dos modais deônticos obrigatório, proibido e permitido.

A partir desse contexto, é possível verificar que as normas jurídicas, quando simbolicamente representadas, revelam internamente uma composição sintática constante. A análise da norma jurídica pelo método analítico confirma a sua homogeneidade sintática.

Tamanha a importância do conhecimento da estrutura sintática para a boa compreensão da norma pelo intérprete

I
INTERPRETAÇÃO E CONSTRUÇÃO DE SENTIDO

do direito, que PAULO DE BARROS CARVALHO eleva-o a um cânone jurídico, conforme se infere do excerto abaixo:[51]

> [...] quando se proclama o cânone da "homogeneidade sintática" das regras de direito, o campo de referência estará circunscrito às normas em sentido estrito, vale dizer, aquelas que oferecem a mensagem jurídica com sentido completo (se ocorrer o fato F, instalar-se-à a relação deôntica R entre os sujeitos S' e S").[52]

Nenhuma regra do sistema de direito escapa à esquematização formal acima descrita. A fórmula é constante. O que muda é o seu conteúdo. Ainda que um enunciado normativo se assemelhe a um enunciado meramente descritivo, em correspondência com o todo sistêmico este enseja a construção da forma implicacional hipótese e consequência.

7. Síntese conclusiva

Iniciamos este breve estudo com "normas jurídicas" identificadas em diferentes contextos com escopo de confirmar que a estrutura lógica da norma, ainda que segregada de diferentes formas em seu suporte físico, não se modifica.

Não se despreza que a Lógica empresta um poderoso ferramental ao Direito para a compreensão da norma jurídica. Como ramo da ciência, a Lógica Jurídica auxilia o intérprete na construção da forma de raciocínio, permitindo que este identifique, com precisão, a mensagem legislada completa estruturada em uma forma hipotético condicional.

Mais do que isso: a Lógica Jurídica abandona a linguagem natural e suas ambiguidades, colocando em evidência a fórmula (e os símbolos) que alicerçam a norma e servem como ponto de partida para a construção da mensagem normativa.

---

51. CARVALHO, Paulo de Barros. *Direito tributário:* linguagem e método. São Paulo: Noeses, 2015, p. 136.

52. Idem, p. 136.

Eis aí a importância da disciplina para a Ciência Jurídica, especialmente para o movimento do Constructivismo-Lógico Semântico, uma vez que a compreensão do comando prescritivo pelo intérprete parte da estrutura hipotético-condicional.

Desse modo, todas as regras jurídicas são construídas sob a mesma fórmula: uma hipótese (H) descritora de um fato de possível ocorrência no mundo social, implicante do consequente (C), estabelecendo uma relação jurídica intersubjetiva entre dois ou mais sujeitos (S' R S") em torno de uma conduta regulada como proibida, permitida ou obrigatória, por meio de um "dever ser" intraproposicional modalizado.

Não importa a qual ramo do direito estejam atreladas, se pertencentes a um sistema de direito positivo, as regras jurídicas possuirão a mesma estrutura lógica. Reforçamos: a fórmula jurídica é constante. O princípio da homogeneidade sintática da norma jurídica consiste em identificar que toda a estrutura normativa tem o mesmo esquema lógico. Importa aqui, sua análise sintática. O legislador seleciona as condutas e as relações que comporão a mensagem deôntica, o que significa que a norma jurídica poderá revestir-se dos mais diferentes conteúdos. Daí a sua heterogeneidade semântica.

Retornando à encantadora obra de Puccini, independentemente de quais sejam os conteúdos dos decretos do Imperador Chinês, a sua estrutura, enquanto norma jurídica, será permanente. Eis aqui uns dos mais edificantes legados do Constructivismo Lógico- Semântico: estabelecer um diálogo multidisciplinar nos mais diferentes planos dos objetos culturais.

Referências

BRITTO, Lucas Galvão de. Sobre o uso de definições e classificações na construção do conhecimento e na prescrição de condutas. *In:* CARVALHO, Paulo de Barros (Coord.) *Lógica e direito*. São Paulo: Noeses, 2016.

I
INTERPRETAÇÃO E CONSTRUÇÃO DE SENTIDO

CARVALHO, Aurora Tomazini de. *Curso de teoria geral do direito:* o constructivismo lógico-semântico. São Paulo: Noeses, 2016.

CARVALHO, Paulo de Barros (Coord.) *Lógica e direito.* São Paulo: Noeses, 2016.

CARVALHO, Paulo de Barros (Coord). *Constructivismo lógico-semântico.* Vol. I. São Paulo: Noeses, 2014.

CARVALHO, Paulo de Barros. *Curso de direito tributário.* São Paulo: Noeses, 2016, p. 148.

_____. *Direito tributário:* fundamentos jurídicos da incidência. São Paulo: Saraiva, 2015.

_____. *Direito tributário:* linguagem e método. São Paulo: Noeses, 2015.

COPI, Irving M. *Introducción a la lógica.* México: Limusa, 2013.

GAMA, Tácio Lacerda [et. al]. Uma proposta dialógica para os atributos unidade, coerência e consistência no Sistema Jurídico. *In: Teoria Comunicacional do Direito*: diálogo entre Brasil e Espanha, São Paulo: Noeses, 2011.

GUASTINI, Ricardo. *Das fontes às normas.* São Paulo: Quartier Latin, 2005.

GUIBOUG, Ricardio A; ECHAVE, Delia Teresa; URQUINO, Maria Eugenia. *Lógica, proposición y norma.* Buenos Aires: Editorial Astrea de Alfredo y Ricardo Depalma, 2008.

KAHNEMAN, Daniel. *Rápido e devagar:* duas formas de pensar. Rio de Janeiro: Objetiva, 2012.

KELSEN, Hans. *Teoria pura do direito.* São Paulo: WMF Martins Fontes, 2018.

MIRANDA, Francisco Cavalcanti Pontes de. *Tratado de direito privado.* Tomo I. São Paulo: Editora Revista dos Tribunais. 2012.

160

MOUSSALEM, Tárek Moysés. *Fontes do direito tributário.* São Paulo: Noeses, 2006.

ROBLES, Gregório. *O direito como texto:* quatro estudos de teoria comunicacional do direito. São Paulo: Manole, 2005.

SEARLE, John R. *Expressão e significado:* estudos da teoria dos atos de fala. São Paulo: Martins Fontes, 2002.

TOMÉ, Fabiana Del Padre. *A prova do direito tributário.* São Paulo: Noeses, 2011.

VILANOVA, Lourival. *As estruturas lógicas e o sistema de direito positivo.* São Paulo: Noeses, 2010.

O CONSTRUCTIVISMO E O RIO QUE CORRE PELA NOSSA ALDEIA

Cristiane Pires[1]

Charles William McNaughton[2]

Interpretar é desde sempre. À medida que nosso repertório cultural se transforma, ora se ampliando, ganhando influxos, interesses, contatos com os mais variados discursos e experiências, ora se distanciando de certos saberes, perdendo musculatura aqui, ou acolá, conforme o intelecto esteja mais, ou menos, entretido com determinado campo do conhecimento, o objeto cognoscente se *re*apresenta, espelhando, não a "coisa-em-si--mesma", mas nosso ponto de vista, nosso "local hermenêutico".

Sem embargo: a relação entre o sujeito e o objeto de conhecimento não é apenas intelectual. Há uma intuição emotiva, um certo se posicionar emotivamente, tão decisivo, tão magistralmente retratado na poesia quando um Alberto Caeiro enuncia que "O Tejo é mais belo que o rio que corre pela minha aldeia,/ Mas o Tejo não é mais belo que o rio

---

1. Doutoranda, Mestre pela Universidade de São Paulo. Advogada.

2. Pós Doutorando pela Universidade de São Paulo. Doutor e Mestre pela PUC-SP. Advogado.

I
INTERPRETAÇÃO E CONSTRUÇÃO DE SENTIDO

que corre pela minha aldeia,/ Porque o Tejo não é o rio que corre pela minha aldeia", mas tão distante do analítico, tão antimetodológico.

Para conhecer é preciso empatia. E, para que haja empatia, é preciso conhecer: tomar consciência do outro, aguçando a sensibilidade, aquele mínimo de contágio emocional que orienta intencionalmente nossas atenções.

E, assim, por vezes, cria-se, mesmo, uma relação de cunho afetivo. O objeto, por mais imaterial que seja, por mais ideal ou abstrato, pode ganhar tons de coloração, pode ganhar música, textura, pode ganhar odor e sabor. Ele pode se *representar* vivo, se misturar com a vida da gente, com nossas memórias, com um momento de alegria, de dor, de expectativa, de euforia, de tristeza: o objeto se funde, se cofunde ou se confunde com o observador.

Memórias. Essa visão da alma de nosso passado que nos constitui, que dá sentido à nossa consciência, esse registro de nossa experiência. Como dissociá-las do vínculo que travamos com o constructivismo lógico-semântico de Paulo de Barros Carvalho ao longo de quase 20 anos?

Uma teoria de uma regra-matriz de incidência, de um percurso gerador de sentidos, uma teoria da interpretação não são apenas modelos teóricos para explicar o direito.

Nessa escola, tão humana, tão querida como o constructivismo lógico-semântico, que um professor agregador como o Professor Paulo de Barros Carvalho conduz, esses abstratos institutos se personificam nos inúmeros professores, nos tantos alunos que compõem a corrente de pensamento jurídico.

Esses conceitos se concretizam naquela discussão mais calorosa, naqueles momentos de angústia gerados pela dúvida, ou na concordância de ideias tão satisfatória ao intelecto, na conversa amistosa que gera amizades, nas viagens, nos encontros, nos sorrisos.

CONSTRUCTIVISMO LÓGICO-SEMÂNTICO
Homenagem aos 35 anos do grupo de estudos de Paulo de Barros Carvalho

A figura, mesma, do Professor Paulo de Barros Carvalho, com sua cordialidade amistosa, com seu modo efusivamente afetivo e generoso, mas elegantemente discreto, torna o constructivismo, para seus alunos e seguidores intelectuais, uma teoria sedutora e doce.

Ficamos, assim, encantados com aquele discurso que se propõe coerente, com o maior rigor possível. Com aquela predisposição de se fundamentar o texto na filosofia, na semiótica, no giro linguístico, na lógica. Com todo aquele charme de se explicar o sistema jurídico a partir de pressupostos firmes da teoria geral do direito, a partir de armas metodológicas que convidam a uma reflexão profunda de diversos problemas que o direito positivo possa apresentar.

Essa relação emotiva, que julgamos que muitos compartilham conosco, fica, porém, coberta, em cada texto, em cada artigo, em cada comentário, por uma linguagem rigorosamente analítica, mas que não despreza os valores.

O próprio nome "constructivismo lógico-semântico" convida a essa postura: o texto deve ser construído amarrando conceitos, definindo, tornando claro o que se propõe a apresentar. O constructivismo aceita sistemas de referências distintos, em uma postura modesta e democrática, mas exige um compromisso com a coerência sem qualquer concessão.

Daí a postura dos professores, de examinadores de bancas científicas, de não refutar as premissas de seu interlocutor, mas de examinar a lucidez do raciocínio, e inclusive de levantar dúvidas, provocações pertinentes, incômodos. A dúvida, a resposta aberta com vários caminhos, é mais valorizada do que o "gabarito", do que a "verdade".

Nesse contexto, cabe esclarecer, o constructivismo também convida a um relativismo que vamos chamar aqui de saudável. Temos para nós, que tal ceticismo moderado, antes de paralisar a empreitada da pesquisa, convida à dúvida, à reflexão, ao sempre pôr em xeque nossas convicções. E não é a dúvida que faz nosso espírito evoluir, ao deixar de se acomodar?

165

I

INTERPRETAÇÃO E CONSTRUÇÃO DE SENTIDO

Daí por que não entendemos que isso vimos chamando de relação amorosa entre os seguidores do constructivismo e tal teoria, crie qualquer forma de fechamento ou dogmatismo, ou qualquer espécie de corrompimento à postura crítica que o cientista deve manter. Não. A doçura do afeto cede àquele incômodo agudo de quem se põe a refletir quando os problemas do direito vão se colocando e exigindo respostas da Ciência do Direito.

Por isso mesmo, logo se vê que entre autores que seguem o constructivismo lógico-semântico, há diferenças conceituais significativas, pontos de vistas diferentes sobre questões semelhantes. Mas, creio que o núcleo rígido mesmo, este seja comum.

A norma jurídica como significação, produto da interpretação construtiva do operador do direito, o direito positivo como sistema, todo o arsenal analítico da regra-matriz de incidência tributária e da teoria da norma, a composição bimembre da norma jurídica completa, a teoria da incidência, confundindo-se com a aplicação do direito, a importância da teoria da linguagem e tomar o direito como comunicação, não vemos esses elementos serem descartados ou colocados em segundo plano por milhares de seguidores do constructivismo.

O ponto de partida da teoria é o corte do sistema jurídico como um conjunto de normas. Trata-se de simplificação do real que não se pretende ontológica, mas epistemológica. A redução do objeto, que vem desde um Kelsen, é uma estratégia metódica que evita "o falar de tudo um pouco e um pouco de tudo".

Se não há fato puro, no sentido de que o fato é sempre visto por uma ótica, jurídica, sociológica, econômica, política, isto é, a partir de um ponto de vista, não há o "direito em si", não há, em outras palavras, a possibilidade de uma cosmovisão que tome o dado jurídico em sua completude, em sua inteireza: toda a experiência semiótica de se examinar um objeto implica um corte. O signo e nossa visão sobre as coisas implicam tomar aspectos do objeto, pontos de vista.

Insiste-se. Não cabe uma disputa sobre qual a visão mais adequada do sistema jurídico: se sociológica, econômica,

CONSTRUCTIVISMO LÓGICO-SEMÂNTICO
Homenagem aos 35 anos do grupo de estudos de Paulo de Barros Carvalho

política, ou jurídica. A acusação da visão normativista como "reducionista" não resiste ao aspecto de que o conhecimento não reproduz integralmente seu objeto.

A Ciência do Direito, na visão constructivista, delimita seu objeto: as normas jurídicas, observadas pelo prisma sintático, semântico e pragmático.

A análise sintática permite o exame da norma enquanto incluída em um sistema jurídico. Suas relações de coordenação e subordinação, perante outras normas, seu vínculo com o sistema mesmo. Aqui, categorias fundamentais da teoria geral do direito como validade e vigência ganham relevo.

O campo sintático pode revelar análises de eixos ainda menores. Na esfera intranormativa, examinam-se os aspectos constituintes da norma: a relação entre hipótese e consequência; o papel de um functor deôntico inter-proposicional; a composição da relação jurídica, com sujeitos, objeto e modal deôntico.

Na esfera semântica, o ir além dos símbolos aos objetos é tarefa decisiva do jurista, a ponto de um Becker colocar que "o jurista é o semântico do direito".

Nessa empreitada, atribui-se valor a cada signo naquele processo hermenêutico construtivo tão lembrado por Paulo de Barros Carvalho. A dualidade signo e seu objeto dá marcha à semiose jurídica, ora se revelando em um corpo científico, ora incrementando o processo de positivação do direito.

Mas, sem o percurso pela pragmática, a análise jurídica adequada não se perfaz. Direito também é vivência. Não se trata de uma língua morta, de um latim, mas de um corpo vivo, que interage com uma comunidade jurídica atuante, presente, que o atualiza a todo o momento.

É apenas transitando no campo pragmático que se torna possível um mínimo de segurança jurídica no texto jurídico. Se o texto comporta diversas interpretações, aquela consolidada na esfera daquilo que Charles S. Peirce denomina

167

I

INTERPRETAÇÃO E CONSTRUÇÃO DE SENTIDO

terceiridade – a lei, a convencional – é o campo em que reside um mínimo de consolidação.

A tomada da consciência do campo pragmático faz lembrar que a interpretação, embora construtiva, tem um quê de coletividade, de um quê tão fundamental de dado social, dando relevo ao aspecto de que não estamos sozinhos.

Não estar sozinho. Pertencer a uma escola de importância histórica no contexto do direito brasileiro que agrega pessoas por laços intelectuais e afetivos. Assim como o rio que corre pela nossa aldeia, o constructivismo lógico-semântico pode ser um ponto de vista sobre o conhecimento jurídico, mas o constructivismo lógico-semântico não é apenas um ponto de vista sobre o conhecimento jurídico quando se confunde, mesmo, com a vida da gente.

O CONSTRUCTIVISMO LÓGICO - SEMÂNTICO E A NORMA JURÍDICA TRIBUTÁRIA

Ana Claudia Sousa de Campos[1]

1. Considerações iniciais

A proposta deste estudo é apresentar, em breves linhas, a teoria da escola do Constructivismo Lógico-Semântico, orquestrada pelo Ilustre professor Lourival Vilanova juntamente com o Emérito professor Paulo de Barros Carvalho, relacionando-o com a Norma Jurídica.

De certo, que essa elasticidade, essa profusão de conceitos, não está associada apenas às noções clássicas indeterminadas, como: direito, ordem pública, moral, culpa, ética, justiça, igualdade, dentre muitos outros, que acabam permitindo uma variedade de significações que seguramente transmudará o espírito do conteúdo da mensagem, e assim, influíra todo o processo da comunicação.

A multiplicidade de interpretações possíveis e, portanto, das premissas do raciocínio, substitui a lógica e, "Somando ao comprometimento que se tem, quando da utilização de forma

---

1. Mestre em Direito. Especialista em Direito Tributário. Presidente da Comissão de Direito Tributário da OAB/SP – subseção Jabaquara. Advogada.

I

INTERPRETAÇÃO E CONSTRUÇÃO DE SENTIDO

exagerada de certas expressões e acaba por comprometer o sentido dos vocábulos".[2]

Além da inserção de regras de direito propriamente ditas, a de princípios gerais, de considerações de valores sociais, ideológicas ou éticas entre as premissas do raciocínio jurídico leva a uma pluralidade de conclusões muitas vezes discordantes.

Consoante a teoria da comunicação, para que se estabeleça a comunicação entre pessoas, imperioso se faz existir certos componentes, como: um emissor, que envia uma mensagem a um receptor, usando um "símbolo" para assim ser produzida; a mensagem, na qual se refere a um contexto e o caminho da emissão para a recepção faz-se através do suporte físico.

Iniciaremos nosso caminhar, a partir da tomada de consciência que os intelectuais do século passado fizeram, onde o mundo se manifesta em linguagem, com o surgimento do giro-linguístico, onde a linguagem constitui em realidade e a realidade nada mais é do que o texto escrito em linguagem.

Estas poucas indicações estão muito longe de esgotar o conteúdo da experiência inicial e a riqueza desse fenômeno do Constructivismo Lógico-Semântico. Nos contentaremos temporariamente e tentaremos, apenas no decorrer deste breve estudo, elucidar o que ainda é obscuro ou mesmo confuso. Nos esforçaremos para fazer isso de forma gradual e ordenada.

2. O Constructivismo Lógico-Semântico

O Ilustre Professor Paulo de Barros Carvalho,[2] ao elaborar a seguinte referência, nos insere no mundo do Constructivismo Lógico-Semântico:

---

2. NALINI, José Renato. *Ética geral e profissional*. 3ª ed. São Paulo: Editora Revista dos Tribunais, 2001, p. 35.

3. Disponível em: https://bit.ly/332JZ1O Acesso em: 13 de set. 2019.

> É um instrumento de trabalho, modelo para ajustar a precisão da forma à pureza e à nitidez do pensamento; meio e processo para a construção rigorosa do discurso, no que atende, em certa medida, a um dos requisitos do saber científico tradicional. O modelo constructivista se propõe amarrar os termos da linguagem, consoante esquemas lógicos que deem firmeza à mensagem, pelo cuidado especial com o arranjo sintático da frase, sem deixar de preocupar-se com o plano do conteúdo, selecionando as significações mais adequadas à fidelidade da enunciação.

O Constructivismo vem deixando sua marca em uma variedade de juristas, filósofos e sociólogos, e, em todos os aspectos, o Constructivismo está em uma posição de vanguarda bem como parece estimular uma revolução intelectual.

A busca em destacar a relevância do leitor na construção do texto é dar para este último sua real importância, pois o "ambiente" no qual pertence irá desvelar, por meio de um conhecimento antecedente, a construção do sentido do texto.

Wittgenstein,[4] no aforismo 6.53 do Tractatus, enuncia:

> O método correto em filosofia seria propriamente: nada dizer a não ser o que pode ser dito, isto é, proposições das ciências naturais – algo, portanto, que nada tem a haver com a filosofia, e sempre que alguém quisesse dizer algo a respeito da metafísica, demonstrando-lhe que não conferiu denotação a certos signos de suas proposições. Para outrem esse método não seria satisfatório – ele não teria o sentimento de que estaríamos ensinando filosofia – mas seria o único método estritamente correto.

Neste fragmento curto e sucinto acima citado nos mostra que Wittgenstein não vê com bons olhos aquele que não define os conceitos, ou seja, aquele que não define o que quer falar não sabe o que fala.

Cabe destacar que, a Teoria Comunicacional e o Constructivismo Lógico-Semântico detêm uma vinculação intrínseca, nos alerta o preceptor Paulo de Barros Carvalho.[5]

---

4. WITTENSTEIN, Ludwig. *Tractatus logico-philosophicus*. São Paulo: Companhia Editora Nacional, 1968, p 129.

5. CARVALHO, Paulo de Barros. *Direito tributário, linguagem e método*. 7 ed. rev.

I
INTERPRETAÇÃO E CONSTRUÇÃO DE SENTIDO

A professora Aurora Tomazini de Carvalho[6] nos dá um norte:

> Um exemplo esclarece melhor: Vamos pensar na realidade direito, o que é o direito? Antes de tudo direito é uma palavra que comporta inúmeras significações, para estudar e saber o que é o "direito" alguém terá que delimitar o conceito desta palavra. Aquilo que chamaremos de "direito" será exatamente o que se enquadrar naquela delimitação.

Inegavelmente, assim, permite-se que a nova geração de pesquisadores ao investigar uma palavra, deve pensar em primeiro plano, que tal palavra abarca inúmeras acepções e com isso delimite o conceito dessa palavra.

Wittgenstein[7] explica que a "indeterminação do sentido e da denotação é comum nas línguas correntes; a linguagem artificial, porém, deve evitá-la cada nome havendo de possuir sentido e denotação precisos".

Paulo de Barros Carvalho[8] também nos orienta neste sentido:

> A breve trecho e apenas a título de curiosidade, a amplitude semântica da palavra nos leva perto de cinquenta dimensões de significado, operando sempre como marcador implacável do ser humano carente e, portanto, ávido para situar-se bem na turbulenta e inconstante vida social.

E continua o ilustre Professor Paulo de Barros Carvalho[9] que:

> O Constructivismo Lógico-Semântico é, antes de tudo, um instrumento de trabalho, modelo para ajustar a precisão da forma à

São Paulo: Noeses, 2018, p. 134.

6. *Constructivismo lógico-semântico vol. 1* / Organização. Aurora Tomazini de Carvalho; coordenação Paulo de Barros Carvalho. São Paulo: Editora Noeses, 2014, p. 15.

7. WITTENSTEIN, Ludwig. *Tractatus Logico-Philosophicus*. São Paulo: Companhia Editora Nacional, 1968, p. 6.

8. CARVALHO, Paulo de Barros. *Direito tributário:* Reflexões sobre filosofia e ciência em prefácios. São Paulo: Noeses, 2019, p. 5.

9. *Constructivismo Lógico-Semântico vol. I* / organização. Aurora Tomazini de Carvalho; coordenação Paulo de Barros Carvalho. São Paulo: Noeses, 2014 p. 4.

CONSTRUCTIVISMO LÓGICO-SEMÂNTICO
Homenagem aos 35 anos do grupo de estudos de Paulo de Barros Carvalho

> pureza e à nitidez do pensamento; meio e processo para a construção rigorosa do discurso, no que atende, em certa medida, a um dos requisitos do saber científico tradicional.

Constantemente, o enfoque constructivista alude ao mundo da experiência, considerando que essa experiência permite o desenvolvimento da inteligência.

As reformas advindas do Constructivismo estão sendo implementadas de forma dinâmica, e, graças a essa escalada, que o poder do constructivismo em pesquisa pode, então, ser testemunhado por um florescimento sem precedentes de investigações empíricas inovadoras.

Estes não apenas disputam o conhecimento estabelecido por gerações anteriores de pesquisadores sobre os mais diversos domínios sociais, mas também, permitem, sobretudo, a abertura de novos projetos e novas formas de considerar as relações sociais, juntamente com o funcionamento das instituições.

A abordagem constructivista tem seu poder no conhecimento e na linguagem onde busca a segurança lógica da mensagem. E nesse sentido, a comunicação é uma forma de servir a uma das necessidades do homem, qual seja, a de adquirir conhecimento. Mas o que é o Conhecimento?[10]

Ao nos depararmos com o Livro as Estruturas Lógicas e o Sistema do Direito Positivo, no capítulo I, o professor Lourival Vilanova[11] nos orienta com relação aos aspectos do Conhecimento, vejamos:

> O conhecimento é um fato complexo. Simplificadamente diz-se que é relação do sujeito com o objeto. E se tivermos em conta o conhecimento do mundo físico exterior, sua origem, é a experiência sensorial. Percebo a árvore verde e enuncio: esta árvore é verde. O ser-verde-da árvore, que se me dá num ato de apreensão

---

10. Conhecer é ter noção, informação, saber. CUNHA, Antônio Geraldo da. *Dicionário etimológico da língua portuguesa.* 4ª ed. Rio de Janeiro: Lexikon, 2010, p. 172.

11. VILANOVA, Lourival. *Estruturas lógicas e o sistema do direito positivo.* 4ª ed. São Paulo: Noeses, 2010, p. 1.

I
INTERPRETAÇÃO E CONSTRUÇÃO DE SENTIDO

sensorial, é a base para outro ato, o de revestir esse dado numa estrutura lógica de linguagem, na qual se exprime a relação conceptual denominada proposição (juízo, na terminologia clássica).

Identifica o Professor Johannes Hessen que: "A teoria do Conhecimento, como disciplina autônoma, aparece pela primeira vez na Idade Moderna. Deve considerar-se como seu fundador o filosofo John Locke".[12]

Para o Professor Hessen, o conhecimento apresenta três elementos principais: o sujeito, a imagem e o objeto. No qual o sujeito, o fenômeno do conhecimento tocam na esfera psicológica; na imagem, com a lógica e pelo objeto, com a ontológica.

Jacob Bazarian[13] distingue os três graus de conhecimento em: Vulgar, Científico e Filosófico.

O conhecimento Vulgar[14] está relacionado à nossa atitude do cotidiano é o conhecimento vago que não explica os fatos de forma cientifica, só os constata de forma superficial. O que se pode constatar é que este tipo de saber muito está relacionado com o que os indivíduos "ouviram falar", são as superstições, os preconceitos, ou seja, está muitas vezes relacionada aos conhecimentos falsos, mas, também, nem sempre estão errados, até que podem ser verdadeiros, mas não se tem a certeza, não tem como comprovar.

O conhecimento científico[15] é o conhecimento racional, isto é, que tem exigências de método e está constituído por

---

12. HESSEN, Johannes. *Teoria do conhecimento*. 5ª ed. Coimbra: Armênio Amado Editor, 1970, p. 31.

13. BAZARIAN, Jacob. *O problema da verdade*: Teoria do Conhecimento. 4ª ed. São Paulo: Editora Alfa-Omega, 1994, p. 43.

14. A palavra vulgar vem do latim "vulgare", e significa o que é trivial, comum, usual. (HOLANDA FERREIRA, Aurélio Buarque. *Novo dicionário Aurélio da língua portuguesa*. 3ª ed. Curitiba: Editora Positivo, 2004. p. 2078).

15. Ciência é uma palavra que deriva do termo latino "scientia" cujo significado era conhecimento ou saber. Atualmente, se designa por ciência todo o conhecimento adquirido através do estudo ou da prática, baseado em princípios certos. (HOLANDA FERREIRA, Aurélio Buarque. *Novo Dicionário Aurélio da Língua Portuguesa*.

CONSTRUCTIVISMO LÓGICO-SEMÂNTICO
Homenagem aos 35 anos do grupo de estudos de Paulo de Barros Carvalho

uma série de elementos básicos, tais como sistema conceitual, hipóteses, definições; diferencia-se das sensações ou imagens que se refletem em um estado de ânimo, como o conhecimento poético, e da compreensão imediata, sem que se busquem os fundamentos, como é o caso do conhecimento intuitivo. Certo ou provável, já que não se pode atribuir à ciência a certeza indiscutível de todo saber que a compõe. Ao lado dos conhecimentos certos, é grande a quantidade de prováveis.

Karl Popper nos instrui, sustentando que:

> O conhecimento científico, o saber científico é, por conseguinte, sempre hipotético: é um saber por conjectura. O método do conhecimento científico é o método crítico – o método de pesquisa e da eliminação do erro ao serviço da busca da verdade, ao serviço da verdade.[16]

Antes de tudo, toda lei indutiva é meramente provável, por mais elevada que seja sua probabilidade. Obtidos metodicamente, pois não se os adquire ao acaso ou na vida cotidiana, mas mediante regras lógicas e procedimentos técnicos, de forma sistematizada, isto é, não se trata de conhecimentos dispersos e desconexos, mas de um saber ordenado logicamente, constituindo um sistema de ideias.

Verificáveis, pelo fato de que as afirmações, que não podem ser comprovadas ou que não passam pelo exame da experiência, não fazem parte do âmbito da ciência, que necessita, para incorporá-las, de afirmações comprovadas pela observação. Relativos a objetos de uma mesma natureza, ou

---

3ª ed. Curitiba: Editora Positivo: 2004, p. 2078). E o que é ciência? Um conceito abrangente de ciência é dado por Ander-Egg: "A ciência é um conjunto de conhecimentos racionais, certos ou prováveis, obtidos metodicamente, sistematizados e verificáveis, que fazem referência a objetos de uma mesma natureza." (ANDER – EGG, Ezequiel. *Introducción a las técnicas de investigación social*. 23ª edición. Buenos Aires: Editorial Magisterial Del Rio De La Plata, 1978, p. 15).

16. POPPER, Karl R. *Em busca de um mundo melhor*. 3ª ed. Lisboa: Fragmentos, 1992, p. 18.

I
INTERPRETAÇÃO E CONSTRUÇÃO DE SENTIDO

seja, objetos pertencentes a determinada realidade, que guardam entre si certos caracteres de homogeneidade.

E por fim, o conhecimento filosófico,[17] que tem como fundamento "os questionamentos", no entanto, não é qualquer questionamento, mas aquele que busca entender o indivíduo no sistema onde ele está inserido.

Nos assertos da professora Mônica Tereza Mansur Linhares "precisamos ter cuidado com o termo, pois o filósofo não é um sábio, mas aquele que busca incessantemente o saber, em outras palavras, aquele que sempre está à procura do conhecimento".[18]

Para o professor Lourival Vilanova,[19] os componentes do conhecimento são os seguintes: o sujeito cognoscente; os atos de percepção de julgar; o objeto do conhecimento (coisa, propriedade, situação objetiva); e a proposição (onde diversas relações de conceitos formam estruturas).

Compreende que, entender a linguagem é questionar a noção das palavras como um instrumento de comunicação existente em uma sociedade. Este instrumento permite a construção de sistemas especializados, como é o caso da economia, medicina, ciência ou mesmo no campo jurídico.

Reparamos que o direito tem uma relação intrínseca com as palavras e, portanto, com a linguagem e, é graças à linguagem que os modos de pensamento, os valores e especialmente as regras são destacadas e conhecidas como dados culturais identificáveis.

---

17. Filosofia vem do grego e em sua etimologia, aborda o significado sintético: philos ou philia que quer dizer amor ou amizade; e sophia, que significa sabedoria; ou seja, literalmente significa amor ou amizade pela sabedoria. (CUNHA, Antônio Geraldo da. *Dicionário etimológico da língua portuguesa*. 4ª ed. Rio de Janeiro: Lexikon, 2010, p. 293).

18. LINHARES, Mônica Tereza Mansur. *Ensino jurídico:* educação, currículo e diretrizes curriculares no curso de direito. São Paulo: Iglu, 2010, p. 120.

19. VILANOVA, Lourival. *Estruturas lógicas e o sistema do direito positivo.* 4ª ed. São Paulo: Noeses, 2010, p. 2.

Posto isso, verificamos a presença de uma linguagem do direito, onde faz necessário o conhecimento para implementar a aplicação da linguística ao direito, onde, não podemos desprezar o fato da existência de camadas, níveis de linguagem.

Devemos lembrar que a linguagem em si é o conjunto de vocabulário e frases que formam o discurso escrito e oral que pertence a um país e a um campo específico, por exemplo, direito, matemática etc. Assim sendo, quando observamos, na linguagem jurídica, a palavra "direito" depreendemos, em uma visão panorâmica, um duplo significado.

Neste contexto, detemos o direito, como direito objetivo, sendo um conjunto de regras de conduta que governam as relações entre os homens, sendo que essas regras são agrupadas em códigos.

E os direitos subjetivos, que são as prerrogativas que a lei reconhece a um indivíduo ou a um grupo de indivíduos e que eles podem reivindicar em suas relações com pessoas ou com coisas. Exemplificando, o direito de voto, o direito de propriedade, a privacidade. E o detentor desses direitos é tradicionalmente chamado de "sujeito" de direitos, daí a expressão "direitos subjetivos".

Versa o professor Michel Villey,[20] que:

> Infelizmente, falta-nos uma ideia precisa de direito. Além disso, o direito não goza de estima das pessoas distintas (até o século XVI, ele fazia parte da cultura geral, mas hoje, pelo que vejo, ele não atrai a elite dos estudantes) – ninguém mais sabe defini-lo. A palavra direito foi vítima dos métodos científicos modernos. Os cientistas usam definições precisas, mas convencionais, que cada um forja arbitrariamente.

Prosseguindo e por fim, o mundo das ideias é vasto e o da ciência está intimamente ligado a ele. Sua implantação consiste em um emaranhado de posturas ideológicas, movimentos,

---

20. VILLEY, Michel. *Questões de Tomás de Aquino sobre direito e política*. São Paulo: Editora WMF Martins Fontes, 2014, p. 109.

I
INTERPRETAÇÃO E CONSTRUÇÃO DE SENTIDO

gestos sociais, individuais, privados ou públicos, dentro das idades e nas mudanças vivenciadas no cotidiano, na escola e no trabalho, nas sociedades, nas formas de pensar.

O espaço e o tempo em que vivemos estabelecem inúmeros parâmetros, onde situam algumas teorias sobre conhecimento, onde não podemos deixar de lado a esperança e o espírito de superação das adversidades e pensamos que o Constructivismo Lógico-Semântico veio como uma forma que realmente dá uma direção.

3. O normativismo jurídico

As teses normativistas de Kelsen estão enraizadas no movimento positivista da teoria jurídica, uma herança do positivismo filosófico segundo o qual a ciência é distinta de seu objeto.

Não podemos observar o positivismo jurídico, sem rememorar Hans Kelsen, considerado o papa do positivismo jurídico desde a "pura teoria do direito", onde incorpora esse importante fluxo de pensamento jurídico, tanto por sua concepção de direito quanto por sua epistemologia jurídica.

Insta salientar que o normativismo é uma concepção da fonte do direito desenvolvida pelo jurista austro-americano Hans Kelsen e essa teoria levaria a considerar o estado como um conjunto de relações jurídicas.

Para o normativismo, na medida em que pelo menos o ato da vontade não é expresso por sinais não linguísticos, é possível, através dos métodos da linguística aplicada, determinar os significados dos textos legais: métodos sintáticos, semântico e sistêmico.

Resta que o próprio normativismo reconhece que essa interpretação científica não pode dar conta de interpretações reais, constitui normas como objeto de estudo em si, um conjunto de significados corretos acessíveis intelectualmente, independentemente de sua eficácia.

CONSTRUCTIVISMO LÓGICO-SEMÂNTICO
Homenagem aos 35 anos do grupo de estudos de Paulo de Barros Carvalho

Por outro lado, abordagens realistas, moderadas ou radicais asseveram que o significado do conceito de norma não é acessível por meio de uma operação intelectual.

Nessa perspectiva, o único significado normativo relevante resulta da interpretação autêntica, antes dessa interpretação, o texto não tem significado jurídico, sendo uma afirmação que cumpre, em primeiro lugar, uma função de uma diretiva de moralidade. Decidir atribuir um significado prescritivo a ele também é um ato de vontade.

No entanto, os elementos fundamentais dos normativistas mostram um direito não "dado", mas "construído" pela ciência jurídica, não demonstrando mais a existência da própria lei. De fato, a ideia kelseniana, de uma inferência entre normas, embora frustrada pelos pressupostos normativos adotados pela lei de Hume,[21] permanece no centro das construções teóricas normativas.

Nesse passo, e de forma bem resumida, procedemos que uma Constituição normativa é considerada uma lei fundamental e suprema, sendo ela composta de regras escritas formalmente estabelecidas por um poder constituinte, um ato de vontade e está no topo da hierarquia de normas legais. Inspirado por uma filosofia política que estabelece uma estrutura e objetivos vinculativos para os governantes, privilegia as liberdades individuais limitando os poderes do Estado.

Sem demora, a hierarquia das normas é uma classificação organizada de todas as normas que compõem o sistema jurídico de um Estado de direito para garantir que a sociedade possa continuar a existir de modo ordenado. Baseando-se no princípio de que uma norma deve respeitar a de nível superior e implementá-la detalhando-a e, havendo um conflito de normas, torna possível prevalecer o padrão de nível superior sobre o padrão a ele subordinado.

---

21. A Lei de Hume, pela qual um dever ser não pode resultar de um ser, e a sua recíproca, pela qual um ser não pode resultar de um dever ser, ocupam posições proeminentes nas discussões de metaética. Disponível em: https://bit.ly/36kg2fJ Acesso em: 13 set. 2019.

I
INTERPRETAÇÃO E CONSTRUÇÃO DE SENTIDO

Percebemos como o Constructivismo Lógico-Semântico conserva ampla relevância, se observarmos a palavra "lei" que é utilizada para designar certas regularidades nos fenômenos naturais ou o conjunto de obrigações legais e morais.

Ressalta-se que o abuso da linguagem que designa conjuntamente com as uniformidades morais e obrigações legais expressáveis por declarações como "aquele que auferir renda deve pagar tributo ao Estado", podemos entender que a tese da ambiguidade depende da dicotomia entre fatos científicos e valores morais ou entre proposições factuais objetivas e julgamentos subjetivos de valor.

No primeiro momento, é de suma importância questionar se o significado é acessível por uma operação intelectual do conhecimento ou se, pelo contrário, esse significado resulta de um segundo ato de vontade, com a atribuição de um significado, pelo juiz por exemplo.

É trabalhoso fazer ciência sem definir o objeto que se pretende manusear e, certamente a lei científica não pode, portanto, ter uma forma pura e evitar se envolver na natureza da realidade da qual descreve as regularidades.

O Estado de Direito é sumariamente definido como um sistema no qual o poder público, ou seja, órgãos agindo em nome do Estado devem obedecer à ordem jurídica existente, ou seja, normas legais.

Por fim, é irrefutável que o estado de direito está presente em todos os lugares, permanentemente. É um modelo teórico, que se tornou um tema político frequentemente discutido, pois hoje é considerado a principal característica dos regimes democráticos.

4. A norma jurídica

Insiste sempre na tese, o professor Paulo de Barros Carvalho,[22] que:

---

22. CARVALHO, Paulo de Barros. *Direito tributário:* Reflexões sobre filosofia e ciência em prefácios, São Paulo: Noeses, 2019, p. 76.

> Normas são significações construídas a partir dos suportes físicos dos enunciados prescritivos. No sentido amplo, a cada enunciado corresponderá uma significação, mesmo porque não seria gramaticalmente correto falar-se em enunciado (nem frase) sem o sentido que a ele atribuímos.

Então, "norma" não é finalmente um texto, pois os atos jurídicos modernos geralmente têm a forma de um conjunto de proposições linguísticas. São da ordem das significações, reitera o ilustre professor.

A nosso ver, todo o texto é suscetível de vários significados, mas todos esses significados não são normas. A maioria dos textos legais não é escrita de forma prescritiva, no entanto, a norma é uma prescrição que exclui qualquer significado não prescritivo.

Corroborando com essa percepção, o professor Paulo de Barros Carvalho nos orienta, que:

> Para a lógica deôntica, as normas jurídicas, proposições prescritivas que são, têm sua valência própria. Delas, não se pode dizer que sejam verdadeiras ou falsos valores imanentes às proposições descritivas da Ciência do Direito, mas as normas jurídicas serão sempre válidas ou inválidas com referência a determinado sistema "S".[23]

O direito positivo é constituído pela linguagem, onde a linguagem falada é a linguagem do objeto e, toda a realidade jurídica é constituída pelo direito positivo. Na tradição jurídica, os padrões de uso geral são frequentemente referidos como regras, e muitos autores consideram que as regras devem ser entendidas como se referindo a essa categoria única de padrões.

Sintetizamos dessa ideia, que a norma jurídica, só pode ser transmitida se for objetivada, mas essa objetivação não resulta necessariamente de uma formulação verbal. Na prática, um grande número de padrões é conhecido apenas pela interpretação de comportamentos tomados como modelos ou pelo raciocínio lógico.

---

23. CARVALHO, Paulo de Barros. *Direito tributário*: Reflexões sobre filosofia e ciência em prefácios, São Paulo: Noeses, 2019, p. 77.

I
INTERPRETAÇÃO E CONSTRUÇÃO DE SENTIDO

Preconiza Humberto Ávila[24] que:

> Normas não são textos nem o conjunto deles, mas os sentidos construídos a partir da interpretação sistemática de textos normativos. E não existe correspondência entre norma e dispositivo, no sentido de que sempre que houver um dispositivo haverá uma norma, ou sempre que houver uma norma deverá haver um dispositivo que lhe sirva de suporte.

Assim sendo, para poder dar conta dos sistemas de leis positivas, o conceito de normas deve, portanto, ser diferenciado de outros conceitos usados nos discursos jurídicos e especificado como conceito desses discursos.

O ilustre professor Lourival Vilanova emprega como equivalentes em significação as denominações "normas jurídicas", regras de Direito", "preceitos Jurídicos".[25] Sendo que não se pode desconsiderar a imprecisão do termo "norma jurídica".

Em meio a essa perspectiva, o eminente jurista Norberto Bobbio[26] leciona:

> As normas jurídicas não passam de uma parte da experiência normativa. Além das normas jurídicas, existem preceitos religiosos, regras morais, sociais, costumeiras, regras daquela ética menor que é a etiqueta, regras de boa educação etc.

Percebemos, assim, que a vida de uma sociedade precisa de regras e essas regras são postas para que a comunidade consiga ter a tão sonhada "paz social" e o direito organiza as relações entre os homens que vivem na sociedade, regula as relações familiares, as relações econômicas e as relações políticas.

Além disso, nossas sociedades, através do desenvolvimento de regras legais, buscam garantir a segurança material

---

24. ÁVILA, Humberto. *Teoria dos princípios:* da definição à aplicação dos princípios jurídicos, 11ª ed. São Paulo: Malheiros, 2010, p. 30.

25. VILANOVA, Lourival. *Estruturas lógicas e o sistema do direito positivo.* 4ª ed. São Paulo: Noeses, 2010, p. 158.

26. BOBBIO, Norberto. *Teoria da norma jurídica.* São Paulo: EDIPRO, 2001, p. 21.

CONSTRUCTIVISMO LÓGICO-SEMÂNTICO

Homenagem aos 35 anos do grupo de estudos de Paulo de Barros Carvalho

de seus membros. Assim, a lei tende a proteger os indivíduos contra qualquer ataque à sua pessoa e sua propriedade.

Continua o ilustre jurista:

> Há, indubitavelmente, um ponto de vista normativo no estudo e na compreensão da história humana: é o ponto de vista segundo o qual as civilizações são caracterizadas pelos ordenamentos de regras nas quais as ações dos homens que as criam estão contidas.

Paulo de Barros[27] mantém o modo antigo para distinguir Norma Jurídica em "sentido amplo e em "sentido estrito":

> Empregando "normas jurídicas em sentido amplo" pala aludir aos conteúdos significativos das frases do direito posto, vale dizer, aos enunciados prescritivos, não enquanto manifestações empíricas do ordenamento, mas como significações que seriam construídas pelo intérprete. Ao mesmo tempo, a composição articulada dessas significações, de tal sorte que produza mensagens com sentido deôntico-jurídico completo, receberia o nome de "normas jurídicas em sentido estrito".

Um sistema de normas jurídicas é um sistema de linguagem, com conotação normativa, referente, denotativamente, a um segmento do mundo-dos-fatos.[28]

Desta forma, a norma também não é um ato. A categoria de normas não se identifica com todos os atos legais: constituição, lei, julgamento, contrato, regulamentação etc. E a hierarquia de normas não é uma hierarquia desses atos. Obviamente, a norma não pode ser desapegada de um ato; mas é como o ato participa do processo de produção da norma.

Um padrão é frequentemente definido na primeira abordagem como uma referência ou um modelo: uma "descrição"

---

27. CARVALHO, Paulo de Barros. *Direito tributário, linguagem e método.* 7 ed. São Paulo: Noeses, 2018, p. 135.

28. VILANOVA, Lourival. *Estruturas lógicas e o sistema do direito positivo.* 4ª ed. São Paulo: Noeses, 2010, p. 157.

I
INTERPRETAÇÃO E CONSTRUÇÃO DE SENTIDO

do que deveria ser, de acordo com um determinado ponto de vista, isto é, uma certa forma de prescrição.

Mas essa definição sedutora *a priori*, adaptada a alguns sistemas normativos como a moralidade, coloca um problema em relação à lei, ou seja, parece reduzi-la a um conjunto de requisitos de direção ou até mesmo a um conjunto de valores, negligenciando a presença em qualquer sistema jurídico moderno de outros tipos de requisitos, como as autoridades investidoras na produção de novas normas.

Bobbio[29] nos orienta, que:

> Acreditamos ser livres, mas na realidade, estamos envoltos em uma rede muito espessa de regras de conduta que, desde o nascimento até a morte, dirigem nesta ou naquela direção as nossas ações. E a maior parte destas regras já se tornaram tão habituais que não nos apercebemos mais de sua presença.

Ocorre que não existe, "na natureza", isto é, no direito positivo, uma norma legal isolada. Todas as normas legais válidas pertencem a um corpo de normas, a uma ordem legal. Obviamente, é possível, para os propósitos da análise, isolar um padrão específico do conjunto ao qual se relaciona.

É isso que os juristas fazem diariamente quando precisam estudar uma questão jurídica específica, mas esse isolamento é apenas temporário e parcial.

E não há dúvida que a lei contém, por definição, um certo número de regras de conduta implícitas na vida da sociedade. Sendo ainda que a lei é definida como o conjunto de regras de conduta socialmente decretadas e sancionadas impostas aos membros da sociedade.

A regra é, portanto, o instrumento básico da lei. Trata-se de uma norma em sentido amplo, ou seja, expressão concreta ou abstrata, geral ou individual, do que deve ou não ser caracterizada por seu efeito obrigatório, qualquer que seja a fonte:

---

29. BOBBIO, Norberto. *Teoria da norma jurídica*. 1ª ed. São Paulo: Edipro, 2001, p. 21.

tratado, constituição, lei, regulamentação, decisão judicial e o objeto, cujo respeito possa ser imposto pelo poder público, se necessário pela força.

Ressaltamos que a lei só pode ser positiva pela decisão de uma autoridade que a propõe e a impõe como uma verdade objetiva.

A figura da lei de natureza obrigatória, geral e abstrata, traz, de fato, uma séria desvantagens para liderar hoje uma sociedade democrática, pois estas são "estatuidoras das diretrizes a partir dos quais os comportamentos são deonticamente orientados. Nem ignorar a função estruturante e concreta responsável pela organização hierárquica das demais unidades do sistema", como bem nos ensina Professor Paulo de Barros Carvalho.[30]

No entanto, o Estado de Direito é muito diferente de outras normas que orbitam a vida social, como: as regras morais, as regras religiosas, mesmo que seu conteúdo coincida com o deles, o Estado de Direito e o estado moral, por exemplo, se distinguem entre si por suas fontes, propósitos, sanções e modos de expressão.

Ao contrário da regra moral, o Estado de Direito deriva das prescrições das autoridades públicas autorizadas a elegê--las. Tende a uma boa organização da vida na sociedade, e não à perfeição do homem. Seu respeito é garantido pela imposição de sanções objetivas impostas pelos órgãos da sociedade. É objetivamente declarado de forma expressa e precisa.

Notadamente, o Estado de Direito também é caracterizado por sua "neutralidade", pode-se dizer que atende a certos critérios particulares, mas que podem ter o maior conteúdo, de acordo com os sistemas e com os tempos.

Insta salientar que o direito pode assim se apropriar de qualquer outra regra social, qualquer regra moral, por exemplo. Mas, instituindo-o, enunciando-o, sancionando-o, torna-o um Estado de Direito, com toda a especificidade que lhe é inerente.

---

30. CARVALHO, Paulo de Barros. *Direito tributário*: Reflexões sobre filosofia e ciência em prefácios. São Paulo: Noeses, 2019, p. 79.

I
INTERPRETAÇÃO E CONSTRUÇÃO DE SENTIDO

A mesma observação pode ser feita para outros sistemas normativos. À primeira vista, alguém seria tentado a responder afirmativamente. Um olhar mais atento revela uma diferença essencial. Já que estamos falando de um "sistema normativo", é certamente um conjunto de padrões.

Robert Alexy[31] esclarece da seguinte maneira:

> Sistemas normativos que não formulam explícita nem implicitamente uma pretensão à correção não são sistemas jurídicos e, por conseguinte, não podem ter validade jurídica. Esse dado tem poucas consequências práticas, já que sistemas jurídicos realmente existentes costumam formular uma pretensão à correção, por menos justificada que ela seja.

Este é o caso da moralidade, por exemplo. Muito claramente, as normas que constituem uma dada "moralidade" têm uma relação muito próxima entre si. Todos eles vêm da mesma concepção fundamental do homem e de seu destino, da sociedade e da história. Eles estão ligados, em grande parte, à implicação lógica e deixam um ao outro, à medida que se passa do geral para o particular ou pela indução, passando do particular para o geral.

Percebemos que toda regra se encaixa em um conjunto, o que explica sua gênese e seu conteúdo. Essa inserção é um fato social, historicamente determinável.

Pode-se dizer que, em tal época, em um determinado meio social, um determinado preceito moral apareceu e foi gradualmente imposto sob a influência de uma religião ou de uma concepção filosófica específica. Mas não iremos mais longe. A implementação deste preceito, sua aplicação não requer referência a outros padrões do mesmo sistema.

---

31. ALEXY, Robert. *Conceito e validade do direito.* Organização Ernesto Galzón Valdé [et al]; Tradução Garcélia Batista de Oliveira Mendes. São Paulo: WMF Martins Fontes, 2009, p. 109.

CONSTRUCTIVISMO LÓGICO-SEMÂNTICO
Homenagem aos 35 anos do grupo de estudos de Paulo de Barros Carvalho

O preceito moral, para a consciência individual, é autossuficiente, perfeito e completo, a única questão é determinar, em cada caso particular, que comportamento específico ele impõe.

Nada comparável, portanto, à aplicação da norma jurídica, que provocará, na menor dificuldade, ou mesmo simplesmente pelo mecanismo dos efeitos do direito, a intervenção de todo um conjunto de outras normas.

Em outras palavras, o fato de a norma moral pertencer a um sistema moral não tem o mesmo significado nem o mesmo escopo que o fato de a norma legal pertencer a uma ordem legal. O primeiro é apenas conceitual ou histórico. O segundo determina o modo de aplicação da norma, seu valor operacional ou instrumental e, finalmente, sua essência.

4.1 A norma jurídica tributária

Como objeto de conhecimento, o direito tributário sofre com inúmeras concepções. O uso de uma abordagem e método positivistas, com base na teoria normativista, permite uma descrição do direito tributário positivo cientificamente útil.

Temos como o Direito tributário como o conjunto de regras que autoriza o Estado a ingressar no patrimônio dos cidadãos para que aquele possa garantir sua subsistência. É um conceito bem simplificado, não?

E a lei forma um sistema? É impressionante notar a lacuna existente entre a teoria do direito e a doutrina jurídica, na ideia de que elas são dessa sistemática. O professor Tárek Moussallem[32] nos instrui que:

> A palavra "lei" além de padecer de vício de anfibologia (documento normativo e veículo introdutor de normas), não nos parece ser o foco produtor de enunciados prescritivos. Como já vimos isso se dá em virtude de o sistema do direito positivo ser do tipo

---

32. MOUSSALLEM. Tárek Moysés. *Fontes do direito tributário*. São Paulo: Noeses, 2006, p. 145.

I
INTERPRETAÇÃO E CONSTRUÇÃO DE SENTIDO

(nomo) empírico prescritivo, necessitando de alimentar-se da linguagem da realidade social.

Para a doutrina, a sistemática da lei manifesta-se antes em uma divisão em ramos, domínios e questões jurídicas ou categorias legais inseridas em uma classificação.

Na linguagem cotidiana, lei e norma são termos sinônimos que se referem às várias regras que organizam nossa vida na sociedade e são sancionadas pelo poder público. De fato, existem definições mais precisas desses conceitos.

Assim, podemos voltar a conceituar o direito tributário como o ramo do direito que compreende todas as regras que determinam os direitos e as obrigações que incumbem aos contribuintes como também ao poder público.

Com a ajuda do conceito único de norma, essa análise possibilita considerar toda a legislação tributária, posta em um setor da ordem jurídica. Não há diferença na natureza das regras abstratas relacionadas aos impostos e das ordens concretas endereçadas a um indivíduo para que se pague uma avaliação tributária.

O uso da análise kelseniana fornece uma descrição coerente do direito tributário positivo por meio da classificação abrangente dos padrões tributários, que são os padrões condicionais da lei tributária substantiva e da lei tributária formal.

Os métodos e instrumentos propostos pela teoria normativista permitem uma descrição renovada da lei tributária positiva e da hierarquia de normas que estruturam esse setor da ordem jurídica. "Para a lógica deôntica, as normas jurídicas proposições prescritivas que são, têm sua valência própria", afirma o professor Paulo Barros Carvalho.[33]

O intérprete acaba por ser um fator intermediário entre o texto normativo e o sentido da norma. Sendo que não há

---

33. CARVALHO, Paulo de Barros. *Direito tributário:* Reflexões sobre filosofia e ciência em prefácios, 1ª ed. São Paulo: Noeses, 2019, p. 77.

dúvidas sobre a importância da linguagem e o quanto é essencial para a sociedade.

E quando falamos em intérprete, temos que nos ater que "o conceito de intepretação reclama um esclarecimento que pode ser assim formulado: quem vive a norma acaba por interpretá-la ou pelo menos cointerpretá-la."[34]

5. Considerações finais

A transmutação de uma sociedade empreende continuamente inúmeras adversidades, sendo que o ato de comunicação é essencial para seu desenvolvimento e, constatamos que a teoria do Constructivismo lógico-semântico nos conduz para esse desafio.

Neste artigo, propomos modestamente, uma visão que, em nossa opinião, revela a utilidade da posição constructivista, particularmente no campo da comunicação no que tange à relação com a norma jurídica.

Em nossa concepção, adotar essa perspectiva não significa "obscurecer um conhecimento justo da construção "na informação" ou "interromper o entendimento correto de seus mecanismos", mas o oposto, busca sim, clarificar o conteúdo da mensagem enviada pelo emissor e recebida pelo receptor.

De certo, o Constructivismo Lógico-Semântico abarca uma estrutura visível e singular de pesquisa, orientando-a de maneira adequada e eficaz, na medida em que contribui para dar especificidade interdisciplinar real e, portanto, uma legitimidade "acadêmica".

Se avaliarmos a existência de uma variedade de conceitos, como o direito, por exemplo, onde possui uma concepção ambígua, sendo que por um lado está relacionado à força,

---

34. HÄBERLE, Peter. *Hermenêutica constitucional*: A Sociedade aberta aos intérpretes da Constituição para a interpretação pluralista e "procedimental" da Constituição – Tradução de Gilmar Mendes. Porto Alegre: Sérgio Antônio Fabris Editor, 2002, p. 13.

I
INTERPRETAÇÃO E CONSTRUÇÃO DE SENTIDO

autoridade, poder, eficácia, eficiência, hierarquia e, de outra banda, porém, está fortemente ligado à justiça e à moralidade, descobrimos que a teoria do conhecimento contemporâneo é um campo em expansão que atualmente está passando por uma profunda reestruturação e expande-se através do Constructivismo Lógico-Semântico.

E caminhando para o fim, apuramos que o direito existe, não apenas em seu direito e em seu nome, mas em uma organização justa de relações humanas e sociais. Resiste, por assim dizer, um elemento utópico da lei, um estado ideal de prática social, que lhe dá sentido e justificativa. Nessas condições não é apenas a força, mas a força legítima. É baseado em legitimidade e precisa de eficiência, apesar de tudo.

Quanto à norma, se considerarmos, coerente, podemos defini-la como: "o significado de um ato da vontade", um ato pelo qual alguém deseja que algo "aconteça", com força prescritiva. Lembrando que nas obras do professor Paulo de Barros Carvalho, temos a norma que é composta também pelo "dever-ser modalizado".

É fato que a lei, como primeira fonte de direito tributário, após a Constituição, deve utilizar uma linguagem de altíssima qualidade em todos os aspectos, a fim de regular as relações fiscais entre o contribuinte e a administração, garantindo transparência e segurança.

Contudo, o direito tributário é caracterizado por sua complexidade, que gera dificuldade de entendimento como também de interpretação e, para superá-los, no primeiro momento e o Constructivismo Lógico-Semântico é a teoria da comunicação indispensável para buscar a "refinação" do conhecimento comum.

Referências

ALEXY, Robert. *Conceito e validade do direito*. Organização Ernesto Galzón Valdés [et al]; Tradução Garcélia Batista de Oliveira Mendes. São Paulo: WMF Martins Fontes, 2009.

ANDER –Egg, Ezequiel. *Introducción a las técnicas de investigación social.* 23ª edición. Buenos Aires: Editorial Magistérial Del Rio De La Plata, 1978.

ÁVILA, Humberto. *Teoria dos princípios*: da definição à aplicação dos princípios jurídicos, 11ª ed. São Paulo: Malheiros, 2010.

BAZARIAN, Jacob. *O problema da verdade*: teoria do conhecimento. 4ª ed. São Paulo: Editora Alfa-Omega, 1994.

BOBBIO, Norberto. *Teoria da norma jurídica.* Trad. Fernando Pavan Baptista e Ariani Bueno Sudati. São Paulo: Edipro, 2001.

CARVALHO, Paulo de Barros. *Direito tributário, linguagem e método.* 7ª ed. São Paulo: Noeses, 2018.

_____. *Constructivismo lógico-semântico.* Vol. I. São Paulo: Noeses, 2014.

_____. *Direito tributário*: Reflexões sobre filosofia e ciência em prefácios. São Paulo: Editora Noeses, 2019.

CUNHA, Antônio Geraldo da. *Dicionário etimológico da língua portuguesa.* 4ª ed. Rio de Janeiro: Lexikon, 2010.

HÄBERLE, Peter. *Hermenêutica constitucional*: A Sociedade aberta aos intérpretes da Constituição para a interpretação pluralista e "procedimental" da Constituição – Tradução de Gilmar Mendes. Porto Alegre: Sérgio Antônio Fabris Editor, 2002.

HESSEN, Johannes. *Teoria do conhecimento.* Tradução: Dr. António Correia. 5ª ed. Coimbra: Armênio Amado Editor, 1970.

HOLANDA FERREIRA, Aurélio Buarque. *Novo dicionário Aurélio da língua portuguesa.* 3ª ed. Curitiba: Editora Positivo, 2004.

LINHARES, Mônica Tereza Mansur. *Ensino jurídico*: educação, currículo e diretrizes curriculares no curso de direito. São Paulo: Iglu, 2010.

I
INTERPRETAÇÃO E CONSTRUÇÃO DE SENTIDO

MOUSSALLEM. Tárek Moysés. *Fontes do direito tributário.* São Paulo: Noeses, 2006.

NALINI, José Renato. *Ética geral e profissional.* 3ª ed. São Paulo: Editora Revista dos Tribunais, 2001.

POPPER, Karl R. *Em busca de um mundo melhor.* 3ª ed. Lisboa: Fragmentos, 1992.

VILANOVA, Lourival. *Estruturas lógicas e o sistema do direito positivo.* 4ª ed. São Paulo: Noeses, 2010.

VILLEY, Michel. *Questões de Tomás de Aquino sobre direito e política.* São Paulo: Editora WMF Martins Fontes, 2014.

WITTENSTEIN, Ludwig. *Tractatus logico-philosophicus.* São Paulo: Companhia Editora Nacional, 1968.

FRASES SEM TEXTO NO DIREITO

Cristiane Pires[1]

Josiane Minardi[2]

1. Introdução

A proposta de tratar das "frases sem texto" no direito em uma obra em homenagem ao grupo de estudos que ocorre semanalmente sob a magistral orientação do Professor Paulo de Barros Carvalho, e que reúne, há tantos anos, estudiosos do direito ávidos por aprofundar seus estudos sobre Lógica Jurídica, Filosofia da Linguagem, e, principalmente, sobre o Constructivismo Lógico-Semântico, vem com duplo objetivo: prestigiar categorias de análise do direito investigadas, há anos, pelo estudioso mor de nosso grupo, e unir estudos atuais da ciência da linguagem Europeia com os temas que são abordados em nossos encontros para fins de provocar reflexões nos leitores.

---

1. Mestre e Doutoranda em Direito Tributário, Financeiro e Econômico pela Universidade de São Paulo – USP. Presidente da Comissão de Direito Tributário da 33ª Subseção da OAB/SP. Professora em cursos de Graduação e Pós-graduação. Advogada.

2. Doutoranda em Direito Tributário pela PUC/SP. Mestre em Direito Empresarial e Cidadania. Especialista em Direito Empresarial e em Direito Tributário. Professora e Coordenadora do CERS. Coordenadora de pós-graduação na Faculdade 8 de Julho, ALEPI e no Instituto Goiano de Direito. Advogada.

I
INTERPRETAÇÃO E CONSTRUÇÃO DE SENTIDO

Registramos que a expressão "frases sem texto" é reproduzida a partir da obra do linguista francês e professor da Universidade de Paris-Sorbonne, Dominique Maingueneau, que leva esse título,[3] e que, somada a outras obras do autor, nas quais se identifica o debruçar sobre a análise do discurso, traz importante contribuição para a análise dos textos jurídicos, notadamente dos textos jurisprudenciais.[4]

A ideia de uma frase sem texto nos parece surgir a partir de um certo incômodo com o descolamento entre texto e contexto – categorias tanto estudadas nas reuniões do grupo ora homenageado – e das implicações nas construções de sentidos que isso pode provocar.

Incômodo que se mostra pertinente à Ciência do Direito que, tantas vezes, tem de analisar textos jurídicos que são retirados de seus contextos e inseridos em outros contextos, como ocorre na utilização de enunciados de súmula para o julgamento de variados casos concretos.

Eis que nessas situações surgem diversos questionamentos como: de que contexto o enunciado se fez nascer? Qual era o sentido do enunciado em seu contexto original? A aplicação no novo contexto respeita o sentido original do enunciado? Ou o destacamento de um enunciado faz com que esse ganhe tamanho grau de autonomia que já não há que se falar mais em sentido original mas apenas em sentido do enunciado?

Para examinar tais questionamentos, organizamos o presente ensaio de forma a perpassarmos por categorias que serão altamente relevantes para o desenvolvimento de nossa exposição, como texto e contexto, destacamento, uso e menção. Iniciemos pela análise do texto e contexto.

---

3. MAINGUENEAU, Dominique. *Frases sem texto*. Tradução de Sírio Possent et al. São Paulo: Parábola Editorial, 2014.

4. Apenas ressaltando que o foco do autor francês não é o discurso jurídico, mas o jornalístico. No entanto, seus estudos se mostram também aplicáveis à análise dos textos do direito.

2. Texto e Contexto

Que é texto? A primeira resposta – a mais evidente e intuitiva – que nos vem à mente é o conjunto de palavras e frases escritas, como um texto de anúncio ou um livro, ou mesmo, um texto de lei. Mas o texto vai muito além da escrita. Pode ser oral, com um recitar de um poema ou uma oração a Deus. Pode ser gestual, como um aceno. Pode ser veiculado pela maneira de se vestir, pela postura ao se sentar. Pode ser encontrado nas artes ou nos fenômenos naturais. Nuvens escuras indicando a breve chegada da chuva. Enfim, tudo que pode ser lido e interpretado pelo homem é texto.

Gregorio Robles destaca que tanto na linguagem verbalizada como na verbalizável temos linguagem simbólica e

> [...] aquele que domina o segredo do significado dos símbolos empregados pode transformar em escrita o significado desses sinais. Dominar o segredo dos símbolos é condição para entendê-los e, depois, representá-los por escrito. Todo símbolo representa algo, significa algo. Mas só aquele que domina o segredo entende o que o símbolo representa ou significa.[5]

O texto é o ponto de partida para atribuir objetividade às coisas subjetivas, para a formação das significações, como afirma Paulo de Barros Carvalho ao se referir à terminologia empregada por E. Husserl para se referir aos três ângulos de análise dos signos (suporte físico, significação e significado).[6] Em outras palavras "o texto ocupa o tópico de suporte físico, base material para produzir-se a representação mental na consciência do homem (significação) e, também, termo da relação semântica com os objetos significados."[7]

---

5. ROBLES MORCHÓN, Gregorio. *O direito como texto*. São Paulo: Manole, 2004, p. 21-22.

6. CARVALHO, Paulo de Barros. *Fundamentos jurídicos da incidência*. 7ª ed. São Paulo: Saraiva, 2009, p. 17.

7. Idem.

I
INTERPRETAÇÃO E CONSTRUÇÃO DE SENTIDO

O direito também é texto. Objeto cultural posto que criado pelo humano para atingir determinados fins, o direito é linguagem escrita, emitida pelo ser cognoscente e posto no sistema para ser interpretado e aplicado por outros seres cognoscentes, fazendo nascer outros textos.

Esse texto pode ser analisado, como qualquer texto, mediantes recortes mais estritos e precisos, mas, também, mediante recortes maiores, realizados de forma mais ampla, por isso a classificação de texto em sentido estrito e em sentido amplo, como explica Paulo de Barros Carvalho,

> *Stricto sensu*, texto se restringe ao plano dos enunciados enquanto suportes de significações, de caráter eminentemente físico, expresso na sequência material do eixo sintagmático. Mas não há texto sem contexto, pois a compreensão da mensagem pressupõe necessariamente uma série de associações que poderíamos referir como linguísticas e extralinguísticas. Neste sentido, aliás, a implicitude é constitutiva do próprio texto. Haverá, portanto, um contexto de linguagem, envolvendo imediatamente o texto, como as associações do eixo paradigmático, e outro, de índole extralinguística, contornando os dois primeiros. Desse modo, podemos mencionar o texto segundo um ponto de vista interno, elegendo como foco temático a organização que faz dele uma totalidade de sentido, operando como objeto de significação no fato comunicacional que se dá entre emissor e receptor da mensagem, e outro corte metodológico que centraliza suas atenções no texto enquanto instrumento da comunicação entre dois sujeitos, tomado, agora, como objeto cultural e, por conseguinte, inserido no processo histórico-social, onde atuam determinadas formações ideológicas. Fala-se, portanto, numa análise interna, recaindo sobre os procedimentos e mecanismos que armam sua estrutura, e numa análise externa, envolvendo a circunstância histórica e sociológica em que o texto foi produzido.[8]

Enquanto a noção de texto em sentido estrito estaria reduzida a uma acepção mais básica, como instância material apta a ser interpretada, o contexto se mostra mais amplo, abrangendo o entorno desse tecido enunciativo. É dizer, o contexto diz

---

8. CARVALHO, Paulo de Barros. *Fundamentos jurídicos da incidência*. 7ª ed. São Paulo: Saraiva, 2009, p. 18.

CONSTRUCTIVISMO LÓGICO-SEMÂNTICO
Homenagem aos 35 anos do grupo de estudos de Paulo de Barros Carvalho

respeito ao conjunto de textos que circunscrevem e em que habita cada texto. O contexto é a morada do texto.

Aclarar essas noções se mostra importante no presente ensaio, posto que a ideia de frases sem texto se assemelha a de texto sem contexto, não no sentido de texto isolado, sem contexto algum, mas de texto retirado de seu contexto original.

Passemos, então, à análise do destacamento dos textos.

3. Destacamento

Aquelas sentenças que se apresentam salientes, enérgicas[9]. generalizantes, que propõem um tom ligeiramente solene, e que podem se imaginar, facilmente, sendo citadas, são denominadas pela linguística como destacáveis.

Como evidencia Dominique Maingueneau: "Esta destacabilidade, que abre a possibilidade de uma destextualização, de uma saída do texto, entra em tensão com a dinâmica da textualização e vai na direção oposta à de integrar os constituintes do texto em uma unidade orgânica."[10]

O destacamento pode ser classificado em fraco e forte. O primeiro ocorre quando a frase destacada permanece contígua ao texto, enquanto a última, ou seja, o destacamento forte ocorre quando a frase é retirada do seu texto fonte. Um exemplo no direito são as ementas dos acórdãos judiciais. A ementa, embora resulte de destacamento do texto fonte, pode permanecer a ele contíguo quando colocado de forma introdutória à íntegra do acórdão, mas também podem se caracterizar em um destacamento forte, quando é inserida no corpo de outra decisão judicial, afastada de seu contexto original.

---

9. Segundo Maingueneau, a energia das sentenças resulta de diversos fatores como: a concisão, a saliência do significante e/ou do significado, um tom mais solene, dentre outros. (MAINGUENEAU, Dominique. *Frases sem texto*. Trad de Sírio Possent et. al. São Paulo: Parábola Editorial, 2014, p. 15).

10. Idem.

I
INTERPRETAÇÃO E CONSTRUÇÃO DE SENTIDO

Em ambos os casos é preciso ter cautela, é preciso ter atenção ao contexto original, tanto para o fato de se a parte destacada é fiel à sua contraparte no texto-fonte, como para o sentido em que a ela está sendo atribuída em ambas as situações. Como alerta Maingueneau "Não basta constatar que certas frases foram destacadas de um texto: deve-se considerar também como elas se apresentavam antes do destacamento."[11]

Isso porque: "A comparação entre enunciados destacados e sua contrapartida – sobreasseverada ou não – no texto de que eles são extraídos mostra que, na maior parte das vezes, o enunciado sofre uma alteração quando é destacado."[12]

Embora haja a possibilidade, nos discursos, de frases destacadas ganharem certa autonomia, podendo ser empregadas em variados contextos com os mais diversos sentidos, como ocorre com os provérbios e os ditados populares, no sistema jurídico, entendemos que o processo de descontextualização e recontextualização deve ser guiado pelos vetores indicados pelo próprio direito, como coerência, estabilidade, integridade, hierarquia, dentre outros, o que delimita o uso ou menção de frases destacadas.

4. Uso e menção de frases destacadas e a necessidade de retornar-se ao texto-fonte

Conforme leciona Lourival Vilanova: "Se enuncio 'dever-ser é um operador deôntico', não uso a expressão, mas digo algo sobre ela-mesma, como partícula sintática [...]. O que dizemos sobre, em torno, ou acerca do 'dever-ser' é uma teorização em nível de suposição, mencionando-o, pondo entre parênteses sua possível referência além de si-mesma".[13]

---

11. MAINGUENEAU, Dominique. *Frases sem texto*. Trad de Sírio Possent et. al. São Paulo: Parábola Editorial, 2014, p. 13.

12. MAINGUENEAU, Dominique. *Doze conceitos em análise do discurso*. Org. de Sírio Possent et. al. Trad. de Adail Sobral et. al. São Paulo: Parábola Editorial, 2010, p. 11.

13. VILANOVA, Lourival. Analítica do dever-ser. *In*: *Escritos jurídicos e filosóficos*

CONSTRUCTIVISMO LÓGICO-SEMÂNTICO
Homenagem aos 35 anos do grupo de estudos de Paulo de Barros Carvalho

O uso da frase destacada é sua aplicação em um contexto específico, considerando-se o sentido, mesmo, do trecho destacado ao passo que a menção é um dizer sobre o enunciado destacado. Em outras palavras, o uso da frase destacada é dizer a frase, ao passo que a menção é dizer sobre a frase.

Se cito "os limites do meu mundo são os limites da minha linguagem" e complemento o aforisma com minhas próprias ideias, há uso. Mas se digo "o aforisma 'os limites do meu mundo são os limites da minha linguagem' é muito significativo para se compreender o papel da linguagem", já há menção.

Uso e menção são categorias fortemente presentes nos corpos das decisões seja de julgadores administrativos ou judiciais. Pode-se fazer uso ou menção de uma lei, de uma súmula, de uma outra decisão do mesmo ou de um outro órgão julgador, ou mesmo de textos de doutrina, de dados estatísticos e assim por diante.

A decisão, seja ela uma sentença, uma decisão monocrática ou um acórdão, ao introduzir enunciados prescritivos no sistema, é também normativa. E, se uma decisão tem o condão de gerar direitos e deveres, ela precisa estar em consonância com os demais elementos do sistema estrutural que ela compõe. Assim, tanto o seu enunciador deve ter um zelo especial com seus signos.

Quando, portanto, se faz uso ou menção de um enunciado jurídico em decisões judiciais ou administrativas, elas acabam fazendo parte do contexto da parte dispositiva (quando não estão na própria parte dispositiva), que transitará em julgado e fará nascer direitos e deveres entre as partes.

Por isso, a inserção de uma frase, retirada de outro texto, deve manter consonância com seu sentido original, sob pena de causar uma distorção na harmonia sistêmica.

II. São Paulo: Axis Mundi e IBET, 2003, p. 60-61.

I
INTERPRETAÇÃO E CONSTRUÇÃO DE SENTIDO

Isso é o que o Código de Processo Civil de 2015 buscou evitar, ao inserir o art. 926 que dispõe o seguinte:

> Art. 926. Os tribunais devem uniformizar sua jurisprudência e mantê-la estável, íntegra e coerente.
>
> § 1º. Na forma estabelecida e segundo os pressupostos fixados no regimento interno, os tribunais editarão enunciados de súmula correspondentes a sua jurisprudência dominante.
>
> § 2º. Ao editar enunciados de súmula, os tribunais devem ater--se às circunstâncias fáticas dos precedentes que motivaram sua criação.

O *caput* do art. 926 ressalta algo que nem precisaria ser dito expressamente: que os tribunais devem buscar a uniformização da jurisprudência e manter a sua estabilidade, integralidade e coerência.

Ora, não há como manter essa uniformidade diante da distorção de sentido de trechos de decisões, ou mesmo de enunciados de súmulas, em relação àquele em que encontravam em seu texto fonte, como verificaremos mais claramente no item seguinte, em que trazemos sérios exemplos neste sentido.

O reforço deste entendimento vem logo no §2º do mesmo art. 926 que, ao tratar, especificamente dos enunciados de súmula, ressalta a importância dos tribunais se aterem ao contexto fático que as circundava nos precedentes que motivaram sua criação.

5. Análise dos arts. 926 e 927 do Código de Processo Civil de 2015

O Código de Processo Civil de 2015 ("CPC/2015") reforçou a importância da coerência no âmbito das decisões judiciais e trouxe importante otimização aos julgados paradigmáticos, como de observa, respectivamente, de seus arts. 926 e 927.

O art. 926 traz, expressamente, em seu *caput* que "os tribunais devem uniformizar sua jurisprudência e mantê-la

200

CONSTRUCTIVISMO LÓGICO-SEMÂNTICO
Homenagem aos 35 anos do grupo de estudos de Paulo de Barros Carvalho

estável, íntegra e coerente." Trata-se de um reforço a tudo quando já disposto no texto magno a respeito de um sistema lastreado na segurança das relações jurídicas.

O art. 927 do CPC/2015, por sua vez, traz a previsão de dever de observância, pelos juízes e tribunais, das normas arroladas em seus incisos, a saber:

(i) decisões do Supremo Tribunal Federal emitidas em controle concentrado de constitucionalidade;

enunciados de súmula vinculante;

(ii) acórdãos em incidente de assunção de competência ou de resolução de demandas repetitivas e em julgamento de recursos extraordinário e especial repetitivos;

(iii) enunciados das súmulas do Supremo Tribunal Federal em matéria constitucional e do Superior Tribunal de Justiça em matéria infraconstitucional;

(iv) orientação do plenário ou do órgão especial aos quais estiverem vinculados.

Nota-se que o art. 927 vem trazer nítido mecanismo de realização daqueles preceitos veiculados pelo dispositivo anterior (art. 926), por meio da valorização dos chamados precedentes, dos julgados sobre determinadas matérias, julgados em determinado momento e que precedem às novas decisões, para manutenção da coerência sistêmica.

Mas para que a realização desses valores seja possível, é necessário que todos os sujeitos envolvidos nas demandas judicias, notadamente aqueles competentes a emitir enunciados prescritivos, estejam preocupados com a adequada aplicação dos precedentes. É dizer, que busquem identificar criteriosamente o vínculo entre o caso paradigmático e o caso concreto a ser analisado. Não se exige identidade entre os casos, mas que ambos tenham enfrentado a mesma questão nuclear, de

I

INTERPRETAÇÃO E CONSTRUÇÃO DE SENTIDO

modo que o precedente paradigmático seja utilizado no caso *decidendum* com coerência lógica.

A seguir, passaremos a analisar alguns casos concretos em que houve o uso de julgados ou súmulas precedentes sem a devida adequação lógica.

6. Análise de algumas situações concretas

Em setembro de 2014, o STF julgou um caso, sob a relatoria do então Ministro Carlos Velloso, cuja ementa menciona a não aplicabilidade do enunciado de súmula nº 584 do STF cuja redação diz que "Ao imposto de renda calculado sobre os rendimentos do ano-base, aplica-se a lei vigente no exercício financeiro em que deve ser apresentada a declaração". Vejamos:

> CONSTITUCIONAL. TRIBUTÁRIO. IMPOSTO DE RENDA. OPERAÇÕES INCENTIVADAS. LEI 7.988/89, ART. 1º, I. 1. Não é legítima a aplicação retroativa do art. 1º, I, da Lei 7.988/89 que majorou a alíquota incidente sobre o lucro proveniente de operações incentivadas ocorridas no passado, ainda que no mesmo exercício. Relativamente a elas, a legislação havia conferido tratamento fiscal destacado e mais favorável, justamente para incrementar a sua exportação. A evidente função extrafiscal da tributação das referidas operações afasta a aplicação, em relação a elas, da Súmula 584/STF. 2. Recurso Extraordinário improvido.[14]

Ao ler apenas a ementa desse julgado, poderíamos, em um primeiro impulso, afirmar que o STF reviu seu entendimento anterior e decidiu por não mais aplicar a Súmula nº 584 do STF. Porém, ao ler a íntegra do acórdão, deparamos com uma intensa discussão sobre o assunto e que apenas para esse específico caso decidiu-se pela não aplicação do verbete sumular por se tratar de situação em que o imposto de renda assume o caráter extrafiscal. Nesse sentido trecho do voto do Relator Ministro Carlos Velloso:

---

14. RE 183130, Relator(a): Min. CARLOS VELLOSO, Relator(A) p/ Acórdão: Min. TEORI ZAVASCKI, Tribunal Pleno, julgado em 25.09.2014, *DJe-225*, divulg. em 14.11.2014, public. em 17.11.2014.

CONSTRUCTIVISMO LÓGICO-SEMÂNTICO
Homenagem aos 35 anos do grupo de estudos de Paulo de Barros Carvalho

> A possibilidade de alteração de alíquotas, após o Poder Público ter alcançado seu desiderato com o incentivo, quebra o liame básico da confiança que deve nortear as relações comerciais. Há uma relação de causalidade entre a redução da alíquota e o comportamento econômico dos particulares. [...]

A Corte Suprema considerou que após a concessão o benefício, o Poder Público havia alterado a promessa que fez com os particulares, quebrando a confiança que deve reger as relações comerciais. Nesse sentido, caso a decisão fosse em sentido distinto, a própria eficácia de políticas de incentivos fiscais estaria comprometida.

Verifica-se que a leitura isolada da ementa poderia levar a uma conclusão ofuscada do julgado, uma vez que por seu texto isolado, poderia se chegar à conclusão de que o Supremo estaria não mais aplicando a súmula 584 do STF, sendo que o inteiro teor do julgado deixa claro que a súmula apenas não será aplicada quando o IR assume o caráter extrafiscal, mantendo-se aplicável quando com viés fiscal.

Outro exemplo que poderia levar em erro quanto à aplicação da própria legislação tributária diz respeito à leitura isolada da súmula nº 399 do Superior Tribunal de Justiça ("STJ") ao dispor que cabe à legislação municipal estabelecer o Sujeito Passivo do IPTU. Se a súmula em questão indica que cabe à legislação municipal determinar quem é o sujeito passivo do IPTU, poderíamos compreender então que o legislador municipal poderia eleger inclusive o simples possuidor do bem atendendo à previsão do art. 32 do CTN sem observar a Constituição Federal, art. 156, I, que trouxe para a competência tributária dos Municípios o imposto sobre a propriedade de imóvel urbano.

E como é cediço, a simples posse não enseja a tributação do IPTU, em virtude de a Constituição determinar como riqueza tributável do IPTU a propriedade em seu sentido pleno.

Nesse sentido, tem-se a decisão do STJ:

> PROCESSUAL CIVIL. TRIBUTÁRIO. VIOLAÇÃO DO ART. 535 DO CPC. ALEGAÇÃO GENÉRICA. SÚMULA N. 284/STF. IPTU.

I
INTERPRETAÇÃO E CONSTRUÇÃO DE SENTIDO

> CONTRIBUINTE. AUSÊNCIA DE *ANIMUS DOMINI*. CONDOMÍNIO. MERO ADMINISTRADOR. [...] 2. O fato gerador do IPTU, conforme dispõe o art. 32 do CTN, é a propriedade, o domínio útil ou a posse. O contribuinte da exação é o proprietário do imóvel, o titular do seu domínio ou seu possuidor a qualquer título (art. 34 do CTN). 3. A jurisprudência do STJ é pacífica no sentido de que somente a posse com *animus domini* é apta a gerar a exação predial urbana, o que não ocorre com o condomínio, *in casu*, que apenas possui a qualidade de administrador de bens de terceiros. 4. "Não é qualquer posse que deseja ver tributada. Não é a posse direta do locatário, do comodatário, do arrendatário de terreno, do administrador de bem de terceiro, do usuário ou habitador (uso e habitação) ou do possuidor clandestino ou precário (posse nova etc.). A posse prevista no Código Tributário como tributável é a de pessoa que já é ou pode ser proprietária da coisa." (MARTINS, Ives Gandra da Silva (Coord.). Imposto Predial e Territorial Urbano. In: *Curso de direito tributário*. 8. ed. p. 736-737). Recurso especial improvido.[15]

Assim, admite-se que o locatário, o arrendatário, o comodatário, o mero detentor, o titular de direito de habitação não incorrem na hipótese de incidência do IPTU, pois não apresentam *animus domini*. O art. 32 do CTN, quando prevê que o fato gerador do IPTU consiste na propriedade, o domínio útil ou a posse de imóvel por natureza ou por acessão física, entende-se que o possuidor estará sujeito à incidência do IPTU apenas quando exercer a posse com *animus domini*.

Os precedentes que deram origem à edição ao referido enunciado de súmula dizem respeito a casos que envolvem a relação de promessa de compra e venda. Assim, não pode o legislador municipal definir qualquer pessoa como Contribuinte do IPTU. Frise-se, para ser Contribuinte desse Imposto, o sujeito deve estar na condição de proprietário do imóvel, ou possuidor, ou detentor de domínio útil com *animus domini*, por isso a leitura isolada do texto poderia mais uma vez levar em erro o leitor.

Outro exemplo que entendemos oportuno trazer no presente ensaio, e que talvez o mais preocupante diz respeito ao

---

15. REsp n. 1327539/DF, rel. Min. Humberto Martins, 2ª Turma, julgado em 14.08.2012, *DJe* de 20.08.2012 (grifos nossos).

CONSTRUCTIVISMO LÓGICO-SEMÂNTICO
Homenagem aos 35 anos do grupo de estudos de Paulo de Barros Carvalho

enunciado de súmula nº 430 do STJ que dispõe que "O inadimplemento da obrigação tributária pela sociedade não gera, por si só, a responsabilidade solidária do sócio-gerente".

O tema tratado pela súmula acima mencionada diz respeito à responsabilidade pessoal do sócio gerente de uma empresa, tratada pelo art. 135 do CTN. Nos termos do dispositivo mencionado o gerente, diretor ou representante de pessoa jurídica de direito privado que der causa ao crédito tributário por ter agido com excesso de poderes, ou infração à lei ou a contrato social ou estatuto social responderá pessoalmente pelas dívidas tributárias da empresa.

Durante muito tempo as discussões dos Tribunais Superiores voltavam-se à temática do inadimplemento do tributo poder ser ou não ser considerado hipótese de infração à lei. Todos os precedentes da súmula nº 430 do STJ reportam-se ao art. 135, III, do CTN para afirmar que o mero inadimplemento do tributo não é infração à lei e por essa razão não poderia ser aplicado esse dispositivo atribuindo responsabilidade ao sócio gerente. Porém, as decisões do STJ, ao mencionar que não haveria a responsabilidade do art. 135, III, do CTN, não se preocuparam em discriminar qual o tipo de responsabilidade de objeto do referido julgado. Por consequência, inúmeras decisões consignaram que tal circunstância não geraria responsabilidade solidária ao sócio gerente e até mesmo alguns julgados mencionam que não geraria responsabilidade subsidiária, quando, na verdade o dispositivo trata de responsabilidade pessoal.

Assim, o fato de o STJ não ter se preocupado em mencionar o tipo de responsabilidade do sócio gerente nos termos do art. 135 do CTN levou à equivoca inclusão da palavra "solidária" no enunciado da súmula nº 430 do STJ, o que implicou uma série de conclusões distintas nos julgados que fazem uso do texto da súmula.

A conclusão do STJ sobre o prazo para realizar o redirecionamento da execução fiscal para o sócio gerente, quando presentes uma das hipóteses do art. 135 do CTN, considerou

I
INTERPRETAÇÃO E CONSTRUÇÃO DE SENTIDO

nitidamente tratar-se entre a pessoa jurídica e o sócio de verdadeira "responsabilidade solidária", pois se aplicou um dos efeitos da solidariedade no direito tributário, previsto no art. 125, III, do CTN que estabelece que a interrupção da prescrição prejudica ou favorece a todos.

Assim, se compreendido que o sócio gerente, nos termos do art. 135, III, do CTN tem, segundo dispositivo legal, responsabilidade pessoal e não solidária como o STJ tem aplicado a partir de aplicação equivocada do texto, o prazo de redirecionamento da execução fiscal nesses casos seria contado de forma distinta, não lhes aplicando o efeito de solidariedade.

Todos esses exemplos são para ilustrar a importância da recontextualização original para a adequada inserção de um texto em outros territórios.

7. Conclusão

Vimos que os textos podem ser destacados em um movimento de destextualização.

No campo jurídico, tal fenômeno se verifica em diversas situações, especialmente, na análise jurisprudencial, como a citação de ementas judiciais, enunciados de súmulas e verbetes.

Não há texto sem contexto. Daí a necessidade de se recontextualizar os textos destacados, examinando-se as relações em que o trecho destacado trava com os demais segmentos textuais.

No direito, esse movimento de recontextualização não só é desejável como necessário em razão da própria organização sistêmica de sua linguagem, que demanda coerência lógica, harmonia, concatenação de seus elementos, isto é, de seu corpo normativo.

No campo jurisprudencial, inclusive, tal empreitada é fundamental sob pena de aplicação equivocada de manifestações jurisdicionais destacadas sem a observância do adequado contexto em que foram firmadas.

Por isso, a importância de métodos de aproximação séria e criteriosa do direito, como nos proporciona o Constructivismo Lógico-Semântico. Método fortemente estudado e aplicado por aqueles que já integraram e ainda integram o grupo de estudos, ora homenageado.

Referências

CARVALHO, Paulo de Barros. *Fundamentos jurídicos da incidência*. 7ª ed. São Paulo: Saraiva, 2009.

MAINGUENEAU, Dominique. *Doze conceitos em análise do discurso*. Org. de Sírio Possent et. al. Trad. de Adail Sobral et. al. São Paulo: Parábola Editorial, 2010.

MAINGUENEAU, Dominique. *Frases sem texto*. Tradução de Sírio Possent et al. São Paulo: Parábola Editorial, 2014.

ROBLES MORCHÓN, Gregorio. *O direito como texto*. São Paulo: Manole, 2004.

VILANOVA, Lourival. Analítica do dever-ser. *In: Escritos jurídicos e filosóficos* II. São Paulo: Axis Mundi e IBET, 2003.

BREVE ESTUDO DA LINGUAGEM E DO MÉTODO CONSTRUCTIVISTA

Regina Lúcia Balderrama Kishi[1]

"O silêncio é a linguagem de Deus, todo resto é pobre tradução."[2]

Rumi

1. Considerações iniciais

A linguagem é o instrumento necessário para a comunicação, porém, como o ser humano é dotado de características que o tornam único, além de possuir emoções e experiências que impactam significativamente o prisma pelo qual o mesmo tem contato com a realidade, muitas vezes é altamente complexo dar precisão à forma e transmitir ao emissor de maneira exata o que se pretende comunicar, e assim, ter o máximo êxito no processo comunicacional.

O direito é um objeto cultural, sendo sua manifestação no mundo fenomênico somente possível por meio da linguagem.

---

1. Advogada, formada pela Universidade Presbiteriana Mackenzie – UPM e aluna do Grupo de Estudos do Professor Paulo de Barros Carvalho. Endereço eletrônico (*e-mail*) reginaluciakishi@gmail.com

2. Disponível em: https://bit.ly/2Ps2xV6 (tradução livre). Consulta realizada em 09 out. 2019.

I

INTERPRETAÇÃO E CONSTRUÇÃO DE SENTIDO

Para que se produza ciência do direito, se faz mister que o texto seja ajustado à nitidez do pensamento, e assim, apresente ao leitor a máxima fidelidade através da lógica, da semiótica, da hermenêutica, entre outras ciências, construindo-o com todas as ferramentas que lhe gerem coerência e exatidão.

Com um forte referencial metodológico e fundada nas lições dos professores Paulo Barros Carvalho e Lourival Vilanova, surgiu a escola do Constructivismo Lógico-Semântico, tendo uma proposta metodológica na qual o cientista constrói seu objeto como o próprio nome revela, a partir da ordenação lógica semântica do texto, se amparando na filosofia da linguagem.

Importante salientar que a partir de um movimento filosófico que surgiu em meados do século XX, que foi denominado como virada linguística, ou giro linguístico, marcado pela publicação de uma obra de nome *Tractatus lógico-philosophicus*, sendo seu autor Ludwig Wittgenstein, que a linguagem foi reconhecida como instrumento de criação da realidade, ou seja, se percebeu a existência de um mundo paralelo ao mundo material constituído pelas palavras.

Cada vez mais se mergulha e tenta-se compreender esse mundo, como dito por Ludwig Wittgenstein: "os limites da minha linguagem são os limites do meu mundo"[3], ou seja, começa a ser visto o verdadeiro poder que o texto emana.

Tal como uma criança que descobre as cores, o cientista do direito ao utilizar o método do Constructivismo Lógico-Semântico tem acesso a novas nuances, entretons nunca dantes imaginados, visto que quando se começa a construir o texto com cuidado extremo, sendo bem elaborado lógica e semanticamente, além de expor o pensamento de forma clara, a refutação dos argumentos apresentados se torna um desafio.

---

3. WITTGENSTEIN, Ludwig: *Tractatus logico-philosophicus apud* CARVALHO, Paulo de Barros: Direito Tributário: Linguagem e Método. 6ª edição. São Paulo: Noeses, 2015, p. 33.

Segundo o Professor Paulo Barros de Carvalho:[4]

> O difícil e trabalhoso encontro entre a teoria e a prática, a intersecção entre a ciência e a experiência, que se dá por uma linguagem intermediária, de caráter técnico, provoca uma satisfação intelectual imensa: eis o ser; pessoa em plena aventura do conhecimento, explorando parcelas significativas de sua circunstância e dominando-as pela atividade superior da consciência. Sempre que isto ocorre, abre-se espaço à reflexão, e a dignidade do homem atinge momentos de reconhecido apogeu.

2. A linguagem cria o objeto

Inicialmente ocorre um evento que nada mais é do que um acontecimento, passível de observação que se esvai no tempo, podemos simbolizar este evento através da linguagem e criar um fato que pode ser manifestado através de um texto. Importante observar que evento e fato são de classes diferentes, como um pintor que observa uma cena (evento) e a representa sob a forma de desenho (fato), sendo que o desenho pode se tornar símile à figura ou não, dependendo da vontade e do talento do artista. Assim ocorre com o fato, que não necessariamente é fiel ao evento.

É impossível se trabalhar com eventos, visto que como dito os acontecimentos se esvaem no tempo, sendo assim direito é texto que deve estar de acordo com a realidade (evento).

É importante ter em mente que interpretar o texto é conhecê-lo, pressupondo o trabalho de atribuir valores aos símbolos, enfrentando o percurso gerador de sentido, fazendo com o que o texto dialogue com outros textos.

Estabelece-se a intertextualidade e uma trajetória inesgotável, não significando ausência de limites para a interpretação.

---

4. CARVALHO, Paulo de Barros: *Direito tributário*: reflexões sobre filosofia e ciência em prefácios. São Paulo: Noeses, 2019, p. 21.

I
INTERPRETAÇÃO E CONSTRUÇÃO DE SENTIDO

Aurora Tomazini de Carvalho dispõe em "O Constructivismo Lógico-Semântico como Método de Trabalho na Elaboração Jurídica" que:[5]

> O Constructivismo Lógico-Semântico revela uma tomada de posição hermenêutico analítica perante seu objeto. Tomado o direito como um corpo de linguagem o método analítico mostra-se eficiente para o seu conhecimento. Analisar é decompor a linguagem jurídica e para isto, utilizamos como técnica as Ciências da Linguagem (que nos dizem como uma linguagem pode ser analisada). Amparados na Semiótica, por exemplo, realizamos a decomposição do discurso jurídico para estudá-lo minuciosamente em seus âmbito sintático (estrutural), semântico (significativo) e pragmático (prático – de aplicação). Com o auxílio da Lógica alcançamos a estrutura da linguagem jurídica, verificamos as amarrações dos conceitos e decompomos o processo de aplicação. E, assim, construímos a unicidade do objeto por meio do detalhamento.

> Mas, por outro lado, quando lidamos com os valores imersos na linguagem jurídica e com os fins que a permeiam, o método analítico não é suficiente. Pressupomos então a hermenêutica. Com ela entramos em contato com as variações de sentido dos textos positivados e com os referenciais culturais que os informam. Neste momento, a Teoria dos Valores e da Decisão são de fundamental relevância como técnica para implementação do método, elas nos permitem identificar as circunstâncias culturais e ideológicas dos sentidos atribuídos ao texto positivado.

Trata-se de um método científico que pressupõe o conhecimento de ciências altamente eficazes para a construção da linguagem, alicerçando o texto em proposições e valores amplamente respeitados, sensibilizando os destinatários, visto a coerência e a riqueza empregadas.

Como se elabora uma partitura melódica harmonizando as notas, claves e outros elementos formando frases rítmicas, assim também se elabora o texto, tendo sempre um referencial, ou seja, um parâmetro para conhecer o objeto e delimitar seu significado. Tendo esta premissa a linguagem se autorrefere e se autossustenta.

---

5. *Constructivismo Lógico-Semântico* Volume I/ organização Aurora Tomazini de Carvalho; coordenação Paulo de Barros Carvalho. São Paulo: Noeses, 2014, p. 23/24.

CONSTRUCTIVISMO LÓGICO-SEMÂNTICO
Homenagem aos 35 anos do grupo de estudos de Paulo de Barros Carvalho

Aurora Tomazini de Carvalho explana brilhantemente o assunto em "Realidade Conhecimento e Método Científico",[6] vejamos:

> "A linguagem se autorrefere e se autossustenta. Isso significa que ela não tem outro fundamento além de si própria, 'não havendo elementos externos à linguagem (fatos, objetos, coisas, relações) que possam garantir sua consciência e legitimá-la'".[7]

Ou seja, a linguagem segue a curva assintótica, isto é, uma curva que nunca toca o eixo horizontal, sendo que a linguagem nunca toca diretamente seu objeto visto serem de naturezas distintas.

Segundo Maria Ângela Lopes Paulino Padilha e Fernando Gomes Favacho em "A Pragmática no Constructivismo Lógico-Semântico e Sua Importância para o Estudo do Direito":[8]

> Pois bem. Adotar o método constructivismo lógico-semântico é estudar o direito positivo dentro de um referencial filosófico bem demarcado – a Filosofia da linguagem – e a partir desta concepção epistemológica, firmando-se premissas, construir um discurso científico com estrutura e conteúdo sólidos e firmes: o cientista ao construir seu objeto, preocupa-se com o arranjo sintático dos conceitos e com sua significação, daí a denominação "lógico-semântico".

Importante que um constructivista tenha em mente que para utilizar a técnica é necessário estudar com esmero a Filosofia da Linguagem, além de entender, com ajuda da lógica e da semiótica, como funciona a estrutura do pensamento e como através da consciência o ser humano atribui significado ao mundo, ou seja, o representa intelectualmente criando assim a realidade tendo como premissa a linguagem.

---

6. *Constructivismo Lógico-Semântico* Volume II/organização Aurora Tomazini de Carvalho; coordenação Paulo de Barros Carvalho 1ª edição – São Paulo: Noeses, 2018, p. 49/50.

7. CARVALHO, Paulo de Barros: Direito tributário: *fundamentos jurídicos da incidência*, 9ª edição – São Paulo: Noeses, 2012, p. 5.

8. *Constructivismo Lógico Semântico* Volume II/organização Aurora Tomazini de Carvalho; coordenação Paulo de Barros Carvalho. 1ª edição – São Paulo: Noeses, 2018, p. 225.

I
INTERPRETAÇÃO E CONSTRUÇÃO DE SENTIDO

Além disso, é importante ter uma boa capacidade analítica e hermenêutica, utilizando-se de muitas ferramentas que desenvolvam tal potencial.

3. Base do texto e conteúdo

O texto escrito possui base material empírica, porém a compreensão de seu conteúdo pertence ao mundo do inefável. Conforme exemplo usado em sala de aula pelo Professor Paulo de Barros Carvalho, pode-se comparar a compreensão do conteúdo (ideias) com as nuvens do céu. De forma simplista, pode-se observar como as nuvens vão mudando de lugar no céu, e assim, vão se juntando com as outras nuvens e tomando novas formas. O ser humano somente enxerga recortes de ideias não tendo compreensão da verdade absoluta, sendo influenciado por sua experiência, cultura e valores, não sendo estes recortes absolutos, pois as compreensões (ideias) não são definitivas, assim como as mencionadas nuvens do céu que estão sempre tomando novas formas.

Conforme preceituado por Pontes de Miranda: "o cindir é desde o início".[9] O ser humano possui a visão limitada, não podendo ter conhecimento do todo, sendo tal missão impossível, visto que como já dito somente enxergamos recortes.

Paulo de Barros Carvalho nos ensina que:[10]

> Por este vezo metodológico verificam-se traços indeléveis do chamado "constructivismo lógico-jurídico" praticado pela corrente analítica. Ora, é pela demarcação do objeto e sua seguida investigação analítica que se cria o cerco restrito da linguagem, amarrando conceito por conceito, para estabilizar o curso do raciocínio e extrair proposições conclusivas, cheias de sentido e coerência; a

---

9. PONTES DE MIRANDA, Francisco Cavalcanti. O Problema Fundamental do Conhecimento. Porto Alegre: Globo, 1937 *apud Constructivismo Lógico Semântico* Volume I/ organização Aurora Tomazini de Carvalho; coordenação Paulo de Barros Carvalho – São Paulo: Noeses, 2014, p. 204.

10. CARVALHO, Paulo de Barros: *Direito tributário*: reflexões sobre filosofia e ciência em prefácios. Paulo de Barros Carvalho. São Paulo: Noeses, 2019, p. 12.

associação, digamos assim, "direta", entre as categorias propostas é exemplo vivo da experiência jurídica de nossos dias.

Sendo assim, não existe outra maneira do cientista delimitar o objeto sem realizar um corte, neste sentido, Lucas Galvão de Britto em: "Dividir, Definir e Classificar: Conhecer é Recortar o Mundo"[11] explana que:

> Que retenhamos isso: não se pode submeter algo à consciência a não ser por meio de um corte. Aquele que deseja investigar um objeto qualquer, deve primeiro realizar as operações mentais aptas a abstrair todos os demais elementos da experiência que não sejam, propriamente, o objeto ao qual se pretende conhecer.

É essencial que o texto seja analisado hermenêutica e analiticamente dentro do recorte escolhido, sendo essa demarcação feita a critério do cientista.

Com o Constructivismo Lógico-Semântico é possível analisar o texto com bastante precisão, pois se analisa o conteúdo da forma mais rigorosa possível, tornando mais seguro o discurso jurídico.

Ensina Paulo de Barros Carvalho:[12]

> A respeito da orientação que está subjacente ao escrito, na sua integralidade constitutiva, não hesito em escrevê-la no quadro do chamado *constructivismo lógico semântico*, em que a postura analítica faz concessões à corrente hermenêutica, abrindo espaço a uma visão cultural do fenômeno jurídico.
>
> Coube-me perceber, aliás, que o ponto de vista analítico não sai prejudicado, mas robustecido com as luzes das construções hermenêuticas: o tom de historicidade, a consideração dos valores, a interdiscutividade entre textos afins, o imergir em segmentos culturais bem concebidos, tudo isso ressalta o teor de analiticidade com que o observador lida com o segmento normativo sob seus

---

11. *Constructivismo Lógico-Semântico* Volume I/ organização Aurora Tomazini de Carvalho; coordenação Paulo de Barros Carvalho – São Paulo: Noeses, 2014, p. 204.

12. CARVALHO, Paulo de Barros: *Direito tributário:* reflexões sobre filosofia e ciência em prefácios. 1ª edição. São Paulo: Noeses, 2019, p. 22/23.

I
INTERPRETAÇÃO E CONSTRUÇÃO DE SENTIDO

cuidados. Não é, portanto, um sincretismo vulgar, comodista, que banalize o assunto outorgando-lhe foros de superficialidade, para alegria dos adeptos das teorias em confronto. Longe disso, penso em expediente que potencialize a investigação: de primeiro, por sair amarrado e costurando os conceitos fundamentais, estipulando o conteúdo semântico dos termos e expressões de que servem os especialistas; de segundo, porque projeta os elementos especulativos, preparando-os para outra sorte de indagações, agora de cunho culturalista; e, por fim, munidos desse poderoso instrumental aplicá-lo ao direito tributário dos nossos dias.

Assim, preserva-se a pureza metodológica da ciência original, no caso o direito tributário, buscando suporte analítico com o intuito de potencializar a investigação, com o modo de compreensão estritamente jurídico.

O método do Constructivismo Lógico-Semântico não se encontra restrito somente ao direito tributário, podendo ser aplicado em outras áreas do direito, porém, é fato que o avanço ocorrido proveniente das investigações deflagradas no subdomínio tributário, tanto qualitativas como quantitativas, colocam a disciplina do direito tributário como a que mais contribui para o progresso da ciência do direito *lato sensu*.

4. Conhecer é classificar

A mente humana é uma ferramenta que classifica os objetos com o intuito de conhecê-los, e para que se torne possível este processo de cunho lógico, reúne certos elementos, utilizando-se de um critério. É um processo sofisticado, que é feito por intermédio de instrumentos intelectivos.

Com a classificação, conseguimos julgar e valorar os objetos, colocando aspectos positivos e negativos nos mesmos. Sendo a mente humana dual (faz as classificações utilizando-se de critérios como certo e errado, correto e incorreto, proibido e permitido, bonito e feio a título de ilustração), somos guiados por nossa percepção, não enxergando verdadeiramente o objeto em si, mas a compreensão do que fazemos dele.

CONSTRUCTIVISMO LÓGICO-SEMÂNTICO
Homenagem aos 35 anos do grupo de estudos de Paulo de Barros Carvalho

Segundo Paulo de Barros Carvalho, Edmund Husserl[13] chamou de *noeses* o ato de consciência e de *noema* o conteúdo compreendido pelo ato.

Ou seja, como exemplo utilizado pelo Professor Paulo de Barros Carvalho em sala de aula, se visualizarmos um grande navio atracado em um porto, estamos praticando um ato de noeses, já quando eu imagino o tal navio a partir da visualização ocorrida no porto, pratico um ato de *noema*, pois o tal navio agora não me existe mais no sentido da visão, mas possui "existência" somente em minha mente, com a compreensão que obtive na oportunidade de observar o navio.

Lucas Galvão de Britto nos ensina em "Dividir, Definir e Classificar: Conhecer é Recortar o Mundo[14] que:

> Se as classes são o resultado de juízos e estes somente têm lugar na consciência dos sujeitos, como então comunicá-los? É preciso verter-lhes numa forma, num corpo limite, que signifique (ponha em signos) este objeto ideal, conferindo-lhe o indispensável suporte físico para sua existência intersubjetiva. É necessário, para tanto, que o juízo seja vertido em sua correspondente forma intersubjetiva de proposição para que sobre elas possamos conversar.

Proposições de acordo com Lourival Vilanova[15] são "asserções de que algo é algo, de que tal objeto tem a propriedade de tal", ou seja, o que o objeto significa e seus predicados.

Importante lembrar que as palavras se encontram extremamente "desvirtuadas" atualmente, muitas vezes se quer expressar algo, mas o emissor se utiliza de palavras que não

---

13. Ideias para uma fenomelogia pura e para uma filosofia fenomenológica, cit., p. 201 e ss. *apud* CARVALHO: Paulo de Barros: *Direito tributário, linguagem e método*. 6ª edição, São Paulo: Noeses, 2015, p. 11.

14.*Constructivismo Lógico Semântico*/ Volume I/ organização Aurora Tomazini de Carvalho; coordenação Paulo de Barros Carvalho. São Paulo: Noeses, 2014, p. 211/212.

15. VILANOVA: Lourival, 1915-2001: *As estruturas lógicas e o sistema do direito positivo*/Lourival Vilanova, prefácio Geraldo Ataliba; apresentação de Paulo Barros de Carvalho. 4ª edição. São Paulo: Noeses, 2010, p. 3.

I
INTERPRETAÇÃO E CONSTRUÇÃO DE SENTIDO

desempenham corretamente o papel comunicacional ao qual se refere trazendo ambiguidade e contradições.

Por este motivo, é extremamente importante que o constructivista se atente extremamente à teoria das classes, procurando minuciosamente dentro do contexto e através das ferramentas que possui conhecer e interpretar o texto de forma diferenciada, visto que conseguirá captar detalhes que normalmente passariam *in albis*.

5. O enfoque das normas jurídicas e o uso da lógica no método constructivista

A imprecisão do termo "normas jurídicas", utilizado para nomear de forma indiscriminada e expressar as entidades mais diversas, provoca dúvidas semânticas sendo que o texto discursivo não as consegue transpor de plano, sendo que a clássica distinção entre "sentido amplo" e "sentido estrito" exige por parte do intérprete esforços analíticos, não sendo satisfatória para um trabalho de cunho científico.

Segundo Paulo de Barros Carvalho:[16]

> A despeito disso, porém, interessa manter o secular modo de distinguir, empregando "normas jurídicas em sentido amplo" para aludir aos conteúdos significativos, das frases do direito posto, vale dizer, aos enunciados prescritivos, não enquanto do ordenamento, mas como significações que seriam construídas pelo intérprete. Ao mesmo tempo, a composição articulada dessas significações, de tal sorte que produza mensagens com sentido deôntico jurídico completo, receberia o nome de "normas jurídicas em sentido estrito.

Ou seja, partindo das sentenças prescritivas que são sentenças que servem para a expedição de ordens, de comandos, sendo as mesmas válidas ou não válidas (sentido amplo), que o cientista constrói as normas jurídicas (sentido estrito).

---

16. CARVALHO: Paulo de Barros: *Direito tributário, linguagem e método.* 6ª edição, São Paulo: Noeses, 2015, p. 135.

CONSTRUCTIVISMO LÓGICO-SEMÂNTICO
Homenagem aos 35 anos do grupo de estudos de Paulo de Barros Carvalho

Através dos textos brutos encontrados em inúmeros diplomas do direito positivo (leis, decretos, instruções normativas a título de exemplo) o constructivista interpreta as mensagens prescritivas vinculadas e as reescreve de modo formalizado.

Lourival Vilanova ensina que:[17]

> Formalizar não é conferir forma aos dados, inserindo os dados na linguagem num certo esquema de ordem. É destacar, considerar à parte, abstrair a forma lógica que está, como dado, revestida na linguagem natural, como linguagem de um sujeito emissor para um sujeito destinatário, com o fim de informar notícias sobre os objetos. E destaco, por abstração, a forma, desembaraçando-me da matéria que tal forma cobre. A matéria reside nos conceitos especificados, nas significações determinadas que as palavras têm como entidades identificáveis pela sua individualidade significativa.

A formalização torna a linguagem mais precisa, visto que substitui as palavras por símbolos lógicos que não fazem nenhuma referência à realidade, trazendo a vantagem de seus termos se tornarem neutros, possuindo apenas uma significação, e assim, tornando-se possível a elaboração de cálculos proposicionais, modelando eficientemente o raciocínio humano fazendo transparecer dados estruturantes presentes no sistema do direito positivo.

É como se pudéssemos colocar a linguagem em um microscópio e, assim, observá-la minuciosamente.

Ressalta-se que para se aplicar o Constructivismo Lógico-Semântico requer que, além da análise da estrutura sintática, é necessário que se observem os planos semânticos e pragmáticos da linguagem, o que ocorre quando se interpreta o direito, o que não prejudica o enfoque propiciado pela lógica jurídica, pois com a desformalização (quando o exegeta interpreta as convenções simbólicas) se constrói conceitos jurídicos apoiado nos valores postos pelo sistema do direito positivo.

---

17. VILANOVA: Lourival, 1915-2001: *As estruturas lógicas e o sistema do direito positivo*/Lourival Vilanova, prefácio Geraldo Ataliba; apresentação de Paulo Barros de Carvalho. 4ª edição, São Paulo: Noeses, 2010, p. 8.

I
INTERPRETAÇÃO E CONSTRUÇÃO DE SENTIDO

Segundo Tárek Moysés Moussallem em "A Lógica Como Técnica de Análise do Direito":[18]

> "O Constructivismo Lógico-Semântico busca não dar ênfase apenas à parte sintática do direito positivo. Sempre se soube que a Lógica como método não seria suficiente (sozinha) para compreender qualquer objeto de estudos."

Sendo assim, se ressalta a importância do Constructivismo Lógico-Semântico para a Ciência do direito, pois este que alarga os horizontes do exegeta, possibilitando que a linguagem seja bem analisada e corretamente articulada tornando ampla a visão do conhecimento jurídico.

6. O uso da semiótica no constructivismo

Estudar os planos da linguagem e a investigação dos sistemas sígnicos é de extrema importância para o Constructivismo Lógico-Semântico. A Semiótica sendo a ciência geral dos signos nos permite analisar com profundidade o texto.

Paulo de Barros Carvalho ensina que:[19]

> Entre os avanços que a Dogmática Jurídica tem obtido, nos últimos tempos, muitos deles foram proporcionados pelo estudo da Semiótica. Ao tomar o direito positivo como fenômeno linguístico e nele aplicar a Teoria Geral dos Signos, abriu-se a possibilidade para que o observador colhesse explicações racionais e convincentes, tendo em vista variações de sentido sem qualquer modificação na forma literal dos comandos examinados. Eis a pragmática da comunicação jurídica oferecendo novas condições de trabalho ao intérprete do direito.

É necessário iniciar o processo de interpretação no plano da literalidade textual, neste sentido Paulo de Barros Carvalho nos explana:[20]

---

18. *Constructivismo Lógico Semântico*/ Volume I/ organização Aurora Tomazini de Carvalho; coordenação Paulo de Barros Carvalho – São Paulo: Noeses, 2014, p. 164.

19. CARVALHO, Paulo de Barros: *Direito Tributário*: Reflexões Sobre Filosofia e Ciência em Prefácios. Paulo de Barros Carvalho. 1ª edição. São Paulo: Noeses, 2019, p. 59.

20. CARVALHO, Paulo de Barros: *Direito tributário*: reflexões sobre filosofia e ciência

> Travar contato com a linguagem do direito, portanto, é ponto de partida, inafastável, incisivo, para o conhecimento das estruturas mesmas do fenômeno jurídico. Aliás, ninguém lograria construir o ato hermenêutico oferecendo sentido ao produto legislado, sem iniciar seu trabalho pelo plano da expressão ou da literalidade textual, suporte físico das significações do direito. Daí a extraordinária importância da Semiótica, como teoria geral dos signos de toda e qualquer linguagem, fator responsável pelas radicais transformações dos costumes da comunidade jurídica, no mundo contemporâneo. Nessa linha de reflexão, não seria excessivo afirmar que essa teoria geral, tomando o direito positivo como sistema de objetivações, recorta-o, metodologicamente, é claro nos três planos de análise semiótica: sintático, semântico e pragmático, atravessando o discurso prescritivo de cima a baixo, num invejável esforço de decomposição. E esse modo peculiar de investigação está provocando sensível mudança nos paradigmas clássicos de estudo, podendo ser identificado como autêntica revolução nos padrões científicos.

Pelo exposto, enxerga-se a importância da Semiótica para uma acurada análise do texto jurídico, sendo que não existe nada mais eficiente [...] "para submetê-lo a uma crítica rigorosa, passando e repassando a estrutura da ordem jurídica vigente, no que atina aos tributos, mediante uma série de considerações de cunho sintático, semântico e pragmático".[21]

7. O constructivismo lógico-semântico e a retórica

Estudando o método do Constructivismo Lógico-Semântico e partindo da premissa que através da linguagem constrói-se a realidade, é mister que se falando de comunicação e sendo o direito um objeto cultural que se constitui pela linguagem, sendo que o constructivista se propõe a analisar a ciência do direito da forma mais ampla possível, é necessário que os recursos da retórica não sejam esquecidos.

---

em prefácios. São Paulo: Noeses, 2019, p. 60.

21. CARVALHO, Paulo de Barros: *Direito tributário*: reflexões sobre filosofia e ciência em prefácios. Paulo de Barros Carvalho. São Paulo: Noeses, 2019, p. 116.

I
INTERPRETAÇÃO E CONSTRUÇÃO DE SENTIDO

Segundo Cristiane Pires e Diógenes Teófilo em "Ensaio Sobre o Constructivismo Lógico-Semântico e a Retórica no Direito"[22] dispondo como a retórica é trabalhada com consonância com o método constructivista, pós giro-linguístico, ensinam que:

> A ideia comum de retórica, enquanto mero adereço argumentativo e de aformoseamento do discurso cede lugar a uma teoria realista que parte da placidez do conhecedor – ataraxia – que se debruça diante do conflito e de seus elementos, avaliando-os com igual peso independente de sua natureza (ex. de se tratarem de lei, precedentes, costumes sociais, etiqueta ou de elementos denotativos do evento/fato) – *isostenia* –, para a constituição de um relato oponível aos demais, de modo estruturado e tolerante, com vistas à constituição de um último relato vencedor sobre fatos sempre inéditos, irrepetíveis, tendo por meio ambiente a linguagem sempre ambígua, vaga e porosa, submetida aos controles públicos de uma sociedade em tempo e espaço que, por meio de acordos, fixa antecipadamente, os conceitos como pontos de partida discursivos.

A retórica utilizada como instrumento de apuração da linguagem enriquece ainda mais o Constructivismo Lógico Semântico, visto que: "retórica, não como singelo domínio de técnicas de persuasão, mas, fundamentalmente como o modelo adequado para a compreensão do mundo".[23]

Pelo exposto, nota-se a que (...) "o Constructivismo Lógico-Semântico mudou o tom da retórica jurídica tradicional, para colocá-la em bases mais sólidas e consistentes alcançando resultados exitosos para gerações de profissionais e investigadores".[24]

---

22. *Constructivismo Lógico Semântico* Volume II/organização Aurora Tomazini de Carvalho; coordenação Paulo de Barros Carvalho. 1ª edição – São Paulo: Noeses, 2018, p. 350.

23. CARVALHO, Paulo de Barros. *Direito tributário, linguagem e método*. 6ª edição. São Paulo: Noeses, 2015, p.166 *apud* Constructivismo Lógico Semântico Volume II/ organização Aurora Tomazini de Carvalho; coordenação Paulo de Barros Carvalho. 1ª edição – São Paulo: Noeses, 2018, p. 352.

24. *Constructivismo Lógico-Semântico* Volume II/organização Aurora Tomazini de Carvalho; coordenação Paulo de Barros Carvalho. 1ª edição – São Paulo: Noeses, 2018, p. 353.

8. Regra-matriz de incidência tributária

Precursora da escola constructivista, sendo que "o esquema da regra-matriz é um desdobramento aplicativo do "constructivismo lógico- semântico",[25] conforme preceitua Paulo de Barros Carvalho, é importante que haja entendimento sobre o tema.

Segundo lição de Lourival Vilanova,[26] a proposição que dá forma à norma jurídica:

> é uma estrutura lógica. Estrutura sintático-gramatical é a *sentença ou oração*, modo expressional frásico (de frase) da síntese conceptual que é norma. A norma não é a oralidade ou a escritura da *linguagem*, nem é o ato de *querer ou pensar* ocorrente no sujeito emitente da norma, ou no sujeito receptor da norma, nem é, tampouco, a *situação objetiva* que ela denota. A norma jurídica é uma estrutura lógico-sintática de significação [...] (Os grifos são do original).

Sendo assim, [...] "as normas jurídicas tributárias ostentam a mesma estrutura formal de todas as entidades do conjunto, diferenciando-se apenas nas instâncias semântica e pragmática".[27]

Todos os fatos jurídicos tributários previstos em lei como hipótese de incidência tributária deverão ter os critérios material, espacial e temporal, o critério material como o verbo juntamente com o complemento da norma que descreve objetivamente o fato, critério espacial, sendo a delimitação do lugar onde poderá acontecer o evento e critério temporal sendo o marco temporal em que ocorreu o fato.

Concretizando-se o previsto na hipótese, ocorrem os critérios previstos na consequência, visto que é necessário que

---

25. CARVALHO, Paulo de Barros: *Direito tributário:* reflexões sobre filosofia e ciência em prefácios. 1ª edição. São Paulo: Noeses, 2019, p. 92.

26. VILANOVA, Lourival: Níveis de Linguagem em Kelsen (Norma Jurídica/Proposições Jurídicas), in Escritos Jurídicos e Filosóficos, vol. 2, cit., p. 208. *apud* CARVALHO: Paulo de Barros: Direito Tributário Linguagem e Método. 6ª edição, São Paulo: Noeses, 2015, p. 626.

27. CARVALHO: Paulo de Barros: *Direito tributário, linguagem e método.* 6ª edição, São Paulo: Noeses, 2015, p. 628.

I
INTERPRETAÇÃO E CONSTRUÇÃO DE SENTIDO

haja critério pessoal (sujeito ativo e passivo, ou seja, quem deve pagar e para que ente deverá ser pago o tributo) e critério quantitativo (base de cálculo do imposto e sua alíquota).

É um desafio encontrar os critérios, visto que [...] "as leis não trazem normas jurídicas organicamente agregadas, de tal modo que nos seja lícito desenhar com facilidade, a indigitada regra-matriz de incidência, que todo tributo hospeda, como centro catalisador de seu plexo normativo".[28]

Paulo de Barros Carvalho ensina que:[29]

> Na visão do Constructivismo lógico semântico, há concepções que já se estabilizaram, fazendo parte daquele subdomínio que pavimenta as bases desse modelo metodológico.
>
> Uma delas é que o conteúdo dos critérios da regra-matriz de incidência pode-se encontrar-se em qualquer norma jurídica, tanto em sentido lato, como em acepção estrita, constituindo a constelação necessária, em torno da qual se agrupam as determinações possíveis da experiência. Numa perspectiva meramente sintática, a regra-matriz é a forma, aquilo que há de constante, de homogêneo de permanente, de imutável: o instrumento lógico que nos permite olhar para o plano existencial e, saturando suas variáveis com a linguagem do direito posto, atribuir-lhe significação, que é o seu conteúdo. Eis um modo de observar detidamente o chamado "fenômeno da incidência", para analisá-lo como bem nos aprouver.

Conclui-se que a regra-matriz de incidência sendo um desdobramento do Constructivismo Lógico Semântico, é uma fórmula lógica que analisa as normas jurídicas de forma ímpar, visto que amplia a compreensão do direito positivado. Trata-se de um instrumento muito útil a título de estudo, investigação e pesquisa de temas tributários, devido ao emaranhado de normas jurídicas existentes. A regra-matriz de incidência pertence à lógica que está na raiz de todo o conhecimento.

---

28. CARVALHO: Paulo de Barros: *Direito tributário, linguagem e método*. 6ª edição. São Paulo: Noeses, 2015, p. 627.

29. CARVALHO, Paulo de Barros: *Direito Tributário*: Reflexões Sobre Filosofia e Ciência em Prefácios.1ª edição. São Paulo: Noeses, 2019, p. 91.

Visto nos encontrarmos na época da pós-modernidade, que é marcada pela hipercomplexidade das relações, sendo que a legislação acompanha este ritmo, sendo assim, a Regra-Matriz de Incidência será cada vez mais utilizada visto o aumento das obrigações acessórias (deveres formais e instrumentais).

9. O constructivismo lógico-semântico e o sistema jurídico

Sistema é a forma cognitiva mais sofisticada que se possa conceber. O direito positivo e a ciência do direito são sistemas diversos com características peculiares.

Charles William McNaughton em "Sistema Jurídico e Ciência do Direito"[30] nos ensina que:

> Trata-se, inicialmente, de uma distinção lógica: relação de metalinguagem e linguagem objeto entre os dois discursivos, tal que um toma o outro como núcleo temático.

> Mas são também, direito positivo e Ciência do Direito, jogos de linguagem diferentes: um de caráter descritivo, o outro, prescritivo.

Importante ter em mente que um constructivista precisa conhecer perfeitamente ambos os sistemas e suas características. Charles William McNaughton em "Sistema Jurídico e Ciência do Direito"[31] nos explica que:

> Com esta reflexão epistemológica sobre as diferenças do discurso do direito positivo e da Ciência do Direito, o Construvismo Lógico-Semântico contribui para um diálogo consciente entre ciência e seu objeto, permitindo ao cientista compreender seu papel frente ao próprio direito e ao operador jurídico, em sua atividade de promover o avanço do processo de positivação desse sistema normativo, utilizar adequadamente o discurso teórico para fins práticos.

---

30. *Constructivismo Lógico-Semântico*/ Volume I/ organização Aurora Tomazini de Carvalho; coordenação Paulo de Barros Carvalho – São Paulo: Noeses, 2014, p. 42.

31. Idem.

I
INTERPRETAÇÃO E CONSTRUÇÃO DE SENTIDO

A Ciência do Direito e o direito positivo estão interligados, ou seja, estão em constante interdiscutividade. Novamente citando Charles William McNaughton em "Sistema Jurídico e Ciência do Direito"[32] é ensinado que:

> A dificuldade na separação de Ciência do Direito e direito positivo é que teoria e objeto são corpos de linguagem sistematizados em constante processo de interdiscutividade. Em outras palavras, o direito se serve da Ciência como norte de legitimatização de decisões jurídicas e a Ciência utiliza o direito como eixo temático para suas investigações.

É importante ter uma mera noção do que são ambos os sistemas. Começaremos pelo sistema do direito positivo e nos apoiaremos nos preceitos de Lourival Vilanova:[33]

> [...] Assim, temos por verdade que o ordenamento jurídico positivo, como linguagem, é um sistema de símbolos do discurso comum e técnico (linguagem de objetos). Se de fato não alcança a forma limite de sistema, o ordenamento é, tendencialmente, quanto maior for o *quantum* de racionalização, sistema. Sendo sistema, é um conjunto de entidades. As entidades constituintes do conjunto são proposições. Não fatos ou condutas, que estão em outro conjunto, entitativamente diverso: os fatos ou condutas não são linguagem, isto é, símbolos gráficos que se estruturam segundo leis sintáticas. Os fatos e as condutas não se articulam com partículas, umas em função de variáveis, nem se transformam consoantes leis combinatórias formais. Nem mantêm a relação semântica de significado com algum universo. Os fatos selecionados do mundo pelas hipóteses das normas, e as condutas, ora no tópico de hipóteses, ora no lugar de teses ou consequências, são objetos de referência deôntica, que é tipo de referência (estruturas objetivantes, com seus suportes: os atos objetivantes, em sentido husserliano) irredutível ao tipo descritivo e só pertinente a uma linguagem.

---

32. *Constructivismo Lógico-Semântico/* Volume I/ organização Aurora Tomazini de Carvalho; coordenação Paulo de Barros Carvalho – São Paulo: Noeses, p. 42/43.

33. VILANOVA, Lourival, 1915-2001: *As estruturas lógicas e o sistema do direito positivo*/Lourival Vilanova, prefácio Geraldo Ataliba; apresentação de Paulo Barros de Carvalho. – São Paulo: Noeses, 2010, p. 249/250.

Ou seja, segundo Paulo de Barros Carvalho:[34]

> As unidades que compõem o sistema do direito positivo são as normas jurídicas que, em planos conotativos, são compostas por juízos hipotéticos-condicionais, em que se enlaça ao antecedente, ou descritor, um consequente, ou prescritor, tudo por intermédio de uma cópula deôntica – o dever ser, na sua configuração neutra, isto é, sem modalização.

As normas jurídicas podem ser classificadas como válidas ou inválidas, sendo o sistema o critério, ou seja, [...] "ser norma válida quer significar que mantém relação de pertinencialidade com o sistema "S", ou que nele foi posta por órgão legitimado a produzi-la, mediante procedimento estabelecido para esse fim".[35]

Após este breve resumo sobre direito positivo passaremos a explanar sobre o sistema da Ciência do Direito, que é um sistema que utiliza do sistema do direito positivo como linguagem-objeto.

Charles William McNaughton explana em "Sistema Jurídico e Ciência do Direito"[36] que:

> A Ciência do Direito é composta de enunciados que descrevem o direito positivo. Logo se vê, portanto – como já bem frisamos – que tal Ciência é uma camada de metalinguagem porque tece considerações sobre o direito positivo que é sua linguagem objeto. Levemos em consideração, para esses fins que metalinguagem é a linguagem que trata de outra linguagem.
>
> Essa divisão entre linguagem-objeto e metalinguagem já situa bem firmemente o discurso científico na posição de sobrenível – linguagem mais elevada – em relação ao direito positivo, sendo, portanto, duas entidades inconfundíveis.

---

34. CARVALHO, Paulo de Barros. *Direito tributário, linguagem e método*. 6ª edição. São Paulo: Noeses, 2015, p. 463/464.

35. CARVALHO, Paulo de Barros. *Direito tributário, linguagem e método*. 6ª edição. São Paulo: Noeses, 2015, p. 465.

36. *Constructivismo Lógico-Semântico/* Volume I/ organização Aurora Tomazini de Carvalho; coordenação Paulo de Barros Carvalho – São Paulo: Noeses, 2014, p. 52.

I
INTERPRETAÇÃO E CONSTRUÇÃO DE SENTIDO

Sendo assim, é de extrema importância tomar consciência da distinção destes diferentes sistemas, visto o Constructivismo Lógico-Semântico inspirar os operadores do direito a novas formas de pensamento, apoiados em processos de interpretação consistentes, sendo que o sistema do direito positivo será analisado por uma ótica diferenciada, trazendo elementos de grande valia, enriquecendo e interpretando o texto de maneira nunca explorada.

10. Conclusão

Conclui-se que o Constructivismo Lógico-Semântico é fruto de seríssimo trabalho no qual envolve estudos de Filosofia e Teoria Geral do Direito, da Linguística, da Semiótica, da Retórica e da Lógica Jurídica.

Em um trabalho único com a utilização das mencionadas ciências, o texto construído e as conclusões levantadas são de complexa refutação, visto que conhecendo profundamente todos os mecanismos deste método epistemológico, o exegeta atribui estruturação lógica-semântica de seus conceitos.

Com mestria, olha-se para o texto com um olhar diferenciado, conseguindo amarrá-lo e construí-lo com uma firmeza nunca dantes imaginada.

Muitos pesquisadores do direito, com uma extraordinária capacidade intelectual e grande dedicação, ousaram estudar de forma única o direito, procurando um enfoque desse objeto cultural de forma a produzir valores, e colocá-los em um patamar de coesão e consistência.

Que o Constructivismo Lógico-Semântico seja ferramenta cada vez mais utilizada pelos juristas, sendo que como a linguagem produz a realidade, esta linguagem possa estar em consonância com os verdadeiros axiomas do direito.

Sendo assim, que com o auxílio do Constructivismo Lógico Semântico, os exegetas do direito consigam extrair o máximo dos textos jurídicos, e como se transpusessem uma veladura que recobre uma paisagem, consigam com este método dar nitidez à forma, estabilizando o discurso com rigidez e objetividade.

Que cada vez mais os operadores do direito comecem a estudar com afinco esta nova realidade, potencializando a investigação e, consequentemente possam trazer novos ângulos que antes eram impossíveis à Ciência do direito alcançar.

Referências

CARVALHO, Paulo de Barros: *Direito tributário, fundamentos jurídicos da incidência*. 9ª edição. São Paulo: Noeses, 2012.

_____. *Direito tributário, linguagem e método*. 6ª edição. São Paulo: Noeses, 2015.

_____ . *Direito tributário:* reflexões sobre filosofia e ciência em prefácios. São Paulo: Noeses, 2019.

_____ . (coordenação) *Constructivismo Lógico-Semântico/* Volume I/ organização Aurora Tomazini de Carvalho; coordenação Paulo de Barros Carvalho. São Paulo: Noeses, 2014.

_____ . (coordenação) *Constructivismo Lógico-Semântico.* Volume II/organização Aurora Tomazini de Carvalho; coordenação Paulo de Barros Carvalho. 1ª edição – São Paulo: Noeses, 2018.

Ideias para uma fenomelogia pura e para uma filosofia fenomenológica, cit., p. 201 e ss. *apud* CARVALHO: Paulo de Barros: *Direito tributário, linguagem e método*. 6ª edição, São Paulo: Noeses.

VILANOVA, Lourival, 1915-2001: As estruturas lógicas e o sistema do direito positivo/Lourival Vilanova, prefácio Geraldo Ataliba; apresentação de Paulo Barros de Carvalho. – São Paulo: Noeses, 2010.

I
INTERPRETAÇÃO E CONSTRUÇÃO DE SENTIDO

VILANOVA, Lourival: Níveis de Linguagem em Kelsen (Norma Jurídica/Proposições Jurídicas), in Escritos Jurídicos e Filosóficos, vol. 2, cit., p. 208. *apud* CARVALHO: Paulo de Barros: *Direito Tributário Linguagem e Método*. 6ª edição, São Paulo: Noeses, 2015.

https://bit.ly/2Ps2xV6 (tradução livre). Consulta realizada em 09 out. 2019.

WITTGENSTEIN, Ludwig: *Tractatus logico-philosophicus apud* CARVALHO, Paulo de Barros: *Direito tributário, linguagem e método*. 6ª edição. São Paulo: Noeses, 2015.

Capítulo II

O CONSTRUCTIVISMO LÓGICO-SEMÂNTICO COMO MÉTODO

CONSTRUCTIVISMO LÓGICO-SEMÂNTICO

Renata Elaine Silva Ricetti Marques[1]

1. Introdução

A profundida do discurso teórico científico depende diretamente do modelo filosófico eleito para a análise do objeto de estudo.

Todo trabalho que tem a pretensão de ser científico necessita de uma demarcação do contexto filosófico, ou seja, o paradigma em que o trabalho está inserido; assim como da identificação do método escolhido, para se chegar à necessária delimitação do objeto, o que se dará por meio do corte metodológico.

O corte metodológico é necessário para delimitar o objeto, o que não entendemos como reducionismo do objeto e sim parte integrante da ciência, sem o qual não é possível o conhecimento científico.

---

1. Pós-Doutoranda em Direito Tributário pela USP. Doutora e Mestre em Direito Tributário pela PUC/SP. Coordenadora e Professora do Curso de Pós-Graduação *lato sensu* em Direito Tributário da Escola Paulista de Direito – EPD. Professora convidada dos Cursos de Pós-graduação do IBET e da PUC/COGEAE. Professora e Coordenadora dos cursos de Pós-Graduação em Direito Tributário da ATAME (Cuiabá). Membro da Comissão de Direito Constitucional e Tributário da Ordem dos Advogados do Brasil – Subseção de Pinheiros. Presidente do Instituto Acadêmico de Direito Tributário e Empresarial – IADTE, e Advogada.

II
O CONSTRUCTIVISMO LÓGICO-SEMÂNTICO COMO MÉTODO

A indicação do método é fundamental e surge junto com a necessidade de indicação do paradigma em que o trabalho está inserido. Os critérios metodológicos definem como o objeto deve ser pesquisado.

O método de pesquisa que vamos tratar nesse breve ensaio é o "constructivismo lógico-semântico", conhecido como instrumento metodológico que permite a construção rigorosa do discurso, por meio da linguagem, adequando a significação ao enunciado. E que atualmente tem como seu maior expoente o Jurista **Paulo de Barros Carvalho,** Membro Titular da Cadeira nº. 14 da Academia Brasileira de Filosofia, Professor Emérito e Titular da Pontifícia Universidade Católica de São Paulo e da Universidade de São Paulo, e que há 35 (trinta e cinco) anos conduz um encontro, que é carinhosamente conhecido pela comunidade jurídica acadêmica como "Grupo de Estudos do Professor Paulo", que se dedica ao estudo do tema do Constructivismo Lógico-Semântico acessível a todos os interessados no conhecimento e no pensamento jurídico de alto nível.[2]

2. Giro linguístico

A inserção filosófica à Filosofia da Linguagem tem seu marco decisivo com *Tractatus lógico-philosophicus* de LUDWING WITTGENSTEIN, mais precisamente conhecidos por

---

2. Neste breve ensaio, em comemoração aos 35 anos do "Grupo de Estudos" resolvi revisitar e atualizar o tema nos manuscritos do meu primeiro livro "Decisões em Matéria Tributária: Jurisprudência e Dogmática do Supremo Tribunal Federal em controle de Constitucionalidade" trabalho que foi publicado em 2009 pela editora Saraiva (SILVA. Renata Elaine. Decisões em Matéria Tributária: Jurisprudência e Dogmática do Supremo Tribunal Federal em controle de Constitucionalidade. São Paulo: Saraiva. 2009) e que pela primeira vez escrevi com a profundidade (que o meu humilde conhecimento permitia à época) sobre o tema construtivismo lógico semântico. Mesmo porque parafraseando o Professor Paulo "[...] faça a gentileza de lembrar-se da enorme importância da "repetição", instrumento pedagógico tão antigo [...]. Advém daí a urgência e a própria imprescindibilidade da força reiterativa da "repetição", fixando conceitos e estabelecendo a firmeza de que necessitam as iniciativas comunicacionais." CARVALHO, Paulo de Barros. *Direito tributário:* reflexões sobre filosofia e ciência em prefácios. São Paulo: Noeses, 2019, p. VIII.

"giro linguístico", após a segunda obra de WITTGENSTEIN chamada *Investigações Filosóficas*.

Pensando em termos cronológicos, PAULO DE BARROS CARVALHO explica que "O Tratatus lógico-philosophicus é marco decisivo na história do pensamento humano. Até Kant, a filosofia do ser; de Kant a Wittgenstein, a filosofia da linguagem, com o advento do "giro linguístico" e de todas as implicações que se abriram para a teoria da comunicação".[3]

Dessa forma, o "giro linguístico" é movimento filosófico que representa a mudança de paradigma da filosofia da consciência para a filosofia da linguagem, relaciona linguagem e conhecimento, construção do conhecimento por meio da linguagem. É, portanto, um modelo filosófico que auxilia a aprofundar o conhecimento por meio da linguagem, fazendo desta o seu ponto de partida.

Pelo citado método, toda forma de compreensão se dará por meio da linguagem, não mais como simples instrumento que aproxima o sujeito do objeto, mas como instrumento de construção do próprio sujeito e do próprio objeto de conhecimento, passando a ser uma relação de significações (sentidos) entre linguagens.

3. Constructivismo Lógico-Semântico

O constructivismo lógico-semântico é um dos métodos analítico de trabalho hermenêutico que auxilia no exame do direito. O constructivismo enfatiza a uniformidade na análise do objeto, bem como a precisa demarcação da esfera de investigação, somando-se sempre o contexto cultural que está inserido no objeto de investigação. Desse modo, os métodos lógicos coerentes somados às categorias semióticas da linguagem com a intenção de compreensão com racionalidade é o que chamamos "constructivismo lógico-semântico".

---

3. CARVALHO, Paulo de Barros. *Direito tributário:* reflexões sobre filosofia e ciência em prefácios. 1ª ed. São Paulo: Noeses, 2019. p. 45

II

O CONSTRUCTIVISMO LÓGICO-SEMÂNTICO COMO MÉTODO

Neste sentido, *são as palavras de* PAULO DE BARROS CARVALHO:

> Espera-se do cientista do direito que escolha as premissas, penetradas, é claro, pelos valores que compuserem sua ideologia, mantendo-se fiel aos pontos de partida, para elaborar um sistema descritivo consistente, dando a conhecer como se aproxima, vê e recolhe o objeto da investigação. Agora, as meditações que tal conhecimento venha a suscitar, em termos de reflexões ulteriores, serão matéria de outras conjecturas, tecidas pelo pensamento humano que não cessa, não se detém, porque a linguagem apta para falar do mundo é inesgotável.
>
> [...]
>
> Nunca é demais lembrar que escrever "pensando", mediante corpo de asserções fundadas em premissas explícitas dista de ser um trabalho fácil. Pelo contrário, é acontecimento inusual, sobretudo em face da doutrina dominante, com seu viés de tradição meramente expositiva, fincada em argumentos de autoridade, como garantia, quase que exclusiva, da procedência dos enunciados.[4]

Todos os métodos que trabalham sob a filosofia do "giro linguístico" têm em comum a preocupação com a precisão do discurso científico; esta preocupação existe porque o discurso científico inegavelmente é afetado pelas estruturas sintáticas, pelo campo semântico e pela argumentação pragmática.

Os métodos precisam ser rigorosos para serem eficazes. No construtivismo, o rigor apresenta-se na linguagem, pois seu método de investigação é o analítico-hermenêutico, ou seja, o objeto de estudo é decomposto analiticamente em partes, para só depois ser reconstruído contextualmente por meio da hermenêutica.

Paulo de Barros Carvalho, enfatizando o rigor com a linguagem que vem crescendo progressivamente no direito, e principalmente no direito tributário, após o movimento do "giro-linguístico", *leciona que*:

> Foi com esta preocupação em "escrever bem e pensando" que o construtivismo lógico-semântico tomou força em toda

---

4. CARVALHO, Paulo de Barros. *Direito tributário, linguagem e método.* 7ª ed. São Paulo: Noeses, 2018, p. 163.

comunidade científica. A busca incessante de se aperfeiçoar a Teoria Geral, com o objetivo de aprofundar o conhecimento da matéria, tornou-se a base do movimento que introduziu, no campo epistemológico do direito, mudanças ideológicas relevantes. Transportando-se este panorama para o quadro das inovações teóricas do movimento, breve investigações nos das inovações teóricas do movimento, breve investigação nos demonstrará o enorme passo dado pela Ciência do Direito.[5]

Nessa entoada, vemos que, no constructivismo lógico-semântico, o sentido é interpretado e construído dentro do contexto cultural, que é pressuposto de significação. Primeiro se faz uma decomposição analítica, para depois construir o sentido dos termos, sempre considerando o contexto cultural. Mesmo com a decomposição analítica, não se desprezam os valores, representados pela semântica da linguagem e pelo aspecto pragmático inserido nesse contexto cultural. Desse modo, após a decomposição, faz-se a contextualização e a construção para se ver o todo.

Visto que o constructivismo segue a tradição interpretativa, porque os significados não se dão de modo imediato e precisam ser construídos pelo intérprete, ALVES-MAZZOTTI e GEWANDSZNAJDER[6] elencam a necessidade de três elementos: a) visão do conjunto (holística): a compreensão depende da inter-relação que se tem do contexto; b) abordagem indutiva: parte-se da observação particulares para fazer generalizações; c) investigação naturalística: que é aquela em que a investigação do pesquisador no contexto observado é reduzida ao mínimo.

Para os constructivistas, a realidade é construída pela linguagem, assim pode-se até dizer que há sempre múltiplas realidades sobre uma dada questão: relativismo. Mas, o relativismo não se torna um problema se a pesquisa se propõe a compreender o aspecto cultural em que está envolvido o

---

5. CARVALHO, Paulo de Barros. *Direito tributário, linguagem e método.* 7ª ed. São Paulo: Editora Noeses, 2018, p.165.

6. ALVES-MAZZOTTI, Alda Judith; GEWANDSZNAJDER, Fernando. *O método nas ciências naturais e sociais.* 2. ed. São Paulo: Pioneira, 1999, p. 131.

II
O CONSTRUCTIVISMO LÓGICO-SEMÂNTICO COMO MÉTODO

sujeito congnoscente, ou seja, tenta entender a "cultura" de grupos que têm diferentes visões.

PAULO DE BARROS CARVALHO, brilhantemente, resume da seguinte forma:

> O Construtivismo é antes de tudo um método de trabalho, uma forma de compor o discurso preservando a integridade sintática do texto, ao mesmo tempo em que aprimora sua dimensão semântica mediante especificações de sentido que a progressão da mensagem exige. E nada disso se obtém, é claro, sem a adequada consideração dos efeitos pragmáticos do que pretende o emissor com a expedição do ato de fala. Já Luhmann oferece uma visão grandiosa do tecido social como um todo, acentuando a relação entre vários subsistemas em dinâmico e permanente intercâmbio comunicacional. Ora, no âmbito dos horizontes largos da autopoiese, o suficiente para abranger a magnitude do conjunto, não seria de esperar que tais teorias pudessem ficar meramente justapostas, a ponto de operarem em função de complemento[7].

Por fim, é possível afirmar que o método do "constructivismo lógico-semântico" no estudo do direito positivo torna o pensamento coerente, permitindo, além do rigor linguístico, o conhecimento do sistema jurídico como um todo. Mas, para isso, necessita do contexto cultural.

4. Contexto cultural

O conceito de cultura torna-se necessário para o método do constructivismo lógico-semântico, principalmente quando estamos na região ôntica dos objetos culturais.[8] Isso porque,

---

7. CARVALHO, Paulo de Barros. *Direito tributário*: reflexões sobre filosofia e ciência em prefácios. 1ª ed. São Paulo: Noeses, 2019, p. 23.

8. Esta divisão foi retomada e explicitada por Carlos Cossio, que sintetizou a teoria husserliana dos objetos em: naturais, ideais, metafísicos e culturais. "Já os culturais são reais, têm existência espaço-temporal, suscetíveis, portanto, à experiência, além de serem valiosos, positiva ou negativamente. O acesso cognoscitivo se dá pela *compreensão* e o método próprio-dialético, já que o saber, nesse campo, pressupõe incessantemente idas e vindas da base material ao plano dos valores e, deste último, à concreção da entidade física que examinamos". CARVALHO, P., 2018, p. 15-18.

CONSTRUCTIVISMO LÓGICO-SEMÂNTICO
Homenagem aos 35 anos do grupo de estudos de Paulo de Barros Carvalho

será através do contexto cultural que se alcançará o sentido dos termos jurídicos, veremos que no decorrer do trabalho a premissa aqui estabelecida é extremamente importante, pois sem o contexto cultural não é possível ao aplicador individualizar a norma e resolver a lide.

O culturalismo aborda o homem e a sua realidade circundante e resulta da criação humana; não há como sustentar um ordenamento jurídico dotado de normas que "devem-ser" sem considerar a realidade e os valores que envolvem o ser cognoscente.

O conceito de cultura teve como precursor TOBIAS BARRETO DE MENEZES,[9] fundador da Escola de Recife, porém seus pensamentos foram se sedimentando na teoria da linguagem por LOURIVAL VILANOVA, como uma totalidade de valores, ideias e normas, incorporadas nas condutas humanas e coisas físicas.[10]

Foi MIGUEL REALE[11] o jurista que mais contribuiu para o estudo do culturalismo no Brasil. Segundo o autor, culturalismo é "concepção do direito que se integra no historicismo contemporâneo e aplica, no estudo do Estado e do direito, os princípios fundamentais da axiologia, ou seja, da teoria dos valores em função dos graus de evolução social". Ressalta ainda o jurista[12] que "ninguém pensa *in abstracto*, e nenhuma realidade é cognoscível em abstração de suas circunstâncias."[13]

---

9. Segundo TOBIAS BARRETO, "o mundo do homem não é produto natural, mas cultural". (CARVALHO, José Maurício de. *Curso de introdução à filosofia brasileira*. Londrina: CEFIL – EDUEL, 2000, p. 122.)

10. VILANOVA, Lourival. Teoria jurídica da revolução. *Escritos Jurídicos e Filosóficos*. v. 2. São Paulo: Axis Mundi/IBET, 2003, p. 295.

11. REALE, Miguel. *Teoria do direito e do Estado*. 5. ed. São Paulo: Saraiva, 2003, p. 08.

12. E de acordo com a teoria tridimensional de MIGUEL REALE, o direito é fato, valor e norma. Mas, apenas para esclarecimentos é importante mencionar que, mesmo adotando a posição de culturalismo do autor, a teoria normativa-positivista não trabalha com a teoria tridimensional "fato, valor e norma"; para a teoria há uma inclusão de classes em que o fato e o valor estão na própria norma. A teoria tridimensional não resiste ao paradigma adotado porque partem de premissas diferentes.

13. REALE, Miguel. *Cinco temas do culturalismo*. São Paulo: Saraiva, 2000, p. 42.

II
O CONSTRUCTIVISMO LÓGICO-SEMÂNTICO COMO MÉTODO

Não há como estudar culturalismo sem fazer referência ao tema dos valores; apenas para ilustrar, é salutar a lição de JOHANNES HESSEN:[14] "cultura significa precisamente realização de valores, realização de valores objetivos por meio duma actividade exercida pelo homem".

Sendo a cultura condição do conhecimento, este (conhecimento) só será alcançado quando houver uma comunicação entre ambos, pois a cultura e o conhecimento estarão sempre unidos.

5. Linguagem jurídica

"Os limites da minha linguagem significam os limites do meu mundo".[15]

Dentro do paradigma em que se desenvolve o trabalho somente por meio da linguagem, é possível o conhecimento;[16] a linguagem constrói a realidade jurídica e nos permite compreender o sujeito e o objeto. Sem linguagem não há realidade, não há conhecimento, não há compreensão. Por este motivo, o parágrafo foi iniciado com a proposição 5.6 de WITTGENSTEIN, pois a teoria do filósofo dava ênfase à relação linguagem e realidade.[17] Assim como para VILÉM

---

14. HESSEN, Johannes. *Filosofia dos valores*. Coimbra: Almedina, 2001, p.102.

15. WITTGENSTEIN, Ludwig. *Tractatus Logico-Philosophicus*. São Paulo: Edusp, 2001, proposição 5.6, p. 245.

16. Diferentemente, TÁREK MOYSÉS MOUSSALLEM afirma que o direito não é linguagem, pois, através das lições de GREGORIO ROBLES, entende que a afirmação de que o direito é só linguagem é redutiva do fenômeno jurídico. (MOUSSALLEM, Tárek Moysés. *Revogação em Matéria Tributária*. São Paulo: Noeses, 2005, p. 55.).

17. Segundo MENDES: "Os trabalhos de Ludwig Wittgenstein dão ênfase à relação existente entre a linguagem e a realidade, intermediada pelo pensamento. No *Tractatus*, a relação da linguagem com o mundo é representativa, isto é, a linguagem representa o mundo. Em *Investigações Filosóficas*, LUDWIG WITTGENSTEIN verifica que não existe uma relação única e imutável entre a linguagem e o que ela representa. A relação somente pode ser descoberta através do uso que se faz da linguagem". MENDES, Sonia Maria Broglia. *Validade jurídica pré e pós-giro linguístico*. São Paulo: Editora Noeses, 2007, p. 71.

FLUSSER,[18] para quem a língua é realidade. Ela forma, cria e propaga a realidade.

Necessário se faz delimitar que estamos afirmando que a linguagem é instrumento de criação do direito, que é um objeto cultural, e é dentro desse sistema que as premissas aqui adotadas são relevantes.

ALFREDO ALGUSTO BECKER[19] sabiamente já dizia:

> Ele [mundo jurídico] substitui o mundo dos fatos reais por um universo de palavras. Onde há floresta amazônica, o legislador determina que deva existir uma flor de papel. Tudo se converte em papel em signos gráficos no papel: as palavras. Os próprios juristas passam a vida a investigar palavras, a escrever palavras a propósitos de palavras". O direto se manifesta, se propaga e se cria através da linguagem.

Como função, a linguagem prescritiva do direito positivo ordena e tem o condão de estar perante a sociedade para regulá-la e organizá-la. A linguagem prescritiva cria e não apenas relata. Por outra feita, a linguagem descritiva da Ciência apenas diz como é a realidade, o que o cientista entende do mundo que o entorna, sem alterá-lo.

A linguagem das normas jurídicas tributárias, sejam elas abstratas, advindas do Poder Legislativo, sejam elas concretas, advindas do Poder Judiciário, por meio de uma decisão judicial será sempre técnica, jamais será científica, pois não descreve o objeto, mas sim prescreve comportamentos intersubjetivos. Para definir *linguagem técnica*, valemo-nos das lições de PAULO DE BARROS CARVALHO:[20]

> Linguagem técnica é toda aquela que se assenta no discurso natural, mas aproveita em quantidade considerável palavras e

---

18. Segundo o autor: "A língua é o conjunto de todas as palavras percebidas e perceptíveis, quando ligadas entre si de acordo com regras preestabelecidas". (FLUSSER, Vilém. *Língua e realidade*. 2. ed. São Paulo: Annablume, 2004, p. 41.)

19. BECKER, Alfredo Augusto. *Carnaval tributário*. 2. ed. São Paulo: Lejus, 1999, p. 51.

20. CARVALHO, P., 2018, p. 57.

II

O CONSTRUCTIVISMO LÓGICO-SEMÂNTICO COMO MÉTODO

> expressões de cunho determinado, pertinentes ao domínio das comunicações científicas. Não chegando a atingir uma estrutura que se possa dizer sistematizada, busca transmitir informações imediatas acerca da funcionalidade do objeto, utilizando, para tanto, número maior ou menor de termos científicos.

O tipo de linguagem formalizada também é importante, pois é através dela que a ciência atinge maior grau de consensualidade, mas, por ter um conteúdo semântico mínimo, passa a ser uma objeção à utilização na ciência jurídica, que precisa ser significativa e suficientemente clara; *v.g.*, a linguagem matemática que é o grau máximo da formalização e universalmente válida, mas sem conteúdo semântico.

O cientista, portanto, deve ter preocupação com a linguagem, deve-se expressar em uma linguagem clara e sanar, na medida do possível, os casos de ambiguidade e vaguidade, para ser universalmente compreendido. A precisão e clareza sãoo pré-condição da ciência. Por isso, dizemos que a linguagem científica é artificialmente construída pelo homem.

A análise da decisão judicial em controle de constitucionalidade das normas tributárias parte da premissa de que direito, antes de qualquer coisa, é comunicação e, por esse motivo, deve ser analisado pelos instrumentos da Teoria da Linguagem. Contudo, por ser "sistema que comunica aos seus destinatários/usuários padrões de conduta social"[21] teremos que estudar os fenômenos jurídicos pelos métodos linguísticos.

Não se nega, sobretudo, que direito positivo é o conjunto de normas válidas em um determinado espaço e tempo delimitado, cuja linguagem se apresentará na função prescritiva; e que a Ciência do Direito é conjunto de enunciados que terá como objeto as normas do direito positivo, que, por sua vez, apresentará a linguagem em sua função descritiva.

A linguagem prescritiva criará o fato jurídico; antes dela, o fato jurídico não existe. O direito não possui outra forma para juridicizar os fatos sociais, a não ser pela linguagem. Não

---

21. ARAUJO, Clarice Von Oertzen de. *Semiótica do direito*. São Paulo: Quartier Latin, 2005, p. 17.

242

CONSTRUCTIVISMO LÓGICO-SEMÂNTICO
Homenagem aos 35 anos do grupo de estudos de Paulo de Barros Carvalho

é apenas a descrição de um determinado evento que garante a passagem de evento para fato jurídico, é necessária a linguagem prescritiva do direito. Antes da prescrição de que, v.g., todos que moram na zona urbana do município devem pagar um tributo chamado Imposto de Propriedade Territorial Urbana (IPTU), o tributo não existe como fato jurídico relevante para o direito; apenas o evento físico de morar na zona urbana não é suficiente para o direito, que necessita da mensagem prescritiva, sem se olvidar, por óbvio, que a linguagem é instrumento jurídico que nunca toca a realidade.[22]

Linguagem, em sentido amplo, é toda forma de expressão do pensamento possível de ser lida, interpretada e compreendida, toda linguagem que apresente estas três formas hermenêuticas – ler, interpretar e compreender – é linguagem em sentido amplo.

A linguagem pode ser analisada em seu caráter técnico e filosófico através da semiótica e da hermenêutica, que são, respectivamente, a ciência dos signos[23] e da compreensão. A semiótica tem como objetivo o exame do modo de produção da significação e do sentido, é método investigativo capaz de compreender a linguagem.

CHARLES MORRIS, influenciado pela distinção de PIERCE, distingue três planos na investigação dos sistemas sígnicos:[24] (i) sintático: relação de signos entre si, ou signo com signo; (ii) semântico: relação signo com objeto do mundo que ele representa (dicionário); (iii) pragmático: relação dos signos com o utente (usuários) da linguagem (emissor e

---

22. Cf. CARVALHO, P., 2018, p. 168-169: "porquanto sabemos que a linguagem, ainda que proferida com a autoridade coativa dos órgãos do Poder Público, não chega a tocar materialmente os eventos e as condutas por ela regulados."

23. Podemos destacar a explicação de signo relatada por CLARICE VON OERTZEN DE ARAÚJO, Semiótica do Direito. São Paulo: Quartier Latin, 2005, p. 128: "Para a tradição filosófica, um signo pode ser qualquer objeto ou acontecimento usado como menção de outro objeto ou acontecimento. Esta seria a definição mais genérica de signo, a partir da qual poderíamos partir para uma investigação que venha lhe sofisticar ou definir com maior precisão. Em sentido um pouco mais preciso, um signo seria uma relação, uma associação."

24. CARVALHO, P., 2018, p. 36-37.

II

O CONSTRUCTIVISMO LÓGICO-SEMÂNTICO COMO MÉTODO

destinatário). Ou seja, o plano sintático seria a organização dos signos; o plano semântico,[25] a significação dos signos; o plano pragmático, a possível determinação dos signos construída pelos utentes.

A linguagem será analisada nesses três planos para a interpretação dos vocábulos, mesmo que um deles tenha mais ênfase em face dos outros, será necessária a análise dos três planos.

Em suma, após o movimento do "giro linguístico" e as investigações de LUDWIG WITTGENSTEIN, várias teorias se criaram em torno da linguagem como instrumento de criação da realidade, porque não existe apenas uma única relação entre linguagem e realidade, mas várias, tais como apontado. Portanto, as teorias adotadas são compatíveis e aplicáveis ao fenômeno da decisão judicial em controle de constitucionalidade das normas tributárias. O constructivismo lógico-semântico é método analítico-hermenêutico que permite a construção da realidade jurídica por meio da linguagem (entendida como conjunto de signos).

6. A contribuição do construtivismo lógico-semântico na construção e a formação dos conceitos

Percebe-se que as demandas muitas vezes giram em torno do conteúdo de significação dos institutos, o problema semântico é existente, fato que não temos como negar, mas o

---

25. Apenas para esclarecimento, com lição de um dos mais eminentes linguistas da atualidade: "Certos teóricos afirmam, é verdade, que a sintaxe se ocupa das relações dos signos entre si e a semântica das relações entre os signos e as coisas. Limitemo-nos, entretanto, no quadro da Linguística sincrônica, a examinar qual a diferença entre sintaxe e semântica. A linguagem implica dois eixos. A sintaxe se ocupa do eixo dos encadeamentos (concatenação), a semântica do eixo das substituições. Suponhamos que eu diga, por exemplo, "o pai tem um filho": as relações entre "o", "pai", "tem", "um", e "filho" se situam no campo da cadeia verbal, são sintáticas. Quando comparo os contextos – "o pai tem um filho", "a mãe tem um filho", "o pai tem uma filha", "o pai tem dois filhos", substituo certos signos por outros e as relações semânticas com que nos havemos são relações tanto linguísticas quanto sintáticas. A concatenação implica a substituição. (JAKOBSON, Roman. *Linguística e Comunicação*. Trad. Izidoro Blikstein e José Paulo Paes. São Paulo: Editora Cultrix, 2007, p. 30.)

CONSTRUCTIVISMO LÓGICO-SEMÂNTICO

Homenagem aos 35 anos do grupo de estudos de Paulo de Barros Carvalho

aspecto sintático e o pragmático também estão ligados de forma inseparáveis. O que ocorre é maior predominância de um em detrimento de outro.

Segundo ALF ROSS, todas as palavras são vagas e potencialmente ambíguas, e o significado de uma palavra é a conexão da expressão, do contexto e da situação.[26] Assim, onde houver linguagem haverá os problemas semânticos de vaguidade e ambiguidade. *Vago* é o termo que representa o fato de não existir regra que permita identificar sua aplicação, é o termo indefinido;[27] por sua vez, *ambíguo* é o termo que apresenta mais de um significado. WARAT[28] diz que um termo é ambíguo quando existem dúvidas sobre qual seu âmbito de denotação, ao passo que será vago toda vez que, especificado seu campo denotativo, surgirem dúvidas em torno de sua extensão.

Um termo vago apresenta-se, assim, com uma zona de penumbra, *v.g.*, a palavra *jovem*: até que idade uma pessoa é ou

---

26. ROSS, 1997, p. 112. "En resumen, los siguientes axiomas se aplican a las palabras en el uso cotidiano: 1)El significado posible de toda palabra es vago; su posible campo de referencia es indefinido; 2) La mayor parte de las palabras son ambiguas; 3) El significado de una palabra se determina en forma más precisa cuando ella es considerada como parte integrante de una determinada expresión; 4) El significado de una expresión – y con ello el significado de las palabras contenidas en la misma-se determina en forma más precisa cuando la expresión es considerada en la conexión en que es formulada. Esta conexión puede ser lingüística (el contexto) o no lingüística la situación). A partir de 3) y 4) es posible formular la siguiente generalización: el significado de una palabra es una función de la conexión – expresión, contexto, situación".

27. O dicionário nos dá várias acepções da palavra, sendo sempre a primeira acepção de base e as demais como é a palavra comumente usada. Sobre temos o que diz OGDEN: "Essa fixidez em referência é apoiada e mantida na sua maior parte, pelo uso de dicionários e, para muitos fins, o 'significado de dicionário' e o 'bom uso' seriam equivalentes. Mas é possível indicar um sentido mais refinado de significado de Dicionário. O Dicionário é uma lista de símbolos-substitutos. Com efeito, ele diz: "Isto pode ser substituído por aquilo em tais circunstâncias." Pode fazer isso porque, nessas circunstâncias e para intérpretes adequados, as referências causadas pelos dois símbolos serão suficientemente análogas. Assim, o Dicionário serve mais para assinalar as preposições entre as referências de símbolos do que para definir os seus respectivos campos". (OGDEN, C. K.; RICHARDS I. A. *O significado de significado*: Um estudo da influência da Linguagem sobre o Pensamento e sobre a Ciência do Simbolismo. Trad. Álvaro Cabral. Rio de Janeiro: Zahar Editores, 1972, p. 212-213.).

28. WARAT, Luís Alberto. *O direito e sua linguagem*. 2. ed. Porto Alegre: Fabris, 1995, p. 79.

II
O CONSTRUCTIVISMO LÓGICO-SEMÂNTICO COMO MÉTODO

não "jovem"? Ou ainda, a pessoa considerada "careca": quantos fios de cabelo precisam estar faltando em sua cabeça para ser considerado "careca"? Ou seja, não há um limite onde começa e termina.[29] A vaguidade potencial que as palavras apresentam foi chamada por WAISMANN[30] de "textura aberta" da linguagem, que se apresenta como necessária à linguagem natural.

Por outro lado, a característica das palavras de apresentarem mais de um significado (ambiguidade) pode ser suprida, se for considerado o contexto linguístico e a situação humana em que as palavras são usadas. Nesse sentido, leia-se GENARO R. CARRIÓ.[31]

Tanto a questão da indefinição do termo quanto a questão do significado do termo, em se tratando de decisão judicial, passa a ser uma questão chamada, pela semiótica, de semântica. O conteúdo normativo é o significado.

Assim, podemos definir uma palavra pelo seu uso, natural ou técnico, dentro de um sistema linguístico determinado, que é a chamada definição nominal ou ainda podemos definir uma palavra pela realidade apresentada, ou seja, a palavra seria um instrumento que indica a realidade, que é chamada de definição real, mas como trabalhamos com a Teoria da Linguagem não podemos admitir que a palavra capte a realidade, pois sabemos que construímos a realidade pela linguagem, levando em conta o contexto em que ela está inserida. Por isso, trabalharemos com a definição nominal, ou seja, uso natural ou técnico da palavra.

---

29. CARRIÓ, Genaro R. *Notas sobre derecho y lenguaje*, 4. cd. Buenos Aires: Abeledo-Perrot, 1990, p. 31-35: "Ya sabemos lo que quiere decir 'joven' o 'calvo'. No se trata aquí de un problema de ambigüedad. El problema es este otro: carece de sentido preguntarse a qué precisa edad se deja de ser joven, o cuántos cabellos hay que tener para no ser calvo [...]".

30. Cf. CARRIÓ (ibid., p. 35), este termo foi apresentado por WAISMANN, no artigo "Verifiability" (WAISMANN, F. Verifiability. In: *Logic and Language* (primeira série) Oxford: A.N.G. Flew; Blackwell, 1951, p. 119.)

31. Ibid., p. 29-31: "las palabras están en función del contexto lingüístico en que aparecen y de la situación humana dentro de la que son usadas. Claro está que el contexto y la situación, en la generalidad de los casos, disipan toda posibilidad de confusión".

246

Para TERCIO SAMPAIO FERRAZ JR.:[32] "Dada, às vezes, a dificuldade de se captar a realidade, admite-se a definição nominal, que delimita o conceito pelo uso (natural ou técnico) dentro de uma comunidade linguística. Nos dois casos, a realidade ou o uso comum estabelecem os parâmetros para uma definição. Fora desses parâmetros, o que se tem não é uma definição, mas uma estipulação, isto é, abandonam-se aqueles critérios e propõe-se um novo uso para o vocábulo, fixando--lhe arbitrariamente o conceito".

A premissa de que a definição de uma palavra ocorre pelo seu "uso" encontra raiz na filosofia de WITTGENSTEIN, em sua segunda fase, com a publicação em 1953 da obra *Investigações Filosóficas* em que o "único meio de saber o que é linguagem é olhar seus diferentes usos".[33] Isto porque a significação é sempre provisória e somente o uso da linguagem dentro de um contexto é capaz de estabelecer a melhor significação para o caso concreto.

Quando dizemos que o significado de uma palavra se dá pelo seu uso,[34] não significa um processo mental que termina na mente do sujeito,[35] não é uma relação psicológica entre

---

32. FERRAZ JR. Tercio Sampaio. A definição de produtos semielaborados e os limites da ficção jurídica. Revista Direito Mackenzie, n.2, ano I, São Paulo, jul-dez de 2000. p 27

33. OLIVEIRA, Manfredo Araújo, op. cit. p. 132.

34. É importante destacar a diferença entre uso e menção, que está na distinção de um objeto ou um nome, ou seja, o uso (manifestação direta sobre o objeto) é quando usamos um vocábulo em seu papel ou seja em seu lugar e a menção (referência sem comunicação direta) é quando usamos o nome em lugar de outro, fazemos menção ou referência. Ex.: São Paulo é cidade (uso); "São Paulo" é nome de cidade (menção).

35. Mas, não podemos ignorar a existência mental de um significado; sabemos que, quando lemos a palavra *cadeira*, só sabemos o que é porque temos uma representação mental sobre ela, cada qual com uma representação própria, mas uma representação global com detalhes necessários que antes foram convencionados; por exemplo, ter uma plataforma para se sentar e que possua uma altura do solo que permite no mínimo dobrar as pernas, mas cada uma vai imaginar uma cor, com braços ou sem braços, com três ou quatro pés de diferentes materiais etc. Desse modo, a imagem mental é prova da compreensão do que foi dito; se eu disser *imbu* e o ouvinte não souber como é o fruto do imbuzeiro, não conseguirá entender o que quero dizer e não formará em sua mente o fruto, mas não sabe como é, nem ao menos que de fruto trata-se.

II
O CONSTRUCTIVISMO LÓGICO-SEMÂNTICO COMO MÉTODO

palavra e significado, também não se pode dizer que o significado está ligado na palavra, por isso diz WAISMANN[36] (desenvolvendo a teoria de WITTGENSTEIN):

> También és engañoso hablar de que el significado fuese una especie de entidad mágica unida a la palabra de manera muy semejante a como el alma lo está al cuerpo. Pero el significado no es alma en el cuerpo de la palabra, sino que lo que llamamos el "significado" se manifiesta a sí mismo en el uso de la palabra. Todo el propósito de nuestra explicación podría resumirse diciendo: Si desea saber qué significa una palabra, inquiere cómo se usa.

WAISMANN e J. L. AUSTIN, apesar de trabalharem com teorias diferentes, sendo o primeiro com teoria do significado e o segundo com a teoria da ação, ambos convergem com a premissa de que "são as condições de uso da sentença que determinam seu significado".[37]

Assim, pode-se extrair que a construção ou formação dos conceitos se dará interpretando (construindo) em cada caso concreto o melhor significado da palavra dentro dos limites semânticos estabelecidos pelo uso, para isso, terá que verificar o uso da palavra, o contexto histórico e os valores considerados pela maioria da comunidade (objetivos), esse é o papel do julgador.

7. Conclusão

O constructivismo lógico-semântico é o método analítico de trabalho hermenêutico que auxilia no exame do direito, enfatiza a uniformidade na análise do objeto e a precisa

---

36. WAISMANN, F. *Los principios de la filosofía lingüística*. Trad. José Antonio Robles. México: Universidad Nacional Autónoma de México, Ciudad Universitaria, 1970, p.174. Tradução livre: "Também é enganoso falar que o significado fosse uma espécie de entidade mágica que se une à palavra de maneira muito semelhante a como a alma está ao corpo. Mas o significado não é a alma nem o corpo da palavra, somente o que chamamos significado se manifesta em si mesmo no uso da palavra. Todo o propósito de nossa explicação poderia se resumir dizendo: Se deseja saber que significa uma palavra, pergunte como se usa".

37. AUSTIN, 1990, p. 11.

demarcação da esfera de investigação, somando-se sempre o contexto cultural em que está inserido o objeto de investigação. O método do "constructivismo lógico-semântico" no estudo do direito positivo torna o pensamento coerente, permitindo além do rigor linguístico, o conhecimento do sistema jurídico como um todo. Mas, para isso, necessita do contexto cultural. Isso porque será por meio do contexto cultural que se alcançará o sentido dos termos jurídicos. O culturalismo aborda o homem e a sua realidade circundante, não há como sustentar um ordenamento jurídico dotado de normas que "devem-ser" sem considerar a realidade e os valores que envolvem o ser cognoscente.

Pode-se dizer então que somente por meio da linguagem é possível o conhecimento, a linguagem constrói a realidade jurídica e nos permite compreender o sujeito e o objeto. Sem linguagem não há realidade, não há conhecimento, não há compreensão. A linguagem das normas jurídicas tributárias sejam elas abstratas, advindas do Poder Legislativo, sejam elas concretas, advindas do Poder Judiciário, por meio de uma decisão será sempre técnica, jamais será científica, pois não descreve o objeto, mas sim prescreve comportamentos intersubjetivos

Por fim, pode-se dizer que após o movimento do "giro linguístico" e as investigações de LUDWIG WITTGENSTEIN toda forma de compreensão se dá através da linguagem, não mais como simples instrumento que aproxima o sujeito do objeto, mas como instrumento de construção do próprio sujeito e do próprio objeto de conhecimento, passando a ser uma relação de significações (sentidos) entre linguagens.

Referências

ALVES-MAZZOTTI, Alda Judith; GEWANDSZNAJDER, Fernando. *O método nas ciências naturais e sociais*. 2. ed. São Paulo: Pioneira, 1999.

II
O CONSTRUCTIVISMO LÓGICO-SEMÂNTICO COMO MÉTODO

ARAUJO, Clarice Von Oertzen de. *Semiótica do direito*. São Paulo: Quartier Latin, 2005.

AUSTIN, John Langshaw. *Quando dizer é fazer* : palavras e ação. Tradução de Danilo Marcondes de Souza Filho. Porto Alegre : Artes Médicas, 1990.

BECKER, Alfredo Augusto. *Carnaval tributário*. 2. ed. São Paulo: Lejus, 1999.

CARRIÓ, Genaro R. *Notas sobre derecho y lenguaje*. 4. ed. Buenos Aires: Abeledo-Perrot, 1990.

CARVALHO, José Maurício de. *Curso de introdução à filosofia brasileira*. Londrina: CEFIL – EDUEL, 2000.

CARVALHO, Paulo de Barros. *Direito tributário, linguagem e método*. 7ª ed. São Paulo: Noeses, 2018.

CARVALHO, Paulo de Barros. *Direito tributário*: Reflexões sobre filosofia e ciência em prefácios. 1ª ed. São Paulo: Noeses, 2019.

FERRAZ JR. Tercio Sampaio. A definição de produtos semielaborados e os limites da ficção jurídica. *Revista Direito Mackenzie*, n.2, ano I, São Paulo, jul-dez de 2000.

FLUSSER, Vilém. *Língua e realidade*. 2. ed. São Paulo: Annablume, 2004.

HESSEN, Johannes. *Filosofia dos valores*. Coimbra: Almedina, 2001.

JAKOBSON, Roman. *Linguística e comunicação*. Trad. Izidoro Blikstein e José Paulo Paes. São Paulo: Editora Cultrix, 2007.

MENDES, Sonia Maria Broglia. *Validade jurídica pré e pós-giro linguístico*. São Paulo: Editora Noeses, 2007.

MOUSSALLEM, Tárek Moysés. *Revogação em matéria tributária*. São Paulo: Noeses, 2005.

250

OGDEN, C. K.; RICHARDS I. A. *O significado de significado*: Um estudo da influência da Linguagem sobre o Pensamento e sobre a Ciência do Simbolismo. Trad. Álvaro Cabral. Rio de Janeiro: Zahar Editores, 1972.

OLIVEIRA, Manfredo Araújo. *Reviravolta linguístico-pragmática na filosofia contemporânea.* São Paulo: Loyola, 2001.

REALE, Miguel. *Cinco temas do culturalismo.* São Paulo: Saraiva, 2000.

REALE, Miguel. *Teoria do direito e do Estado.* 5. ed. São Paulo: Saraiva, 2003.

ROSS, Alf. Sobre el derecho y la justicia. 2ªed. Buenos Aires: Eudeba, 1997.

SILVA. Renata Elaine. Decisões em Matéria Tributária: Jurisprudência e Dogmática do Supremo Tribunal Federal em controle de Constitucionalidade. São Paulo: Saraiva. 2009.

VILANOVA, Lourival. Teoria Jurídica da Revolução. *Escritos Jurídicos e Filosóficos.* v. 2. São Paulo: Axis Mundi/IBET, 2003.

WAISMANN, F. *Los Principios de la filosofía lingüística.* Trad. José Antonio Robles. México: Universidad Nacional Autónoma de México, Ciudad Universitaria, 1970.

WAISMANN, F. Verifiability. In: *Logic and Language* (primeira série) Oxford: A.N.G. Flew; Blackwell, 1951.

WARAT, Luís Alberto. *O direito e sua linguagem.* 2. ed. Porto Alegre: Fabris, 1995.

WITTGENSTEIN, Ludwig. *Tractatus Logico-Philosophicus.* São Paulo: Edusp, 2001, proposição 5.6.

CONFORMIDADE TRIBUTÁRIA: PROPOSTA DE DIÁLOGO ENTRE O CONSTRUCTIVISMO LÓGICO-SEMÂNTICO E A TEORIA COMUNICACIONAL DO DIREITO

Robson Maia Lins[1]

1. Introdução

O presente texto pretende tratar de tema bastante atual, que é a conformidade tributária. É um texto, portanto, que procura examinar as condutas realizadas de acordo com as prescrições das normas jurídicas do direito posto.

Ora, nada mais imprescindível do que examinar – antes de ser questionada se a conduta está, ou não, em conformidade com as normas jurídicas –, as próprias normas jurídicas, na sua mais íntima composição. Decompor as normas jurídicas é um caminho seguro para cumpri-las e fazer cumpri-las, sendo importante instrumento de facilitação da conformidade tributária.

É por isso que escolhemos, com o intuito de examinarmos o tema da conformidade tributária, as lentes da teoria das

---

1. Conselheiro da Câmara de Ensino Superior do Conselho Nacional de Educação (CNE). Doutor e Mestre pela PUC/SP. Professor do IBET. Professor nos Cursos de Graduação, Especialização, Mestrado e Doutorado da PUC/SP. Advogado.

II
O CONSTRUCTIVISMO LÓGICO-SEMÂNTICO COMO MÉTODO

normas jurídicas, precisamente aquela desenvolvida pelo Gregorio Robles – com a qual tive contato pelas leituras que foram desenvolvidas no Grupo de Estudos do Instituto Brasileiro de Estudos Tributários (IBET), que se reúne, ininterruptamente, há 35 anos sob a coordenação direta do Professor Titular e Emérito da PUC-SP e da USP, Paulo de Barros Carvalho.

Nada mais atual, prático e, ao mesmo tempo, teórico, como tem sido a toada de todas as leituras o Grupo de Estudos do IBET, incessantemente realizadas nesses 35 anos de existência.

Temos como certo que as bases do constructivismo-lógico semântico – movimento fortemente influenciado pela filosofia da linguagem, e que não abre mão de tomar o direito positivo, em sentido amplo, como texto, tendo como unidades constituintes as normas jurídicas –, ganha forte instrumento de análise quando essas unidades normativas são classificadas de acordo com as variáveis propostas pela Teoria Comunicacional. Assim, os componentes linguísticos e funcionais serviram para, além de classificar as normas, também orientar a comunidade jurídica na realização de conduta conforme, quer seja naquelas em relação às "normas indiretas de ação", quer seja em relação às "normas diretas de ação", nas expressões cunhadas por Gregorio Robles.

Trata-se, assim pensamos, de combinação perfeita entre os pensamentos dos professores Paulo de Barros Carvalho e Gregorio Robles, ambos trabalhados neste texto, tendo como foco temático a conformidade tributária, tomada também como norma, fato e relação, ou mesmo como um conjunto integrado no mecanismo de incidência.

Nesse contexto é que este trabalho pretende levantar caminhos a serem traçados de acordo com o ciclo de positivação da espécie de norma que se pretende cumprir e fazê-la incidir, bem como, consequentemente, evitar a prática de condutas ilícitas previstas em normas sancionatórias.

254

2. Os tipos de normas na teoria comunicacional compatíveis com o constructivismo lógico-semântico

O professor Gregorio Robles, em sua Teoria do Direito, propõe classificar as normas jurídicas considerando dois traços distintivos: (1) pela função que desempenham dentro do sistema jurídico, estabelecendo assim uma diferenciação *funcional*; e (2) pela composição verbal empregada na estruturação da proposição normativa, estabelecendo uma diferenciação *linguística* das normas (ROBLES, 2005, p. 14).[2]

Postos os critérios que nortearão sua investigação, o professor dá sequência a três cortes classificatórios sucessivos. No primeiro deles, divide as normas em (i) *indiretas* e (i) *diretas da ação*; depois, separa esta última classe em três grupos normativos: *procedimentais*; *potestativas* e *deônticas*; reconhecendo ainda, dentro deste último, a existência de normas *de conduta propriamente dita, de decisão* e *de execução*.

Reconhece, na primeira das classes, as normas que "*não contemplam diretamente a ação, mas se limitam a estabelecer elementos do sistema anteriores à regulação direta das ações*" (ROBLES, 2005, p. 15), isto é, são normas que fornecem os marcos conceituais necessários às regulações das condutas. Essas normas *definem* algo ou um estado de coisas não de uma forma meramente descritiva de uma realidade, mas sim *criadora* da realidade jurídica. O professor as denomina de *indiretas* da ação ou, simplesmente, ônticas. São as normas que, em analogia às regras do jogo, estabelecem como deve ser o tabuleiro do jogo de xadrez, quais são as peças, quais são os movimentos possíveis.

O termo *norma* ôntica sugere a forma linguística em que essas normas costumam expressar-se: são construídas com o emprego do verbo *ser*, que no direito não desempenha função descritiva,

---

2. Tratei mais detidamente da classificação das normas jurídicas segundo a Teoria Comunicacional no seguinte texto: "LINS, Robson Maia. As normas jurídicas e o tempo jurídico. In. Robles, Gregório; Carvalho, Paulo de Barros (Coords.). *Teoria Comunicacional do Direito*: Diálogo entre Brasil e Espanha. São Paulo: Editora Noeses, 2011, p. 481-501."

II
O CONSTRUCTIVISMO LÓGICO-SEMÂNTICO COMO MÉTODO

mas prescritiva, o que quer dizer que não descrevem ou relatam algo que é, mas definem, inauguram algo que passa a ser conforme prescrito pela norma. Ao assim fazerem, criam as definições jurídicas e inauguram os sujeitos, competências, capacidades, bem como os elementos espaciais e temporais do sistema.

Ao lado das normas ônticas, estão as normas diretas da conduta, isto é

> [...] aquelas que contemplam, em sua expressão genuína, uma determinada ação. Assim, a norma que exige que o devedor pague seu débito, a norma que proíbe o homicídio, a norma que estabelece o procedimento de um ato administrativo, a norma que atribui um direito subjetivo ou uma permissão... Todas elas se caracterizam por manter uma relação direta com a ação.
>
> (ROBLES, 2005, pp.15-16)

Essa classe, abrangente que é, pode ser melhor esmiuçada e nela reconhecidos três sortes de normas: *procedimentais*, *potestativas* e *deônticas*.

Mais uma vez, os critérios de funcionalidade e estrutura linguística sugeridos pelo professor Gregorio Robles são empregados na distinção por ele traçada apontando serem as normas procedimentais normalmente:

> expressas mediante o verbo ter que (müssen, avoir, have to), são aquelas que estabelecem os procedimentos em que consistem as ações. Expressam uma necessidade convencional, não uma necessidade natural ou lógica. As normas procedimentais estabelecem (criam) todo tipo de ações relevantes no sistema, tanto as lícitas quanto as ilícitas. A norma procedimental não proíbe as ações, nem as autoriza; simplesmente diz no que consistem.
>
> (ROBLES, 2005, p. 16)

A classe das normas potestativas é populada por aquelas que são

> suscetíveis de serem expressas mediante o verbo poder (können, pouvoir, can). Este poder não indica a possibilidade de realizar uma ação, mas o fato de estar o sujeito autorizado a realizá-la. A

norma potestativa determina as ações lícitas que um sujeito pode realizar. Exprime o poder em sentido forte, não equivalente ao poder das normas que indicam as capacidades ou competências.

(ROBLES, 2005, p. 16)

Já das normas deônticas, escreve o professor

Por último, as normas deônticas, que são aquelas que estabelecem os deveres. São normas diretas da ação, que têm a função de propor exigências aos sujeitos e que, naturalmente, podem expressar-se mediante o verbo dever (sollen, devoir, ought). [...] a norma deôntica pode ser definida como aquela que exige determinada conduta. Ou a que estabelece o dever de observar uma conduta.

(ROBLES, 2005, p. 17)

No terceiro e último corte, o professor catedrático de Palma de Mallorca divide o grupo das normas deônticas em três, reconhecendo (1) *as normas de conduta propriamente ditas*, que impõe um dever de conduta ao destinatário legal; (2) *as normas de decisão*, que impõem a um órgão do sistema o dever de decidir sobre a aplicação de uma sanção a um infrator; e (3) *as normas de execução*, que expressam o dever que tem o órgão de execução de realizar a ação consistente em impor efetivamente a sanção cominada.

Os cortes promovidos pelo professor e a sua sequência podem ser resumidas e bem ilustradas, segundo o quadro abaixo:

Normas indiretas da ação (ou ônticas)	Normas diretas da ação				
	Procedimentais	Potestativas	Deônticas		
			De conduta propriamente dita	De decisão	De execução

II
O CONSTRUCTIVISMO LÓGICO-SEMÂNTICO COMO MÉTODO

É fácil perceber que, para o tema eleito e para a brevidade deste texto, as normas ônticas, porquanto definem protocolarmente os elementos temporais do direito, ocuparão relevada importância. Contudo, deve-se também reconhecer que o elemento tempo impregna não só esta classe de normas, mas também *todas* as outras normas, como se irá demonstrar nos itens seguintes.

3. Conformidade tributária: norma, fato, relação e incidência

Conformidade tributária é norma, é fato, é relação, ou todos conjuntamente postos no mecanismo de incidência das normas tributárias.

Assim, conformidade-norma pode ser definida como a estrutura hipotético-condicional em que à determinada conduta "C" é-lhe imputada a relação jurídica "R". Veja-se neste exemplo a (i) norma jurídica, (ii) fato, que é a conduta "C", e (iii) relação jurídica "R".

Um exemplo pode nos ajudar a fixar o conteúdo pretendido. Suponha-se que a empresa "A" compre mercadorias da empresa "B". Atualmente, conseguimos construir a partir de enunciados prescritivos do nosso ordenamento a seguinte norma jurídica: "se a empresa A comprar mercadorias da empresa B, então a empresa A está obrigada a verificar se a B está idônea perante o fisco estadual". Em seguida, também conseguimos facilmente construir a seguinte norma sancionatória: "Se a empresa A compra mercadorias da empresa B, que está inidônea perante o fisco estadual, então deve ser a impossibilidade de A tomar o crédito decorrente da não cumulatividade".

Neste exemplo simples, podemos facilmente antever a conformidade primeiro como norma ("se a empresa A comprar mercadorias da empresa B, então a empresa A está obrigada a verificar se a B está idônea perante o fisco estadual"), como fato (compra pela empresa A da mercadoria da empresa B), relação jurídica (A está obrigado a examinar a idoneidade de B), e incidência (norma que incide produzindo fato jurídico e relação jurídica).

4. As normas ônticas (ou indiretas de ação) e conformidade tributária

As normas ônticas (ou indiretas de ação) são as que estabelecem todas as condições necessárias e, portanto, logicamente prévias, indicando as fontes do direito.

Para o professor Gregorio Robles, as normas denominadas ônticas

> Desde el punto de vista funcional, no regulan acciones, sino que se limitan a establecer o crear los presupuestos o condiciones previas para la regulación directa de las acciones. Establecen el marco en el que la acción ha de tener lugar, pero no contemplan la acción misma. Así, antes de saber lo que está prohibido o permitido, lo que se debe hacer u omitir, es necesario saber en qué espacio hay que realizar la acción, durante qué tiempo, quiénes son los sujetos potenciales de dichas acciones, y cuáles son las acciones posibles.
>
> (ROBLES, 2006, p. 202)

As normas desse tipo desempenham assim a função de criar as condições *prévias* sem as quais não é possível a construção de normas destinadas à regulação de condutas humanas.

Nisso, muito se assemelham ao que os professores Carlos E. Alchourrón e Eugenio Bulygin designaram *definições legais*. Para os argentinos, seria essa sorte de dado jurídico responsável pela transposição (ou, porque não dizer, tradução) dos conceitos da linguagem natural para a linguagem jurídica, dando-lhe novos contornos definidores ora mais precisos, ora mais amplos, ora totalmente diversos daqueles empregados no uso comum dos termos utilizados nas normas (ALCHOURRÓN. *et* BULYGIN, 1998).

Do ponto de vista linguístico, o professor espanhol aponta que esse tipo de norma é, no mais das vezes, expresso pelo verbo ser, que, como já adiantamos, não descreve um objeto,

II
O CONSTRUCTIVISMO LÓGICO-SEMÂNTICO COMO MÉTODO

mas o *cria*. O emprego do verbo *ser* no mundo do dever ser é assim justificado pelo professor:

> [...] La señalización espacial no va dirigida directamente a la acción. Esta habrá de tener lugar "dentro" del espacio acotado. Por eso, no tiene sentido que este tipo de normas se expresen mediante el verbo "deber". El espacio no "debe ser" éste o aquél, sino que es este espacio determinado.
>
> (ROBLES, 2006, p.203)

Pois bem. Se tais normas criam o tabuleiro normativo, e tendo como premissa que é na Constituição (v.g.: divisão de competências tributárias, legalidade tributária, anterioridade tributária, irretroatividade tributária etc...), quer no tocante à regra-matriz de incidência que cria os tributos e os deveres instrumentais, quer em relação às normas sancionatórias, a atividade-conformidade deve-se voltar, essencialmente, para o Poder Legislativo e para o processo legislativo, num primeiro momento. Assim, as diretorias de relações institucionais, pela iniciativa privada, ganham extremo relevo, na medida em que devem acompanhar todos os temas que estão em debate no Poder Legislativo, participando de audiências públicas, seminários, enfim, alimentando o Parlamento com a experiência vivida, e com as expectativas que o mercado, cada vez mais global e digital, apresenta para a sociedade em geral.

Neste ponto, quando as regras do jogo são formadas, quando as fontes do direito se movimentam para positivar novas normas, vale a pena lembrar que a atividade de *lobby*, se bem regulamentada, talvez fosse um bom passo para que houvesse a transparência em relação aos interesses postos na arena do jogo democrático, quem os financia, quem os defende, de modo que a corrupção, em sentido amplíssimo,[3] poderia ter menos espaço.

---

3. A palavra "corrupção" aqui usada não significa apenas os crimes de corrupção ativa e passiva previsto na legislação penal. Quero com ela expressar qualquer simulação, camuflagem de interesses em disputa.

CONSTRUCTIVISMO LÓGICO-SEMÂNTICO
Homenagem aos 35 anos do grupo de estudos de Paulo de Barros Carvalho

Num segundo momento, também o Poder judiciário deveria ser um *locus* a ser observado. Com efeito, desde a Constituição de 1988, passando pela Emenda Constitucional 03/93, Lei 9.868/99, e, mais recentemente, o novo Código de Processo Civil (Lei 13.105/2015), o Judiciário, com maior foco no STF e no STJ, ganhou cada vez mais atribuições semelhantes às do Poder Legislativo, tendo, seus precedentes, força vinculante e eficácia *erga omnes*. Assim, o art. 927[4] do Código de Processo Civil bem resume, com força prescritiva, a consumação de um percurso cada vez mais forte da jurisprudência não só no "jogo" do direito, mas na confecção mesma do tabuleiro normativo e das regras de movimentação das "peças" ordenamento jurídico.

Assim, as audiências públicas nos Tribunais Superiores, a maior participação de *"amicus curiae"* em processos em que teses jurídicas são fixadas, superando teses anteriormente firmadas, ou mesmo fixando-o originalmente, são alguns dos instrumentos que permitem a participação de "terceiros interessados" – sem contar as partes específicas nos processos –, de forma que teses fixadas possam representar a resolução

---

4. Art. 927. Os juízes e os tribunais observarão:
I - as decisões do Supremo Tribunal Federal em controle concentrado de constitucionalidade;
II - os enunciados de súmula vinculante;
III - os acórdãos em incidente de assunção de competência ou de resolução de demandas repetitivas e em julgamento de recursos extraordinário e especial repetitivos;
IV - os enunciados das súmulas do Supremo Tribunal Federal em matéria constitucional e do Superior Tribunal de Justiça em matéria infraconstitucional;
V - a orientação do plenário ou do órgão especial aos quais estiverem vinculados.
§ 1º Os juízes e os tribunais observarão o disposto no art. 10 e no art. 489, § 1º, quando decidirem com fundamento neste artigo.
§ 2º A alteração de tese jurídica adotada em enunciado de súmula ou em julgamento de casos repetitivos poderá ser precedida de audiências públicas e da participação de pessoas, órgãos ou entidades que possam contribuir para a rediscussão da tese.
§ 3º Na hipótese de alteração de jurisprudência dominante do Supremo Tribunal Federal e dos tribunais superiores ou daquela oriunda de julgamento de casos repetitivos, pode haver modulação dos efeitos da alteração no interesse social e no da segurança jurídica.
§ 4º A modificação de enunciado de súmula, de jurisprudência pacificada ou de tese adotada em julgamento de casos repetitivos observará a necessidade de fundamentação adequada e específica, considerando os princípios da segurança jurídica, da proteção da confiança e da isonomia.
§ 5º Os tribunais darão publicidade a seus precedentes, organizando-os por questão jurídica decidida e divulgando-os, preferencialmente, na rede mundial de computadores.

II
O CONSTRUCTIVISMO LÓGICO-SEMÂNTICO COMO MÉTODO

efetiva das demandas postas ao exame do Judiciário. Nesse cenário, os departamentos jurídicos das empresas, a advocacia pública das administrações direta e indireta, ganham protagonismo expressivo.

4.1 A questão do tempo jurídico criado pelas normas ônticas (ou indiretas de ação)

Quando o assunto é conformidade, o tempo jurídico (assim como o espaço jurídico) é um item obrigatório na análise técnica dos utentes da linguagem jurídica, quer em nível técnico (direito positivo), quer em nível científico (Ciência do Direito).

Assim, é possível identificar dentre as normas ônticas que tratam do tempo aquelas (1) normas de constituição, que inauguram o ordenamento jurídico; (2) normas que tratam da entrada em vigor de um conjunto de normas; (3) normas que estabelecem o lapso temporal que irá durar alguma disposição ou até mesmo *todo* o ordenamento; (4) normas derrogatórias que eliminariam[5] a norma derrogada do sistema; e, por fim, (5) normas que delimitam os prazos, como aqueles de prescrição e decadência.

Pode-se afirmar, então, que normas ônticas, que dizem respeito ao tempo jurídico, demarcam o intervalo em que os fatos e relações jurídicas são criados, modificados ou extintos, bem como reconhecem os lapsos necessários à caracterização de uma determinada situação jurídica, como aquelas da prescrição, decadência, direito adquirido, ato jurídico perfeito e coisa julgada.

Ocorre que, ao *criar* o tempo jurídico, o legislador constrói uma peculiar sequência de sucessão de instantes que nem sempre coincide com a cronologia registrada pela facticidade

---

5. Neste particular, temos opinião ligeiramente distinta da exposta pelo Professor Gregório Robles, conforme deixamos fixada por ocasião da obra *Controle de Constitucionalidade em Matéria Tributária*. Temos que estas normas não serão *excluídas* do ordenamento, mas terão tão somente determinado marco final de sua vigência, permanecendo no ordenamento para fundamentar as normas que a partir dela foram construídas e que se mantêm no sistema (LINS, 2005, *passim*).

social. Nem poderia ser diferente: o direito não existe para se conformar às condutas, mas para sobre elas incidir e regular. A relação de causalidade aqui e ali são distintas, porquanto são diferentes os corpos de linguagem e suas finalidades, como já argutamente advertia o professor pernambucano Lourival Vilanova (VILANOVA, 2000, p. 47).

Há, na construção do tempo jurídico, a liberdade de demarcação de instantes diversos daqueles conhecidos pela linguagem natural para definir o início e o término de um fenômeno jurídico e até mesmo a forma que o tempo transcorre. E isso é feito de forma diuturna, por exemplo, com a contagem de prazos judiciais, nos quais se excluem os dias festivos e não úteis para a fixação de seu término, podendo seu curso ser *suspenso* ou até mesmo *reiniciado* por determinação de uma norma que assim disponha.

Mas o problema do tempo e as normas jurídicas não se esgota na questão das definições. Demarcado o tempo, definidos os prazos, conhecidos os momentos de origem e final da vigência d'uma norma, cabe investigar sobre as consequências que o direito imputa ao seu transcurso e as formas que reconhece para dar operatividade a estas imputações. Mas estas consequências, ou melhor, as formas com que o transcurso do tempo jurídico afeta as condutas sociais é algo que não está mais dentro do quadrante das normas ônticas. É preciso verificar de que forma o elemento tempo integra as demais classes normativas descritas pelo professor Gregorio Robles.

5. Norma direta de ação e conformidade tributária

São consideradas normas diretas de ação, conforme a semântica já denuncia, as normas que contemplam direto e imediatamente a conduta regulada, de forma que elas se manifestam pelas formas verbais dever, poder, estar permitido, estar proibido, estar vedado, ter que, e outras formas similares.

À medida que o processo de positivação vai se aproximando da conduta regulada, as normas de conformidade

II
O CONSTRUCTIVISMO LÓGICO-SEMÂNTICO COMO MÉTODO

também passam a exigir maior grau de precisão, de forma que os deveres de cada órgão da pessoa jurídica (ou mesmo da pessoa física) ou do Estado vão ficando evidentes. Assim, desceremos mais um pouco para cada espécie de norma de ação, na tentativa de aclarar quais normas de conformidade precisam ser fortemente implementadas, quais fatos jurídicos devem ser constituídos como medida preventiva ou repressiva, e, na mesma toada, quais relações jurídicas devem ser constituídas ou desconstituídas.

5.1 As normas procedimentais e a conformidade tributária

As normas procedimentais, segundo Gregorio Robles, são aquelas que se voltam a estabelecer a ação necessária à consecução de um efeito jurídico determinado. O termo procedimento ou ação podem confundir o intérprete inadvertido limitando o alcance destas normas apenas àquelas que digam dos ritos processuais ou administrativos para a formalização de uma decisão judicial ou ato administrativo.

Não é esse o alcance dado ao termo. Ação é assim definida pelo espanhol:

> Una acción es, sencillamente, un procedimiento. La norma que establece el procedimiento establece la acción misma. Que la acción sea debida o permitida, lícita o ilícita, es una cuestión posterior a la existencia de la acción misma. Antes de declarar que es debida o permitida, que es lícita o ilícita, es preciso establecer sencillamente en qué consiste la acción. Esa es la función de la norma procedimental.
>
> (ROBLES, 2006, p. 214)

É dizer que as normas ditas procedimentais não habitarão somente o direito processual, mas também integram de forma essencial o direito material. Antes de considerar ilícito o homicídio, a norma descreve a ação de um sujeito "matar alguém" e, só então, poderá outra norma culminar uma pena. As descrições das ações típicas são bom exemplo de emprego da norma procedimental no direito material.

264

Assim também ocorre nos quadrantes do direito tributário, quando da descrição da hipótese tributária se encontra uma ação qualquer como "auferir renda" ou "circular mercadoria" ou "ser proprietário de imóvel urbano", está-se diante de uma norma procedimental, segundo a classificação proposta pelo professor de Palma de Mallorca.

Trazendo a definição das normas procedimentais, percebemos com clareza incontestável a importância de que todos os setores que compõem as atividades das empresas as conheçam em profundidade e com visão de todo ciclo produtivo da empresa, visto que elas demonstram tanto as condutas consideradas lícitas, que devem ser incentivadas, quanto as ilícitas, que devem ser banidas. Isso na perspectiva interna.

Na perspectiva externa, o conhecimento de tais normas nos traz elementos para lidar com a concorrência desleal, ilícita, bem como os procedimentos que devemos tomar quando nos deparamos com tais condutas ilícitas. Nesse ponto, urge que as normas internas (procedimentais) das empresas sejam de conhecimento amplo dos colaboradores, de sorte que rapidamente e de forma segura sejam tomadas providências em relação ao assunto.

6. As normas potestativas e conformidade tributária

As normas potestativas são aquelas que atribuem autorizações ou poderes para um sujeito praticar determinadas ações. E estas competências não são apenas aquelas mais facilmente observadas na literalidade dos textos como as designadas às autoridades legislativas ou judiciais, mas também aquelas designadas ao cidadão (como o direito ao voto, por exemplo) e também aquelas derivadas da capacidade jurídica do indivíduo maior (tão abrangente quanto a cláusula geral do direito privado de que tudo aquilo que não está expressamente proibido, é permitido).

Também nessa espécie normativa, o elemento temporal também é importante. Com efeito, o tempo que é surpreendido

II
O CONSTRUCTIVISMO LÓGICO-SEMÂNTICO COMO MÉTODO

por este tipo de norma é o tempo em que a competência pode ser exercida pelo sujeito competente. Por dizer respeito ao exercício de uma competência ou autorização para a prática de um ato jurídico, diz respeito justamente ao átimo de juridicização da ação, o seu verter em norma jurídica. E, portanto, é similar ao que o professor Paulo de Barros Carvalho denominou tempo *do* fato, isto é:

> [...] o tempo do fato vai ser o ponto de referência para a aplicação do direito positivo, no que toca à sua feitura como enunciado, disciplinando todos os procedimentos relativos à configuração factual, incluindo-se à própria competência do agente da Administração, ou do particular, para instituí-lo.
>
> (CARVALHO, 2012, p. 194 - 195. O destaque é do original)

O tempo também aparece nas normas potestativas que atribuem competência para legislar sobre determinado assunto, como identificou Tácio Lacerda Gama, como o tempo prescrito para o exercício da conduta nomogenética:

> [...] As ações referidas pelos verbos (c) ocorrem no espaço (e), no tempo (t) e são realizadas por sujeitos de direito (s). Eis o porquê de serem esses aspectos que, direta ou indiretamente, devem estar presentes nas normas que disciplinam como outras normas devem ser produzidas.
>
> (GAMA, 2009, p. 89. Os grifos são nossos)

Aparecem como bons exemplos desta limitação do tempo para a ação potestativa descrita neste tipo de norma a data estipulada, no direito tributário brasileiro, para a entrega de declaração do imposto sobre a renda das pessoas físicas, ou ainda o prazo estabelecido no art. 11 do Ato das Disposições Constitucionais Transitórias que acompanhou o texto da Constituição Federal de 1988.[6]

---

6. Art. 11. Cada Assembléia Legislativa, com poderes constituintes, elaborará a Constituição do Estado, no prazo de um ano, contado da promulgação da Constituição Federal, obedecidos os princípios desta.

Para o tema da conformidade tributária, essa espécie normativa requer atenção, principalmente quando regula o tempo jurídico, tendo em conta que fixam intervalos temporais, que, uma vez não praticada determinada conduta, surgirá a possibilidade jurídica de incidência de outras normas, entre elas as normas sancionatórias.

7. Normas deônticas e conformidade tributária: quando uma ação se torna uma conduta

As normas deônticas são aquelas que realizam a ponte entre a ação e a conduta. Isto é, valoram uma determinada ação como lícita ou ilícita, imputando um dever ou uma sanção ao sujeito que a pratique.

Neste ponto, é relevante a distinção entre ação e conduta proposta pelo professor Gregorio Robles. A primeira é definida como *"um* conjunto de movimentos dotados de significado unitário. *Ou, ainda melhor, como o* significado unitário que um conjunto de movimentos tem."* (ROBLES, 2005, pp.12-13. Os destaques são do original). E quanto à conduta, assim escreve: *"La acción, cuando es contemplada desde la perspectiva de su relación con el deber, toma el nombre de conducta."* (ROBLES, 2006, p. 222). O destaque é do original).

Para os utentes das normas jurídicas, saber com clareza, e saber transmitir com maior clareza ainda para os demais escalões da empresa ou mesmo do Poder Público, qual ação constitui-se em conduta e, sendo conduta, portanto relevante juridicamente, apontar qual é lícita e qual é ilícita, é a principal função da governança coorporativa.

Voltemos ao terceiro e último corte em que o professor catedrático de Palma de Mallorca divide o grupo das normas deônticas em três, reconhecendo (1) *as normas de conduta propriamente ditas,* que impõem um dever de conduta ao destinatário legal; (2) *as normas de decisão,* que impõem a um órgão do sistema o dever de decidir sobre a aplicação de uma sanção a um infrator;

II
O CONSTRUCTIVISMO LÓGICO-SEMÂNTICO COMO MÉTODO

e (3) as *normas de execução*, que expressam o dever que tem o órgão de execução de realizar a ação consistente em impor efetivamente a sanção aplicada concreta e individualmente.

7.1 De conduta propriamente dita

Essa espécie normativa desafia especial atenção dos órgãos, privados ou públicos, em relação à conformidade. É que aqui temos uma conduta específica ligada a um dever jurídico também específico a ser cumprido, de forma que o descumprimento – vale dizer, a realização de uma conduta ilícita -, é facilmente verificável pelas autoridades, ou mesmo pela pessoa que estava do outro lado da relação (aquela que tem direito subjetivo em relação à conduta).

No Direito tributário, em função especialmente do princípio da legalidade e da tipicidade, essas normas (e as respectivas condutas que se encaixam em seus antecedentes normativos) requerem habilidades técnicas bastante apuradas, quer da Administração Pública, que não pode inovar senão por meio de lei, quer dos administrados, que devem conhecer e fazer incidir um cipoal dessa espécie normativa.

O exemplo mais lapidar no Direito Tributário é a incidência da regra-matriz dos tributos – que deve ser realizada pela Administração Pública, nas hipóteses de lançamento de ofício ou por declaração –, mas, na expressiva maioria dos tributos, caberá aos administrados tal mister, nos termos do art. 150, §§ 1º a 4º, do Código Tributário Nacional.

7.2 De decisão

As normas de decisão *são aquelas que* impõem a um órgão do sistema o dever de decidir sobre a aplicação de uma sanção a um infrator. No direito tributário, as sanções administrativas devem ser aplicadas pela Administração Pública, em procedimento administrativo que pode culminar com ato administrativo de lançamento tributário, onde são constituídos, individualmente, o tributo, a sanção e os juros.

Entretanto, as sanções penais tributárias devem ser constituídas ao final de um processo penal, conduzido pelo Poder Judiciário, onde todas as normas derivadas do devido processo legal, do contraditório e da ampla defesa devem ser observadas, antes de qualquer constituição de norma individual e concreta que documenta a incidência da sanção penal.

7.3 De execução

Essas normas de execução prescrevem a execução forçada das sanções aplicadas conforme a norma de decisão; são aquelas normas que os Professores Lourival Vilanova e Paulo de Barros Carvalho, seguindo na mesma de Hans Kelsen, denominam de normas processuais (ou secundárias). São elas que, efetivamente, distinguem as normas jurídicas de outras normas pertencentes às outras ordens normativas, como a moral, religiosa, social etc... São por elas que os órgãos de justiça expropriam os bens e restringem a liberdade das pessoas, mesmo sem sua aquiescência. É a coatividade inerente ao direito positivo mais aparecendo na sua forma mais genuína.

Os órgãos das empresas devem guardar atenção na incidência dessa espécie normativa, porque uma atuação mais incisiva pode resvalar para a prática de infrações contra o sistema de justiça, contra a aplicação da norma processual. Em matéria penal, pode fundamentar até mesmo prisão preventiva, conforme se depreende do art. 312, do Código de Processo Penal, quando prescreve a referida prisão para o caso de "assegurar a aplicação da lei penal". Em outro giro linguístico, para se assegurar a aplicação da lei penal (material), ou seja, uma norma de decisão, pode-se desencadear a aplicação de uma norma de execução.

No direito tributário, os cuidados devem voltar-se para as garantias adequadas dos débitos em execução, cuidados com certidões negativas e positivas com efeitos de negativas,

II
O CONSTRUCTIVISMO LÓGICO-SEMÂNTICO COMO MÉTODO

bloqueios de bens, deferimentos de medidas cautelares fiscais, transações com pessoas e empresas (*due diligence*) que sejam partes em execuções fiscais e o cuidado da reserva de bens necessários para a quitação do débito; enfim, essas normas desafiam todos os cuidados envolvendo diretamente os departamentos jurídicos das empresas, os setor específico de conformidade, a contabilidade, e as auditorias externas.

8. Considerações finais

A classificação das normas jurídicas, de acordo com Teoria Comunicacional difundida pelo Professor Gregorio Robles baseia-se dois traços distintivos: (1) pela função que desempenham dentro do sistema jurídico, estabelecendo assim uma diferenciação *funcional*; e (2) pela composição verbal empregada na estruturação da proposição normativa, estabelecendo uma diferenciação *linguística* das normas.

Com tais critérios, aplicados de forma sucessiva, Gregorio Robles dá sequência a três cortes classificatórios encarrilhados. No primeiro deles, divide as normas em (i) *indiretas e* (ii) *diretas da ação*; depois, num segundo corte, separa esta última classe em três grupos normativos: *procedimentais; potestativas* e *deônticas*. Já no terceiro corte, as deônticas são classificadas em normas *de conduta propriamente dita, de decisão* e *de execução*.

De acordo com a classificação de normas proposta por Gregorio Robles, é possível, conquanto pretendamos evitar ou fazer incidir de forma menos gravosa a norma sancionatória, olhar a conformidade tributária tanto nas normas ônticas (ou indiretas de ação), como nas normas diretas de ação (v.g. nas normas potestativas – enquanto condição para o exercício da competência ou autorização –, procedimentais – no papel de descritivas da ação – e deônticas – como elemento necessário à valoração de uma ação como conduta).

Em relação às normas ônticas, o Poder Legislativo, em primeiro plano, e o Poder Judiciário, em segundo plano,

CONSTRUCTIVISMO LÓGICO-SEMÂNTICO
Homenagem aos 35 anos do grupo de estudos de Paulo de Barros Carvalho

devem ganhar a atenção dos setores que cuidam da conformidade tributária. No processo legislativo, ganham relevo as diretorias de relações institucionais das empresas e as associações de empresas e trabalhadores. Nesse ponto, seria desejável que a atividade de lobby fosse regulamentada no Brasil, de forma que a transparência fosse maior em relação aos interesses defendidos. No Poder Judiciário, com maior destaque para as Cortes Superiores, os departamentos jurídicos das empresas, as advocacias pública e privada, devem observar com atenção a confecção de precedentes com força vinculante, nos termos do art. 927 do Código de Processo Civil. Nesse caso, e considerando o elevado nível de judicialização das demandas, deve-se atentar para a possibilidade de habilitação como *"amicus curiae"*, de forma que seus argumentos sejam ouvidos e enfrentados pelo Poder Judiciário, antes que algum precedente vinculante seja formado sem a participação de diversos setores afetados pela decisão do Judiciário.

Já no que diz de perto com as normas diretas de ação, sejam elas potestativas, sejam procedimentais, ou ainda deônticas (e nessa subclasse, há as de conduta propriamente ditas, de decisão e de execução) devemos voltar nossa atenção para duas esferas distintas: a interna, que é composta pelas normas que regem a divisão de competências (e, portanto, de conformidade tributária) dentro das empresas e da Administração Pública; e a externa, que envolve mais as normas de decisão e execução, requerendo mais atenção ao ciclo de incidência das normas em processo administrativo tributário e processos judiciais. Aqui, os departamentos jurídicos das empresas devem atentar para o conhecimento das estruturas das Administrações Públicas, suas competências internas, existência eventual de mecanismo de solução extrajudicial de litígios. Para além disso, devem acompanhar, em paralelo, todas as discussões judiciais envolvendo o mesmo tema, pois o tabuleiro normativo pode estar sendo refeito sem as suas participações, em processos de controle abstrato de constitucionalidade, ou mesmo em recursos repetitivos, quer na esfera do Supremo Tribunal Federal (STF), quer perante o Superior Tribunal de Justiça (STJ).

II

O CONSTRUCTIVISMO LÓGICO-SEMÂNTICO COMO MÉTODO

Conformidade é norma, fato, relação e incidência.

Como incidência, a conformidade é essencialmente fazer incidir outras normas que prescrevem condutas conforme, constituindo-se fato jurídico e relação jurídica, de forma que as normas jurídicas sancionatórias não incidam. Aqui, ganha especial relevo a conformidade-prova, que nada mais é do que a constituição adequada do fato jurídico que se encaixa nas normas não sancionatórias. Registre-se que neste parágrafo estamos tratando de conformidade em termos de prevenção, e não na função repressiva.

Mas, caso já tenha ocorrido a incidência da norma sancionatória, desloca-se a atenção da conformidade para o momento processual (norma de decisão ou de execução), ingressando aqui categorias que possam amenizar as consequências jurídicas, tais como incidência da norma de pagamento o débito tributário, norma de transação tributária, oferta de bens antecipadamente à penhora (caso haja execução proposta), enfim, a empresa deve agir para amenizar as consequências jurídicas.

Referências

ABBAGNANO, Nicola. *Dicionário de filosofia*. São Paulo: Martins Fontes, 2007.

ALCHOURRÓN, Carlos E. et BULYGIN, Eugenio. *Introducción a la metodología de las ciencias jurídicas y sociales*. Buenos Aires: Depalma, 1998.

ARAÚJO, Clarice von Oertzen. *Semiótica do direito*. São Paulo: Quartier Latin, 2005.

CARRIÓ, Genaro R. *Notas sobre derecho y lenguaje*. Buenos Aires: Abeledo-Perrot, 2006.

CARVALHO, Paulo de Barros. *Curso de direito tributário*. 29ª ed. São Paulo: Saraiva, 2018.

_____. *Direito tributário, linguagem e método*. 7ª ed. São Paulo: Noeses, 2018.

_____. *Direito tributário* – fundamentos jurídicos da incidência. 9ª ed. São Paulo: Saraiva, 2012, p. 194 – 195.

FLUSSER, Vilém. *Língua e realidade*. São Paulo: Annablume, 2007.

GAMA, Tácio Lacerda. *Competência tributária* – Fundamentos para uma teoria da nulidade. São Paulo: Noeses, 2009.

IVO, Gabriel. *Norma jurídica* – produção e controle. São Paulo: Noeses, 2006.

LINS, Robson Maia. *Conrtole de constitucionalidade em matéria tributária. Decadência e Prescrição*. São Paulo: Quartier Latin, 2005.

MORCHÓN, Gregorio Robles. *Teoría del Derecho* – Fundamentos de teoría comunicacional del derecho. v.1. 2ª ed. Cizur Menor: Thomson, 2006.

_____. *O direito como texto* – Quatro estudos de teoria comunicacional do direito. São Paulo: Manole, 2005.

_____. *Las reglas de los juegos y las reglas del derecho*. México: Universidad Nacional Autónoma de México, 1988.

OLIVEIRA, Manfredo A. *Reviravolta Linguístico-Pragmática*. São Paulo:

OST, François. *O tempo do direito*. Bauru: EDUSC, 2005.

POPPER, Karl. *Dois tipos de definições*. In: MILLER, David. (org.). *Popper – Textos Escolhidos*. Rio de Janeiro: Contraponto, 2010.

_____. *O problema da demarcação*. In: MILLER, David. (org.). *Popper – Textos Escolhidos*. Rio de Janeiro: Contraponto, 2010.

VILANOVA, Lourival. *Causalidade e relação no direito*. São Paulo: RT, 2000.

_____. *Estruturas lógicas e o sistema de direito positivo*. São Paulo: Noeses, 2005.

O CONSTRUCTIVISMO LÓGICO-SEMÂNTICO E A REGRA-MATRIZ DE INCIDÊNCIA TRIBUTÁRIA: SUA RELEVÂNCIA METODOLÓGICA

Paulo Ayres Barreto[1]

Sobre o Grupo de Estudos

Não é singela a missão de manter um grupo de estudos em constante atividade. Exige-se, para tanto, empenho, muito talento e uma liderança incomum. Tais atributos, que marcam a trajetória acadêmica de Paulo de Barros Carvalho, propiciaram o surgimento de seu grupo de estudos e sua manutenção por 35 anos. Tive o privilégio e a honra de participar desse grupo por vários anos. Muitas lições sobre o direito, que formam o alicerce do meu pensamento jurídico atual, surgiram nos debates travados no grupo de estudos.

Lá ouvi as lições do mestre Paulo, estudei as contribuições doutrinárias de Lourival Vilanova, debati com diversos jovens talentos que hoje se tornaram juristas consagrados, todos sempre liderados e iluminados pelos ensinamentos de Paulo de Barros Carvalho. É, repito, um privilégio participar

---

1. Professor Associado de Direito Tributário da Universidade de São Paulo – USP.

II

O CONSTRUCTIVISMO LÓGICO-SEMÂNTICO COMO MÉTODO

deste grupo de estudos. E é uma grande honra escrever um artigo em comemoração aos seus 07 lustros.

1. Introdução

O Constructivismo Lógico-Semântico é um modelo teórico que busca harmonizar a precisão da forma à pureza e à nitidez do pensamento.[2] Nas palavras de Paulo de Barros Carvalho, o Constructivismo Lógico-Semântico consiste em um *"meio e processo para a construção rigorosa do discurso"* que observa com primor a máxima, segundo a qual *"não haverá ciência ali onde a linguagem for solta e descomprometida"*.[3]

Com efeito, o modelo constructivista se preocupa com a tradução da linguagem textual. E essa tradução se perfaz pelo uso dos signos lógicos. A lógica revela-se como uma sobrelinguagem da Ciência Jurídica. Na prática, ela descreve em linguagem formalizada, ou seja, a partir dos seus próprios códigos, o direito positivo sem, no entanto, alterá-lo.[4] Nesse contexto, o Constructivismo Lógico-Semântico, verdadeiro método científico discursivo, tem a pretensão de examinar a linguagem do direito positivo, visualizando-a a partir de códigos lógicos, em absoluta atenção à sintática e à semântica, sem perder de vista a sua perspectiva pragmática. Conforme ensina Paulo de Barros Carvalho, a proposta do modelo constructivista é a de *"amarrar os termos da linguagem, consoante esquemas lógicos que deem firmeza à mensagem, pelo cuidado especial com o arranjo sintático da frase, sem deixar de preocupar-se com o plano do conteúdo, selecionando as significações mais adequadas à fidelidade da enunciação"*.[5]

---

2. CARVALHO, Paulo de Barros. Constructivismo lógico-semântico. In CARVALHO, Paulo de Barros (Coord.). CARVALHO, Aurora Tomazini de (org.). *Constructivismo lógico-semântico, vol. 02*. São Paulo: Noeses, 2018, p. 01-15 (6, 7 e 9).

3. Idem, p. 01-15 (7).

4. CARVALHO, Paulo de Barros. *Direito tributário, linguagem e método*. 5ª edição. São Paulo: Noeses, 2013, p. 69.

5. CARVALHO, Paulo de Barros. Constructivismo Lógico-Semântico. In CARVALHO, Paulo de Barros (Coord.). CARVALHO, Aurora Tomazini de (org.). *Constructivismo*

CONSTRUCTIVISMO LÓGICO-SEMÂNTICO
Homenagem aos 35 anos do grupo de estudos de Paulo de Barros Carvalho

Ao longo do tempo, o Constructivismo Lógico-Semântico veio sendo aplicado e utilizado em larga escala pelos estudiosos do Direito, inclusive por aqueles que não atuam na seara do Direito Tributário. Podemos falar, diante disso, que o Constructivismo Lógico-Semântico alcança, hoje, um patamar de escola do pensamento do Direito. Diversas são as suas contribuições teóricas, quer no plano abstrato, como perspectiva de análise, quer no plano fático, como procedimento de análise. Dentre todas essas contribuições, gostaríamos de enaltecer neste trabalho a Regra-Matriz de Incidência Tributária.

A Regra-Matriz de Incidência Tributária, ou proposição-normativa padrão, consiste em um esquema lógico-semântico de representação formal. Deveras, as variáveis de uma estrutura lógica são substituídas por expressões de cunho jurídico. Simboliza, assim, uma alternativa perspicaz à percepção, concepção e assimilação do fenômeno jurídico-tributário. Mediante formulação lógica própria, conseguimos compreender o Direito Tributário com maior facilidade e simplicidade. Portanto, a Regra-Matriz de Incidência Tributária exsurge como um instrumento inequivocamente útil, funcional e, sobretudo, didático, sendo considerada um excelente ponto de partida, na medida em que favorece o trabalho ulterior de penetração nos planos semântico e pragmático.[6]

Todavia, suas virtudes não se limitam a essa circunstância. Acreditamos que, além desse viés simplificador, a Regra-Matriz de Incidência Tributária também simboliza um caminho para o aperfeiçoamento e o aprofundamento científicos. Vale dizer, a estruturação lógica preenchida com conteúdo jurídico, decomposta em critérios especiais hospedados tanto no antecedente quanto no consequente da norma hipotética-condicional, viabiliza a realização de estudos complexos acerca de temas imbricados e de alta significância investigativa.

---

lógico-semântico, vol. 02. São Paulo: Noeses, 2018, p. 01-15 (7).

6. CARVALHO, Paulo de Barros. *Direito tributário, linguagem e método.* 5ª edição. São Paulo: Noeses, 2013, p. 146, 147 e 665.

II
O CONSTRUCTIVISMO LÓGICO-SEMÂNTICO COMO MÉTODO

Daí a sua relevância metodológica. A Regra-Matriz de Incidência Tributária vai de um extremo ao outro. É um paradoxo. De um lado, facilita a interpretação do fenômeno jurídico-tributário. Do outro, revela-se uma engenhosa ferramenta de pesquisa. E é esse poderio instrumental, muitas vezes não revelado pela doutrina, que pretendemos enfatizar neste trabalho.

2. Direito e comunicação

Dentre as inúmeras perspectivas de aproximação do dado jurídico, tem-se que o direito é, inequivocamente, um fato comunicacional. Destarte, é possível examiná-lo a partir de suas ações comunicativas envolvendo emitente, mensagem, canal, código e receptor. É força convir, ainda, que emitente e receptor estejam inseridos em contexto comunicacional e submetidos aos efeitos de uma conexão psicológica.

Diante da plêiade de conceitos envolvidos, é necessário promover a elucidação de cada uma dessas etapas do processo de interação comunicacional. Consonante o escólio de Paulo de Barros Carvalho: *"(1) emissor: é a fonte da mensagem, aquele que comporta as informações a serem transmitidas; (2) canal: é o suporte físico necessário à transmissão da mensagem, sendo o meio pelo qual os sinais são transmitidos (é o "r", para o caso da comunicação oral, mas pode apresentar-se em formas diversas, como faixas de frequência de rádio, luzes, sistemas mecânicos ou eletrônicos etc.); (3) mensagem: é a informação transmitida; (4) código ou repertório (comum a ambos): é o conjunto de signos e regras de combinações próprias a um sistema de sinais, conhecida e utilizado por um grupo de indivíduos ou, em outras palavras, é o quadro das regras de formação (morfologia) e de transformação (sintaxe) de signos; (5) receptor: a pessoa que recebe a mensagem, o destinatário da informação; (6) conexão psicológica: é a concentração subjetiva do emissor e receptor na expedição e na recepção da mensagem; e (7) contexto: é o meio envolvente e a realidade que circunscreve o fenômeno observado".*[7]

---

7. CARVALHO, Paulo de Barros. *Direito tributário, linguagem e método.* 5ª edição.

As mensagens legislativas passam necessariamente por esse processo comunicacional. As normas jurídicas preordenam-se a disciplinar condutas intersubjetivas. Seu emissor concentra uma carga valorativa que procura transmitir por intermédio da mensagem que insere no sistema normativo. Tal mensagem é, por sua vez, captada pelo receptor consoante seus próprios valores. Esse intrincado processo comunicacional produz, de forma incessante, decisões: produzir ou não o conteúdo normativo? Em que medida observar a conduta disciplinada? Qual é o real conteúdo da norma inserida no sistema, vista da perspectiva de seu destinatário? Como o sistema dos observadores e dos participantes, para usar a expressão tão a gosto de Herbert Hart,[8] receberá cada um dos fatos comunicacionais?

Gregorio Robles[9] enfatiza que, sempre que nos deparamos com uma norma, haverá uma decisão que a tenha gerado. A norma que chamamos de lei (como, por exemplo, o Código Civil) existe como tal porque o legislador decidiu promulgá-la e decidiu sobre seu conteúdo em detrimento de outros. A norma que chamamos de sentença forma parte do ordenamento em razão de o juiz tê-la gerado mediante sua decisão. Se o juiz não tivesse decidido, a sentença não existiria como tal ou, ainda, teria conteúdo diferente.

Essas decisões são tomadas a partir de ações comunicativas, vertidas em linguagem, submetidas ao necessário processo interpretativo, influenciado pela conexão psicológica estabelecida. Como falamos em manifestações de linguagem, impõe-se uma pequena reflexão sobre Conhecimento e Linguagem.

3. Conhecimento e Linguagem

As construções de cunho teórico têm por escopo, genericamente, a emitir proposições sobre um determinado objeto.

São Paulo: Noeses, p. 167.

8. O conceito de direito.

9. ROBLES MORCHÓN, Gregorio. *Teoría del derecho (fundamentos de teoria comunicacional del derecho)*, *vol. 01*. Madrid: Civitas, 1998, p. 82.

II
O CONSTRUCTIVISMO LÓGICO-SEMÂNTICO COMO MÉTODO

O sujeito põe-se diante do fenômeno a ser estudado ou conhecido com pretensões cognoscitivas. Para Johannes Hessen, "*o conhecimento apresenta-se como uma relação entre esses dois elementos, que nela permanecem eternamente separados um do outro. O dualismo sujeito e objecto pertence à essência do conhecimento*".[10] As proposições desenvolvidas apresentam-se como uma camada de linguagem com pretensão veritativa. Essa afirmação nos remete aos temas da linguagem do Direito e da verdade no Direito.

Decompondo a fenomenologia da incidência jurídica, identificamos três camadas de linguagem. As prescrições de cunho normativo são expressas por intermédio de manifestações de linguagem de caráter prescritivo, conformadoras do direito positivo. Como pano de fundo há o plano da linguagem social, sobre o qual incidirá essa linguagem prescritiva de condutas. Como bem resume Paulo de Barros Carvalho, "*da projeção da linguagem do direito positivo sobre o plano da realidade social, surge o domínio da facticidade jurídica*".[11]

Por sua vez, a Ciência do Direito comparece atribuindo, de maneira construtiva, conteúdo, sentido e alcance a esse plexo normativo também por meio de linguagem; várias camadas de linguagem, passíveis de análise sob os prismas sintático, semântico e pragmático.

O conceito de verdade está, assim, intimamente ligado ao de conhecimento: tautologia inevitável. Como diz Johannes Hessen, "*verdadeiro conhecimento é somente o conhecimento verdadeiro. Um 'conhecimento falso' não é propriamente conhecimento, mas sim erro e ilusão. Mas, em que consiste a verdade do conhecimento?*".[12] Estamos convencidos de que a

---

10. HESSEN, Johannes. *Teoria do conhecimento*. Trad. António Correia. 8ª edição. Coimbra: Armênio Amado, 1987, p. 26.

11. CARVALHO, Paulo de Barros. *Direito tributário* - fundamentos jurídicos da incidência. 3ª edição. São Paulo: Saraiva, 2004, p. 14.

12. HESSEN, Johannes. *Teoria do conhecimento*. Trad. António Correia. 8ª edição. Coimbra: Armênio Amado, 1987, p. 29.

ciência identifica suas proposições verdadeiras, mediante o devido acatamento pela comunidade em que inserida. E tais verdades prevalecem até que outras passem a sobrepujá-las, obtendo maior nível de aceitação.

4. A Norma Jurídica e Interpretação

Refoge aos limites do nosso estudo ampla digressão sobre teoria geral da interpretação do direito. Nada obstante, há uma série de aspectos vinculados a esse tema que assumem decisivo relevo em face da Regra-Matriz de Incidência Tributária. Identificar, por vezes, o critério material de uma relação jurídico-tributária é, nitidamente, um problema de interpretação do Direito, a exemplo da polêmica discussão acerca da exclusão do ICMS da base de cálculo do PIS e da COFINS. Trata-se de tema complexo, sujeito a diferentes perspectivas de abordagem, e que, por tais razões, faz jus à existência de uma ciência da interpretação, denominada Hermenêutica.

Enfatiza Ricardo Lobo Torres que *"a hermenêutica, como ciência do espírito, busca a compreensão dos objetos culturais (lei, texto sagrado, partitura musical, pintura, obra literária etc.), e nela a interpretação jurídica ocupa lugar paradigmático"*.[13]

Definir onde se inicia o processo interpretativo, onde se encerra esse mister e, fundamentalmente, quais são os mecanismos para afastar ou controlar a ideologia do intérprete, são questões que têm atormentado a Teoria Geral do Direito.

Kelsen, em absoluta coerência com a busca de uma pureza teórica, chegou a propugnar que *"a interpretação jurídico-científica não pode fazer outra coisa senão estabelecer as possíveis significações de uma norma jurídica"*. Negava, com isso, que Ciência do Direito pudesse tomar qualquer decisão entre as possibilidades interpretativas por ela expostas, as quais

---

13. TORRES, Ricardo Lobo. *Curso de direito financeiro e tributário*. 12ª edição. Rio de Janeiro: Renovar, 2005, p. 143-144.

II
O CONSTRUCTIVISMO LÓGICO-SEMÂNTICO COMO MÉTODO

deveriam ser deixadas unicamente para o órgão competente para aplicar o Direito.[14]

É dizer, diante da impossibilidade de se afastar a influência ideológica no processo de interpretação do direito, Kelsen reduz o papel do cientista do Direito, colocando-o como mero enunciador de possibilidades interpretativas.

Em nosso entendimento, a visão kelseniana promove exagerado esvaziamento do mister doutrinário. A pureza da proposta kelseniana enfrenta desafios sérios. Nada impede, por exemplo, que o cientista do Direito, ao elencar as várias possibilidades de aplicação do direito, identificando a moldura de significações dos textos do direito positivo, possa intencionalmente afastar uma ou mais possibilidades de aplicação do direito que, política e ideologicamente, não lhe convenham. Kelsen provavelmente diria, em face de tal assertiva, que esse não seria um verdadeiro cientista do Direito. No entanto, o que procuramos demonstrar com esse exemplo é que a purificação extrema do processo interpretativo promove, a um só tempo, uma significativa redução de sua relevância para o direito, bem assim uma sensível perda do interesse doutrinário na busca do convencimento da comunidade jurídica sobre o verdadeiro conteúdo e alcance da lei.[15] A dogmática jurídica deixa de exercer uma de suas principais funções, de orientação interpretativa.

Tercio Sampaio Ferraz Junior demonstra que a coerência de Kelsen com seus pressupostos nos deixa, em certa medida, sem armas. Sua renúncia ao papel de orientação da doutrina teria um sentido heroico, de fidelidade à ciência. Entretanto, essa perspectiva, prossegue Ferraz Junior, deixa de explicar a diferença entre a opinião de um leigo que sequer tenha estudado sobre o tema e a de um doutrinador que busca o sentido da norma com

---

14. KELSEN, Hans. *Teoria pura do direito.* 4ª edição. Coimbra: Armênio Amado, 1976, p. 472.

15. BARRETO, Paulo Ayres. *Imposto sobre a renda e preços de transferência.* São Paulo: Dialética, 2001. p. 30.

o instrumental da razão jurídica. Para Kelsen, a diferença entre esses dois discursos residiria somente em sua aceitação política.[16]

Nesse contexto, é de relevo definir se as normas tributárias obedecem aos mesmos pressupostos interpretativos das normas jurídicas inerentes a outros ramos didaticamente autônomos do Direito ou se, reversamente, temos que identificar critérios específicos para sua interpretação.

Norma jurídica é uma unidade de manifestação do deôntico.[17] Em outras palavras, a norma jurídica é a significação construída a partir do direito positivo, de cunho coercitivo, e que se destina à regulação de condutas intersubjetivas. O direito é um sistema composto por normas. Não há como bem compreendê-lo sem conhecer as suas estruturas mínimas, de um lado, e a forma como elas se relacionam, de outro. A estrutura completa de toda norma jurídica é composta por uma norma primária e uma secundária. *"Naquela, estatuem-se as relações deônticas direitos/deveres, como consequência da verificação de pressupostos, fixados na proposição descritiva de situações fácticas ou situações já juridicamente qualificadas; nesta, preceituam-se as consequências sancionadoras, no pressuposto do não cumprimento do estatuído na norma determinante da conduta juridicamente devida".*[18]

As normas jurídicas podem ser classificadas em normas de estrutura e normas de conduta, com base no objeto imediato da sua regulação. O critério definidor da classificação proposta é objeto imediato regulado pela norma jurídica. As de comportamento regulam diretamente a conduta das pessoas, nas relações de intersubjetividade. As de estrutura

---

16. FERRAZ JR., Tercio Sampaio. *Introdução ao estudo do direito.* 2ª edição. São Paulo: Atlas, 1995. p. 263.

17. CARVALHO, Paulo de Barros. *Direito tributário* - fundamentos jurídicos da incidência. 3ª edição. São Paulo: Saraiva, 2004, p. 20.

18. VILANOVA, Lourival. *As estruturas lógicas e o sistema do direito positivo.* São Paulo: Revista dos Tribunais, 1977, p. 64.

II
O CONSTRUCTIVISMO LÓGICO-SEMÂNTICO COMO MÉTODO

têm como objeto imediato os modos de criação, modificação e expulsão das normas jurídicas.

O conjunto dessas unidades normativas conforma o sistema jurídico. Ao interpretar o direito posto, construímos estruturas normativas e as organizamos sistemicamente. Tal mister é realizado mediante aplicação dos métodos de interpretação do direito. Como salienta Ezio Vanoni, uma vez que as características das normas tributárias não se diferenciam das demais normas jurídicas, *"a opinião que pretende negar aplicabilidade, às leis tributárias, dos mesmos métodos de interpretação que se aplicam às leis em geral parece destituída de qualquer fundamento"*.[19]

Destarte, os métodos de interpretação tradicionalmente referidos pela doutrina (literal, lógico, histórico, teleológico e sistemático)[20] são aplicáveis em matéria tributária, com suas virtudes e os seus defeitos.[21]

De nossa parte, propomos uma aproximação do direito a partir do reconhecimento de que ele se manifesta como um sistema de linguagem. Como demonstra Juan-Ramon Capella, todo direito tem por condição de existência a de ser formulável em linguagem.[22] Fortes nessa premissa, podemos

---

19. VANONI, Ezio. *Natureza e interpretação das leis tributárias*. Trad. Rubens Gomes de Sousa. Rio de Janeiro: Financeiras, [s.d.], p. 181.

20. Para Luciano da Silva Amaro, "[...] o intérprete deve partir do exame do texto legal, perquirindo o sentido das palavras utilizadas pelo legislador (na chamada interpretação *literal* ou *gramatical*); cumpre-lhe, todavia, buscar uma inteligência do texto que não descambe para o absurdo, ou seja, deve preocupar se com dar à norma um sentido lógico (interpretação *lógica*), que a harmonize com o sistema normativo em que ela se insere (interpretação *sistemática*), socorrendo-se da análise das circunstâncias históricas que cercaram a edição da lei (interpretação *histórica*), sem descurar das finalidades a que a lei visa (interpretação *finalística* ou *teleológica*)." AMARO, Luciano da Silva. *Direito tributário brasileiro*. 14ª edição. São Paulo: Saraiva, 2008, p. 208-209.

21. Sobre uma visão crítica dos métodos de interpretação e sua instrumentalização pela dogmática jurídica, ver: STRECK, Lenio Luiz. *Hermenêutica jurídica e(m) crise*. Uma exploração hermenêutica da construção do direito. Porto Alegre: Livraria do Advogado, 1999, p. 88-93.

22. CAPELLA, Juan-Ramon. *El derecho como lenguaje*. Barcelona: Ariel, 1968, p. 17.

284

CONSTRUCTIVISMO LÓGICO-SEMÂNTICO

Homenagem aos 35 anos do grupo de estudos de Paulo de Barros Carvalho

surpreender suas estruturas normativas mediante decomposição em planos do texto jurídico.

Nesse sentido, Paulo de Barros Carvalho ensina que o texto jurídico é composto por um plano de expressão e um plano de conteúdo. No plano de conteúdo, encontramos as significações do plano expressional, construídas pelo intérprete. O subsistema (S1) é composto por um conjunto de enunciados, considerados no plano da expressão. A partir das formulações literais existentes, o intérprete iniciará o processo de construção de significação dos enunciados prescritivos. Um segundo subsistema (S2) será o resultante do conjunto de significações de manifestações prescritivas. As normas jurídicas, como unidades de manifestação do deôntico, expressas em estruturas hipotético--condicionais, conformam o terceiro subsistema (S3).[23] O quarto subsistema (S4), de sua parte, é formado pelas normas jurídicas em relações de coordenação com as normas de mesma estatura e subordinação com as normas de superior hierarquia.

Ao construir a norma jurídica, quando, chegando em S4, o intérprete verifica que a norma precisa ser adaptada para que apresente compatibilidade com uma regra constitucional, por exemplo, retoma aos patamares inferiores da interpretação, tantas vezes quanto necessário, de modo a construir coerentemente o sistema.[24] Vale dizer, não há como desconsiderar, de um lado, o caráter sistêmico que o somatório de estruturas normativas apresenta e, de outro, as pressões que a estrutura do sistema exerce sobre as unidades que o conformam.

Como já dissemos, o percurso acima descrito nos conduz à identificação dos conteúdos normativos que, conjuntamente considerados, conformam o sistema jurídico. Residem aqui as maiores dificuldades daquele que se põe diante do ordenamento jurídico com pretensões cognoscitivas: conteúdos

---

23. CARVALHO, Paulo de Barros. *Direito tributário:* fundamentos jurídicos da incidência. 3ª edição. São Paulo: Saraiva, 2004, p. 61 e ss.

24. CARVALHO, Paulo de Barros. *Direito tributário:* fundamentos jurídicos da incidência. 9ª edição. São Paulo: Saraiva, 2012, p. 128.

II
O CONSTRUCTIVISMO LÓGICO-SEMÂNTICO COMO MÉTODO

prescritivos postos em diferentes níveis hierárquicos; positivação de valores e limites objetivos; conflitos entre princípios e regras, verificáveis tanto em um mesmo plano normativo, como em níveis hierárquicos diversos; necessidade de ponderação de valores em face de tensões internormativas; enfim, uma série de problemas a serem enfrentados por quem pretende interpretar adequadamente o direito.[25]

Adverte Eros Roberto Grau que "[...] *cada norma é parte de um todo, de modo que não podemos conhecer a norma sem conhecer o sistema, o todo no qual estão integradas*".[26] A noção de sistema está, indissociavelmente, ligada à ideia de limite. É forçoso reconhecer o que pertence ao sistema normativo e o que está fora dele.[27] O sistema jurídico, sobre ser jurídico, é sistema, e, por assim ser, submete-se aos mesmos critérios de ordenação de outros sistemas.

Estando, a esta altura, esclarecidas as premissas acerca da norma jurídica e da sua interpretação, especialmente no âmbito do Direito Tributário, inclusive levando em consideração a ideia do Direito enquanto sistema, passamos a enfrentar o tema da Regra-Matriz de Incidência Tributária.

5. A Regra-Matriz de Incidência Tributária

Inserida no contexto da linguagem, a Regra-Matriz de Incidência Tributária não escapa do problema da ambiguidade. Com efeito, trata-se de uma expressão que comporta, pelo menos, duas acepções distintas: (i) uma, de esquema lógico de representação formal; (ii) outra, de norma jurídica em sentido

---

25. BARRETO, Paulo Ayres. *Contribuições: regime jurídico, destinação e controle.* São Paulo: Noeses, 2006, p. 10.

26. GRAU, Eros Roberto. *O direito posto e o direito pressuposto.* 2ª edição. São Paulo: Malheiros Editores, 1998, p. 19.

27. FERRAZ JR., Tercio Sampaio. *Introdução ao estudo do direito.* 2ª edição. São Paulo: Atlas, 1995, p. 175.

CONSTRUCTIVISMO LÓGICO-SEMÂNTICO
Homenagem aos 35 anos do grupo de estudos de Paulo de Barros Carvalho

estrito, classificada como norma de conduta, na medida em que regula as condutas intersubjetivas.

Conforme ensina Aurora Tomazini de Carvalho, na locução *"hoje vamos estudar a regra-matriz de incidência tributária"*, a palavra é empregada segundo a conotação de esquema lógico. Em contrapartida, quando se está diante da locução *"hoje vamos estudar a regra-matriz de incidência tributária do IPTU"*, a palavra apresenta conotação diversa: de norma jurídica em sentido estrito. A terminologia da expressão, por sua vez, contribui com esse fenômeno linguístico. *"Regra"*, nesse caso, é usada como sinônimo de norma jurídica. *"Matriz"*, por sua vez, significa um modelo padrão sintático-semântico, fruto da produção da linguagem jurídica concreta. Daí que, no primeiro exemplo, temos uma ideia de uma estrutura jurídica abstrata e solta, enquanto no segundo exemplo, temos uma ideia de exame do conteúdo jurídico contido na norma do IPTU.[28]

De toda sorte, não obstante a existência de significados distintos, precisamos ter em mente que a Regra-Matriz de Incidência Tributária se compõe por uma hipótese (suposto ou antecedente) e por um consequente, cuja construção é tarefa que cabe ao intérprete do Direito. A hipótese descreve um fato de possível ocorrência, com conteúdo econômico. O consequente, implicado pela hipótese, estatui vínculo de natureza obrigacional entre sujeito ativo e o sujeito passivo da obrigação tributária. Assim, a partir dos textos do direito positivo, tomamos contato com o conteúdo dos diversos enunciados prescritivos e, por intermédio de junção de alguns desses enunciados, construímos uma norma jurídica geral e abstrata, que associa, em caráter condicional, a ocorrência de um fato a sua consequência.

Hospedam-se na hipótese os critérios material (conduta humana identificada por um verbo seguida de um respectivo complemento), temporal (elementos que indicam o momento

---

28. CARVALHO, Aurora Tomazini de. *Curso de teoria geral do direito (o constructivismo lógico-semântico)*. 3ª edição. São Paulo: Noeses, 2013, p. 380 e 382-384.

II
O CONSTRUCTIVISMO LÓGICO-SEMÂNTICO COMO MÉTODO

de ocorrência do fato descrito) e espacial (plexo de indicações capazes de evidenciar o lugar em que a conduta deve ocorrer). Hospedam-se, por outro lado, no consequente, os critérios pessoal (sujeito ativo e sujeito passivo) e quantitativo (base de cálculo e alíquota).

No ambiente jurídico, conforme apontamos na parte introdutória, a Regra-Matriz de Incidência Tributária possui destacada relevância metodológica. Apresenta, curiosamente, uma paradoxal dupla utilidade. Ao mesmo tempo em que serve de alternativa para a compreensão do fenômeno jurídico-tributário, dentro de um viés simplificador e pedagógico, também se revela como um importante instrumento de aperfeiçoamento científico, na medida em que permite a realização de estudos aprofundados e específicos, seja sobre a sua estrutura, seja da perspectiva da aderência entre seus critérios, seja ainda por possibilitar o exame acurado e detido de cada um dos critérios eleitos. São inúmeras as obras publicadas no Brasil que se dedicam a esmiuçar cada detalhe de um dos critérios da Regra--Matriz de Incidência de determinado tributo.

Sobre essas qualidades, passemos doravante a discorrer com mais vagar.

5.1 A Regra-Matriz de Incidência Tributária: um esquema lógico-semântico de simplificação do texto bruto normativo

A Regra-Matriz de Incidência Tributária, em uma de suas acepções, consiste em um esquema lógico de representação formal. Mediante a utilização de signos provenientes da Lógica, constrói-se uma estrutura, preenchida com proposições jurídicas, para traduzir em linguagem própria, com absoluta fidelidade, a linguagem textual presente no direito positivo. Essa estrutura representa uma outra forma de visualização do fenômeno jurídico. O intérprete que a concebe passa a dispor de mais um instrumento, além, obviamente, do texto positivado, anunciador da mesma informação codificada por outra linguagem.

288

CONSTRUCTIVISMO LÓGICO-SEMÂNTICO
Homenagem aos 35 anos do grupo de estudos de Paulo de Barros Carvalho

Nesse sentido é que a Regra-Matriz de Incidência Tributária desponta como uma alternativa perspicaz à percepção, concepção e assimilação do Direito Tributário. Em rigor, sua construção organiza o texto bruto normativo, viabilizando a compreensão da mensagem legislada num contexto comunicacional bem concebido e racionalmente estruturado.[29] O intérprete consegue enxergar, por uma via reducionista, a força do modal deôntico. Exemplificativamente, ao se deparar com uma legislação municipal que trata do IPTU, o intérprete pode estruturar a respectiva regra-matriz, identificando os critérios que a compõem, com o objetivo de elucidar o juízo hipotético-condicional, segundo o qual: *"**ser** proprietário de bem imóvel nos limites territoriais urbano do Município "X", no primeiro dia do ano calendário, **deve ser**, a obrigação do proprietário de pagar ao fisco municipal a quantia resultante da conjunção entre a alíquota de "Y"% e o valor venal do imóvel".*

É inegável, portanto, o relevo teórico e prático propiciado pelo instrumental da Regra-Matriz de Incidência Tributária. Trata-se de um expediente de vasta utilidade. Como esclarece Paulo de Barros Carvalho, *"a esquematização formal da regra-matriz de incidência tem-se mostrado um utilíssimo instrumento científico, de extraordinária fertilidade e riqueza para identificação e conhecimento aprofundado da unidade irredutível que define a fenomenologia básica da imposição tributária".*[30]

De fato, muitos são os estudiosos que fazem uso dessa representação lógica na atualidade. Com frequência verificamos análises, estudos e explicações, tanto textuais quanto orais, acerca de aspectos importantes da fenomenologia da incidência tributária, cujo embasamento teórico é desenvolvido a partir da construção da Regra-Matriz de Incidência Tributária. Questões relacionadas ao fato gerador, à base de cálculo, ao sujeito passivo etc. perpassam por esse exame.

---

29. CARVALHO, Paulo de Barros. *Direito tributário, linguagem e método.* 5ª edição. São Paulo: Noeses, 2013, p. 146.

30. CARVALHO, Paulo de Barros. *Curso de direito tributário.* 30ª edição. São Paulo: Saraiva, 2019, p. 375.

II
O CONSTRUCTIVISMO LÓGICO-SEMÂNTICO COMO MÉTODO

A forte utilização desta metodologia se explica, em primeiro lugar, pela capacidade de simplificação do texto bruto normativo e, em segundo lugar, pelo potencial didático. Problemas antes complexos e intricados se tornam cognoscíveis e inteligíveis. Paulo de Barros Carvalho enfatiza esse aspecto: *"seu emprego, sobre ser fácil, é extremamente operativo e prático, permitindo, quase que de forma imediata, penetrarmos na secreta intimidade da essência normativa, devassando-a e analisando-a de maneira municiosa".*[31]

Desta forma, seja numa perspectiva de interpretação, seja numa perspectiva pedagógica, a Regra-Matriz de Incidência Tributária tem demonstrado possuir um papel importante para com a comunidade científica.

5.2 A Regra-Matriz de Incidência Tributária: instrumento potencializador de estudos aprofundados na esfera do Direito Tributário

Conquanto seja a Regra-Matriz de Incidência Tributária reconhecidamente um instrumento útil, didático e funcional, de simplificação e tradução do texto bruto normativo, não podemos concluir que suas qualidades estejam restritas a essa perspectiva. Pensar nessa conformidade é ignorar a realidade. Estamos convencidos de que, em um viés completamente oposto, a Regra-Matriz de Incidência Tributária representa um expediente potencializador de estudos aprofundados na esfera do Direito Tributário. São dois extremos, e a Regra-Matriz de Incidência Tributária cumpre com perfeição o mister de permitir o trânsito de um extremo ao outro.

Com efeito, além de auxiliar a compreensão do fenômeno jurídico tributário, também se revela capaz de promover o aperfeiçoamento científico. Trata-se de atributos não excludentes. O fato de a Regra-Matriz de Incidência Tributária simplificar,

---

31. CARVALHO, Paulo de Barros. *Curso de direito tributário*. 30ª edição. São Paulo: Saraiva, 2019, p. 375.

CONSTRUCTIVISMO LÓGICO-SEMÂNTICO
Homenagem aos 35 anos do grupo de estudos de Paulo de Barros Carvalho

de um lado, a tradução do texto bruto normativo mediante o uso de linguagem própria vertida em signos lógicos não impossibilita, do outro, que ela venha a impulsionar trabalhos de pesquisa complexos e específicos sobre temas nada triviais.

O que estamos querendo dizer, em outras palavras, é que a Regra-Matriz de Incidência Tributária não é um instrumento reducionista da realidade. Muito pelo contrário. Por mais que ela seja matriz, aqui propriamente falando, segundo uma conotação de modelo padrão, ela não deixa escapar nenhum dado da realidade. Todos os elementos essenciais ao exame da fenomenologia da incidência do tributo estão abrangidos na respectiva estrutura lógica. Nada de relevante lhe escapa.

Portanto, a Regra-Matriz de Incidência Tributária, na contramão do pensamento de alguns doutrinadores, não consiste em um expediente limitado, que só tem utilidade em determinadas ocasiões. Em termos coloquiais, não estamos falando de brinquedo em formato geométrico que apenas cabe em certos espaços apropriados e correlacionados a sua dimensão. É muito mais que isso. O instrumental da Regra-Matriz de Incidência Tributária alcança qualquer horizonte.

No Direito Tributário brasileiro, muitos trabalhos que marcaram época ao longo dos anos foram desenvolvidos, tendo como base a composição da Regra-Matriz de Incidência Tributária. Calorosas discussões envolvendo a incidência ou não de um determinado tributo sobre uma eventual operação inevitavelmente perpassam pelo critério material. Debates envolvendo a identificação da competência tributária – se deste ou daquele ente federado –, quando se está diante de uma eventual operação extraterritorial, inevitavelmente, também, perpassam pelo critério pessoal e pelo critério espacial. Nenhum desses problemas são singelos. Estudar o critério material de um tributo, por certo, não é uma tarefa simples. Identificar o sujeito ativo, levando-se em consideração o local em que ocorreu o fato gerador do tributo, também é uma missão árdua.

Naturalmente, quando se concebe a estrutura lógica-semântica, visualiza-se o fenômeno jurídico de uma maneira

II
O CONSTRUCTIVISMO LÓGICO-SEMÂNTICO COMO MÉTODO

mais clara. Identifica-se a conduta humana que fará incidir a imposição tributária, bem como as condicionantes de tempo e espaço. Identifica-se, outrossim, a consequência, implicada pela hipótese, traduzida no vínculo obrigacional formado entre dois sujeitos. Consegue-se, destarte, concentrar os estudos em alguns dos elementos da Regra-Matriz de Incidência Tributária. E essa concentração, fruto da esquematização lógica, é que resulta no aperfeiçoamento científico. A título de exemplo, podemos citar excelentes obras que abordam o conceito constitucional da renda (critério material), o local da prestação do serviço (critério pessoal e critério espacial) etc.

Desta forma, a Regra-Matriz de Incidência Tributária não apenas se presta a servir como um instrumento alternativo à compreensão do fenômeno jurídico da incidência. Suas qualidades não são apenas operativas, de ordem prática ou pedagógicas. O estudo do Direito Tributário, valendo-se da construção da Regra-Matriz de Incidência Tributária, é paradoxalmente profundo e completo. Pode, a um só tempo, reduzir a complexidade do dado jurídico, como também ser utilizada para promover aprofundados estudos em relação ao detalhamento de quaisquer de seus critérios. São os dois extremos. Simultaneamente, a Regra-Matriz de Incidência Tributária facilita a interpretação do Direito Tributário e se revela uma importante e operativa ferramenta de trabalho e de pesquisa.

Referências

BARRETO, Paulo Ayres. *Contribuições* – regime jurídico, destinação e controle. São Paulo: Noeses, 2006.

BARRETO, Paulo Ayres. *Imposto sobre a renda e preços de transferência*. São Paulo: Dialética, 2001.

CAPELLA, Juan-Ramon. *El derecho como lenguaje*. Barcelona: Ariel, 1968.

CARVALHO, Aurora Tomazini de. *Curso de teoria geral do direito (o constructivismo lógico-semântico)*. 3ª edição. São Paulo: Noeses, 2013.

CARVALHO, Paulo de Barros. Constructivismo lógico-semântico. In CARVALHO, Paulo de Barros (Coord.). CARVALHO, Aurora Tomazini de (org.). *Constructivismo lógico-semântico, vol. 02*. São Paulo: Noeses, 2018.

CARVALHO, Paulo de Barros. *Curso de direito tributário*. 30 edição. São Paulo: Saraiva, 2019.

CARVALHO, Paulo de Barros. *Direito tributário:* fundamentos jurídicos da incidência. 3ª ed., 2004; 9ª ed. 2012, p. 128. São Paulo: Saraiva.

CARVALHO, Paulo de Barros. *Direito tributário, linguagem e método*. 5ª edição. São Paulo: Noeses, 2013.

FERRAZ JR., Tercio Sampaio. *Introdução ao estudo do direito*. 2ª edição. São Paulo: Atlas, 1995.

GRAU, Eros Roberto. *O direito posto e o direito pressuposto*. 2ª edição. São Paulo: Malheiros Editores, 1998.

HESSEN, Johannes. *Teoria do conhecimento*. Trad. António Correia. *8ª edição*. Coimbra: Armênio Amado, 1987.

KELSEN, Hans. *Teoria pura do direito*. 4ª ed. Coimbra: Armênio Amado, 1976.

ROBLES MORCHÓN, Gregorio. *Teoría del derecho (fundamentos de teoría comunicacional del derecho), vol. 01*. Madrid: Civitas, 1998.

STRECK, Lenio Luiz. *Hermenêutica jurídica e(m) crise. Uma exploração hermenêutica da construção do direito*. Porto Alegre: Livraria do Advogado, 1999.

TORRES, Ricardo Lobo. *Curso de direito financeiro e tributário*. 12ª edição. Rio de Janeiro: Renovar, 2005.

VANONI, Ezio. *Natureza e interpretação das leis tributárias*. Trad. Rubens Gomes de Sousa. Rio de Janeiro: Financeiras, [s.d.].

VILANOVA, Lourival. *As estruturas lógicas e o sistema do direito positivo*. São Paulo: Revista dos Tribunais, 1977.

CONSTRUCTIVISMO LÓGICO-SEMÂNTICO E DIREITO CONSTITUCIONAL TRIBUTÁRIO: UMA ANÁLISE SEMÂNTICA, SINTÁTICA E PRAGMÁTICA

Jonathan Barros Vita[1]

Introdução

Incialmente, cabe ressaltar que este artigo se insere em coletânea em comemoração ao aniversário de 35 anos do já famoso grupo de Estudos do estimado Professor Paulo de Barros Carvalho, onde sempre são inúmeras as oportunidades de realizar reflexões profundas sobre temas da Teoria Geral do Direito ou aplicações do Constructivismo Lógico-Semântico, ou seja, um lugar onde a convivência científica sempre permitiu a esse autor vários saltos qualitativos na sua formação acadêmica.

---

1. Advogado, Consultor Jurídico e Contador. Especialista em Direito Tributário pelo Instituto Brasileiro de Estudos Tributários – IBET-SP, Mestre e Doutor em Direito pela Pontifícia Universidade Católica de São Paulo – PUC-SP e Mestre em Segundo Nível em Direito Tributário da Empresa pela Universidade Comercial Luigi Bocconi – Milão – Itália. Estágio de pós-doutorado como Senior visiting research fellow na WU (Wirtschaftsuniversität Wien) – Viena – Áustria. Coordenador e professor titular do Mestrado e Doutorado em Direito da UNIMAR. Professor de diversos cursos de pós-graduação no Brasil e exterior. Conselheiro do Conselho Municipal de Tributos de São Paulo. Ex-Conselheiro do CARF – Conselho Administrativo de Recursos Fiscais. Ex-Juiz do Tribunal de Impostos e Taxas do Estado de São Paulo. Ex-Secretário da Comissão Especial de Direito Tributário do Conselho Federal da OAB.

II

O CONSTRUCTIVISMO LÓGICO-SEMÂNTICO COMO MÉTODO

Para produzir este artigo nesse contexto, uma opção metodológica foi necessária a partir do seguinte dilema: desenvolver novas aplicações a partir da plataforma gerada pelo grupo de estudos ou produzir uma revisão da dos projetos já desenvolvidos, produzindo uma arqueologia.

No caso concreto, foi tomada a primeira destas hipóteses, ou seja, desenvolver novas aplicações do Constructivismo Lógico-Semântico, levando esse sistema a novos horizontes aplicativos.

Nesse sentido, para atingir os objetivos traçados nesse artigo, o método aplicável é o empírico-dialético, utilizando-se de técnicas de pesquisa bibliográfica e de levantamento de jurisprudência, e o sistema de referência utilizado[2] agrega vários desenvolvimentos de teorias já estabelecidas e, especialmente, muda constantemente de posição de observação, sendo importante ressaltar a contribuição essencial do Construtivismo Lógico-Semântico de Barros Carvalho.[3]

Obviamente, este trabalho não visa à redefinição da semiótica, nem dos seus decorrentes Giro Linguístico e Construtivismo Lógico-semântico, pois a doutrina sobre eles é mais que suficientemente profunda, lembrando que alguns dos autores citados por estudiosos de ambas as disciplinas são os mesmos, como Peirce, Sassure, Fiorin, Oliveira, entre outros.[4]

Não se olvida que a semiótica é o estudo dos signos e tem como subpartes: a sintática, que estuda as regras de formação (gramática) de uma língua, a semântica, que estuda os seus significados, e a pragmática, que estuda os usos da língua.

---

2. Para a visão mais atual deste sistema de referência proposto: VITA, Jonathan Barros. *Teoria geral do direito*: direito internacional e direito tributário. São Paulo: Quartier Latin 2011.

3. CARVALHO, Paulo de Barros. *Direito tributário, linguagem e método*. 2ª edição. São Paulo: Noeses, 2008.

4. Como obras de referência utilizadas para este trabalho e que compilam as teorias apresentadas, podem ser destacadas: FIORIN, José Luiz (org.). *Introdução à linguística* – I. Objetos teóricos. São Paulo: Editora Contexto, 2007; FIORIN, José Luiz (org.). Introdução à linguística – II. Princípios de análise. São Paulo: Editora Contexto, 2007; FIORIN, José Luiz. *As astúcias da enunciação*. 2ª Ed. São Paulo: Ática, 2005.

CONSTRUCTIVISMO LÓGICO-SEMÂNTICO
Homenagem aos 35 anos do grupo de estudos de Paulo de Barros Carvalho

O estudo a ser realizado neste texto, tem-se que as teorias da linguagem são úteis para compreender os limites da semiótica constitucional tributária, com sua sintática, semântica e pragmática próprias.

Para tanto, cabe mencionar que um dos ramos (didaticamente autônomo) mais estudados da dogmática jurídica é o Direito Constitucional, com seus óbvios desdobramentos principiológicos e diretivos que irradiam efeitos para todo o sistema jurídico e vários são os autores que estudam o seu sub-ramo/subclasse Direito Constitucional Tributário.[5]

Contextualmente, não se olvida que este sistema jurídico em sua língua própria (que é distinta da língua da sociedade Flusser)[6] vem sofrendo uma interessante influência de outros sistemas sociais, ampliando seu repertório e, como sempre, tentando aumentar o seu grau de univocidade e sua capacidade de (co)ordenar interpretações.

A Autologia e as definições próprias da Constituição[7] possuem um papel dirigente fundamental no sistema, mas normalmente são realizadas pela negativa ou sem conotações claras apesar de (quase paradoxalmente) seus efeitos de irradiação são extremamente fortes do ponto de vista axiológico.

Mais especificamente, as dificuldades de a Constituição criar conceitos que são utilizados/definidos em um ramo didaticamente autônomo como o direito tributário com seu feixe

---

5. Como Autores que preconizam tais ideias, destacam-se: ATALIBA, Geraldo. *Hipótese de incidência tributária*. 6ª edição. São Paulo: Malheiros, 2004. CARRAZZA, Roque Antonio. *Curso de direito constitucional tributário*. 19ª edição. São Paulo: Malheiros, 2004.

6. Em uma forma preconizada por: FLUSSER, Vilém. *Língua e realidade*. 3ª ed. São Paulo: Annablume, 2007. E, em menor medida por: VILANOVA, Lourival. *Estruturas lógicas e o sistema no direito positivo*. São Paulo: Noeses, 2006.

7. Como texto que, apesar de algumas diferenças de abordagem, trabalha com semiótica e Luhmann aplicados a um novo paradigma constitucional: MARQUES, Raphael Peixoto de Paulo. História semântica de um conceito: a influência inglesa do século XVIII na construção do sentido de Constituição como Paramount Law. *In: Revista Brasileira de Direito Constitucional – RBDC, n. 10*. São Paulo: EBDC, jul./dez. 2007, p. 357-382.

II
O CONSTRUCTIVISMO LÓGICO-SEMÂNTICO COMO MÉTODO

de atração semântica são enormes, vez que esse direito é eminentemente técnico e opera, normalmente, como direito de sobreposição ao direito privado.

Esse é o núcleo de especulações do artigo que fará uma investigação sequenciada em cada item deste trabalho, abordando separadamente cada um dos eixos semióticos da sintática, semântica e pragmática constitucionais como esse efeito irradiador da Constituição se organiza no direito e seus impactos nos conceitos específicos do direito tributário.

1. Sintática constitucional tributária

Dentro da investigação das formas de delimitação de um dado idioma, como dito, a estudar sua sintática é fundamental, especialmente quando visualizado o direito positivo de um dado país (ou aquele internacional).

Obviamente, lembra-se que a sintática da língua do direito quando tratada pela doutrina é única para todos os sistemas jurídicos, pois, como dito, as normas são estruturadas com a implicação deôntica entre antecedente e consequente.

Dentro da construção de um dado idioma, incluindo conceituações e definições próprias (artificiais ou não), tem-se que as regras de estruturação do mesmo, que incluem a formação de suas frases e de suas palavras, acabam por ser fundamentais para compreender a dinâmica do mesmo, sem olvidar que o termo correlato fundamental da sintática é a validade,[8] pois somente textos produzidos através da sintática própria da língua do direito é que podem ser reconhecidos como tal.

Estruturalmente, o direito positivo possui vários textos jurídicos que o compõem, sendo os mais importantes as leis, sentenças e contratos, sem olvidar dos atos administrativos.

---

8. Em relação à validade no contexto do sistema de referência proposto: VITA, Jonathan Barros. *Teoria geral do direito e direito internacional aplicados à matéria tributária*. São Paulo: Quartier Latin, 2011.

Interessantemente, quando se compara os sistemas de *Common Law* e de *Civil Law*, estes apresentam diferenças sintáticas e, também, assimetrias entre o maior número de cada uma das citadas subespécies de textos de direito positivo, lembrando que o primeiro utiliza-se mais fortemente de NICs com possibilidade de generalização, enquanto o segundo volta-se para NGAs e propaga-se a partir do processo constante de concretização (produção de NICs).

Obviamente, estas diferenças na forma de construção e propagação de cada um destas espécies de sistemas jurídicos também trazem consigo sutilezas que criam dificuldades na apreciação destas sutilezas com as ferramentas teóricas utilizadas, pois as diferenças entre a individualidade e generalidade ficam borradas.

Contextualmente, os precedentes em si começam a criar regras jurídicas, como na repercussão geral e recursos repetitivos os quais, em sua grande maioria, são relacionados com a esfera tributária, lembrando que esta situação é mais exacerbada no caso das súmulas vinculantes, que criam, de fato, normas gerais e abstratas.

Neste sentido, durante vários momentos históricos (especialmente em revoluções) existem hiatos na forma desta construção, baseando-se em costumes ou em formas pré-estabelecidas, especialmente no plano internacional.

Na história recente brasileira, a exemplo, a (inconstitucional) EC 25/1985 à Constituição de 1967 estabeleceu a sintática da nova Constituição de 1988, vez que tratou da instalação e procedimento da Assembleia Constituinte.

Atualmente, no campo da sintática da produção legislativa, tem-se que Lei Complementar 95/98 é a regra sintática por excelência do sistema jurídico nacional, tendo como fundamento de validade o art. 59, parágrafo único, da CF.[9]

---

9. Art. 59. O processo legislativo compreende a elaboração de:
Parágrafo único. Lei complementar disporá sobre a elaboração, redação, alteração e consolidação das leis.

II
O CONSTRUCTIVISMO LÓGICO-SEMÂNTICO COMO MÉTODO

A partir deste texto legal, não se olvida que, sob o ponto de vista formal,[10] a Lei Complementar 95/98 é superior hierarquicamente a todas as normas que a utilizaram como fundamento de seu procedimento, incluindo-se as Emendas Constitucionais.

Obviamente, a hierarquia (e as correlatas soluções de antinomias e outras regras de preferências interpretativas como aquelas da LINDB (Lei de Introdução às Normas do Direito Brasileiro)) são formas de reordenação sintática do sistema jurídico, em que preferências legislativamente postas tentam eliminar os problemas (como contradições) para permitir a construção de um sistema jurídico completo e coerente de normas.

Paralelamente, este é o papel também das revogações (e declarações de inconstitucionalidades), em que há a retirada de textos de direito positivo do sistema jurídico para (re)criar estabilidade ou permitir que novos núcleos de preferências políticas sejam postos no lugar daquele sistema ultrapassado.

Para finalizar o ponto, importante rememorar como funciona a segunda espécie de hierarquia normativa, aquela material, em que os termos definição e conceitos são fundamentais, pois o que permite uma hierarquia desta subespécie é que não se verifique a espécie normativa dos textos que se relacionam entre si (definindo conceitos), mas a primariedade de um em relação ao outro.

Obviamente a ideia de hierarquia material foge ao padrão clássico da (incorretamente mencionada) pirâmide kelseniana, em que no topo existe uma (erroneamente considerada) norma hipotética fundamental, que dá fundamento de validade para a Constituição e assim sucessivamente.

Exemplificando a hierarquia intrincada (e variável conforme o ponto de observação) utilizada aqui (configurada em quase uma heterarquia), o CTN, ainda que seja Lei Complementar, é inferior hierarquicamente de forma material[11] ao

---

10. Para mais sobre a já clássica distinção entre hierarquia formal e material, apesar de algumas reservas: BORGES, Souto Maior. *Isenções tributárias*. 2ª ed. São Paulo: Sugestões Literárias, 1969.

11. Neste ponto, utiliza-se a citada diferença entre hierarquia formal e material de

Código Civil, pois os conceitos e suas definições utilizados pelo direito tributário não podem ser distintos.

Cite-se que, tendencialmente, a ordem inaugural guardaria para si uma hierarquia superior às demais normas no que trata da impossibilidade de sua revogação (cláusulas pétreas), porém, não existe positivação neste sentido, nem mesmo no art. 59 combinado com o art. 60 da CF/88.

Interessantemente, esta hierarquia é linguística e pode ser observada sob o citado ângulo da definição e conceito (fundantes e fundados, classes e subclasses) como termos fundamentais, além de ser possível o que se chama de visualização *top to bottom* ou *bottom to top*.

Dentro da tradição citada kelseniana, existe uma tendência de verificar a primeira, em que as normas superiores limitam o conteúdo das inferiores.

Entretanto, quando cada norma é produzida, ela se auto-limita, uma vez que inicialmente existe a incerteza, emulando o princípio da incerteza de Heisenberg,[12] mas quando uma opção é tomada, estes intervalos do possível são eliminados, criando-se um núcleo a partir do qual se criam operações.

Obviamente, tal progressão geométrica das palavras que tratam sobre um mesmo tema acaba sendo mais ainda exponencializada quando saímos do contexto mencionado da generalidade e abstração, para a individualização e concretude, lembrando que este processo exponencial é, da mesma forma, observado no campo geral e abstrato como será visto, *infra*.

Logo, de fato, são as normas inferiores que, ao definirem os conceitos das superiores que limitam o seu conteúdo, apesar de, também, serem limitadas em seu campo de possibilidades, determinam que as relações verticalizadas entre textos

---

Souto Maior Borges retrabalhada por: CARVALHO, Paulo de Barros. *Direito tributário:* linguagem e método. 2ª edição. São Paulo: Noeses, 2008.

12. HEISENBERG, Werner. *Physics and Philosophy: The Revolution in Modern Science.* New York: Harper and Row, 1958.

II
O CONSTRUCTIVISMO LÓGICO-SEMÂNTICO COMO MÉTODO

jurídicos devem ser vistas sob os dois eixos, de cima para baixo e de baixo para cima.

Mais ainda e especificamente, no caso do direito tributário, é bastante claro que existe um longo encadeamento normativo para a aplicação das normas tributárias o que indica que o caminho da constituição às NICs dos lançamentos tributários, a exemplo, é permeado por várias normas jurídicas operando conjuntamente.

A Constituição define competências, o CTN estabelece uma série de normas gerais, certos tributos ainda possuem Lei Complementar Nacional, além das respectivas Leis Estaduais ou Municipais que são previstas na Constituição estadual ou lei orgânica do Município.

No mesmo caminho, também há uma série de normas procedimentais e regras que se apoiam em outras regras no campo tributário, como aquelas de destinação de tributos (direito tributário e direito financeiro acoplados) ou regras de responsabilidade ou de pagamentos tributários (duas regras de direito tributário operando conjuntamente).

2. Semântica constitucional tributária

2.1 Contornos mínimos para elucidar as expressões definições e conceitos

Incialmente, cabe ressaltar que a linguagem do direito é operativamente fechada e não possui conteúdos (definições) aprioristicos ou autóctones, sendo uma construção artificial e arbitrária utilizando-se das ferramentas (sintáticas) do sistema jurídico para atingir seu fim, a codificação do direito em lícito ou ilícito.

Ainda, mesmo que a linguagem (ou as interpretações) evolua, tem-se que fazer ressalva à ideia de Robles[13] em que este coloca que a ciência do direito permite a evolução, por

---

13. ROBLES MORCHÓN, Gregorio. *O direito como texto:* quatro estudos de teoria comunicacional do direito. Barueri/SP: Manole, 2005.

si só do sistema jurídico, prescindindo da colocação de novos conceitos e definições juridicamente.

Estas definições de conceitos podem existir de várias formas no sistema jurídico, mas poderiam ser sumarizadas como: a chamada definição pela negativa; ou definições diretas, como a estipulativa, a conotativa e a denotativa.

As definições pela negativa são muito utilizadas como formas indiretas de definir um dado conceito, ou seja, estabelecendo critérios de não inclusão em uma dada classe ou, mesmo, contrapondo classes e determinando sua disjunção ou estabelecendo os limites de sua intersecção.

Lembra-se que esta forma de definir é extremamente pobre e pode levar a falsas inclusões em classes não imaginadas, motivo pelo qual é útil apenas em certas situações, como quando se tenta criar disjunções excludentes no plano constitucional das competências, contrapondo conceitos limítrofes na geografia constitucional.

Sob o ponto de vista positivo, as definições estipulativas, aparentemente, são formas de verticalizar a aplicação de conceitos artificialmente criados, distinguindo, em muitos casos línguas que possuem como base um mesmo idioma, impedindo a comunicação entre elas, normalmente utilizando-se de um foco ejetor autorizado pelo sistema de referência que determina (quase como um axioma) aquela definição.

Diversamente, as definições conotativas estabelecem critérios de identificação da pertinencialidade de um dado elemento com um dado conjunto, notavelmente através da abstração/indução.

Por sua vez, nas definições denotativas, elencam-se, de maneira taxativa ou enumerativa, os objetos que estão contidos em uma dada classe o que permite, através do processo de abstração generalizadora, determinar conotações possíveis para esta mesma classe.

II
O CONSTRUCTIVISMO LÓGICO-SEMÂNTICO COMO MÉTODO

Lembra-se que as definições conotativas são mais seguras e permitem que sejam generalizados os conceitos, que podem ser preenchidos (individual e concretamente) pelos casos concretos.

2.2 Semântica constitucional tributária e seus contornos no direito brasileiro

Antes de tudo, lembra-se que vários dos defeitos semânticos (conceituais ou definitórios) contidos especialmente nas leis em sentido estrito são derivantes da heterogênea e democrática composição dos parlamentos que, apesar de trazer estas atecnicidades, permite, do outro lado, uma maior abertura semântica e alinhamento de expectativas entre a sociedade e o sistema jurídico.

Obviamente, o direito tem como função primordial ter normas, padrões de conduta, mas não pode se converter em uma máquina que apenas utiliza presunções jurídicas ou ficções em detrimento das situações concretas como forma de maximizar a eficiência deste sistema em detrimento do princípio da individualização que leva a justiça personalizada.

Sob outro ângulo, os problemas técnicos na construção da linguagem jurídica através do processo legislativo surgem, também, pois os jogos de linguagem entre a política e o direito pressupõem a necessidade de consenso (democrático) que pode ter vários níveis e afeta, necessariamente, a hierarquia normativa.[14]

Neste caso, o objetivo específico de uma norma produzida é seu maior consenso, deixando de lado uma maior amplitude de conteúdo da norma produzida que gerará a harmonização, sacrificando um maior conteúdo técnico em detrimento do código maioria/minoria.[15]

---

14. Para mais sobre a relação entre democracia e hierarquia: MCNAUGHTON, Charles William. *Hierarquia e sistema tributário*. São Paulo: Quartier Latin, 2010.

15. Exemplo desta situação é o que ocorreu com o pacote americano anticrise, que teve incluídas, a exemplo, cláusulas protecionistas (*buy american*) em sua versão final para acomodar o Código – maioria necessária para sua aprovação.

304

CONSTRUCTIVISMO LÓGICO-SEMÂNTICO
Homenagem aos 35 anos do grupo de estudos de Paulo de Barros Carvalho

É dizer, uma visão radical não consegue compor a maioria qualificada e consensual necessária para produzir um texto mais forte e específico, porém acaba por representar a partir de um menor dirigismo legal, uma maior eficácia social da norma produzida.

No caso das constituições originárias, esta forma de consenso acaba sendo interessante devido ao contexto (r)evolucionário que acompanham a formulação de novos textos desta natureza.

De qualquer maneira, lembra-se que não há uma grande necessidade de consenso definitório na formulação de uma Constituição, pois estes textos jurídicos possuem um caráter mais principiológico e dirigista, amplificando seu alcance à medida que os textos inferiores vão complementando-o, trazendo muitas vezes apenas conceitos e suas classes confinantes, permitindo definições negativas tão somente.

Outrossim, esta é exatamente a forma (e correspondente função) destes textos jurídicos, em que sua semântica é extremamente aberta e há a utilização de um texto mais conceitual (e menos definitório) que, justamente por conta disto, é mais político e atécnico para cumprir seus objetivos como acoplamento estrutural entre política e direito.

Esta ideia é paralela àquela da distinção entre processo e produto na formação e diferenciação entre leis ordinárias e leis complementares, a exemplo, já que o procedimento com maioria qualificada crescente requer um texto com maior consenso, o que modifica o conteúdo destes, lembrando que o consenso é algo muito difícil de atingir no direito e, muito menos, a exemplo, no subsistema das artes, que possui um tempo mais lento na apropriação de seus códigos.

É dizer, as programações, como nos projetos de leis ordinárias, são mais rápidos e possuem conteúdo mais específico à medida que a capacidade de consenso exigida seja menor, estabelecendo a possibilidade de um decreto ser emitido em tão pouco tempo em detrimento de uma emenda constitucional, o que é referendado pela distinção dos seus procedimentos.

II
O CONSTRUCTIVISMO LÓGICO-SEMÂNTICO COMO MÉTODO

Sob outro ângulo, as sentenças judiciais demoram mais nos casos penais que naqueles tributários, sem olvidar o fato que estes textos são muito mais técnicos do que aqueles (produtos do processo legislativo em sentido amplo).

Adicionalmente aos exemplos dados, no contexto internacional, os tratados internacionais bilaterais têm maior especificidade de seus textos e demoram menos tempo que aqueles multilaterais para serem produzidos, sendo que estes possuem um alto grau de vagueza ou algo grau de subjetividade ou imprecisão semântica, não só para permitir sua aplicação nos mais diversos Estados envolvidos, mas também para facilitar seu consenso e, por conseguinte, a finalização do procedimento de aprovação.

Obviamente, não se olvida, neste caso, que os tratados bilaterais possuem também, em certos trechos, um grau alto de vagueza e remissões às legislações internas, sendo tão vagos quanto leis complementares, normalmente, pois seu consenso (entre dois países) é muito difícil.

Sinteticamente, a especificidade (técnica) semântica de um dado texto jurídico é inversamente proporcional à necessidade do consenso para sua aprovação, ou seja, quanto mais consenso se exige, menor é a capacidade regulatória de um dado texto, sendo este mais principiológico e semanticamente aberto.

O direito tributário utiliza-se justamente dessa falta de democracia para poder operar com conceitos extremamente técnicos e que existem uma grande univocidade.

Da mesma forma, o direito tributário necessita de procedimentos muito claramente previstos em lei, por ser parte do chamado (atecnicamente) direito público e pela interdisciplinariedade intrínseca ao direito tributário em suas relações mais proeminentes com contabilidade, finanças (públicas e privadas), administração e economia.

Como nota final, não se olvida a capacidade dos sistemas jurídicos de realizarem integração (quase cibernética) textual

306

CONSTRUCTIVISMO LÓGICO-SEMÂNTICO
Homenagem aos 35 anos do grupo de estudos de Paulo de Barros Carvalho

e a possibilidade de criação de pontes jurídicas entre partes não confinantes de um sistema jurídico.

Faz-se ressalva que, mesmo com estes processos, certos conceitos vazios de conteúdo definitório não podem ser integrados/preenchidos semanticamente através da ciência do direito (e menos ainda através de outras ciências confinantes como a contabilidade, biologia e economia).

Da mesma forma, não há possibilidade de aceitar-se integração textual através dos chamados *Legal transplants*[16-17] ou, mesmo, de fontes não normativas como comentários ou princípios e práticas/costumes internacionais (não positivados).

Obviamente, podem-se aceitar os *structural drifts,*[18] ou seja, vários sistemas jurídicos distintos (ou partes componentes de um mesmo sistema jurídico) podem (re)produzir estruturas similares a partir de um processo de evolução convergente e paralela[19] e mesmo os textos derivantes do processo de harmonização internacional[20] (no plano sintático semân-

---

16. Como obra fundamental sobre o tema: WATSON, Alan. *Legal transplants an approach to comparative law*. Athens: University of Georgia Press, 1993.

17. Como obra que delimita bem o tema, incluindo especulações sobre o direito tributário: LI, Jinyan, Tax Transplants and the Critical Role of Processes: A Case Study of China. Journal of Chinese Tax and Policy, Vol. 3, Special, pp. 85-139, May 2013 ; Osgoode Legal Studies Research Paper No. 06/2015. Available at SSRN: https://ssrn.com/abstract=2532070 e VALDERRAMA, Irma Johana Mosquera. Legal transplants and comparative lawInternational Law: Revista Colombiana de Derecho Internacional, núm. 2, diciembre, 2003, pp. 361-276. In: https://www.redalyc.org/pdf/824/82400207.pdf

18. LUHMANN, Niklas. *Law as a social system*. Oxford: Oxford University Press, 2004.

19. Para mais sobre tal perspectiva: VITA, Jonathan Barros. Harmonização e convergência na sociedade contemporânea: entre os direitos internos e o direito internacional. In: Jorge Miranda. (Org.). Diálogo Ambiental, Constitucional e Internacional 3. 1ed.Lisboa: Instituto de Ciências Jurídico-Políticas (ICJP) da Faculdade de Direito da Universidade de Lisboa, 2015, v. 1, p. 259-272.

20. Como importantes textos clássicos a respeito do tema, entre outros: CASELLA, Paulo Borba. Modalidades de harmonização, unificação e uniformização do Direito– O Brasil e as convenções interamericanas de direito internacional privado. In: INTEGRAÇÃO JURÍDICA INTERAMERICANA: As convenções interamericanas do direito internacional privado (CIDIP's) e o direito brasileiro. São Paulo: Ltr, 1998; CASELLA, Paulo Borba. Harmonização do direito internacional interamericano. Disponível

II
O CONSTRUCTIVISMO LÓGICO-SEMÂNTICO COMO MÉTODO

tico e pragmático) ou aqueles que derivam de *model laws* ou *minimun standards*.

Entretanto, isso não significa que definições e conceitos internacionais são diretamente aplicáveis no campo da pragmática do direito brasileiro, ainda que vários casos têm-se utilizado dessa (incorreta) estratégia argumentativa.

Prosseguindo, lembra-se que a compatibilidade entre definições infraconstitucionais e sua relação com os conceitos constitucionais é fundamental para permitir a validade (semântica) destas expressões jurídicas, sem olvidar que também uma compatibilidade interna às normas jurídicas (logicidade intranormativa para Robles[21]) deve existir, como a chamada compatibilidade entre o verbo do critério material da hipótese e a base de cálculo tributária escolhida ou, mesmo, entre o verbo utilizado na constituição (regra de competência) e aquele fato jurídico escolhido como critério material de uma Regra-Matriz de Incidência Tributária.[22]

Como outro tema correlato ao problema da diferenciação entre definições e conceitos, já citado, não se olvida que o ato de classificar é extremamente útil, pois a unidade do direito também passa pelo problema semântico.

Nesse campo, o direito tributário utiliza-se de estratégias variadas para definir seus conceitos, possuindo tanto denotações como conotações, como nos exemplos (respectivamente)

---

em: http://www.cacb.org.br/mediacao_arbitragem/artigos/Harmonizacao%20do%20 Direito%20Internacional%20Interamericano.doc. Acesso em: 04/06/2013; OLIVEIRA, Renata Fialho. *Harmonização jurídica no direito internacional.* São Paulo: Quartier Latin, 2008; VIEGAS, Vera Lúcia. Teoria da harmonização jurídica: alguns esclarecimentos. *In: Novos Estudos Jurídicos.* Vol. 9, n. 3. Itajaí: UNIVALI, 2004.

21. ROBLES MORCHÓN, Gregorio. *O direito como texto:* quatro estudos de teoria comunicacional do direito. Barueri – SP: Manole, 2005.

22. Como autor que investiga o problema da compatibilidade entre os verbos constitucionais que instituem competências legislativas e os signos presuntivos de riqueza utilizados pela legislação brasileira: MACEDO, Alberto. No início... Eram os verbos... *In: Vilém Flusser e Juristas – Comemoração dos 25 anos do grupo de estudos de Paulo de Barros Carvalho.* São Paulo: Noeses, 2009, p. 397-416.

dos serviços tributáveis pelo ISS (lista de serviços da LC 116/2003) ou a definição legal de renda (arts. 43 a 45 do CTN).

Curiosamente, a definição primária de serviços está no Código Civil no art. 594 e foi realizada de maneira conotativa, tendo-se de sempre contrapor as conotações dos serviços do direito privado com as denotações da lista de serviços (que são subclasses dos serviços).

Quando há divergência entre os conotadores gerais e os elementos denotados da subclasse, há o descarte da denotação, como ocorreu na declaração de inconstitucionalidade de ISS sobre locações de bens móveis nos precedentes que levaram a formulação da Súmula Vinculante 31 do STF.

Isto ocorre, pois existem conceitos que são definidos primariamente por um dado eixo semântico do direito (como o direito civil, a exemplo) e estas definições devem ser seguidas pelos demais eixos que podem, tão somente, criar subclasses, ou seja, estabelecer diferenças específicas.

Elucidando, os conceitos utilizados em um dado ordenamento jurídico nunca terão suas definições conotativas modificadas, apenas sendo criadas diferenças específicas que permitam a aposição de um qualificativo após a classe (que normalmente é criada constitucionalmente com as regras de competência).

Exemplificativamente, como no teor do art. 110 do CTN,[23] não pode o direito tributário modificar definições de conceitos do chamado direito privado, o que implica a existência de conceitos fundantes e conceitos fundados, de definições fundantes e definições (fundadas) derivadas através da subclassificação.

Especificamente, a prescrição é um termo definido primariamente pelo direito civil (arts. 189 e ss. do Código Civil), que funciona como norma geral (definitória) para este termo, mas quando

---

23. Art. 110. A lei tributária não pode alterar a definição, o conteúdo e o alcance de institutos, conceitos e formas de direito privado, utilizados, expressa ou implicitamente, pela Constituição Federal, pelas Constituições dos Estados, ou pelas Leis Orgânicas do Distrito Federal ou dos Municípios, para definir ou limitar competências tributárias.

II
O CONSTRUCTIVISMO LÓGICO-SEMÂNTICO COMO MÉTODO

se tem a prescrição *em matéria tributária* (art. 174 do CTN), esta pode, a exemplo, alterar seu termo inicial ou final ou seu prazo.

3. Pragmática constitucional tributária

Sendo a pragmática o ramo da linguística que estuda os usos de uma dada língua, importante é trazer o ponto de união entre teoria e prática, que permitirá a verificação das intersecções entre a semântica constitucional e como esta língua se propaga no plano geral e abstrato.

Neste sentido, o direito (brasileiro) utiliza-se de um interessante mecanismo de exponencialização de palavras sobre um mesmo dado de fato, em que, quanto maior a tecnicidade e quão fundamental seja uma definição, maior o número de palavras para tanto e menos democrático é o seu procedimento.

Este fenômeno ocorre muito fortemente no direito tributário e o direito administrativo que são objetos de inúmeros artigos da (longa) Constituição brasileira de 1988.

Interessantemente, para explicar a pragmática do direito brasileiro, sempre cabe demonstrar como a semântica foi posta no sistema através dos comandos gerais e abstratos e como a propagação desta língua através dos atos de aplicação (pragmática) vai (re)moldando o sentido destas palavras que perfazem o repertório/vocabulário da língua do direito.

Toma-se como exemplo inicial para elucidar esta pragmática jurídica o caso da renda, tributável pela União através do imposto sobre a renda e proventos de qualquer natureza.

Este conceito é citado 20 vezes no texto da CF de 1988,[24] tendo sido sempre contraposto a outros, como receitas, patrimônio, propriedade, o que implica uma definição negativa deste conceito no âmbito constitucional.

É dizer, quando há uma opção por uma determinada competência no campo constitucional, apesar de o texto dizer,

---

24. Dezoito (18) vezes como renda e duas (2) vezes como rendas.

CONSTRUCTIVISMO LÓGICO-SEMÂNTICO
Homenagem aos 35 anos do grupo de estudos de Paulo de Barros Carvalho

a exemplo, que a União terá competência para tributar a renda (art. 153, III), pode-se produzir um enunciado a partir do mesmo suporte físico dizendo que a União não pode tributar nada que não seja renda, sua negativa.[25]

No campo das ciências econômicas e contábeis, a exemplo, este conceito pode ter múltiplas definições possíveis, que foram quase integralmente descartadas (no plano jurídico) pela adoção da definição (conotativa, legal e estipulativa) utilizada no art. 43, I e II[26] do CTN.

A definição de renda contida nos supracitados artigos do CTN, aparentemente, foi inspirada na Teoria da renda como acréscimo patrimonial, criando uma definição legal que se aproxima bastante dessa teoria, o que é algo absolutamente casual, pois as definições legais não necessitam ser um reflexo de nenhuma das teorias estabelecidas nas ciências que primariamente estudam os fenômenos que foram legislados.

Abre-se parêntese para estabelecer uma peculiaridade deste texto legal, que, no art. 43, § 1°,[27] utiliza-se de uma interessante estratégia para evitar que o uso de palavras distintas para designar o conceito ali conotativamente definido seja uma forma de afastar a aplicação do conceito e, como consequência, da possibilidade de tributação deste fato jurídico.

O conceito de renda ainda é mais especificado pelas variadas leis ordinárias (e decretos-lei) que tratam sobre a matéria,

---

25. Para vários outros exemplos nos estudos da pragmática contemporânea: OLIVEIRA, Manfredo A. de. *Reviravolta linguístico-pragmática na filosofia contemporânea*. 3ª ed. São Paulo: Edições Loyola, 2006.

26. Art. 43. O imposto, de competência da União, sobre a renda e proventos de qualquer natureza tem como fato gerador a aquisição da disponibilidade econômica ou jurídica:
I - de renda, assim entendido o produto do capital, do trabalho ou da combinação de ambos;
II - de proventos de qualquer natureza, assim entendidos os acréscimos patrimoniais não compreendidos no inciso anterior.

27. § 1° A incidência do imposto independe da denominação da receita ou do rendimento, da localização, condição jurídica ou nacionalidade da fonte, da origem e da forma de percepção. (Incluído pela LC n° 104/2001)

II
O CONSTRUCTIVISMO LÓGICO-SEMÂNTICO COMO MÉTODO

que foram consolidadas no RIR – Regulamento do Imposto sobre a Renda (Decreto 3.000/99),[28] que possui mais de mil artigos que tratam também da definição do conceito de renda.

Este termo, por sua vez, é (re)visitado também através das inúmeras Instruções Normativas e Atos Declaratórios, entre outros atos normativos gerais e abstratos, emitidos pelas autoridades fazendárias e correlatas.

Interessantemente, o volume de informações contidas nestes atos administrativos acaba sendo também uma forma de (direta ou indiretamente) definir o conceito de renda.

Obviamente, qualquer que seja o volume destes atos gerais e abstratos, estes sempre serão inferiores aos atos de aplicação normativa, com a produção de normas individuais e concretas que revelam a pragmática das decisões e atos administrativos de lançamento (ou os autolançamentos), sem contar com as decisões judiciais sobre a matéria.

Nesta pragmática, uma série de denotações possíveis para a palavra renda é captada pelos atos de enunciação, que interpretam os dados de mundo e definem se estes atos de produção de riqueza encaixam-se/subsumem-se aos critérios de conotação trazidos nas normas que definem as competências dos juízes, contribuintes e da administração pública.

Com a análise destes atos de aplicação, e através dos processos de redundância comunicativa, mais marcas são criadas, pois estes atos decisórios reiterados perfazem normas complementares em matéria tributária, assim como os atos infralegais citados, de acordo com o art. 100 do CTN.[29]

---

28. O referido Decreto foi revogado pelo Decreto 9.580/2018.

29. Art. 100. São normas complementares das leis, dos tratados e das convenções internacionais e dos decretos:
I - os atos normativos expedidos pelas autoridades administrativas;
II - as decisões dos órgãos singulares ou coletivos de jurisdição administrativa, a que a lei atribua eficácia normativa;
III - as práticas reiteradamente observadas pelas autoridades administrativas;
IV - os convênios que entre si celebrem a União, os Estados, o Distrito Federal e os Municípios.

De outro lado, a jurisprudência utiliza-se muitas vezes da semântica constitucional aberta para interferir na tecnicidade aplicativa do direito tributário, sendo um dos grandes exemplos o julgamento da ADI 2588, onde se utilizou, ao final do julgamento, da ideia de uma boa-fé constitucional como fundamento para uma limitação das regras antielusivas contidas no art. 74 da MP 2158-35.

Isso também ocorre no plano da chamada argumentação pelas consequências que permeiam os julgamentos de constitucionalidade em matéria tributária.[30]

Conclusões

1. O estudo da semiótica em seus três níveis (sintática, semântica e pragmática) é fundamental para compreender as interações linguísticas no plano constitucional, mais especificamente tributário.

2. A língua do direito é artificialmente construída, com o qual opções são tomadas em sua semântica perfazendo sua independência da semântica das outras línguas da sociedade (como da contabilidade, economia, etc.), o que ocorre com frequência altíssima no direito tributário, que é extremamente técnico.

3. Hierarquia, validade e sintática são termos correlatos na aferição da construção do direito positivo, substrato da língua do direito de um dado país, determinando a forma como a língua se constrói e se propaga.

4. A sintática do direito constitucional tributário denota todos os procedimentos e formas utilizados no direito

---

Parágrafo único. A observância das normas referidas neste artigo exclui a imposição de penalidades, a cobrança de juros de mora e a atualização do valor monetário da base de cálculo do tributo.

30. Esse conceito foi bem trabalhado por: PISCITELLI, Tathiane dos Santos. *Argumentando pelas consequências no direito tributário*. São Paulo: Noeses, 2014.

II
O CONSTRUCTIVISMO LÓGICO-SEMÂNTICO COMO MÉTODO

tributário, especialmente nos acoplamentos/encadeamentos normativos que permitem a concreção e individualização da RMIT nos lançamentos tributários.

5. No plano da semântica, os conceitos basilares da língua do direito e que medeiam os atos de aplicação e construção desta língua são criados constitucionalmente, entretanto, neste plano, normalmente estes termos não são definidos positivamente, ou mesmo conotativamente.

6. Tais definições surgem, normalmente, através de textos infralegais que se utilizam de estratégias de conotação e denotação para fecharem operativamente (e semanticamente) a língua do direito.

7. Dentro das escolhas para compor a semântica constitucional, tem-se que esta, por ser aberta e se utilizar de conceitos com poucas definições positivas, abre-se para permitir a evolução destes termos para acompanhar as novas realidades factuais através de dois eixos: possibilidade de produção de textos infralegais, que o definam dentro das margens deste conceito (semântico); e a adaptabilidade dos conceitos dentro dos atos de aplicação do direito (pragmática).

8. Neste sentido, as decisões judiciais, os atos administrativos e as aplicações normativas por parte dos particulares perfazem, em vários níveis, o eixo de mudança da percepção dos limites (definições) de conceitos constitucionalmente postos, sendo a pragmática da definição de conceitos constitucionais e o substrato da evolução da língua do direito enquanto língua social autônoma e artificial.

9. A pragmática do direito constitucional tributário é bastante relevante, vez que grande parte das ADIs e repercussões gerais chegam ao STF em razão da grande constitucionalização deste ramo didaticamente autônomo.

314

CONSTRUTIVISMO LÓGICO-SEMÂNTICO NA CONSTRUÇÃO E FRUIÇÃO DA ARTE E O DIREITO TRIBUTÁRIO

Edmur Oliveira Adão[1]

1. Introdução

Este texto surgiu a partir da proposta apresentada nos encontros do Grupo de Estudos do Professor Paulo de Barros Carvalho, no IBET – Instituto Brasileiro de Estudos Tributários, onde nos reunimos toda semana num período de três horas aproximadamente, tempo que em que temos o privilégio de acompanhar a leitura de livros de autores que contribuíram e contribuem para o desenvolvimento do universo jurídico-filosófico, salientando a importância da linguagem na atividade intelectual do intérprete na atividade cognoscente.

Necessário dizer que meu primeiro contato tendo o Direito como linguagem foi na PUC/COGEAE – SP, em aula ministrada pela Professora Aurora Tomazini de Carvalho, pois

---

1. Bacharel em Direito pela UNICID. Especialista em Direito Tributário pela PUC/SP. Licenciado em Artes Visuais pela FAMEC. Pós-Graduado em Comunicação em Arte-Educação pela FPA.

II
O CONSTRUCTIVISMO LÓGICO-SEMÂNTICO COMO MÉTODO

num passado recente eu já havia estudado o termo linguagem em outra área do conhecimento – nas Artes Plásticas. Buscando conhecimento do Direito na Doutrina do Construtivismo Lógico-Semântico, foi necessário estudar os princípios da semiótica como também a lógica, duas áreas que estão ligadas intrinsecamente com a linguagem no processo cognitivo.

Foi neste ambiente de estudo, tratando o direito como linguagem que obtive a informação do Grupo de Estudos no IBET. Na primeira reunião com o Professor Paulo de Barros Carvalho, ele passou a ler trechos do livro "As Estruturas Lógicas e o Sistema de Direito Positivo" de Lourival Vilanova e explicar para os presentes, que particularmente em mim tocou como surgimento de um novo direito, outra forma de linguagem interpretativa das construções normativas apresentadas pelo legislador.

Foi desta forma que iniciei os estudos sobre o CONSTRUTIVISMO LÓGICO-SEMÂNTICO, que veio a preencher lacunas de muitas divergências nos debates em sala de aula quando cursava a graduação de Direito sobre construção da norma jurídica e sua interpretação tendo como fundamento a sintaxe, a semântica e a lógica.

São as palavras de Professor Paulo de Barros Carvalho:

> O Construtivismo é antes de tudo um método de trabalho, uma forma de compor o discurso preservando a integridade sintática do texto, ao mesmo tempo em que aprimora sua dimensão semântica mediante especificações de sentido que a progressão da mensagem exige.[2]

As palavras acima nos conduzem para o aperfeiçoamento de nossa construção intelectual enquanto ser cognoscente na relação intersubjetiva, que se materializa no enunciado através da palavra verbal ou escrita, numa construção lógica e semântica para que o receptor atribua sentido. Por estarmos

---

2. CARVALHO, Paulo de Barros. *Direito tributário*: reflexões sobre filosofia e ciência em prefácios. São Paulo: Noeses, 2019, p. 23.

316

em sociedade nos relacionamos por muitas vezes pelo ato de fala, (sem ignorar outros meios de comunicação), sendo unidade mínima um transmissor e um receptor, podendo haver pluralidade em ambos os polos da comunicação, isto é, múltiplos comunicadores e receptores, interagindo em diversos momentos num determinado tempo e espaço, caracterizando o dinamismo da sociedade.

Assim o Construtivismo Lógico-Semântico é a porta para a compreensão de mundo construído através da linguagem tendo o homem como ponto de intersecção entre muitas linguagens que são construídas da relação intersubjetiva na interação da sociedade.

2. Semiótica

A palavra semiótica tem sua origem na língua grega *semeion*, que quer dizer signo. Considerada, por Charles Sanders Pierce, ciência que estuda os signos, ou melhor, a ciência dos signos presente em todas as linguagens.

Em atenção à semiótica como ciência, temos as palavras da Professora Lúcia Santaella:

> A Semiótica é a ciência que tem por objetivo de investigação todas as linguagens possíveis, ou seja, que tem por objetivo o exame dos modos de constituição de todo e qualquer fenômeno e produção de significação.[3]

Seu universo de exploração encontra-se numa distância até onde o homem possa alcançar, significa dizer que não há barreiras limitatórias quando estamos tratando do poder de criação e imaginação que se encontra intrínseco no ato de produzir signos, *de fazer existir algo que não havia, ou de desenvolver, dar nova feição ou uso ao que já existe*. Em outras

---

3. *O que é Semiótica*. São Paulo: Brasiliense, 2012, p. 19.

II
O CONSTRUCTIVISMO LÓGICO-SEMÂNTICO COMO MÉTODO

palavras, podemos dizer que é inerente ao homem à ação de constituição de signos de linguagem.

Aceitar a semiótica como ciência dos signos é estar pronto para compreender que temos em nosso intelecto as imagens dos objetos, mas não o próprio objeto, como exemplo, a palavra "casa" que representa moradia num determinado conjunto de elementos textuais em que se encontra, ou "casa" de botão (*objeto utilizado no ramo de confecção de roupas*), exemplo: camisa.[4]

Armazenamos os signos de linguagem presentes no mundo fenomênico que através da atividade cognitiva se revelam em nossa memória, mesmo estando no longínquo do intelecto, que por meio dos fragmentos de lembrança fazem aflorar o que é desejado, a não ser que seja algo que devido à extensão de tempo foi afastado definitivamente da memória. Em outros termos são experiências praticadas nas interações intersubjetivas que acontecem em sociedade que ficam registradas em nosso conhecimento.

No entendimento de Santo Agostinho:

> Chego aos campos e vastos palácios da memória onde estão tesouros de inumeráveis imagens trazidas por percepções de toda espécie. Aí está também escondido tudo o que pensamos, quer aumentando quer diminuído ou até variando de qualquer modo os objetos que os sentidos atingiram. Enfim, jaz tudo o que se lhes entregou e depôs se é que o esquecimento ainda o não absorveu e sepultou.[5]

A semiótica é uma ciência que por estar intrinsecamente ligada à linguagem interfere diretamente no intelecto, percepção do significante e significado do objeto (signo) presente no mundo sensível. Em outras palavras, a semiótica está

---

4. Tárek Moysés Moussallem "A palavra "direito" é usada em distintos contextos, tornando-se impossível sua univocidade (assim como a de qualquer palavra), sem levar em conta as diversas acepções que pode adquirir dentro de cada contexto específico". *Fontes do direito tributário*. 2. ed. – São Paulo: Noeses, 2006, p. 31.

5. *Os Pensadores*, Ed. Nova Cultura, São Paulo, 1999, p. 226/267.

2.1 Palavra, Signo e Objeto

A palavra relação, apontada em nosso texto, terá a função espelhada, onde signo e objeto se tornam único em contato com pontos sensoriais do homem que são interpretados e transformados em linguagem numa velocidade que não percebemos por ser ação natural do intelecto em concebê-lo como linguagem. O vocábulo *relação* etimologicamente decorre do latim, *relatio-onis*,[6] vem do verbo relacionar, assim necessita de um complemento para assumir significação numa construção gramatical (sintaxe).

A *palavra escrita* como objeto da linguagem tem a função de representar graficamente os signos verbais.

Assim é o entendimento de Alaôr Caffé Alves:

> A palavra é um signo simbólico que aponta para seu sentido, ou seja, para o conceito para que a anima significativamente. A palavra cadeira aponta para seu sentido (para aquilo que não é ela), para o conceito "cadeira", ou seja, "assento com um espaldar alto". A palavra sem o seu sentido, sem o seu conceito, é um mero som ou grafia – algo que, por si mesmo é ininteligível.[7]

Praticamos diariamente as seguintes ações humanas quais sejam: a palavra dita, escrita ou imaginada, as três colocações estão uma pela outra, como um único corpo; são composições diversas, porém inseparáveis, linguagem, pensamento e realidade: trio que pode ser chamado de triângulo semiótico.

O termo relação também se encontra como parte do corpo da composição *palavra, signo e objeto*, pois é o entrelaçamento dos três signos que dá sentido semântico ao vocábulo

---

6. *Dicionário etimológico nova fronteira da língua portuguesa*, p. 673.

7. *Lógica e direito*. Ed. São Paulo: Noeses, 2016, p. 5.

II

O CONSTRUCTIVISMO LÓGICO-SEMÂNTICO COMO MÉTODO

relação. Em outros termos é a palavra dita, escrita e imaginada que através da interpretação do homem dá vida semântica ao signo *relação*.

2.2 Signo

Tema bastante discutido no âmbito da linguagem, que não temos a pretensão de esgotá-lo, assim adotaremos o conceito de Charles Sanders Peirce, como também o conhecimento de Lúcia Santaella, para apresentar este relevante campo de estudo da semiótica.

Assim temos Charles Sanders Peirce, citado por Lúcia Santaella:

> Um signo intenta representar, em parte pelo menos um objeto que é, portanto, num certo sentido, a causa ou determinante do signo, mesmo se o signo representar seu objeto falsamente. Mas dizer que ele representa seu objeto implica que ele afete uma mente, de tal modo que, de certa, maneira, determine naquela mente algo que é mediatamente devido ao objeto. Essa determinação da qual a causa imediata ou determinada é o signo, e da qual causa mediata é o objeto, pode ser chamada o Interpretante.[8]

O signo tem como objetivo representar algo para alguém, um objeto, a representação está relacionada com a intervenção humana que através da linguagem e fala dá a materialidade ao signo, ou seja, *para nós objeto é tudo aquilo que é material ou imaterial produzido pelo homem,* sendo assim estamos diante de uma produção infinita de signos.

Utilizamos o termo *produção infinita* porque entendemos que eles (signos) são construções que surgem da interação com o mundo fenomênico seja por ação ou omissão ou até mesmo quando não temos participação direta com o fato ou acontecimento em sociedade.

---

8. *O que é semiótica.* São Paulo: Brasiliense, 2012, p. 90.

CONSTRUCTIVISMO LÓGICO-SEMÂNTICO

Homenagem aos 35 anos do grupo de estudos de Paulo de Barros Carvalho

Para Charles Sanders Peirce, entre várias coisas que pertencem ao signo sejam matérias ou substâncias ou tudo aquilo que possa existir, há três propriedades formais que lhe apresentam capacidade para exercer sua função de signo: sua simples qualidade, sua essência, quer dizer, o mero fato de existir, e sua qualidade de lei.

No fundamento do signo, encontram-se presente três categorias fenomenológicas, que são comuns a todas as coisas, que são: pela qualidade, tudo pode ser signo, pela existência, tudo é signo, e pela lei, tudo é signo.

O signo também tem o caráter de representar, Charles Sanders Peirce, diz que ele é um *representâmen*, aquilo que, sob certo aspecto ou modo, representa algo para alguém. Assim, o signo na construção do raciocínio cognitivo nos conduz a um comportamento que pode nos satisfazer ou não, é algo dinâmico, não há como se relacionar em sociedade sem o tringulo semiótico da linguagem.

2.3 Linguagem

Dentre as múltiplas formas de linguagem, como objeto de comunicação, tendo como foco principal a *linguagem prescritiva*, trazemos o entendimento do Professor Paulo de Barros Carvalho:

> Linguagem, aliás, é a palavra mais abrangente, significando a capacidade do ser humano para comunicar-se por intermédio de signos cujo conjunto sistematizado é a língua.[9]

A linguagem está presente no Direito como conjunto de normas jurídicas produzidas pelo legislador, são enunciados presentes na Carta Maior, que consideramos signos de linguagem, que recebem o status de norma jurídica após a intervenção de pessoa investida dessa capacidade (jurista). Toda comunicação feita de forma efetiva estabelece certa combinação

---

9. *Direito tributário, linguagem e método*. São Paulo: Noeses, 2015, p. 32.

II
O CONSTRUCTIVISMO LÓGICO-SEMÂNTICO COMO MÉTODO

de funções, trazendo internamente critérios de efeito imediato ou da função.

A linguagem é sem dúvida o caminho que o homem tem para a construção de seu intelecto, é por ela que passa a conhecer tudo que se encontra no mundo fenomênico, e uma vez tendo contato fica retido em sua memória. O homem constrói signos como recebe signos, assim o homem produz linguagem como obtém sua construção pela linguagem.

3. Construção da obra de arte

"O cindir é desde o início"

Pontes de Miranda

Enfrentaremos neste item a dificuldade da construção de objeto que, por suas características, usando materiais colhidos de múltiplas formas e espécies, poderá ser classificado como obra de arte ou não, isto porque depende do corte a ser feito. A palavra construção vem do "latim *constructĭo, ōnis* ato ou efeito de construir", é ambígua e por isso temos que classificá-la em qual contexto será empregada no decorrer do texto.

Sem perda de tempo, a palavra em questão terá sua interpretação semântica na moldura do termo (fazer que está relacionada com: criar, elaborar, produzir; dar existência a alguma coisa). Assim, para materializar o que propomos, vamos adotar a construção de um objeto que ao seu final poderá obter o *slutus* de arte segundo os cortes que iremos adotar. Primeiro corte, pensemos num suporte retangular preparado com massa corrida de cor branca misturado com água aplicada num tecido na medida de 80x60cm, com madeira em sua borda, tendo 5 (cinco) centímetros de largura, preso com grampos de pressão de forma plana (suporte para pintura – conhecido como tela para pintura).

Observação deve ser feita com referência à palavra suporte, como preleciona a Professora Aurora Tomazini de Carvalho, ela

322

CONSTRUCTIVISMO LÓGICO-SEMÂNTICO
Homenagem aos 35 anos do grupo de estudos de Paulo de Barros Carvalho

está relacionada com o texto "que é a tinta impressa no papel", em nossa proposta o termo está relacionado onde será aplicada a tinta que num dado momento será reconhecida como linguagem artística. Para execução será utilizada tinta, pincel e óleo de linhaça e a palheta (suporte onde se goteja a tinta).

Não é o objetivo deste artigo relacionar a escala de cores, partindo das primárias que são o azul, vermelho e amarelo, será adotado o azul por ser a cor que nos transmite sensação[10] de tranquilidade e serenidade, além de ser a adotada pelo IBET, que em linguagem semiótica podemos relacioná-la com o Grupo de Estudos, nosso segundo corte em busca de nosso objetivo. Terceiro corte, com o suporte, cor e material definido vem o próximo passo, que é o que fazer, é nesse momento que entendo ser o Construtivismo Lógico-Semântico o diferencial no desenvolvimento do estudo, seja no Direito ou em outras áreas do conhecimento, que em nosso texto é a linguagem artística.

Sobre a cor, temos as palavras de Pontes de Miranda:

> Sentimos a cor, e não a vibração eletromagnética; de modo que a sensação já é "um por dentro" do ser que sente. Depois é que chegaremos ao conhecimento do estímulo e saberemos que por trás do que sentimos está a vibração eletromagnética. A coordenação aos estímulos, por parte das cores, assegura-nos a confiança biológica e, depois, a despeito da descoberta do que está por trás da cor, epistemológica. As duas ordens (sensações, estímulos) não

---

10. O que é sensação? A sensação pura, a sensação sem outras que a antecedam ou lhe sejam simultâneas, não sabemos se há, ainda no mais recuado momento da vida psíquica infantil. É conceito que chegamos, e não o de que partimos; mas conceito do qual conseguimos alguma certeza, porque podemos ter sensações "quase" puras. O que provoca a sensação, pela ação que os nervos sensoriais experimentam, é, de regra, a excitação. O que excita é o estímulo. Quais sejam, em verdade, os objetos ou processos a que se chamem "estímulos", não cabe só à Psicologia dizê-lo. Cabe à Física. A Gnosiologia, depois, ouve às duas. O que se sente é a cor, mas o que nos dá a excitação provocadora da sensação de cor é a vibração eletromagnética. A vibração do ar é o estimulo da sensação de som. A sensação de olfato e a de gosto exigem proximidade do objeto, contato, se bem que aquele se satisfaça com partículas desprendidas do foco. Nas sensações, já o ser vivo faz um mundo seu, mundo que é o meio constituído pelo que ele sente, isto é, no que lhe interessa biologicamente; (muito há que lhe interessaria, mas ele é o que é, e não o que devia ser). *O problema da fundamental do conhecimento*. Pontes de Miranda. 2. ed. Campinas: Bookseller, 2005, p. 65.

II

O CONSTRUCTIVISMO LÓGICO-SEMÂNTICO COMO MÉTODO

> se contradizem, porque não há na sensação julgamento como há no apontar dos estímulos. Quem sente não diz que a vibração (o estímulo) é vermelho. Quem sente só sente. A sensação já é nossa; o estímulo é físico. (Note-se isso na frase acima. Não poderíamos escrever: "porque não há na sensação julgamento como há nos estímulos"; tivemos de grifar: "como há no apontar dos estímulos".) Os pontos de pressão espalhados pela superfície do corpo, os olhos, os ouvidos, e os demais nervos sensoriais, sob a ação dos estímulos, transmitem-nos o mundo, de si mesmo múltiplo, vário, de que só teremos partes como que canalizadas até nós.[11]

Esse é o instante onde o sujeito cognoscente busca em seu mais longínquo universo da memória o acúmulo de suas experiências e construções de linguagens que teve contato para desenvolver objeto com estrutura, equilíbrio e variando tonalidades de cores, pois utilizamos muitas vezes da semiótica para tentar atingir o espírito do fruidor.

Com conhecimento, habilidade e destreza foi concluído o objeto pictórico apresentando aspereza, forma, movimento e figura, assim, se deparando o fruidor com o objeto terá elementos para a interação das linguagens, podendo lhe remeter a fatos contemporâneos, históricos como também a sensações, como já dissemos em linhas anteriores e esta leitura é uma relação individual onde somente ele com ele mesmo pode sentir ao olhar para o objetivo pictórico.

Ugo Volli apresenta em suas palavras a leitura do texto pictórico de forma sucinta e clara:

> A leitura de uma texto pictórico é pois orientada, é o resultado do equilíbrio global e da disposição das suas formas e das suas cores, e não linear, como ocorre com a linguagem verbal. Dessas considerações emerge uma modalidade de significação própria dos objetos plásticos, que liga o plano da expressão ao do conteúdo graças a uma relação de tipo semi-simbólico. Na linguagem da pintura não são as unidades e sim as categorias plásticas que regulam a significação: um quadro não deve ser segmentado em unidades, mas, por exemplo, considerado pela aspereza de sua superfície, pelo conjunto das suas formas angulosas ou ainda pelo modo pelo

---

11. *O problema fundamental do conhecimento*. 2. ed. Campinas: Bookseller, 2005, p. 65.

324

qual as figuras se dispõem no centro ou as laterais da imagem. A cada uma dessas categorias corresponde um significado, assim como quando ao balançar a cabeça horizontalmente da esquerda para a direita, ou verticalmente do alto para baixo, pretende fornecer uma representação visual da negação e da afirmação.[12]

Nota-se que após o término da construção do objeto foi acrescentada a palavra pictórico devido aos materiais que relacionamos para execução como também a palavra leitura para poder trazer a interação entre o objeto pictórico e o fruidor (pessoa que está classificada como receptor). O espaço físico também é fundamental para assumir a condição desejada, que é conhecido como "museu" (instituição destinada a conservar, estudar e expor objetos de interesse duradouro ou de valor artístico, histórico), como também as "Pinacotecas" (coleção de quadros de pintura, museu de pintura), este conjunto de elementos fará parte do texto de linguagem que elevará o objeto pictórico ao *status* de obra de arte. Assim será a linguagem tratando de outra linguagem, (linguagem pictórica) que podemos chamar de metalinguagem.

4. O fruidor da arte

Tendo o construtivismo lógico-semântico como pilar do ato de fruição, iniciaremos este item pela palavra *fruir* em que uma de suas acepções quer dizer *"desfrutar com prazer"*, e assim será o olhar do fruidor sobre a obra de arte. A arte como objeto cultural está diretamente relacionada com a evolução do homem. Num olhar histórico, ela se encontra presente nos desenhos das cavernas, como a pintura de bisão que foi encontrada na caverna em Altamira na Espanha, c.15000– 10000 a.C, e a pintura de cavalo, encontrada na caverna de Lascaux, França, c 15000- 10000 a.C. Não é o objetivo trazer a evolução histórica da arte com a do homem, mesmo porque o homem não tem o tempo de vida que uma obra de arte pode durar.

---

12. VOLLI, Ugo. *Manual de semiótica.* (Tradução de Silva Debetto C. Reis): São Paulo: Loyola, 2007, p. 279.

II

O CONSTRUCTIVISMO LÓGICO-SEMÂNTICO COMO MÉTODO

Uma obra de arte pode atravessar séculos, já o homem não tem esta durabilidade por mais que tenha recursos para prolongar a vida, por outro lado reúne a capacidade de transmitir o conhecimento para gerações futuras tentando eternizar o que colheu durante a vida. A obra de arte por sua vez pode ser o objeto (signo) para buscar eternizar os períodos de gerações.

São as palavras do Professor Paulo de Barros Carvalho:

> Efetivamente, o homem não cabe no mundo. Há de transportar-se, transcendendo, em busca do impossível, do inefável, justificando a proposição segundo a qual durar é tentar, em vão, a eternidade. O contorno material do homem, como ser vivente, é-lhe muito pouco. Oferece apenas o apoio físico indispensável para as aventuras do espírito. Basta examinar a tela de um pintor famoso: seu valor estético não descansa na base empírica que recebe o impacto do desenho e das tintas que lhe são aplicadas, porém no desempenho do artista que, na genialidade dos traços e na combinação inusitada das cores, deixa marcas no objeto. São as marcas de enunciação no enunciado, como índices da criação artística e modo de objetivação do belo. É o calor palpitante da vida misturando-se à fria condição material do suporte físico, naquela síntese do ser com o dever-ser, presente na composição de todo o objeto da cultura.[13]

Acompanhando as palavras do professor, a escultura – outra modalidade de arte, utilizada para eternizar períodos, temos como exemplo as esculturas de Michelangelo Buonarroti, responsável pela escultura do túmulo da Família Médici, esculpido em mármore, construído nos séculos XVI e XVII, localizada na Basílica de San Lorenzo. No mesmo sentido, temos as obras de Antonio Francisco Lisboa (Aleijadinho), que também marca o período da história brasileira, com a obra dos 12 Profetas esculpida em pedra sabão entre 1799 e 1805. No Egito a escultura era objeto de grandeza e poder, não perdia sua característica como objeto artístico e símbolo da dinastia

---

13. *Direito tributário*: Reflexões sobre Filosofia e Ciência Em Prefácios: São Paulo: Noeses, p. 4.

CONSTRUCTIVISMO LÓGICO-SEMÂNTICO

Homenagem aos 35 anos do grupo de estudos de Paulo de Barros Carvalho

dos faraós, usada também para manter viva a tradição e cultura do povo Egípcio.

Sendo objeto cultural a arte está presente em boa parte de nossas relações, mesmo porque a construção do ser cognoscente tem como marco inicial a linguagem, e a arte não está à margem da linguagem, e sim, compreendida como linguagem das artes presente nas relações intersubjetivas do homem em sociedade. O fruidor, na condição de observar e desfrutar o objeto artístico, como também a natureza numa visão restrita: a floresta, o mar, as cachoeiras e etc.

O ato de fruir a obra de arte está relacionado ao interior do sujeito que se identifica com alguma coisa de seu passado um momento, uma paisagem, um objeto (signos marcantes), para ele. Fruir não está relacionado com o belo ou com o feio, está conexo ao sentimento intrínseco, pois pode causar alegria, tristeza, ou até mesmo nenhuma reação. Isto porque a obra de arte não está limitada a uma pessoa, ela é universal, pode causar múltiplas sensações dependendo do estado de espírito e do intelecto de quem esteja contemplando.

O conhecimento sobre o objeto de fruição é importante, para desfrutar o máximo, como por exemplo, quem é autor, quando foi feito e em que contexto, se histórico ou contemporâneo, estas simples questões fazem diferença no momento de fruir a obra de arte.

Fruir a obra de arte é estar só e ao mesmo tempo acompanhado, é o ato de recortar para poder aprofundar, abstrair tudo que está ao seu redor e focar no objeto de contemplação, é se isolar de tudo e de todos, é o sentir ao mesmo tempo de não sentir as sensações externar, é você com você mesmo numa relação intrapsíquica onde na memória que estão alocados os signos se movimentam para tentar acalmar o espírito.

II
O CONSTRUCTIVISMO LÓGICO-SEMÂNTICO COMO MÉTODO

5. Regra-matriz de incidência e a arte

O ponto de partida para desenvolver este item será a regra-matriz de incidência, tema tratado por inúmeros autores de destaque no âmbito jurídico-tributário, não temos a pretensão de aprofundar sobre este assunto, mas apresentar de forma simples como introdução para o núcleo do tema.

A "regra-matriz de incidência", também conhecida como norma padrão, tem sua formação lógica numa composição que elimina as dúvidas na aplicação da norma jurídica dos fatos eleitos pelo legislador. Nos fatos jurídicos as relações constituídas absorvem o conceito que denominamos de "hipótese e consequente", o conceito é quem seleciona as propriedades, porque não é qualquer enunciado que detém o objeto alusivo na interminável riqueza de seus atributos, enlaçam exclusivamente determinadas propriedades, aquelas selecionadas pelo observador como importantes para identificá-lo.

Na atividade do legislador há proposições que se repetem por mais diversos que sejam os fatos abordados, há uma constante no núcleo da relação que sempre vai estar presente como, o espaço[14] e o tempo[15] são de fundamental importância, também (i) o local que ocorreu; (ii) o momento em que ele ocorreu; caso não estejam presentes estas proposições é

---

14. "Diz respeito ao conjunto de referências espaciais que circunscrevem os limites para a aplicabilidade da norma tributária. Define aquilo que antes chamamos de *cosmos* ou campo: um domínio de qual devem situar-se as subclasses a que se denominou lugar". Lucas Galvão de Britto: *O lugar do tributo*. Ensaio sobre competência e definição do critério espacial na regra-matriz de incidência tributária. São Paulo: Noeses, 2014, p. 129/130.

15. "O critério temporal permite a identificação e também a própria constituição do fato jurídico, dando a conhecer a circunstância limitadora da conduta humana no tempo, e que há de anteceder (lógica e não cronologicamente) a consequência da norma tributária, ou seja, seu conhecimento nos permite definir o átimo em que nasce par o sujeito ativo o seu direito subjetivo de exigir do sujeito passivo o cumprimento da prestação pecuniária, em razão do acontecimento do fato lícito, tal qual descrito no enunciado protocolar da norma *strito sensu*, ou seja, o momento em que nasce a obrigação tributária, o "devendo" para os espanhóis". Cristiane Pires: *O tempo e o O tempo e o tributo*. Estudo semiótico do critério temporal da regra-matriz de incidência tributária. São Paulo: Noeses, 2019, p. 234.

impossível identificá-lo. No consequente normativo onde a relação condiciona o sujeito aos modais deôntico, obrigatório, proibido ou permitido a fazer ou deixar de fazer algo em virtude de outro sujeito, sendo dois sujeitos ativo e passivo.

5.1 Como seria os pressupostos da regra-matriz na arte?

Antes de iniciarmos cabe colocarmos que a expressão "regra-matriz de incidência", não está isenta ao problema da ambiguidade, ela pode ser usada em dois significados, sendo um deles significando realidades diferentes: (i) estrutura lógica; e (ii) norma jurídica em sentido estrito, isto é, com o sujeito passivo definido.

São as palavras de Professora Aurora Tomazini de Carvalho:

> No processo gerador de sentido dos textos jurídicos, o intérprete, conhecendo a regra-matriz (estrutura lógica), sai em busca dos conteúdos significativos do texto posto para completá-la e assim constrói a regra-matriz de incidência (norma jurídica). A regra-matriz, considerada como estrutura lógica, é desprovida do conteúdo jurídico, trata-se de um esquema sintático que auxilia o intérprete no arranjo de suas significações, na construção da norma jurídica.[16]

Como nossas reflexões estão sendo pautadas no âmbito da arte, a regra-matriz deve ser utilizada como estrutura lógica desprovida de conteúdo jurídico, na composição que antecede a relação jurídica que só irá se estabelecer quando da efetivação do ato de compra e venda da obra de arte.

É através da compra e venda (relação jurídica) estabelecida e concretizada que o intérprete aplicará as proposições da regra-matriz, de forma integral, estabelecendo a obrigação de entregar a obra de arte.

---

16. *Curso de teoria geral do direito*. O construtivismo lógico-semântico. 4ª ed. São Paulo: Noeses, 2014, p. 384.

II
O CONSTRUCTIVISMO LÓGICO-SEMÂNTICO COMO MÉTODO

Recortando o olhar para a estrutura do esquema lógico-semântico que ajuda o intérprete na construção do sentido na relação jurídica de compra da obra de arte tem o seguinte:

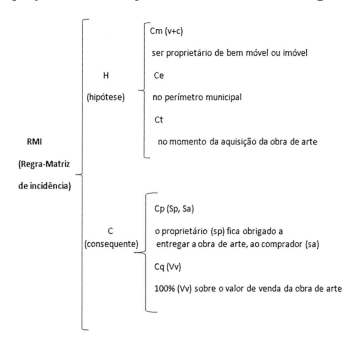

Se consideramos só a aestrututa, temos a regra-matriz de incidência como um esquema lógico-semântico que ampara o intérprete na construção do sentido na relação de compra e venda da obra de arte.

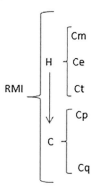

5.2 Direito

Não temos a pretensão de trazer definições de Direito, mesmo porque inúmeros autores já depositaram sua atenção neste sentido, mas sim, como interpretamos os signos de linguagem que compõem este grande texto que conhecemos como Direito Positivo. O Direito positivo é o direito escrito que se encontra materializado na folha de papel com tinta impressa por palavras organizadas de acordo com as regras definidas pelo legislador.

É de conhecimento que o Direito é composto por enunciados prescritivos reunidos num conjunto hierarquicamente organizado, tendo como finalidade regular as relações intersubjetivas em sociedade.

O Direito sendo objeto da cultura utilizado pelo homem com a finalidade de resolver conflitos que surgem entre eles, como também estabelecer a forma que será adotada para a sociedade se organizar, instituindo as regras: como se devem repartir os bens, como se conquista, como se transmitem e as ações que devem ser adotadas quando alguém transgredir o Direito e também avaliar como se encontra a organização no conjunto.

Numa visão restrita, podemos expor que o Direito é uma moldura importante na organização social, pois possui todas as ferramentas para solucionar os desentendimentos, e estabelecer a concórdia e a tranquilidade.

Esta interação só é possível por meio da linguagem que qualifica e capacita o ser humano para interagir com outro por intermédio de signos que reunidos de forma sistematizada caracterizam a língua.

Neste contexto, faz-se necessário o entendimento do Professor Paulo de Barros Carvalho com relação ao signo língua:

> [...] tomemos língua como sistema de signos, em vigor numa determinada comunidade social, cumprindo o papel de instrumento de comunicação entre seus membros, [...]. A língua,

II
O CONSTRUCTIVISMO LÓGICO-SEMÂNTICO COMO MÉTODO

> portanto, é apenas um dos sistemas sígnicos que se presta a fins comunicacionais.[17]

Para melhor compreender o que foi exposto, cabe dizer que só há comunicação no caso em que exista um transmissor na condição ativa da mensagem, o suporte que pode ser um rádio, um papel, a palavra escrita ou falada e o receptor, que é quem possui as qualidades para receber e decodificar o que foi apresentado, assim com a junção destes elementos da comunicação, mais a língua (sistema de signos) convencionada pela sociedade, podemos dizer que existe comunicação.

No mesmo diapasão, temos as palavras de Ferdinand de Saussure:

> Mas o que é a língua? Para nós, ela não se confunde com a linguagem; é somente uma parte determinada, essencial dela, indubitavelmente. É, ao mesmo tempo, um produto social da faculdade de linguagem e um conjunto de convenções necessárias, adotadas pelo corpo social para permitir o exercício dessa faculdade nos indivíduos.[18]

Contudo, não restam dúvidas que o Direito é produto da Linguagem como já dissemos em linhas anteriores. Desta forma tem sua exteriorização através da língua que é assentada em convenção entre os que compõem a sociedade.

5.3 Legislação Tributária

Estas duas palavras, Legislação e Tributária nos remetem a fazer um corte para nos situarmos no âmbito jurídico. Desta maneira, a palavra legislação está no campo do Legislador que tem por objetivo a construção das normas de estrutura e de conduta para regular a relação em sociedade.

---

17. *Direito tributário, linguagem e método*. 6. ed. São Paulo: Noeses, p. 31.

18. *Curso de linguística geral*. 28. ed. São Paulo: Cultrix, 2012, p. 41.

CONSTRUCTIVISMO LÓGICO-SEMÂNTICO
Homenagem aos 35 anos do grupo de estudos de Paulo de Barros Carvalho

A palavra tributária está relacionada diretamente ao contexto de tributo, como expressa o art. 3º do Código Nacional Tributário – CTN, Lei 5.172/66, isto é, condição subjetiva do Estado (sujeito ativo) para exigir do contribuinte (sujeito passivo) a obrigação de entregar parte de seu patrimônio para custear as despesas do Estado.

Conforme entendimento do Professor Paulo de Barros Carvalho:

> A expressão "legislação tributária" compreende as leis, os tratados e as convenções internacionais, os decretos e as normas complementares que versem no todo ou em parte, sobre tributos e relações jurídicas a eles pertinentes.[19]

Legislação tributária por ser signo de caráter genérico abrange todas as normas que disciplinam o fenômeno tributário tanto de caráter internacional quanto também nacional. Em outros termos dizemos que ela (legislação tributária) compreende as leis, os tratados e as convenções internacionais, os decretos e as normas complementares que tratarem no todo ou em parte, sobre tributos e suas relações jurídicas.

Esta relação, liame de signos que compõem a legislação tributária, é a causa do dinamismo do Direito Tributário, onde de forma constante construímos signos de linguagem quando interpretamos enunciados prescritivos diante do direito positivo e da ciência do direito com os enunciados descritivos.

Este ato de interpretação dos enunciados compostos por signos em ordem hierárquica cumprindo a sintaxe nos conduz a um signo maior que é construído na mente do interpretante.

Assim, nossa forma de interpretar o signo de linguagem Legislação Tributária está vinculada aos conceitos da semiótica – ciência dos signos, e como tal, se encontra sempre em plena evolução tendo como gênese a atividade humana de produzir signos.

---

19. *Curso de direito tributário*. 26. ed. São Paulo: Saraiva, 2014, p. 93.

II
O CONSTRUCTIVISMO LÓGICO-SEMÂNTICO COMO MÉTODO

5.4 Norma Jurídica

Podemos dizer que uma sociedade tem seu início a partir de pequenos grupos de pessoas que consideramos ser a família. Mesmo um grupo reduzido de pessoas já tem suas regras instituídas (poder familiar), para aumento de bens e convívio harmonioso.

No surgimento da sociedade organizada não é diferente, pois há um grupo de pessoas para estatuir regras de como ela (sociedade) irá funcionar objetivando a convivência e a prosperidade do grupo.

Entendimento semelhante, em relação ao surgimento de norma antes da sociedade organizada em Norberto Bobbio:

> Uma sociedade organizada, uma instituição, é constituída por um grupo de indivíduos, os quais disciplinam suas respectivas atividades com o objetivo de perseguir um fim comum, isto é, um fim que não poderia ser alcançado por indivíduos sozinhos, isoladamente considerados.[20]

Constituir normas e a sociedade ser organizada será isto suficiente para que elas tenham eficácia? Acreditamos que não. Assim para ter efetiva aplicação e obter o resultado esperado pelo grupo de pessoas a norma deve ser cumprida. O Direito, objeto cultural, tem a função de regular a convivência humana em sociedade e para se valer dessa prerrogativa é a norma o instrumento utilizado para este fim.

A norma geral – Código Tributário Nacional – Lei 5.172/66 tem como finalidade abordar um conjunto de pessoas indeterminadas quanto à quantidade; norma individual é destinada a um determinado indivíduo ou grupo de pessoas identificadas. A norma abstrata e concreta está voltada à forma com que se apresenta o fato descrito no antecedente.

---

20. *Teoria da norma jurídica*. 6. ed. São Paulo: Edipro, 2016, p. 36.

CONSTRUCTIVISMO LÓGICO-SEMÂNTICO
Homenagem aos 35 anos do grupo de estudos de Paulo de Barros Carvalho

Temos a norma primária e norma secundária, assim a primeira é a que descreve a obrigação se ela vir a acontecer e quando, o fato previsto no suposto; já a norma secundária tem o condão de prescrever uma providência sancionatória, justaposta pelo Estado-Juiz.

Com explicação aprofundada sobre as referidas normas, temos Lourival Vilanova:

> Pois bem, as proposições normativas primária e secundária relacionam-se por conectivos com função lógica. Se é certo que, temporariamente, primeiros fatos verificam ou não verificam o delineado na norma primária, para em seguida, incluírem-se na norma secundária, se é certo que há sucessividade temporal na ocorrência efetiva do fato jurídico para a consequência jurídica; depois, da inobservância da prestação para a consequência sancionadora, o relacionamento entre as proposições normativas primária e secundária é de ordem lógico-formal (onde a temporalidade é irrelevante).[21]

Importante ressaltar que não há norma sem sua respectiva sanção, assim a norma jurídica seja ela geral ou individual terá em regra uma proposição que descreve um fato ocorrido no antecedente e a medida sancionatória no consequente.

6. Considerações finais

Este texto teve sua origem na curiosidade de buscar apresentar uma possível relação do Construtivismo Lógico-semântico com a Arte, tentando trilhar o caminho através da Linguagem e do Fruidor da arte. Para isso, optamos preliminarmente por demonstrar o primeiro contato com a proposta doutrinária do Construtivismo Lógico-Semântico, que tem como um de seus pilares a Linguagem como construção do conhecimento, fazendo com que o ser cognoscente reflita

---

21. *As estruturas lógicas e o sistema do direito positivo.* 4. ed. São Paulo: 2010, p. 79/80.

II
O CONSTRUCTIVISMO LÓGICO-SEMÂNTICO COMO MÉTODO

sobre as ações humanas praticadas em sociedade através de gestos e palavras e outros meios de comunicação.

Assim, o Professor Paulo de Barros Carvalho quando aborda a linguagem, a palavra como materialidade da fala, em seu livro Linguagem e Método, o faz de forma didática e deixa clara a importância desta atividade comunicacional na relação social. Não podemos deixar de dizer que a linguagem, a palavra, e a fala, são um triângulo comunicacional que com código convencionado em sociedade atinge seu objetivo, em outras palavras é o liame destas três ferramentas que torna efetiva a comunicação, juntamente como o código que dá a dinâmica na relação entre os homens.

Desta forma entendemos que este é o caminho eficaz para o estudo do Direito, seja o Direito Prescritivo ou a Ciência do Direito, é pela Linguagem semântica dos textos normativos que encontraremos as melhores reflexões ao buscar o conhecimento profundo dos signos presentes na construção do texto jurídico.

Não podemos nos abster de dizer que a Linguagem semântica nos acompanha diariamente desde o momento em que abrimos os olhos ela está presente, por isto e por uma infinidade de motivos que se torna fundamental o estudo do Construtivismo Lógico-Semântico.

Trilhamos nosso caminho pela semiótica, relação signo, objeto e linguagem para buscar apresentar a arte e o objeto artístico, "a obra de arte", tendo como ator o Fruidor que classificamos como quem desfruta do prazer de contemplar a obra de arte. Buscamos desabrochar o espírito ao apresentar grandes artistas como Michelangelo Buonarroti e Antonio Francisco Lisboa (o Aleijadinho) que são ícones da História da Arte até os dias de hoje, com obras que marcaram períodos importantes da humanidade. Foi neste momento que adentramos não de forma profunda, mas o suficiente para elucidar o importante conhecimento do critério espacial e temporal,

336

CONSTRUCTIVISMO LÓGICO-SEMÂNTICO
Homenagem aos 35 anos do grupo de estudos de Paulo de Barros Carvalho

com as palavras da Professora Cristiane Pires e do também Professor Lucas Galvão de Britto.

Foi com muita dificuldade e esforço que buscamos desenvolver a regra-matriz para a arte, numa construção lógica desprovida do conteúdo jurídico porque no âmbito da arte há de se encontrar múltiplas variações de comportamento, por este motivo fizemos o esforço de abordá-la no antecedente com os pressupostos já conhecidos na incidência jurídica, com relação ao consequente tivemos que trazer uma relação jurídica *strito sensu, norma individual e concreta* (compra e venda) para tentar elucidar de forma mais compreensível. Em outras palavras, buscamos trazer para a relação jurídica da arte os modais deôntico, o obrigatório, o proibido ou permitido, que estão implicitamente presentes na construção da norma jurídica pelo legislador.

Na construção da norma jurídica estão os signos de linguagem prescritiva construída pelo legislador constitucional que tem o condão de alterar o comportamento do homem frente à sociedade. Ampliando o que foi dito são as normas jurídicas com sua prescritividade, determinada pela composição hierárquica da sintaxe que impede a interpretação diversa da desejada pelo legislador.

Ainda, da regra-matriz de incidência da arte, temos que nos aprofundar para tentar encontrar uma construção que possa tornar possível desenvolver uma regra-matriz semelhante à da incidência tributária. O incômodo que leva a este estudo é que tanto o Direito e a Arte estão ligados diretamente com a sociedade, são objetos culturais, entrelaçados como ser gnosiológico que estão sempre em mutação para se ajustar no tempo e no espaço em que se encontram.

Nas últimas linhas de nosso estudo, trouxemos a importância da legislação e da norma na construção da sociedade organizada, porque somente a sociedade com o mínimo de normas (de conduta ou comportamento) aderido pelo conjunto

II
O CONSTRUCTIVISMO LÓGICO-SEMÂNTICO COMO MÉTODO

de pessoas que lhe compõe, pode se considerar constituída dentro de paramentos aceitáveis como civilizada.

Já a norma tributária tem o seu liame diretamente ligado à relação de Estado e contribuinte como nunca é de menos dizer que é o Estado – sujeito ativo – com o direito subjetivo de exigir do contribuinte – sujeito passivo – a prestação pecuniária que reduz o patrimônio ao entrar parte dele para custear despesa com objetivo de manter o bem comum.

Chegamos ao final deste texto com a sensação de que foi aberta uma porta para caminho que por mais que o trilhemos estamos recomeçando a cada passo.

Referências

ALVES, Alaôr Caffé. (et. al.) *Lógica e direito.* Organização Lucas Galvão de Britto; coordenação Paulo de Barros Carvalho. São Paulo: Noeses, 2016.

ARNHEIN, Rudolf. *Arte e percepção visual.* Uma Psicologia da Visão Criadora. 13. ed. São Paulo: Pioneira, 2000.

BOBBIO, Norberto. *Teoria da norma jurídica.* 6. ed. São Paulo: Edipro, 2016.

BRITTO, Lucas Galvão de. *O lugar e o tributo.* Ensaio sobre Competência e Definição do Critério Espacial na Regra-matriz de Incidência Tributária. São Paulo: Noeses, 2014.

CARVALHO, Aurora Tomazini. *Curso de teoria geral do direito.* O Constructivismo Lógico Semântico. 4. ed. São Paulo: Noeses, 2014.

CARVALHO, Paulo de Barros. *Direito tributário*: reflexões sobre filosofia e ciência em prefácios. São Paulo: Noeses, 2019.

_____. *Direito tributário, linguagem e método.* 6. ed. São Paulo: Noeses, 2015.

_____. *Curso de direito tributário*. 26. ed. São Paulo: Saraiva, 2015.

_____. *Direito tributário:* fundamentos da incidência. 10. ed. São Paulo: Saraiva, 2015.

MIRANDA, Pontes de. *O problema fundamental do conhecimento*. 2. ed. Campinas: Bookseller, 2005.

MOUSSALLEM, Tárek Moysés. *Fontes do direito*. 2. ed. São Paulo: Noeses, 2006.

MUKAROVSKÝ, Jan. *Escritos sobre estética e semiótica da arte*. Lisboa: Editorial Estampa, 1997.

Os Pensadores. São Paulo: Ed. Nova Cultura, 1999.

PIRES, Cristiane. *O tempo e o tributo*. Estudo Semiótico do Critério Temporal da Regra-Matriz de Incidência Tributária. São Paulo: Noeses, 2019.

SANTAELLA, Lúcia. *O que é semiótica*. São Paulo: Brasiliense, 2012.

SAUSSURE, Ferdinand de. *Curso de linguística geral*. 28. ed. São Paulo: Cultrix, 2012.

VILANOVA, Lourival. *As estruturas lógicas e o sistema de direito positivo*. 4. ed. São Paulo: Noeses, 2010.

VOLLI, UGO. *Manual de semiótica*. São Paulo: Loyola, 2007.

A RELEVÂNCIA DO EVENTO PARA A PRODUÇÃO DO FATO JURÍDICO TRIBUTÁRIO À LUZ DO CONSTRUCTIVISMO LÓGICO-SEMÂNTICO

Ana Carolina Tenerelli Barbará[1]

André Bertolaccini Bastos[2]

1. Introdução. A relevância do constructivismo lógico-semântico para a construção do conhecimento e da verdade

O direito positivo, assim compreendido como a linguagem prescritiva que tem o objetivo de alterar o campo das condutas intersubjetivas, manifesta-se necessariamente na forma de linguagem[3] e, assim, comporta diversas posições

---

1. Advogada. Palestrante Associação Brasileira da Indústria de Armazenagem Frigorificada (ABIAF), Log Frio Logística e outros. Pós-graduanda em Direito Tributário pela Pontifícia Universidade Católica PUC/SP. Graduada pela Faculdade de Direito de São Bernardo do Campo FDSBC. tenerelli.barbara@aasp.org.br

2. Advogado. Pós-graduando em Direito Tributário pela Pontifícia Universidade Católica (PUC/SP). Graduado em Direito pela Instituição Toledo de Ensino de Bauru/SP – ITE. andre@bastosbertolaccini.adv.br

3. CARVALHO, Paulo de Barros. *Direito tributário, linguagem e método*. 7. ed. São Paulo: Noeses, 2018, p. 172..

II
O CONSTRUCTIVISMO LÓGICO-SEMÂNTICO COMO MÉTODO

cognoscentes. No contexto da busca pelo saber, todo trabalho científico tem a finalidade de produzir conhecimento acerca deste objeto cultural.

Aurora Tomazini de Carvalho[4] ressalta a importância do binômio teoria-prática, a partir dos ensinos de Paulo de Barros Carvalho e Pontes de Miranda, em dois planos a princípio distintos, mas que indicam dois modos de observação sobre um mesmo objeto, tornando o constructivismo lógico-semântico em fonte de conhecimento sobre Teoria Geral do Direito, como viés teórico de observação, mas que deve ser testado na prática, a fim de indicar que esta teoria se cerca de premissas suficientes para explicar o Direito posto.

Para produção do conhecimento acerca do Direito posto, então, este apresentado como um sistema de comunicação,[5] o intérprete deve-se valer da linguagem e não conseguirá produzir um trabalho com excelência se deixar de observar a indispensabilidade do método para trilhar este caminho, eis que no decorrer da comunicação a mensagem se distorce no âmbito da vaguidade e ambiguidade próprias da linguagem.

Para dirimir a problemática da vaguidade e ambiguidade, no decorrer do processo de aproximação do objeto de estudo, o editor da mensagem deve-se cercar de um método, como um conjunto de técnicas e procedimentos, para se certificar de que há elementos eficazes para que o receptor entenda o que se quer transmitir.

É neste contexto que o método constructivismo lógico-semântico revolucionou a produção de trabalhos científicos, demonstrando sua relevância e sua riquíssima utilidade para a construção do saber, na medida em que identifica, nos elementos da comunicação, instrumento necessário e

---

4. CARVALHO, Aurora Tomazini de. *Curso de teoria geral do direito*: o Constructivismo Lógico-Semântico. p. 1. ed. São Paulo: Noeses, 2015, 3-5.

5. CARVALHO, Paulo de Barros. *Direito tributário, linguagem e método*. 7. ed. São Paulo: Noeses, 2018 p. 172.

342

CONSTRUCTIVISMO LÓGICO-SEMÂNTICO

Homenagem aos 35 anos do grupo de estudos de Paulo de Barros Carvalho

suficiente para transmissão da mensagem com maior firmeza, a fim de facilitar a compreensão por parte dos receptores.

Nesta linha, o Direito posto é identificado como linguagem, apta ao processo de comunicação, passando-se do Estado emissor, por meio de processo legislativo, aos súditos receptores, que são todos os seres humanos pertencentes à sociedade sujeita a este determinado Estado e seu sistema jurídico. Esta linguagem do Direito posto caracteriza-se por ser prescritiva, valendo-se dos modais proibido (V), permitido (P) e obrigatório (O), voltando-se à linguagem social, por meio da aplicação destes modais.

O presente artigo tem como principal objetivo utilizar-se do método constructivismo lógico-semântico para investigar a relevância do evento para a produção do fato jurídico tributário, analisando a dispensabilidade ou indispensabilidade do evento para que o fato jurídico seja construído através de linguagem competente, em homenagem ao Grupo de Estudos do Instituto Brasileiro de Estudos Tributários – IBET, presidido pelo Professor Paulo de Barros Carvalho desde o ano de 1985, o qual tem dedicado seu tempo para transmitir, semanalmente, de forma inigualável, o conhecimento e apresentar suas reflexões sobre o saber científico aos seus alunos, prestigiando-os com sua presença fortemente idealizada por nós, seus alunos.

2. A linguagem como instrumento material constitutivo da realidade

O conhecimento se torna possível através da linguagem, esta compreendida como o uso de signos que permitam a comunicação entre dois o mais sujeitos, denominados emissor e receptor, ou destinatário, da mensagem, de modo que é o ser humano quem dá significação aos objetos, refletindo-os de acordo com sua interpretação, baseada no seu sistema de referência e valores, como anota Leonidas Hegenberg:

343

II
O CONSTRUCTIVISMO LÓGICO-SEMÂNTICO COMO MÉTODO

O ser humano transforma a circunstância em mundo. Dando sentido às coisas que o cercam, interpretando-as, o ser humano pode viver (ou, no mínimo, sobreviver). Quer dizer, o ser humano reconhece as coisas, entende-as, sabe valer-se delas, para seu benefício. Em suma, o caos circundante se transforma em mundo – uma circunstância, dotada ainda que parcial e provisoriamente, de certa interpretação.[6]

Portanto, o uso de sinais que possibilitem a comunicação entre os seres humanos é fundamental para a formação do conhecimento e da realidade, na proposição 5.6 do *Tractatus logico philosophicus*: "os limites de minha linguagem denotam os limites de meu mundo".[7]

Esta assertiva identifica a existência prévia de objetos que delimitam o espaço cultural do sujeito que toma conhecimento da mensagem, é dizer, seu receptor, limitadas no espaço e tempo em que contida. Aurora Tomazini de Carvalho explica a seguinte relação:

> Conhecemos um objeto porque o identificamos em relação a outros elementos, estabelecendo vínculos capazes de delimitar seu significado. Assim, todo nosso conhecimento do mundo encontra-se determinado pelos referenciais destas associações que, por sua vez, são marcadas por nossas vivências.[8]

Estas premissas indicam que a formação de um objeto, no processo cognoscente de um sujeito, somente é possível através da relação efetuada com outros elementos semelhantes, permitindo a caracterização e identificação daquele. Na passagem inspirada de Maria José Constantino Petri:

> Do ponto de vista da teoria da comunicação, na interação pela linguagem, entre as pessoas, vários elementos são necessários

---

6. HEGENBERG, Leonidas. *Saber de e saber que*: alicerces da racionalidade. Petrópolis: Vozes, 2001, p. 93.

7. WITTGENSTEIN, Ludwig. *Tractatus logico philosophicus*. Tradução de José Artur Giannotti. São Paulo: Nacional, 1968, p. 111.

8. CARVALHO, Aurora Tomazini de. *Curso de teoria geral do direito*: o constructivismo lógico-semântico. São Paulo: Noeses, 2009, p. . 21.

344

CONSTRUCTIVISMO LÓGICO-SEMÂNTICO
Homenagem aos 35 anos do grupo de estudos de Paulo de Barros Carvalho

para que se estabeleça a comunicação: um emissor, que envia uma mensagem a um receptor, usando um código para efetuá-la; a mensagem, por sua vez, refere-se a um contexto (ou referente); a passagem da emissão para a recepção faz-se através do suporte físico, que é o canal. Assim, as atribuições de sentido, as possibilidades de interpretação estão localizadas nestes fatores, que determinam, em última instância, a função de linguagem que marca qualquer informação.[9]

Não é suficiente que o evento ocorra no mundo fenomênico, sendo imprescindível que a sociedade tome conhecimento deste acontecimento através da interpretação humana e da comunicação para que esteja constituído o fato social, mais especificamente a realidade social. Para o universo do direito, só terá relevância a ocorrência, ou seja, o fato social, que for descrito em linguagem própria, devendo o evento descrito no fato jurídico ser comprovado através das provas admitidas em direito, sob pena de nulidade, nas palavras de Paulo de Barros de Carvalho, "O direito, no seu particularíssimo modo de existir, manifesta-se necessariamente na forma de linguagem. E linguagem é texto."[10]

A partir da interpretação da linguagem como instrumento fundamental constitutivo da realidade, aquilo que não for vertido em linguagem competente não terá existência relevante para o direito. Assim, adotamos como premissa a imprescindibilidade do fato jurídico para construção da verdade no âmbito do direito. Tal premissa foi acertadamente definida por Aurora Tomazini de Carvalho:

> Segundo a concepção giro-linguístico, à qual nos filiamos, a realidade, tal qual se apresenta aos seres humanos, nada mais é do que um sistema de signos articulados num contexto existencial. É a linguagem que confere realidade aos objetos da experiência, de modo que as coisas, os acontecimentos, as pessoas e suas manifestações só existem para o homem quando constituídas

---

9. PETRI, Maria José Constantino. *Manual de linguagem jurídica*. 2. ed. rev. e atual. São Paulo: Saraiva, 2009, p. 10.

10. CARVALHO, Paulo de Barros. *Direito tributário*: linguagem e método. 7. ed. Ver. – São Paulo: Noeses, 2018, p.172.

II
O CONSTRUCTIVISMO LÓGICO-SEMÂNTICO COMO MÉTODO

> linguisticamente. Nestes termos, podemos dizer que o evento se constitui como realidade somente por meio dos fatos.[11]

Assim, e tendo em vista que o evento e o fato jurídico pertencem a classes diferentes, questiona-se se é possível que um fato jurídico exista sem que o evento tenha efetivamente ocorrido, e qual a relação existente entre evento e fato jurídico.

Não é na inegável imprescindibilidade da linguagem para construção da realidade e do fato jurídico, assunto muito estudado pelos cientistas do direito, que reside a proposta investigativa deste trabalho, mas sim, na relevância do evento para a produção do fato jurídico. Para tanto, abordaremos no tópico seguinte as definições de evento, fato e fato jurídico em busca de revelar a importância do evento para a existência do fato jurídico.

3. A distinção entre Evento, Fato e Fato Jurídico

O evento é a situação existencial ocorrida no mundo das coisas, e que não foi vertido em nenhuma classe de linguagem; o fato é o relato de uma situação delimitada no tempo e no espaço, nas palavras de Fabiana Del Padre Tomé:

> Nota-se, desde logo, que chamamos de *evento* o acontecimento do mundo fenomênico, despido de qualquer relato linguístico. O fato, por sua vez, é tomado como enunciado denotativo de uma situação, delimitada no tempo e no espaço.[12]

Os eventos são todas as ocorrências no mundo das coisas, cuja diferenciação se dá no mundo do Direito, sendo aquele o mundo dos fenômenos, dos acontecimentos, naturais ou praticados pelos seres humanos, que ocorrem sempre no momento presente, mas que se esvaem no tempo, não podendo

---

11. CARVALHO, Aurora Tomazini de. *Curso de teoria geral do direito*: o Constructivismo Lógico-Semântico. São Paulo: Noeses, 2009, p. 504.

12. TOMÉ, Fabiana Del Padre. *A prova no direito tributário*: de acordo com o Código de Processo Civil de 20154. ed. rev., atual. – São Paulo – Noeses, 2016.

ser mais recuperadas. E diga-se, quanto à impossibilidade de sua recuperação, porquanto as ocorrências não são repetíveis e não podem ser novamente observadas, apenas realizadas de forma semelhante. Exemplifique-se o ato de cantar uma música, que pode ser inúmeras vezes cantada pela mesma pessoa, ou por outras; porém, cada canto em si é irrepetível, porquanto é um ato que se perde no tempo. Quanto à possível filmagem, por uma câmera, daquele sujeito cantando a música, nada mais é do que um fato social, por se tratar de um evento vertido em texto cinematográfico.

É certo que o evento acima descrito, por não encontrar correspondência em qualquer norma jurídica do Direito posto, não poderia, de qualquer forma, ser vertido em linguagem competente. Aliás, este exemplo fora dado justamente para que se compreenda que todas as ocorrências no mundo fenomênico se caracterizam como eventos, e podem ser vertidas em linguagem, denominando-se fato social, conforme elucida Paulo de Barros Carvalho:

> A teoria dos fatos jurídicos adquire feição nova quando distinguimos os "enunciados", dos "objetos da experiência" ou, de outro modo, sempre que aludimos a "fatos" e "eventos". A presença da linguagem, para tanto, é decisiva: os "fatos" são construções linguísticas integrantes do processo de comunicação. Assim, os sociais, biológicos, físicos, históricos, jurídicos etc. São unidades pertencentes a sistemas de objetivações. Em todos eles, u'a mensagem expedida pelo actante, em código comum ao emissor e ao receptor, com o verbo no pretérito e as demarcações espaço-temporais devidamente especificadas. Eis o *factum* na sua constitutividade intersubjetiva, como enunciado protocolar e denotativo.[13]

O fato social e o fato jurídico diferenciam-se, então, pela linguagem por meio da qual se expressam. Segundo Paulo de Barros Carvalho, "Fato jurídico é aquele que, e somente aquele, que puder expressar-se em linguagem competente, isto é,

---

13. CARVALHO, Paulo de Barros. *Direito Tributário:* reflexões sobre filosofia e ciência em prefácios. 1 ed. São Paulo: Noeses, 2019, p. 72.

II
O CONSTRUCTIVISMO LÓGICO-SEMÂNTICO COMO MÉTODO

segundo as qualificações estipuladas pelas normas do direito positivo".[14]

Portanto, o evento ocorre no mundo fenomênico, torna-se de conhecimento das pessoas – objeto de comunicação – transformando-se em fato social (linguagem natural) para somente então poder ser vertido em linguagem competente que lhe confira o caráter de fato jurídico. Desta forma, a linguagem do direito é produzida de maneira específica em obediência às regras do sistema, de modo que se o evento não estiver relatado de acordo com tais regras o mesmo não ingressa no universo jurídico. Neste sentido:

> Há um intervalo entre a realidade social, constituída pela linguagem natural, e a realidade jurídica, constituída pela linguagem do direito, já que esta última se constrói a partir da primeira. O espaço é inevitável, construindo Pontes de Miranda (Tratado de direito privado, Tomo I, p. 20) a distinção entre "suporte fático/ fato jurídico".[15]

Para que sejam possíveis a atividade cognoscente e a produção do conhecimento humano é necessário que a situação existencial, denominada evento, seja vertida em linguagem social, e para que este fato social se torne um fato jurídico, é necessário que seja vertido em linguagem competente, que por força da incidência é possível vincular a conduta humana de forma a obrigar, proibir ou permitir algo, conforme leciona Maria Rita Ferragut:

> De todo o exposto, verifica-se a seguinte ordem: eventos, linguagem social e linguagem jurídica. Exemplificando: poderíamos afirmar que a batida de um automóvel, observada pelos transeuntes é o evento. A partir do momento em que essas pessoas manifestarem-se sobre o acidente, seja relatando-o, seja emitindo juízos sobre ele, teremos a linguagem social manifestando-se.

---

14. CARVALHO, Paulo de Barros. *Direito tributário, linguagem e método*. 6. ed. São Paulo. Noeses, 2015, p. 824.

15. FERRAGUT, Maria Rita. *Presunções no direito tributário*. 3ª Edição – São Paulo: Quartier Latin, 2005, p. 48.

348

> Por fim, quando o policial chegar e, com base no depoimento do condutor do automóvel e no das testemunhas, lavrar o boletim de ocorrência, deparar-nos-emos com a linguagem jurídica. É, assim, a linguagem do direito positivo (Ldp) incidindo sobre a linguagem da realidade social (Lrs) para, reconhecendo a concretização do evento típico, transformar o social em jurídico, mediante linguagem da facticidade jurídica (Lfj).[16]

Nesta linha de raciocínio, só terá existência para o mundo jurídico o evento que chegou ao conhecimento das pessoas, as quais transmitiram esse acontecimento por meio de uma linguagem competente, caso contrário nada acontece que seja de relevância para o direito.

Note-se que ao caracterizar a linguagem, que constrói o fato jurídico, como competente, quer-se dizer que é a linguagem previamente estabelecida no ordenamento jurídico, sem a qual não se pode caracterizar construído o fato jurídico. Partindo do exemplo prático de Maria Rita Ferragut, acima transcrito, a linguagem externada em redes sociais, ou canais midiáticos, ou mesmo expresso pelas conversas entre os envolvidos, ou com as testemunhas, embora perfaçam linguagem, não podem ser denominadas competentes, porquanto não há previsão no ordenamento jurídico sobre tais formatações de linguagem, enquanto adequadas para compor constituir um fato jurídico.

Já o Boletim de Ocorrência, nos dizeres da autora, comporá a classe dos fatos jurídicos, pois transcreve, para o mundo do Direito, o evento "batida de um automóvel". Diz-se da relevância do evento para o Direito, portanto, quando estiver previsto no antecedente de uma norma geral e abstrata. De outra sorte, eventos não previstos no antecedente de qualquer norma geral e abstrata não serão passíveis de transcrição em linguagem competente.

O evento somente será vertido em linguagem competente, construindo um fato jurídico, quando houver prévia e

---

16. FERRAGUT, Maria Rita. *Presunções no direito tributário*. 3. ed. – São Paulo: Quartier Latin, 2005, p. 51.

II
O CONSTRUCTIVISMO LÓGICO-SEMÂNTICO COMO MÉTODO

expressa previsão legal neste sentido, ou seja, em se tratando de ocorrência que tenha relevância para o mundo do Direito. Caso contrário, qualquer ocorrência meramente moral, ou que se distancie completamente de qualquer previsão legal, não suportará ser reportada em linguagem jurídica. Neste sentido, podemos elencar rapidamente eventos como o casamento de dois sujeitos, ou mesmo a compra e venda de um imóvel, ou até mesmo a industrialização de um bem, como ocorrências do mundo fenomênico que tenham relevância para o mundo do Direito, ensejando tão somente transcrição em linguagem competente para lhe pertencer.

Com isto, questiona-se se será possível que exista um fato jurídico sem que o acontecimento a ele correspondente tenha efetivamente ocorrido no mundo fenomênico. Se o fato jurídico é construído por meio de linguagem competente e se são tomadas como verdadeiras somente as situações que sigam o procedimento previsto pelas normas estruturais do sistema, será possível produzir um fato jurídico que não tenha um evento correspondente no mundo das coisas? É possível dizer que o fato jurídico não tem qualquer relação com o evento, ocorrido no mundo fenomênico?

Tais respostas encontram balizas mais sólidas a seguir, ao cuidar-se das classificações de evento, correlacionando-o com o fato jurídico.

4. A bipartição do Evento

Segundo entendemos, o evento deve ser dividido em duas diferentes espécies, pertencentes à mesma classe, que denominamos de Evento-Hipótese e Evento-Concreto.

Evento-Hipótese é a mera possibilidade de ocorrência de uma situação no mundo fenomênico, enquanto o Evento-Concreto é sua efetiva ocorrência no mundo fenomênico.

O primeiro, Evento-Hipótese, demonstra-se essencial para a produção do Fato Jurídico, pois sem a possibilidade de que

350

a situação exista no mundo fenomênico, inexiste possibilidade (criatividade) para construção do Fato Jurídico. Já o segundo, Evento-Concreto, não se demonstra essencial para a produção do Fato Jurídico, pois este pode ser produzido sem que um evento possível tenha efetivamente ocorrido, podendo o mesmo ser convalidado perante a inércia do interessado, ou anulado, se não houver provas que o respalde e indique que o acontecimento se deu da forma como relatado em linguagem competente.

Neste sentido, inexistindo Evento-Hipótese, tornar-se-ia impossível a construção e existência de um Fato Jurídico, de forma que o evento, neste aspecto, apesar de ser de natureza diversa, é relevante para a produção do fato jurídico e não pode ser desconsiderado. Tal premissa surge para Lourival Vilanova, ao discorrer sobre a importância da possibilidade fática para existência da respectiva norma no Direito posto:

> Relacionamento importante é o que se mantém entre os *modais deônticos* (proibido, obrigatório e permitido) e os modos, digamos, *ontológicos*: o que as normas prescrevem, requerem o contexto das possibilidades fácticas. Se a norma prescreve o que factualmente é impossível, carece de sentido (a Terra não deve – está proibida – girar em torno do Sol); ou se prescreve o que factualmente é necessário (todo curso de águas de um rio está obrigado a seguir o declive), também carece de sentido. Tem *sentido sintático*, mas não tem *sentido semântico* (referencial a coisas ou estado-de-coisas).[17]

A exemplo do que foi dito, se não existisse, no mundo fenomênico, qualquer forma ou possibilidade de industrialização de produtos, inexistiria no mundo jurídico o fato jurídico tributário da incidência sobre industrialização (IPI). De outra sorte, existindo o Evento-Hipótese, como existe a industrialização de produtos, torna-se possível a concepção de existência do Fato Jurídico, ainda que inexistente o Evento-Concreto (autuação por industrialização, mesmo que inexistente o evento da industrialização).

---

17. VILANOVA, Lourival. *As estruturas lógicas e o sistema de direito positivo*. 4. ed. São Paulo: Noeses, 2010, p. 38.

II
O CONSTRUCTIVISMO LÓGICO-SEMÂNTICO COMO MÉTODO

Assim, apesar de não ser suficiente que o evento ocorra no mundo fenomênico, é preciso que a situação existencial tenha possibilidade e probabilidade de ocorrência no mundo das coisas para ser possível, a partir disso, que o fato social seja vertido em linguagem competente.

Apesar do evento e do fato pertencerem a mundos de ordens diversas, o primeiro pertencente ao mundo fenomênico e o segundo pertencente à realidade social, o evento é fundamental e pressuposto para o fato jurídico, pois o mesmo é construído através do relato de uma situação existencial (evento) possível e supostamente ocorrida, construída pelo relator através de uma atribuição de sentido e significado.

Portanto, muito embora o evento e o fato sejam separados por uma curva assintótica de modo que um jamais toca o outro, o evento não poderá ser totalmente desconsiderado para a construção e estudo do fato jurídico, eis que para a construção deste é pressuposto que exista, ao menos possivelmente, o Evento-Hipótese, tornando viável a construção do fato social, que vertido em linguagem competente dê existência ao fato jurídico.

Daí fixar-se a relevância do evento para estudo do fato jurídico. É que, repita-se, sem a possibilidade de ocorrência do evento no mundo fenomênico, não há que se conceber a existência de fato jurídico correspondente. E no que tange à mera possibilidade de ocorrência do evento é que denominamos de Evento-Hipótese, referindo-nos à criatividade do ser humano em praticar uma conduta que seja, posteriormente, prevista como antecedente de uma norma geral e abstrata.

Por outro lado, a efetiva ocorrência do evento no mundo fenomênico, é dizer, Evento-Concreto, não se demonstra elemento indispensável para construção de um fato jurídico. Vide o exemplo de um sujeito que seja autuado por industrializar um produto (evento de possível ocorrência no mundo fenomênico – Evento-Hipótese), mas que não tenha efetivamente ocorrido (Evento-Concreto).

352

CONSTRUCTIVISMO LÓGICO-SEMÂNTICO
Homenagem aos 35 anos do grupo de estudos de Paulo de Barros Carvalho

O Evento-Concreto pode-se admitir dispensável para a existência do fato jurídico, o que não se aplica ao Evento-Hipótese. É que o fato jurídico independe da efetiva ocorrência do Evento-Concreto para ser construído. Não se pode afirmar neste mesmo sentido quanto ao Evento-Hipótese, por ser incompreensível a existência de um fato jurídico sem um evento possivelmente correspondente, ao menos em tese (Evento-Hipótese), no mundo das coisas.

É aí que se dá a necessidade de existência da possível existência do evento no mundo fenomênico (Evento-Hipótese), distinguindo-se da real ocorrência do evento (Evento-Concreto), sendo o primeiro um elemento essencial para estudo do fato jurídico, e não o segundo.

De forma prática, mesmo diante da impossibilidade de ser prático num texto teórico-científico, a completa inexistência de qualquer conduta no mundo fenomênico impede que o Fisco autue uma pessoa, física ou jurídica, porquanto inexistente a norma correspondente no mundo do Direito. É que a inexistência de possibilidade de uma conduta no mundo das coisas impede que um fato jurídico seja construído, porquanto a conduta relatada no texto jurídico não existe sequer como hipótese no mundo fenomênico.

É o que se quis exemplificar acima com a suposta inexistência, apenas a título de cogitação, da industrialização no mundo das coisas, exemplo este que se aplicaria com maior facilidade nos primórdios da humanidade, quando ainda não haviam sido inventados os processos industriais e, por decorrência lógica, não havia como se tributar o inexistente processo de industrialização.

À medida que a industrialização se tornou uma realidade na humanidade, passou-se, então, a tributá-la, transcrevendo os eventos do mundo das coisas em linguagem competente e construindo fatos jurídicos tributários. O que nos leva a diferenciar o Evento-Hipótese do Evento-Concreto, portanto, é que o primeiro é indispensável para existência do fato jurídico, enquanto o segundo não.

II
O CONSTRUCTIVISMO LÓGICO-SEMÂNTICO COMO MÉTODO

É crível que o Fisco autue, como o faz muitas vezes, determinadas pessoas por industrialização não ocorrida efetivamente, surgindo-nos, então, outra questão, que é a da relevância do Evento-Concreto para o estudo e construção do fato jurídico.

5. Da importância do Evento-Concreto para estudo do fato jurídico

Em que pese firmada a tese sobre a indispensabilidade do Evento-Hipótese para construção do fato jurídico e, por conseguinte, de seu estudo, em viés teórico, tendo em vista que a completa impossibilidade de ocorrência no mundo torna impossível a existência do correspondente fato jurídico, não distante se mantém o Evento-Concreto.

É possível, como já afirmamos linhas acima, que haja fato jurídico sem Evento-Concreto correspondente, isto é, pode-se conceber a construção de um fato jurídico tributário sem que tenha havido qualquer conduta relativa a este fato no mundo das coisas. Basta que o Fisco autue uma pessoa pela realização de uma conduta não praticada no mundo fenomênico, como ocorrem em muitas ocasiões do cotidiano.

Paulo de Barros de Carvalho sustenta a permanência apenas dos fatos jurídicos que contiverem elementos probatórios da ocorrência do evento:

> Realizado o acontecimento da hipótese de incidência prevista no ordenamento jurídico tributário e constituído o fato pela linguagem competente, propaga-se o efeito jurídico, próprio, instalando-se o liame mediante o qual uma pessoa, sujeito ativo, terá o direito subjetivo de exigir de outra, sujeito passivo, o cumprimento de determinada prestação pecuniária. *Eis que os fatos jurídicos serão aqueles enunciados que puderem sustentar-se em face das provas em direito admitidas.* Daí ocorre o fato jurídico tributário, dando ensejo ao nascimento da obrigação, o que, dito de outro modo, nada mais é do que a fenomenologia da incidência.[18] (Grifo nosso)

---

18. CARVALHO, Paulo de Barros. *Direito tributário, linguagem e método.* 7. ed. São Paulo: Noeses, 2018, p. 966.

CONSTRUCTIVISMO LÓGICO-SEMÂNTICO
Homenagem aos 35 anos do grupo de estudos de Paulo de Barros Carvalho

Evidente que um fato jurídico não condizente à realidade do mundo fenomênico poderá se manter no mundo do Direito se não for impugnado, em linguagem competente, ou se não houver provas da inexistência do Evento-Concreto. Entretanto, a não ocorrência deste evento, ainda que possível, ensejará a busca pela impugnação e anulação do fato jurídico. E nisto encontra-se a relevância do Evento-Concreto para o estudo do fato jurídico.

Só terá relevância para o direito o fato jurídico respaldado por provas que indiquem se o acontecimento se deu da forma como pretendida pelas alegações. Isso não significa dizer que a ocorrência ou não do evento irá legitimar a verdade de determinado fato jurídico, mas sim que somente a própria linguagem competente que inseriu o evento no sistema é que pode legitimá-lo. Enfatiza Fabiana Del Padre Tomé:

> É a linguagem que cria a realidade. Só se conhece algo porque o ser humano o constrói por meio de sua linguagem. Por isso nossa assertiva de que a sociedade é o sistema mais abrangente em que a comunicação pode desenvolver-se, sendo impossível a existência social sem linguagem e, portanto, sem comunicação. Sobre o assunto, seguindo as lições de Gregorio Robles, concluímos que a sociedade é um sistema de comunicação entre seus membros.[19]

Disto importa que as ocorrências no mundo das coisas, embora se esvaiam no tempo, quando transcritos em linguagem competente, construindo o fato jurídico correspondente, poderá ser refutado apenas e tão somente por outro fato jurídico, também transcrito em linguagem competente.

Ocorre que, embora apenas o fato jurídico seja capaz de combater outro fato jurídico, o primeiro fato, ora denominado combatente, valer-se-á das provas de ocorrência pretérita ou não do respectivo evento. Este é o ensino de Fabiana Del Padre Tomé em sua já citada obra:

---

19. TOMÉ, Fabiana Del Padre. *A prova no direito tributário:* de acordo com o código de processo civil de 2015. 4. ed. rev., atual. – São Paulo – Noeses, 2016, p. 53.

II

O CONSTRUCTIVISMO LÓGICO-SEMÂNTICO COMO MÉTODO

> Prova um fato é estabelecer sua existência [ou inexistência, na hipótese de pretender-se desconstituir o fato]. Nessa medida, a tarefa daquele que produz a prova jurídica é semelhante à do historiador: ambos se propõem a estabelecer fatos representativos de acontecimentos pretéritos, por meio de rastros, vestígios ou sinais deixados por referidos eventos e utilizando-se de processos lógicos-presuntivos que permitam a constituição ou desconstituição de determinado fato. Esse é o fim da prova: a fixação dos fatos no mundo jurídico.[20]

É a partir deste sentido que se pode observar a relevância do Evento-Concreto para estudo do fato jurídico, porquanto ainda que este possa ser constituído independentemente da ocorrência daquele, a não existência, ainda que pretérita, do Evento-Concreto, será base para anulação do fato jurídico, por meio de linguagem competente, é dizer, por meio de outro fato jurídico, firmado em provas suficientes, capaz de elidir o anterior.

Exemplificativamente, pela derradeira oportunidade, a não ocorrência de industrialização de bens no mundo das coisas, acompanhada de provas suficientes, poderá ser objeto de defesa administrativa ou mesmo de ação própria, capaz de afastar a autuação do Fisco em detrimento de determinada pessoa, sendo que a defesa administrativa ou ação judicial própria são espécies de fato jurídico, que somente se sustentarão ante as evidências de que inexistiu o Evento-Concreto.

6. Considerações finais

O constructivismo lógico-semântico é instrumento e método de grande utilidade para a comunidade acadêmica na produção de trabalhos científicos e construção do saber, eis que permite que a transmissão da mensagem se dê de forma logicamente estruturada facilitando a compreensão do receptor no processo de comunicação.

---

20. TOMÉ, Fabiana Del Padre. *A prova no direito tributário:* de acordo com o código de processo civil de 2015. 4. ed. rev., atual. – São Paulo – Noeses, 2016, p. 219.

CONSTRUCTIVISMO LÓGICO-SEMÂNTICO
Homenagem aos 35 anos do grupo de estudos de Paulo de Barros Carvalho

Luís Roberto Barroso elucida que "o mundo do Direito é o mundo da linguagem, falada e escrita"[21], é por este motivo que a linguagem é instrumento imprescindível da comunicação e deve ser, na medida do possível, clara e precisa. Manuel Bandeira transmite com mestria essa ideia: "Aproveito a ocasião para jurar que jamais diz um poema ou verso ininteligível para me fingir de profundo... Só não fui claro quando não pude."

Tanto para o direito quanto para a vida social, a comunicação é elemento essencial, haja vista não bastar a ocorrência de determinada situação no mundo fenomênico, mas é necessário que dela tomem conhecimento as pessoas, as quais constroem o fato social, e que, se tiver expressa previsão no ordenamento jurídico, pode ser vertido em linguagem competente que lhe confira o caráter de fato jurídico, adentrando, assim, ao universo do Direito.

O Direito, assim apresentado como sistema de comunicação, manifesta-se através da linguagem prescritiva, valendo-se dos modais proibido (V), permitido (P) e obrigatório (O) para regular as condutas intersubjetivas de acordo com os cortes metodológicos do que lhe é juridicamente relevante.

Não são todos os acontecimentos da vida social – "eventos" – que são relevantes para o direito, mas apenas e tão somente aqueles que estiverem previstos no antecedente de normas gerais e abstratas, e a medida que forem vertidos em linguagem competente, regulamentada pelo próprio sistema de direito positivo, dando origem ao denominado fato jurídico, visto que o evento e fato jurídico estão separados por meio da linguagem pela qual se expressam e pertencem a classes diferentes inalcançáveis entre si, numa exemplificação analógica, assim como se apresenta a curva assintótica no âmbito da geometria.

Sendo o fato jurídico imprescindível para a construção da verdade no âmbito do direito, questiona-se se é possível que

---

21. PETRI, Maria José Constantino. *Manual de linguagem jurídica*. São Paulo: Saraiva, 2008.

357

II
O CONSTRUCTIVISMO LÓGICO-SEMÂNTICO COMO MÉTODO

um fato jurídico exista sem que o evento tenha efetivamente ocorrido e qual a relação existente entre estes dois institutos.

Para responder a esta problemática fizemos uma análise bipartida do evento, dividindo-o em duas diferentes espécies, da mesma classe, quais sejam Evento-Hipótese e Evento-concreto. Conclui-se, pois, que Evento-Hipótese é a denominação utilizada para designar a possibilidade de ocorrência de uma situação no mundo fenomênico, enquanto o Evento-Concreto é a denominação utilizada para efetiva ocorrência da situação no mundo fenomênico.

O primeiro, Evento-Hipótese, demonstra-se essencial para a produção do Fato Jurídico, pois sem a possibilidade de que a situação exista no mundo fenomênico, inexiste possibilidade (criatividade) para construção do Fato Jurídico. Já o segundo, Evento-Concreto não se demonstra essencial para a produção do Fato Jurídico, pois este pode ser produzido sem que um evento possível tenha efetivamente ocorrido, podendo o mesmo ser convalidado perante a inércia do interessado ou anulado se não houver provas que o respalde e indique que o acontecimento se deu da forma como relatado em linguagem competente.

Neste sentido, inexistindo Evento-Hipótese, tornar-se-ia impossível a construção e existência de um Fato Jurídico, de forma que o evento, neste aspecto, apesar de ser de natureza diversa, é relevante para a produção do fato jurídico e não pode ser desconsiderado.

Aliás, pode-se afirmar, com este trabalho, que o evento se demonstra elemento indissociável do estudo do fato jurídico. Se é impossível a constituição de fato jurídico sem que haja evento prévio, então não há aventura científica nos campos do fato jurídico, se não houver entendimento prévio do que seja evento, de sua possibilidade de ocorrência, e viabilidade em ser transcrito em linguagem competente.

Mas a conclusão não se limita, pura e simplesmente, a analisar o evento enquanto mera possibilidade de ocorrência no mundo fenomênico para que se passe ao estudo do fato jurídico,

358

esquecendo-se do evento e de suas forças para anulá-lo. É que, como já se demonstrou no texto, permitindo-se a presente conclusão, o evento, em sua concretude no mundo das coisas, torna-se essencial para afirmar, confirmar ou infirmar o fato jurídico.

O fato jurídico, portanto, poderá até ser constituído independentemente da efetiva ocorrência do evento no mundo das coisas, ao que denominamos de Evento-Concreto, mas nunca será construído sem que haja a possibilidade de sua ocorrência – Evento-Hipótese.

Além disto, os rastros de efetiva ocorrência no mundo das coisas permitirá ao Evento-Concreto a afirmação, confirmação ou infirmação do fato jurídico, pois é possível que um fato jurídico seja constituído em forma totalmente desigual ao respectivo Evento-Concreto, ou mesmo parcialmente, servindo as provas para demonstrar a inexistência do evento no mundo das coisas, ou sua ocorrência de forma diferenciada da qual fora lavrado em linguagem competente.

Sem o estudo do evento, então, ter-se-ia uma análise científica enfraquecida do fato jurídico. Não é possível analisar o Direito posto, sem se analisar as ocorrências respectivas no mundo fenomênico, já que aquele é metalinguagem deste, prescrevendo as relações intersubjetivas.

Se não houver conhecimento das relações intersubjetivas possíveis, sem saber como operam, de que forma são praticadas, não é possível saber o que são, e nem mesmo como prescrevê-las. Assim, o Direito posto não pode ser analisado sem tomar as premissas próprias, dentre as quais estão as possíveis ocorrências no mundo fenomênico; e de forma mais prática, sem suas efetivas ocorrências.

Não significa que o Direito posto deve ser investigado, analisado e estudado à luz das ocorrências fenomênicas tão somente, mas que estas importam, como premissas, para o entendimento e aprofundamento daquele. Exemplificando, mais uma vez, e encerrando-se nossa análise, não é crível que o estudo do Imposto sobre Produto Industrializado – IPI

II
O CONSTRUCTIVISMO LÓGICO-SEMÂNTICO COMO MÉTODO

possa ser realizado sem que haja o entendimento do processo de industrialização, de suas características e formas de ocorrência. É necessário que se conheça, ainda que teoricamente, e não como um industrial, ou um engenheiro especializado, o que seja a industrialização, para que se possam analisar as normas que incidam sobre este processo, para que, diante de uma ocorrência prática, possa ser analisada a possibilidade e a efetiva ocorrência da industrialização, concluindo-se pela regularidade ou não de eventual autuação do Fisco.

Este exemplo prático apenas tem o intuito de convencer o leitor que não se pode desfazer do estudo do evento, tão somente por serem os cientistas do Direito aqueles que se voltam à análise do Direito posto, já que este tem por pressuposto as ocorrências possíveis e efetivas no mundo das coisas, com o qual não se dissociam integralmente.

Após o trabalho investigativo elaborado no presente artigo, então, a proposição conclusiva nos permite afirmar que muito embora o evento e o fato jurídico pertençam a classes diferentes, o evento é fundamental e pressuposto para o fato jurídico, pois este último é construído através do relato d'aquele primeiro, estando a validade do fato jurídico condicionada à existência de provas que confirmem a ocorrência do evento no mundo fenomênico.

Referências

CARVALHO, Aurora Tomazini de. *Curso de teoria geral do direito*: o constructivismo lógico-semântico. São Paulo: Noeses, 2009.

CARVALHO, Paulo de Barros. *Direito tributário:* reflexões sobre filosofia e ciência em prefácios. São Paulo: Noeses, 2019.

CARVALHO, Paulo de Barros. *Direito tributário,linguagem e método.* 7. ed. São Paulo: Noeses, 2018; 6ª ed., 2015.

FERRAGUT, Maria Rita. *Presunções no direito tributário.* 3ª ed. São Paulo: Quartier Latin, 2005.

HEGENBERG, Leonidas. *Saber de e saber que:* alicerces da racionalidade. Petrópolis: Vozes, 2001.

PETRI, Maria José Constantino. *Manual de linguagem jurídica.* São Paulo: Saraiva, 2008.

PETRI, Maria José Constantino. *Manual de linguagem jurídica.* 2ª ed. rev. e atual. São Paulo: Saraiva, 2009.

TOMÉ, Fabiana Del Padre. *A prova no direito tributário.* 4ª ed. rev., atual. São Paulo: Noeses, 2016.

VILANOVA, Lourival. *As estruturas lógicas e o sistema de direito positivo.* 4ª ed. São Paulo: Noeses, 2010.

WITTGENSTEIN, Ludwig. *Tractatus logico philosophicus.* Tradução de José Artur Giannotti. São Paulo: Nacional, 1968.

Capítulo III

O DIREITO TRIBUTÁRIO EM FACE DO CONSTRUCTIVISMO LÓGICO-SEMÂNTICO

A SANÇÃO PELO EXERCÍCIO IRREGULAR DE COMPETÊNCIAS JURÍDICAS – UMA ANÁLISE ESTRUTURAL

Tácio Lacerda Gama[1]

Este estudo é dedicado à norma de competência secundária ou sancionatória, àquela norma que prescreve uma reação negativa do sistema de direito positivo – sanção em contrapartida ao exercício irregular de uma competência jurídica. Identificaremos, também, um antecedente e um consequente, com os mesmos critérios de forma e conteúdo que identificamos na norma de competência primária. Essas normas têm uma enunciação específica. Assim como uma peculiar relação jurídica, cujo objeto é a invalidade da norma produzida por exercício irregular da competência. Perceberemos, também, a existência de condutas que se realizam em âmbitos de vigência pessoal, temporal, espacial e territorial.

Comentando cada um destes pontos, poderemos, ao final, estabelecer alguns paralelos entre as sanções pelo exercício irregular da competência e os conceitos de validade, vigência e eficácia das normas jurídicas.

---

1. Doutor e mestre em direito do Estado pela PUC-SP, professor de direito tributário da PUC-SP e advogado.

III
O DIREITO TRIBUTÁRIO EM FACE DO CONSTRUCTIVISMO LÓGICO-SEMÂNTICO

1. A positivação da norma de competência tributária

A existência de uma norma de competência que qualifique o sujeito competente **(s)**, estabeleça a forma da enunciação **(p)**, as respectivas condições de espaço **(e)** e de tempo **(t)**, bem como a matéria sobre a qual poderá versar a norma **[m(s.c.e.t.)]** não faz surgir, automaticamente, novos enunciados prescritivos.[2]

Entre a programação prescrita pela norma de competência e o surgimento de direito novo há o ato de vontade. Como explica Lourival Vilanova: "(...) a passagem da norma geral para o concreto faz-se mediatamente, nos atos de poder. É preciso ato de poder, manifestação de vontade de órgão (legislativo, administrativo ou jurisdicional) para a realização da regra abstrata."[3] Esse ato de vontade materializa-se na forma de normas introdutoras e de enunciados introduzidos.

As normas introdutoras trazem impressas as marcas da enunciação, referindo-se ao sujeito enunciador (s), ao processo de produção (p) (i.e., processo legislativo, ato administrativo, sentença judicial e outros); assim como às condições de espaço (e) (i.e., Distrito Federal, Município de Belmonte) e de tempo (t) (i.e., 5 de junho de 1976). Em seu antecedente, prescrevem a forma de produção dos textos normativos e, por força disso, determinam que os enunciados introduzidos devem ser aceitos como enunciados jurídico-positivos.

Segundo a ordem de considerações que desenvolvemos noutros estudos,[4] podemos afirmar: o antecedente do instrumento introdutor de normas coincide com o fato jurídico da enunciação, previsto na hipótese da norma de competência.

---

2. "A norma jurídica, geral e abstrata (generalidade e abstrateza que não é de todas as normas), não se realiza, i.e., não passa do nível conceptual para real social, sem o fato que corresponde, como suporte fáctico de sua hipótese fáctica" (VILANOVA, Lourival. *Causalidade e relação no direito*, p. 144).

3. VILANOVA, Lourival. *Causalidade e relação no direito*, p. 150.

4. Refiro-me, especificamente, às ideias desenvolvidas no livro *Competência tributária – fundamentos para uma teoria da nulidade*. São Paulo: Noeses, 2009.

CONSTRUCTIVISMO LÓGICO-SEMÂNTICO
Homenagem aos 35 anos do grupo de estudos de Paulo de Barros Carvalho

Os enunciados introduzidos, por sua vez, devem versar sobre a matéria programada na norma de competência, não podendo ser conflitantes com suas disposições materiais **m(s.c.e.t.)**. Até porque, no processo de positivação do direito, sob o ponto de vista material, a função da norma inferior é prescrever, com maior precisão que a anterior, os âmbitos de vigência pessoal, comportamental, espacial e temporal.

Portanto, é fácil inferir que a norma introduzida – os enunciados enunciados – deve corresponder ao objeto da norma jurídica de competência tributária. Os enunciados produzidos com o exercício da competência têm como finalidade, então, prescrever novas proposições prescritivas que venham a concretizar os termos da norma superior, sem, contudo, serem incompatíveis com ela.

Em termos estruturais, são conceitos análogos: positivação, aplicação e incidência da norma jurídica. Segundo Paulo de Barros Carvalho, esses atos consistem na realização de duas operações lógicas chamadas subsunção e imputação.[5]

Na norma de competência, a subsunção é o ato que afere a compatibilidade entre instrumento introdutor e seu antecedente normativo. Essa é a operação que permite aferir a compatibilidade entre fato jurídico e hipótese normativa. Tenhamos presente que essa hipótese descreve o fato de um sujeito competente (s), desempenhar o ato/processo (p), em circunstância de espaço (e) e de tempo (t). O fato (instrumento introdutor) que se ajuste aos critérios previstos pela hipótese é com ela compatível. Nesses casos, dizemos que o fato se subsume à hipótese da norma de competência.

Paulo de Barros Carvalho,[6] refletindo sobre o tema da incidência das normas jurídicas, inaugurou a ideia, hoje sedimentada na doutrina, segundo a qual o ingresso de acontecimentos no mundo jurídico não se processa na subjetividade

---

5. *Direito tributário:* fundamentos jurídicos da incidência, p. 9.

6. Idem.

III
O DIREITO TRIBUTÁRIO EM FACE DO CONSTRUCTIVISMO LÓGICO-SEMÂNTICO

do intérprete, de forma automática e infalível, sem a ação de um sujeito competente. Em acepção técnica, só os sujeitos que integram o sistema de direito positivo – intérpretes autênticos para Kelsen – promovem a positivação de normas jurídicas.

Sendo o direito um conjunto de normas que se objetivam em texto prescritivo, para que surjam novos fatos, antecedentes de normas, é necessário que apareçam novos textos prescritivos.

A distinção kelseniana entre sistemas estáticos e dinâmicos ilustra bem o que pretendemos significar nesta passagem. Segundo Kelsen,[7] percebe-se a modificação de um sistema estático pelo conteúdo de duas proposições. Uma simples inferência intelectual possibilita perceber se se trata de uma nova proposição ou não. Num sistema de normas éticas, por exemplo, um sujeito sabe se violou ou não uma norma qualquer pelo simples exame de sua consciência.

Já as proposições de um sistema dinâmico só se modificam se forem produzidas por alguma pessoa competente. Daí a relevância de separar as proposições descritivas das proposições prescritivas. A descrição relata a existência de normas com o significado X, Y ou Z. Porém, apenas as proposições prescritivas alteram o sistema de direito positivo, compondo novas normas.

Eis o porquê de ser o sujeito competente quem se encarrega de traduzir o acontecimento social em fato jurídico, promovendo a incidência/aplicação da norma. O simples relato, feito pelo discurso da dogmática jurídica ou outro qualquer, não projeta repercussão alguma no sistema jurídico. Assim, entre a abstração da hipótese normativa e a concretude do fato, há o sujeito competente destacando aspectos relevantes do real social e, com isso, fazendo surgir novos textos de direito positivo, nova realidade jurídica.

Pois bem, a decorrência lógica da subsunção é a imputação de consequências que, segundo o modelo que adotamos, será, necessariamente, uma relação jurídica. De ideias não

---

7. Cf. *Teoria pura do direito*, p. 217.

CONSTRUCTIVISMO LÓGICO-SEMÂNTICO
Homenagem aos 35 anos do grupo de estudos de Paulo de Barros Carvalho

surgem fatos ou relações entre sujeitos de direito. Assim, podemos afirmar que, diante do fato jurídico, invariavelmente será prescrito um vínculo entre sujeitos de direito, tendo como objeto uma prestação determinada. Se estamos falando do exercício da competência, prestação determinada será o conjunto de enunciados prescritivos produzidos segundo o relato contido no antecedente do instrumento introdutor de normas.

Com isso, demonstramos que a norma de competência, na forma defendida neste trabalho, prescreve como deve ser enunciada a norma e sobre o que deve prescrever. A forma de elaboração da norma é positivada no instrumento introdutor. Já a matéria que é introduzida, segundo aquela forma de enunciação, é prevista pelo consequente do instrumento introdutor, ou seja, são os enunciados introduzidos (enunciados enunciados).[8]

Ora, se não há consequências jurídicas sem que um sujeito competente relate em linguagem competente um fato e lhe impute os efeitos previstos pela própria norma de competência, também não se pode falar no surgimento de novas normas jurídicas sem que um sujeito competente realize o processo de enunciação devido para tratar de uma matéria específica.

Fundamenta essas ideias o excerto extraído da obra de Rafael Hernández Marín, que, na linha preconizada por Hans Kelsen, defende não existir clara distinção entre aplicar e produzir direito:

> Según esta tesis, no puede trazarse una distinción nítida entre producción y aplicación del derecho. Todo acto jurídico es, al mismo tiempo, tanto de creación de normas (generales o individuales, no importa), como de aplicación de normas. Así, por ejemplo, la legislación es obviamente creación de normas (generales), pero es también al mismo tiempo aplicación de normas y, especialmente, de normas constitucionales. La jurisdicción, a su vez, es tanto aplicación de normas (legislativas) como creación de normas individuales.[9]

---

8. Sobre o uso de noções de análise do discurso para a compreensão do tema das fontes do direito, ver *Fontes do Direito Tributário* de Tárek Moysés Moussallem.

9. MARÍN, Rafael Hernández. *Teoría general del derecho y de la ciencia jurídica.* Barcelona: PPU, 1989, p. 162.

III

O DIREITO TRIBUTÁRIO EM FACE DO CONSTRUCTIVISMO LÓGICO-SEMÂNTICO

Tratando de forma específica da competência:

> [...] el sentido de una norma jurídica de competencia es: "Los enunciados que procedan de un órgano O, que hayan sido creados con arreglo al procedimiento P y referentes a la materia M son válidos (esto es, son jurídicos).[10]

Vejamos um exemplo do que acabamos de afirmar. A Constituição da República outorga aos municípios a competência para, mediante lei, instituir, no seu território, as regras-matrizes do Imposto sobre Serviços de Qualquer Natureza (ISS). A Lei Orgânica do Município de Belmonte reproduz essa outorga de competência nos termos previstos pela Constituição da República. O Município, por meio dos órgãos que formam a sua vontade (Prefeito e Câmara de Vereadores), realiza o processo legislativo devido e publica no Diário Oficial do Município, no dia 15 de dezembro de 1989, a Lei nº 1.555.

Com essa norma introdutora insere no direito positivo todos os enunciados normativos que dão forma à respectiva regra-matriz de incidência tributária do ISS. Assim prescreve que fato torna o tributo devido, onde e quando este fato deve ocorrer, bem como quem deve pagar, quem deve receber e a forma de calcular a respectiva prestação. Por conseguinte, realizando a enunciação adequada e fazendo inserir novos enunciados enunciados, o Município de Belmonte aplicou a norma de competência legislativa, fazendo surgir novas disposições normativas no sistema de direito positivo.

Neste exemplo, o exercício da competência foi regular, pois o instrumento introdutor fazia referência aos elementos da hipótese normativa e os enunciados-enunciados não contrariavam os dispositivos materiais previstos na Constituição da República. A ação de criar normas, porém, nem sempre é legítima. Há muitas situações em que o exercício da competência produz normas incompatíveis com a respectiva programação formal e material. Nessas situações, não há como cumprir a

---

10. Idem, p. 163.

norma ilegítima sem violar a norma de competência, surgindo, assim, um caso típico de antinomia. Que fazer então?

2. Exercício regular e irregular da competência, cláusula alternativa tácita e normas sancionatórias de competência

Na *Teoria Pura do Direito*, Kelsen defende que a validade de uma norma decorre do fato de ela ter sido produzida de acordo com o que prescreve outra norma.[11] Ser válida seria o específico modo de existir da norma. De sorte que a expressão "norma inválida" encerraria uma contradição em termos e "norma válida", uma redundância.

É inegável, porém, que existem normas jurídicas no sistema de direito positivo que não foram produzidas de forma regular. Todos os casos de nulidade, entendida como gênero que inclua a inconstitucionalidade, a ilegalidade, a nulidade em sentido estrito, a anulabilidade, o erro de fato e de direito, são previstos pelo direito positivo como situações em que a norma inferior foi produzida de forma irregular, divergindo, assim, da norma de competência.

Esse fato, por si só, já evidencia a possibilidade de as normas jurídicas serem produzidas, assumirem plenas vigência e eficácia e, posteriormente, virem a ser declaradas incompatíveis com o ordenamento. E mais, em virtude do nosso sistema difuso de controle de constitucionalidade, não é difícil encontrar normas que, segundo um tribunal, são constitucionais e segundo outro, inconstitucionais.

A existência de normas que são inseridas no sistema de direito positivo, passando a existir e, posteriormente, são tidas por inválidas, evidenciou um paradoxo no pensamento

---

11. Hans Kelsen, ao afirmar que: "a norma superior pode não só fixar o órgão pelo qual e o processo no qual a norma inferior é produzida, mas também determinar o conteúdo desta norma". *Teoria pura do direito*. 6ª. Ed. São Paulo: Martins Fontes, 2000, p. 261.

III
O DIREITO TRIBUTÁRIO EM FACE DO CONSTRUCTIVISMO LÓGICO-SEMÂNTICO

kelseniano: a ideia de norma produzida irregularmente ser válida.

Sem alterar qualquer dos seus pressupostos, Kelsen solucionou o paradoxo sugerindo a existência de uma cláusula alternativa tácita. Com essa ideia, fixou-se o seguinte: toda norma produzida se ajusta a uma norma de competência ou a uma cláusula alternativa que, embora não esteja expressa, determina a invalidade da norma criada. É como se existisse uma norma prescrevendo que requisitos precisam ser atendidos para se criar uma norma válida e que consequências devem ser imputadas se estes requisitos não forem atendidos.[12] A primeira incide sobre as normas produzidas regularmente; a segunda, sobre as normas irregulares. Assim, toda norma jurídica se ajusta a uma norma que fundamenta a sua validade ou, se incompatível com esta, se ajusta a outra que prescreve a sua invalidade. Norma de competência, a primeira, e cláusula alternativa tácita, a segunda.

---

12. Ulises Schmil relata a circunstância que levou Kelsen a adotar a cláusula alternativa tácita: *"However, there is an undeniable fact expressly granted by Kelsen: the existence of irregular norms, i.e., norms that have been issued or established with some irregularity in acts that stem from the superior norm. Despite this, the norm exists and can be the object of judicial review before a constitutional court. Facing this dilemma, Kelsen assumes a really heroic theorical position: he does not abandon any of his theses, but formulates the meaning of the empowering norms, especially the constitution, as a set of norms that have ans alternative character, that contain a tacit alternative clause"* (Cf. The dynamic order of norms, empowerment and related concepts. *Law and Philosophy*. Netherlands: Kluwer Academic Publichers, 2000. *19*: p. 304).

Numa representação do que acabamos de dizer, temos:

Não é o caso de enveredarmos pelas críticas e pelos problemas que a ideia de uma cláusula alternativa tácita enseja.[13] Isso desbordaria dos objetivos dogmáticos deste trabalho. Contudo, é curioso notar nesta dualidade uma versão, aplicada ao plano das normas de competência, da dualidade lícito e ilícito, ou seja, das condutas regulares, conformes ao que estabelecem as normas dispositivas, e das condutas irregulares, que se ajustam ao que dispõem as normas que prescrevem sanções.

De fato, defendemos a premissa segundo a qual o ato de criar norma é uma conduta como outra qualquer. Podemos diferençá-la das demais apenas pelo seu resultado, que é a produção de enunciados prescritivos a partir dos quais se podem elaborar normas jurídicas. Ao confrontar esse resultado com o que prescrevem as normas de competência, a conduta de criar

---

13. Uma das mais firmes oposições à ideia de uma Cláusula Alternativa Tácita é a de Ulises Schmill. Esse autor defende que tal ideia transformaria o direito num sistema tautológico onde existe sempre uma norma fundamentando a validade ou invalidade de outra. Cf. The dynamic order of norms, empowerment and related concepts. *Law and Philosophy*, Netherlands: Kluwer Academic Publishers, 19: 283-310, 2000, p. 303.

III

O DIREITO TRIBUTÁRIO EM FACE DO CONSTRUCTIVISMO LÓGICO-SEMÂNTICO

normas jurídicas pode ser considerada lícita ou ilícita, conforme seja compatível ou não com a norma de competência primária.

É fácil, então, relacionar a ideia de nulidade das normas jurídicas, ou invalidade, à ideia de sanção pelo exercício irregular da competência. Sendo sanção, não temos, propriamente, uma cláusula alternativa, mas sim uma norma que prescreve a reação do sistema jurídico à prática de uma conduta ilícita.

Desta forma, sempre que alguém pretenda argumentar pela não aplicação de uma norma ao caso concreto, ou pela suspensão da sua vigência no sistema de direito positivo, o que se está pedindo, em última análise, é a aplicação de uma norma sancionatória, em face do exercício irregular da competência.

3. A estrutura das normas sancionatórias

O exercício da competência é integralmente regulado pelo direito positivo. Como ensina Hans Kelsen[14]: "(...) o Direito deve regular a sua própria criação". E a forma específica de que dispõe para regular comportamentos, já vimos, é prever circunstâncias cuja ocorrência projeta relações jurídicas, para cujo descumprimento o direito estabelece reações adversas – sanções.

Numa primeira aproximação, um enunciado sancionatório nos remete à ideia de consequência gravosa, imputada àquele que realiza uma conduta valorada negativamente pelo sistema. Assim, propõe Kelsen, está presente a ideia de "sanção" sempre que se perceba a imputação de uma consequência negativa a um sujeito de direito pela prática de uma conduta juridicamente indesejada. Vejamos a precisa forma do seu pensamento:

> [...] o conceito de sanção pode ser estendido a todos os atos de coerção estatuídos pela ordem jurídica, desde que com eles outra coisa não se queira exprimir se não que a ordem jurídica, através destes atos,

---

14. "Isso pode operar-se de forma a que uma norma apenas determina o processo por que outra é produzida. Mas também é possível que seja determinado ainda – em certa medida – o conteúdo da norma a produzir" (KELSEN, Hans, *Teoria pura do direito*, p. 246).

CONSTRUCTIVISMO LÓGICO-SEMÂNTICO
Homenagem aos 35 anos do grupo de estudos de Paulo de Barros Carvalho

reage contra uma situação de fato socialmente indesejável e através desta reação, define a indesejabilidade desta situação de fato.[15]

Nesta acepção ampla, porém, o termo "sanção" é ambíguo. Aludir à imputação de um mal qualquer é atributo comum às normas éticas, religiosas e morais. Eis o motivo de serem apresentadas novas elucidações para a definição de um sentido mais técnico para o aludido vocábulo. E é esse mesmo autor que acrescenta, em trabalho posterior, a ideia segundo a qual:

> [...] se se pressupõe que cada norma jurídica geral seja a ligação de duas normas, das quais uma estabelece como devida uma certa conduta e a outra põe como devida a fixação de um condicional ato de coação por parte de um órgão judicial para o caso de violação desta norma.[16]

Assim, tomada como ato de coação exercido por um órgão do Estado, a sanção assume sua porção mais técnica, passível, inclusive, de operar como critério de distinção entre o sistema jurídico e os demais sistemas normativos vigentes numa sociedade. Trilhando o caminho aberto por Kelsen, Lourival Vilanova oferece contribuição precisa sobre aquilo que se poderia chamar de estrutura completa da norma jurídica:

> Fazendo-se um corte abstrato na série de normas que compõem unitariamente o sistema do direito positivo, vemos que uma regra jurídica completa consta de duas normas. Na norma primária, tem-se o pressuposto fáctico (ou hipótese de incidência) em relação-de-implicação com a consequência: a relação jurídica. Abstratamente, se ocorre o fato F, então A ficará numa relação R com B. Na norma secundária, a hipótese fáctica é a não observância do dever da parte do sujeito passivo, a qual implica o exercício da sanção e da coação (já aqui através do órgão jurisdicional).[17]

O pensamento de Lourival Vilanova é claro no que toca à distinção entre sanções jurídicas e as demais:

---

15. KELSEN, Hans. *Teoria pura do direito*, p. 46.

16. KELSEN, Hans. *Teoria geral das normas*. Porto Alegre: Fabris, 1986, p. 68.

17. VILANOVA, Lourival. *Causalidade e relação no direito*, p. 175.

III

O DIREITO TRIBUTÁRIO EM FACE DO CONSTRUCTIVISMO LÓGICO-SEMÂNTICO

> Em rigor, todas as normas sociais acompanham-se de sanções ante o seu descumprimento. O que destaca a sanção jurídica é sua previsibilidade típica e a possibilidade do uso da coação organizada (através de órgão jurisdicional) para fazer valer as obrigações principais e as obrigações acessórias.[18]

O "mal" previsto pela norma jurídica pode ser aplicado de forma objetiva, sem que para isso concorra a vontade do infrator.[19] Nesse plano abstrato de considerações, toda norma jurídica dispõe de sanção coercitiva.[20] As duas normas, primária e secundária, coexistem no sistema de direito positivo, são válidas simultaneamente.[21] O fato de uma vir a ser aplicada e não a outra, portanto, é insuficiente para sustentar a existência de normas jurídicas sem sanção. Isso porque norma jurídica sem sanção deixa de ser jurídica. E a sanção sem norma não faz sentido jurídico.[22] É justamente esta a ideia que se extrai do pensamento de Lourival Vilanova, segundo o qual:

> Norma primária (oriunda de normas civis, comerciais, administrativas) e norma secundária (oriunda de normas de direito processual objetivo) compõem a bimembridade da norma jurídica: a primária sem a secundária desjuridiciza-se; a secundária sem a primária reduz-se a instrumento, meio, sem fim material, a adjetivo sem o suporte do substantivo.[23]

---

18. VILANOVA, Lourival. *Causalidade e relação no direito*, p. 174.

19. Idem, p. 176.

20. "A coercitividade é a possibilidade que o direito tem de se fazer valer, primeiramente através da incidência de uma espécie particular de sanção pelo descumprimento da norma jurídica, e posteriormente pela possibilidade de coagir o sujeito a cumpri-lo. É a possibilidade de violência legítima. Note-se que a coercitividade é essencial ao direito, mas não a coação ou a sanção, que podem ou não se efetivar. A inclusão da coercitividade como característica do direito em face das demais ordens normativas, assim como a bilateralidade, foi útil ao positivismo emergente e teve papel fundamental na configuração específica do objeto jurídico" (ADEODATO, João Maurício. Ética e retórica: para uma teoria da dogmática jurídica. São Paulo: Saraiva, 2002. p. 24).

21. VILANOVA, Lourival. *Estruturas lógicas e o sistema de direito positivo*. 3ª ed. São Paulo: Noeses, 2005, p. 112.

22. Cf. VILANOVA, Lourival, *Causalidade e relação no direito*, p. 190.

23. Idem, p. 188.

CONSTRUCTIVISMO LÓGICO-SEMÂNTICO

Homenagem aos 35 anos do grupo de estudos de Paulo de Barros Carvalho

O descumprimento de toda e qualquer norma projeta efeitos. O efeito que qualifica uma norma como jurídica é, justamente, a previsão de uma consequência coercitiva para o seu descumprimento.

Em síntese de tudo o que dissemos, aglutinaremos, em linguagem formalizada, os elementos que integram a sanção jurídica:

$$\textbf{Ncom.s} = \textbf{H [s.p(-c).e.t.]} \rightarrow \textbf{R [S(s.sj) . m(s.e.t.c)]}$$

A norma sancionatória tem como hipótese o descumprimento da relação jurídica de competência tributária (-c). É a violação daquilo que dispõem os condicionantes materiais ou formais da norma de competência que justifica a aplicação da norma que prescreve sanção. Em meio aos signos de sua composição, é possível ler que: violada a relação de competência – **R(S.M)** –, deve-se imputar uma relação entre o destinatário da norma e o Estado jurisdição. O objeto dessa relação será a norma que prescreve a não aplicação da norma criada ilicitamente. Essa norma é, também, chamada de norma anulatória.

Retomando parte da discussão que desenvolvemos noutros estudos, poderíamos indagar: qual a natureza das normas anulatórias? Segundo Schmill:

> [...] en esta concepción, la nulidad no es una sanción, aunque sí la es la consecuencia de ciertas condiciones estabelecidas normativamente. Es la determinación de la fecha final de vigencia del AT de la norma.[24]

Neste ponto, discordamos da conclusão exposta.

Fundamentamos a nossa posição com os seguintes argumentos: *i.* ficou claro que, entre os requisitos necessários à aplicação da norma sancionatória de competência, está a constatação de que uma norma foi produzida irregularmente;

---

24. SCHMILL, Ulises. La derogación y la anulación como modalidades del ámbito temporal de validez de las normas jurídicas, p. 239. Esclarecemos que no simbolismo adotado por este autor, AT significa âmbito temporal.

377

III
O DIREITO TRIBUTÁRIO EM FACE DO CONSTRUCTIVISMO LÓGICO-SEMÂNTICO

ii. essa irregularidade é evidenciada pelo conflito com a norma de superior hierarquia; *iii.* a produção irregular de normas jurídicas é um ilícito nomogenético; *iv.* a norma anulatória é uma reação negativa para quem cria normas, pois impede que essa norma seja aplicada no caso concreto, regulando condutas; *v.* a reação negativa à prática de um ilícito é, como já vimos, uma sanção. Concluímos, portanto, que a norma anulatória tem natureza de sanção imputada à criação irregular de normas jurídicas – sanção nomogenética.

Em face desses argumentos, mantenhamos esta ideia: a sanção pelo descumprimento da norma primária de competência é prevista pela norma secundária que prescreve a invalidade como sanção. Utilizaremos os termos "sanção nomogenética" e "norma anulatória" indistintamente como sinônimos. O fundamento de validade da norma que anula outra norma, por sua vez, é a norma sancionatória da competência, que prescreve as reações do ordenamento voltadas a impedir que uma norma ilicitamente produzida possa regular condutas.

4. A HIPÓTESE DAS NORMAS SANCIONATÓRIAS DE COMPETÊNCIA

H [S.P(-C).E.T.]

A aplicação da norma sancionatória de competência é do tipo condicionada, ou seja, pressupõe a presença de alguns requisitos que estão indicados na respectiva hipótese.

O primeiro deles é a competência de um sujeito (s) para o exercício típico ou atípico da jurisdição. Sendo o direito positivo um sistema dinâmico, não basta perceber a existência de ilícitos, não é suficiente a descrição de antinomias, é necessário que um órgão competente o faça.

O segundo requisito é que essa enunciação seja feita num processo, administrativo ou judicial, em controle concentrado ou difuso, em que fique evidenciada, após o contraditório e a ampla defesa, a existência de norma fruto do exercício irregular da competência **p(-c)**. Como toda enunciação, as normas sancionatórias de competência são criadas em certas condições de espaço **(e)** e de tempo **(t)**. A depender do tipo de norma, é possível que se estabeleça lapso temporal para o exercício legítimo da competência sancionatória. Esses são os casos em que existem, por exemplo, prazos de prescrição ou de decadência a serem observados. Isso porque, há casos (i.e., declaração de tributos com algum vício de legalidade) em que, uma vez transcorrido o prazo, torna-se legítima a norma criada indevidamente.

Seguindo, mais uma vez, as lições de Ulises Schmill,[25] seria possível destacar, em meio a muitos outros requisitos que podem ser estabelecidos pelo direito positivo, os seguintes: *i*. demonstração de irregularidade na criação de normas, evidenciada pela incompatibilidade entre norma superior e norma inferior, ou entre normas de igual hierarquia, quando se tratar de cláusulas pétreas; *ii*. processo regular, administrativo ou judicial, por meio do qual o Estado exerça a jurisdição criando norma que impede a aplicação de normas irregularmente criadas.

Preenchidos esses requisitos, obrigatoriamente a competência para constituir a norma anulatória deverá ser exercida.

5. O CONSEQUENTE DAS NORMAS SANCIONATÓRIAS DE COMPETÊNCIA R [S(S.SJ). M(S.E.T.C.)]

O consequente das normas sancionatórias de competência, como toda e qualquer norma em sentido estrito, vincula dois ou mais sujeitos **[S(s.sj)]** perante uma prestação determinada **[M(s.e.t.c.)]**. Essa prestação, em se tratando de uma competência condicionada, é modalizada em obrigatório. Por isso, uma vez provocada a jurisdição, obrigatoriamente, deverá ser proferida decisão favorável ou contrária a quem tomou a iniciativa de provocá-la.

---

25. SCHMILL, Ulises, La derogación y la anulación como modalidades del ámbito temporal de validez de las normas jurídicas, p. 239.

III

O DIREITO TRIBUTÁRIO EM FACE DO CONSTRUCTIVISMO LÓGICO-SEMÂNTICO

No que diz respeito aos sujeitos, enfrentamos o tema da legitimidade processual para provocar a jurisdição, em qualquer das suas modalidades.

O aspecto material das normas sancionatórias reflete a matéria prevista pelas normas de competência primária. Neste ponto, é sempre bom lembrar que a sanção processual está a serviço da eficácia da norma primária. Logo, qualquer aspecto da norma de competência que seja violado pela norma inferior poderá ter sua validade, vigência ou eficácia suspensa, conforme o caso, pela norma sancionatória.

5.1 Sobre a legitimidade ativa e passiva para questionar a validade de uma norma jurídica produzida ilicitamente

O sujeito passivo da relação sancionatória de competência é o Estado-jurisdição. Não distinguimos, neste caso, se se trata de jurisdição típica ou atípica. O traço relevante é a capacidade de exercer competências jurisdicionais. Segundo os limites previstos para a repartição de competências jurisdicionais, será possível identificar os vários sujeitos que podem editar normas afastando a aplicação de outras, criadas de forma ilegítima.

No que se refere à legitimidade ativa, ou sujeição ativa, para requerer a aplicação das normas sancionatórias de competência temos uma regra fundamental: só há nulidade quando existe lesão potencial ou efetiva a direito subjetivo. Sem demonstrar ameaça ou efetiva violação de direitos próprios, ou de terceiros pelos quais é responsável, nenhum sujeito pode provocar a jurisdição para ver aplicada uma norma anulatória.[26]

Cumprido esse requisito, que sintetiza o próprio interesse de agir da parte, todo e qualquer sujeito pode requerer ao Poder Judiciário a aplicação de norma que dispense o cumprimento de outra, criada sem fundamento de validade.

---

26. Essa é uma aplicação analógica ao princípio segundo o qual não há nulidade sem prejuízo, dano ou ameaça a direito.

380

CONSTRUCTIVISMO LÓGICO-SEMÂNTICO
Homenagem aos 35 anos do grupo de estudos de Paulo de Barros Carvalho

5.2 Efeitos materiais da aplicação da norma anulatória

O objeto da relação jurídica da norma sancionatória de competência estabelece os contornos materiais (**M**) da norma anulatória, ou seja, prescreve seu alcance subjetivo (**s**), espacial (**e**), temporal (**t**) e material em sentido estrito (**c**) ou comportamental. Tudo isso, cabe enfatizar, refletindo o que prescreve a norma de competência primária. Portanto, a norma anulatória inferior deverá ser criada dentro desses limites, para prescrever a não aplicação da norma criada de forma irregular, nos pontos em que ela for conflitante com a norma de competência.

O âmbito material (**M**) das normas anulatórias consistirá na determinação de que não mais seja válido, vigente ou eficaz o dispositivo conflitante. Esses efeitos, conforme veremos, variam de caso a caso. Nunca é demais ter presente que a norma anulatória é produzida para restringir um ou mais dos âmbitos de vigência ou eficácia da norma ilegítima, justamente naquele ponto em que é conflitante e que, em face do conflito, provoca prejuízos aos sujeitos de direito.

Vejamos, a seguir, como cada um dos âmbitos de vigência de uma norma pode ser restringido pela prescrição de uma norma anulatória.

5.2.1 Eficácia material em sentido estrito ou comportamental da norma anulatória – total ou parcial

O critério material em sentido estrito ou comportamental de uma norma, já vimos, é a ordem para que o comportamento de certos sujeitos seja este ou aquele. Instituir tributo sobre serviços, patrimônio, renda, receita bruta..., regular a arrecadação deste tributo, aplicar a norma tributária a um caso concreto para qualificar sujeitos passivo, ativo e o valor da obrigação, promover o pagamento da prestação tributária, são ações previstas pelo aspecto material de normas jurídicas. Como propõe Paulo de Barros Carvalho, a materialidade de uma norma tributária pode ser sintetizada na conjugação de um verbo e um complemento. Por exemplo: auferir + renda; prestar +

381

III

O DIREITO TRIBUTÁRIO EM FACE DO CONSTRUCTIVISMO LÓGICO-SEMÂNTICO

serviços; ser + proprietário de imóvel predial urbano... Quando essas ações são prescritas em conformidade com a norma de competência, afirmamos a sua regularidade, sua validade.

Em muitas situações, porém, podemos identificar que: o tributo criado é inconstitucional; sua regulamentação é ilegal; sua incidência foi feita de forma nula ou a norma de pagamento indica sujeito diverso do que deveria. Em todos esses casos, o que temos é a norma inferior sendo produzida em conflito com a superior. É justamente aqui que se delimita o âmbito de vigência material das normas sancionatórias: na proposição que é divergente da norma de superior hierarquia.

Falamos em proposição e não em enunciado, pois há muitas situações em que o sujeito competente para positivar a norma anulatória pode afastar, tão somente, o sentido de uma norma, mantendo intacto seu texto, seus enunciados.

De fato, só há ilícito na criação de normas quando se configura a divergência de sentidos entre a norma inferior e aquela que lhe serve de fundamento de validade. E isso se dá de tal forma que não é possível aplicar a inferior sem violar a superior. Logo, é no ponto em que as normas são conflitantes que se torna necessária a positivação da norma anulatória, afastando a norma irregular e, com isso, preservando a consistência do sistema jurídico.

Dessa forma, e tomando como critério a amplitude da norma anulatória em relação à norma irregular, poderíamos classificar sua extensão como total ou parcial. Existem situações em que, apenas parcialmente, uma norma diverge do que prescreve a norma superior. E noutras, por sua vez, a norma irregular é completamente incompatível. Num caso e noutro teremos, respectivamente, abrangência total e parcial da norma.

5.2.2 Eficácia pessoal da norma anulatória – *erga omnes* ou *erga singulum*

Outro critério relevante diz respeito à abrangência da norma anulatória em relação aos seus destinatários, sua eficácia pessoal. Esse tema não desperta grandes interesses quando tratamos de normas individuais e concretas, pois, como regra, essas normas projetam repercussão apenas entre os sujeitos vinculados entre si pela relação jurídica. Nesses casos os efeitos são sempre entre as partes – *erga singulum*.

Muito diversa é a situação quando falamos em normas gerais e abstratas, especialmente aquelas submetidas ao controle de constitucionalidade. Nesses casos, e de acordo com o nosso ordenamento jurídico, temos a possibilidade de a norma anulatória projetar efeitos entre as partes de um processo – *erga singulum* –, para todos os sujeitos destinatários da norma geral e abstrata – *erga omnes* – e, em alguns casos, os dois efeitos sucessivos. Esse é, por exemplo, o caso em que um julgado reconhece a inconstitucionalidade pelo controle difuso e o Senado Federal, no exercício de suas atribuições, publica resolução atribuindo efeito *erga omnes* à decisão do Supremo Tribunal Federal.

Nesse âmbito de análise, em que privilegiamos o aspecto estrutural das normas anulatórias, descabe ingressar pelo processo judicial constitucional para perceber as suas várias nuanças. Por isso, deixaremos apenas registrado o que nos interessa no momento: as normas anulatórias podem prescrever efeitos que atinjam apenas os sujeitos diretamente envolvidos numa relação processual (*erga singulum*), mas podem, a depender do caso, prescrever efeitos gerais, suspendendo a própria vigência da norma criada (*erga omnes*).

5.2.3 Eficácia espacial da norma anulatória – total ou parcial

Há situações em que apenas a amplitude espacial prescrita pela norma viola o que prescreve a norma de competência. E isso pode acontecer quando o critério espacial da norma tributária vai além do que foi programado pela norma de competência.

Vejamos um exemplo para ilustrar o que descrevemos acima. O Município de Belmonte edita lei para fazer incidir o

III

O DIREITO TRIBUTÁRIO EM FACE DO CONSTRUCTIVISMO LÓGICO-SEMÂNTICO

Imposto Predial e Territorial Urbano – IPTU, previsto no art. 156, I, da Constituição da República, sobre áreas rurais. Os critérios que definem o conceito de "área urbana", para fins de incidência desse tributo, estão previstos no art. 32 do Código Tributário Nacional. Logo, a extensão do âmbito territorial do IPTU sobre áreas não urbanas é um típico caso de violação do âmbito espacial da norma de competência.

Esse seria um tipo de ilícito derivado da ultratividade da norma tributária. Cabe à norma anulatória incidir para afastar a aplicação da norma do IPTU sobre propriedades localizadas naquelas regiões que, de acordo com o art. 32 do Código Tributário Nacional, são consideradas rurais. Seu efeito, no caso, será sobre o âmbito de vigência espacial da norma.

Podemos falar de redução indevida do âmbito de vigência espacial da norma quando esta não alcança, de forma isonômica, sujeitos que estão em igualdade de condições, diferindo entre si apenas pelo local em que situados. Nessas hipóteses, a norma anulatória pode prescrever a revogação do critério ilegítimo de discriminação, ampliando o âmbito espacial de incidência da norma tributária.

Em qualquer das duas situações podemos classificar esse tipo de eficácia em total ou parcial. A eficácia parcial derroga parte da norma, aquela criada em confronto com a competência, mantendo plenamente válidos, vigentes e eficazes os demais critérios. Pode haver situações, contudo, que o âmbito espacial seja completamente ilegítimo, comprometendo a própria validade da norma. Nessas situações, a eficácia da norma anulatória será total.

5.2.4 Eficácia temporal da norma anulatória – *ex nunc* ou *ex tunc*

As normas jurídicas ingressam no sistema de direito positivo com presunção de validade. Até que um sujeito competente, no exercício da jurisdição, perceba existir conflito entre a norma inferior e superior e produza norma anulatória,

384

CONSTRUCTIVISMO LÓGICO-SEMÂNTICO
Homenagem aos 35 anos do grupo de estudos de Paulo de Barros Carvalho

determinando sua não aplicação, a norma produzida é tida como válida. Em face desta fenomenologia que acabamos de descrever, é simples perceber que a norma anulatória incide sempre depois de ter sido publicada a norma irregular. Até mesmo porque, antes de publicada a norma irregular, não estariam preenchidas as condições para a enunciação da norma anulatória, também chamada no processo civil de condições da ação (ver item 4).

De imediato, podemos dizer que as normas anulatórias podem ter, fundamentalmente, duas eficácias temporais. Numa delas, ela prescreve que o âmbito de vigência temporal da norma irregular retroaja à data de sua publicação, como se a norma anulada nunca tivesse existido. Falamos, nesses casos, de eficácia *ex tunc*.

Noutros casos, a norma anulatória prescreve que só após a sua publicação os efeitos da norma irregularmente criada devem cessar. Chamamos essas situações de eficácia *ex nunc*.

O direito positivo brasileiro prevê circunstâncias em que a autoridade jurisdicional pode prescrever a eficácia da norma anulatória de diferentes maneiras. Esse tema é tratado sob o título de modulação dos efeitos da decisão de inconstitucionalidade. Trata-se, para utilizar a terminologia que vimos utilizando, de modular a eficácia da norma anulatória que prescreve a invalidade de uma norma por ofensa à Constituição da República. Essa possibilidade foi inserida, expressamente, no direito positivo para os casos em que a reconstituição da consistência, com efeitos *ex tunc*, possa trazer mais prejuízos para a ordem social.

A programação de efeitos da inconstitucionalidade requer presença de: *i*. processo para controle concentrado de constitucionalidade; *ii*. decisão proferida por, pelo menos, dois terços dos juízes do tribunal, em sua composição plena; e *iii*. haja fundado receio de que a decisão cause relevantes prejuízos para a ordem social.

III

O DIREITO TRIBUTÁRIO EM FACE DO CONSTRUCTIVISMO LÓGICO-SEMÂNTICO

A característica que nos cabe ressaltar, no momento, é que a eficácia temporal da norma anulatória pode ser programada em três modalidades. Na primeira, a eficácia é retroativa, pois a norma anulatória prescreve a invalidade da outra norma desde a sua publicação – eficácia *ex tunc*.

Na segunda, a eficácia é apenas prospectiva, pois a norma anulatória só restringe a aplicação da norma inválida a partir da sua publicação. Por fim, e em algumas circunstâncias especiais, é possível a modulação dos efeitos previstos para a eficácia da norma anulatória.

Em qualquer dos casos, porém, o que se exige é que a norma anulatória seja produzida nos termos previstos pela norma que prescreve a sanção pelo exercício ilegítimo de competências jurídicas. Vale dizer: não é permitido à autoridade jurisdicional alterar os efeitos próprios da aplicação das sanções de invalidade (transformar o passado em futuro e vice-versa), ressalvada naqueles casos em que o direito expressamente permite.

6. Ilícitos nomogenéticos e seus efeitos sobre a validade, vigência e eficácia das normas jurídicas

Após a exposição feita acima, temos novos fundamentos para demonstrar a relação que existe entre esses conceitos e os tipos de eficácia projetados pelas normas anulatórias.

Vejamos cada uma das relações apresentadas:

i. é válida a norma produzida de acordo com os limites formais e materiais previstos pela norma de competência;

ii. é inválida a norma que, tendo sido criada de forma irregular, se ajusta ao que prescreve a norma sancionatória de competência;

iii. a norma válida é plenamente vigente – apta para regular condutas – e eficaz – regula efetivamente as condutas;

iv. a norma inválida pode ter sua eficácia suspensa nos casos em que, sendo geral e abstrata, sua invalidade é reconhecida com efeitos entre as partes – *erga singulum*;

v. a norma inválida pode ter sua vigência encerrada quando, sendo geral e abstrata, sua invalidade é reconhecida com efeitos *erga omnes* e *ex tunc*;

vi. a norma inválida pode ter apenas o seu vigor – vigência prospectiva – limitado no tempo quando, sendo geral e abstrata, sua invalidade é reconhecida com efeitos erga *omnes* e *ex nunc*;

vii. a norma inválida pode ter vigência e eficácia completamente suspensas quando for norma individual e concreta.

Em qualquer dos casos, o ato de criar normas é uma conduta que pode ser classificada como lícita ou ilícita. Como o sistema de direito positivo segue o princípio dinâmico, essas classificações dependem de decisão, emanada de autoridades competentes, segundo procedimentos previstos pelo próprio sistema. A invalidade ou nulidade de uma norma é construída por decisão competente. Por isso mesmo, de nada vale toda a ciência do mundo sustentar a invalidade de uma norma se o sistema jurídico assim não fizer. Da mesma forma que de nada adianta a afirmação de que alguém praticou um ilícito penal, se isso não for posteriormente reconhecido num processo judicial. Noutras palavras, só o próprio sistema é capaz de criar normas jurídicas e de qualificá-las como lícitas ou ilícitas, passíveis ou não de produzir efeitos, regulando condutas.

III
O DIREITO TRIBUTÁRIO EM FACE DO CONSTRUCTIVISMO LÓGICO-SEMÂNTICO

Referências

ADEODATO, João Maurício. *Ética e retórica*: para uma teoria da dogmática jurídica. São Paulo: Saraiva, 2002.

BELTRÁN, Jordi Ferrer. *Las normas de competencia*: un aspecto de la dinámica jurídica. Madrid: CEPC, 2000.

BOBBIO, Norberto. *Teoria da norma jurídica*. 2ª ed. São Paulo: Edipro, 2001.

CARRAZZA, Roque Antonio. *Curso de direito constitucional tributário*. 23. ed. São Paulo: Malheiros, 2009.

CARVALHO, Paulo de Barros. *Direito tributário, linguagem e método*. 3ª ed. São Paulo: Noeses, 2009.

_____. *Curso de direito tributário*. 21. ed. São Paulo: Saraiva, 2009.

_____. *Direito tributário*: fundamentos jurídicos da incidência. 6. ed. São Paulo: Saraiva, 2006.

ENGISCH, Karl. *Introdução ao pensamento jurídico*. 9ª ed. Lisboa: Fundação Calouste Gulbenkian, 2004.

FERRAZ JÚNIOR, Tércio Sampaio. Competência tributária municipal. *Revista de Direito Tributário*, São Paulo: Malheiros, ano 14, n. 54, p.158-159, out./dez. 1990.

GAMA, Tácio Lacerda. *Competência tributária – fundamentos para uma teoria da nulidade*. São Paulo: Noeses, 2009.

GUASTINI, Riccardo. *Das fontes às normas*. Trad. Edson Bini. São Paulo: Quartier Latin, 2005.

HART, Herbert L. A. *O conceito de direito*. 3ª ed. Lisboa: Fundação Calouste Gulbenkian, 2001.

HERMES, Lima. *Introdução à ciência do direito*. 18 ed. Rio de Janeiro: Freitas Bastos, 1968.

388

KELSEN, Hans. *Teoria geral das normas*. Porto Alegre: Fabris, 1986.

_____. *Teoria geral do direito e do estado*. 3ª ed. São Paulo: Martins Fontes, 2000.

_____. *Teoria pura do direito*. 6ª. Ed. São Paulo: Martins Fontes, 2000.

MAIER, Julio B. J. Reflexiones acerca de la vigencia del derecho. In: Bulygin, Eugenio (Coord.). El lenguaje del derecho: homenaje a Genaro R. Carrió. Buenos Aires: Abeledo-Perrot, 1983.

MIRANDA, Francisco Cavalcanti Pontes de. *Tratado de direito privado*. Parte Geral, Tomo 2. Rio de Janeiro: Borsoi, 1954.

MOUSSALLEM, Tárek Moysés. *Fontes do direito tributário*. 2ª ed. São Paulo: Noeses, 2006.

ROSS, Alf. *Direito e justiça*. Trad. Edson Bini. São Paulo: Edipro, 2000.

SCHMILL, Ulises. La derogación y la anulación como modalidades del ámbito temporal de validez de las normas jurídicas. *Doxa (Publicaciones periódicas)*. Alicante: Biblioteca Virtual Miguel de Cervantes, 1996, 19: 229-258.

SPAAK, Torben. *The concept of legal competence*: an essay in conceptual analysis. Trad. Robert Carroll. Vermont: Dartmouth, 1994.

VILANOVA, Lourival. *Causalidade e relação no direito*. 4. ed. São Paulo: Revista dos Tribunais, 2000.

_____. *Estruturas lógicas e o sistema de direito positivo*. São Paulo: Noeses, 2005.

WRIGHT, Georg Henrik von. *Norma y acción*: una investigación lógica. Madrid: Tecnos, 1970.

O PROTAGONISMO DO DIREITO NA TEORIA CONSTRUCTIVISTA - POLÍTICA E REFORMA TRIBUTÁRIA: MATÉRIA DE DIREITO OU DE ECONOMIA?

Daniela Floriano[1]

O presente texto, especialmente elaborado em comemoração ao aniversário de 35 anos de existência ininterrupta do Grupo de Estudos conduzido pelo nosso mestre Paulo de Barros Carvalho, coincide com o período em que, novamente na história do Brasil, ganha considerável destaque a discussão acerca da necessidade de mudança da estrutura e da política tributária nacional.

Não há dúvidas de que os debates envolvendo a necessidade de uma reforma tributária remontam a longa data. É fato, todavia, que coincidentemente no ano em que se festeja os 35 anos do Grupo de Estudos – *cujo objetivo principal reside em aproximar e estudar o Direito a partir de um rigoroso método científico conhecido pelo nome de constructivismo ló-gico-semântico* – tramitam em ritmo acelerado propostas de emendas à Constituição Federal as quais objetivam alterar,

---

1. Mestre PUC/SP. Advogada e Professora.

III

O DIREITO TRIBUTÁRIO EM FACE DO CONSTRUCTIVISMO LÓGICO-SEMÂNTICO

algumas radicalmente, a estrutura do modelo tributário atualmente vigente no Brasil.

Muito se discute sobre os benefícios e a necessidade de reformas legislativas. Inúmeros são os dados, pesquisas, comparativos e argumentos – *a maior parte deles de natureza exclusivamente econômica* – apresentados com a pretensão de confirmarem a necessidade preeminente de desburocratização e simplificação do modelo tributário brasileiro. Tais mudanças, conforme insistentemente se sustenta, teriam a finalidade de destravar o crescimento econômico e reinserir o Brasil no cenário de competitividade internacional.

Não se prestam as presentes reflexões à análise das propostas de alteração da política tributária atualmente debatidas, mas, sim, aos argumentos que estão por sustentá-las. De fato, o objeto de nossa preocupação reside na relegação do sistema jurídico à figura de coadjuvante face a interesses estranhos ao próprio direito – *contudo não menos importantes* – interesses estes que estão por se valerem das normas jurídicas como um meio para atingirem seus próprios fins.

É com fundamento na Teria do Construtivismo Lógico-Semântico – *preconizada por Lourival Vilanova e primorosamente lapidada por Paulo de Barros Carvalho, em especial nos debates e reflexões interruptamente realizados ao longo dos últimos 35 anos, todas as terças-feiras no Grupo de Estudos que homenageamos nesse livro* – que se propõe, no presente texto, uma reflexão sobre o conceito e o alcance do "Direito". Seria o direito um fim em si mesmo ou um instrumento disponível e necessário para se alcançar outras finalidades? Quais as consequências em reduzirmos o direito à função de veículo para implementação de interesses de outras áreas da sociedade?

A reflexão proposta neste artigo se presta, fundamentalmente, para delimitarmos o protagonismo do direito face às propostas atualmente em debate relacionadas à alteração do modelo de política tributária nacional. Temos observado – *com o receio que por ora expomos aos que permanecem conosco*

392

CONSTRUCTIVISMO LÓGICO-SEMÂNTICO
Homenagem aos 35 anos do grupo de estudos de Paulo de Barros Carvalho

nestas linhas – uma sobreposição dos argumentos econômicos invocados face ao próprio sistema do direito que necessita, obrigatoriamente, comportá-los para implementá-los. A dúvida que então se impõe, nesse contexto, é: cabe ao direito adaptar-se aos interesses e necessidades econômicas? Em caso positivo, existira algum limite para esta adaptação?

Somos da opinião de que algumas das incompatibilidades identificadas entre as propostas – *de cunho eminentemente econômico* – de política tributária e o direito, não são reflexo – *como argumentam seus mentores e afiliados* – da simples desatualização do modelo de sistema jurídico nacional. Tais incompatibilidades, a bem da verdade, remontam à própria estrutura de Estado definida no Texto Maior.

Pacto federativo, livre repartição de competências, independência dos entes federados, pensamos que, definitivamente, não estamos diante de uma "desatualização" de normas jurídicas, mas, ao contrário, diante de uma estrutura fundante do modelo de Estado brasileiro. Qualquer alteração em tal estrutura – *por mais válida e justificável que seja* – definitivamente implicará revogação não parcial, mas, sim, de toda a ordem atualmente vigente. Assim, poderia o direito servir como meio para implementação de um modelo econômico?

Em contrapartida a estes argumentos, por exemplo, parcela significativa dos defensores das propostas atualmente debatidas sustentam que o modelo federativo atual não teria por condão assegurar aos seus entes a representatividade isonômica conforme garantido pela Constituição. Realmente, é forte o argumento – *novamente aqui, de natureza eminentemente econômica* – que a condição financeira dos Municípios não lhes garante a independência proclamada pelo Texto Maior. Ocorre que, sob este prisma, observa-se exclusivamente sua condição econômica.

Os municípios, inobstante atravessarem uma crise financeira de gravíssimas proporções, em grande parte justificada sob o prisma da baixa arrecadação, ainda assim, na estrutura

393

III

O DIREITO TRIBUTÁRIO EM FACE DO CONSTRUCTIVISMO LÓGICO-SEMÂNTICO

atual, permanecem detentores de sua autonomia política, conforme garantido pela Constituição. No mais, não poderíamos estar diante de uma falência "transitória" destes entes federativos? Em uma economia cada vez menos material e vertiginosamente mais digital, uma definição sobre a natureza dos serviços de economia digital não poderia impulsionar a arrecadação destes entes federativos?

As reflexões aqui apresentadas não se prestam, repise-se, para o fim de uma tomada de posição especificamente sobre as propostas de reforma tributária que se apresentam. Não se pretende debater ou identificar qual delas encerraria a mais conveniente. Conforme já inicialmente adiantado, nosso objetivo é suscitarmos o debate acerca do papel do direito na estruturação destas propostas. Poderia o direito servir como veículo ou instrumento de implementação de um modelo econômico de política tributária ou, sendo o direito um fim em si mesmo – *em consonância ao quanto demonstraremos adiante, fundamentados na teoria construtivista* –, se faz necessário, em caráter emergencial, devolver-lhe o papel de protagonista neste debate.

É inquestionável o cenário caótico das normas tributárias no Brasil e a necessidade urgente de um aperfeiçoamento do sistema jurídico nacional. Contudo, a pergunta é: tais mudanças poderiam estar fundamentadas em argumentos de cunho exclusivamente econômicos, relegando aos juristas o papel de meros coadjuvantes neste debate? Devem as normas jurídicas se curvar a modelos tributários pensados e propostos por economistas, ainda que em afronta a outras normas já inseridas no sistema do dircito ou até mesmo à sua própria estrutura? Qual o limite de atuação e o protagonismo do Direito e da Economia no debate que se apresenta?

Sobre tal conjectura, já há muito nos alertava Barros Carvalho:

> Sua configuração jurídica [*sistema tributário brasileiro*] reflete bem a complexidade das instituições básicas de um Estado igualmente complexo. Seria até ingenuidade supor que num

> sistema em que convivem pessoas dotadas de autonomia legislativa, financeira, administrativa e política, pudessem existir diretrizes simples e transparentes que, em conjugação elementar com outras providências, tivesse o condão de esquematizar uma organização operativa e eficiente.[2]

Aspirar à simplificação, à racionalidade, à eficiência econômica e administrativa sem que o direito figure como protagonista destas discussões, não bastasse configurar um debate de cunho eminentemente ideológico e retórico, nos releva um risco iminente à insegurança jurídica e à instabilidade das relações sociais. De fato, se no cenário atual o modelo econômico ideal de política tributária encerra um imposto único incidente sobre bens e serviços, o qual, ao custo de desafiar a própria estrutura federativa do Estado brasileiro se revela financeiramente mais interessante, em um futuro próximo, inserido em uma outra estrutura de economia, provavelmente nova alteração necessite ser feita.

A sociedade, e com ela os modelos econômicos, encontram-se em constate alteração e a velocidade destas mudanças é assustadora, líquida, como há tempos nos alerta o filósofo Zygmunt Bauman. Assim, em um cenário futuro de economia predominantemente digital, o modelo econômico que hoje se sustenta como ideal certamente estará ultrapassado em pouquíssimos anos – *conforme, inclusive, constatamos a partir da experiência de países que há muito adotam modelos semelhantes de impostos incidentes sobre o valor agregado e que, hoje, debatem formas alternativas de tributação.*

A discussão que se coloca, assim, reside na possibilidade e, em especial, na viabilidade, de sacrificarmos a integridade sistêmica do Estado brasileiro para implementarmos um modelo de política tributária de viés eminentemente econômico, tudo em nome de um crescimento supostamente possível, inobstante provavelmente temporário. Em qual medida a ordem nacional – *como, por exemplo, a estrutura de repartição*

---

2. *Direito tributário, linguagem e método*. São Paulo, Noeses, 2008, p. 224.

III

O DIREITO TRIBUTÁRIO EM FACE DO CONSTRUCTIVISMO LÓGICO-SEMÂNTICO

e independência dos entes federativos – aceitaria ser sacrificada sob o fundamento de implementarmos uma política econômica mais eficiente? Poderia, em verdade, sob alguma justificativa?

À luz do constructivismo lógico-semântico – *escola de pensamento que inova ao reconhecer a inexistência de certezas absolutas no Direito, na medida em que define a realidade em constante modificação posto que criada a partir de sucessão de atos comunicacionais* – e em merecida homenagem ao nosso mestre Paulo de Barros Carvalho, são estas as reflexões que propomos debater.

Nos ensina Barros Carvalho que "*o constructivismo* lógico-semântico é, antes de tudo, um instrumento de trabalho".[3] Trata-se, em uma apertada síntese, de uma teoria científica que alça a linguagem ao papel de destaque do saber científico. O constructivismo encerra, assim, um método que se presta para a construção rigorosa do discurso, discurso esse fundamentado na linguagem e na lógica, sem deixar de lado, contudo, o conteúdo da mensagem construída.

O estudo da linguagem ingressa na teoria constructivista com a finalidade específica de auxiliar a compreensão e operacionalização da experiência jurídica. O constructivismo, neste aspecto, configura um método de trabalho interpretativo, orientado a identificar e selecionar os termos do discurso do direito positivo e da Ciência do Direito para o fim de outorgar-lhes firmeza, reduzindo as ambiguidades e vaguidades, e implementando a coerência e o rigor da mensagem que se pretende comunicar. Neste aspecto, inclusive, o próprio nome "constructivismo", faz pressupor a intervenção do sujeito na construção do objeto, somando-se ao referido nome os adjetivos "lógicos-semânticos" uma vez que não poderia se esquecer de dirigir sua atenção aos elementos do discurso.

---

3. Disponível em: https://bit.ly/2MusIIS Acesso em; 20 out. 2019.

É sob a premissa da Teoria Constructivista que repousa a proposta de compreendermos o mundo sob a óptica da linguagem, na medida em que fazemos parte de uma sucessão de atos comunicacionais responsável pela construção da realidade. Nada escapa ao círculo inafastável da linguagem o qual, por seu turno, encontra-se em constante alteração, uma vez que sempre toma como referência o tempo e o espaço em que esta linguagem é emitida.

Nesse contexto, inexistem verdades absolutas. Toda verdade encontra necessária e direta relação com o determinado sistema de referência a partir do qual foi criada, levando-se em conta, ainda, como dito acima, tempo e o espaço no qual fora emitida.

A constatação de inexistência de uma certeza absoluta não implica, todavia, o reconhecimento de uma liberdade absoluta ou ausência de referenciabilidade dos sistemas hermenêuticos. Não há conhecimento sem sistema de referência que o suporte e embase, uma vez que o ato de conhecer se estabelece justamente através de relações associativas. Conhecemos um determinado objeto na medida em que nos afigura possível identificarmos esse objeto com outros elementos, estabelecendo relações de associação capazes de delimitar seu significado.

Conhecer cientificamente um objeto é, antes de tudo, delimitar aquilo que se pretende conhecer. Os cortes metodológicos realizados mediante o processo denominado de abstração são premissas fundamentais na teoria do constructivismo lógico-semântico.

Nessa proposta de trabalho, e inspirados em Kelsen, o contructivismo adota uma posição normativista do direito conceituando-o como o *"complexo de normas jurídicas válidas num dado país"*. Assim, ali onde existirem normas jurídicas haverá obrigatoriamente um sistema jurídico.

As normas jurídicas, nessa toada, encerram uma manifestação da linguagem. A linguagem do direito é produzida

III

O DIREITO TRIBUTÁRIO EM FACE DO CONSTRUCTIVISMO LÓGICO-SEMÂNTICO

pelo homem para uma finalidade específica: disciplinar condutas sociais. Nesse contexto, o direito é um instrumento criado e administrado pelo homem com o objetivo e finalidade específica de controlar as condutas intersubjetivas.

Há, como se pode perceber, um objeto próprio e intrínseco ao direto não sendo possível reduzi-lo a um mero meio – *um instrumento ou um veículo* – disponível e viabilizado por outras áreas de interesse e poder, a exemplo da economia. O trato do direito como linguagem demanda reconhecer o homem como pressuposto de sua existência: direito é algo construído pelo homem para uma finalidade especifica. Neste sentido valemo-nos novamente dos sempre preciosos ensinamentos de Barros Carvalho:

> Ainda que em certos momentos a ordem normativa possa parecer um mero conjunto de estratégias discursivas voltadas a regrar as condutas interpessoais e, desse modo, concretizar o exercício do mando, firmando ideologias, tudo isso junto há de processar-se no âmbito de horizontes definidos, em que as palavras utilizadas pelo legislador, a despeito de sua larga amplitude semântica, ingressem numa combinatória previsível, calculável, mantida sob o controle das estruturas sociais dominantes.[4]

O direito existe e se presta para estabelecer regras e controlar as condutas sociais. A organização social, todavia, para existir, necessita de financiamento, o qual é obtido por meio da cobrança e da arrecadação dos tributos. Os tributos, assim, possuem natureza jurídica: são criados e administrados via sistema do direito e atuam como agentes financiadores da ordem e do controle social. Não há nos tributos – *ao menos como objetivo ou função principal* – qualquer interferência direta no controle da economia. Ao contrário, inclusive, na medida em que consideramos a neutralidade uma característica ideal que deve ser perseguida pelos modelos tributários.

O controle das relações interpessoais encerra, nesta medida, a própria razão em si da existência do direito. O direito

---

4. *Direito tributário, linguagem e método*, cit., p. 222.

CONSTRUCTIVISMO LÓGICO-SEMÂNTICO
Homenagem aos 35 anos do grupo de estudos de Paulo de Barros Carvalho

existe, ele mesmo, para atingir a uma finalidade específica, finalidade esta que se presta à administração e ao controle das relações humanas intersubjetivas, objetivando a manutenção e a previsibilidade de condutas sociais e assim o fazendo por meio de permissões, proibições e obrigações.

Não há outro fundamento de existência do sistema do direito senão o controle da vida em sociedade, restando impossível atribuir-lhe a qualidade de mero veículo para o atingimento e concretização de outras finalidades:

> A possibilidade de estabelecer expectativas de comportamento e de torná-las efetivas ao longo do tempo impede que o direito assuma feição caótica e dá-lhe a condição de apresentar-se como sistema de proposições articuladas, pronto para realizar as diretrizes supremas que a sociedade idealiza.[5]

Na discussão proposta no presente ensaio, assim, entendemos não ser factível aceitarmos a figura do direito como instrumento para o fim de implementação de um modelo de política tributária desenhado pela Ciência Econômica. A implementação de uma eficiente e menos onerosa política tributária, inobstante guardar direta ligação com o sucesso ou fracasso de políticas econômicas definitivamente não se encontra sob o âmago de sua influência. O tributo possui natureza e finalidade jurídica e, inobstante a conversação possível – *e inclusive defensável* – com outras ciências, não se pode aceitar desvirtuar tal conclusão:[6]

> Vale dizer, o autor pode, perfeitamente, enriquecer seu discurso descritivo com orações estranhas, desde que o faça a título de observações marginais. Torna-se possível, então, transladar sentenças da Economia, da Ciência Política, da Sociologia, da História, da Antropologia, para ajudar no esclarecimento indicativo, para servir de contraste, de pano de fundo, jamais para fundamentar o modo de ser peculiar do pensamento jurídico.

---

5. *Direito tributário, linguagem e método*, cit., p. 223.

6. *Direito tributário, linguagem e método*, cit., p. 158.

III
O DIREITO TRIBUTÁRIO EM FACE DO CONSTRUCTIVISMO LÓGICO-SEMÂNTICO

O direito-fim, como visto, encerra um objeto cultural – *elaborado pelo homem* – com o objetivo específico de controle dos comportamentos intersubjetivos. O fim está, assim, no próprio direito, na qualidade de porta voz da estabilidade das relações sociais.

Já no direito-meio – *defendido por alguns e rechaçado nas presentes reflexões* – temos a figura daquele que abusa, sem cautela, dos meios garantidos pela força de um sistema jurídico para atender a uma finalidade estranha ao direito. O direito-meio não se preocupa com a estabilização ou coerência do sistema jurídico – *posto, justamente, que meio.*

Assim o é – *direito-meio* – um modelo de política tributária assinado por economistas sem a participação e protagonismo de juristas, fundamentado no argumento de viabilização do crescimento econômico do país. E apenas sob este prisma, ademais, é que podemos observar uma proposta de reforma tributária defendida – *como vem sendo* – como uma simples "adaptação" do sistema jurídico atual, ainda que esta adaptação custe alterações estruturais fundamentais da constituição, tal como o próprio pacto federativo e a independência dos entes políticos.

Se a economia exige, para seu crescimento, uma redução da carga tributária ou simplificação das obrigações – *o que ignoramos tratar-se de uma realidade* – a forma como estas mudanças precisam ser implementadas compete exclusivamente ao direito, justamente porque nenhum tributo no Brasil será cobrado senão em função da existência de lei, conforme preconiza o art. 150, inciso I, da Constituição Federal.

Logo, se a alteração da política tributária influencia positivamente a economia do país, o caminho correto é levar tal pleito ao direito e somente nesta seara, uma vez entendidas as possibilidades e limitações de mudança do sistema, poderão tais alterações ser devidamente e consistentemente estruturadas. Pensamos que não é factível falarmos de uma adaptação a qualquer custo da ordem jurídica sob a justificativa de valer-se do direito como instrumento para atingir o progresso econômico.

400

CONSTRUCTIVISMO LÓGICO-SEMÂNTICO
Homenagem aos 35 anos do grupo de estudos de Paulo de Barros Carvalho

A nosso ver, o equívoco não reside nas propostas de reforma em discussão – *indiscutivelmente necessárias dentro do próprio sistema jurídico, face ao volume e problemática das normas jurídicas atuais, e cujos efeitos repercutiriam incisiva e prejudicialmente em praticamente todos os setores da economia* – mas, sim, na forma como estão sendo formuladas e defendidas.

Não se fundamenta uma alteração no Texto Constitucional e, em especial em cláusulas pétreas – *como são as normas que estabelecem o pacto federativo e a repartição de competências tributárias* – no argumento de que o momento econômico atual clama por simplificação do sistema tributário. A alteração da política tributária se faz, sem questionamentos, necessária por seus próprios fundamentos, face à complexidade do sistema atualmente vigente. Certamente bem implementada, repercutirá favoravelmente diversos setores da sociedade, em especial na economia.

Contudo, qualquer deslize neste processo certamente conduzirá a um agravamento do cenário atual. É inegável – *e as experiências mostram* – que a insegurança e a incerteza de uma ordem jurídica são fatores de impacto infinitamente mais gravosos se comparado à existência de um ou dez tributos distintos. Por certo não se defende a ideia de que vivenciamos no Brasil um ambiente de segurança jurídica, todavia, qual seria a repercussão de uma mudança estrutural deste sistema sob a bandeira da retomada do crescimento econômico?

Em tempos de intensa discussão sobre reforma tributária, assim, sustentar que aos economistas caberia o papel de definir o modelo e a política tributária ideal ao país, relegando ao direito apenas o trabalho de adequação da proposta às normas legais nos parece extremamente sensível e perigoso. Suportados pela teoria constructivista, inclusive, se afigura esta pretensão postura inconcebível e de afronta direta ao direito.

ESTRUTURA LÓGICA DA NORMA DE COMPETÊNCIA E REFORMA TRIBUTÁRIA

Emanuele Longrova[1]

1. Introdução

Longe de debater quaisquer das propostas de reforma tributária em tramitação na Câmara dos Deputados e no Senado Federal, nosso objetivo é refletir sobre a adoção do Constructivismo lógico-semântico como método de trabalho, com destaque para a perspectiva lógica, no contexto em que se vislumbram modificações nas normas de competência tributária, bem como possíveis ofensas a princípios constitucionais.

Para tanto, é preciso recordar que o Constructivismo lógico-semântico une a inclinação analítica às considerações valorativas, com vistas à produção de um discurso consistente voltado à pragmática. Assumindo que o Direito se manifesta em linguagem, vale-se de recursos da Semiótica para investigar seu objeto sob as três perspectivas de análise que a teoria geral dos signos oferece. Dentre essas perspectivas, concentramos nossas atenções na lógica, presente em toda linguagem, inclusive naquela em que o Direito se manifesta.

---

1. Mestra em Direito Tributário pela Pontifícia Universidade Católica de São Paulo. Professora em Campinas. Endereço eletrônico: emanuelelongrova@yahoo.com.br.

III

O DIREITO TRIBUTÁRIO EM FACE DO CONSTRUCTIVISMO LÓGICO-SEMÂNTICO

Embora insuficiente para a compreensão do objeto, é na instância lógica que o contato com o texto se inicia. Isso convida a estruturar a norma jurídica, elemento do Direito Positivo, em termos formais e estender à competência tributária as aplicações interpretativas que o esquema lógico incita, principalmente no que diz respeito à verificação da eventual validade das inovações normativas ora em gestação.

2. Constructivismo lógico-semântico

O Direito Positivo, conjunto de normas jurídicas válidas, é um objeto cultural[2] com função de regular a conduta intersubjetiva[3] para realização de valores caros à sociedade. Tal função é cumprida por meio da comunicação da mensagem deôntica,[4] comunicação essa que, como qualquer outra, pressupõe linguagem.[5] Assim, o Direito se manifesta na linguagem prescritiva dos textos normativos, sem com ela confundir-se.[6]

---

2. Paulo de Barros Carvalho (*Direito tributário:* linguagem e método. 5ª ed. São Paulo: Noeses, 2013, p. 15) registra quatro regiões ônticas, entre as quais a dos *objetos culturais*, que são reais, com existência no tempo e no espaço, e estão na experiência, sendo avaliados valorativamente; o ato gnosiológico que lhes é próprio é a compreensão através do método empírico-dialético. Nesse grupo, insere-se o conhecimento jurídico, cujo objeto é o direito posto (objeto em sentido amplo), enquanto objeto cultural com dualidade existencial (suporte e significado/valor) e relação de implicação e polaridade.

3. "O *direito* é produto da cultura humana e expressa-se como um modelo de *exercício do poder* que tem por finalidade o controle e regulação das condutas humanas em interação intersubjetiva e do próprio exercício do poder pelos órgãos do Estado nos atos de execução das normas jurídicas". (TORRES, Heleno Taveira. *Direito constitucional tributário e segurança jurídica:* metódica da segurança jurídica do sistema constitucional tributário. São Paulo: Revista dos Tribunais, 2011, p. 350 – grifos originais).

4. Não se pode olvidar que é o fenômeno fundamental do direito, qual seja, a incidência, que possibilita a comunicação da norma jurídica: "Falar em incidência normativa ou subsunção do fato à norma, portanto, é descrever o processo comunicacional do direito, indicando os elementos participantes na construção da mensagem legislada". (CARVALHO, Paulo de Barros. *Direito tributário:* linguagem e método. 5ª ed., São Paulo: Noeses, 2013, p. 170).

5. "A análise aqui proposta procura partir de uma concepção simples do Direito, tomando-o como um sistema de normas que tem como objetivo regulamentar as condutas humanas em sociedade. Partiremos de uma definição bastante "frugal" e eminentemente operacional do Direto, portanto. O Direito como sistema comunica aos seus destinatários/usuários padrões de conduta social. Tais pautas de comportamento utilizam a linguagem escrita de uma forma hegemônica". (ARAUJO, Clarice von Oertzen de. *Semiótica do direito.* São Paulo: Quartier Latin, 2005, p. 17).

6. "Não é ele a própria linguagem, mas nela reside, numa forte relação dialética.

CONSTRUCTIVISMO LÓGICO-SEMÂNTICO
Homenagem aos 35 anos do grupo de estudos de Paulo de Barros Carvalho

Nesse contexto, o Constructivismo Lógico-Semântico, baseado nos ensinamentos de Lourival Vilanova, figura como método de trabalho que circunda os termos do discurso do Direito Positivo, bem como da Ciência que a ele se dedica,[7] conferindo-lhes estabilidade e diminuindo ambiguidades e vaguidades, com foco na coerência e na precisão da mensagem.[8] Ambientado na Filosofia da Linguagem, mantém preocupação constante com a linguagem jurídico-normativa, ocupando-se, portanto, dos três planos de investigação dos sistemas sígnicos, inclusive do plano pragmático, para o qual se volta como num tropismo.[9]

Às teorias que concebem o sujeito como interveniente na formação do objeto se aplica o termo "constructivismo". No caso do Direito, a norma é fruto da construção de sentido empreendida pelo ser humano que trava contato com o texto jurídico. Essa construção de sentido requer a ordenação de ideias e conceitos tanto no plano lógico como no semântico, sem o que não se produzirá um discurso adequado.

O Constructivismo Lógico-Semântico emprega a técnica analítica, decompondo o objeto para facilitar sua compreensão, e a ela agrega o aspecto cultural, já que, por dele prescindir, a técnica analítica, sozinha, não seria suficiente àquela construção de sentido, que envolve a consideração de valores. Trata-se, enfim, de método hermenêutico-analítico.

Afasta-se, desse modo, o excesso da proposição segundo a qual o direito seria a linguagem mesma". (CARVALHO, Paulo de Barros. *Direito tributário:* reflexões sobre filosofia e ciência em prefácios. 1ª ed. São Paulo: Noeses, 2019, p. 78).

7. Direito Positivo e Ciência do Direito configuram sistemas com linguagens em funções distintas: prescritiva no primeiro, descritiva no segundo.

8. TOMÉ, Fabiana Del Padre. Vilém Flusser e o constructivismo lógico-semântico. In.: HARET, Florence, e CARNEIRO, Jerson (coordenadores). *Vilém Flusser e juristas:* comemoração dos 25 anos do grupo de estudos Paulo de Barros Carvalho. São Paulo: Noeses, 2009, p. 323.

9. "O Constructivismo é antes de tudo um método de trabalho, uma forma de compor o discurso preservando a integridade sintática do texto, ao mesmo tempo em que aprimora sua dimensão semântica mediante especificações de sentido que a progressão da mensagem exige. E nada disso se obtém, é claro, sem a adequada consideração dos efeitos pragmáticos do que pretende o emissor com a expedição do ato de fala". (CARVALHO, Paulo de Barros. *Direito tributário:* reflexões sobre filosofia e ciência em prefácios. 1ª ed. São Paulo: Noeses, 2019, p. 23).

III

O DIREITO TRIBUTÁRIO EM FACE DO CONSTRUCTIVISMO LÓGICO-SEMÂNTICO

Paulo de Barros Carvalho diferencia texto em sentido estrito de texto em sentido amplo.[10] Na primeira acepção, refere-se ao suporte físico dos enunciados, às chamadas marcas de tinta sobre o papel. Em sentido amplo, corresponde ao conteúdo, aos sentidos construídos pelo intérprete, à implicitude que conforma o próprio texto. Contudo, é necessário considerar, além do texto, o contexto, ou seja, o conjunto de todos os enunciados que mantêm relação com o texto,[11] tanto o linguístico como o extralinguístico, qualificado segundo as circunstâncias históricas e sociológicas.

O texto jurídico é, portanto, a base para construção de sentido e referência aos objetos, em atenção à estrutura triádica dos signos (suporte físico, significação e significado).[12] O emprego da técnica analítica, por sua vez, é o marco inicial para entender os comandos prescritivos.[13]

Tomar o Direito como um fenômeno linguístico implica recorrer à Semiótica, na qualidade de teoria geral dos signos, para estudar a linguagem em que se ele manifesta nos seus três diferentes planos (sintático, semântico e pragmático).

---

10. CARVALHO, Paulo de Barros. *Direito tributário, linguagem e método.* 5ª ed. São Paulo: Noeses, 2013, p. 190-191.

11. CARVALHO, Aurora Tomazini de. *Curso de teoria geral do direito:* o constructivismo *lógico-semântico.* 2ª ed. São Paulo: Noeses, 2010, p. 175.

12. CARVALHO, Paulo de Barros. *Direito tributário:* linguagem e método. 5ª ed. São Paulo: Noeses, 2013, p. 180 e seguintes.

13. "O dialogismo, entendido como processo de interação de textos em por assim dizer, de interlocutores, está sempre presente. Tal ordem de considerações já permite entrever a inadmissibilidade de examinar as normas jurídicas com suporte unicamente na literalidade textual. Esse há de ser apenas o ponto de partida: inicia-se o estudo pelo ângulo sintático (relação dos signos entre si), indo, porém, em direção aos aspectos semântico (conteúdo atribuído aos signos) e pragmático (modo de utilização dos signos). Essas três perspectivas são indissociáveis, até mesmo porque não há como atribuir conteúdo a um vocábulo sem que se tenha em conta o momento social vivido (contexto). Os horizontes da cultura, vistos como as circunstâncias que recuperam e contextualizam o ser humano na sociedade, possibilitam essa visão integral e dinâmica do sistema do direito positivo". (TOMÉ, Fabiana Del Padre. A estrutura lógica das normas jurídicas. In: CARVALHO, Paulo de Barros (Coord.). *Lógica e direito.* São Paulo: Noeses, 2016. p. 296).

Importa destacar que o tratamento semiótico da linguagem jurídica é fruto de decisão de caráter metodológico, haja vista a impossibilidade de produção de discurso científico sem considerações desse jaez, que permitem ao leitor o controle e a vigilância da coerência do texto que tem em mãos.[14]

3. Direito e lógica

A lógica é tão somente um ponto de vista sobre o conhecimento,[15] o qual se dá num universo linguístico.[16] Todo conhecimento é proposicional por ocorrer com a construção e relação de juízos, não havendo conhecimento sem linguagem.[17]

Não existe lógica sem linguagem, pois a lógica se apresenta numa linguagem formalizada com termos unívocos sem apoio em conteúdos de significação concreta (daí ser universal). Também não existe linguagem sem lógica, porque toda linguagem guarda aspecto sintático.

A presença da lógica no Direito é ressaltada por Paulo de Barros Carvalho:[18]

> Se atinarmos para a circunstância de que não há direito sem linguagem; de que a boa organização lógica é condição para o sentido do enunciado; de que a mensagem do legislador se expressa em termos de juízos hipotéticos, categóricos e disjuntivos, porém todos, na função pragmática da linguagem; de que os juízos se compõem, internamente, por enunciados proposicionais

---

14. CARVALHO, Paulo de Barros. *Direito tributário:* reflexões sobre filosofia e ciência em prefácios. 1ª ed. São Paulo: Noeses, 2019, p. 17 e 57-59.

15. CARVALHO, Paulo de Barros. Lógica jurídica e lógicas jurídicas. In: CARVALHO, Paulo de Barros (Coord.). *Lógica e direito*. São Paulo: Noeses, 2016, p. 174.

16. "O conhecimento ocorre num universo-de-linguagem e dentro de uma comunidade-de-discurso". (VILANOVA, Lourival. *As estruturas lógicas e o sistema do direito positivo*. São Paulo: Noeses, 2010, p. 2).

17. CARVALHO, Aurora Tomazini de. *Curso de teoria geral do direito:* o constructivismo *lógico-semântico*. 2ª ed. São Paulo: Noeses, 2010, p. 12.

18. Lógica jurídica e lógicas jurídicas. In: CARVALHO, Paulo de Barros (Coord.). *Lógica e direito*. São Paulo: Noeses, 2016, p. 174.

III

O DIREITO TRIBUTÁRIO EM FACE DO CONSTRUCTIVISMO LÓGICO-SEMÂNTICO

> quantificados logicamente; de que há modalizadores operacionais, tudo isso formando estruturas que, por sua vez, se associam a outras estruturas, para a organização de institutos; que, ainda, existem blocos que se ligam para formar subconjuntos, até chegar à noção de sistema, a forma de todas as formas, segundo E. Husserl; podemos sentir como é grande e complexa a presença lógica num ordenamento jurídico qualquer.

As variações da lógica se conectam às funções exercidas pela linguagem numa comunicação; por isso, "[...] a pragmática da comunicação humana será o caminho imprescindível para a determinação do tipo de lógica com que devemos trabalhar"[19]. Nesse contexto, a chamada "Lógica jurídica" abrange a "Lógica deôntico-jurídica", a "Lógica da ciência jurídica" e a "Lógica da retórica jurídica", conforme se refiram à linguagem prescritiva do Direito Positivo, à linguagem da Ciência que o descreve e ao estudo do conjunto de formas de argumentação nas comunicações jurídicas, respectivamente.

A lógica, possibilitando a avaliação analítica do raciocínio empreendido, para que seja correto do ponto de vista lógico, sem considerar seu conteúdo,[20] conserva-se importante nos processos de interpretação e aplicação do Direito.[21] No entanto, a análise unicamente lógica, restrita ao plano sintático, será deficiente nos aspectos semânticos e pragmáticos, não menos significativos do que o primeiro. Cabe aqui a advertência de Tárek Moysés Moussallem:[22]

---

19. CARVALHO, Paulo de Barros. *Direito tributário:* linguagem e método. 5ª ed. São Paulo: Noeses, 2013, p. 70.

20. COPI, Irving M. *Introdução à logica.* Tradução de Álvaro Cabral. 2ª ed. São Paulo: Mestre Jou, 1978, p. 21.

21. "Com o auxílio da Lógica alcançamos a estrutura da linguagem jurídica, verificamos as amarrações dos conceitos e decompomos o processo de aplicação. E, assim, construímos a unicidade do objeto por meio de seu detalhamento". (CARVALHO, Aurora Tomazini de. O constructivismo lógico-semântico como método de trabalho na elaboração jurídica. In: CARVALHO, Paulo de Barros (coord.). *Constructivismo lógico-semântico.* São Paulo: Noeses, v. 1, 2014, p. 23).

22. A lógica como técnica de análise do direito. In: CARVALHO, Paulo de Barros (coord.). *Constructivismo lógico-semântico.* São Paulo: Noeses, v.1, 2014, p. 159.

CONSTRUCTIVISMO LÓGICO-SEMÂNTICO
Homenagem aos 35 anos do grupo de estudos de Paulo de Barros Carvalho

> Ela não é melhor ou pior, mais completa ou menos completa, parcial ou total. É apenas um dos métodos de aproximação possível. Por isso mesmo, não confere uma visão integral do fenômeno normativo. Aliás, nenhum conhecimento atinge o objeto em sua integridade. O saber "holístico" ficará sempre no plano dos desejos humanos. *Conhecer é reduzir complexidades do objeto.*"

Logo, o Direito não se resume à lógica. Por separar, da vasta abrangência empírica do Direito, apenas os elementos formais, a lógica se mostra insuficiente para atingir a concreção material da experiência jurídica.[23]Na síntese de Lourival Vilanova:[24]

> Com essas possíveis estruturas formais, o legislador preenche conteúdo social e valorativo. A lógica jurídica não pode dizer qual o conteúdo que há de preencher a forma: é tema *extralógico*. Importa numa consulta à experiência, uma tomada de contato com o *sistema social*. A lógica fica *dentro* do sistema formalizado da linguagem do direito positivo. Dessa órbita formal, sair implicaria em *(sic)* filosofia ou ciência empírica, investigações indispensáveis para se obter uma teoria filosófica e uma teoria social do direito. A lógica jurídica é apenas a *teoria formal do direito*. Por isso, ninguém pode se queixar de que as investigações lógicas sejam *insuficientes* porque não nos dão o direito vivo, concreto, na plenitude de sua concreção existencial, como "donné reel". A lógica jurídica é o formalismo jurídico, quer dizer é formalização do ser do direito. Não nos oferta uma ontologia do direito, mas tão apenas uma capa desse ser do direito, o delicado estrato das estruturas formais.

Através dos recursos da lógica, identificam-se estruturas (formas) cujo preenchimento se dá com conteúdos que ela não pode captar. Considerações como essa impedem que se incorra em logicismo,[25] ratificam a assertiva inicial deste item e confirmam a lógica como pressuposto para a compreensão

---

23. CARVALHO, Paulo de Barros. Lógica jurídica e lógicas jurídicas. In: CARVALHO, Paulo de Barros (Coord.). *Lógica e direito*. São Paulo: Noeses, 2016, p. 185.

24. *As estruturas lógicas e o sistema do direito positivo*. 4ª ed. São Paulo: Noeses, 2010, p. 55 – grifos originais.

25. CARVALHO, Paulo de Barros. Lógica jurídica e lógicas jurídicas. In: CARVALHO, Paulo de Barros (Coord.). *Lógica e direito*. São Paulo: Noeses, 2016, p. 184.

III

O DIREITO TRIBUTÁRIO EM FACE DO CONSTRUCTIVISMO LÓGICO-SEMÂNTICO

do sentido e do alcance das normas jurídicas no desempenho do papel de mensagem no sistema comunicacional "Direito".

4. Norma jurídica e sua estrutura lógica

Como dito, o Direito Positivo é o conjunto das normas jurídicas válidas num determinado Estado.[26] A norma jurídica, enquanto elemento desse sistema, comparece como unidade mínima e irredutível de manifestação do deôntico com sentido completo,[27] com estrutura lógica regular (homogeneidade sintática) cujos termos são preenchidos por conteúdos de significação (heterogeneidade semântica).

As normas jurídicas, de qualquer ramo, apresentam invariavelmente a mesma estrutura lógica, representada na seguinte equação: $D[f{\to}(S' R S")]$, cujo sentido é de que deve ser (D – caráter deôntico) que a ocorrência do fato "f" dê causa à instalação da relação jurídica "R" entre sujeitos distintos (S' e S").

Uma proposição antecedente implica uma proposição consequente,[28] ambas repousando no modo ontológico da possibilidade. A proposição antecedente é descritora de eventos cuja ocorrência é possível no mundo fenomênico, consoante coordenadas de tempo e espaço, e axiologicamente relevante.[29] Por descrever acontecimentos, a proposição antecedente não pode regrá-los. Esse direcionamento habita o consequente.[30]

---

26. "Se o direito é tomado como conjunto de normas válidas, num determinado território e num preciso momento do tempo histórico, tudo dentro dele serão normas, em homenagem ao princípio epistemológico da uniformidade do objeto". (CARVALHO, Paulo de Barros. *Direito tributário:* fundamentos jurídicos da incidência. 8ª ed. rev., São Paulo: Saraiva, 2010, p. 59).

27. CARVALHO, Paulo de Barros. *Direito tributário:* linguagem e método. 5ª ed. São Paulo: Noeses, 2013, p. 611.

28. Há outras denominações, como suposto e mandamento, hipótese e tese, prótase e apódose, pressuposto e estatuição, descritor e prescritor.

29. Registramos aqui a hipótese é seletora de propriedades, haja vista descrever os eventos não em todos os seus aspectos, mas apenas naqueles que interessam ao Direito.

30. "Anote-se que o suposto normativo não se dirige aos acontecimentos do mundo

CONSTRUCTIVISMO LÓGICO-SEMÂNTICO
Homenagem aos 35 anos do grupo de estudos de Paulo de Barros Carvalho

As normas jurídicas, sem pretensão veritativa alguma,[31] são válidas ou inválidas: esse é seu específico modo de existir. A hipótese, embora descreva, prescreve, porque é linguagem prescritiva de Direito Positivo, e não descritiva das Ciências.[32]

Há dois operadores deônticos na estrutura lógica da norma jurídica. O chamado operador deôntico interproposicional, ponente da implicação, une de forma neutra (não modalizada) a hipótese ao consequente e contrapõe o território do "ser" ao do "dever-ser". O operador deôntico intraproposicional, interno à proposição tese e modalizado, vincula os sujeitos da relação jurídica para permitir, obrigar ou proibir determinada conduta.

O consequente normativo, que prescreve condutas intersubjetivas,[33] apresenta dois critérios, quais sejam, o subjetivo e o prestacional. Quanto ao primeiro, necessariamente envolve sujeitos de direito. Quanto ao segundo, a prestação se refere à conduta com objeto especificado, sob pena de o sujeito passivo se equivocar, afastando-se dos valores que a ordem jurídica abriga. A modalização da conduta se relaciona à finalidade do Direito, para possibilitar a convivência social harmônica. É no prescritor que o Direito se realiza.[34]

---

com o fim de regrá-los. Seria inusitado absurdo obrigar, proibir ou permitir as ocorrências factuais, pois as subespécies deônticas estarão unicamente no prescritor. A hipótese guarda com a realidade uma relação semântica de cunho descritivo, não cognoscente, e está é sua dimensão denotativa ou referencial". (CARVALHO, Paulo de Barros. *Direito tributário:* fundamentos jurídicos da incidência. 8ª ed. rev. São Paulo: Saraiva, 2010, p. 47).

31. "E válida independentemente de a realidade confirmar ou verificar o esquema tipificado na hipótese, ou de a conduta prescrita na tese ocorrer como deve ocorrer". (VILANOVA, Lourival. *As estruturas lógicas e o sistema do direito positivo.* 4ª ed. São Paulo: Noeses, 2010, p. 66).

32. "É o que acontece com o fato jurídico previsto no antecedente normativo: mostra-se descritivo de um evento, porém prescritivo de efeitos jurídicos". (TOMÉ, Fabiana Del Padre. *A prova no direito tributário.* 3ª ed. rev. São Paulo: Noeses, 2011, p 31-32).

33. CARVALHO, Paulo de Barros. *Direito tributário:* fundamentos jurídicos da incidência. 8ª ed. rev. São Paulo: Saraiva, 2010, p. 50.

34. CARVALHO, Paulo de Barros. *Curso de direito tributário.* 30ª ed. São Paulo: Saraiva, 2019, p. 321.

III
O DIREITO TRIBUTÁRIO EM FACE DO CONSTRUCTIVISMO LÓGICO-SEMÂNTICO

Para Tácio Lacerda Gama,[35] a norma jurídica apresenta verbo tanto no antecedente, como no consequente, pois o fato e o dever são condutas expressas por verbos. Essas condutas manifestam quatro âmbitos de vigência, porque praticadas por pessoas (âmbito subjetivo) em algum lugar (âmbito espacial) e em algum momento (âmbito temporal), expressadas por verbos (âmbito material em sentido estrito). Logo, ele inclui no antecedente normativo um sujeito,[36] que é elementar na norma de competência tributária por ele estruturada, como adiante se verá.

Também Gabriel Ivo[37] elenca no antecedente de sua norma de produção jurídica em sentido amplo um sujeito competente, ladeado pelo procedimento e pelas coordenadas de tempo e de espaço demarcadoras da enunciação.

Embora haja, nessas concepções, um detalhamento maior da norma sob aspecto lógico, seguimos a estrutura mínima a que se refere Paulo de Barros Carvalho, apontando, no antecedente, apenas os critérios material (verbo e complemento), espacial e temporal, sem critério subjetivo, que fica restrito ao consequente. O verbo do critério material indica uma ação a ser realizada por uma pessoa, que resta subentendida para preservar o caráter "mínimo" da estrutura. Essa concepção é adotada na estrutura das normas de competência tributária de Cristiane Mendonça.[38]

Por fim, não olvidamos a estrutura lógica da norma jurídica completa:

> As duas entidades que, juntas, formam a norma completa, expressam a mensagem deôntico-jurídica na sua integridade constitutiva, significando a orientação da conduta, juntamente com a

---

35. *Competência tributária:* fundamentos para uma teoria da nulidade. 2ª ed. rev. e ampl. São Paulo: Noeses, 2011, p. 63-64.

36. GAMA, Tácio Lacerda. Variações sobre a estrutura da norma de competência tributária. In: CARVALHO, Paulo de Barros (coord.). *Constructivismo lógico-semântico.* São Paulo: Noeses, v.2, 2018, p. 430.

37. *Norma jurídica:* produção e controle. São Paulo: Noeses, 2006. p. 27.

38. *Competência tributária.* São Paulo: Quartier Latin, 2004, p. 71.

providência coercitiva que o ordenamento prevê para seu descumprimento. Em representação formal: D{(p→q) v [(p.-q)→S]}. Ambas são válidas no sistema, ainda que somente uma venha a ser aplicada ao caso concreto. Por isso mesmo, empregamos o disjuntor includente ("v"), que suscita o trilema: uma ou outra ou ambas. A utilização desse disjuntor tem a propriedade de mostrar que as duas regras são simultaneamente válidas, mas que a aplicação de uma exclui a da outra.[39]

Enaltecendo a relação de complementariedade que existe entre estrutura e função e denunciando a falsidade do dilema entre forma e conteúdo, Fabiana Del Padre Tomé[40] conclui que a implementação da função do Direito, qual seja, a disciplina das condutas intersubjetivas para concretizar os valores escolhidos pela sociedade, depende da expedição de enunciados prescritivos que se estruturem logicamente na forma de juízos hipotéticos-condicionais. É para o cumprimento daquela função que as normas são sintaticamente homogêneas, apresentando-se como juízos hipotéticos-condicionais.

Assim, ao contrário de desdenhar os aspectos semânticos e pragmáticos da norma jurídica, o estudo analítico do elemento que compõe o sistema jurídico mostra-se indispensável e insubstituível, porque a forma (estrutura lógica) é apenas uma das perspectivas do ordenamento e sua ignorância obsta que se acesse e se compreenda o fenômeno.[41]

4.1 Percurso gerador de sentido

A função precípua do Direito é, conforme afirmado, regular a conduta humana intersubjetiva. E, como o Direito se manifesta em linguagem, essa função deve ser identificada, nas

---

39. CARVALHO, Paulo de Barros. *Direito tributário*: fundamentos jurídicos da incidência. 8ª ed. rev. São Paulo: Saraiva, 2010, p. 55.

40. A estrutura lógica das normas jurídicas. In: CARVALHO, Paulo de Barros (Coord.). *Lógica e direito*. São Paulo: Noeses, 2016, p. 294.

41. TOMÉ, Fabiana Del Padre. A estrutura lógica das normas jurídicas. In: CARVALHO, Paulo de Barros (Coord.). *Lógica e direito*. São Paulo: Noeses, 2016. p. 295.

III

O DIREITO TRIBUTÁRIO EM FACE DO CONSTRUCTIVISMO LÓGICO-SEMÂNTICO

normas jurídicas, mediante interpretação.[42] Para construir o sentido das normas jurídicas devemos, seguindo Paulo de Barros Carvalho,[43] caminhar pelo percurso gerador de sentido.

O texto jurídico contempla um plano da expressão e um plano do conteúdo.[44] No plano da literalidade textual (S1), chamado "texto em sentido estrito", onde se localizam as estruturas morfológicas e gramaticais, o intérprete inicia sua trajetória rumo à construção de sentido e toma contato com os enunciados no plano da expressão:

> Travar contato com a linguagem do direito, portanto, é o ponto de partida, inafastável, incisivo, para o conhecimento das estruturas mesmas do fenômeno jurídico. Aliás, ninguém lograria construir o ato hermenêutico, oferecendo sentido ao produto legislado, sem iniciar seu trabalho pelo plano da expressão ou da literalidade textual, suporte físico das significações do direito.[45]

No nível (S2), ingressa no plano do conteúdo e formula proposições para, no patamar seguinte (S3), articulá-las na forma de juízo hipotético-condicional em que se apresentam as normas jurídicas em sentido estrito, como as regras-matrizes de incidência tributária, portadoras de sentido deôntico completo. Dispondo essas normas consoante relações de coordenação e subordinação, o intérprete atinge o quarto nível (S4).[46] Salienta-se que o percurso gerador de sentido é limitado pelos horizontes culturais do intérprete dentro dos

---

42. Interpretação é a atividade de atribuir valores aos símbolos da linguagem, conferindo-lhes significações e, através dessas, fazer referências a objetos, na precisa definição de Paulo de Barros Carvalho. (*Direito tributário:* linguagem e método. 5ªed., São Paulo: Noeses, 2013, p. 181-182).

43. *Curso de direito tributário.* 30ª ed. São Paulo: Saraiva, 2019, p. 134 e seguintes.

44. CARVALHO, Paulo de Barros. *Direito tributário:* fundamentos jurídicos da incidência. 8ª ed. rev., São Paulo: Saraiva, 2010, p. 103.

45. CARVALHO, Paulo de Barros. *Direito tributário:* reflexões sobre filosofia e ciência em prefácios. São Paulo: Noeses, 2019, p. 60.

46. Não se confundem normas jurídicas em sentido amplo e normas jurídicas em sentido estrito. Com essas, trabalhamos nos níveis S3 e S4 do percurso gerador; com aquelas, nos níveis S1 e S2.

quais se dá a compreensão, pois a interpretação, envolvendo valores, está fortemente vinculada à cultura daquele que a executa.[47] Após percorrer os quatro planos, o intérprete terá de expressar em linguagem os resultados encontrados, retornando ao plano S1, justificando a representação gráfica no percurso na forma de espiral.[48]

Desse modo, norma e texto/enunciado são conceitos distintos, como bem elucida a metáfora da Vênus de Milo a que se refere Eros Roberto Grau.[49] Em nosso entender, contudo, a interpretação é uma atividade de construção, não de extração ou revelação.

5. Competência tributária

Competência tributária é tema de matriz constitucional. Qualquer análise que dela se faça requer a consideração do subsistema constitucional tributário:

> Pertencendo ao estrato mesmo da Constituição, da qual se destaca por mero expediente lógico de cunho didático, o subsistema constitucional tributário realiza as funções do todo, dispondo sobre os poderes capitais do Estado, no campo da tributação, ao lado de medidas que asseguram as garantias imprescindíveis à liberdade das pessoas, diante daqueles poderes. Empreende, na trama normativa, uma construção harmoniosa e conciliadora, que visa a atingir o valor supremo da certeza, pela segurança das relações jurídicas que se estabelecem entre Administração e administrados.[50]

A condição de sistema ao arranjo das normas constitucionais tributárias traz implicações significativas no tocante à

---

47. CARVALHO, Paulo de Barros. *Direito tributário:* fundamentos jurídicos da incidência. 8ª ed.rev., São Paulo: Saraiva, 2010, p. 126.

48. CARVALHO, Paulo de Barros. *Curso de direito tributário.* 30ª ed. São Paulo: Saraiva, 2019, p. 154.

49. *Por que tenho medo dos juízes:* (a interpretação/aplicação do direito e os princípios). 7ª ed. São Paulo: Malheiros, 2016, p. 47 e seguintes.

50. CARVALHO, Paulo de Barros. *Curso de direito tributário.* 30ª ed. São Paulo: Saraiva, 2019, p.174-175.

III
O DIREITO TRIBUTÁRIO EM FACE DO CONSTRUCTIVISMO LÓGICO-SEMÂNTICO

interpretação: tomar o sistema tributário como critério hermenêutico é manifestação de segurança jurídica.[51] Ademais, é importante considerar que o legislador constituinte originário tratou detalhadamente da tributação na Constituição Federal, sabendo-a rígida.[52]

Apesar da nomenclatura da Seção II, do Capítulo I, do Título VI, da Constituição Federal, "poder de tributar" e "competência tributária" são noções distintas:

> No Brasil, por força de uma série de disposições constitucionais, não há falar em *poder tributário* (incontrastável, absoluto), mas, tão somente, em *competência tributária* (regrada, disciplinada pelo Direito). De fato, entre nós, a força tributante estatal não atua livremente, mas dentro dos limites do direito positivo. Como veremos em seguida, cada uma das pessoas políticas não possui, em nosso País, poder tributário (manifestação do *ius imperium* do Estado), mas competência tributária (manifestação da autonomia da pessoa política e, assim, sujeita ao ordenamento jurídico-constitucional).[53]

A par disso, cumpre definir o conceito de competência tributária. Segundo Paulo de Barros Carvalho,[54] "a competência tributária, em síntese, é uma das parcelas entre as prerrogativas legiferantes de que são portadoras as pessoas políticas,

---

51. TORRES, Heleno Taveira. *Direito constitucional tributário e segurança jurídica:* metódica da segurança jurídica do sistema constitucional tributário. São Paulo: Revista dos Tribunais, 2011, p. 338-339.

52. "O sistema passível de ser erigido a partir da Constituição de 88 dista de ser sintético ou genérico. Não se caracteriza pela plasticidade. Ao revés, nossa Constituição é rígida. Cuida de talhar, minudentemente, diversos subsistemas, dentre eles o tributário. Com efeito, não há sistema constitucional que se assemelhe ao nosso, na extensividade no trato da matéria tributária. Tal opção legislativa, já de longa tradição no Brasil, produz relevantes efeitos jurídicos. Gostemos ou não dela, é forçoso reconhecer que foi o caminho escolhido pelo legislador constituinte. Em consequência, a aproximação que o intérprete haverá de fazer ao direito posto terá não apenas como ponto de partida a Constituição Federal; mais do que isso, exigir-se-á um longo e espinhoso trabalho exegético, realizado exclusivamente nesse plano constitucional, para então se perquirir sobre o conteúdo de comandos normativos infraconstitucionais". (BARRETO, Paulo Ayres. *Contribuições:* regime jurídico, destinação e controle. São Paulo: Noeses, 2006, p. 28).

53. CARRAZZA, Roque Antônio. *Curso de direito constitucional tributário.* 29ª ed. rev., ampl. e atual. São Paulo: Malheiros, 2013, p. 573 – grifos originais.

54. *Curso de direito tributário.* 30ª ed. São Paulo: Saraiva, 2019, p. 243.

416

consubstanciada na possibilidade de legislar para a produção de normas jurídicas sobre tributos". Para Roque Antonio Carrazza[55], "[...] a competência tributária identifica-se com a *permissão* para criar tributos, isto é, com o direito subjetivo de editar normas jurídicas tributárias".

Entendemos por competência tributária a autorização constitucional para legislar em matéria tributária, instituindo tributos de forma inovadora.[56] Em atenção aos pressupostos abordados nos itens anteriores, tomamos a competência tributária como norma jurídica, que, como tal, apresenta estrutura lógica a ser preenchida com conteúdos de significação no processo interpretativo. Percorrendo o percurso gerador de sentido, construiremos, a partir do plano dos enunciados, a norma de competência tributária em sentido amplo, em sentido estrito e a completa.[57]

5.1   Estrutura lógica da norma de competência tributária

Enquanto norma jurídica em sentido estrito, a competência tributária se estruturará, em termos lógicos, na forma de juízo hipotético-condicional. Abordaremos as normas de competência

---

55. *Curso de direito constitucional tributário.* 29ª ed. rev., ampl. e atual. São Paulo: Malheiros, 2013, p. 578 – grifos originais.

56. A acepção de "competência tributária" adotada neste trabalho é a de legislar em exercício de função típica pelo Poder Legislativo. Não obstante, a locução também remete a) à competência tributária do Presidente da República quando da expedição de um decreto sobre imposto sobre produtos industrializados; b) à competência do agente fiscal para lavrar um auto de infração e imposição de multa; c) à competência tributária do Poder Judiciário no julgamento de processos; ou d) à competência tributária do próprio contribuinte no chamado autolançamento, por exemplo. A diversidade de acepções impõe ao estudioso a especificação do sentido com que opera: "Todos eles operam revestidos de *competência tributária*, o que mostra a multiplicidade de traços significativos que a locução está pronta para exibir. Não haveria por que adjudicar o privilégio a qualquer delas, em detrimento das demais. Como sugeriram expoentes do Neopositivismo Lógico, em situações desse jaez cabe-nos tãosomente especificar o sentido em que estamos empregando a dicção, para afastar, por esse modo, as possíveis ambiguidades". (CARVALHO, Paulo de Barros. *Curso de direito tributário.* 30ª ed., São Paulo: Saraiva, 2019, p. 244 – grifos originais).

57. Gama, Tácio Lacerda. *Competência tributária:* fundamentos para uma teoria da nulidade. 2ª ed.rev. e ampl. São Paulo: Noeses, 2011, p. 65-66.

III

O DIREITO TRIBUTÁRIO EM FACE DO CONSTRUCTIVISMO LÓGICO-SEMÂNTICO

tributária estruturadas por Cristiane Mendonça e Tácio Lacerda Gama para demonstrar a riqueza interpretativa que tais formas propiciam, sobretudo no contexto da reforma tributária.

Cristiane Mendonça[58] edifica a estrutura lógica da norma de competência tributária nos seguintes termos:

$$\text{Dsm}$$
$$\leftrightarrow$$
$$\text{NCT} = \{\text{Hct} = [\text{Cm} + \text{Ce} + \text{Ct}] \to \text{Cct} = [\text{Cp (Sa + Sp)} + \text{Cda (Lf + Lm)}]\}$$

"NCT" refere-se à norma de competência legislativo-tributária. Na sua hipótese (Hct), encontra-se o critério material (Cm) "ser pessoa política de direito constitucional", ao lado do critério espacial (Ce) "território brasileiro" e do critério temporal (Ct) que indica o momento da enunciação da regra-matriz de incidência. Ligado a essa hipótese pelo conectivo interproposicional neutro ($\to$), está o consequente da norma de competência (Cct), composto pelo o critério pessoal (Cp) e pelo critério delimitador da autorização (Cda). No critério pessoal (Cp), indicam-se os sujeitos da relação jurídica de competência unidos pelo dever-ser intraproposicional correspondente à autorização para legislar: a) sujeito ativo (Sa), autorizado a emitir enunciados prescritivos de tributo (pessoas jurídicas de direito público); e b) o sujeito passivo (Sp), que deve respeitar ou pode exigir a atuação do sujeito ativo. No critério delimitador da autorização (Cda), têm-se os limites formais (Lf), relativos ao procedimento a ser adotado pelo sujeito ativo quando da enunciação, e os materiais (Lm), que delineiam o conteúdo dos enunciados a serem produzidos nessa atividade.

Tácio Lacerda Gama[59] também estrutura em termos lógicos a norma de competência tributária: "Njcom = H{[s.p(p1,p2,p3...)].(e.t)} $\to$R [S(s.sp).m(s.e.t.c)]", cuja hipótese descreve as marcas da enunciação, com dêitico de autoridade (relacionado à *autoria* – sujeito

---

58. *Competência tributária*. São Paulo: Quartier Latin, 2004, p.107 e seguintes.

59. *Competência tributária*: fundamentos para uma teoria da nulidade. 2ª ed. rev. e ampl. São Paulo: Noeses, 2011, p. 55 e seguintes.

CONSTRUCTIVISMO LÓGICO-SEMÂNTICO
Homenagem aos 35 anos do grupo de estudos de Paulo de Barros Carvalho

competente para enunciar, isto é, exercer a competência tributária), de conteúdo (relacionado ao *modo* de exercício da competência, no caso, através do processo legislativo) e os de *tempo e espaço*.

O conectivo interproposicional vincula o aspecto formal do antecedente à matéria do consequente da norma de competência, como reflexo do ato de vontade do legislador constituinte quanto à instituição de tributos.

No consequente da norma de competência tributária, aloja-se o conteúdo da norma introduzida, que sofre uma limitação vertical pela norma superior, importante para análise de validade. Nele, com seu caráter relacional, o sujeito ativo (s) é competente para editar a norma e titular do direito subjetivo de exigir sua constitucionalidade. O sujeito passivo (sp), por sua vez, engloba não só aquele que deve se abster da prática de atos que impeçam ou dificultem o exercício da competência tributária, mas também a pessoa legitimada a discutir a norma nova.[60]

Por fim, o aspecto material (verbos e complementos) da outorga de competência contempla as condicionantes da matéria objeto da norma criada, atuando como critérios de validade dessa nova norma, conforme os quatro âmbitos antes indicados (subjetivo "s", material em sentido estrito "c", espacial "e" e temporal "t").[61]

Com tal gama de critérios, o emprego dessas estruturas na análise de eventuais alterações das normas de competência enseja um controle minucioso e prolífico da conformidade das inovações ao sistema jurídico, sobretudo no tocante ao pacto federativo, tão evocado nos debates da reforma tributária.

---

60. Confira-se a aproximação que Tácio Lacerda Gama (*Competência tributária:* fundamentos para uma teoria da nulidade. 2ª ed.rev. e ampl. São Paulo: Noeses, 2011, p. 87-88.) faz da relação constante na norma de competência àquela típica do direito de propriedade: "As observações que desenvolvemos acima nos permitem afirmar que o traço comum ente o direito potestativo, o direito de propriedade e a competência jurídica está no fato de essas normas estabelecerem relações jurídicas *erga omnes*, ou seja, disporem sobre direitos oponíveis a toda sociedade, desde que exercidos segundo os limites prescritos pela norma superior".

61. *Competência tributária:* fundamentos para uma teoria da nulidade. 2ª ed. rev. e ampl. São Paulo: Noeses, 2011, p. 93-94.

III

O DIREITO TRIBUTÁRIO EM FACE DO CONSTRUCTIVISMO LÓGICO-SEMÂNTICO

6. Reforma tributária

Destaca Paulo de Barros Carvalho[62] a existência, no ordenamento jurídico brasileiro, de quatro sistemas: nacional, federal, estaduais e municipais. Ao passo que os três primeiros são típicos da forma federativa de Estado, o derradeiro é próprio do nosso país. Com base no art. 1º, da Constituição Federal, conclui-se que a República Federativa do Brasil abriga a ordem total (União), as ordens regionais (Estados) e as ordens locais (Municípios), resultado da divisão do poder político.

Tanto o princípio federativo como o da autonomia dos municípios influenciam a interpretação do sistema tributário nacional, sem prejuízo do princípio republicano.[63] Entendemos a autonomia financeira dos entes federados como um requisito de um sistema federativo que pode ser assegurada pela repartição das receitas tributárias,[64] pela discriminação das competências tributárias[65] ou pela combinação de ambas.

---

62. *Curso de direito tributário*. 30ª ed., São Paulo: Saraiva, 2019, p. 87.

63. "Nenhuma lei pode ser interpretada sem que se conforme à exegese desses dois princípios. Nesses termos, podemos apresentar afirmativa peremptória de que um não é o outro, mas um está pelo outro. Tanto o princípio republicano quanto o princípio federativo são os alicerces necessários da presente formação do Estado Brasileiro". (CARVALHO, Paulo de Barros. A concessão de isenções, incentivos ou benefícios fiscais no âmbito do ICMS. In.: CARVALHO, Paulo de Barros; MARTINS, Ives Gandra da Silva. *Guerra fiscal*: reflexões sobre a concessão de benefícios no âmbito do ICMS. São Paulo: Noeses, 2012, p. 30).

64. Tácio Lacerda Gama (Federação, autonomia financeira e competência tributária: é possível uma federação sem repartição de competências tributárias? In: CONGRESSO NACIONAL DE ESTUDOS TRIBUTÁRIOS, 2013, São Paulo, SP. *Sistema tributário brasileiro e as relações internacionais*. São Paulo: Noeses, 2013, p. 1158-1159), em estudo atilado, conclui que a autonomia financeira de um ente federativo não depende do exercício das competências tributárias e que modificações implementadas na discriminação dessas permissões não necessariamente ofendem o princípio federativo e a autonomia municipal, dada a diferença entre o contexto atual e aquele que presidiu a divisão em 1988. Por conseguinte, aumentar ou diminuir competências impositivas, se garantida a repartição do produto da arrecadação ao ente que as perde, não põe em risco sua autonomia financeira ou a forma federativa de Estado; sob a mesma condição, nada obsta que o encargo de arrecadar se concentre em um único ente; por fim, repartição de competências tributárias não é cláusula pétrea.

65. "Efetivamente, a discriminação de competências tributárias não é requisito de um sistema federal. Este exige, outrossim, que se assegurem à pessoas jurídicas de

CONSTRUCTIVISMO LÓGICO-SEMÂNTICO
Homenagem aos 35 anos do grupo de estudos de Paulo de Barros Carvalho

Embora não seja requisito de um sistema federal, a discriminação das competências tributárias, quando nele prevista, certamente objetiva assegurar a autonomia financeira de cada ente político, no contexto da autonomia política. A demarcação formal da competência tributária permite tomar o direito tributário como garantidor material do Estado, consoante afirma Tathiane dos Santos Piscitelli.[66] Por isso é que a ofensa a essa discriminação tem potencial de violar os princípios federativo e da autonomia municipal.

Dentre suas opções, o legislador constituinte originário brasileiro escolheu aliar, para garantia da autonomia financeira dos entes federados, a discriminação de competências à repartição das receitas. Eis o fato que nos parece fundamental: a autonomia financeira dos entes federados no nosso país tem como pilares a discriminação das competências e a repartição das receitas tributárias.

As propostas de reforma tributária em tramitação na Câmara dos Deputados e no Senado Federal[67] esboçam alterações nas normas de competência tributária e na sistemática de repartição das receitas, que, como visto, estão intimamente relacionadas à forma federativa de Estado no nosso país. Elencada entre as cláusulas pétreas, a forma federativa de Estado é, valendo-se da expressão de Celso Antônio Bandeira de Mello,[68] a pedra de toque das mudanças no Sistema Tributário Nacional.

---

direito público autonomia financeira. Não é sem razão, neste sentido, que já se disse que "foi a discriminação de rendas a causa última e decisiva da criação da figura jurídica e política do Estado Federal". Nos Estados unidos, por exemplo, encontramos a convivência de tributos federais e locais (com a mera reserva de poucos), sem que tal bitributação se extraia qualquer inconveniência ao funcionamento da federação". (SCHOUERI, Luís Eduardo. Discriminação de competências e competência residual. In: *Direito tributário:* estudos em homenagem a Brandão Machado. São Paulo: Dialética, 1998, p. 83).

66. *Argumentando pelas consequências no direito tributário.* São Paulo: Noeses, 2011, p. 130.

67. Proposta de Emenda à Constituição n. 45, de 2019; Proposta de Emenda à Constituição n.110, de 2019.

68. *Curso de direito administrativo.* 25 ed. rev. e atual. até a emenda constitucional 56, de 20.12.2007. São Paulo: Malheiros, 2008, p. 55.

III
O DIREITO TRIBUTÁRIO EM FACE DO CONSTRUCTIVISMO LÓGICO-SEMÂNTICO

Vimos que a significação advinda do desenho da norma jurídica não basta à orientação da conduta, sendo necessária a contextualização para aperfeiçoar o resultado da interpretação. A meta é, na lição de Paulo de Barros Carvalho:[69]

> [...] confrontar as unidades obtidas com o inteiro teor de certas orações portadoras de forte cunho axiológico, que o sistema coloca no patamar de seus mais elevados escalões, precisamente para penetrar, de modo decisivo, cada uma das estruturas mínimas e irredutíveis (vale novamente o pleonasmo) de significação deôntica, outorgando unidade ideológica à conjugação de regras que, por imposição dos próprios fins regulatórios que o direito propõe implantar, organizam os setores mais variados da convivência social.

Desse modo, a norma expressará a orientação jurídica da conduta conforme a totalidade do sistema, harmonicamente considerado, sob influxo agregador de seus princípios,[70] como, no caso, os princípios federativo e da autonomia dos municípios. Antes, contudo, passará o intérprete pelos domínios da Lógica, instrumento descritivo vigoroso que confere racionalidade ao discurso e que permite, por suas leis e estruturas, a identificação de diversas marcas, vícios e contradições no ordenamento jurídico.[71]

É por isso que, no contexto da tramitação de propostas de reforma tributária que preveem alterações nas normas de competência, o intérprete que procede à investigação analítica, com emprego dos esquemas lógico-sintáticos das normas de competência tributária expostos acima, prepara a apresentação semântica e pragmática do texto legislado, como estratégia de potencialização do raciocínio para controle e aferição de sua compatibilidade com o sistema jurídico, atentando-se para os princípios, que, dotados de forte conotação axiológica,

---

69. *Direito tributário:* fundamentos jurídicos da incidência. 8ª ed. rev. São Paulo: Saraiva, 2010, p. 118.

70. CARVALHO, Paulo de Barros. *Curso de direito tributário.* 30ªed., São Paulo: Noeses, 2019, p. 180.

71. CARVALHO, Paulo de Barros. *Direito tributário:* linguagem e método. 5ªed., São Paulo: Noeses, 2013, p. 70.

CONSTRUCTIVISMO LÓGICO-SEMÂNTICO
Homenagem aos 35 anos do grupo de estudos de Paulo de Barros Carvalho

influenciam de modo marcante o direcionamento e a compreensão da ordem jurídica.

7. Conclusão

Reconhecer que o Direito se manifesta em linguagem e aplicar ao seu estudo os subsídios fornecidos pela teoria geral dos signos amplia o conhecimento do objeto. Enquanto método de trabalho hermenêutico-analítico, o Constructivismo lógico-semântico parte de estratégias de aproximação lógica para construção de conteúdos voltados à pragmática, timbrados pela cientificidade que só a adoção do método oportuniza.

Como o Direito se manifesta em linguagem e em toda linguagem há lógica, esta permeia integralmente o discurso jurídico. Isso autoriza o emprego de expedientes analíticos como autênticos pontos de partida para compreensão dos comandos normativos: recusando conteúdos de significação concreta, a análise lógica cria ambiente propício às pesquisas nos âmbitos semântico e pragmático.

A norma jurídica, como elemento do Direito Positivo, segue a mesma sorte de seu conjunto e se manifesta em linguagem, cuja dimensão lógica possibilita estruturá-la em termos formais, que serão preenchidos com os conteúdos de significação ao longo do percurso gerador de sentido, sempre limitado pelos horizontes culturais do intérprete. Essa estrutura lógica da norma jurídica tem feição dual, cujo antecedente descreve um fato que implica, no consequente, o nascimento de uma relação jurídica entre sujeitos regulada pelos três modais deônticos.

Competência tributária, que não se confunde com "poder", consubstancia a autorização constitucional para legislar em matéria tributária, criando tributos e inovando no ordenamento. Também é norma jurídica que se estrutura em termos lógicos, com a riqueza de critérios dada por aquele que a edifica. As variações encontradas nas estruturas da norma de competência expostas no item 5.1 confirmam o potencial

423

III
O DIREITO TRIBUTÁRIO EM FACE DO CONSTRUCTIVISMO LÓGICO-SEMÂNTICO

que sua aplicação tem para a pesquisa da validade de novos comandos normativos, especialmente no contexto da reforma tributária que tramita em Brasília.

Tema sempre em voga, a reforma tributária ganhou força ultimamente e, como era de se esperar, tem despertado debates intensos, entre outros, sobre os princípios federativo e da autonomia municipal, envolvidos que estão, no nosso ordenamento, com a discriminação das competências tributárias e a repartição das receitas.

Assegurar a autonomia financeira dos entes federados é tarefa que se pode cumprir de diversos modos. No Brasil, por decisão do legislador constituinte originário, ela é, em tese, cumprida conciliando-se discriminação de competências e repartição das receitas no âmbito tributário. Em razão disso, propostas que prevejam alteração nas normas de competência tributária devem ser confrontadas com os princípios federativo e da autonomia municipal, sem prejuízo da sistematização no nível S4 do percurso gerador de sentido.

A análise do mérito das propostas de reforma tributária pressupõe adoção de um método. Reforçada está a nossa convicção de que a pesquisa iniciada pelo intérprete no plano sintático, que avança para o conteúdo semântico na atividade construtiva e encampa o tom pragmático, nos moldes do Constructivismo lógico-semântico, levará a conclusões consistentes acerca da conformidade ou não dos textos propostos com o sistema jurídico. O início dessa investigação tem no esquema lógico da norma de competência tributária uma importante ferramenta.

Referências

ARAUJO, Clarice von Oertzen de. *Semiótica do direito*. São Paulo: Quartier Latin, 2005.

BARRETO, Paulo Ayres. *Contribuições:* regime jurídico, destinação e controle. São Paulo: Noeses, 2006.

CARRAZZA, Roque Antônio. *Curso de direito constitucional tributário.* 29ª ed. rev., ampl. e atual. São Paulo: Malheiros, 2013.

CARVALHO, Aurora Tomazini de. *Curso de teoria geral do direito:* o constructivismo *lógico-semântico.* 2ª ed. São Paulo: Noeses, 2010.

_____. O constructivismo lógico-semântico como método de trabalho na elaboração jurídica. In: CARVALHO, Paulo de Barros (coord.). *Constructivismo lógico-semântico.* São Paulo: Noeses, v. 1, 2014, p. 13-39.

CARVALHO, Paulo de Barros. *Curso de direito tributário.* 30ª ed. São Paulo: Saraiva, 2019.

_____. *Direito tributário:* linguagem e método. 5ª ed. São Paulo: Noeses, 2013.

_____. *Direito tributário:* fundamentos jurídicos da incidência. 8ª ed.rev. São Paulo: Saraiva, 2010.

_____. *Direito tributário:* reflexões sobre filosofia e ciência em prefácios. 1ª ed. São Paulo: Noeses, 2019.

_____. Lógica jurídica e lógicas jurídicas. In: CARVALHO, Paulo de Barros (Coord.). *Lógica e direito.* São Paulo: Noeses, 2016. p. 171-185.

_____. A concessão de isenções, incentivos ou benefícios fiscais no âmbito do ICMS. In.: CARVALHO, Paulo de Barros; MARTINS, Ives Gandra da Silva. *Guerra fiscal:* reflexões sobre a concessão de benefícios no âmbito do ICMS. São Paulo: Noeses, 2012, p. 23-94.

COPI, Irving M. *Introdução à lógica.* Tradução de Álvaro Cabral. 2.ed. São Paulo: Mestre Jou, 1978.

GAMA, Tácio Lacerda. *Competência tributária:* fundamentos para uma teoria da nulidade. 2ª ed.rev. e ampl. São Paulo: Noeses, 2011.

III
O DIREITO TRIBUTÁRIO EM FACE DO CONSTRUCTIVISMO LÓGICO-SEMÂNTICO

_____. Variações sobre a estrutura da norma de competência tributária. In: CARVALHO, Paulo de Barros (coord.). *Constructivismo lógico-semântico*. São Paulo: Noeses, v. 2, 2018. p. 421-467.

GAMA, Tácio Lacerda. Federação, autonomia financeira e competência tributária: é possível uma federação sem repartição de competências tributárias? In: CONGRESSO NACIONAL DE ESTUDOS TRIBUTÁRIOS, 2013, São Paulo, SP. *Sistema tributário brasileiro e as relações internacionais*. São Paulo: Noeses, 2013, p. 1143-1160.

GRAU, Eros Roberto. *Por que tenho medo dos juízes:* (a interpretação/aplicação do direito e os princípios). 7ª ed. São Paulo: Malheiros, 2016.

IVO, Gabriel. *Norma jurídica:* produção e controle. São Paulo: Noeses, 2006.

MELLO, Celso Antônio Bandeira de. *Curso de direito administrativo*. 25ª ed. rev. e atual. até a emenda constitucional 56, de 20.12.2007. São Paulo: Malheiros, 2008.

MENDONÇA, Cristiane. *Competência tributária*. São Paulo: Quartier Latin, 2004.

MOUSSALLEM, Tárek Moysés. A lógica como técnica de análise do direito. In: CARVALHO, Paulo de Barros (coord.). *Constructivismo lógico-semântico*. São Paulo: Noeses, v.1, 2014. p. 155-168.

PISCITELLI, Tathiane dos Santos. *Argumentando pelas consequências no direito tributário*. São Paulo: Noeses, 2011.

SCHOUERI, Luís Eduardo. Discriminação de competências e competência residual. In: *Direito tributário:* estudos em homenagem a Brandão Machado. São Paulo: Dialética, 1998, p. 82-115.

TOMÉ, Fabiana Del Padre. *A prova no direito tributário*. 3ª ed. rev. São Paulo: Noeses, 2011.

426

. A estrutura lógica das normas jurídicas. In: CARVA-LHO, Paulo de Barros (Coord.). *Lógica e direito*. São Paulo: Noeses, 2016. p. 291-311.

. Vilém Flusser e o constructivismo lógico-semântico. In.: HARET, Florence, e CARNEIRO, Jerson (coordenadores). *Vilém Flusser e juristas:* comemoração dos 25 anos do grupo de estudos Paulo de Barros Carvalho. São Paulo: Noeses, 2009, p. 321-342.

TORRES, Heleno Taveira. *Direito constitucional tributário e segurança jurídica:* metódica da segurança jurídica do sistema constitucional tributário. São Paulo: Revista dos Tribunais, 2011.

VILANOVA, Lourival. *As estruturas lógicas e o sistema do direito positivo*. São Paulo: Noeses, 2010.

A (DES)NECESSIDADE DA HOMOLOGAÇÃO JUDICIAL DOS NEGÓCIOS JURÍDICOS PROCESSUAIS ATÍPICOS: APORTES À LUZ DO CONSTRUCTIVISMO LÓGICO-SEMÂNTICO

Tárek Moysés Moussallem[1]

José Borges Teixeira Júnior[2]

1. Introdução

O at. 190 do CPC/2015 trouxe importante cláusula geral relativa aos negócios jurídicos processuais. Assim, reconheceu a licitude do ato pelo qual as partes estipulam mudanças no procedimento, com o fim de ajustá-lo às especificidades da causa e de convencionarem acerca dos ônus, poderes e faculdades processuais antes ou durante o processo.

Positivado o veículo introdutor no sistema de direito positivo, a literatura especializada imediatamente se debruçou sobre a novidade e muitas linhas foram escritas sobre o tema, em especial sobre um tópico que interessa a este ensaio: sobre

---

1. Professor da Universidade Federal do Espírito Santo – UFES.

2. Mestre em Direito pela UFES e pela Steinbeis University Berlin – SIBE. Juiz de Direito.

III

O DIREITO TRIBUTÁRIO EM FACE DO CONSTRUCTIVISMO LÓGICO-SEMÂNTICO

a necessidade (ou não) de homologação judicial dos negócios jurídicos processuais.

Basicamente, a doutrina processualista sustenta que os negócios jurídicos processuais encontram seu fundamento de validade diretamente do diploma legal, figurando como corolário da autonomia privada que lhes confere o Direito Positivo e, por isso, independeria, por completo, da participação do juiz para sua eficácia,[3] ressalvados, evidentemente, os casos em que a Lei processual expressamente o disciplinar.[4]

Segundo o relativo consenso da literatura, entender pela necessidade de uma homologação judicial importaria vilipendiar a esfera de disposição de direitos que fora conferida pelo legislador, violando o autorregramento do processo pelas partes, que deveria ser de rigor.

Tal entendimento expressa a opinião de grande parte da doutrina, como é o pensamento de FREDIE DIDIER JR.[5] e de PEDRO HENRIQUE NOGUEIRA,[6] bem como de diversos outros.[7]

Igualmente o Fórum Permanente de Processualistas Civis (FPPC) chegou a aprovar enunciado doutrinário (n.º 133) afirmando que "salvo nos casos expressamente previstos em lei, os negócios processuais do art. 190 não dependem de homologação judicial".

---

3. No sentido de aptidão para produção de efeitos.

4. CABRAL, Antonio do Passo. *Convenções processuais.* Salvador: Juspodivm, 2018, p. 262-264.

5. DIDIER JR., Fredie. *Curso de direito processual civil.* Vol. 1. 19. ed. Salvador: Juspodivm, 2017, p. 440-441.

6. NOGUEIRA, Pedro Henrique. *Negócios jurídicos processuais.* 2ª ed. Salvador: Juspodivm, 2016, p. 226/231-232.

7. Apenas a título de um apanhado, sem qualquer pretensão de exaustividade, veja-se, por exemplo, além dos autores já citados, os entendimentos perfilhados por FERNANDO GAJARDONI, LUIZ GUILHERME MARINONI, SÉRGIO CRUZ ARENHART, DANIEL MITIDIERO, ARRUDA ALVIM, LUIZ RODRIGUES WAMBIER, EDUARDO TALAMINI, TRÍCIA NAVARRO XAVIER CABRAL, JALDEMIRO RODRIGUES DE ATAÍDE JÚNIOR, ROSA MARIA DE ANDRADE NERY, ANTONIO AURÉLIO ABI RAMIA DUARTE e JOÃO PAULO LORDELO GUIMARÃES TAVARES, todos constantes nas referências.

CONSTRUCTIVISMO LÓGICO-SEMÂNTICO
Homenagem aos 35 anos do grupo de estudos de Paulo de Barros Carvalho

Apesar disso, independentemente da classificação que se outorga ao negócio jurídico processual – típico, quando encontra expressa disciplina legal, ou atípico, quando não – havendo ou não disciplina no CPC no sentido de que sua homologação judicial seja imprescindível, entende-se que a chancela do juiz é não só essencial para sua produção de efeitos como se revelacondição lógica para se falar em negócio jurídico de cunho processual.

Nesse sentido, com todo respeito que evidentemente se defere à doutrina tradicional, tal entendimento não se sustenta quando se é apresentada base sólida em teoria do direito, especialmente à luz de suas categorias elementares, como o ato jurídico, o negócio jurídico e, notadamente, a relação jurídica.

O objetivo deste ensaio, assim, é demonstrar o aparente equívoco da literatura majoritária com base nos fundamentos do construtivismo lógico-semântico, justificando assim que a dita "homologação judicial" (termo cujo conceito será definido com maior detalhe adiante) é de tudo imprescindível para a produção de efeitos do negócio jurídico processual.

Para tanto, ele se encontra dividido nos seguintes moldes: a seção II apresentará as bases doutrinárias que serão utilizadas para as categorias fundamentais de teoria do direito que são relevantes ao negócio jurídico de cunho processual, sendo a sua parte propedêutica. A seção III realiza a incidência de tais conceitos ao objeto de estudo e busca apontar as falhas da doutrina tradicional. A seção IV conclui este ensaio.

2. Notas sobre o negócio jurídico e a relação jurídica

Impossível ingressar no escopo deste trabalho sem explicitar alguns conceitos fundamentais para a teoria do direito. Não há como se falar em negócio jurídico processual sem que antes fique bastante claro o que se considera com *negócio jurídico*, *ato jurídico* e *relação jurídica*.

431

III

O DIREITO TRIBUTÁRIO EM FACE DO CONSTRUCTIVISMO LÓGICO-SEMÂNTICO

Definir conceitos é sempre tema tormentoso para as ciências em geral, principalmente para a Ciência do Direito.[8]

Em sendo as palavras, como já apontado por HART, potencialmente ambíguas e inexoravelmente vagas[9] e havendo no âmbito da Ciência do Direito uma superposição de linguagem entre esta e seu objeto (o direito positivo, faz-se mister estabelecer fundamentos conceituais sólidos e, acima de tudo, adotar uma postura de coerência a essas fundações, sob pena de se perder a unidade científica do discurso).[10]

Pois bem, a pretensão aqui, como se verifica, não é "descobrir" *o* conceito de nenhuma das categorias jurídicas essenciais para a análise do negócio jurídico processual – tarefa impossível – mas sim a de articular aquelas definições que se consideram mais *úteis*[11] para a análise da experiência jurídica objeto do ensaio.

Assim, ao trazer o art. 190 do CPC uma "cláusula geral" para a formulação dos ditos negócios jurídicos processuais, parece adequado resgatar as bases de teoria do direito sobre as quais se situa o instituto do *negócio jurídico* em si, uma vez que os chamados negócios jurídicos processuais são claramente espécie da qual o tradicional negócio jurídico é gênero.

O negócio jurídico possui posição de destaque no âmbito da teoria do direito, em especial no que, ao longo dos anos, se convencionou chamar de direito privado, tendo em vista ser o aspecto mais emblemático da chamada autonomia da vontade.

Daí DOMAT afirmar que as convenções seriam uma consequência "natural de ordem de Deus" e que todas as relações

---

8. MOUSSALLEM, Tárek Moysés. Sobre as Definições. *In*: Lucas Galvão de Britto (Org.). *Lógica e direito*. São Paulo: Noeses, 2016, p. 249-270.

9. HART, Herbert L. A. *O conceito de direito*. 5ª ed. Lisboa: Fundação Calouste Gulbenkian, 2007, p. 138 e ss.

10. BOBBIO, Norberto. Scienza del diritto e analisi del linguaggio. *Rivista trimestrale di diritto e procedura civile*, 1950, 2, p. 342-367.

11. GUIBOURG, Ricardo A.; GHIGLIANI, Alejandro M.; GUARINONI, Ricardo V. *Introducción al conocimiento científico*. Buenos Aires: Editorial Universitária de Buenos Aires, 1994. p. 34-35.

CONSTRUCTIVISMO LÓGICO-SEMÂNTICO
Homenagem aos 35 anos do grupo de estudos de Paulo de Barros Carvalho

materiais, de indústria, trabalho e de comércio são formadas e moldadas sob a forma dessa categoria.[12]

Todo o âmbito das ditas convenções – matriz para os negócios jurídicos – encontram-se calcadas no consenso entre partes. Muito embora historicamente, para sua formação, a forma e a causa tenham sido igualmente imprescindíveis, é sobre o consenso entre as partes que hoje repousa a fundação do negócio jurídico.

Entretanto, como bem destacado por ZIMMERMANN, não é qualquer consenso capaz de figurar como negócio jurídico, pois José e Maria, por exemplo, podem chegar a um consenso de que Sócrates é uma pedra, ou ainda que Sócrates é Sócrates. Certamente nessas situações suas mentes estão no mesmo ponto, mas é evidente que tal consenso não é em si um negócio jurídico.[13]

Daí a percepção arguta de PONTES DE MIRANDA ao asseverar que à vontade (externada ou meramente manifestada), isto é, ao consenso, deve se fazer intercalar a juridicização do fato, ou seja, "a incidência da regra jurídica do fato".

Desse modo, a definição do conceito de negócio jurídico seria o ato humano consistente em manifestação, ou manifestações de vontade, como suporte fático, de regra jurídica, ou de regras jurídicas, que lhe deem eficácia jurídica.[14]

Em sendo assim, os negócios jurídicos – os de cunho processual inclusive – são efetivamente manifestações de vontade (poder-se-ia dizer, talvez com maior precisão, atos de fala)[15] em que ao consenso dos envolvidos agrega-se uma *consequência* jurídica admitida pelo sistema de direito positivo.

---

12. DOMAT, Jean. *Les Loix Civiles dans leur ordre naturel*. Paris: Nabu Press, 2011, p. 6.

13. ZIMMERMANN, Reinhard. *The Law of Obligations:* Roman Foundations of the Civilian Tradition. Oxford: Clarendon Press, 1996. p. 559.

14. PONTES DE MIRANDA, Francisco Cavalcanti. *Tratado de direito privado*. 2ª ed. Vol. 1. Campinas: Bookseller, 2000, p. 44.

15. AUSTIN, J. L. *How to do things with words*. 2nd ed. Cambridge: Harvard University Press.

III
O DIREITO TRIBUTÁRIO EM FACE DO CONSTRUCTIVISMO LÓGICO-SEMÂNTICO

E é exatamente nesse escopo da expressão "consequência" que se insere todo o arcabouço explicativo da teoria do direito, mormente o construtivismo lógico-semântico.

Ora, conforme já amplamente asseverado por PAULO DE BARROS CARVALHO, a aplicação do direito, *i.e.*, seu processo de positivação, reside na transição de planos linguísticos diversos.[16]

Em linhas gerais, no átimo da aplicação do direito, o sujeito cognoscente se depara com os textos do Direito Positivo e, após saturá-los de significação, segundo seu entendimento, os agrega em um arcabouço lógico deôntico, que é a norma jurídica.

Essa norma jurídica, a bem da verdade, estruturada segundo o imperativo lógico-condicional que lhe é próprio (H → C, onde "H" é a hipótese e "C", a consequência), é linguisticamente construída com o emprego de termos em seu sentido conotativo; isto é, as palavras que ali constam figuram como categorias, ou seja, não estão individualizadas, mas já apresentam as notas necessárias para sua individualização, suas "regras de uso" (*i.e.*, são individualizáveis).[17]

Essa é a dita norma abstrata (hipótese conotativa) e geral (consequência conotativa).

Não há aqui *fato jurídico*, conforme definição ora adotada ou mesmo *relação jurídica*.

Já há sim, as notas linguísticas necessárias para sua construção interpretativa quando o sujeito cognoscente, diante de fenômenos ou experiências do plano do ser, identificar entre elas uma relação de semelhança.

Uma vez que essa relação seja observada pelo sujeito, aí sim haverá a construção por ele de uma norma jurídica de diferente espécie, a qual, apesar de igualmente estruturada sob

---

16. CARVALHO, Paulo de Barros. *Direito tributário:* fundamentos jurídicos da incidência. 2ª ed. São Paulo: Saraiva, 1999, p. 74-76.

17. MOUSSALLEM, Tárek Moysés e BORGES JR. José. Notas sobre a teoria dos precedentes formalmente vinculantes. *Revista de Processo.* Vol. 286. Dez/2018. p. 451-483.

o aspecto lógico-formal (H → C), terá seus termos empregados não em função conotativa, mas sim denotativa,[18] ou seja, as expressões que saturam semanticamente as variáveis da forma lógica são não categorias, mas sim elementos do conjunto de possíveis objetos, escolhidos pelo intérprete à luz da regra de uso adotada na norma abstrata e geral por ele construída.

De especial importância para este ensaio são os componentes desta norma.

Em seu antecedente (a variável "H" da norma abstrata e geral) não jaz uma mera hipótese, isto é, um evento abstrato de *possível* ocorrência no plano fenomênico. Nele reside um dado, chamado de *fato jurídico*, ou seja, um ocorrido concreto e determinado.[19]

A esse fato jurídico sim, o functor deôntico não modalizado (neutro e inter-proposicional) liga uma *relação jurídica* efetiva, isto é, o vínculo que o direito estabelece entre o sujeito (o sujeito ativo) um determinado direito subjetivo e a outro sujeito (um sujeito passivo) exige o cumprimento de uma prestação, imputando-lhe o dever jurídico.[20]

Forma-se assim a norma jurídica concreta e individual.

Como se verifica, a relação jurídica em *stricto sensu* (de qualquer espécie) insere-se no consequente de uma norma jurídica concreta e individual.

Nessa senda, opera-se o que LOURIVAL VILANOVA muito bem explicitou, no sentido de que o antecedente da norma concreta toma um determinado fato passado exclusivamente na qualidade de suporte factual para a imputação (normativa,

---

18. COHEN, M. e NAGEL, E. *Introducción a la lógica y al método científico.* 2ª ed. Buenos Aires: Amorrortu, 1971, p. 49.

19. CARVALHO, Paulo de Barros. *Direito tributário, linguagem e método.* 5ª ed. São Paulo: Noeses, 2013, p. 142.

20. PAULINO, Maria Ângela Lopes. A Teoria das Relações na Compreensão do Direito Positivo. *In:* CARVALHO, Paulo de Barros (Coord.). *Construtivismo lógico-semântico.* Vol. I. São Paulo: Noeses, 2014, p. 380-381.

III

O DIREITO TRIBUTÁRIO EM FACE DO CONSTRUCTIVISMO LÓGICO-SEMÂNTICO

de certo, com nenhuma imprescindibilidade de causalidade) de efeitos futuros, com direção de ajuste para o presente.[21]

E em que posição se encontra o *negócio jurídico*?

Viu-se, pelos comentários de PONTES DE MIRANDA, que o consentimento (*i.e.*, a manifestação da vontade) e a sua qualificação (produção de efeitos jurídicos) são essenciais para se definir o conceito de negócio jurídico.

O que se verifica assim é a evidente *ambiguidade* da palavra negócio jurídico. A doutrina tradicional ora emprega a expressão como dado fenomênico de manifestação da vontade, ora como *fato jurídico*, ao se reportar ao antecedente normativo de uma norma concreta e individual e ora como *relação jurídica*, ao se referir ao plexo de direitos subjetivos e deveres jurídicos presentes em uma dada convenção (*v.g.*, um contrato de compra e venda).

O léxico "negócio jurídico" é atecnicamente utilizado em três sentidos diferentes, o que pode ser explicação de certa confusão gerada na sua aplicação pelos ramos da ciência do direito (o processual inclusive).

Isso se mostra ainda mais dramático quando o fato jurídico escolhido para a atribuição de uma consequência jurídica qualquer seja também ele próprio uma relação jurídica, como é o caso, por exemplo, da chamada "norma primária sancionadora" de EURICO MARCOS DINIZ DE SANTI, que tem como pressuposto um ilícito material, ou seja, a não realização, no plano do ser, da prestação constante de uma relação jurídica prevista em outra norma concreta e individual.[22]

Veja que nessa hipótese, o antecedente normativo é exatamente a negação de uma relação jurídica material anterior. Ou seja, nessa situação, para esta norma jurídica concreta e

---

21. VILANOVA, Lourival. *Causalidade e relação no direito*. 4ª ed. São Paulo: RT, 2000, p. 114-115.

22. DE SANTI, Eurico Marcos Diniz. *Lançamento tributário*. São Paulo: Max Limonad, 1996, p. 38.

CONSTRUCTIVISMO LÓGICO-SEMÂNTICO
Homenagem aos 35 anos do grupo de estudos de Paulo de Barros Carvalho

individual, a relação jurídica anterior (a que fora, por exemplo, descumprida) figura como *fato jurídico*, ao qual se estabelecerá uma outra relação jurídica – a relação jurídica sancionadora – que tem a anterior como uma espécie de "causa normativa".

Em uma situação em que há um negócio jurídico (mantendo, por simplicidade, o exemplo anterior do contrato de compra e venda), o uso descuidado da expressão pode implicar sua utilização com seis significados diferentes, ao se referir, respectivamente, ao descumprimento, ao fato jurídico da norma primária sancionadora e à relação jurídica que dela é efeito normativo!

A fim de evitar tais ambiguidades neste ensaio – que possibilitará em derreio, espera-se, exibir o desvio incorrido pela doutrina tradicional – a voz "negócio jurídico" (sem adjetivos ou complementos) será utilizada apenas para se referir ao consentimento expressado pelos legitimados no plano do ser (enunciação).

Para tanto, chamaremos esse de *negócio-enunciação*. Acredita-se que esse uso tenha o maior potencial explicativo.

As expressões *negócio-fato* e *negócio-relação* serão utilizadas, respectivamente, para se falar do antecedente de uma norma concreta e individual (dispositiva, sancionadora ou processual – vide adiante sobre esta última – conforme o caso indicar) e da relação jurídica que for a ela ligada pela imputação normativa. Seu conjunto será chamado, quando necessário for, de *negócio-enunciado-enunciado* ou simplesmente doravante *negócio-enunciado*.[23]

3. Aplicação dos conceitos aos negócios jurídicos processuais

Como já é objeto de certa unanimidade na literatura processualista, tem-se que a relação jurídica processual é,

---

23. MOUSSALLEM, Tárek Moysés. *Fontes do direito tributário*. 2ª ed. São Paulo: Noeses, 2006, p. 136-142.

III

O DIREITO TRIBUTÁRIO EM FACE DO CONSTRUCTIVISMO LÓGICO-SEMÂNTICO

necessariamente, formada por um participante bastante peculiar: o Estado-juiz.[24]

Mesmo se admitindo que as partes do processo, em uma relação jurídica processual, pudessem ter, entre si, direitos e deveres (o que, frisa-se, não ocorre, mas, por não ser essencial para o foco deste ensaio, será relegado ao segundo plano), a intermediação do Estado-juiz, enquanto titular da jurisdição e legitimado para a prestação da tutela jurisdicional, é essencial.[25]

Desse modo, tem-se o seguinte cenário: *A* e *B* celebram um negócio jurídico de compra e venda, em que *A* é o comprador e *B*, o vendedor da coisa. Entregue a coisa a tempo e modo, *A* se furta ao pagamento.

De plano, verifica-se que do negócio jurídico entabulado entre as partes (manifestação de vontade qualificada pelos efeitos jurídicos, ocorrida no plano do ser; o ato de fala do *negócio-enunciação*), é possível se construir uma norma jurídica, concreta e individual (o *negócio-enunciado*).

O negócio-enunciado, por sua vez, é formado pelo *negócio-fato*, consistente nos dados linguísticos que o Direito Positivo reputa necessários, extraídos dessa experiência social, somados ao consequente da norma jurídica abstrata e geral de direito civil que outorga legitimidade aos agentes para tanto, e pelo *negócio-relação*, que é a relação jurídica existente entre *A* e *B* na qual o primeiro possui o dever jurídico de pagamento (prestação de dar) e o segundo, o direito subjetivo a ele.

Com a não reprodução desse *negócio-relação* no plano fenomênico, é possível a construção de uma outra norma jurídica primária,[26] a chamada norma primária sancionadora, que

---

24. Esse é o posicionamento, *e.g.*, de Bülow, Carnelutti, Fazzalari e Scarance Fernandes, todos constantes da bibliografia.

25. GOUVEIA FILHO, Roberto P. Campos. Uma crítica analítica à ideia de relação processual entre partes. *In:* SOUZA JR., Antônio Carlos F. *et al* (Coord.). *Diálogos de teoria do direito e processo*. Salvador: Juspodivm, 2018, p. 430-435.

26. Os mesmos fenômenos existentes anteriormente se repisam aqui, com a diferença de que há uma negação em sua origem. Ou seja, ter-se-á novamente um

CONSTRUCTIVISMO LÓGICO-SEMÂNTICO
Homenagem aos 35 anos do grupo de estudos de Paulo de Barros Carvalho

tem por antecedente exatamente a negação do *negócio-relação* entre **A** e **B** e por consequência, *e.g.*, a imposição de uma multa pecuniária, que nada mais é do que outra relação jurídica (*negócio-relação*).[2]

Também não se reproduzindo o *negócio-relação*[2] no plano fenomênico, resta a **B**, via de regra,[27] a tentativa de obter a tutela jurisdicional.

Isso ocorre no momento em que ele, no plano fenomênico, apresenta uma petição inicial perante o Estado-juiz, pleiteando essa tutela.

No plano normativo, por outro lado, o que se constrói do texto da petição inicial é que o autor (**B**, neste exemplo), narra uma terceira norma jurídica, também concreta individual, que aqui se chama de norma secundária.[28]

Essa terceira norma é caracterizada por ter como fato jurídico a concreta negação das normas primárias dispositiva e sancionadora (isso se o Direito Positivo previu sanção específica para a negação da primeira), aliada ao consequente da norma abstrata e geral que lhe atribui legitimidade para tal pleito e jurisdição ao Estado-juiz para a tutela jurisdicional e como consequente uma relação jurídica *processual* que se forma entre esse autor e o Estado-juiz, em que o primeiro possui direito subjetivo e o segundo o dever jurídico (exatamente ao recebimento da petição inicial e seu processamento).

---

negócio-enunciação (na forma de uma ação ou omissão relevantes para o Direito; não confundir a expressão "enunciação" apenas com atos comissivos do sujeito) e um negócio-enunciado (na forma de uma norma jurídica que estabelece uma sanção à negação do negócio-relação originário).

27. O Direito admite, tanto no Brasil quanto mundialmente, diversas hipóteses em que as normas primárias, dispositivas ou sancionadoras, podem ser efetivadas por outro que não o Estado-juiz, conforme exemplos clássicos estabelecidos pela doutrina (vide o desforço imediato nos casos de violação à posse) ou outros nem tanto (execução da prestação de fazer em caso de urgência). Além disso, ignora-se propositalmente neste ensaio a questão da arbitragem.

28. VILANOVA, Lourival. *As estruturas lógicas e o sistema de direito positivo*. 4ª ed. São Paulo: Noeses, 2010, p. 109-112.

III

O DIREITO TRIBUTÁRIO EM FACE DO CONSTRUCTIVISMO LÓGICO-SEMÂNTICO

A peculiaridade desta relação – o que inclusive acabou por gerar, ao longo da evolução da ciência processual, a observação do processo enquanto situação jurídica[29] ou procedimento animado pelo contraditório, como fez FAZZALARI[30] – é que tal norma jurídica e a relação jurídica que faz dela parte integrante são utilizadas como fatos jurídicos de uma série de outras normas jurídicas, gerando uma cadeia de relações que se convencionou chamar de *processo*.

O processo, assim, e veja-se a importância do Constructivismo Lógico-Semântico, *seria o conjunto das relações jurídicas surgidas a partir da primeira norma secundária*, ao passo que o procedimento, *o modo peculiar como se concatenam tais relações para uma dada categoria de situações, conforme o Direito Positivo eleger*.

Todavia, é bom que se diga, todas as relações jurídicas *processuais* terão, necessariamente, em um dos seus polos subjetivos (isto é, terão como um dos sujeitos da relação) o Estado-juiz, uma vez que é ele o titular da tutela jurisdicional no direito positivo brasileiro.

As partes – mais uma vez, abstraindo a problemática se elas possuem no processo relações entre si ou somente com o Estado-juiz – necessária e irrefragavelmente encontram-se em relações de direito subjetivo e de dever jurídico para com o Estado-juiz em seus diferentes modais, como o de permitido (*e.g.*, de realizar perguntas diretamente à testemunha, na forma do art. 459 CPC), proibido (*e.g.*, formular pretensão em juízo destituída de fundamento, conforme art. 77, inciso II, do CPC) ou obrigado (*e.g.*, realizar o pagamento das custas processuais no prazo de 15 dias, como prevê o art. 290 do CPC).

Com exceção da primeira norma secundária, que possui como fundamento a negação de uma relação jurídica "de

---

29. GOLDSCHMIDT, James. *Princípios gerais do processo civil*. Belo Horizonte: Líder, 2002.

30. *Op. cit.*

CONSTRUCTIVISMO LÓGICO-SEMÂNTICO
Homenagem aos 35 anos do grupo de estudos de Paulo de Barros Carvalho

direito material" (veja-se que entre os sujeitos da relação não se encontra o Estado-juiz, em que pese poder inclusive estar qualquer ente político ou entidade da Administração Pública, mas nunca o Estado-juiz, investido da tutela jurisdicional), todas normas jurídicas secundárias que a ela se sucederem terão outras relações jurídicas existentes entre uma (ou ambas) as partes e o Estado-juiz no antecedente normativo, figurando aqui como *fatos jurídicos processuais*.

E como nessa perspectiva se inserem os negócios jurídicos processuais?

Viu-se anteriormente a ambiguidade da expressão negócio jurídico e os possíveis danos à ciência do direito (civil, tradicionalmente, e processual, ao tomar de empréstimo o termo).

Utilizando o pacto semântico adotado anteriormente, vê-se que o negócio jurídico processual, enquanto manifestação da vontade, convenção, existente no plano do ser (o chamado negócio-enunciação), pode, sem qualquer embaraço, ser realizado *exclusivamente* pelas partes (em contraposição ao Estado-juiz, que apesar de não ser "parte" é também sujeito das relações jurídicas processuais).

Porém, a própria visão do processo enquanto norma (e das relações jurídicas sucessivas entre partes e Estado-juiz) impede que dessa enunciação se retirem normas jurídicas concretas e individuais (negócios-enunciados) que veiculem *consequências jurídicas* internas às relações jurídicas processuais sem a participação direta do Estado-juiz.

Ora, o negócio-enunciação não é uma norma jurídica secundária. Sequer é norma jurídica.

Ele é, segundo as regras de uso da expressão explicitadas acima, apenas um evento do plano fenomênico.

Tal dado, rico em complexidade e de impossível captura completa pelo sujeito cognoscente, entra para o direito apenas através do apanhado de alguns dados linguísticos que figurarão como *fato jurídico* de uma dada norma secundária (o

441

III

O DIREITO TRIBUTÁRIO EM FACE DO CONSTRUCTIVISMO LÓGICO-SEMÂNTICO

negócio-enunciado, agora de cunho processual). Aqui ele será chamado de *negócio-fato*.[31]

Como resultante desse *negócio-fato*, como se viu acima, a imputação normativa presente na norma secundária estabelece uma certa consequência, na forma de uma relação jurídica, que existirá, necessária e obrigatoriamente, entre uma ou mais partes e o Estado-juiz (é o *negócio-relação*).

Ocorre que essa norma secundária (o negócio-enunciado de natureza processual), construída interpretativamente por uma ou por outra parte, pode ou não possuir *validade*, isto é, ela pode ou não existir no seio do Direito Positivo[32] e, por isso, poderá ou não ser reconhecida como tal.

E quem dirá se essa norma secundária efetivamente pertence ao sistema de direito positivo será, no âmbito do processo, exatamente o Estado-juiz. Ele quem homologará (*veículo introdutor*) o acordo extraprocessual entabulado entre as partes concedendo-lhe a validade do agora denominado *negócio-enunciado-processual*.

Veja que muito embora o Estado-juiz não tenha participado do negócio-enunciação (*i.e.*, do evento, do mundo real, em que as manifestações de vontade com o fulcro de produção de efeitos jurídicos tenha ocorrido), a peculiaridade das relações jurídicas de cunho processual tornam de todo modo insofismável a dita "homologação" por parte dele, na medida em que o estabelecimento de relações jurídicas, o verdadeiro comando destinado à mudança no plano fenomênico – que advém das relações jurídicas, onde a efetiva força do direito

---

31. Poder-se-ia chamá-lo de *negócio-processual-fato*, a fim de evitar possível ambiguidade com os negócios jurídicos de "direito material". Em uma obra de maior complexidade, como um manual ou compêndio de processo civil, esse certamente deveria ser o caso. Aqui, neste ensaio, acredita-se não haver a necessidade de multiplicar mais essa entidade, uma vez que a proximidade do discurso com as situações concretas a que ele se refere, segundo se espera, são capazes de mitigar esse problema.

32. MOUSSALLEM, *op. cit.*, p. 168-171.

reside[33] – passa pelo seu reconhecimento da validade do *negócio-enunciado* de caráter processual.

Tal construção teórica se evidencia não somente pela construção coerente de argumentos e de conceitos linguísticos. Ela pode também se verificar por embaraços que o entendimento diverso geraria na própria prática dos aplicadores do direito.

Imagine-se uma situação em que as partes celebraram (*i.e.*, plano da enunciação) um negócio jurídico processual qualquer, diga-se, apenas para tomar exemplo de negócios possíveis para a doutrina tradicional,[34] uma convenção de ampliação de prazos das partes de qualquer natureza, por exemplo, o prazo para os recursos de embargos de declaração.

Diante de um determinado pronunciamento judicial, uma das partes interpõe o dito recurso, valendo-se do prazo alongado estabelecido em um negócio-enunciado por ela proposto no debate processual.

O juiz, não "homologando" esse dito negócio jurídico processual (o negócio-enunciado), deixa de receber o recurso, narrando ser ele intempestivo.

A outra parte – a que não recorrera – corrobora as razões da parte recorrente, ainda que discorde no mérito recursal, mas exige que o recurso seja recebido.

Uma vez mais, o juiz reitera sua decisão anterior.

Diante disso, as partes possuem, em linhas gerais, duas opções ou aceitam a decisão do juiz ou então buscam, *de outro juiz*, uma decisão que lhes seja favorável, através do manejo dos instrumentos recursais e sucedâneos que o Direito Positivo lhes oferece.

Ou seja, de uma forma ou de outra, haverá inexoravelmente a participação do Estado-juiz!

---

33. CARVALHO, Aurora Tomazini de. *Curso de teoria geral do direito*. São Paulo: Noeses, 2009, p. 564.

34. *Cf.* Enunciado n.º 19 do FPPC.

III

O DIREITO TRIBUTÁRIO EM FACE DO CONSTRUCTIVISMO LÓGICO-SEMÂNTICO

De uma forma ou de outra, concluindo o raciocínio, sob a óptica da Ciência do Direito, o resultado é idêntico: ou elas se conformarão à norma jurídica secundária que não toma o *negócio-relação* por elas estabelecido como *fato jurídico processual* ou então buscarão novamente do mesmo Estado-juiz (veja-se que a divisão interna do Poder Judiciário é meramente organizacional, uma vez que todos os juízes compartilham a característica comum de serem investidos na jurisdição).[35]

Em todo caso, entretanto, a produção de efeitos para o ordenamento jurídico, ou seja, o efetivo estabelecimento de relações jurídicas processuais, necessariamente contará com a dita homologação do Estado-juiz, que nada mais é do que o reconhecimento da validade da norma jurídica concreta e individual que possui em seu antecedente o *negócio-fato* e em seu consequente o *negócio-fato*: o que se convencionou aqui chamar de *negócio-enunciado*.

Sem essa dita homologação, essa norma não possuirá validade (*i.e.*, não pertencerá ao sistema de direito positivo) e, portanto, nenhuma relação jurídica processual será formada com lastro nela.

Uma possível objeção que poderia ser levantada a este raciocínio é a narrativa da doutrina tradicional – já amplamente referenciada – no sentido de que o juiz "não poderia" negar a homologação a um negócio jurídico que não ofendesse questões de ordem pública ou que não violasse os postulados decorrentes do princípio do devido processo legal.

Tal argumento vacila no momento em que confunde os planos do ser e do dever ser. Isso porque, uma coisa é o que o Estado-juiz está autorizado a fazer segundo a visão particular de um intérprete do Direito Positivo e outra coisa bastante diversa é o que ele efetivamente faz.

Transportar enunciados entre tais planos como se não houvesse meios de recepção entre eles é, além de equivocado,

---

35. CINTRA, Antônio Carlos de Araújo; GRINOVER, Ada Pellegrini; DINAMARCO, Cândido Rangel. *Teoria geral do processo*. 19 ed. São Paulo: Malheiros, 2003, p. 137.

444

sobretudo um desserviço para a construção científica do direito, em razão de ser uma ciência socialmente aplicada, que lida cotidianamente com questões deontológicas.

Ora, é plenamente possível – e uma interpretação bastante defensável – a de que, em homenagem ao autorregramento dos interesses pelas partes, que o Estado-juiz *deva* homologar negócios jurídicos que não atentem contra o devido processo legal.

Esse argumento pressupõe a construção de uma norma jurídica que estabeleça esse direito subjetivo às partes e esse dever jurídico ao Estado-juiz. Esse dever-ser, evidentemente, poderá ou não se refletir no mundo fenomênico, o que de nada alterará sua validade deontológica.

Agora, transformar esse dever-ser em um ser, dizendo que essa homologação seria "automática", é um equivocado transporte entre planos, que gera embaraços evidentes como aquele demonstrado no exemplo acima, denotando a fragilidade explicativa da teoria.

4. CONCLUSÃO

Como se viu, o grande obstáculo à construção da ciência do direito é talvez relativo aos problemas de definição dos conceitos e coerência linguística ao longo do raciocínio.

Estabelecidas bases conceituais acerca das categorias negócio jurídico e relação jurídica, o pacto semântico aqui adotado permitiu – segundo se espera, evidentemente – explicitar alguns equívocos da doutrina tradicional sobre o chamado negócio jurídico processual, em especial no ponto referente à dispensa de sua homologação pelo juiz nos casos não previstos em Lei.

Viu-se que a previsão legal da necessidade de uma homologação pelo juiz não é o critério pelo qual essa homologação se mostra imprescindível ou dispensável,[36] uma vez que é da própria

---

36. Até porque, como sabe qualquer intérprete, é bastante plausível que o texto legal contenha, sim, palavras inúteis.

III

O DIREITO TRIBUTÁRIO EM FACE DO CONSTRUCTIVISMO LÓGICO-SEMÂNTICO

estrutura das normas secundárias (*i.e.*, as ditas "normas jurídicas processuais") que essa homologação se mostra imperativa.

Os negócios jurídicos processuais (aqui, negócio-enunciação), enquanto expressões da vontade humana, existentes no mundo do ser, não devem ser confundidos com quaisquer dados linguísticos deles colhidos e regularmente transportados ao altiplano normativo para composição de fatos jurídicos e de relações jurídicas (aqui, negócio-enunciado).

Aqueles poderão – e provavelmente, na aplicação prática do direito, efetivamente serão realizados sem qualquer aquiescência, consentimento ou concordância do Estado-juiz.

Agora, como se viu, a produção de verdadeiros efeitos jurídicos, no âmbito da relação jurídica processual, certamente contará com a homologação, na forma do reconhecimento de sua validade, de sua pertença ao sistema de direito positivo, pelo Estado-juiz.

O contrário implicará a própria ausência de validade da norma construída a partir do negócio e, consequentemente, a não produção dos efeitos processuais desejados.

Referências

ALVIM, Arruda. *Manual de direito processual civil.* 17 ed. São Paulo: RT, 2017.

AUSTIN, J. L. *How to do things with words.* 2nd ed. Cambridge: Harvard University Press.

ATAÍDE JR., Jaldemiro Rodrigues de. Negócios jurídicos materiais e processuais – existência, validade e eficácia – campo-invariável e campos-dependentes: sobre os limites dos negócios jurídicos processuais. *Revista de Processo.* Vol. 244. Jun/2015. p. 393-423.

BOBBIO, Norberto. Scienza del diritto e analisi del linguaggio. *Rivista trimestrale di diritto e procedura civile,* 1950, 2, p. 342-367.

BÜLOW, Oskar. *La teoría de las excepciones procesales y los presupuestos procesales*. Buenos Aires: EJEA, 1964.

CABRAL, Antonio do Passo. *Convenções processuais*. Salvador: JusPodivm, 2016.

CABRAL, Trícia Navarro Xavier. Reflexos das convenções em matéria processual nos atos judiciais. *In*: CABRAL, Antônio do Passo; NOGUEIRA, Pedro Henrique Pedrosa (coord.). *Negócios processuais*. Salvador: JusPodivm, 2015.

CARNELUTTI, Francesco. *Diritto e processo*. Napoli: Morano, 1958.

CARVALHO, Aurora Tomazini de. *Curso de teoria geral do direito*. São Paulo: Noeses, 2009.

CARVALHO, Paulo de Barros. *Direito Tributário:* fundamentos jurídicos da incidência. 2ª ed. São Paulo: Saraiva, 1999.

_____. *Direito tributário, linguagem e método*. 5ª ed. São Paulo: Noeses, 2013.

CINTRA, Antônio Carlos de Araújo; GRINOVER, Ada Pellegrini; DINAMARCO, Cândido Rangel. *Teoria geral do processo*. 19ª ed. São Paulo: Malheiros, 2003.

COHEN, M. e NAGEL, E. *Introducción a la lógica y al método científico*. 2ª ed. Buenos Aires: Amorrortu, 1971.

DE SANTI, Eurico Marcos Diniz. *Lançamento tributário*. São Paulo: Max Limonad, 1996.

DIDIER JR., Fredie. *Curso de direito processual civil*. Vol. 1. 19ª ed. Salvador: Juspodivm, 2017.

DOMAT, Jean. *Les Loix Civiles dans leur ordre naturel*. Paris: Nabu Press, 2011.

III
O DIREITO TRIBUTÁRIO EM FACE DO CONSTRUCTIVISMO LÓGICO-SEMÂNTICO

DUARTE, Antônio Aurélio Abi Ramia. Negócios jurídicos processuais e seus novos desafios. *Revista dos Tribunais*. Vol. 955. Maio/2015. p. 211-227.

FAZZALARI, Elio. *Istituzioni di diritto processuale*. 8ª ed. Milão: CEDAM, 1996.

FERNANDES, Antônio Scarance. *Teoria geral do procedimento e o procedimento no processo penal*. São Paulo: RT, 2005.

GAJARDONI, Fernando da Fonseca. Art. 190 do NCPC. *In*: DELLORE, Luiz; GAJARDONI, Fernando da Fonseca; ROQUE, André Vasconcelos; OLIVEIRA JR., Zulmar Duarte de. *Teoria geral do processo*: Comentários ao CPC de 2015. Vol. 1. São Paulo: Forense: 2015.

GOLDSCHMIDT, James. *Princípios gerais do processo civil*. Belo Horizonte: Líder, 2002.

GUIBOURG, Ricardo A.; GHIGLIANI, Alejandro M.; GUARINONI, Ricardo V. *Introducción al conocimiento científico*. Buenos Aires: Editorial Universitária de Buenos Aires, 1994.

GOUVEIA FILHO, Roberto P. Campos. Uma crítica analítica à ideia de relação processual entre partes. *In*: SOUZA JR., Antônio Carlos F. *et al* (Coord.). *Diálogos de teoria do direito e processo*. Salvador: Juspodivm, 2018.

HART, Herbert L. A. *O conceito de direito*. 5ª ed. Lisboa: Fundação Calouste Gulbenkian, 2007.

MARINONI, Luiz Guilherme; ARENHART, Sérgio Cruz; MITIDIERO, Daniel. *Novo curso de processo civil*. Vol. 1. São Paulo: RT, 2015.

MOUSSALLEM, Tárek Moysés e BORGES JR. José. Notas sobre a teoria dos precedentes formalmente vinculantes. *Revista de Processo*. Vol. 286. Dez/2018. p. 451-483.

MOUSSALLEM, Tárek Moysés. Sobre as Definições. *In*: Lucas Galvão de Brito (Org.). *Lógica e direito*. São Paulo: Noeses, 2016.

_____. *Fontes do direito tributário.* 2ª ed. São Paulo: Noeses, 2006.

NERY, Rosa Maria de Andrade. Fatos processuais. Atos jurídicos processuais simples. Negócio jurídico processual (unilateral e bilateral). Transação. *Revista de Direito Privado.* Vol. 64. Out-Dez/2015. p. 261-274.

NOGUEIRA, Pedro Henrique. *Negócios jurídicos processuais.* 2ª ed. Salvador: Juspodivm, 2016.

PAULINO, Maria Ângela Lopes. A Teoria das Relações na Compreensão do Direito Positivo. *In*: CARVALHO, Paulo de Barros (Coord.). *Construtivismo lógico-semântico.* Vol. I. São Paulo: Noeses, 2014.

PONTES DE MIRANDA, Francisco Cavalcanti. *Tratado de direito privado.* 2ª ed. Vol. 1. Campinas: Bookseller, 2000.

TAVARES, João Paulo Lordelo Guimarães. A admissibilidade dos negócios jurídicos processuais no novo código de processo civil: aspectos teóricos e práticos. *Revista de Processo.* Vol. 254. Abr/2016. p. 91-109.

VILANOVA, Lourival. *Causalidade e relação no direito.* 4ª ed. São Paulo: RT, 2000.

_____. *As estruturas lógicas e o sistema de direito positivo.* 4ª ed. São Paulo: Noeses, 2010.

WAMBIER, Luiz Rodrigues e TALAMINI, Eduardo. *Curso avançado de processo civil.* Vol. 1. 16ª ed. São Paulo: RT, 2016.

ZIMMERMANN, Reinhard. *The Law of Obligations*: Roman Foundations of the Civilian Tradition. Oxford: Clarendon Press, 1996.

NORMA INTRODUZIDA POR DECISÃO EM AÇÃO ANTIEXACIONAL DECLARATÓRIA E SEUS EFEITOS NO PROCESSO DE POSITIVAÇÃO SOB A ÓTICA DO CONSTRUCTIVISMO-LÓGICO SEMÂNTICO

Jorge Vinícius Salatino de Souza[1]

1. Introdução

A construção da norma concreta e individual que possui no seu consequente a relação jurídica de direito tributário é resultado do processo de positivação.

No curso do processo de enunciação da norma concreta e individual, por algumas vezes, o Poder Judiciário intervirá introduzindo normas jurídicas constantes em seus atos decisórios, que podem se apresentar como sentenças ou decisões interlocutórias.

É neste ambiente que aparece a sentença em ação declaratória antiexacional preventiva, que, assim como as demais ações antiexacionais, possibilita a intervenção do Poder Judiciário no

---

1. Mestrando em Direito Tributário pelo Instituto Brasileiro de Estudos Tributários – IBET. Professor Seminarista do IBET, em Curso de Graduação e Pós-Graduação. Advogado. jorgeviniciussouza@gmail.com

III

O DIREITO TRIBUTÁRIO EM FACE DO CONSTRUCTIVISMO LÓGICO-SEMÂNTICO

processo constitutivo da norma concreta e individual; o que coloca em destaque a necessidade do estudo da norma jurídica por ela introduzida de modo a tornar possível a efetiva compreensão sobre o modo como atua no processo de positivação.

Com a finalidade de alcançar a resposta para o problema proposto, utilizaremos como método o Constructivismo Lógico-Semântico, ou seja, estudaremos o problema a partir da concepção epistemológica da Filosofia da Linguagem, amarrando lógica e semanticamente as proposições para a construção das conclusões.[2]

Partiremos da compreensão dos aspectos fundamentais da norma jurídica, como sua definição, seus dados constitutivos e as classificações que mais importam ao desenvolvimento do trabalho.

Em seguida, analisaremos os principais aspectos do processo de positivação e de que forma as normas introduzidas pelo Poder Judiciário influenciam no resultado da incidência normativa.

Ainda, apresentaremos as ações que guardam relação com o direito tributário, classificando-as e, ao fim, nos atentaremos especialmente para a chamada ação declaratória antiexacional preventiva.

Como última base sobre a qual se erguerá a conclusão, compreenderemos os principais aspectos da sentença em ação antiexacional declaratória preventiva e a norma jurídica por ela introduzida.

---

2. "A expressão 'Constructivismo Lógico-Semântico' é empregada em dois sentidos: (i) para se reportar à Escola Epistemológica do Direito da qual somos adeptos, fundada nas lições dos professores PAULO DE BARROS CARVALHO e LOURIVAL VILANOVA e que vem, a cada dia ganhando mais e mais seguidores no âmbito jurídico (ii) e ao método utilizado por esta Escola que pode ser empregado no conhecimento de qualquer objeto. A proposta metodológica da Escola do Constructivismo Lógico-Semântico é estudar o direito dentro de uma concepção epistemológica bem demarcada, a Filosofia da Linguagem (uma das vertentes da filosofia do conhecimento) e a partir deste referencial, amarrar lógica e semanticamente suas proposições para construção de seu objeto (que se constitui em uma das infinitas possibilidade de se enxergar o direito". (CARVALHO, Aurora Tomazini de. *Curso de teoria geral do direito: constructivismo lógico-semântico.* 2ª ed. – São Paulo: Noeses, 2016, p. 100.).

Em conclusão, será apresentada a norma jurídica introduzida em ação antiexacional declaratória como enunciado de revisão sistêmica e como norma de produção normativa.

2. Considerações sobre norma jurídica

A definição de norma jurídica é premissa fundamental para o desenvolvimento deste trabalho. Sobre a de definição de termos ensina Aurora Tomazini de Carvalho:[3]

> [...] definir não é fixar a essência de algo, mas sim eleger critérios que apontem determinada forma de uso da palavra, a fim de introduzi-la ou identificá-la em um determinado contexto comunicacional. Não definimos as coisas, definimos os termos. Os objetos são batizados por nós com certos nomes em razão de habitarmos uma comunidade linguística, ao definirmos estes nomes, restringimos as várias possiblidades de uso, na tentativa de afastar os problemas de ordem semântica inerentes ao discurso. Por isso quanto mais detalhada a definição, menores as possiblidades de utilização da palavra.

Definir norma jurídica é estabelecer os critérios que, no contexto comunicacional especificamente do presente trabalho, apontem para a forma como este termo é empregado, reduzindo as ambiguidades e potencializando a compreensão.

Lourival Vilanova[4] destaca a importância da definição de norma ao dizer que é "Conceito Fundamental [...] sem o qual não é possível ordenamento jurídico."

A despeito da indiscutível relevância da definição do conceito de norma jurídica para a Ciência do Direito é importante aqui apresentar a advertência feita por Tárek Moysés Moussallem:[5]

---

3. CARVALHO, Aurora Tomazini de. *Curso de teoria geral do direito*: constructivismo *lógico-semântico*. 2ª ed. – São Paulo: Noeses, 2016, p. 73.

4. VILANOVA, Lourival. *Causalidade e relação no direito*. 4. ed. rev. atual. e ampl. São Paulo: Revista do Tribunais, 2000, p. 161.

5. MOUSSALLEM, Tárek Moysés. *Revogação em matéria tributária*. 2ª ed. São Paulo: Noeses, 2011. p. 104.

III

O DIREITO TRIBUTÁRIO EM FACE DO CONSTRUCTIVISMO LÓGICO-SEMÂNTICO

> Com isso, não se está a afirmar que a Ciência do Direito é fonte de normas jurídicas. O cientista, em rigor, não produz norma jurídica. Não cria direito positivo. Organiza-o teoricamente. Em linguagem rigorosa, não parece exato afirmar que o cientista constrói normas jurídicas. Apenas no plano do juízo é que se pode admitir a possiblidade de ele "construí-las" normas jurídicas. No plano do pensamento, não há diferença entre norma construída pelo cientista e norma criada pelo agente aplicador do direito positivo. A diferença aparece no plano do documento normativo, uma vez que, enquanto este último inova o sistema de direito positivo, o primeiro apenas o faz, teoricamente, sem a via da recepção.

Definir norma jurídica aqui não significa constituí-la como agente competente, antes disso, no exercício de atividade científica que possui esta como objeto, possibilitar o correto estudo de suas estruturas e do alcance de seu significado. Não é possível que o exercício de atividade jurídico-científica seja caminho adequado à introdução de normas jurídicas no sistema, posto que, a priori, o cientista do direito não é agente competente para tal finalidade. Com o mesmo pensamento aqui desenvolvido Tárek Moysés Moussallem[6] nos permite concluir que "Ao dizer que o jurista 'cria' normas jurídicas como produto da interpretação, deve-se também afirmar que o faz apenas para fins epistemológicos, em sentido lógico--transcendental, não em sentido normativo positivo."

Evidente a diferença entre as construções normativas feitas pela autoridade quando da incidência do direito e aqueloutras empreendidas pelos cientistas do direito quando criam normas, definindo-as, somente com o intuito de estudá--las, compreendê-las como objeto de sua atividade científica.

Destacada a distinção entre a atividade realizada pelo cientista e a atividade desempenhada pelo autêntico construtor de normas jurídicas, passamos à construção da definição do conceito de norma jurídica, considerando que o Direito deve ser visto como um sistema comunicacional que possui linguagem[7] própria, esta utilizada aqui como sinônimo de língua.

---

6. MOUSSALLEM, Tárek Moysés. *Revogação em matéria tributária*. 2ª ed. São Paulo: Noeses, 2011, p. 110.

7. "[...] língua como sistema de signos, em vigor numa determinada comunidade

CONSTRUCTIVISMO LÓGICO-SEMÂNTICO
Homenagem aos 35 anos do grupo de estudos de Paulo de Barros Carvalho

Norma Jurídica é termo ambíguo, plurissignificativo. Compreendida em sentido amplo a norma jurídica poderá corresponder ao conteúdo das proposições contidas nos enunciados do direito posto; já em sentido estrito, temos as mesmas proposições estruturadas na forma de hipótese que implica consequência.

Sempre esclarecedoras as lições de Paulo de Barros Carvalho:[8]

> A despeito disso, porém, interessa manter o secular modo de distinguir, empregando normas jurídicas em sentido amplo para aludir aos conteúdos significativos das frases do direito posto, vale dizer aos enunciados prescritivos, não enquanto manifestações empíricas do ordenamento, mas como significações que seriam construídas pelo intérprete. Ao mesmo tempo, a composição articulada dessas significações, de tal sorte que produza mensagens com sentido deôntico-jurídico completo, receberia o nome de "normas jurídicas em sentido estrito".

A norma jurídica é conjugação de proposições extraídas dos textos normativos que possui em seu antecedente, pressuposto, ou hipótese; a previsão hipotética de um acontecimento que, uma vez verificado no mundo fenomênico, poderá implicar o surgimento de uma relação intersubjetiva, localizada no seu consequente. Na hipótese, temos estabelecida a previsão de um fato de possível ocorrência, enquanto no consequente temos a previsão da relação jurídica implicada no momento em se aperfeiçoar o fato cogitado no suposto normativo.

A norma assim apresentada, estruturada na forma de hipótese associada ao consequente, não corresponde à norma na sua completude. A norma completa tem feição dúplice, sendo a primária aquela que prescreve o dever na eventual ocorrência

---

social, cumprindo o papel de instrumento de comunicação entre seus membros". [...] "A língua, portanto, é apenas um dos sistemas sígnicos que se presta a fins comunicacionais." (CARVALHO, Paulo de Barros. *Direito tributário linguagem e método*. 7. ed. rev. – São Paulo: Noeses, 2018, p. 31).

8. CARVALHO, Paulo de Barros. *Direito tributário, linguagem e método*. 7ª ed. rev. São Paulo: Noeses, 2018, p. 135.

III

O DIREITO TRIBUTÁRIO EM FACE DO CONSTRUCTIVISMO LÓGICO-SEMÂNTICO

do fato previsto na hipótese normativa; enquanto a norma secundária prescreve uma providência sancionatória. Sobre a estrutura completa da norma jurídica Paulo de Barros Carvalho:[9]

> Na completude, as regras do direito têm feição dúplice: (i) norma primária (ou endonorma, na terminologia de Cossio), a que prescreve um dever, se e quando acontecer o fato previsto no suposto; (ii) norma secundária (ou perinorma, segundo Cossio), a que prescreve uma providência sancionatória, aplicada pelo Estado-Juiz, no caso de descumprimento da conduta estatuída na norma primária.

Complementando os ensinamentos, temos também Lourival Vilanova:[10]

> Seguimos a teoria da estrutura dual da norma jurídica: consta de duas partes, que se denominam norma primária e norma secundária. Naquela, estatuem-se as relações deônticas direitos/deveres, como consequência da verificação de pressupostos, fixados na proposição descritiva de situações fácticas ou situações já juridicamente qualificadas; nesta, preceituam-se as consequências sancionadoras, no pressuposto do não cumprimento do estatuído na norma determinante da conduta juridicamente devida.

A norma secundária, sancionatória, é tratada normalmente como norma que no antecedente aponta para um comportamento violador do dever previsto no consequente da norma primária, enquanto no consequente estabelece relação jurídica em que o sujeito passivo é o Estado-Juiz, devedor de tutela jurisdicional. Atribui-se à relação jurídica prevista na norma primária como de índole material, enquanto aqueloutra contida na secundária seria de cunho processual.

Apresentando apontamentos específicos sobre a norma secundária, indo além, sem contudo abandonar os autores já citados, Tárek Moysés Moussallem[11] salienta que:

---

9. CARVALHO, Paulo de Barros. *Direito tributário, linguagem e método.* 7ª ed. rev. São Paulo: Noeses, 2018, p. 145.

10. VILANOVA, Lourival. *As Estruturas lógicas e o sistema de direito positivo.* 4ª ed. São Paulo: Noeses. 2010, p. 73.

11. MOUSSALLEM, Tárek Moysés. *Fontes do direito tributário.* 2ª ed. São Paulo:

> A norma secundária não visa *(sic)* somente efetivar o cumprimento coativo do disposto no consequente da norma primária, mas prevê uma atuação do Estado-Juiz para expedir uma outra norma que, por sua vez (1) pode ser pressuposto de uma coação – execução forçada – em virtude de o "conteúdo" da sentença veicular uma norma de conduta ou (2) de se referir a uma norma para expulsá-la do sistema (norma de revisão sistêmica).
>
> Norma primária descreve fatos lícitos estatuindo direitos e deveres, e a norma secundária descreve fatos ilícitos prescrevendo a possibilidade de atuação do Estado-Juiz, chamada tradicionalmente de "sanção".
>
> Parece-nos inconcebível reduzir o alcance da norma secundária a efetivar o cumprimento da norma primária. Este é tomado por pressuposto para que se dê o fenômeno da positivação do Direito

O alcance da norma secundária não poder ficar limitado à hipótese de violação do dever jurídico estatuído na norma primária, visão de um agir coativo do Estado sobre o sujeito passivo da relação jurídica prevista nesta, devendo também ser vista como norma que dá início ao processo de produção normativo, na medida em que é meio hábil de inserção de normas jurídicas no sistema. É o mesmo entendimento exposto por Tárek Moysés Moussallem:[12]

> A sanção foi sempre um expediente tratado como 'força institucionalizada para fazer com que o sujeito cumpra o disposto na norma primária. Como já vimos, *não visa (sic) garantir o postulado no consequente da norma primária (pode até ser que esse seja o objetivo), mas sanção, em uma das acepções, visa primordialmente à criação normativa.* (grifo nosso)

Dado o alcance da norma secundária aqui exposto, preferimos como Tárek Moysés Moussallem, ao nos referirmos à norma secundária, designá-la como norma de atuação judiciária, na medida em que o vocábulo sanção pode causar confusões. Assim, a norma secundária seria aquela que tem

---

Noeses, 2006, p. 71.

12. MOUSSALLEM, Tárek Moysés. *Fontes do direito tributário.* 2ª ed. São Paulo: Noeses, 2006, p. 73.

III

O DIREITO TRIBUTÁRIO EM FACE DO CONSTRUCTIVISMO LÓGICO-SEMÂNTICO

o Estado Juiz como devedor de prestação jurisdicional, sendo meio apto a dar ensejo ao processo de positivação do direito.

Útil ao presente trabalho é a classificação das normas jurídicas segundo o critério do ato de aplicação, podem estas ser consideradas norma de conduta, norma de produção normativa e normas de revisão sistêmica.[13]

Norma de conduta é aquela que, quando da sua aplicação, possui como efeito imediato e mediato regular conduta. A norma de produção normativa, por sua vez, é aquela que possui como efeito imediato regular a conduta para mediatamente produzir uma norma jurídica. Finalmente, normas de revisão sistêmica são aquelas que possuem como escopo a modificação ou extinção de uma norma, promovendo a revisão do sistema do direito positivo, dirigindo-se imediatamente a uma outra norma.

Apesar da relevância da classificação supra, cumpre pôr em destaque que ela somente se presta à classificação das normas jurídicas em sentido amplo, ao menos no que alcança a presença das três espécies, posto que as chamadas normas de revisão sistêmica são em verdade enunciados de revisão sistêmica, que se encontram inclusos no conteúdo de normas em sentido estrito.

Tárek Moysés Moussallem,[14] em obra mais recente, apresentou uma revisão da classificação empreendida, o que todavia não retira sua importância e utilidade:

> Olhando para trás, não restariam dúvidas de que a classificação proposta naquele momento padece de alguns problemas.
>
> Embora possa permanecer intocável a classificação "norma de conduta" e "norma de produção normativa", o mesmo não se pode afirmar com as denominadas "normas de revisão

---

13. MOUSSALLEM, Tárek Moysés. *Fontes do direito tributário*. 2ª ed. São Paulo: Noeses, 2006, p. 77.

14. MOUSSALLEM, Tárek Moysés. *Revogação em matéria tributária*. 2ª ed. São Paulo: Noeses, 2011, p. 132.

458

sistêmica". Primeiro porque não são normas em sentido estrito, pois não são reconstruíveis na estrutura lógica do condicional. Mesmo que fosse possível reescrevê-las na forma do condicional, careceriam de sanção. A "norma de revisão sistêmica" pode apenas ingressar na estrutura do condicional normativo como componente do antecedente ou consequente (como norma não autônoma" em sentido kenseniano). E a última e mais grave questão: as "normas de revisão sistêmica" não são passíveis de aplicação, logo seria um equívoco classificá-las trazendo como critério o ato de aplicação. *A revisão sistêmica é efeito da promulgação da "norma de revisão sistêmica" e não resultado ato de aplicação da "norma" de revisão sistêmica.*

Por isso, em vez de denominá-las "norma de revisão sistêmica", melhor seria chamá-las "enunciados de revisão sistêmica". Estes estão sempre compondo o enunciado-enunciado de um documento normativo, permanecendo na expectativa de ajudar a compor o tópico de antecedente ou de consequente de alguma outra norma autônoma. Eis o enunciado de revisão sistêmica como enunciado denotativo, porquanto se refere sempre a outros enunciados do sistema. (grifo nosso)

No ritmo do raciocínio aqui desenvolvido, entendemos que a sentença, por vezes, será mecanismo de introdução no sistema de enunciados de revisão sistêmica (norma jurídica em sentido amplo), aptos a juntamente com outros enunciados compor normas que possibilitarão a introdução no sistema de novas normas jurídicas em sentido estrito, posto que por intermédio deste ato jurisdicional é introduzido no sistema um enunciado substitutivo daquele que incialmente iria compor a norma jurídica, assim destacado o efeito de revisão sistêmica empreendida pelo enunciado.

3. Incidência normativa: processo de positivação e norma introduzida por sentença

Falar sobre incidência normativa é, antes de mais nada, tratar da linguagem do direito positivo projetando-se sobre a linguagem das relações sociais, com o objetivo de direcioná-las aos valores considerados relevantes pelo direito.

III

O DIREITO TRIBUTÁRIO EM FACE DO CONSTRUCTIVISMO LÓGICO-SEMÂNTICO

O processo de positivação importa, necessariamente, a construção de sentido das normas jurídicas, posto que diante dos textos o intérprete do direito positivo possui como alternativa única a interpretação.

Paulo de Barros Carvalho[15-16] dedicou-se intensamente ao estudo do percurso gerador de sentido dos textos do direito, oferecendo um modelo que pode ser seguido por todos que ingressem nesta empreitada. O modelo oferecido divide o percurso gerador de sentido em quatro planos distintos: Plano S1 (plano dos enunciados); Plano S2 (plano das proposições); Plano S3 (plano das normas jurídicas); Plano S4 (plano das relações de coordenação e subordinação.

O plano de partida do percurso gerador de sentido será o plano do dado físico, dos enunciados prescritivos; em que o intérprete em busca da construção das normas jurídicas se depara com a forma pela qual o direito se apresenta (S1). Em contato com o suporte nos enunciados prescritivos, o intérprete procurará atribuir valor aos símbolos que ali se encontram, construindo o conjunto das significações (proposições), que neste plano, (S2) aparecem isoladamente. No plano seguinte (S3), o intérprete apoiado nas proposições construídas no plano anterior passará a estruturá-las na forma hipotética-condicional, formando as normas jurídicas ainda isoladamente consideradas. Após a construção das normas isoladamente (S4), o intérprete verificará as relações de coordenação

---

15. CARVALHO, Paulo de Barros. *Direito tributário:* fundamentos jurídicos da incidência. 10. ed. rev. e atual. São Paulo: Saraiva, 2015, p. 107-128.

16. Com Paulo de Barros Carvalho explicando o ilustrativo diagrama apresentado: "Observa-se a existência dos quatro planos da linguagem, representados por S1, S2, S3 e S4, partindo a interpretação do plano da literalidade textual (S1), que compõe o texto em sentido estrito (TE), passando, mediante o processo gerador de sentido, para o plano do conteúdo dos enunciados prescritivos (S2), até atingir a plena compreensão das formações normativas (S3), e a forma superior do sistema normativo (S4), cujo conjunto integra o texto em sentido amplo (TA). Esse processo interpretativo encontra limites nos horizontes da nossa cultura (H1 e H2), pois fora dessas fronteiras não é possível a compreensão. Na visão hermenêutica adotada, a interpretação exige uma pré-compreensão que a antecede e a torna possível. (CARVALHO, Paulo de Barros. *Curso de direito tributário.* 29 ed. São Paulo: Saraiva, 2018, p 147).

e subordinação existente entre as diversas normas construídas, situando-as dentro do sistema, sendo por tal razão considerado o plano da sistematização. Apesar da forma linear como é apresentada o percurso, é bom se destacar que, até a construção do sentido que satisfaça o intérprete, ocorrerão idas e vindas entre os diversos planos.

Com a clareza de sempre, Paulo de Barros Carvalho[17] explica que:

> Seguindo esta construção exegética e partindo da premissa da unicidade do texto jurídico-positivo que se pode alcançar os quatro subsistemas pelos quais se locomovem obrigatoriamente todos aqueles que se dispõem a conhecer o sistema jurídico normativo: a) conjunto de enunciados, tomados no plano da expressão; b) o conjunto de conteúdos de significação dos enunciados prescritivos; c) domínio articulado de significações normativas; d) os vínculos de coordenação e de subordinação que se estabelecem entre as regras jurídicas.

Feitas as considerações sobre o percurso gerador de sentido dos textos positivos, passemos à compreensão do processo de incidência normativa, que é também processo de positivação.

Ganha relevo o percurso gerador de sentido associado ao processo de positivação anunciado por Gabriel Ivo:[18] "o processo de positivação do direito ocorre por meio de sua aplicação, toda aplicação do direito constitui, ao mesmo também uma produção. Aplicar uma norma significa criar uma outra norma".

Paulo de Barros Carvalho,[19] sobre indispensabilidade do processo de positivação, relata:

> Esse caminho, em que o direito parte de concepções abrangentes, mas distantes, para chegar às proximidades da região

---

17. CARVALHO, Paulo de Barros. *Direito tributário, linguagem e método.* 7. ed. rev. São Paulo: Noeses, 2018, p. 194.

18. IVO, Gabriel. *Norma jurídica*: produção e controle. São Paulo: Noeses, 2006, p. 3.

19. CARVALHO, Paulo de Barros. *Direito tributário*: fundamentos jurídicos da incidência. 10. ed. rev. e atual. São Paulo: Saraiva, 2015.

III

O DIREITO TRIBUTÁRIO EM FACE DO CONSTRUCTIVISMO LÓGICO-SEMÂNTICO

> material das condutas intersubjetivas, ou, em terminologia própria, iniciando-se por normas jurídicas gerais e abstratas, para chegar a normas individuais e concretas, e que é conhecido por "processo de positivação", deve ser necessariamente percorrido, para que o sistema alimente suas expectativas de regulação efetiva dos comportamentos sociais.

É nas normas gerais e abstratas que a incidência normativa tem início, quando, partindo destas, os fatos da realidade social que correspondam à sua previsão hipotética são juridicizados, com o relato em linguagem competente.

A incidência é realizada e não simplesmente ocorre, ou seja, para que se dê a incidência é necessário relato em linguagem por um sujeito competente para tanto, contrariando àqueles que, como Alfredo Augusto Becker e Pontes de Miranda,[20] acreditavam ser a incidência automática e infalível. A participação humana é imprescindível posto que é somente por sua atuação que será possível que a norma jurídica incida sobre os acontecimentos da realidade social.

É neste sentido que Aurora Tomazini de Carvalho[21] afirma que "a incidência não é automática, nem infalível à ocorrência do evento, ela depende da produção de uma linguagem competente, que atribua juridicidade ao fato, imputando-lhe efeitos na ordem jurídica".

---

20. Sílvia Regina Zomer ao expor o pensamento de Pontes de Miranda nos ensina que: "Tais fundamentos o levam à proposição de uma teoria da incidência normativa automática e infalível resultado da aplicação do método indutivo. O fato social (como um dado relacional ontológico) permitiria a predicação de um comportamento futuro juridicizados pelo ordenamento jurídico – fato jurídico ou fato social juridicizados –, garantindo a segurança e a estabilidade do sistema. Assim, ocorrido no mundo fenomênico qualquer evento descrito normativamente (fato social juridicizados), automática e infalivelmente, nasceria a obrigação jurídica correspondente à incidência; num tempo subsequente, com a ingerência do homem (participante do sistema) produzindo uma linguagem normativa, dar-se-ia, então, a juridicização do tempo com a aplicação do direito. (ZOMER, Sílvia Regina. *O tempo jurídico e a homologação tácita*. São Paulo: Noeses, 2019, p. 43).

21. CARVALHO, Aurora Tomazini de. *Curso de teoria geral do direito*: constructivismo *lógico*-semântico. 2. ed. – São Paulo: Noeses, 2016, p. 441.

CONSTRUCTIVISMO LÓGICO-SEMÂNTICO
Homenagem aos 35 anos do grupo de estudos de Paulo de Barros Carvalho

A incidência da norma tributária instituidora de tributos tem início nas camadas mais altas da hierarquia normativa, com o exercício das competências previstas na Constituição Federal, em que se estabelece abstratamente normas prescritoras de relações jurídicas decorrentes da ocorrência do fato hipoteticamente previsto.

O fato contido na hipótese, dada a ocorrência do fato social correspondente, permitirá a constituição do fato jurídico, uma vez vertida em linguagem competente a norma concreta que possui este no seu antecedente e uma relação jurídica individualizada no seu consequente (relação com sujeitos e objeto perfeitamente individualizados).

É neste movimento que conseguimos, com clareza, enxergar o direito na dinâmica de sua realização, fazendo valer suas disposições, seus valores, direcionando as condutas intersubjetivas pela constituição de normas concretas e individuais.

A norma concreta e individual que imputa a relação jurídica obrigacional tributária, fruto de atividade administrativa, em regra é o último ato do processo de positivação no que se relaciona a Regra-Matriz de Incidência Tributária.[22] Por vezes pode ser que a incidência normativa não termine com esta, ou mesmo que não seja constituída como inicialmente se pretendia, posta a possibilidade do não cumprimento espontâneo da obrigação pelo sujeito passivo, ou mesmo que, o curso do processo de incidência seja interrompido, ou sofra influência de outras normas jurídicas que não se encontravam inicialmente na linha de positivação.

Assim, apesar de ordinariamente o resultado da incidência normativa ser uma norma individual e concreta posta por ato administrativo, seguindo aquele curso aparentemente linear de incidência, existirão diversas oportunidades para desvios, prolongamentos e, portanto, alteração no curso e no resultado final.

---

22. Regra-Matriz de Incidência Tributária usada aqui como sinônimo de norma que institui tributo.

III

O DIREITO TRIBUTÁRIO EM FACE DO CONSTRUCTIVISMO LÓGICO-SEMÂNTICO

O Poder Judiciário, no exercício de sua função típica, poderá através da constituição de normas individuais e concretas, constantes em decisões das mais diversas espécies, interferir no processo de incidência, alterando o caminho esperado, ou mesmo o resultado deste, entendido aqui o ato administrativo constitutivo da norma concreta e individual.

Assim temos a viabilidade da utilização do processo, meio de exercício da atividade jurisdicional, para interferir no processo de positivação, de incidência, que daria, a priori, origem a uma norma concreta e individual da qual decorre a obrigação tributária. Sobre a interferência do Poder Judiciário no processo de positivação Paulo Cesar Conrado:[23]

> Num e noutro caso, falemos de processo tributário antiexacional administrativo ou judicial, é fato, de todo modo, que a atividade enunciativa inaugural do contribuinte representará, no campo material tributário, *verdadeira intervenção no ciclo de positivação*. (grifo nosso)

Poderá o eventual[24] sujeito passivo de uma futura relação jurídica tributária interferir no caminho da incidência por intermédio de ações que tenham como fim a expedição de norma concreta e individual que impeça a formação da relação jurídico-tributária, que altere de alguma forma a pretendida relação jurídico-tributária ou mesmo que desconstitua quando já formada.

É no sentido do raciocínio aqui apresentado, que a incidência que ocorre com intervenção da atividade jurisdicional deve ser vista como um desvio que causa alteração no processo de positivação que dá origem à obrigação tributária. Trata-se apenas de um desvio porque após a expedição da norma concreta e individual introduzida pela sentença haverá o retorno do processo de positivação do direito material.

---

23. CONRADO, Paulo César. *Processo tributário*. 3 ed. São Paulo: Quartier Latin, 2012, p. 90.

24. Falamos em sujeito passivo eventual porque a estamos nos referindo a um sujeito que poderá ser colocado nesta condição quando constituído o fato jurídico tributário e imputada a relação jurídica.

CONSTRUCTIVISMO LÓGICO-SEMÂNTICO
Homenagem aos 35 anos do grupo de estudos de Paulo de Barros Carvalho

De maneira mais sucinta, temos que a incidência da norma jurídica que institui o tributo poderá sofrer intromissões da norma concreta e individual que decorrente do exercício da atividade jurisdicional, com a prolação de sentença ou decisão interlocutória.

4. Ação antiexacional declaratória preventiva

Tomando como critério a posição ocupada pelas partes da relação jurídica de direito processual, as ações que versam sobre matéria tributária são classificadas em exacionais e antiexacionais. Quando a Fazenda Pública ocupa a posição de sujeito ativo da relação jurídica processual (autora) estaremos diante de uma ação exacional, enquanto quando o possível sujeito passivo da obrigação tributária estiver ocupando a posição de sujeito ativo da relação processual tributária estaremos diante de uma ação antiexacional.

James Marins[25] nos oferta preciosas lições sobre as ações antiexacionais:

> São ações tributárias antiexacionais porque manejadas pelo contribuinte – na qualidade de autor da ação – com o escopo de obter o controle judicial da atividade fiscal do Estado (União, Estados, Municípios ou Distrito Federal) ou de entes que realizem atividades parafiscais (como, por exemplo, foi o INSS – Instituto Nacional do Seguro Social no âmbito de sua atividade de cobrança das contribuições parafiscais). São subjetivamente antiexacionais porque têm sempre o contribuinte no polo ativo e a Fazenda Pública no polo passivo e são objetivamente antiexacionais porque seus pedidos sempre conterão pretensão declaratória, anulatória ou condenatória que impliquem controle das relações tributárias entre Estado e cidadão-contribuinte.

Ação antiexacional pode ser definida como a ação posta à disposição do possível sujeito passivo da obrigação tributária com o objetivo de produzir norma concreta e individual que

---

25. MARINS, James. *Direito processual tributário brasileiro:* administrativo e judicial. 12 ed. ver. e atual. São Paulo: Thomson Reuters Brasil, 2019, p. 468.

III

O DIREITO TRIBUTÁRIO EM FACE DO CONSTRUCTIVISMO LÓGICO-SEMÂNTICO

vise a evitar a constituição de relação jurídica tributária, ou mesmo desconstituí-la.

A doutrina costuma apontar como antiexacionais as seguintes ações:[26] i) ação declaratória (positiva) de créditos tributários escriturais; ii) ação declaratória (negativa) de inexistência de relação jurídica tributária (ou inexistência de obrigação tributária); iii) ação declaratória (negativa) de ilegalidade ou inconstitucionalidade de norma tributária (inexistência de relação jurídica) cumulada com pedido de repetição de indébito (condenatória); iv) ação anulatória de lançamento (constitutiva negativa) cumulada com pedido de repetição de indébito (condenatória); v) ação anulatória de lançamento (constitutiva negativa) cumulada com pedido de condenação em perdas e danos; vi) ação declaratória de tributação indevida (negativa) cumulada com declaratória do direito de compensação (declaratória positiva); vii) ação revisional de parcelamento tributário (com pedidos declaratórios positivos e negativos) etc.

Cada espécie de ação antiexacional poderá ser manejada em momento oportuno, a depender da fase em que o processo de positivação da norma jurídica que institui o tributo estiver, de modo que sua utilização seja capaz de interferir na concretização desta norma.

Dessa forma, como já dito, por intermédio da ação antiexacional haverá interferência no processo de positivação, na incidência tributária, impedindo, por vezes, que ela alcance o fim inicialmente esperado, corroborando com este entendimento temos Paulo Cesar Conrado[27] afirmando que "processo antiexacional é meio de intervenção do contribuinte no desenvolvimento do ciclo de positivação do direito tributário".

---

26. MARINS, James. *Direito processual tributário brasileiro:* administrativo e judicial. 12 ed. ver. e atual. São Paulo: Thomson Reuters Brasil, 2019, p. 469.

27. CONRADO, Paulo César. *Processo tributário.* 3ª ed. São Paulo: Quartier Latin, 2012, p. 90.

CONSTRUCTIVISMO LÓGICO-SEMÂNTICO
Homenagem aos 35 anos do grupo de estudos de Paulo de Barros Carvalho

O nosso sistema prevê, para casa fase do processo de positivação da norma jurídica tributária, um instrumento processual destinado a solucionar uma crise que aflige o sujeito passivo.

Importa destacar que o mandado de segurança, remédio constitucional apto à tutela de direito líquido e certo, violado ou ameaçado, poderá ser utilizado a qualquer momento do processo de positivação, dependendo sempre do cumprimento de seus específicos requisitos.

Quando no curso do processo de positivação estamos diante da descrição hipotética de um evento de possível ocorrência; ou da ocorrência, no plano social, da hipótese, sem, no entanto, a constituição em linguagem competente do fato jurídico tributário (lançamento ou ato administrativo constitutivo do crédito), a única tutela capaz de satisfazer a pretensão do contribuinte será aquela apta a constituir norma individual e concreta que impeça a autoridade competente de aplicar a norma geral e abstrata que tinha apenas a expectativa de concretização/individualização. A norma produzida no seio de uma ação declaratória preventiva (tutela declaratória), ou mandado de segurança preventivo quando cumpridos os requisitos específicos, é a única que se presta, neste ponto do processo de positivação, a compor eventual relação jurídico tributária conflituosa e retomar, ou finalizar, o processo de positivação.

Uma vez ocorrido o ato constitutivo do fato jurídico tributário (lançamento); a tutela jurisdicional capaz de satisfazer a pretensão do contribuinte é a que tenha eficácia desconstitutiva do lançamento, em termos melhores, é aquela capaz de desconstituir a relação jurídica imputada pela constituição do fato jurídico tributário. A ação anulatória de débito fiscal e o mandado de segurança repressivo são as ações capazes de introduzir normas individuais e concretas que tenham eficácia para desconstituir a obrigação tributária materializada pelo lançamento (ou ato equivalente).

No que toca o presente artigo científico, damos especial relevo àquelas ações que devem ser manejadas antes do

III

O DIREITO TRIBUTÁRIO EM FACE DO CONSTRUCTIVISMO LÓGICO-SEMÂNTICO

lançamento, ou norma individual e concreta equivalente, as chamadas ações antiexacionais declaratórias preventivas, que, nos termos acima descritos, trata-se da ação manejada antes do lançamento, seja quando já temos fato social sem que tenha ocorrido o seu relato em linguagem competente para o direito, seja quando ainda temos a possibilidade de ocorrência do fato social, quando ainda sequer pode ser constituído o fato jurídico tributário.

5. A norma introduzida por sentença em ação antiexacional declaratória preventiva

O julgamento, ato final do processo de positivação, implementado pelo Poder Judiciário, é artifício capaz de introduzir, no sistema, norma jurídica.

Sobre o momento em que se efetiva a decisão, Fabiana Del Padré Tomé assevera que "feita a apreciação probatória, compete ao julgador concluir, mediante raciocínio, acerca da veracidade ou falsidade dos fatos alegados pelas partes, constituindo fato jurídico em sentido estrito".

Para julgamento, o Juiz lidará com elementos de prova trazidos ao processo e com a construção de sentido dos preceitos jurídicos que lhe sejam apresentados, tudo em atenção aos fatos expostos no instrumento da demanda e com os fundamentos da pretensão que lá também se encontram, em obediência à norma que impõe dever de respeito aos limites determinados pela pretensão das partes, formado com suporte no enunciado do art. 141 do Código de Processo Civil Brasilciro.[28]

Postos estes limites à atuação jurisdicional, o órgão julgador proferirá decisão cujos requisitos essenciais são relatório, fundamentos e dispositivo.[29]

---

28. Art. 141. O juiz decidirá o mérito nos limites propostos pelas partes, sendo-lhe vedado conhecer de questões não suscitadas a cujo respeito a lei exige iniciativa da parte.

29. Art. 489. São elementos essenciais da sentença: I - o relatório, que conterá os nomes das partes, a identificação do caso, com a suma do pedido e da contestação, e

CONSTRUCTIVISMO LÓGICO-SEMÂNTICO
Homenagem aos 35 anos do grupo de estudos de Paulo de Barros Carvalho

Sobre a estrutura da sentença em ação antiexacional declaratória preventiva, Fernanda Donabella Camano de Souza:[30]

> No caso objeto deste estudo, como tratamos da ação declaratória da paralização do fenômeno da incidência da norma tributária, no que tange especificamente aos efeitos decorrentes da procedência do pedido formulado pelo autor (contribuinte), teremos a seguinte configuração no arquétipo sentencial:
>
> 1) Relatório: deverá o julgador discorrer sobre os fatos narrados pelo autor (contribuinte), no caso, sobre o esquema de agir tal como desenhado pela RMIT, bem como sobre os fundamentos de direito por ele declinados (mácula no ato de "enunciação" ou no "enunciado" enunciado daqueles preceitos que forma a norma jurídica), assim como os fatos e argumentos discorridos pelo réu e, por fim, elaborar o resumo do pleito formulado.
>
> 2) Fundamentos da Decisão: [...] , como não alocados geograficamente no dispositivo decisório, não serão atingidos pela autoridade da coisa julgada – muito embora sejam necessários para o entendimento do dispositivo sentenciador. Assim, se forem acolhidas as máculas sustentadas pelo autor (contribuinte) nos enunciados prescritivos da RMIT, em razão destes fundamentos, quando o órgão Judicial julgar procedente o pedido, estará, em verdade, paralisando a respectiva aplicação dos critérios componentes da RMIT impugnada para aquele autor (contribuinte).
>
> 3) Dispositivo: eis o ápice da atividade do órgão Julgador quando elabora o documento jurídico sentencial. É no dispositivo que se decide a lide colocando fim à questão debatida, culminando na entrega da prestação jurisdicional.

É com esta estrutura formal que o provimento jurisdicional atentando-se à pretensão do autor à declaração da alteração do fenômeno da positivação da norma jurídica, introduzirá, no sistema, norma que permitirá a produção de efeitos prospectivos para não incidência, ou incidência de maneira

---

o registro das principais ocorrências havidas no andamento do processo; II - os fundamentos, em que o juiz analisará as questões de fato e de direito; III - o dispositivo, em que o juiz resolverá as questões principais que as partes lhe submeterem.

30. SOUZA, Fernanda Donabella Camano de. *Os limites objetivos e 'temporais' da coisa julgada em ação declaratória no direito tributário*. São Paulo: Quartier Latin, 2006, p. 171.

III

O DIREITO TRIBUTÁRIO EM FACE DO CONSTRUCTIVISMO LÓGICO-SEMÂNTICO

diversa, dos enunciados jurídicos formadores daquela norma geral e abstrata.

A norma introduzida pela sentença não é um enunciado descritivo, mas um enunciado com função prescritiva, conforme já há muito se proclama "faz lei entre as partes", encontrando inclusive reforço no enunciado do art. 503 do Código de Processo Civil que dispõe que "A decisão que julgar total ou parcialmente o mérito tem força de lei nos limites da questão principal expressamente decidida".

O dispositivo da decisão resolverá os pontos apresentados pelas partes, estando submetido ao conjunto do que se postula e de seus fundamentos determinantes, encontrando nestes seus limites objetivos.[31]

Quanto aos limites subjetivos, a coisa julgada deve ser compreendida de modo a limitar o alcance da norma concreta e individual àqueles que de fato participaram da relação jurídica processual e, quanto aos que não participaram desta relação, apenas para beneficiá-las, não as prejudicando, sendo certa a previsão contida no art. 506 do Código de Processo Civil.[32]

É no âmbito dos limites objetivos e subjetivos apresentados que deve ser compreendida a decisão e consequente coisa julgada, como uma proteção a norma jurídica introduzida pela sentença, não o texto da decisão, mas antes a significação construída dos enunciados que nela se encontram.

Partindo do princípio da homogeneidade sintática das normas jurídicas, teremos na norma introduzida pela sentença um antecedente consistente nos fatos e fundamentos jurídicos e o consequente consistente no dispositivo, sendo exatamente esta norma a que recebe a proteção da coisa julgada.

---

31. Art. 322. O pedido deve ser certo. [...] §2º. A interpretação do pedido considerará o conjunto da postulação e observará o princípio da boa-fé.

32. Art. 506. A sentença faz coisa julgada às partes entre as quais é dada, não prejudicando terceiros.

Sobre coisa julgada, interessante a lição apresentada por Rodrigo Dalla Pria:[33]

> [...] a coisa julgada, fenômeno normativo que é, incide sobre o conteúdo das decisões de mérito não mais revisáveis pelo Poder Judiciário – irrecorríveis e não mais sujeitas a reexame obrigatório – para torná-los imutáveis e indiscutíveis no mesmo ou em outro processo judicial.

Assim, uma vez introduzida no sistema estará a norma introduzida pela sentença apta à produção dos seus efeitos, prospectivos como já relatado, impedindo que haja a incidência da norma geral e abstrata, impedindo que ela incida na forma inicialmente esperada ou imponto que sua incidência ocorra em conformidade com os preceitos desta norma fruto da atuação do Poder Judiciário.

6. Conclusão

O processo de positivação realizado no curso da incidência normativa é, como regra, bastante linear, de modo que se parte sempre de uma norma abstrata e geral que, diante da constatação da ocorrência do fato abstratamente previsto, por intermédio da atuação humana, incidirá permitindo a constituição da relação jurídica de direito tributário.

As ações antiexacionais declaratórias preventivas, compreendidas como fruto das chamadas normas secundárias enquanto normas de atuação judicial, permitem a intervenção no processo de positivação antes mesmo que este tenha iniciado, sem que tenha ocorrido violação a dever previsto no consequente da norma primária, trazendo interferências no referido curso linear e alterando, por vezes, o resultado esperado.

---

33. DALLA PRIA, Rodrigo. *"Coisa Julgada Tributária e Mudança de Orientação na Jurisprudência do STF: a (in) constitucionalidade da CSLL e a Controvérsia a ser dirimida nos recursos extraordinários representativos da controvérsia - temas 881 e 885"*. In: CONRADO, Paulo Cesar; ARAUJO, Juliana Furtado Costa. *Processo Tributário Analítico*. Vol. IV. Coisa Julgada. São Paulo: Noeses, 2018, p. 31.

III

O DIREITO TRIBUTÁRIO EM FACE DO CONSTRUCTIVISMO LÓGICO-SEMÂNTICO

A atuação jurisdicional nas ações antiexacionais declaratórias preventivas possibilitará a expedição de norma jurídica apta a influir no processo de positivação. Mas que espécie de norma jurídica é esta introduzida no sistema pela atuação do Poder Judiciário quando se manifesta por intermédio de decisão em ação antiexacional declaratória preventiva? A resposta a este problema depende do sentido atribuído à norma jurídica.

Tomando o sentido amplo de norma jurídica, teremos que a norma jurídica introduzida pela sentença em ação antiexacional declaratória preventiva será do tipo norma jurídica de revisão sistêmica, ou nos termos da revisão empreendida por Tárek Moysés Moussalem,[34] enunciado de revisão sistêmica, pois se trata de enunciado-enunciado de um documento normativo que comporá o antecedente ou de consequente de uma norma jurídica em sentido estrito, esta terá o objetivo de mediante a atuação humana promover a revisão do sistema de direito positivo.

Finalmente, tomada em sentido estrito, a norma jurídica introduzida será norma de produção normativa, que possui em seu antecedente ou em seu consequente o enunciado de revisão sistêmica, pois possui como efeito imediato regular a conduta para mediatamente produzir uma norma jurídica.

Referências

BRASIL. Código de Processo Civil de 2015. Disponível em: https://bit.ly/1VojI3i Acesso em: 18 out. 2019.

CARVALHO, Aurora Tomazini de. *Curso de teoria geral do direito*: constructivismo lógico-semântico. 2. ed. – São Paulo: Nocses, 2016.

CARVALHO, Paulo de Barros. *Direito tributário, linguagem e método*. 7. ed. rev. – São Paulo: Noeses, 2018.

_____. *Curso de direito tributário*. 29 ed. São Paulo: Saraiva. 2018

---

34. Ver item 2 do presente artigo, em que faço referência à mudança de posição implementada por Tárek Moisés Moussalem (MOUSSALLEM, Tárek Moysés. *Revogação em matéria tributária*. 2 ed. São Paulo: Noeses, 2011, p. 132).

_____. *Direito tributário*: fundamentos jurídicos da incidência. 10. ed. rev. e atual. São Paulo: Saraiva, 2015.

_____. *Direito tributário*: reflexões sobre filosofia e ciência em prefácios. 1. ed. São Paulo: Noeses, 2019.

CONRADO, Paulo César; ARAÚJO, Juliana Furtado Costa. *O Novo CPC e seu impacto no direito tributário*. 2ª ed. São Paulo: Fiscosoft, 2016.

CONRADO, Paulo César. *Processo tributário*. 3ª ed. São Paulo: Quartier Latin, 2012.

CONRADO, Paulo Cesar; ARAUJO, Juliana Furtado Costa. *Processo tributário analítico*. Vol. IV. Coisa Julgada. São Paulo: Noeses, 2018.

IVO, Gabriel. *Norma jurídica:* produção e controle. São Paulo: Noeses, 2006

MARINS, James. *Direito processual tributário brasileiro*: administrativo e judicial. 12 ed. ver. e atual. São Paulo: Thomson Reuters Brasil, 2019.

MOUSSALLEM, Tárek Moysés. *Fontes do direito tributário*. 2ª ed. São Paulo: Noeses. 2006.

_____. *Revogação em matéria tributária*. 2ª ed. São Paulo: Noeses. 2011.

SOUZA, Fernanda Donabella Camano de. *Os limites objetivos e "temporais" da coisa julgada em ação declaratória no direito tributário*. São Paulo: Quartier Latin, 2006.

VILANOVA, Lourival. *As estruturas lógicas e o sistema de direito positivo*. 4ª ed. São Paulo: Noeses, 2010.

VILANOVA, Lourival. *Causalidade e relação no direito*. 4ª ed. rev. atual. e ampl. São Paulo: Revista dos Tribunais, 2000.

ZOMER, Sílvia Regina. *O tempo jurídico e a homologação tácita*. São Paulo: Noeses, 2019.

CONSTRUCTIVISMO LÓGICO-SEMÂNTICO: ENTRE A FORMA E O CONTEÚDO

Análise da desconsideração da personalidade jurídica aplicada ao grupo econômico

Jacqueline Mayer Da Costa Ude Braz[1]

1. Introdução

Homenagear os 35 anos do Grupo de Estudos do Professor Paulo de Barros Carvalho é uma oportunidade de agradecer. Ali tive meu primeiro contato com o Professor Paulo sem imaginar que acabaria me tornando sua orientanda no mestrado e no doutorado na USP e advogada do escritório. O convívio então iniciado no Grupo de Estudos tornou-se diário e carregarei sempre comigo todas as suas lições.

A norma jurídica é o produto do processo interpretativo. Ela é construída a partir dos enunciados prescritivos, por meio do percurso gerador de sentido, que considera, nesse trajeto, a

---

1. Doutoranda e mestre na área de concentração Direito Econômico, Financeiro e Tributário na Universidade de São Paulo (USP), Pós-graduada em Direito Tributário pelo Instituto Brasileiro de Estudos Tributários (IBET) e pela Fundação Getúlio Vargas (FGV). Professora do IBET. Advogada.

III

O DIREITO TRIBUTÁRIO EM FACE DO CONSTRUCTIVISMO LÓGICO-SEMÂNTICO

tríade, que compõe o signo: (i) suporte físico, enquanto substrato material; (ii) significado, como o campo dos objetos referidos no suporte físico e com os quais mantém relação semântica; e (iii) significação, enquanto dimensão ideal na representação. Nesse sentido, interpretar é atribuir valor aos signos.

Ela é composta pelos significados obtidos na leitura de textos do direito positivo. São os resultados do mundo exterior, fruto das sensações visuais, auditivas e tácteis, que, atrelados ao texto, a formam. Exatamente por depender da vivência, das experiências e noções dos termos empregados, a norma jurídica pode gerar compreensões diferentes dependendo de quem seja o intérprete que a constrói, estando na implicitude dos textos positivados.

No entanto, para se conhecer o direito é necessário reduzir suas complexidades, o que é feito a partir de um recorte do objeto a ser conhecido de todo o restante. Considerando que o direito é texto, quem objetiva conhecê-lo se utiliza de técnicas hermenêuticas e analíticas para tanto. A partir disso, decompõe-se a linguagem para que seja estudado sob o ponto de vista sintático (estrutural), semântico (correlato aos significados) e pragmático (relativo a seus usos).

A partir disso, será analisado o falso conflito entre forma e substância ou entre a forma e o conteúdo, caracterizando-os, a partir da análise do o redirecionamento da execução em caso de grupo econômico e da necessidade de instauração do Incidente de Desconsideração da Personalidade Jurídica (IDPJ) na jurisprudência do Superior Tribunal de Justiça (STJ).

2. Sobre a interpretação

2.1 Amplitude e limites do conhecimento jurídico

Conhecer é saber emitir proposições sobre. Sem linguagem não se pode conhecer nem transmitir conhecimento. É ela que constitui a realidade do ser cognoscente. O direito é construído com linguagem e pela linguagem.

CONSTRUCTIVISMO LÓGICO-SEMÂNTICO

Homenagem aos 35 anos do grupo de estudos de Paulo de Barros Carvalho

No entanto, para se conhecer o direito é necessário reduzir suas complexidades, o que é feito a partir de um recorte do objeto a ser conhecido de todo o restante. Considerando que o direito é texto, quem objetiva conhecê-lo se utiliza de técnicas hermenêuticas e analíticas para tanto. A partir disso, decompõe-se a linguagem para que seja estudado sob o ponto de vista sintático (estrutural), semântico (correlato aos significados) e pragmático (relativo à aplicação). É por meio do detalhamento alcançado pela Semiótica que se constrói a unicidade do objeto.

As técnicas hermenêuticas, acima referidas, encontram uma primeira dificuldade, qual seja, a multiplicidade de sentidos que podem ser conferidos aos textos positivados, a depender do horizonte cultural, das vivências e experiências do intérprete. Isso porque ao atribuir significação a enunciados prescritivos, o intérprete o faz de acordo com os valores que carrega consigo. Ele o faz valorando. E é isso que justifica e identifica as inúmeras possibilidades de interpretação dos enunciados, a depender dos horizontes da cultura de seu intérprete. Por isso, emergem soluções divergentes para casos semelhantes.

Outro ponto que atua como limite na construção do conhecimento jurídico é o fato de que o real é uno, irrepetível e infinito em seus aspectos. Não se alcança fatos ocorridos no passado. Temos acesso apenas a versões desses fatos e são essas versões que são conhecidas e não os fatos em si. Por isso, faz-se necessário, para conhecer, recortar o mundo, por não ser possível recuperar os fatos já ocorridos por completo e em todos os seus aspectos. É preciso cindir e, nos dizeres de Pontes de Miranda, "o cindir é desde o início".

2.2 O conteúdo axiológico do Direito

Considerando ordenamento e sistema jurídico como expressões sinônimas,[2] eles são uma forma lógica de se organi-

---

2. Sistema é uma forma lógica de se organizar e relacionar as normas jurídicas de vários modos, segundo um princípio unificador. As normas no sistema do direito

III

O DIREITO TRIBUTÁRIO EM FACE DO CONSTRUCTIVISMO LÓGICO-SEMÂNTICO

zar e relacionar as normas jurídicas de vários modos, segundo um princípio unificador. As normas no sistema do Direito estão dispostas em uma estrutura hierarquizada, regida pela fundamentação ou derivação operada no aspecto material e formal. Isso imprime dinâmica ao sistema e faz com que ele próprio regule sua criação e suas transformações.

O Direito possui dois sistemas: um prescritivo das condutas intersubjetivas, denominado direito positivo, e outro cognoscitivo, conhecido por Ciência do Direito. Eles são, segundo Lourival Vilanova (2010, p. 130-131), separados por um corte abstrato no dado da experiência, o que faz com que o sistema da Ciência do Direito seja inserido no próprio direito positivo, como fonte material. O sistema cognoscitivo pode ser definido como um sistema que descreve outro sistema, ou seja, pode ser identificado como um metassistema.

Segundo Paulo de Barros Carvalho (2015, p. 182), "valor é um vínculo que se institui entre o agente do conhecimento e o objeto, tal que o sujeito, movido por uma necessidade, não se comporta com indiferença, atribuindo-lhe qualidades positivas ou negativas". Os valores se referem ao conteúdo dos princípios relacionado a significados que revelam certa preferência por determinado núcleo de significações e permeiam todo o ordenamento jurídico. Toda norma jurídica revela intrinsecamente um valor, uma vez que o dado axiológico é indissociável da linguagem do direito. Assim, não existe direito positivo sem valor, uma vez que ele permeia toda a

---

estão dispostas em uma estrutura hierarquizada, regida pela fundamentação ou derivação operada no aspecto material e formal, que lhe imprime dinâmica, regulando ele próprio sua criação e suas transformações. Analisado de baixo para cima, as normas inferiores buscam fundamento de validade nas normas superiores e de cima para baixo, verifica-se que as normas superiores derivam, material e formalmente, regras de menor hierarquia. Sendo a compreensão inesgotável, pode ser susceptível a sucessivas construções hermenêuticas. Além de tratar do discurso da Ciência do Direito, o sistema também é o domínio finito, mas indeterminável do direito positivo. Considero que as expressões ordenamento, enquanto conjunto de enunciados prescritivos vigentes, e sistema possuem acepções semelhantes, podendo, assim, caracterizar tanto o direito positivo quanto a Ciência do Direito enquanto sistemas.

478

CONSTRUCTIVISMO LÓGICO-SEMÂNTICO
Homenagem aos 35 anos do grupo de estudos de Paulo de Barros Carvalho

enunciação, na medida em que aparece na eleição feita pelo legislador das condutas a serem reguladas.

Paulo de Barros Carvalho (2015, p. 184-187) relaciona as seguintes características dos valores: (i) bipolaridade: todo valor revela um desvalor, de tal modo que eles se implicam mutuamente; (ii) implicação recíproca entre valor e desvalor; (iii) referibilidade: o valor sempre importa uma tomada de decisão; (iv) preferibilidade: os valores apontam para determinado fim, sendo entidades vetoriais nesse sentido; (v) incomensurabilidade: eles não são passíveis de medição; (vi) forte tendência à gradação hierárquica: para tanto, tomam como referência o sujeito axiológico; (vii) objetividade: consequência particular da condição ontológica dos valores, requerendo sempre objetos da experiência para assumirem essa objetividade; (viii) historicidade: os valores são construídos na evolução do processo histórico e social; (ix) inexauribilidade: eles sempre excedem os bens em que se objetivam; (x) atributividade: preferências por determinados núcleos de significação que revelam certos conteúdos de expectativas; (xi) indefinibilidade: os valores não podem ser circunscritos semanticamente, não podendo ser traçados seus limites, o que decorre da sua própria natureza enquanto objeto-valor; (xii) vocação para se expressarem em termos normativos: os valores são enunciados deôntico-prescritivos de condutas, prescindindo da configuração lógica das normas consideradas em sentido estrito (H → C); (xiii) associatividade: são necessárias associações mentais para que se alcance o conteúdo dos valores; (xiv) modo de acesso dos valores: é feito pela via das emoções.

Observada uma concepção positivista do ordenamento jurídico, o direito positivo não admitiria a presença de entidades distintas dos enunciados prescritivos, ou seja, do suporte físico, do texto do direito. Para compatibilizá-los com tal concepção, eles serão os enunciados que introduzem valores relevantes para o ordenamento, influenciando, assim, a orientação de todos os setores da ordem jurídica. Ademais, vale notar que no processo de enunciação, o legislador elege conceitos, que, por

III

O DIREITO TRIBUTÁRIO EM FACE DO CONSTRUCTIVISMO LÓGICO-SEMÂNTICO

sua vez, trazem em si inúmeras possibilidades de significação. Ao escolher uma dessas possibilidades, o legislador exerce seu juízo valorativo, fazendo-o em consonância com seu horizonte cultural. Assim, o direito positivo emerge enquanto objeto cultural,[3] sendo invariavelmente portador de valor.

Sob esse aspecto, o direito mais se aproxima dos objetos ideais, uma vez que se refere à construção pela interpretação, que apenas parte dos enunciados prescritivos. Estes, por sua vez, se considerados como letras gravadas no papel, aproximar-se-ão dos objetos culturais, vez que o direito tem como finalidade regular condutas. No entanto, compete notar que ele possui método próprio, qual seja, o hermenêutico-analítico, pelo fato de decorrer de linguagem competente, com função predominantemente prescritiva de condutas.

Vale notar que se parte da premissa de que o direito é construído por meio da linguagem competente, qual seja, a

---

3. Segundo Paulo de Barros Carvalho (2015, p. 15-18), com base na teoria de Edmund Husserl, as quatro regiões ônticas são os objetos naturais, ideais, culturais e metafísicos. Vale ressaltar que o ser humano está na confluência dessas regiões, o que ressalta a visão antropocêntrica, tomando o homem como núcleo que integra essa tentativa de localizar os objetos.

Os objetos naturais ou físicos são reais e manifestam-se no tempo e no espaço, ou seja, podem ser colhidos pela experiência, por meio de enunciados protocolares (leis físicas). Tendem à neutralidade axiológica, inclinando-se à condição de objetos neutros com relação a valores. O ato gnosiológico apropriado é a **explicação** e o método, é o **empírico-indutivo**. São exemplos de objetos naturais plantas, animais, minerais etc.

Os objetos ideais, por sua vez, são irreais e não se manifestam no tempo e no espaço, ou seja, não podem ser colhidos pela experiência, por meio de enunciados protocolares (leis físicas). Tendem à neutralidade axiológica, inclinando-se à condição de objetos neutros com relação a valores. O ato gnosiológico apropriado é a **intelecção** e o método, é o **racional-dedutivo**. São objetos ideais as formas geométricas, as fórmulas matemáticas etc.

Os objetos culturais são reais e manifestam-se no tempo e no espaço, ou seja, podem ser colhidos pela experiência, por meio de enunciados protocolares (leis físicas). São valiosos positiva ou negativamente. O ato gnosiológico apropriado é a **compreensão** e o método, é o **empírico-dialético**. São objetos culturais aqueles que são construídos pelo homem com certa finalidade como roda, fogão, martelo, livro, cadeira etc.

Por fim, os objetos metafísicos são reais e manifestam-se no tempo e no espaço, mas não podem ser colhidos pela experiência, ainda que sejam valiosos positiva ou negativamente. Justificam-se unicamente pela via da crença (*doxa*). O caminho científico, no caso, não existe e depende diretamente do poder retórico de quem o afirma e com a boa vontade e a crença do receptor da mensagem. São exemplos de objetos metafísicos milagres, fadas, deuses, gnomos etc.

CONSTRUCTIVISMO LÓGICO-SEMÂNTICO
Homenagem aos 35 anos do grupo de estudos de Paulo de Barros Carvalho

linguagem jurídica, e que o sistema em que se insere é aberto semântica e pragmaticamente, pois com o passar do tempo, as definições dos conceitos podem ser alteradas, a classificação dos objetos não se aplica. Essa classificação toma como base um ponto de vista ontológico, ou seja, do ponto de vista do ser, das coisas como são, enquanto que, para a teoria da linguagem, é a linguagem que cria os objetos e, inclusive, os sujeitos cognocentes, de acordo com o horizonte cultural desses sujeitos, que interpretarão tais objetos cindidos da realidade, para redução das suas complexidades. Assim, o ponto de vista acerca de determinado objeto pode mudar de intérprete para intérprete, dependendo do contexto em que eles estão inseridos, de suas vivências e suas experiências.

A partir disso, Paulo de Barros Carvalho (2015, p. 271) estabelece suas proposições: (i) o direito positivo somente é formado por normas jurídicas, apresentando o esquema implicacional (homogeneidade sintática), ainda que saturadas com enunciados semânticos diversos (heterogeneidade semântica); (ii) o direito positivo, enquanto construção do ser humano e sempre imerso nessa circunstância, é um produto cultural, carregando consigo uma porção axiológica, que determina o fim a que almeja, a ser compreendida pelo sujeito cognoscente.

A valoração ocorre desde a enunciação, processo em que o legislador se utiliza de seu horizonte cultural para eleger as condutas intersubjetivas a serem disciplinadas, definindo, assim, a posição hierárquica que o enunciado prescritivo ocupará no ordenamento. Assim, ao gravar a conduta como lícita ou ilícita e ao escolher entre um dos modais deônticos obrigatório, proibido ou permitido, o legislador elege uma preferência, valorando a conduta. A valoração ocorre também quando o intérprete, no percurso gerador de sentido, atribui valor às palavras contidas nos enunciados prescritivos. Assim, no primeiro caso, haveria uma diretriz principiológica e, no segundo, seria produzida uma norma jurídica.

III
O DIREITO TRIBUTÁRIO EM FACE DO CONSTRUCTIVISMO LÓGICO-SEMÂNTICO

2.3 A interpretação enquanto construção de sentido

Carlos Maximiliano (1996, p. 9) assevera que interpretar significa "explicar, esclarecer; dar o significado de vocábulo, atitude ou gesto; reproduzir por outras palavras um pensamento exteriorizado; mostrar o sentido verdadeiro de uma expressão; extrair, de frase, sentença ou norma, tudo o que na mesma se contém". Assim, para o autor, interpretar é extrair o conteúdo, o sentido e o alcance do texto. Todavia, não se pode extrair algo imaterial, ou seja, um pensamento, do texto materialmente considerado. Justamente por isso, é mais adequado falar-se em interpretação enquanto construção de sentido, conforme detalhado nas próximas linhas.

A linguagem, segundo Paulo de Barros Carvalho (2017, p. 126) é veículo de expressão do direito, falando tanto de seu objeto (Ciência do Direito), como participando de sua constituição (direito positivo). Além disso, ele afirma que *interpretar é atribuir valor aos símbolos, isto é, adjudicar-lhes significações e, por meio dessas, referências a objetos*". (CARVALHO, 2017, p. 126). O autor afirma que a linguagem, por sua vez, é parte da cultura e carrega consigo valores. Por isso, o direito positivo é objeto cultural e sua linguagem é carregada de conteúdo axiológico.

Os enunciados ou uma frase prescritiva, tomados por si só, não possuem sentido. Faz-se necessário relacioná-los, conjugá-los, atribuindo a eles sentido, por meio da interpretação, para formar normas jurídicas, expressões completas de significação deôntico-jurídica.

Paulo de Barros Carvalho (2017, p. 127-128) prossegue relacionando os subsistemas, enquanto cortes metódicos, nesse caminho da interpretação:

> O procedimento de quem se põe diante do direito com pretensões cognoscentes há de ser orientado pela busca incessante da compreensão desses textos prescritivos. Ora, como todo texto tem um plano de expressão, de natureza material, e um plano de conteúdo, por onde ingressa a subjetividade do agente para compor as significações da mensagem, é pelo primeiro, vale dizer,

CONSTRUCTIVISMO LÓGICO-SEMÂNTICO
Homenagem aos 35 anos do grupo de estudos de Paulo de Barros Carvalho

> a partir do contacto com a *literalidade textual*, com o *plano dos significantes* ou com o chamado *plano da expressão*, como algo *objetivado*, isto é, posto intersubjetivamente, ali onde estão as estruturas morfológicas e gramaticais, que o intérprete inicia o processo de interpretação, propriamente dito, passando a construir os conteúdos significativos dos vários enunciados ou frases prescritivas para, enfim, ordená-los na forma estrutural de normas jurídicas, articulando essas entidades para construir um domínio. Se retivermos a observação de que o direito se manifesta sempre nesses quatro planos – o das formulações literais; o de suas significações enquanto enunciados prescritivos; o das normas jurídicas, como unidades de sentido obtidas mediante grupamento de significações, que obedecem a determinado esquema formal (implicação); e o das estruturas superiores constituídas por vínculos de coordenação e de subordinação que apresentam o sistema como um todo unitário – e se pensarmos que todo nosso empenho se dirige para estruturar essas normas contidas num estrato de linguagem, não será difícil verificar a gama imensa de obstáculos que se levantam no percurso gerativo de sentido ou, em termos mais simples, na trajetória da interpretação. (CARVALHO, 2017, p. 127-128)

Considerando a unidade do sistema jurídico-positivo, faz-se necessário analisar seus quatro subsistemas para interpretar, conferir sentido aos enunciados e relacioná-los, para, por meio da interpretação, se inferir a norma jurídica, partindo dos enunciados prescritivos do direito positivo.

De acordo com Paulo de Barros Carvalho (2017, p. 130-133), tomado no plano da expressão (S_1), o texto jurídico prescritivo é o conjunto de letras, palavras, frases, períodos e parágrafos, graficamente postos nos documentos produzidos pelos órgãos responsáveis por criar o direito, por meio da enunciação. O texto é considerado o plano da expressão ou suporte físico de significações, objetivado em um documento concreto, respeitando preceitos morfológicos e sintáticos da gramática da língua em que é escrito. Prioriza-se aqui a organização sintática do texto, de modo que se não atender às diretrizes fundamentais de construção das frases, não haverá enunciados e, por conseguinte, não haverá sentido.

O texto é o único dado objetivo na atividade interpretativa. Todo o resto está carregado de subjetividade. No plano da

III

O DIREITO TRIBUTÁRIO EM FACE DO CONSTRUCTIVISMO LÓGICO-SEMÂNTICO

expressão, deve-se deixar em suspenso a análise do conteúdo (apesar de que, mesmo à primeira vista, numa leitura perfunctória, já são atribuídos sentidos para o texto), para focalizar as maneiras como são tecidas as combinações sintáticas e como elas se relacionam em frases, períodos e parágrafos, além da análise morfológica. Constrói-se, assim, um conjunto finito de enunciados prescritivos, que são organizados racionalmente na forma de sistema.

Compete notar que o "enunciado" se refere tanto à expressão, às palavras ou frases, veiculadas no texto, quanto ao sentido que elas suscitam. Sendo assim, eles são o suporte físico de significações e estão também no plano do conteúdo, por expressarem a sua própria significação. O enunciado deve ser discernido da "proposição" que ele expressa. Em alguns casos, de um enunciado infere-se mais de uma proposição, o que indica ambiguidade, e em outros, é necessário mais de um enunciado para formular uma única proposição.

As alterações promovidas pelo legislador no campo da literalidade textual são normalmente o caminho mais prático e direto para alterar o ordenamento. Aliás, esse também é a forma desejável, uma vez que as modificações promovidas pelos outros subsistemas, carregados de subjetividade, são incontroláveis e muitas vezes não atribuem o sentido que o legislador gostaria que fosse atribuído no processo de enunciação da norma. O entendimento e a significação atribuída às palavras mudam dependem do momento histórico e da cultura em que o intérprete está inserido.

Isolada a parte física do texto, que o intérprete pretende compreender, passa-se ao plano do conteúdo de significação dos enunciados prescritivos (S_2), atribuindo valor unitário aos signos justapostos no texto, selecionando a significação desses signos e compondo seguimentos com sentido. Segundo Paulo de Barros Carvalho (2017, p. 133-137), inicialmente é necessário compreender os enunciados (enquanto proposição e não como base material, que lhe dá sustentação física) individualmente para, em um segundo momento, confrontá-lo

484

CONSTRUCTIVISMO LÓGICO-SEMÂNTICO
Homenagem aos 35 anos do grupo de estudos de Paulo de Barros Carvalho

com outros hierarquicamente superiores ou de mesmo status, buscando a integração na totalidade do conjunto.

No plano do conteúdo, o jurista ingressa associando e comparando o significado dos signos para estruturar não só as significações dos enunciados, mas aquelas de cunho jurídico, que transmitem algo correlato à regulação das relações intersubjetivas. Aqui ainda não há de se falar em normas jurídicas, mas em significações inferidas de frases prescritivas, de enunciados editados por órgãos competentes. Para tanto, é necessário que sejam expressões linguísticas portadoras de sentido, produzidas por órgão competente, consoante procedimento específico estipulado pela ordem jurídica.

Sobre o sentido dos enunciados, o autor assinala que "é o ser humano que, em contato com as manifestações expressas do direito positivo, vai produzindo as respectivas significações" (CARVALHO, 2017, p. 134). Nesse sentido, não há texto sem contexto, ou seja, o plano de expressão e o plano de conteúdo estão intrinsecamente ligados, de modo que um não existe sem o outro.

Para buscar a significação dos enunciados, são importantes as sentenças prescritivas implícitas, compostas por derivação lógica, de formulações expressas no direito positivo, como o princípio da justiça, da segurança jurídica e da certeza do direito.

Após a análise sintática e morfológica do texto, no plano da expressão, e da atribuição de significações para os enunciados, enquanto proposições, o intérprete passa ao plano das significações normativas (S_3), relacionando o enunciado com outros enunciados para completar-lhe o sentido, em esquemas de juízo implicacionais, para obter as normas jurídicas. Todavia, conforme entende Paulo de Barros Carvalho (2017, p. 138):

> Faz-se necessário advertir que o *quantum* de significação obtido com o isolamento do arcabouço da norma jurídica é suficiente para expressar a orientação da conduta, como algo definitivo. Sua completude, perante o sistema, continua parcial, representando, apenas, o vencimento de um ciclo do processo exegético,

III

O DIREITO TRIBUTÁRIO EM FACE DO CONSTRUCTIVISMO LÓGICO-SEMÂNTICO

> que passa, a partir de então, a experimentar novo intervalo de indagações atinente ao que poderíamos chamar de *esforço de contextualização*. (CARVALHO, 2017, p. 138)

Nesse movimento, o intérprete confronta as unidades obtidas, após a busca por sentido dos enunciados e, depois de agrupá-las, com o inteiro teor de orações com forte conteúdo axiológico, o sistema coloca a norma obtida em seu mais alto patamar. Isso é necessário para penetrar cada uma das estruturas mínimas e irredutíveis do deôntico e, dessa forma, conferir unidade ideológica à conjunção de regras que organizam a convivência social.

Paulo de Barros Carvalho (2017, p. 139) considera esse como sendo o momento de maior gradação do processo gerativo, em que a norma jurídica é vista como microssistema. Aqui o plano das significações integra o plano do conteúdo, que determina a profundidade do texto. A norma, nesse caso, expressa a orientação jurídica da conduta, de acordo com a totalidade sistêmica.

No plano das relações estabelecidas entre as normas (S_4), elas são organizadas em uma estrutura escalonada em que se estabelecem relações de coordenação e de subordinação entre normas. Trata-se de um trabalho de composição hierárquica em um número finito, ao que se chama de regras de estrutura, que são capazes de gerar infinitas normas. As regras de estrutura definem como as outras regras devem ser editadas, alteradas ou extintas no interior do sistema. São unidades próximas das produzidas no plano da significação, mas a partir da autorreferibilidade do sistema jurídico-normativo, ou seja, por meio de um processo dialético interno.

Paulo de Barros Carvalho (2017, p. 141-142) conclui que:

> Feitas tais operações lógicas de interpretação pelo exegeta, surgirá o texto da mensagem legislada, com a união do domínio do conteúdo dos níveis S_2, S_3 e S_4 ao de expressão do nível S_1. Já no que se refere especificamente às articulações de coordenação e de subordinação do plano S_4, presumidas na constituição

> semântica do texto legislado, elas apresentarão o contexto em que se insere a mesma mensagem normativa, entendido como o campo lógico-sistêmico do direito que permite esta construção de sentido do texto. A interpretação só se completa quando faz surgir o sentido, inserido na profundidade do contexto e sempre impulsionada pelas fórmulas literais do direito documentalmente objetivado. Esta é a razão para se concluir que "não há texto sem contexto". Para alguns autores, isto se justifica pela autopoiese do direito que, em razão de sempre manter autorreferibilidade própria, detém uma lógica presumida no texto; tal nada mais é do que o próprio contexto. (CARVALHO, 2017, p. 141-142)

Sendo assim, pode-se concluir que no percurso gerador de sentido da norma jurídica, o plano da expressão (S_1), unido ao plano do conteúdo (S_2), da significação (S_3) e da organização das normas (S_4) fazem surgir o texto da mensagem legislada. Sobre o plano de organização das normas, ele aponta o contexto, enquanto campo lógico-sistêmico do direito, em que elas se inserem. Ele revela que se parte da leitura dos enunciados prescritivos do direito positivo e se passa pela interpretação, enquanto processo, para se obter a compreensão, enquanto produto desse processo interpretativo.

Assim, a norma jurídica é sempre implícita, por não estar no texto, apesar de ser construída a partir dele. Ela é fruto do processo interpretativo, em que se elaboram esquemas e juízos implicacionais, e se encontra no plano da significação.

3. O constructivismo lógico-semântico

O Constructivismo Lógico-Semântico é um método utilizado para conhecer o direito por meio do uso da linguagem com precisão, de acordo com esquemas lógicos, que concatenam o arranjo sintático da frase e a adequação do conteúdo para preservar a fidelidade da enunciação. Trata-se, pois, de uma metodologia e não de uma filosofia e se aproxima da teoria comunicacional do direito, que, por sua vez, é mais um esquema filosófico do que metodológico. Nesse sentido, Paulo de Barros Carvalho (2014, p. 4) sustenta que ele:

III

O DIREITO TRIBUTÁRIO EM FACE DO CONSTRUCTIVISMO LÓGICO-SEMÂNTICO

> [...] é, antes de tudo, um instrumento de trabalho, modelo para ajustar a precisão da forma à pureza e à nitidez do pensamento; meio e processo para a construção rigorosa do discurso, no que atende, em certa medida, a um dos requisitos do saber científico tradicional. Acolhe a recomendação de Norberto Bobbio, segundo a qual *não haverá ciência ali onde a linguagem for solta e descomprometida*. O modelo constructivista se propõe amarrar os termos da linguagem, segundo esquemas lógicos que deem firmeza à mensagem, pelo cuidado especial com o arranjo sintático da frase, sem deixar de preocupar-se com o plano do conteúdo, escolhendo significações mais adequadas à fidelidade da enunciação. (CARVALHO, 2014, p. 4)

Assim, o Constructivismo Lógico-Semântico é um método de estudo, que confere precisão à linguagem, especialmente no que concerne à escolha dos termos e das acepções a eles empregadas. Considera-se, a partir de seu estudo, que toda linguagem tem três dimensões: (i) sintática, que revela as relações entre signos; (ii) semântica, que demonstra as relações dos signos com os objetos que eles significam; e (iii) pragmática, que revela o plano dos usos, ou seja, a relação dos signos com seus usos.

Aurora Tomazini de Carvalho (2014, p. 15) aponta ainda para outra acepção a ser empregada para a expressão, utilizada para se reportar à Escola Epistemológica do Direito, fundada por Paulo de Barros Carvalho e Lourival Vilanova. Essa escola propõe o estudo do Direito a partir da concepção epistemológica da Filosofia da Linguagem, utilizada para amarrar lógica e semanticamente as suas proposições para a construção de seu objeto. E prossegue a autora:

> *"Constructivismo"*, porque o sujeito cognoscente não descreve seu objeto, o constrói mentalmente em nome de uma descrição. E assim o faz, amparado num forte referencial metodológico, que justifica e fundamenta todas as proposições construídas, desde que estas estejam estruturalmente e significativamente amarradas a tais referenciais, o que justifica o *"Lógico-Semântico"* do nome. O cientista constrói seu objeto (como a realidade que a sua teoria descreve) a partir da ordenação lógica-semântica de conceitos. (CARVALHO, 2014, p. 15)

488

CONSTRUCTIVISMO LÓGICO-SEMÂNTICO
Homenagem aos 35 anos do grupo de estudos de Paulo de Barros Carvalho

O Constructivismo Lógico-Semântico confere fundamentos sólidos, enquanto método voltado para a compreensão do direito, para a construção da norma jurídica pelo intérprete. Ele é importante, porque estrutura lógica e semanticamente os conceitos de direito, conferindo coerência e credibilidade ao discurso constitutivo do objeto, que é a realidade, revelando, assim, uma tomada de posição hermenêutico-analítica.

Toda linguagem contém plano lógico, semântico e pragmático. Se não os tiver, não será linguagem. Os planos lógico e semântico implicam necessariamente o pragmático, motivo pelo qual ele não é expresso, estando, contudo, subentendido na expressão: Constructivismo Lógico-Semântico.

Assim, o aspecto pragmático é imprescindível para a configuração do projeto semiótico. Ademais, segundo Paulo de Barros Carvalho (2014, p. 5), "na elaboração do texto as cogitações de ordem pragmática seriam sobremodo difíceis, pois esse é o tempo da própria criação do enredo textual, da preparação da mensagem para ingressar no contexto comunicativo, seguindo em direção ao destinatário ou receptor". Por fim, o nome ficaria extenso.

Ademais, segundo Aurora Tomazini de Carvalho (2014, p. 38), "o conhecimento surge da interseção entre teoria e prática". O jurista é o ponto de intersecção entre teoria e prática, entre ciência e experiência. Por isso mesmo a pragmática emerge como aspecto essencial do Constructivismo Lógico-Semântico.

4. Forma x substância ou forma x conteúdo

4.1 Forma

Segundo o Vocabulário Ortográfico da Língua Portuguesa (VOLP), a forma é a disposição exterior, o molde, a forma. Trata-se, portanto, do aspecto, da condição física a partir do

III
O DIREITO TRIBUTÁRIO EM FACE DO CONSTRUCTIVISMO LÓGICO-SEMÂNTICO

que um corpo se configura, denotando aparência. Nesse sentido, a forma nada mais é do que o fundo aparecendo.

Philip Soper (2007, p. 60-61) define a forma como sendo a disposição orientada e sistemática do fenômeno jurídico. A inclusão de um critério valorativo, segundo o autor, para se definir a forma poderá determinar uma caracterização equivocada desse fenômeno.

A valoração é indissociável da interpretação. Qualquer olhar humano é condicionado pelas vivências e experiências daquele que o revela e a linguagem está sempre impregnada de valor, bem como ocorre com o direito.

Larry Alexander (1999, p. 530) sustenta ser o direito, ao contrário da moral, essencialmente formalista. Considerando uma acepção positiva do formalismo, diferente daquela empregada por Frederick Schauer (1988, p. 509-548), que sustenta um positivismo presumido para se escapar do formalismo pejorativo, obtém-se a concepção de forma ligada a procedimento, à necessidade de se antever como as condutas intersubjetivas são reguladas pelo direito, o que se relaciona à ideia de segurança jurídica.

Nesse ponto, o estudo da forma deve levar em consideração o triângulo semiótico, em que o signo representa um suporte físico, que associa um significado, suscitando uma significação. O signo relaciona-se, então, à ideia de forma e a significação, a de conteúdo.

Conforme ensina Aurora Tomazini de Carvalho (2013, p. 163-164), o signo é aquilo que representa algo para alguém, estabelecendo uma relação tríade entre (i) um suporte físico, que são as marcas do signo no papel, (ii) um significado, enquanto representação individualizada do suporte físico, e (iii) uma significação, que é o conceito ou ideia, variável de pessoa para pessoa, de acordo com os valores inerentes a cada um. Nesse sentido, o signo seria um suporte físico, que associa um significado, suscitando uma significação, o que se denomina como triângulo semiótico.

490

CONSTRUCTIVISMO LÓGICO-SEMÂNTICO
Homenagem aos 35 anos do grupo de estudos de Paulo de Barros Carvalho

> Trabalhando com os pressupostos do giro-linguístico [...] a ideia de significação e de significado se misturam, pois a realidade a que se refere qualquer suporte físico é construída pelo intérprete e, portanto, sempre condicionada às suas vivências. Da mesma forma, tanto o significado, quanto a significação, materializam-se noutros suportes físicos, já que nenhuma realidade existe senão pela linguagem. Mas, justamente, por ser o signo uma relação todos estes conceitos estão intimamente ligados, de modo que um influi diretamente na existência do outro. Todo suporte físico suscita uma interpretação (significação), que constitui uma realidade como seu significado, esta realidade, por sua vez, é também uma linguagem, materializa-se num suporte físico, que suscita outra interpretação (significação), numa semiose sem fim. (CARVALHO, 2013, p. 165)

Na construção da significação de dado enunciado prescritivo, o intérprete leva em consideração o seu jeito de ver o mundo, influenciada por sua formação e suas vivências. Assim, cada pessoa poderá construir uma significação distinta para um mesmo enunciado prescritivo de direito positivo, podendo, por conseguinte, ser considerado vago ou ambíguo.

Parte-se do pressuposto de que a segurança jurídica se baseia no tripé formado pela irretroatividade, pela boa-fé e pela proteção da confiança do contribuinte (que não significa mera esperança, mas expectativa confiável, que interfere diretamente nas tomadas de decisão), a serem observados especialmente no momento da aplicação da lei pelos órgãos competentes. Nesse sentido, considerar que cada intérprete poderá construir uma norma diferente, ainda que sejam tomados os mesmos enunciados prescritivos como ponto de partida, pode acarretar violação à segurança jurídica, porque na construção do sentido do texto normativo, poderão ser incluídas as mais diferentes significações, que acabam por determinar o seu significado.

Ainda sobre a forma, vale notar que a formalização não se confunde com a generalização. Na formalização, segundo Paulo de Barros Carvalho (2015, p. 72-76), deixam-se de lado os núcleos específicos de significação das palavras em prol dos signos convencionalmente estabelecidos, que não apontam

III
O DIREITO TRIBUTÁRIO EM FACE DO CONSTRUCTIVISMO LÓGICO-SEMÂNTICO

para esse ou para aquele objeto específico, mas sim para o objeto em geral. Formalizar implica um salto para o domínio das formas lógicas e tal procedimento se dá por meio do abandono deliberado dos conteúdos concretos de significação, substituindo as palavras e expressões da linguagem de que tratamos por signos convencionalmente estabelecidos, portadores de um mínimo semântico, qual seja, o de representar um sujeito qualquer, um predicado qualquer, uma proposição qualquer, um sistema qualquer. Sem esse resíduo significativo não haveria de se falar de signos nem de linguagem.

Por outro lado, segundo o autor (2015, p. 75) a generalização, enquanto antônimo da particularização, se refere à observação de fatos particulares para se elaborar uma conclusão geral sobre todos os fatos de uma determinada classe. Utiliza-se, pois, o método indutivo, que parte de enunciados protocolares, sem esgotar o universo de fatos desse tipo, para que se possa extrair uma lei geral, válida inclusive para aqueles acontecimentos que não foram submetidos à experiência.

A forma, por uma análise semiótica, liga-se diretamente à dimensão sintática da linguagem, ou seja, liga-se à lógica, ao modo como os signos relacionam-se entre si.

4.2 Conteúdo

O conteúdo, por outro lado, liga-se à dimensão semântica da linguagem, que demonstra as relações dos signos com os objetos que eles significam. Ele aparece no momento da eleição das condutas intersubjetivas a serem reguladas pelo legislador, que escolhe a conduta a ser juridicizada, colocando-a no campo da licitude ou da ilicitude, o que se revela como um ato de valoração, em que o valor surge como preferência por um núcleo de significação, por conteúdo de expectativas. O conteúdo também aparece quando o intérprete, a partir dos enunciados prescritivos e com base em seu horizonte cultural, constrói a norma jurídica.

CONSTRUCTIVISMO LÓGICO-SEMÂNTICO
Homenagem aos 35 anos do grupo de estudos de Paulo de Barros Carvalho

Conforme anteriormente anotado, toda norma jurídica, produto da interpretação, revela intrinsecamente um valor, uma vez que o dado axiológico é indissociável da linguagem do direito. Não há, pois, direito positivo sem valor, uma vez que este permeia toda a enunciação, na medida em que aparece na eleição feita pelo legislador das condutas a serem reguladas. Nesse sentido, Paulo de Barros Carvalho (2015, p. 180-181) salienta que "não é exagero referir que o dado valorativo está presente em toda configuração do jurídico, desde seus aspectos formais (lógicos), como nos planos semântico e pragmático". Ademais, o uso dos modais deônticos proibido, obrigatório e permitido é marcado por valores. O primeiro revela um valor negativo, sendo, no caso, clara a reprovação social da conduta. Já os dois últimos revelam valores positivos, uma vez que demonstram a aprovação social dos comportamentos prescritos.

O conteúdo também está expresso na escolha pelo legislador dos valores finalísticos associados à norma tributária. Segundo Paulo de Barros Carvalho (2015, p. 257), "os signos *fiscalidade*, *extrafiscalidade* e *parafiscalidade* são termos usualmente usados no discurso da Ciência do Direito para representar valores finalísticos que o legislador imprime na lei tributária, manipulando as categorias jurídicas postas a sua disposição".

Considera-se observada a fiscalidade quando a instituição do tributo objetive apenas arrecadar para encher os cofres públicos e fazer frente às despesas comuns do Estado. Esses tributos não são instituídos voltados para qualquer outro interesse social, econômico ou político. São exemplos de tributos eminentemente fiscais: imposto sobre grandes fortunas, IPVA, ITCMD, IPTU, que não seja o progressivo no tempo, ITBI.

A extrafiscalidade, por sua vez, leva em consideração tais interesses – social, econômico ou político – para a instituição do gravame, afastando-se daquela finalidade meramente arrecadatória. Trata-se de medidas adotadas para o alcance de metas que prevaleçam sobre a finalidade arrecadatória intrínseca ao tributo. Como exemplo, podem ser citados: o IPI, que tem alíquotas seletivas de acordo com a essencialidade

III
O DIREITO TRIBUTÁRIO EM FACE DO CONSTRUCTIVISMO LÓGICO-SEMÂNTICO

do produto; o IRPF, que autoriza a dedução de determinadas despesas, como aquelas feitas com saúde e educação; o ITR, que é mais oneroso em relação aos imóveis inexplorados ou subutilizados; os tributos aduaneiros, cujo manejo é feito de acordo com a política econômica adotada no país.

Vale ressaltar que, conforme ensina Paulo de Barros Carvalho (2017, p. 248), não há tributo que seja puramente fiscal ou extrafiscal. Essas finalidades convivem harmonicamente, apenas predominando, em alguns casos, uma figura sobre a outra.

A parafiscalidade é verdadeira hipótese de transferência da capacidade tributária. Ela ocorre quando a lei instituidora da exação autorize que pessoa diversa da pessoa política competente para a instituição do tributo atue como sujeito ativo, podendo, assim, exigir a obrigação tributária. Além de poder exigi-la, a parafiscalidade impõe que o produto da arrecadação seja disponibilizado a essa pessoa que atua como sujeito ativo, para que ela o empregue na consecução de seus objetivos peculiares.

São, portanto, duas as características do tributo parafiscal: (i) o sujeito ativo indicado na regra-matriz de incidência do tributo é diferente da pessoa política competente para instituí-lo; e (ii) o produto da arrecadação desse tributo é destinado a esse sujeito passivo, que o utilizará para implementar seus objetivos peculiares.

Vale aqui ressaltar que podem figurar como sujeito ativo, nesse caso, somente pessoas políticas de direito público e as entidades paraestatais, que são pessoas jurídicas de direito privado que realizam atividades de interesse público. A princípio, a todos os tributos pode ser aplicada a parafiscalidade. Todavia, o seu exemplo mais evidente é o das contribuições sociais, previstas no art. 195 da CF, arrecadadas e geridas pelo INSS.

O conteúdo também pode se expressar por meio da utilização de presunções e ficções jurídicas. De acordo com Paulo de Barros Carvalho (1998, p. 109), "a presunção é o resultado lógico, mediante o qual do fato conhecido, cuja existência é certa, infere-se o fato desconhecido ou duvidoso, cuja

494

CONSTRUCTIVISMO LÓGICO-SEMÂNTICO
Homenagem aos 35 anos do grupo de estudos de Paulo de Barros Carvalho

existência é, simplesmente, provável". De acordo com o autor (1998, p. 109-110), a presunção não se confunde com os indícios. A primeira, quando prevista em enunciados prescritivos, dispensa o fisco de outras providências probatórias, sendo-lhe suficiente indicar a presença físico-material do sucesso que faz presumir o fato investigado, ou seja, a ele somente compete a comprovação de que o caso se enquadra na previsão geral e abstrata que admite a utilização da presunção. O indício, por sua vez, é o motivo que desencadeia o esforço probatório. Ele é o pretexto jurídico necessário à pesquisa, na busca de se comprovar a ocorrência no mundo fenomênico. Existindo concretamente e descritos em linguagem competente, os indícios ensejarão o desencadeamento dos mecanismos de investigação. Juridicamente verificados, eles servirão de ponto de partida para se buscar a verdade, com a utilização dos meios de prova admitidos em direito.

As presunções podem ser classificadas em presunções legais e *hominis* e em relativas e absolutas. Elas diferem-se das ficções jurídicas.

A presunção legal se caracteriza por ser uma proposição prescritiva, espécie de prova indireta, composta por um fato indiciário que implique juridicamente a existência de outro fato, chamado indiciado e que se sujeite à produção de provas contrárias à existência fática dos eventos descritos por meio dela.

A presunção simples ou *hominis*, embora pressuponha uma operação lógica realizada pelo aplicador do direito, a partir de regras da experiência, segundo preceitua Maria Rita Ferragut (2005, p. 119), só adquire relevância jurídica quando vertida em linguagem competente, ou seja, quando o aplicador expedir norma individual e concreta que a contemple. Para a autora (2005, p. 119), esse raciocínio presuntivo consiste apenas em um silogismo não vertido em linguagem jurídica. Enquanto não for positivado e existir apenas na consciência do sujeito cognoscente, será completamente irrelevante para o sistema jurídico. Nesse sentido, todas as presunções seriam, na verdade, legais.

III
O DIREITO TRIBUTÁRIO EM FACE DO CONSTRUCTIVISMO LÓGICO-SEMÂNTICO

As presunções podem, ainda, ser classificadas em absolutas ou relativas, segundo a sua força probante. São chamadas absolutas as que não podem ser descontruídas por meio de apresentação de prova que infirme a ocorrência do evento e relativas, as que admitem a produção de provas em sentido contrário.

Vale ressaltar o entendimento de Maria Rita Ferragut (2005, p. 142), no que concerne às presunções relativas. Essas se caracterizam por estarem contidas em norma geral e abstrata, por poderem também configurar norma individual e concreta no ato de aplicação do direito, tratar-se de meio indireto de prova, composta por fato indiciário que implique juridicamente a existência de um fato indiciado e uma probabilidade de ocorrência do evento que se deseja provar. Elas dispensam o sujeito que as tiverem a seu favor o dever de provar a ocorrência do evento descrito no fato indiciado, mas não de provar o fato indiciário. Contudo, elas admitem prova em sentido contrário à relação de implicação estabelecida para se obter o fato indiciado, ou seja, favorável a outros indícios e contrária ao fato indiciário. Nesse sentido, as presunções relativas devem ser interpretadas restritivamente, porque a operação e subsunção do conceito do indício diretamente provado ao descrito no antecedente da norma geral e abstrata que prevê a presunção deve-se dar dentro dos limites impostos pela referida norma.

Em relação às presunções absolutas, a autora (2005, p. 151) assevera que se trata de "mandamento que deve ser acatado independentemente das provas produzidas e do convencimento pessoal provocado". Elas não devem ser usadas para instituir obrigações tributárias, porque não permitem que o sujeito, contra quem foram firmadas, apresente provas de que o evento que se pressupõe ocorrido, de fato, não aconteceu no mundo fenomênico. Nesse sentido, deve-se entender que o enunciado permanece válido no sistema jurídico como presunção relativa.

O que discerne as presunções legais das ficções jurídicas, no entender de Maria Rita Ferragut (2005, p. 126), é a probabilidade fática de ocorrência do evento descrito no fato a ser provado, independentemente de a conclusão parecer verdadeira até que sejam produzidas provas em sentido contrário. As ficções jurídicas, portanto, segundo ela (2005, p. 156) são verdades jurídicas distintas das verdades reais, ou seja, normas jurídicas que criam uma verdade legal diversa da verdade fenomênica. Elas alteram a representação dos eventos ocorridos no mundo fenomênico ao criar uma verdade jurídica que a eles não corresponde e que produzem efeitos jurídicos que prescindem da existência empírica de tais eventos que ensejariam esses efeitos, como ocorre com a consideração de que navios são bens imóveis. Diferentemente das presunções absolutas que decorrem do historicismo indiciário, verificado em momento pré-jurídico, durante o processo de enunciação, as ficções são postas pela lei sem que haja esse momento anterior, vinculado a uma espécie de tradição.

Para a construção do fato jurídico tributário somente as presunções que admitem prova em contrário podem ser utilizadas. Não se pode admitir que presunções absolutas e ficções determinem a ocorrência do evento (presumido/ficto) que se subsuma à norma geral e abstrata que prevê determinado tributo, fazendo emergir, a partir do relato em linguagem competente, a relação jurídica tributária que tenha como objeto a obrigação de recolher tributo.

Sendo assim, o conteúdo é revelado em dois momentos: na eleição, pelo legislador, das condutas intersubjetivas a serem juridicizadas, conduzindo-as para o campo da licitude ou da ilicitude, e na construção da norma jurídica, pelo intérprete, por meio do percurso gerador de sentido.

4.3 Existe forma sem conteúdo? E conteúdo sem forma?

Forma sem conteúdo é incompreensível, perde a sua razão de ser, e conteúdo sem forma, não existe. O conteúdo não prevalece sobre a forma, porque não é possível sobrepor algo não palpável. O pensamento que não se expressa não existe.

Sendo assim, não se nega o conteúdo que sempre está presente. No entanto, ele aparece no mundo do intangível, do

III

O DIREITO TRIBUTÁRIO EM FACE DO CONSTRUCTIVISMO LÓGICO-SEMÂNTICO

inefável, sendo revelado por meio da forma. Onde houver conteúdo, haverá forma. Nesse sentido, Gregorio Robles (2015, p. 393) afirma que:

> Hermenéutica y analítica apuntan, de este modo, a dos aspectos del texto que son diferentes y complementarios. La primera se dirige al sentido, la segunda a los componentes formales. La primera al contenido, la segunda a la forma. Ahora bien, el contenido no puede existir sin la forma, ni la forma puede darse sin el contenido. De ahí que en el trabajo cn los textos las dos funciones estén siempre presentes. No puedo hallar el sentido de un texto si no entiendo su estructura, y no entenderé su estructura si no comprendo su contenido. (ROBLES, 2015, p. 393)

Forma e conteúdo não revelam ideias opostas, permitindo que se opte por um em detrimento do outro. Pelo contrário. A forma é o que aparece e pressupõe um conteúdo que será atribuído pelo intérprete. Os sujeitos competentes constroem a norma jurídica a partir dos enunciados prescritivos com a finalidade de regular condutas intersubjetivas e a eles retornam para tornar objetiva a sua decisão, introduzindo, assim, novos enunciados no sistema. Esse movimento dialético entre texto e significação a ele atribuída pelo intérprete baseia-se em valores.

Após uma análise da forma, enquanto expressão do aspecto sintático da linguagem e das relações que se estabelecem entre os signos, e do conteúdo, como aspecto semântico da linguagem, revelando as relações estabelecidas entre os signos e os objetos que representa, passamos à análise de uma situação que evidencia o aspecto remanescente para a caracterização do Constructivismo Lógico-semântico, qual seja, o pragmático.

5. Grupo econômico e redirecionamento da execução fiscal

Um dos grandes desafios em que se verifica na prática o problema correlato à forma e ao conteúdo é a definição do conceito de grupo econômico para análise das hipóteses em que se pode admitir o redirecionamento da execução fiscal.

CONSTRUCTIVISMO LÓGICO-SEMÂNTICO
Homenagem aos 35 anos do grupo de estudos de Paulo de Barros Carvalho

5.1 A necessária definição de grupo econômico

A princípio, grupo econômico pode ser definido como um conjunto de sociedades empresárias que se unem para maximizar lucros e produtividade e reduzir custos. Entre elas deve haver relação de dominação exercida pela principal, que poderá atuar como controladora ou coligada. Para caracterização do grupo econômico é preciso que existam vários participantes, com personalidade jurídica própria. Deve haver a relação de dominação entre as empresas, que exercem atividade econômica. No entanto, faz-se necessário verificar se a aludida definição está em consonância com os enunciados prescritivos que poderiam ser utilizados no caso.

A controlada e coligada, definidas no art. 243 da Lei 6.404/76,[4] configurariam, junto com a controladora e com a outra coligada, o chamado grupo econômico de fato.

Por outro lado, segundo o art. 265,[5] da aludida lei, os grupos de sociedades seriam os chamados grupos econômicos

---

4. Art. 243. O relatório anual da administração deve relacionar os investimentos da companhia em sociedades coligadas e controladas e mencionar as modificações ocorridas durante o exercício.
§ 1º São coligadas as sociedades nas quais a investidora tenha influência significativa.
§ 2º Considera-se controlada a sociedade na qual a controladora, diretamente ou através de outras controladas, é titular de direitos de sócio que lhe assegurem, de modo permanente, preponderância nas deliberações sociais e o poder de eleger a maioria dos administradores.
§ 3º A companhia aberta divulgará as informações adicionais, sobre coligadas e controladas, que forem exigidas pela Comissão de Valores Mobiliários.
§ 4º Considera-se que há influência significativa quando a investidora detém ou exerce o poder de participar nas decisões das políticas financeira ou operacional da investida, sem controlá-la.
§ 5º É presumida influência significativa quando a investidora for titular de 20% (vinte por cento) ou mais do capital votante da investida, sem controlá-la.

5. Art. 265. A sociedade controladora e suas controladas podem constituir, nos termos deste Capítulo, grupo de sociedades, mediante convenção pela qual se obriguem a combinar recursos ou esforços para a realização dos respectivos objetos, ou a participar de atividades ou empreendimentos comuns.
§ 1º A sociedade controladora, ou de comando do grupo, deve ser brasileira, e exercer, direta ou indiretamente, e de modo permanente, o controle das sociedades filiadas, como titular de direitos de sócio ou acionista, ou mediante acordo com outros sócios ou acionistas.

499

III

O DIREITO TRIBUTÁRIO EM FACE DO CONSTRUCTIVISMO LÓGICO-SEMÂNTICO

de direito. Apesar de formado a partir da convenção das sociedades que os compõem, eles não possuem personalidade jurídica própria e o patrimônio das empresas continua independente, o que permite que se verifique, em dado momento, a confusão patrimonial. Nesse caso, segundo o art. 266, as relações entre as sociedades, a estrutura administrativa do grupo e a coordenação ou subordinação dos administradores das sociedades filiadas deverão ser previstas na convenção do grupo, conservando cada uma das sociedades do grupo personalidade e patrimônios distintos.

O problema atinente à definição do grupo econômico situa-se na ausência de enunciados prescritivos que deem suporte a essa descrição e de exigências específicas para a sua constituição, ou seja, para a forma que deverá adotar. Além disso, a doutrina, há pouco, se debruçou sobre o tema. Muito se tem discutido sobre a possibilidade de redirecionamento da execução fiscal em face do grupo econômico, mas sem, todavia, delimitar esse conceito.

O Tribunal Regional Federal da 3ª Região tentou fazê-lo na seguinte decisão:

> EXECUÇÃO FISCAL. SÓCIO. REDIRECIONAMENTO. RESPONSABILIDADE DE EMPRESAS. GRUPO ECONÔMICO. NÃO CARACTERIZADO. 1. A responsabilidade do sócio pelas dívidas tributárias da pessoa jurídica só é possível havendo comprovação de atuação dolosa na administração da empresa, atuando com excesso de mandato, infringência à lei ou ao contrato social. 2. A dissolução irregular da sociedade também é fundamento bastante para atrair a responsabilidade dos sócios administradores pelas obrigações da sociedade 3. O redirecionamento automático da execução na pessoa dos sócios corresponsáveis, em razão da existência de grupo econômico, não se verifica, por ora, plausibilidade dos elementos comprobatórios acerca

---

§ 2º A participação recíproca das sociedades do grupo obedecerá ao disposto no artigo 244.
Art. 266. As relações entre as sociedades, a estrutura administrativa do grupo e a coordenação ou subordinação dos administradores das sociedades filiadas serão estabelecidas na convenção do grupo, mas cada sociedade conservará personalidade e patrimônios distintos.

500

CONSTRUCTIVISMO LÓGICO-SEMÂNTICO

Homenagem aos 35 anos do grupo de estudos de Paulo de Barros Carvalho

de fraude ou abuso de poder por parte dos sócios em relação à sociedade. 4. A caracterização do grupo econômico de empresas, que se valem dessa condição para sonegar suas obrigações tributárias, requer alguns elementos que apontem esse intuito fraudatório, a ser analisado no caso concreto. Podemos assim ser exemplificá-los: empresas de um mesmo grupo econômico, apenas quando realizem conjuntamente a situação configuradora do fato gerador, não bastando o mero interesse econômico; a confusão patrimonial apta a ensejar a responsabilidade solidária na forma prevista no art. 124 do CTN, administradas pelos mesmos diretores, estando submetidas a um mesmo poder de controle, o que evidencia a existência de grupo econômico de fato; atuação num mesmo ramo comercial ou complementar, sob uma mesma unidade gerencial; empresas que exerçam atividades empresariais de um mesmo ramo e estão sob o poder central de controle; abuso da personalidade jurídica, caracterizado pelo desvio de finalidade ou pela confusão patrimonial; abuso de autoridade, sociedades sob o mesmo controle e com estrutura meramente formal, o que ocorre quando diversas pessoas jurídicas do grupo exercem suas atividades sob unidade gerencial, laboral e patrimonial; existência de fraudes, abuso de direito e má-fé com prejuízo a credores; grupo familiar definido etc. 5. Agravo de instrumento improvido. (TRF3 - 1º Turma, Processo nº 0020172-50.2014.4.03.0000, Agravo de instrumento nº 537935, Rel. Des. Fed. Luiz Stefanini, e-DJF3 Judicial 1 DATA:13/05/2015).

Uma proposta de definição do grupo econômico, com base nos enunciados prescritivos em vigor é aquela que parte das controladas e coligadas, para caracterizar o grupo econômico de fato, bem como o grupo econômico de direito, definido no art. 265, da Lei 6.404/76.

A ausência de enunciados prescritivos específicos, no que tange ao grupo econômico faz com que se conclua, em uma primeira análise, que se verifica a consagração do conteúdo, decorrente da interpretação, da análise semântica da expressão, em detrimento da forma. Todavia, passando a uma análise mais detalhada e verificada a inexistência de conteúdo sem forma, forçoso concluir que na definição do conceito de grupo econômico há apenas a preponderância do conteúdo sobre a forma, mas não apenas o conteúdo, ante a inexistência de enunciados prescritivos específicos sobre o tema.

III

O DIREITO TRIBUTÁRIO EM FACE DO CONSTRUCTIVISMO LÓGICO-SEMÂNTICO

A partir da interpretação dos enunciados prescritivos indicados (arts. 243 e 265, da Lei 6.404/76), para delimitar o conceito, a ideia, do que seja grupo econômico, torna-se possível verificar quando ele se caracteriza e quando ele não se caracteriza no caso concreto. Somente a partir disso, verificada a existência de grupo econômico no caso, deve-se analisar, então, em quais hipóteses poderá ocorrer o redirecionamento da execução fiscal.

5.2 Hipóteses em que o redirecionamento da execução fiscal é admitido

Renato Lopes Becho (2014, p. 129-132) analisa o art. 30, IX, da Lei 8.212/91,[6] em que há referência à aplicação da responsabilidade solidária pelas obrigações decorrentes dessa lei, sendo a solidariedade um dos elementos a serem considerados pelo intérprete para caracterizar o grupo econômico. No entanto, vale notar que a sujeição passiva, segundo o autor (2014, p. 132), que adota a teoria tripartite para caracterizar a norma geral tributária, é matéria reservada à lei complementar, nos termos do art. 146, III, *a*, da CF.[7] Isso obriga que a observação do disposto no art. 121, do Código Tributário Nacional (CTN),[8] norma geral

---

6. Art. 30. A arrecadação e o recolhimento das contribuições ou de outras importâncias devidas à Seguridade Social obedecem às seguintes normas:
(...)
IX - as empresas que integram grupo econômico de qualquer natureza respondem entre si, solidariamente, pelas obrigações decorrentes desta Lei;

7. Art. 146. Cabe à lei complementar:
I - dispor sobre conflitos de competência, em matéria tributária, entre a União, os Estados, o Distrito Federal e os Municípios;
II - regular as limitações constitucionais ao poder de tributar;
III - estabelecer normas gerais em matéria de legislação tributária, especialmente sobre:
a) definição de tributos e de suas espécies, bem como, em relação aos impostos discriminados nesta Constituição, a dos respectivos fatos geradores, bases de cálculo e contribuintes;

8. Art. 121. Sujeito passivo da obrigação principal é a pessoa obrigada ao pagamento de tributo ou penalidade pecuniária.
Parágrafo único. O sujeito passivo da obrigação principal diz-se:

CONSTRUCTIVISMO LÓGICO-SEMÂNTICO
Homenagem aos 35 anos do grupo de estudos de Paulo de Barros Carvalho

que distingue o contribuinte que realiza o fato imponível, do responsável, indicado pela lei, como ocorre no caso do art. 30, IX, da Lei 8.212/91. No entanto, o responsável, conforme dispõe o art. 128, do CTN,[9] deve estar vinculado ao "fato gerador" da respectiva obrigação, para que se verifique a solidariedade e, por conseguinte, a ausência do benefício de ordem, conforme art. 124, parágrafo único, do CTN.[10] Sendo assim, ressalta o autor (2014, p. 136-138) que é imprescindível, para se verificar a responsabilidade solidária, prevista no art. 30, IX, da Lei 8.212/91, que as empresas do grupo econômico tenham atuado conjuntamente para permitir a ocorrência da hipótese de incidência tributária e que haja, por força da aplicação do art. 110, do CTN,[11] o abuso da personalidade jurídica, caracterizado pelo desvio de finalidade ou confusão patrimonial, critério exigido pelo art. 50 do Código Civil (CC),[12] para que ela seja

---

I - contribuinte, quando tenha relação pessoal e direta com a situação que constitua o respectivo fato gerador;
II - responsável, quando, sem revestir a condição de contribuinte, sua obrigação decorra de disposição expressa de lei.

9. Art. 128. Sem prejuízo do disposto neste capítulo, a lei pode atribuir de modo expresso a responsabilidade pelo crédito tributário a terceira pessoa, vinculada ao fato gerador da respectiva obrigação, excluindo a responsabilidade do contribuinte ou atribuindo-a a este em caráter supletivo do cumprimento total ou parcial da referida obrigação.

10. Art. 124. São solidariamente obrigadas:
I - as pessoas que tenham interesse comum na situação que constitua o fato gerador da obrigação principal;
II - as pessoas expressamente designadas por lei.
Parágrafo único. A solidariedade referida neste artigo não comporta benefício de ordem.

11. Art. 110. A lei tributária não pode alterar a definição, o conteúdo e o alcance de institutos, conceitos e formas de direito privado, utilizados, expressa ou implicitamente, pela Constituição Federal, pelas Constituições dos Estados, ou pelas Leis Orgânicas do Distrito Federal ou dos Municípios, para definir ou limitar competências tributárias.

12. Art. 50. Em caso de abuso da personalidade jurídica, caracterizado pelo desvio de finalidade ou pela confusão patrimonial, pode o juiz, a requerimento da parte, ou do Ministério Público quando lhe couber intervir no processo, desconsiderá-la para que os efeitos de certas e determinadas relações de obrigações sejam estendidos aos bens particulares de administradores ou de sócios da pessoa jurídica beneficiados direta ou indiretamente pelo abuso.
§ 1º Para os fins do disposto neste artigo, desvio de finalidade é a utilização da

III

O DIREITO TRIBUTÁRIO EM FACE DO CONSTRUCTIVISMO LÓGICO-SEMÂNTICO

desconstituída. Sendo assim, para que a personalidade jurídica seja desconsiderada, seria necessária a demonstração de que, no caso, houve abuso de personalidade jurídica pelo desvio da finalidade precípua da empresa ou pela confusão patrimonial entre as sociedades do grupo.

Para que reste configurada a responsabilidade dos sócios e se possa realizar o redirecionamento da execução, faz-se necessário observar que há enunciados que trazem soluções específicas em cada caso, uma vez que o art. 30, IX, da Lei 8.212/91, se aplica apenas no que concerne às contribuições previdenciárias sem que se tenha verificado, no caso dolo ou fraude. Associado ao art. 50 do CC, verifica-se o preenchimento do principal requisito para o redirecionamento, qual seja, o abuso da personalidade jurídica com o desvio de finalidade ou com a confusão patrimonial.

Vale notar que a Lei 13.874/2019 promoveu significativas alterações no art. 50, do CC, incluindo as definições de desvio de finalidade e confusão patrimonial entre seus parágrafos. Assim, determina que "desvio de finalidade é a utilização da pessoa jurídica com o propósito de lesar credores e para a prática de atos ilícitos de qualquer natureza". Contudo, a mera expansão ou alteração da finalidade original da

---

pessoa jurídica com o propósito de lesar credores e para a prática de atos ilícitos de qualquer natureza.

§ 2º Entende-se por confusão patrimonial a ausência de separação de fato entre os patrimônios, caracterizada por:

I - cumprimento repetitivo pela sociedade de obrigações do sócio ou do administrador ou vice-versa;

II - transferência de ativos ou de passivos sem efetivas contraprestações, exceto os de valor proporcionalmente insignificante; e

III - outros atos de descumprimento da autonomia patrimonial.

§ 3º O disposto no caput e nos §§ 1º e 2º deste artigo também se aplica à extensão das obrigações de sócios ou de administradores à pessoa jurídica.

§ 4º A mera existência de grupo econômico sem a presença dos requisitos de que trata o caput deste artigo não autoriza a desconsideração da personalidade da pessoa jurídica.

§ 5º Não constitui desvio de finalidade a mera expansão ou a alteração da finalidade original da atividade econômica específica da pessoa jurídica.

CONSTRUCTIVISMO LÓGICO-SEMÂNTICO

Homenagem aos 35 anos do grupo de estudos de Paulo de Barros Carvalho

atividade desempenhada pela pessoa jurídica não identifica o desvio de finalidade.

A confusão patrimonial restaria configurada pela "ausência de separação de fato entre os patrimônios, caracterizada por: (i) cumprimento repetitivo pela sociedade de obrigações que sejam de sócio ou de administrador ou que estes cumpram obrigações daquela; (ii) transferência de ativos ou passivos sem contraprestações efetivas, ressalvado o repasse de valor insignificante; (iii) outros atos que atentem contra a autonomia patrimonial."

Por outro lado, o art. 135 do CTN,[13] elege também situações que já contém em si o ilícito, não havendo a necessidade de associação desse dispositivo com o art. 50 do CC, ou seja, tendo a pessoa física agido violando a lei, o contrato social ou estatuto já configura, por si só, o dolo necessário para que se determine o redirecionamento da execução em face dos sócios. Vale notar que a infração de lei que o enunciado prescritivo inclui a lei societária que define o grupo econômico de fato e de direito, nos arts. 243 e 265, da Lei 6.404/76.

Por fim, aplica-se às hipóteses remanescentes, em que houver interesse comum, conforme arts. 243 e 265, da Lei 6.404/76, sem que haja dolo ou fraude, aplica-se o art. 124, do CTN.[14]Todavia, para que haja o redirecionamento da execução é imprescindível a existência de dolo ou fraude no caso, o

---

13. Art. 135. São pessoalmente responsáveis pelos créditos correspondentes a obrigações tributárias resultantes de atos praticados com excesso de poderes ou infração de lei, contrato social ou estatutos:
I – as pessoas referidas no artigo anterior;
II – os mandatários, prepostos e empregados;
III – os diretores, gerentes ou representantes de pessoas jurídicas de direito privado.

14. Art. 124. São solidariamente obrigadas:
I - as pessoas que tenham interesse comum na situação que constitua o fato gerador da obrigação principal;
II - as pessoas expressamente designadas por lei.
Parágrafo único. A solidariedade referida neste artigo não comporta benefício de ordem.

III

O DIREITO TRIBUTÁRIO EM FACE DO CONSTRUCTIVISMO LÓGICO-SEMÂNTICO

que torna necessário o preenchimento dos requisitos previstos no art. 50 do CC para tanto.

Sendo assim, o art. 30, IX, da Lei 8.212/91, o art. 124, do CTN, e o art. 135 do CTN, podem ser utilizados como fundamento para que se determine o redirecionamento da execução fiscal, sendo, para tanto, imprescindível a verificação do dolo, que, nos dois primeiros casos deverá obedecer ao art. 50 do CC, para que reste configurado.

5.3 Da instauração do Incidente de Desconsideração da Personalidade Jurídica (IDPJ)

A desconsideração da personalidade jurídica constitui forma de intervenção de terceiros que permite incidentalmente atingir o sócio ou o administrador da pessoa jurídica, responsabilizando-o pessoalmente, naqueles casos em que a lei assim autorizar. Ela é bastante utilizada para coibir fraudes praticadas por meio da manipulação da autonomia patrimonial da pessoa jurídica.

Não havia procedimentos específicos para a desconsideração da personalidade jurídica no Código de Processo Civil (CPC) de 1973. No Código de 2015, o legislador incluiu o IDPJ no seu art. 133, §1º, que determina que ele "observará os pressupostos previstos em lei". A previsão expressa do IDPJ no CPC de 2015 objetiva harmonizar a desconsideração da personalidade jurídica com o princípio do contraditório, de modo que a responsabilização do sócio ou do administrador não seja feita mitigando-se os efeitos desse princípio.

É preciso que o sócio ou administrador possa se manifestar a respeito de questão de seu interesse em igualdade de condições com a parte contrária, tendo a possibilidade de influenciar o convencimento do magistrado. Desse modo, o contraditório se apresenta como uma das bases do CPC de 2015, o que pode ser notado especialmente de dispositivos como o art. 9º e 10.

Antes da edição do CPC de 2015, a desconsideração da personalidade jurídica no Direito Tributário se dava excepcionalmente nas hipóteses em que se verificava especialmente "excesso de poderes, infração de lei, contrato social ou estatutos", nos termos do art. 135, do CTN. Essa "infração de lei" não poderia se resumir ao descumprimento da obrigação de recolher tributo, porque se se admitisse essa hipótese, afastada seria a autonomia da personalidade da pessoa jurídica em relação às pessoas que a compõem. O STJ consagrou essa posição ao editar o Enunciado nº 430 de Súmula que determina que: "O inadimplemento da obrigação tributária pela sociedade não gera, por si só, a responsabilidade solidária do sócio-gerente".

Além disso, a responsabilidade solidária, prevista no art. 134 do CTN, em relação àqueles "nos atos em que intervierem ou pelas omissões de que forem responsáveis", era utilizada como fundamento para desconsiderar a personalidade jurídica e atingir os "sócios, no caso de liquidação de sociedade de empresas".

Desse modo, o Direito Tributário se socorria do art. 50 do CC para determinar que a "infração de lei", prevista no art. 135 do CTN, ou atos ou omissões, de acordo com o art. 134, do CTN, se referem ao "abuso de personalidade jurídica, caracterizado pelo desvio de finalidade ou pela confusão patrimonial". Nesse contexto, não se pode negar que há uma busca pelos conceitos de Direito Civil, nos termos dos arts. 109 e 110, do CTN, para que qualifiquemos os requisitos para a desconsideração, tais como simulação, dissimulação, fraude à lei, fraude, abuso de forma, abuso de direito e negócio jurídico indireto.

Após a edição do CPC de 2015, passou-se a questionar se seria necessária a adoção do IDPJ para que os sócios ou administradores pudessem ser atingidos ante a desconsideração da personalidade jurídica. Corrobora esse questionamento a aplicação subsidiária do CPC, prevista expressamente no art. 1º, da Lei 6.830/80.

Ao discutir o REsp 1.775.269 e o AREsp 1.173.201, ambos julgados pela 1ª Turma, com relatoria do Ministro Gurgel de

III
O DIREITO TRIBUTÁRIO EM FACE DO CONSTRUCTIVISMO LÓGICO-SEMÂNTICO

Faria (*DJe* 01.03.2019), o STJ se posicionou no sentido de não ser necessário instaurar o IDPJ nas hipóteses previstas nos arts. 124, II, 134 e 135, do CTN, quando os terceiros contra os quais a Execução Fiscal será redirecionada figurem na CDA.

No primeiro caso (REsp 1.775.269), foi consignado que não se deve instaurar o IDPJ nas hipóteses em que a pessoa que se pretenda alcançar figure na CDA, "após regular procedimento administrativo, ou, mesmo não estando no título executivo, o fisco demonstre a responsabilidade, na qualidade de terceiro, em consonância com os arts. 134 e 135 do CTN". Além disso, ressaltou que se o redirecionamento da execução objetivar atingir pessoa que não figura na CDA e nem restam contra ela demonstrados os requisitos para sua responsabilização, nos termos dos arts. 134 e 135, do CTN, será preciso, para tanto, comprovar "abuso de personalidade, caracterizado pelo desvio de finalidade ou confusão patrimonial, tal como consta do art. 50 do Código Civil", sendo, nesse caso, necessária a instauração do IDPJ.

Além disso, no AREsp 1.173.201, o STJ entendeu que o acórdão recorrido afastou a necessidade de instauração do IDPJ sem, contudo, aferir a atribuição de responsabilidade pela legislação invocada pela Fazenda Nacional. Para considerar desnecessário o IDPJ, deve-se aferir a responsabilidade com base nos arts. 134 e 135, do CTN, ou que a pessoa contra quem a execução será redirecionada figure na CDA.

Para afastar a aplicação do art. 133, do CPC, ao caso, o Relator destacou que o STJ firmou entendimento, ao julgar o Recurso Especial 1.431.155/PB, que "a aplicação do CPC é subsidiária, ou seja, fica reservada para as situações em que as referidas leis são silentes e no que com elas compatível". Isso porque aplicando o critério de solução de antinomias da especialidade, o CPC é lei geral, devendo prevalecer as disposições de lei especial, como ocorre com a Lei 6.830/80 (Lei de Execuções Fiscais).

CONSTRUCTIVISMO LÓGICO-SEMÂNTICO
Homenagem aos 35 anos do grupo de estudos de Paulo de Barros Carvalho

Além disso, o Relator destaca que nos termos do art. 1.062, do CPC, quando pretendeu ampliar a aplicação do IDPJ, o CPC o fez expressamente determinando que ele deverá ser observado também pelos Juizados Especiais apenas. Não há qualquer menção no que concerne às Execuções Fiscais.

No acórdão, ainda restou consignado que o art. 124 do CTN seria suficiente para responsabilizar todas as pessoas do grupo econômico solidariamente, sob o fundamento de que ainda que componham um grupo econômico, cada empresa dele integrante conserva a sua individualidade patrimonial, operacional e financeira. No entanto, a mera formação de grupo econômico não é suficiente para configurar a responsabilidade solidária, nos termos do art. 124, do CTN, conforme reiteradamente decidido pelo STJ (EREsp 859.616/RS e EREsp 834.044/RS). É preciso que reste configurada a atuação irregular e o descumprimento de obrigação tributária pelas empresas que compõem o grupo ou confusão patrimonial para que sejam assim responsabilizadas. Nesse caso, não há desconsideração da personalidade jurídica, mas imputação de responsabilidade tributária pessoal e direta, decorrente da prática de um ilícito.

6. Conclusões

1. Desde o processo de enunciação, o legislador elege conceitos, que, por sua vez, trazem em si inúmeras possibilidades de significação. Ao escolher uma dessas possibilidades, o legislador exerce seu juízo valorativo, fazendo-o em consonância com seu horizonte cultural. O direito positivo emerge enquanto objeto cultural, sendo invariavelmente portador de valor. Assim, ao gravar a conduta como lícita ou ilícita e ao escolher entre um dos modais deônticos obrigatório, proibido ou permitido, o legislador elege uma preferência, valorando a conduta. A valoração ocorre também no momento em que o intérprete, no percurso gerador de sentido, atribui valor às palavras

III

O DIREITO TRIBUTÁRIO EM FACE DO CONSTRUCTIVISMO LÓGICO-SEMÂNTICO

contidas nos enunciados prescritivos. Assim, no primeiro caso, haveria uma diretriz principiológica e, no segundo, seria produzida uma norma jurídica.

2. Considerando a unidade do sistema jurídico-positivo, faz-se necessário analisar seus quatro subsistemas para interpretar, conferir sentido aos enunciados e relacioná-los, para, por meio da interpretação, se inferir a norma jurídica, partindo dos enunciados prescritivos do direito positivo. No percurso gerador de sentido da norma jurídica, o plano da expressão (S_1), em que se observa a literalidade, isolando o texto a ser compreendido e analisando-o sintática e morfologicamente, unido ao plano do conteúdo (S_2), onde se atribui valor unitário aos signos justapostos no texto, da significação (S_3), em que se forma a norma jurídica, por meio de esquemas de juízos implicacionais, e da organização das normas (S_4), onde se aferem relações de coordenação e de subordinação da norma dentro do sistema jurídico, fazem surgir o texto da mensagem legislada. No entanto, compete salientar que, por meio do percurso gerador de sentido, se pode obter não apenas normas gerais e abstratas, mas também individuais e concretas, gerais e concretas e individuais e abstratas, dependendo do caso.

3. O Constructivismo Lógico-Semântico é um método de estudo, que confere precisão à linguagem, especialmente no que concerne à escolha dos termos e das acepções a eles empregadas. Considera-se, a partir de seu estudo, que toda linguagem tem três dimensões: (i) sintática, que revela as relações entre signos; (ii) semântica, que demonstra as relações dos signos com os objetos que eles significam; e (iii) pragmática, que revela o plano dos usos, ou seja, a relação dos signos com seus usos.

510

CONSTRUCTIVISMO LÓGICO-SEMÂNTICO
Homenagem aos 35 anos do grupo de estudos de Paulo de Barros Carvalho

4. A forma, por uma análise semiótica, liga-se diretamente à dimensão sintática da linguagem, ou seja, liga-se à lógica, ao modo como os signos relacionam-se entre si. O conteúdo, por outro lado, liga-se à dimensão semântica da linguagem, que demonstra as relações dos signos com os objetos que eles significam. Ele se revela no momento da eleição das condutas intersubjetivas a serem reguladas pelo legislador, que a elas atribui o selo da licitude ou da ilicitude e se revela também quando o intérprete, a partir dos enunciados prescritivos e com base em seu horizonte cultural, constrói a norma jurídica.

5. Forma e conteúdo não revelam ideias opostas, permitindo que se opte por um em detrimento do outro. Pelo contrário. A forma é o que aparece e pressupõe um conteúdo que será atribuído pelo intérprete. Os sujeitos competentes constroem a norma jurídica a partir dos enunciados prescritivos com a finalidade de regular condutas intersubjetivas e a eles retornam para tornar objetiva a sua decisão, introduzindo, assim, novos enunciados no sistema. Esse movimento dialético entre texto e significação a ele atribuída pelo intérprete baseia-se em valores.

6. O problema atinente à definição do grupo econômico situa-se na ausência de enunciados prescritivos que deem suporte a essa descrição e de exigências específicas para a sua constituição, ou seja, para a forma que deverá adotar. Situa-se, pois, no campo sintático. Passando a uma análise mais detalhada e verificada a inexistência de conteúdo sem forma, forçoso concluir que na definição do conceito de grupo econômico há apenas a preponderância do conteúdo, enquanto aspecto semântico, sobre a forma, ante a inexistência de enunciados prescritivos específicos sobre o tema.

III

O DIREITO TRIBUTÁRIO EM FACE DO CONSTRUCTIVISMO LÓGICO-SEMÂNTICO

7. Numa análise pragmática, o redirecionamento da execução fiscal no caso de grupo econômico de fato ou de direito, nos termos dos arts. 243 e 265, da Lei 6.404/76, deverá obedecer às seguintes regras: o art. 30, IX, da Lei 8.212/91, o art. 124 do CTN, e o art. 135, do CTN, podem ser utilizados como fundamento para que se determine o redirecionamento da execução fiscal, sendo, para tanto, imprescindível a verificação do dolo, que, nos dois primeiros casos deverá obedecer ao art. 50 do CC, para que reste configurado.

8. Após a edição do CPC de 2015, passou-se a questionar se seria necessária a adoção do IDPJ para que os sócios ou administradores pudessem ser atingidos ante a desconsideração da personalidade jurídica. Corrobora esse questionamento a aplicação subsidiária do CPC, prevista expressamente no art. 1º, da Lei 6.830/80. Ao discutir o REsp 1.775.269 e o AREsp 1.173.201, ambos julgados pela 1ª Turma, com relatoria do Ministro Gurgel de Faria (*DJe* 01.03.2019), o STJ se posicionou no sentido de não ser necessário instaurar o IDPJ nas hipóteses previstas nos arts. 124, II, 134 e 135, do CTN, quando os terceiros contra os quais a Execução Fiscal será redirecionada figurem na CDA.

Referências

ALEXANDER, Larry. "With Me, It's All er Nuthin": Formalism in Law and Morality. In: *The University of Chicago Law Review*, Vol. 66, No. 3 (Summer, 1999), p. 530-565.

ATIYAH, P. S.; SUMMERS, Robert. *Form and substance in Anglo-american Law:* A Comparative Study in Legal Reasoning, Legal Theory, and Legal Institutions. Oxford: Clarendon Press, 1987, p. 1-31.

BALEEIRO, Aliomar. *Limitações constitucionais ao poder de tributar.* Rio de Janeiro: Forense, 2006.

CONSTRUCTIVISMO LÓGICO-SEMÂNTICO
Homenagem aos 35 anos do grupo de estudos de Paulo de Barros Carvalho

BECHO, Renato Lopes. *Responsabilidade tributária de terceiros:* CTN, arts. 134 e 135. São Paulo: Saraiva, 2014.

BECKER, Alfredo Augusto. *Teoria geral do direito tributário.* 4º ed. São Paulo: Noeses, 2007.

BIX, Brian. Form and Formalism. *In: Ratio Juris.* March 2007, Vol. 20, p. 45-55.

CARVALHO, Aurora Tomazini de. *Curso de teoria geral do direito:* o construtivismo lógico-semântico. 3ª ed. São Paulo: Noeses, 2013.

_____. Constructivismo Lógico-Semântico como método de trabalho na elaboração jurídica. *In:* CARVALHO, Paulo de Barros (Coord.). *Constructivismo lógico-semântico.* Vol. I. São Paulo: Noeses, 2014, p. 13-39.

CARVALHO, Paulo de Barros. A prova no procedimento administrativo-tributário *in Revista dialética de direito tributário,* nº 34, p. 104-116, 1998.

_____. *Curso de direito tributário.* 27. ed. São Paulo: Saraiva, 2017.

_____. *Direito tributário:* linguagem e método. 6ª ed. São Paulo: Noeses, 2015.

FERRAGUT, Maria Rita. *Presunções no direito tributário.* 2ª ed. São Paulo: Quartier Latin, 2005.

_____. *Responsabilidade tributária e o Código Civil de 2002.* 3ª ed. São Paulo: Noeses, 2013.

FLUSSER, Vilém. *Língua e realidade.* 3ª ed. São Paulo: Annablume, 2007.

FOUCAULT, Michel. *A verdade e as formas jurídicas.* 3ª ed. Rio de Janeiro: Nau Editora, 2002.

III

O DIREITO TRIBUTÁRIO EM FACE DO CONSTRUCTIVISMO LÓGICO-SEMÂNTICO

GUASTINI, Riccardo. *Interpretar y argumentar.* Madrid: Centro de Estudios Políticos e Constitucionales, 2014.

HARET, Florence. *Teoria e prática das presunções no direito tributário.* São Paulo: Noeses, 2010.

KELSEN, Hans. *Teoria pura do direito.* 8ª ed. São Paulo: Martins Fontes, 2015.

MAXIMILIANO, Carlos. *Hermenêutica e aplicação do direito.* 16ª ed. Rio de Janeiro: Forense, 1996.

ROBLES, Gregorio. *Teoría del derecho:* fundamentos de la teoría comunicacional del derecho. Vol. II. Madrid: Civitas, 2015.

SCHAUER, Frederick. Formalism. *In: The Yale Law Journal.* March 1988, vol. 97, number 4, p. 509-548.

SOPER, Philip. Form and substance in law. *In: Ratio Juris.* March 2007, vol. 20, p. 56-65.

VILANOVA, Lourival. *As estruturas lógicas e o sistema de direito positivo.* 4ª ed. São Paulo: Noeses, 2010.

RESPONSABILIDADE DO SÓCIO ADMINISTRADOR NA DISSOLUÇÃO IRREGULAR DA PESSOA JURÍDICA (ART. 135 do CTN) E O POSICIONAMENTO DO CARF

Danielle Mariotto Sanches Dias da Silva[1]

Paula França Porto[2]

1. Introdução

A variedade de entendimentos acerca do redirecionamento da responsabilidade do contribuinte para o sócio-gestor na dissolução da pessoa jurídica vem causando insegurança jurídica ao administrador, por não saber os critérios objetivos para tal ocorrência.

Posto isto, o objetivo do trabalho é responder às seguintes perguntas: (i) A norma de responsabilidade é uma norma geral e abstrata e, portanto, autônoma da regra-matriz de incidência tributária? (ii) Qual norma de responsabilidade, solidária

---

1. Mestranda em Direito Tributário no Instituto Brasileiro de Estudos Tributários – IBET. Especialista em Direito Tributário pelo Instituto Brasileiro de Estudos Tributários – IBET. Advogada.

2. Especialista em Direito Tributário pelo Instituto Brasileiro de Estudos Tributários – IBET. Advogada.

III

O DIREITO TRIBUTÁRIO EM FACE DO CONSTRUCTIVISMO LÓGICO-SEMÂNTICO

ou subsidiária, é aplicada à dissolução irregular da pessoa jurídica? e, (iii) Qual norma de responsabilidade o CARF[3] vem aplicando aos casos de dissolução irregular de pessoa jurídica?

Para isto, adotaremos no presente trabalho a teoria do *Construtivismo Lógico-Semântico*, que se utiliza do movimento do Giro-linguístico, da Semiótica, da lógica e da Teoria dos Valores, para o conhecimento do objeto, qual seja, o direito positivo e a ciência do direito. Partindo desta premissa, analisaremos sob os aspectos sintático, semântico e pragmático das normas jurídicas de responsabilidade provenientes da dissolução irregular da pessoa jurídica.

Sob o aspecto da pragmática, analisaremos a jurisprudência do CARF, no período compreendido entre 01 de julho de 2014 a 30 de julho de 2019, quanto à responsabilidade na dissolução irregular da pessoa jurídica.

Por fim, confrontaremos a norma jurídica de responsabilidade com a pragmática para poder concluir e responder às perguntas objeto deste estudo e verificar se o CARF está se utilizando de instrumentos e critérios jurídicos, bem como se está violando o princípio da segurança jurídica.

2. O direito e a construção de sentido à luz do constructivismo-lógico semântico

Para análise do que se propõe, deve estar clara a premissa adotada, qual seja o Constructivismo Lógico-Semântico. Por meio deste método, busca-se conhecer o Direito Positivo, que é objeto cultural, dentro de um referencial filosófico bem demarcado, construindo-se um discurso científico com estrutura e conteúdo sólido.

Como bem elucida Aurora Tomazini de Carvalho,[4] o cientista deve seguir um método *"desde o início até o final de sua ati-*

---

3. CARF: Conselho Administrativo de Recursos Fiscais.

4. CARVALHO, Aurora Tomazini de. *Curso de teoria geral do direito.* 3ªed. São Paulo: Noeses, 2013, p. 49.

516

CONSTRUCTIVISMO LÓGICO-SEMÂNTICO
Homenagem aos 35 anos do grupo de estudos de Paulo de Barros Carvalho

vidade cognoscitiva, para que suas proposições tenham sentido e coerência, caso contrário põe em risco a ordenação lógico-semântica de suas ideias e a própria construção de seu objeto."

Assim, à luz do que enuncia a teoria desenvolvida por Paulo de Barros Carvalho,[5] o direito é visto como sistema de comunicação, voltado à expedição de ordens reguladoras de condutas humanas intersubjetivas,[6] harmonizando e implementando os valores perseguidos pela sociedade no tempo histórico, por meio da expedição de enunciados prescritivos.

Temos, então, que o direito é regulador de conduta intersubjetiva que se manifesta na forma de linguagem, produzida pelo intérprete. Este, ao aplicar a norma jurídica *à* conduta deverá observar tantos outros comandos já preestabelecidos pelo sistema jurídico.[7]

Porém, embora essa pré-ordenação dos comportamentos possíveis seja apenas instigada pelo mecanismo linguístico a serviço do instrumento jurídico, a linguagem nunca toca a conduta por ela regulado, efeito verificado na curva assintótica. Isto porque a linguagem não modifica os objetos, mas têm por fim, modificar a conduta dos sujeitos.

O legislador, em sentido amplo, vale-se de hábitos sociais, crenças, para normatizar referidas condutas, por meio de um juízo hipotético-condicional e abstrato, destinado a regular o comportamento humano face às relações sociais, inclusive para dirimir possíveis conflitos de forma justa.

Tem-se, nesse momento, o *processo de enunciação*, de onde se tece a disciplina da conduta entre as pessoas, dobrando-se aos valores de uma sociedade, fazendo nascer o direito.

---

5. CARVALHO, Paulo de Barros. *Direito tributário, linguagem e método*. 6ª ed. São Paulo: Noeses, 2015, p. 168.

6. Não é objeto do direito a regulação de condutas intrassubjetivas.

7. Para *Paulo de Barros Carvalho, Sistema "um conjunto de elementos relacionados entre si e aglutinados perante uma referência determinada, teremos a noção fundamental de **sistema**"*. (in *Curso de direito tributário*. São Paulo: Noeses, 2005, p. 132).

III
O DIREITO TRIBUTÁRIO EM FACE DO CONSTRUCTIVISMO LÓGICO-SEMÂNTICO

Desse modo, o *Constructivismo Lógico-Semântico* pretende utilizar como instrumento para o conhecimento do *direito* os planos da Semiótica, da Lógica, da Filosofia da Linguagem e da Teoria dos Valores. Tudo isso, permitindo um exame analítico e aprofundado do conhecimento da linguagem jurídica, com redução da vagueza e ambiguidade[8] dos termos utilizados e do sistema.

No plano da semiótica – *Teoria Geral dos Signos* –, volta-se ao estudo da linguagem, cuja unidade elementar é o signo.[9] É uma das técnicas de estudo do direito positivo.

Expõe com propriedade e mestria Paulo de Barros Carvalho:[10]

> Como unidade de um sistema que permite a comunicação inter-humana, signo é um ente que tem o *status* lógico de relação. Nele, um suporte físico se associa a um significado e a uma significação, para aplicarmos a terminologia husserliana. O suporte físico da linguagem idiomática é a palavra falada (ondas sonoras, que são matéria, provocadas pela movimentação de nossas cordas vocais no aparelho fonético) ou a palavra escrita (depósito de tinta no papel ou de giz na lousa). Esse dado, que integra a relação sígnica, como o próprio nome indica, tem natureza física, material. Refere-se a algo do mundo exterior ou interior, da existência concreta ou imaginária, atual ou passada, que é seu significado; e suscita em nossa mente uma noção, ideia ou conceito, que chamamos de "significação".

Daí conclui-se que, somente pelo processo comunicacional é possível a regulamentação das condutas intersubjetivas, por meio da imposição das formas normativas com a produção de linguagem própria, qual seja, a linguagem das normas.

Toda a linguagem pode ser composta nos planos da: (i) sintática ou sintaxe – relações dos signos entre si; (ii) semântica

---

8. Vagueza: característica ou condição do que é vago, que se apresenta de maneira incerta ou imprecisa. Ambiguidade: duplicidade de sentidos, característica de alguns termos, expressões, sentenças que expressam mais de uma acepção ou entendimento possível.

9. "Cada signo é em si mesmo não o que a coisa se apresenta para interpretar, mas a interpretação de outros signos." (LINS, Robson Maia. *Curso de direito tributário brasileiro*. São Paulo: Noeses, 2019, p. 13)

10. CARVALHO, Paulo de Barros. *Direito tributário, linguagem e método*. 5ª ed. São Paulo: Noeses, 2013, p. 33.

– relação do signo com o objeto que o signo está representando; e (iii) pragmática – relação dos signos com os usuários, isto é, como os emissores e os destinatários lidam com o signo no contexto comunicacional.

Mais uma vez, indispensável citar a lição do Prof. Paulo de Barros Carvalho, que nos elucida:

> Aplicando esta técnica ao direito positivo, o estudo de seu plano sintático, que tem a Lógica como forte instrumento, permite conhecer as relações estruturais do sistema e de sua unidade, a norma jurídica. O ingresso no seu plano semântico possibilita a análise dos conteúdos significativos atribuídos aos símbolos positivados. É nele que lidamos com os problemas de vaguidade, ambiguidade e carga valorativa das palavras e que estabelecemos a ponte que liga a linguagem normativa à conduta intersubjetiva que ela regula. E, as investidas de ordem pragmática permitem observar o modo como os sujeitos utilizam-se da linguagem jurídica para implantar certos valores almejados socialmente. É nele que se investiga o manuseio dos textos pelos tribunais, bem como questões de criação e aplicação de normas jurídicas.[11]

Logo, o *direito positivo* é a linguagem que se forma entre a teoria e a prática, uma linguagem técnica construída a partir da experiência. Isto é, a partir do texto[12] que o cientista jurídico constrói as significações.

No mais, para o estudo da *norma* é imprescindível o ingresso na *Teoria dos Valores* (axiologia), uma vez que o conteúdo normativo é formado por *significações* construídas a partir da interpretação *"e esta interpretação constitui-se num processo de atribuição de valores aos símbolos positivados.*[13]*"*

Diante disto, pretende-se analisar o produto de um processo de enunciação (enunciados) materializado no suporte

---

11. CARVALHO, Paulo de Barros. *Curso de direito tributário*. 20. ed. São Paulo: Saraiva, 2008, p. 98

12. Texto entendido como suporte material onde estão gravadas as mensagens.

13. CARVALHO, Aurora Tomazini de. *Curso de teoria geral do direito*. 3ª ed. São Paulo: Noeses, 2013, p. 270.

III

O DIREITO TRIBUTÁRIO EM FACE DO CONSTRUCTIVISMO LÓGICO-SEMÂNTICO

físico denominado texto, pelo CARF, por meio do Constructivismo Lógico-Semântico.

3.   Análise sintática das normas jurídicas

Norma jurídica, na qualidade de expressão linguística, pode gerar variação de sentido, posto isto, adotaremos a classificação de norma jurídica em sentido amplo e de norma jurídica em sentido estrito.

A norma jurídica é uma estrutura lógico-sintática de significação, obtida pela construção dos sentidos dos textos jurídicos por meio dos quatro subsistemas interpretativos: (a) S1 – é o subsistema da expressão ou enunciado prescritivo; (b) S2 – é o subsistema das significações construídas isoladamente a partir dos enunciados; (c) S3 – é o subsistema das normas jurídicas com expressões completas de significação deôntico-jurídica; e (d) S4 – neste subsistema, há a relação de coordenação e subordinação sistêmica, que denotam as normas jurídicas em sentido estrito.

Sendo o espiral hermenêutico a demonstração do processo de significação, e que evidencia que a cada subsistema, tem por "inspiração" a eterna volta ao S1 (que é o texto, o enunciado prescritivo).

Por *normas jurídicas em sentido amplo* entende-se qualquer enunciado prescritivo, tomado como suporte físico, e às proposições jurídicas construídas pelo intérprete a partir daqueles, sem sentido deôntico completo. Significa dizer que no percurso gerador de sentido das normas os enunciados constam no subsistema S1 e o das proposições isoladas estão contidos no S2.

Já, a acepção de *norma jurídica em sentido estrito*, compreende a significação deôntico-jurídica completa, estruturada na forma lógica de um juízo hipotético-condicional, composta pela associação de duas ou mais proposições prescritivas, e apresenta sempre dois vínculos relacionais pelo operador deôntico: (a) o vínculo *interproposicional*, operado

520

pelo functor deôntico neutro, chamado de functor-de-functor (D), que relaciona o antecedente e o consequente da norma jurídica, e (b) o vínculo *intraproposicional*, onde o operador deôntico é modalizado e opera nas formas do obrigatório, permitido e proibido, relacionando dois sujeitos de direito em torno do objeto prestacional.

Portanto, as normas jurídicas em sentido estrito são significações construídas a partir dos textos positivados e estruturadas consoante a forma lógica dos juízos hipotéticos-condicionais, arranjadas numa relação de coordenação e subordinação, que se inter-relacionam.

Não confundamos, portanto, a norma jurídica em sentido estrito com a norma jurídica completa, até porque toda norma jurídica completa é norma jurídica em sentido estrito, mas nem toda norma em sentido estrito é norma jurídica completa.

Constitui a norma jurídica completa, aquela composta por uma estrutura dual: norma primária e norma secundária, que não indicam relações de ordem temporal.

Na norma primária, encontra-se a norma dispositiva e a norma sancionatória, cuja relação de direitos e deveres entre sujeitos distintos se dá em torno de uma obrigação que se estabelece diante da concretização de sua hipótese.

O prescritor normativo, que está no consequente, aponta para um fato jurídico, onde está presente elementos que revelam, apontam, denunciam a conduta humana intersubjetiva.

III
O DIREITO TRIBUTÁRIO EM FACE DO CONSTRUCTIVISMO LÓGICO-SEMÂNTICO

Nesse sentido, esclarece Paulo de Barros Carvalho:

> Ocorrido o fato jurídico tributário, instala-se a relação dele decorrente, denominada "obrigação tributária". Esta é composta por dois sujeitos, sendo um – o sujeito ativo – o titular do direito subjetivo público de exigir o cumprimento da prestação pecuniária equivalente ao tributo, e outro – o sujeito passivo, portador do dever jurídico de adimplir referida prestação.[14]

Já, a norma secundária trará na sua hipótese o descumprimento do consequente da norma primária, e sua consequência será a aplicação pelo Estado-Juiz de uma providência sancionadora.

Leciona com mestria FABIANA DEL PADRÉ TOMÉ:[15]

> A hipótese da norma primária descreve um fato de conteúdo econômico de possível ocorrência no mundo real, enquanto a hipótese da norma secundária descreve o descumprimento da conduta prescrita na consequência da norma primária. Com relação aos consequentes: na norma primária, o consequente prescreve direitos e deveres, frente à concretização da sua hipótese; o consequente da norma secundária prescreve uma providência sancionadora, a ser aplicada pelo Estado-Juiz, frente ao descumprimento do consequente da norma primária.

Em linguagem formalizada, temos:

(i) Norma jurídica primária

$$D[H \rightarrow R´(S´ \cdot S´´)];$$

(ii) Norma jurídica secundária

$$D[F (S´ \cdot S´´) \rightarrow R´´(S´ \cdot S´´´)];$$

(iii) Norma jurídica completa

$$D\{[H \rightarrow R´(S´ \cdot S´´)] \ v \ [F (S´ \cdot S´´) \rightarrow R´´(S´ \cdot S´´´)]\}$$

---

14. CARVALHO, Paulo de Barros. *Direito tributário, linguagem e método*. São Paulo: Noeses, 2013, p. 631.

15. TOMÉ, Fabiana Del Padre. *Contribuições para a seguridade social à luz da Constituição Federal*. Curitiba: Juruá, 2002, p. 46 et seq.

Como visto, a norma primária prescreve em seu consequente uma relação jurídica entre dois sujeitos de direito, enquanto na norma secundária prescreve outra relação jurídica estabelecida entre o mesmo sujeito ativo da norma primária, mas com outro sujeito (S´´´), o Estado-Juiz, que integra o polo passivo da relação jurídica exercitando sua função jurisdicional.

No antecedente da norma secundária, o que se verifica é a falta de algum ou alguns dos 5 elementos[16] que compõem a relação jurídica tributária, razão pela qual é expressada em linguagem competente por outra variável que não a negativa do consequente da norma jurídica primária.

O relacionamento entre a norma primária e secundária se dá pelo conectivo disjuntor includente "v", que demonstra que ambas as normas são válidas simultaneamente, contudo a aplicação de uma afasta a aplicação da outra.

3.1 Análise dos sujeitos passivos na relação jurídica tributária

A relação jurídica tributária forma-se entre um sujeito ativo (detentor da capacidade tributária ativa) e um sujeito passivo (detentor da capacidade tributária passiva), tendo por objeto algo ligado, de maneira direta ou indireta, ao tributo.

Assim, podemos dizer que a sujeição passiva é a posição daquele que ocupa o polo passivo da relação jurídica tributária, determinada e individualizada pela realização do fato jurídico tributário; é onde estará aquele sobre quem recairá o dever de cumprir a obrigação tributária ou deveres instrumentais. Em suma, sujeição passiva é a parte da relação jurídica encontrada no critério pessoal, representada pelo sujeito passivo, isto é, pela pessoa – sujeito de direitos – física ou jurídica, privada ou pública, de quem se exige o cumprimento da prestação.

---

16. Os 5 elementos da relação jurídica tributária são: sujeito ativo, sujeito passivo, obrigação, direito subjetivo do sujeito passivo para com o sujeito ativo e, o dever jurídico do sujeito ativo para com o sujeito passivo.

III

O DIREITO TRIBUTÁRIO EM FACE DO CONSTRUCTIVISMO LÓGICO-SEMÂNTICO

O sujeito passivo é a pessoa da relação jurídica tributária (sujeito de direitos) que, na definição do art. 121, do CTN, está obrigada ao pagamento de tributo ou penalidade pecuniária, seja ela pessoa física ou jurídica, privada ou pública; é aquele responsável pela satisfação da obrigação, de quem se exige o cumprimento da prestação, seja ela pecuniária ou deveres instrumentais, que poderá recair sobre um contribuinte (parágrafo único, inciso I, do art. 121, CTN) ou um responsável (parágrafo único, inciso II, do art. 121, CTN), nos termos da lei.

O contribuinte é o sujeito passivo da relação jurídica tributária, dotado de capacidade contributiva, que tenha relação pessoal e direta com a situação que constitua o respectivo fato gerador (CTN, art. 121, I).

Assim, para ser contribuinte, é condição necessária que se tenha praticado o fato jurídico tributário e, cumulativamente, encontre-se no polo passivo da obrigação tributária.

Já, o responsável tributário é aquele que não tenha relação direta e pessoal com o fato jurídico tributário, cuja obrigação relativa ao pagamento do tributo decorre de disposição legal, acrescida ao vínculo indireto com o fato gerador. A lei que o prevê não realiza a hipótese de incidência.

No caso, o substituto tributário é aquele a quem a lei atribui o dever de arcar com a prestação tributária, fazendo às vezes de devedor; isto é, a terceira pessoa, que participa de operações anteriores ou posteriores na cadeia de produção e comercialização, a quem a lei atribui responsabilidade por crédito tributário, excluindo a responsabilidade do contribuinte (substituído).

Esclarecido quem pode figurar como sujeito passivo, nos debruçaremos sobre o responsável tributário, que é objeto de estudo deste trabalho.

3.2 Análise sintática das normas de responsabilidade

Para compreensão da análise sintática das normas de responsabilidade, incialmente se faz necessário adentrar na classificação das espécies normativas, uma vez que diante da classificação poderemos vislumbrar qual classe da norma jurídica a norma de reponsabilidade se enquadrará.

Cumpre esclarecer que a lógica das classes como a lógica das relações se referem a predicados.[17]Contudo, *"La Lógica de Clases viene centrada en la "extensión de los predicados monádicos". "La extensión de los predicados diádicos, triádicos, tetrádicos, Poliádicos, constituye Relaciones".*[18]

A classificação utilizará da propriedade de um elemento, diante de um juízo, como critério para distribuir entre classes os objetos em análise e, o fará para identificar elementos similares. No direito, a classificação é utilizada para aplicação do regime jurídico àquela determinada classe.

Sobre o mesmo objeto de análise pode recair mais de uma classificação, a critério do sujeito cognoscente e diante do que se pretende estudar, uma vez que para o aprofundamento do saber, se faz necessário cortes metodológicos.

Na classificação das normas jurídicas, expõe com clareza Sílvia Regina Zomer:[19]

> Trabalharemos com as classes "abstrata" e "concreta", quando nos referirmos ao modo como se trata o fato descrito no antecedente, de tal forma que a tipificação (conotativa) do fato previsto na hipótese normativa, qualificará uma previsão abstrata (de possível ocorrência, ou seja, dirige-se ao futuro), e a descrição (denotativa) de um evento ocorrido, especificado no tempo e no espaço, no antecedente da norma a qualificará como concreta (reporta-se, portanto, ao passado); e, com as classes "geral" e "individual", quando

---

17. O predicado indica as propriedades ou relações atribuíveis a um sujeito. Os predicados são classificados em: (i) predicados monádicos, as qualidades que se referem a um indivíduo; e (ii) predicados poliádicos, as propriedades vinculam dois ou mais indivíduos.

18. BARRIO, Tarsício Jañez. *Lógica jurídica:* argumentación e interpretación. 5ª ed. Caracas: Universidad Católica Andrés Bello, 2011, p. 421.

19. ZOMER, Silvia Regina. *Lançamento tributário análise da norma individual e concreta pela óptica do Constructivismo lógico-semântico.* São Paulo: Intelecto Editora, 2016, p. 47.

III

O DIREITO TRIBUTÁRIO EM FACE DO CONSTRUCTIVISMO LÓGICO-SEMÂNTICO

> nos referirmos a quem se dirige à norma produzida: geral, quando se dirigir a sujeitos indeterminados, e individual, quando se puder identificar o indivíduo ou grupo ao qual se dirige a norma.

Diante das classificações de estrutura da norma jurídica primária em sentido estrito, teremos quatro espécies de normas: (i) norma geral e abstrata; (ii) norma geral e concreta; (iii) norma individual e abstrata; e (iv) norma individual e concreta.

Adentrando ao espectro da norma de responsabilidade, adotamos o entendimento que o objeto da pretensão está na hipótese da norma jurídica primária dispositiva, classificando-a como norma geral e abstrata.

O legislador tributário, diante dos limites estabelecidos pela Constituição Federal, elege o sujeito passivo que irá compor a hipótese da regra-matriz de incidência. O sujeito passivo tem relação com o fato jurídico tributário, e este poderá ser pessoa física ou jurídica, pública ou privada, e ter condição de responsável, substituto ou solidário pela obrigação tributária.

Esclarece com mestria Paulo de Barros Carvalho:

> A obrigação tributária, entretanto, só se instaurará com sujeito passivo tributário que integre a ocorrência típica, limite constitucional da competência do legislador tributário. Em consequência, somente pode ocupar a posição de sujeito passivo tributário quem estiver em relação com o fato jurídico praticado.[20]

O legislador escolhe um sujeito que participa direta ou indiretamente com o fato jurídico tributário, observando o princípio da capacidade contributiva, uma vez que isto implicará a escolha do sujeito passivo que tenha relação com a obrigação tributária.

A norma de responsabilidade é norma jurídica tributária dispositiva autônoma que faz incidir sobre um fato jurídico tributário. Portanto, não se refere **à** norma sancionadora e sequer norma jurídica não tributária.

---

20. CARVALHO, Paulo de Barros. *Direito tributário, linguagem e método*. São Paulo: Noeses, 2013, p. 633.

Ainda, esclarece Maria Rita Ferragut:[21]

> Em hipótese afirmativa, teríamos duas normas gerais e abstratas (a regra-matriz e a norma de responsabilidade, separadas didaticamente) e duas normas individuais e concretas (a da constituição do crédito em face do contribuinte ou outro terceiro, e a que alterar a sujeição passiva dessa primeira norma, prevendo o responsável como sujeito passivo).

Verifica-se a possibilidade de existir, vertida em linguagem competente, apenas a norma individual e concreta de responsabilidade, nos casos em que o responsável aparece como sujeito passivo da relação desde o início.

Necessário mencionar que a norma individual e concreta de responsabilidade será fruto da positivação da norma geral e abstrata de responsabilidade em aferição com a regra-matriz de incidência do tributo e, neste caso será afastada, necessariamente, a pessoa jurídica do polo passivo da relação processual, contribuinte direto.

4. Análise semântica das normas de responsabilidade provenientes da dissolução irregular da pessoa jurídica

Ao estabelecermos a definição e os limites que compreendem o objeto em estudo, estamos fazendo uma classificação. E definir (definição conotativa) é explicitar as propriedades que os elementos devem ter para pertencer a um conceito.

Paulo de Barros Carvalho[22] esclarece com propriedade:

> definir é operação lógica demarcatória dos limites, das fronteiras, dos lindes que isolam o campo de irradiação semântica de uma ideia, noção ou conceito. Com a definição, outorgamos à

---

21. FERRAGUT, Maria Rita. *Responsabilidade tributária e o Código Civil de 2002*. 3ª ed. São Paulo: Noeses, 2013, p. 40.

22. CARVALHO, Paulo de Barros. *Direito tributário, linguagem e método*. 5ª ed. São Paulo: Noeses, 2013, p. 120.

III

O DIREITO TRIBUTÁRIO EM FACE DO CONSTRUCTIVISMO LÓGICO-SEMÂNTICO

ideia sua identidade, que há de ser respeitada do início ao fim do discurso.

Para que o intérprete possa definir, ele se socorre do princípio da intertextualidade e da inesgotabilidade do sistema jurídico. Desta feita, o sujeito do conhecimento constrói a significação diante da conversação entre os textos intrassistêmicos e extrassistêmicos.[23]

Partindo deste pressuposto, definiremos a dissolução irregular da pessoa jurídica como ato ilícito praticado em razão da extinção da sociedade sem a devida regularização do registro e sem a sua liquidação, nos moldes do Código Civil e da Lei 11.101/2005.

A esse respeito, o Superior Tribunal de Justiça editou a Súmula 435, que estabelece: "presume-se dissolvida irregularmente a empresa que deixar de funcionar no seu domicílio fiscal, sem comunicação aos órgãos competentes, legitimando o redirecionamento da execução fiscal para o sócio-gerente".

A dissolução irregular da sociedade é caracterizada como infração à lei, ensejando, portanto, a responsabilidade dos sócios pelas dívidas da pessoa jurídica, nos termos do art. 135, inciso III, do Código Tributário Nacional.[24]

Cumpre esclarecer que, aos sócios-gerentes a *"infração à lei"*, de que trata o *caput* do referido art. 135, é a legislação societária e, não toda e qualquer lei, nem mesmo leis tributárias, especificamente. Ou seja, trata daquela lei *"que disciplina a conduta das pessoas indicadas nos incisos, no desempenho das respectivas funções."*[25]

---

23. Modo como atua a completabilidade do sistema jurídico tributário.

24. Art. 135, CTN: *"São pessoalmente responsáveis pelos créditos correspondentes a obrigações tributárias resultantes de atos praticados com excesso de poderes ou infração de lei, contrato social ou estatutos: (...) III – os diretores, gerentes ou representantes de pessoas jurídicas de direito privado."*

25. FUNARO, Hugo. Sujeição Passiva Indireta no Direito Tributário Brasileiro – As Hipóteses de Responsabilidade pelo Código Tributário Naional. *in: Série Doutrina*

Para que haja o redirecionamento, é necessário demonstrar e provar em linguagem competente a responsabilidade do sócio-gerente pela prática de atos dolosos, fraudulentos e contrários ao estatuto social. Do contrário, o mero inadimplemento não é suficiente para imputar a responsabilidade ao sócio-gestor.

Superado isto, da dissolução irregular só podem derivar dois tipos de responsabilidade: a solidária ou a subsidiária.

4.1 Análise semântica das normas de responsabilidade: solidária e subsidiária

Como já sinalizado, o objeto deste estudo é a análise da responsabilidade do sócio-gerente gerada pela dissolução irregular da pessoa jurídica. Para referida análise, trazemos a classificação do sujeito passivo adotada por nós:

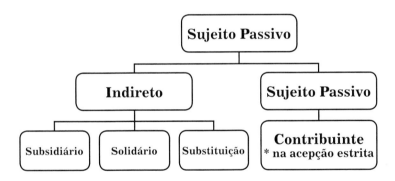

Posta esta classificação, esclarecemos que restringiremos o estudo sobre a responsabilidade subsidiária e solidária, visto ser apenas estas as possíveis de averiguação diante do art. 135, III, do CTN.

A sujeição passiva subsidiária se caracteriza pelo devedor subsidiário responder pela obrigação tributária apenas na eventualidade de ser impossível o adimplemento pelo devedor principal. Já, a sujeição passiva solidária se dá quando

---

Tributária Vol. X. São Paulo: Quartier Latin, 2013, p. 130.

III

O DIREITO TRIBUTÁRIO EM FACE DO CONSTRUCTIVISMO LÓGICO-SEMÂNTICO

"mais de uma pessoa figura como sujeito passivo do tributo, a diferença é que qualquer um deles pode ser compelido ao seu pagamento integral, sem ordem de preferência.[26]*"*

Para a análise de qual norma de responsabilidade será aplicada aos casos de dissolução irregular, se faz necessário voltar-se ao art. 124 do CTN que dispõe:

> Art. 124. São solidariamente obrigadas:
>
> I - as pessoas que tenham interesse comum na situação que constitua o fato gerador da obrigação principal;
>
> II - as pessoas expressamente designadas por lei.
>
> Parágrafo único. A solidariedade referida neste artigo não comporta benefício de ordem.

Observa-se que o art. 124 do CTN é taxativo ao estabelecer as situações a que se aplicam a obrigação solidária e a dissolução irregular não se encontra em nenhuma das duas hipóteses trazidas pelo dispositivo.

Ainda, analisando o art. 121, II, do CTN, se depreende que a responsabilidade da obrigação principal, sem revestir a condição de contribuinte, será decorrente de disposição expressa de lei.

A partir destes pressupostos podemos afirmar que a responsabilidade do art. 135, CTN é subsidiária. Assim entende Renato Lopes Becho:[27]

> Não há solidariedade no artigo 135, o que significa que as pessoas jurídicas não são responsáveis pelos tributos devidos por seus administradores (diretores, gerentes ou representantes), que devem pessoalmente os tributos na tipificação do artigo 135.
>
> Teríamos que referida separação (entre pessoas físicas e jurídicas) valeria apenas para os atos lícitos, o que não é de todo inverídico, mas para afastar a pessoalidade da empresa é preciso caminho próprio (desconsideração da personalidade jurídica).

---

26. DARZÉ, Andrea M. *Responsabilidade tributária:* solidariedade e subsidiariedade. São Paulo: Noeses, 2010, p. 139.

27. BECHO, Renato Lopes. *Sujeição passiva e responsabilidade tributária.* São Paulo: Dialética, 2000, p. 178.

CONSTRUCTIVISMO LÓGICO-SEMÂNTICO

Homenagem aos 35 anos do grupo de estudos de Paulo de Barros Carvalho

> Sem haver cautela, se a passagem da pessoa jurídica para a pessoa física (sócio ou administrador) puder ser feita sem critérios rígidos, nós teremos rompido com uma estrutura milenar de separação, com prejuízo evidente para o desenvolvimento social.

Não há que se falar em ampla liberdade quanto à faculdade de eleger se a responsabilidade é solidária ou subsidiária, pois estaríamos violando o princípio da segurança jurídica, em seu aspecto de previsibilidade.

Evidente, outrossim, que a responsabilidade solidária para resguardar o administrador da empresa jurídica decorre tão somente da expressa disposição. Logo, não há a possibilidade de responsabilidade na dissolução irregular ser solidária.

5. Análise pragmática da norma de responsabilidade oriunda da dissolução irregular da pessoa jurídica

A pesquisa jurisprudencial do CARF – Conselho Administrativo de Recursos Fiscais se restringiu ao tema de responsabilidade do sócio administrador nas situações de dissolução irregular da pessoa jurídica, e compreendeu o período de 01 de julho de 2014 a 30 de julho de 2019,[28] que resultou na base de 35 acórdãos proferidos pelo referido conselho.

Constatou-se que o CARF vem reiteradamente aplicando a responsabilidade solidária ao sócio administrador nas situações de dissolução irregular da pessoa jurídica, por fazer uma análise equivocada dos arts. 121 e 135 do CTN, bem como da súmula 435 do STJ, como demonstraremos neste tópico.

Nesse sentido, os acórdãos 1402-002.751,[29] 1401-002.084[30] e 1202-000.195,[31] acrescentam que há a necessidade de haver

---

28. Pesquisa do CARF contida em planilha anexada a este artigo.

29. Processo nº 10480.7202811/2015-11, órgão julgador: 4ª Câmara/ 2ª Turma Ordinária, data do julgamento: 19/09/2017.

30. Processo nº 10882.723783/2014-82, órgão julgador: 4ª Câmara/ 1ª Turma Ordinária, data do julgamento: 20/09/2017.

31. Processo nº 11052.000990/2010-77, órgão julgador: 2ª Câmara/ 2ª Turma Ordinária,

III

O DIREITO TRIBUTÁRIO EM FACE DO CONSTRUCTIVISMO LÓGICO-SEMÂNTICO

dolo ou culpa na ação do agente, sendo necessária uma investigação para poder ser constatado, não bastando a mera dissolução irregular, já que entendem que a responsabilidade é subjetiva e não objetiva.

Apenas o acórdão 3102-002.295[32] se refere à dissolução irregular da pessoa jurídica como de responsabilidade de terceiro, não entendendo ser nem responsabilidade solidária, tampouco subsidiária.

Os demais acórdãos analisados externam no sentido de a responsabilidade ser solidária do sócio administrador, contrariando os critérios da norma jurídica em sentido estrito de responsabilidade.

Dos estudos da pragmática do CARF, verifica-se o apreço pelo consequencialismo, sem a correta subsunção do fato à norma jurídica de responsabilidade e ausente a adoção de critérios claros para imposição da responsabilidade solidária, o que pode acarretar insegurança ao administrador e aos empresários, que não sabem o que esperar quanto aos limites de sua responsabilidade na atividade empresarial.

Sabe-se que a responsabilidade solidária deve decorrer expressamente de lei, o que não é o caso do art. 135 do CTN. Pelo contrário, o referido artigo afasta a responsabilidade da pessoa jurídica, mantendo a relação jurídico-tributária tão somente com o responsável.

Corroborando com o alegado, Sacha Calmon Navarro Coêlho[33] expõe:

> Em suma, o art. 135 retira a "solidariedade" do art. 134. Aqui a responsabilidade se transfere inteiramente para os terceiros,

---

data do julgamento: 12/06/2013.

32. Processo nº 10611721697/2011-82, órgão julgador: 1ª Câmara/ 2ª Turma Ordinária, data do julgamento: 15/10/2014.

33. CÔELHO, Sacha Calmon Navarro. *"Obrigação Tributária"*. Comentários ao Código Tributário Nacional. 3º ed. Coord. Carlos Valder do Nascimento. Rio de Janeiro: Forense, 1998, p. 319.

> liberando os seus dependentes e representados. A responsabili-
> dade passa a ser pessoal, plena e exclusiva desses terceiros. Isto
> ocorrerá quando eles procederem com manifesta malícia (mala
> fides) contra aqueles que representam, toda vez que for consta-
> tada a prática de ato ou fato eivado de excesso de poderes ou
> com infração de lei, contrato social ou estatuto.

No mais, a norma de responsabilidade, vertida em linguagem competente, constitui relação jurídica tributária autônoma e independente da regra-matriz do contribuinte.

6. Conclusão

A responsabilidade na dissolução irregular da pessoa jurídica não decorre das hipóteses do art. 124 do CTN, tampouco do art. 134 do CTN. É constituída a partir de um fato jurídico autônomo e independente em relação à norma que constituiu o fato tributário.

A norma de responsabilidade trata-se de uma norma geral e abstrata, que faz nascer uma nova relação jurídica, e que altera a pessoa que deve integrar o polo passivo da obrigação tributária.

A norma contida no art. 135 do CTN é de responsabilidade subsidiária, e como tal, é norma geral e abstrata, que estabelecerá um vínculo jurídico diretamente com o responsável, retirando do polo passivo da relação a pessoa jurídica.

A pesquisa da jurisprudência do CARF, compreendido o período entre 01 de julho de 2014 a 30 de julho de 2019, demonstrou que vem se posicionando de maneira caótica na classificação da responsabilidade quando da dissolução irregular, do art. 135 do CTN, isto porque, estabelece a solidariedade sem expressa previsão legal, e sem a observação dos critérios da norma jurídica de responsabilidade.

Por fim, concluímos que as confusões ocasionadas pela interpretação equivocada e pela falta de técnica por parte dos operadores do direito sobre o tema de reponsabilidade na dissolução irregular da empresa viola a segurança jurídica, no seu aspecto de previsibilidade.

III

O DIREITO TRIBUTÁRIO EM FACE DO CONSTRUCTIVISMO LÓGICO-SEMÂNTICO

Referências

ARAUJO, Juliana Furtado Costa. CONRADO, Paulo Cesar. VERGUEIRO, Camila Campos. *Responsabilidade tributária*. São Paulo: Editora Revista dos Tribunais, 2017.

BARRIO, Tarsício Jañez. *Lógica jurídica:* argumentación e interpretación. 5ª ed. Caracas: Universidad Católica Andrés Bello, 2011.

BECHO, Renato Lopes. *Sujeição passiva e responsabilidade tributária*. São Paulo: Dialética, 2000.

BRITTO, Lucas Galvão de. *O lugar e o tributo*. São Paulo: Noeses, 2014.

CARVALHO, Aurora Tomazini de. *Curso de teoria geral do direito*. São Paulo: Noeses, 2013.

CARVALHO, Paulo de Barros. *Curso de direito tributário*. São Paulo: Noeses, 2008.

_____. *Direito tributário, linguagem e método*. São Paulo: Noeses, 2013.

_____. *Reflexões sobre filosofia e ciência em prefácios*. São Paulo: Noeses, 2019.

CÔELHO, Sacha Calmon Navarro. "Obrigação Tributária". *Comentários ao Código Tributário Nacional*. 3º ed. Coord. Carlos Valder do Nascimento. Rio de Janeiro: Forense, 1998.

DARZÉ, Andrea M. *Responsabilidade tributária:* solidariedade e subsidiariedade. São Paulo: Noeses, 2010.

ECHAVE, Delia Tereza; URQUIJO, Maria Eugenia; GUIBOURG, Ricardo. *Lógica proposición y norma*. Buenos Aires: Astrea, 1991.

FERRAGUT, Maria Rita. *Responsabilidade tributária e o Código Civil de 2002*. 3ª ed. São Paulo: Noeses, 2013.

534

FUNARO, Hugo. Sujeição passiva indireta no direito tributário brasileiro – As Hipóteses de Responsabilidade pelo Código Tributário Naional. *in: Série Doutrina Tributária Vol. X*. São Paulo: Quartier Latin, 2013, p. 130.

HALBACH, Volker. *The logical manual*. United Kingdom: Oxford University Press, 2010.

LINS, Robson Maia. *Curso de direito tributário brasileiro*. São Paulo: Noeses, 2019.

PAULINO, Maria Angela Lopes. *A teoria das relações na compreensão do direito positivo*. In: "Constructivismo lógico-semântico". Coord. Paulo de Barros Carvalho, vol.1, São Paulo: Noeses, 2014.

TARSKI, Alfred. *Introduction to Logic and to the Methodology of the Deductive Sciences*. New York: Oxford, 1994.

TOMÉ, Fabiana Del Padre. *Contribuições para a seguridade social à luz da Constituição Federal*. Curitiba: Juruá, 2002.

VILANOVA, Lourival. *Causalidade e relação no direito*. São Paulo: Noeses, 2015.

_____. *As estruturas lógicas e o sistema de direito positivo*. 4ª ed. São Paulo: Noeses, 2010.

A APLICAÇÃO DO CONSTRUCTIVISMO LÓGICO SEMÂNTICO NA SISTEMÁTICA DA PROGRESSIVIDADE TRIBUTÁRIA

Sirley Lopes Bauer Alvarez[1]

Introdução

A progressividade é um mecanismo constitucional importante que busca a justiça, a igualdade, na tributação, a partir da limitação do poder de tributar. Isso porque obriga observar a capacidade contributiva, preservar os direitos dos cidadãos enquanto contribuintes, protegendo dos abusos confiscatórios. Com isso, apropriar-se de um método eficaz como o constructivismo lógico-semântico, na aplicação do direito positivo, é garantir a linguagem mais acertada para apoiar o jurista e o contribuinte nas soluções jurídicas.

Com base nos princípios da capacidade contributiva e da igualdade, os impostos proporcionais e progressivos devem

---

1. Mestre em Direito Tributário pela Pontifícia Universidade Católica de São Paulo. Gerente Jurídico do Consultivo e Contencioso Tributário, com mais de dezoito anos de experiência em contencioso administrativo e judicial em Instituições Financeiras. Membro do Grupo de Estudos Jurídicos Tributários do IBET, sob a orientação do Ilustre Doutor Paulo de Barros Carvalho.

III

O DIREITO TRIBUTÁRIO EM FACE DO CONSTRUCTIVISMO LÓGICO-SEMÂNTICO

chegar à adequação do tributo à capacidade econômica do contribuinte, com amparo no princípio da proporcionalidade, em face do qual a carga tributária deve ser diretamente proporcional à riqueza do contribuinte. Nesse sentido, a mera ideia de proporcionalidade é apenas uma expressão de uma relação de cálculo entre o crescimento da base de cálculo e o do imposto, ou seja, a tributação ocorre na medida da riqueza de cada um ou de determinado segmento econômico.

Por outro lado, a capacidade contributiva exige que se tenha a justiça da incidência em cada relação isolada, ou seja, o princípio da capacidade contributiva cumulado com o princípio da igualdade direciona os impostos para a proporcionalidade, mas não se esgota nesta.

Assim é possível evoluir muito na utilização desse mecanismo da proporcionalidade, considerando que com o apoio nos princípios da capacidade contributiva e da igualdade tem sido discutida a constitucionalidade dos tributos, pautas de valores não atualizadas com o mercado, assim chamados, eis que seu montante não se gradua em função da maior ou menor expressão econômica revelada pelo seu fato gerador.

Com efeito, essa sistemática é uma linguagem que ao se aprofundar em suas elaborações, com pesquisas axiológicas, coerentes, com aplicação do instituto do método do constructivismo lógico-semântico, é possível aferir por recortes a acertada interpretação do direito positivo aplicável a cada contribuinte.

A sistemática coaduna perfeitamente com as necessidades de identificação da natureza do processo cognitivo aplicável à situação do mundo real com o prestigio merecido aos princípios constitucionais.

Nesse sentido, o princípio da proporcionalidade se aproxima do princípio da capacidade contributiva, previsto para certos impostos, como o sobre a renda. A progressividade não é uma decorrência necessária da capacidade contributiva, mas sim um refinamento deste para alcançar a justiça. A proporcionalidade implica que riquezas maiores gerem impostos

538

proporcionalmente maiores. Já a progressividade faz com que a alíquota seja maior para a riqueza maior.

Assim, a tributação progressiva é um instrumento mais eficiente do que a tributação proporcional e deve ser aplicada indistintamente aos impostos. De acordo com doutrinadores, é uma característica de todos os impostos, da mesma forma que a todos eles se aplicam os princípios da legalidade, da generalidade e da igualdade tributária, que não são expressamente referidos na Constituição Federal, quando inclui hipóteses de incidência genéricas. Com isso, inexistindo progressividade nos impostos descumpre-se o princípio da isonomia, igualdade tributária, eis que a aplicação só da proporcionalidade não alçada totalmente à igualdade tributária.

A aplicação do método do constructivismo lógico-semântico, incluindo a construção da linguagem cientifica, e a aplicação do princípio da progressividade a todas as espécies de impostos, como forma de redução das desigualdades sociais e meio de construção de uma sociedade justa e solidária, considerando a sua natureza e característica demonstra que alguns impostos são mais passíveis de tratamento progressivo e outros menos, o que implica, sem nenhuma exceção, necessariamente que são baseados no princípio da capacidade contributiva, onde todos os impostos são passíveis de tratamento progressivo.

A Constituição da República Federal do Brasil põe especial ênfase na necessidade de tratamento desigual às situações desiguais, na medida dessa desigualdade, art. 150, II, e art. 3º, além de propor normativamente serem objetivos fundamentais da República, o "construir uma sociedade justa e solidária".

Posto isso, pode-se dizer o princípio constitucional tributário da progressividade com a utilização do constructivismo lógico-semântico, implica um mecanismo importante que busca a justiça, igualdade, na tributação, a partir da limitação do poder de tributar eis que impõe observar a capacidade contributiva, a proteção ao mínimo existencial. Em outras palavras, é princípio norteador das normas tributárias que visa a preservar os direitos dos cidadãos enquanto contribuintes, protegendo dos

III

O DIREITO TRIBUTÁRIO EM FACE DO CONSTRUCTIVISMO LÓGICO-SEMÂNTICO

abusos confiscatórios e proporcionando eficiência na tributação com a mais acertada aplicação do direito positivo.

E aliado a isso, conforme nos ensina o Ilustre Professor Lourival Vilanova: "a experiência da linguagem é o ponto de partida para a experiência das estruturas lógicas.[2]"

Com esses novos mecanismos de igualdade tributária, nova tendência, pode-se dizer que os órgãos devem respeitar a capacidade contributiva dos contribuintes. Trata-se, portanto, de acordo com doutrina, da necessidade da implantação da cultura do respeito aos princípios constitucionais e da imposição da obediência a eles.

A segurança jurídica é reconhecida como estabilidade e continuidade da ordem jurídica e previsibilidade das consequências jurídicas de determinada conduta, é indispensável para um Estado que pretenda ser Estado de Direito. Por outro lado, considerando a estrutura dos Poderes sabemos que pode influenciar na dispersão ou no respeito aos princípios constitucionais.

1. A importância da linguagem e dos princípios constitucionais na aplicação da isonomia

As preposições jurídicas são apresentadas em linguagem normativa para descrever condutas onde no conteúdo temos antecedentes e consequentes. E cada preposição normativa mostra uma estrutura implicacional, "se, então...", sendo que essa relação implicacional se apresenta deonticamente modalizada, de acordo ainda com os ensinamentos do Professor Lourival Vilanova.[3]

A jurisprudência é instrumento imprescindível para assegurar a isonomia, segurança jurídica e a previsibilidade do direito. É, ainda, mecanismo de orientação de conduta para as pessoas.

---

2. VILANOVA, Lourival. *As estruturas lógicas e o sistema de direito positivo*. 4ª ed. São Paulo: Noeses, página 3.

3. Idem, p. 74/75.

540

CONSTRUCTIVISMO LÓGICO-SEMÂNTICO
Homenagem aos 35 anos do grupo de estudos de Paulo de Barros Carvalho

Nesse sentido, os princípios constitucionais prestigiados em jurisprudências consolidadas tornam-se previsíveis fontes de pauta de conduta, ou seja, direcionam comportamentos.

Para melhor compreensão, é importante dizer que princípio significa a origem, o início de alguma coisa, onde em matéria filosófica Platão definia o princípio como fundamento de raciocínio e Aristóteles entendia princípio como a premissa maior de uma demonstração. Por outro lado, para Kant o entendimento que princípio é "toda proposição geral que pode servir como premissa maior num silogismo".[4] Os princípios são uma orientação de caráter geral, inicial, que servem de fundamento para o desenvolvimento de um raciocínio.

Para Roque Carrazza, princípio pode ser enunciado:

> princípio jurídico é um enunciado lógico, implícito ou explícito, que, por sua grande generalidade, ocupa posição de preeminência nos vastos quadrantes do direito e, por isso mesmo, vincula, de modo inexorável, o entendimento e a aplicação das normas jurídicas que com ele se conectam.[5]

A ideia fundamental dos princípios jurídicos é servir de base e orientação para construção e aplicação das normas jurídicas estabelecidas em dado ordenamento.

Celso Antônio Bandeira de Mello ensina que:

> os princípios jurídicos são os enunciados fundamentais que regem os Ordenamentos Jurídicos, que tem definição invulgar sobre estes princípios, que merece ser sempre lembrada. Para Celso Antonio Bandeira de Mello, princípio é mandamento nuclear de um sistema, verdadeiro alicerce dele, disposição fundamental que se irradia sobre diferentes normas compondo-lhes o espírito e servindo de critério para sua exata compreensão e inteligência,

---

4. CARRAZZA, Roque Antônio. *Curso de direito constitucional tributário*. 28. ed. São Paulo: Malheiros Editores, 2012, p. 45.

5. Idem, 2012, p. 47.

III

O DIREITO TRIBUTÁRIO EM FACE DO CONSTRUCTIVISMO LÓGICO-SEMÂNTICO

exatamente por definir a lógica e a racionalidade do sistema normativa, no que lhe confere a tônica e lhe dá sentido harmônico.[6]

A maioria da doutrina tem entendimento uníssono sobre a definição dos princípios jurídicos, como uma norma dotada de grande abrangência, vale dizer, de universalidade e de perenidade. Os princípios jurídicos constituem, por isto mesmo, a estrutura do sistema jurídico. São os princípios jurídicos os vetores do sistema.

Nesse sentido, sobre a importância e função dos princípios jurídicos, o mestre Roque Antonio Carrazza tem brilhante definição:

> [...] por comodidade didática, de uma analogia sempre feita por Geraldo Ataliba e Celso Antônio Bandeira de Mello, podemos dizer que o sistema jurídico ergue-se como um vasto edifício, onde tudo está disposto em sábia arquitetura. Contemplando-o, o jurista não só encontra a ordem, na aparente complicação, como identifica, imediatamente, alicerces e vigas mestras. Ora, num edifício tudo tem importância: as portas, as janelas, as luminárias, as paredes, os alicerces etc. No entanto, não é preciso termos conhecimentos aprofundados de Engenharia para sabermos que muito mais importante que as portas e janelas (facilmente substituíveis) são os alicerces e as vigas mestras. Tanto que, se de um edifício, retirarmos ou destruirmos uma porta, uma janela ou até mesmo uma parede, ele não sofrerá nenhum abalo mais sério em sua estrutura, podendo ser reparado (ou até embelezado). Já, se dele subtrairmos os alicerces, fatalmente cairá por terra. De nada valerá que portas, janelas, luminárias, paredes etc. estejam intactas e em seus devidos lugares. Com o inevitável desabamento, não ficará pedra sobre pedra. Pois bem, tomadas as cautelas que as comparações impõem, estes "alicerces", "vigas mestras" são os princípios jurídicos, ora objetos de nossa atenção.[7]

Os princípios jurídicos, entretanto, não devem ser considerados isoladamente, mas sim em conjunto, dentro da noção de sistema jurídico. Carrazza conceitua sistema como sendo "a reunião ordenada de várias partes que formam um todo, de

---

6. MELLO, Celso Antônio Bandeira de. *Curso de direito administrativo* 12ª ed. São Paulo: Malheiros, 2000, p. 747/748.

7. CARRAZZA, Roque Antonio. *Curso de direito constitucional tributário*. 28. ed. São Paulo: Malheiros Editores, 2012, p. 46 a 47.

tal sorte que elas se sustentam mutuamente e as últimas explicam-se pelas primeiras. As que dão razão às outras chamam-se princípios e o sistema é tanto mais perfeito, quanto em menor número existam".[8] No mesmo sentido, Geraldo Ataliba sustenta que "os elementos de um sistema não constituem o todo, com sua soma, como suas simples partes, mas desempenham cada um sua função coordenada com a função dos outros".[9]

O sistema jurídico é um conjunto coeso de normas e princípios, que se compatibilizam mutuamente e se materializam no Ordenamento Jurídico. Na sua caracterização, realmente visualiza-se um conjunto, entretanto seus elementos devem estar coordenados, formando um todo unitário. Tratando-se de um sistema, o Ordenamento Jurídico não é um amontoado de normas, mas sim um conjunto de normas e princípios, em coerência entre si, que têm por objetivo a disciplina e a organização da vida em sociedade, servindo de instrumento para a resolução dos conflitos de interpessoais de interesse e promoção da justiça.

Posto isso, como os princípios jurídicos desempenham a função de elementos estruturais de um sistema normativo, é no estudo dos princípios que serão encontradas as ideias fundamentais deste sistema. Assim, para uma correta interpretação do sistema jurídico, mais importante que o conhecimento das normas jurídicas, é análise dos princípios que o norteia.

Os princípios podem ser explícitos ou implícitos, ou seja, podem estar traduzidos ou não em linguagem normativa, o que implica dizer que não há consenso doutrinário sobre a questão, inobstante, Hugo de Brito Machado explica:[10]

---

8. CARRAZZA, Roque Antonio. *Curso de direito constitucional tributário*. 28. ed. São Paulo: Malheiros Editores, 2012, p. 45-46.

9. ATALIBA, Geraldo. IPTU: progressividade. *Revista de Direito Público*. São Paulo, v. 23, n. 93, p. 233, jan./mar. 1990.

10. MACHADO, Hugo de Brito. *Os princípios jurídicos da tributação na Constituição de 1988*. São Paulo: Revista dos Tribunais, 1989, p. 11-13.

III
O DIREITO TRIBUTÁRIO EM FACE DO CONSTRUCTIVISMO LÓGICO-SEMÂNTICO

> [...] os princípios jurídicos constituem o fundamento do Direito Positivo. Neste sentido, portanto, o princípio é algo que integra o chamado Direito Natural. Para os positivistas, o princípio jurídico nada mais é do que uma norma jurídica. Não uma norma jurídica qualquer, mas uma norma que se distingue das demais pela importância que tem no sistema jurídico.

Assim, a importância decorre de ser o princípio uma norma dotada de grande abrangência, vale dizer, de universalidade, e de perenidade. Os princípios jurídicos constituem a estrutura do sistema jurídico. Em outras palavras, os princípios jurídicos são as diretrizes de nosso ordenamento jurídico.

Por outro lado, existem correntes que sustentam sobre a necessidade ou não de se traduzir em linguagem normativa os princípios, não se nega a sua existência, reconhecendo-se o seu caráter normativo e a necessidade de sua observância obrigatória. Assim, mais importante que sua explicitação em texto normativo, é verificar sua existência ou não. Se um princípio existe, ainda que seja implícito, deve ser aplicado indistintamente. Não se pode falar que há hierarquia entre princípios explícitos e implícitos, é na análise do jurista que se identificará o seu âmbito de aplicação, de forma a identificar como compatibilizá-los.

Assim, vejamos o entendimento reconhecido por Norberto Bobbio[11] sobre a existência de caráter normativo dos princípios:

> Os princípios gerais são apenas, a meu ver, normas fundamentais ou generalíssimas do sistema, as normas mais gerais. A palavra princípios leva a engano, tanto que é velha questão entre os juristas se os princípios gerais são normas. Para mim não há dúvida: os princípios gerais são normas como todas as outras. E esta é também a tese sustentada por Crisafulli. Para sustentar que os princípios gerais são normas, os argumentos são dois, e ambos válidos: antes de mais nada, se são normas aquelas das quais os princípios gerais são extraídos, através de um procedimento de generalização sucessiva, não se vê por que não devam

---

11. BOBBIO, Norberto. *Teoria do ordenamento jurídico*. Tradução Maria Celeste C. J. Santos. 10. edição. Brasília: Editora Universidade de Brasília, 1999, p. 158.

544

ser normas também eles: se abstraio da espécie animal obtenho sempre animais, e não flores ou estrelas. Em segundo lugar, a função para qual são extraídos e empregados é a mesma cumprida por todas as normas, isto é, a função de regular um caso.

Nesses termos, reconhecem os doutrinadores que o princípio tem caráter normativo, por suas características estruturais que está acima mesmo das próprias normas jurídicas, o que só reforça a sua grande importância no Ordenamento Jurídico. É o princípio jurídico, valor, que dá as diretrizes basilares das normas jurídicas, que esclarecerá o seu conteúdo e os limites de sua eficácia, devendo as normas estar em perfeita consonância com os princípios.

2. A aplicação dos princípios constitucionais com a sistemática do constructivismo lógico-semântico

O sistema jurídico é formado por normas e princípios, o princípio jurídico não pode ser aplicado individualmente, mas sim em ponderação com outros princípios existentes e igualmente relevantes, de forma a manter o equilíbrio do sistema. Os princípios, assim como as normas, não existem isoladamente, mas estão sempre ao lado de outros, interligados.

Com efeito, observa-se que o constructivismo lógico-semântico é ferramenta apta no auxílio do jurista que pretende aprofundar-se na aplicação do normativo legal eis que o método possibilita a aplicação de concepções estabilizadas dentro do campo da experiência sendo uma delas os critérios da regra-matriz de incidência tributária, que pode estar presente em qualquer norma tributária, atribuindo significação. De acordo com o Professor Paulo de Barros Carvalho: "a construção da regra-matriz de incidência, como instrumento metódico que organiza o texto bruto do direito positivo, propondo a compreensão da mensagem legislada num contexto comunicacional..."[12]

---

12. CARVALHO, Paulo de Barros. *Direito tributário*: reflexões sobre filosofia e ciên-

III

O DIREITO TRIBUTÁRIO EM FACE DO CONSTRUCTIVISMO LÓGICO-SEMÂNTICO

Em outras palavras, o sistema normativo é formado pela conjugação de inúmeros elementos fundamentais, logo, em um mesmo sistema são diversos os princípios que se relacionam entre si, responsáveis por manter o Estado Democrático de Direito.

Com efeito, na aplicação dos princípios jurídicos, como identificar qual deve prevalecer sobre os demais. Nesse sentido, Kelsen sustenta que:[13]

> [...] o Ordenamento Jurídico é formado por um conjunto de normas e princípios, dispostos hierarquicamente em níveis diversos, em uma espécie de pirâmide jurídica.
>
> O Ordenamento Jurídico é uno e representado por toda pirâmide, mas encontra-se escalonado, demonstrando que as normas e princípios não estão todas no mesmo plano, mas sim em níveis hierárquicos distintos, que se relacionam através de coordenação e subordinação.

De acordo com a doutrina, os princípios e normas constitucionais estão no topo da pirâmide de nosso ordenamento jurídico. A partir da base constitucional, todas as demais normas inferiores têm seu fundamento de validade nas normas hierarquicamente superiores. As normas inferiores dependem das superiores, em estrita obediência à hierarquia. Em caso de conflito de princípios ou na aplicação de princípios diversos, deve-se identificar qual é o hierarquicamente superior, sendo este, por certo, o que deve prevalecer. Isso porque os princípios trazem valores, considerando o interesse da maioria.

3. A Constituição e os princípios constitucionais tributários

A Constituição é um sistema que trata da organização do Estado, sistema este que possui normas e princípios que se

---

cia em prefácios. São Paulo: Noeses, 2019, p. 91.

13. KELSEN, Hans. *Teoria pura do direito*. Tradução João Batista Machado. 6ª ed. São Paulo: Martins Fontes, 1998.

compatibilizam entre si e se revela como fundamento maior do Ordenamento Jurídico. É a Constituição que dá fundamento de validade a todas as demais normas infraconstitucionais.

Os princípios constitucionais, nesta linha, são os mais importantes do Ordenamento Jurídico, porque norteiam a atuação de todas as demais normas jurídicas, estando acima dos demais princípios e normas. Tais princípios constituem a base da estrutura e do funcionamento do sistema jurídico. A violação de um princípio constitucional importa em violação à própria Constituição, representando inconstitucionalidade.

Na acepção de Geraldo Ataliba[14] os princípios são linhas mestras, em suas palavras: *"Os princípios são linhas mestras, os grandes nortes, as diretrizes magnas do sistema jurídico. Apontam os rumos a serem seguidos por toda a sociedade e obrigatoriamente perseguidos pelos órgãos do governo (poderes constituídos)."*

Os princípios são alicerces sobre os quais toda a estrutura do ordenamento se erige. Para Faissal Yunes Junior,[15] os princípios são *"... a parte permanente e eterna do Direito e também fator cambiante e mutável que determina a evolução jurídica; são ideias fundamentais e informadoras da organização jurídica da nação"*. Também se pode afirmar que o sistema jurídico converge para seus princípios.

Na definição de Paulo de Barros Carvalho[16] *"Princípios são linhas diretivas que informam a compreensão de segmentos normativos, imprimindo-lhes um caráter de unidade relativa e servindo de fator de agregação num dado feixe de normas."*

Os princípios cumprem a função informadora no ordenamento jurídico, por meio deles é possível ao legislador e ao

---

14. ATALIBA, Geraldo. *República e Constituição*. 2ª ed. 2ª tir. atual. São Paulo: Malheiros, 2001, p. 34.

15. YUNES JÚNIOR, Faissal. "Sistema Constitucional Tributário" in *Cadernos de Direito Constitucional e Ciência Política*. São Paulo: Revista dos Tribunais, n. 24, jul./set. 1998, p. 172.

16. CARVALHO, Paulo de Barros. *Curso de direito tributário*. 7ª ed. rev. ampl. São Paulo: Saraiva, 1995, p. 90.

III

O DIREITO TRIBUTÁRIO EM FACE DO CONSTRUCTIVISMO LÓGICO-SEMÂNTICO

aplicador da lei se orientar para o cumprimento de suas tarefas. Tanto na criação como na interpretação das normas, os princípios devem exercer influência ordenadora destas atividades, para promoverem coesão e unidade ao sistema normativo.

Os princípios também contribuem para o processo de validação de constitucionalidade de uma lei, quando postos em confronto com o dispositivo normativo sob exame. Com essas considerações sobre os princípios jurídicos constitucionais tributários, pode-se avançar para o estudo específico do princípio da progressividade. Tal princípio encontra-se expresso na Constituição de 1988, nos arts. 153, §2º, I; 156, §1º, I e 182, §4º, II. Vale dizer que esse princípio típico do sistema constitucional tributário, pois é uma orientação de caráter geral e abstrato, que orienta a produção de normas tributárias, prestigia a capacidade contributiva e a igualdade.

4. Do princípio constitucional da igualdade tributária

Geraldo Ataliba ensinava que o princípio da isonomia é imediatamente decorrente do princípio republicano *"Princípio constitucional fundamental, imediatamente decorrente do republicano, é o da isonomia ou igualdade diante da lei, diante dos atos infralegais, diante de todas as manifestações do poder, quer traduzidas em normas, quer expressas em atos concretos."*[17]

O princípio da igualdade é base do Estado de Direito, desdobramento do princípio republicano, que prima pelo interesse da maioria, com a garantia da isonomia, não *discriminem*, e se exprime na proibição do arbítrio, ou como ensina Baleeiro[18] na proibição de um tratamento desigual que não se baseie em relevantes razões objetivas, ou na proibição de

---

17. ATALIBA, Geraldo. *República e Constituição*. 2ª ed. 2ª tir. atual. São Paulo: Malheiros, 2001, p. 158

18. BALEEIRO, Aliomar. *Direito tributário*. 11ª ed., atualizada por Mizabel Derzi. Rio de Janeiro: Forense,1999.

discriminações que não correspondam a critérios razoáveis e compatíveis com o sistema da Constituição.

Em matéria tributária, o entendimento de que *"todos são iguais perante a lei"* revela que não se pode dispensar tratamento fiscal desigual a indivíduos que se achem nas mesmas condições. Com isso há uma movimentação e objetivo de se evitar o abuso do poder de tributar e os privilégios daqueles que estão com maior riqueza.

Por outro lado, a grande dificuldade é a aplicação considerando que essa desigualdade material é evidente. Diante dessa situação fática, para se atingir realmente o princípio da igualdade, deve-se levar em consideração as desigualdades entre os indivíduos, de forma a dispensar a cada um tratamento diferenciado e adequado à sua capacidade contributiva.

Considerando que as pessoas são diferentes entre si, como identificar as desigualdades para, em função delas, atribuir-se tratamento desigual. Parece que a solução é estabelecer o mecanismo constitucional de *discrímen*, diferenciação, de forma a se distinguirem pessoas e situações e aplicar o princípio da igualdade.

Celso Antônio Bandeira de Mello[19] ensina que envolvendo o reconhecimento de diferenciações que não podem ser promovidas sem agredir o princípio da isonomia, a primeira refere-se ao elemento adotado como fator de diferenciação; depois vem a aferição da pertinência de razoabilidade entre o elemento eleito para o *discrímen* e a distinção no tratamento jurídico; para encerrar, é preciso constatar se esta correlação lógica se afina concretamente com os interesses defendidos pelo direito constitucional positivo.

Com efeito, na escolha do elemento tomado como fator de discriminação, dois pontos devem ser considerados segundo o autor: a) a lei não pode adotar como critério diferencial um

---

19. BANDEIRA DE MELLO, Celso Antônio. *O conteúdo jurídico do princípio da igualdade.* 3ª ed. 7ª tir. São Paulo: Malheiros, 1999, p. 23.

III
O DIREITO TRIBUTÁRIO EM FACE DO CONSTRUCTIVISMO LÓGICO-SEMÂNTICO

traço tão específico que singularize definitivamente, de modo absoluto, um sujeito a ser colhido pelo regime peculiar; b) o traço diferencial deve residir na pessoa, coisa ou situação a ser discriminada, isto é, elemento algum que não exista nelas mesmas poderá servir de base para obrigá-las a regimes diferentes.

Em sentido contrário, o princípio visa a impedir a edição de lei em desconformidade com a isonomia, de forma a favorecer uns e oprimir outros. Assim, a igualdade jurídica ou o princípio da igualdade deve ser entendido em dois sentidos: a) igualdade na lei, que é uma exigência dirigida ao legislador, que, no processo de formação da norma, não pode incluir fatores de discriminação que rompam com a ordem isonômica; e b) igualdade perante a lei, que pressupõe a lei já elaborada e se dirige ao aplicador da norma, impondo um tratamento desigual a pessoas em situações desiguais, mas vedando a subordinação a critérios que ensejam tratamento seletivo ou discriminatório.

A finalidade desse princípio é eliminar os privilégios de certas pessoas ou classes sociais, de forma a se buscar o tratamento igualitário a todos os contribuintes.

A desigualdade no campo da tributação deve ser encarada à luz do critério do *discrímen* de natureza razoável e compatível com o sistema constitucional tributário, que afasta as diferenças não fundadas na posição econômica do contribuinte ou das regiões do país.

Segundo Ricardo Lobo Torres[20], a igualdade tributária "... é um princípio vazio, ao qual repugnam as discriminações arbitrárias, isto é, afastadas da natureza das coisas e da fundamentação ética dos valores e dos princípios jurídicos".

Geraldo Ataliba,[21] da mesma forma, já teve oportunidade de afirmar que: *"Firmou-se a isonomia, no direito constitucio-*

---

20. TORRES, Ricardo Lobo. *Os direitos humanos na tributação*. 2ª ed. Rio de Janeiro: Renovar, 1998, p. 267.

21. ATALIBA, Geraldo. *República e Constituição*. 2ª ed. 2ª tir. atual. São Paulo: Malheiros, 2001, p. 160.

550

CONSTRUCTIVISMO LÓGICO-SEMÂNTICO

Homenagem aos 35 anos do grupo de estudos de Paulo de Barros Carvalho

nal moderno, como direito público subjetivo a tratamento igual, de todos os cidadãos, pelo Estado".

A partir da ideia da desigualdade material entre os indivíduos e da necessidade de diferenciação de tratamento jurídico entre os mesmos, um dos critérios para esta diferenciação de tratamento em matéria tributária é o princípio da capacidade contributiva, que vincula o exercício da tributação à capacidade do indivíduo de contribuir para as necessidades públicas. O valor de um tributo pode ser maior para quem tem maior capacidade para contribuir e menor para quem tem menor capacidade. Mas o princípio da igualdade impõe tratamento idêntico aos contribuintes que estiverem na mesma categoria ou na mesma condição.

O princípio da capacidade contributiva é uma das maneiras de se tratar igualmente os iguais e desigualmente os desiguais, segundo a capacidade de cada indivíduo de arcar com os ônus tributários. Assim, o princípio da capacidade contributiva é o critério de diferenciação entre as pessoas em matéria tributária, de forma a ser expressão do princípio da igualdade.

A professora Misabel de Abreu Machado Derzi,[22] que sustenta ser a capacidade contributiva, proporcional e regressivamente um desdobramento de um mesmo e único princípio, o da igualdade.

Ainda a doutrina sustenta que a capacidade contributiva é o critério para diferenciação entre os desiguais. Para ele, não se podem tratar igualmente pessoas desiguais. Há dificuldade em escolher o critério de discriminação. No direito tributário, esse critério seria a capacidade econômica.

No mesmo sentido, Carrazza ensina que *"o princípio da capacidade contributiva – que informa a tributação por meio de imposto – hospeda-se nas dobras do princípio da igualdade e ajuda a realizar, no campo tributário, os ideais republicanos".*[23]

---

22. DERZI, Misabel A. M. Princípio da igualdade no direito tributário e suas manifestações. *In* "V Congresso Brasileiro de Direito Tributário". São Paulo: Revista dos Tribunais, 1991, p. 178.

23. CARRAZZA, Roque Antonio. *Curso de direito constitucional tributário.* 28. ed.

III

O DIREITO TRIBUTÁRIO EM FACE DO CONSTRUCTIVISMO LÓGICO-SEMÂNTICO

Importante ressaltar que discriminação são as desigualdades infundadas que prejudicam diretamente o contribuinte. De modo que qualquer *discrímen* que, estabelecendo regra contrária ao direito comum, agrave a tributação de alguém, por considerações subjetivas, afastadas dos princípios da justiça ou da segurança jurídica, está proibido constitucionalmente.

As discriminações são as exceções à regra tributária genérica ou à norma excepcional da exoneração fiscal, sem que exista razoabilidade. Também podem mascarar privilégios odiosos, pois a sua permissão para uns em prejuízo de outros consiste numa discriminação odiosa para os excluídos.

A previsão constitucional que abre espaço para promoção da igualdade de oportunidade no campo da tributação personaliza-se em parte através do dispositivo referente ao princípio geral do sistema tributário nacional instituído no art. 145, §1º, graduação dos impostos segundo a capacidade contributiva.

Para Geraldo Ataliba,[24] os tributos são classificados conforme critérios que visam ao atendimento das exigências do princípio da isonomia. Deste modo, a igualdade diante dos impostos é obtida pelo respeito à capacidade contributiva.

5. Do princípio constitucional da capacidade contributiva

A arrecadação de tributos é essencial para a existência do Estado. Diante de tal necessidade, é necessária a limitação do poder de tributar para proteger os cidadãos, contribuintes, de eventuais excessos na cobrança de tributos.

O princípio da capacidade contributiva desempenha a função de nortear o exercício da atividade tributária perante os indivíduos. Mensura a parte da riqueza de cada indivíduo para definir o grau de participação do patrimônio individual

---

São Paulo: Malheiros Editores, 2012, p. 42.

24. ATALIBA, Geraldo. *República e Constituição*. 2ª ed. 2ª tir. atual. São Paulo: Malheiros, 2001, p. 161.

552

CONSTRUCTIVISMO LÓGICO-SEMÂNTICO
Homenagem aos 35 anos do grupo de estudos de Paulo de Barros Carvalho

em prol do interesse público, por meio do pagamento de tributos, sem comprometer o mínimo vital.

Tratado inicialmente como tema das Ciências das Finanças, por longo tempo o princípio da capacidade contributiva esteve limitado a esse campo de atuação. A origem desse princípio é atribuída pela doutrina a Adam Smith,[25] estando implícito em sua primeira máxima , de tributação: "(...) *súditos cada Estado devem contribuir o máximo possível para a manutenção do Governo, em proporção a suas respectivas capacidades, isto é, em proporção ao rendimento de que cada um desfruta, sob a proteção do Estado*".

Com efeito, o interesse dos juristas por esse princípio surgiu com a sua normatização nas constituições ou nas leis gerais em matéria tributária de vários países.

É importante mencionar que na Itália e na Espanha o princípio está expressamente previsto nas respectivas constituições. No Chile, na Venezuela, no Equador, na Argentina, no México, aparece explícita ou implicitamente, conforme ressalta Victor Uckmar,[26] de forma que a normatização do princípio da capacidade contributiva sempre esteve presente nos ordenamentos jurídicos estrangeiros.

Já no Brasil, passou a figurar de modo expresso no art. 202 da Constituição de 1946 que previa: *"os tributos terão caráter pessoal, sempre que isso for possível, e serão graduados conforme a capacidade econômica do contribuinte"*.[27] Não obstante, já na Carta de 1824, por meio do art. 179, §13, fazia-se referência ao ideal desse princípio nos seguintes termos: *"ninguém será isento de contribuir para as despesas do Estado em proporção dos seus haveres"*.

---

25. SMITH, Adam. *A riqueza das nações*: investigação sobre sua natureza e suas causas. São Paulo: Nova Cultural, 1985, v. 2.

26. UCKMAR. Victor. *Princípios comuns de direito constitucional tributário*. São Paulo: Revista dos Tribunais, 1976, p. 73-75.

27. *Diário Oficial da República Federativa do Brasil*, Brasília (DF), 1 ago. 2003. Disponível em: http://legislação.planalto.gov.br.

III

O DIREITO TRIBUTÁRIO EM FACE DO CONSTRUCTIVISMO LÓGICO-SEMÂNTICO

Embora desde a Emenda Constitucional nº 18, de 1 de dezembro de 1965, o princípio da capacidade contributiva não constasse expressamente em texto constitucional, a sua reinclusão, expressa no art. 145, §1º da Constituição de 1988, acabou não representando qualquer inovação em relação ao sistema tributário nacional, pois sempre se ressaltou a necessidade de sua observância. Isso porque a observância do princípio da capacidade contributiva decorre de uma exigência dos princípios republicanos, da isonomia tributária e da proibição do confisco, razão pela qual nem sequer precisaria estar expressa no texto constitucional. Assim, sempre se sustentou a sua permanência à luz da aplicação de outros princípios jurídicos.

O projeto da Constituição de 1988 trouxe o princípio expresso no texto do anteprojeto, nos seguintes termos: *"os tributos terão caráter pessoal, sempre que isso for possível, e serão graduados pela capacidade econômica do contribuinte, segundo critérios fixados em lei complementar"*. Pela redação do anteprojeto, buscava-se aplicar o princípio da capacidade contributiva a todos os tributos e não somente aos impostos.

Já no atual texto constitucional, o princípio da capacidade contributiva teve seu alcance restringido à matéria tributária. Note-se que Aliomar Baleeiro conceituou esse princípio como: *"a capacidade contributiva é o atributo que deve qualificar alguém aos olhos do legislador para sujeito passivo da relação tributária"*.[28]

Geraldo Ataliba sustenta ser o princípio *"a real possibilidade de diminuir-se patrimonialmente o contribuinte, sem destruir-se e sem perder a possibilidade de persistir gerando riqueza como lastro à tributação"*.[29]

Esse princípio pode ser visto sob dois aspectos: protege o indivíduo do excesso de arrecadação do Estado, de forma arbitrária, abusiva, confiscatória, mas protege a sociedade do

---

28. BALEEIRO, Aliomar. *Direito tributário*. 11. ed. atualizada por Mizabel Derzi. Rio de Janeiro: Forense, 1999, p. 298.

29. ATALIBA, Geraldo. Progressividade e capacidade contributiva. *Revista de Direito Tributário*. São Paulo: Revista dos Tribunais, 1991, p. 50.

CONSTRUCTIVISMO LÓGICO-SEMÂNTICO
Homenagem aos 35 anos do grupo de estudos de Paulo de Barros Carvalho

egoísmo do indivíduo; serve para limitar o alcance da atividade tributária a indivíduos que têm condições de contribuir com o pagamento de tributos.

O princípio da capacidade contributiva pode ser visto sob os aspectos objetivo e subjetivo, a maioria da doutrina diz que compreende dois sentidos, um objetivo ou absoluto e outro subjetivo ou relativo. No primeiro caso, capacidade contributiva significa a existência de uma riqueza apta a ser tributada e o segundo, a parcela dessa riqueza que será objeto da tributação em face de condições individuais. Nessa última, seria a capacidade contributiva como critério de graduação e limite do tributo.

Pelo princípio da capacidade contributiva, mensura-se a parte da riqueza de cada indivíduo que deve ingressar no patrimônio público para alcançar a justiça tributária e o bem comum. A justiça tributária é alcançada pela observância do princípio da capacidade contributiva. Aliomar Baleeiro, *"na consciência contemporânea de todos os povos civilizados, a justiça do imposto confunde-se com a adequação deste ao princípio da capacidade contributiva"*.[30]

Ives Gandra da Silva Martins ressalta a importância do princípio da capacidade contributiva. Para o autor, *"o direito formal e o direito estrutural, em sua projeção financeira, não prescindem da percepção preliminar de alguns princípios que alicerçam a espinha dorsal das normas que o regulamentam. São eles os princípios da capacidade contributiva e da redistribuição de riquezas"*.[31]

Alberto Xavier[32] sustenta que a capacidade contributiva é o conteúdo positivo do princípio da igualdade. Realmente

---

30. BALEEIRO, Aliomar. *Direito tributário*. 11ªEd. atualizada por Mizabel Derzi, Rio de Janeiro: Forense,1999.

31. MARTINS, Ives Gandra da Silva. Princípios constitucionais tributários. *Caderno de Pesquisas Tributárias*, São Paulo: Resenha Tributária/ Centro de Estudos de Extensão Universitária, n. 18. 1993. p. 5 -11.

32. XAVIER, Alberto. *Manual de direito fiscal*. Lisboa: Faculdade de Direito de Lisboa, 1974, p. 107.

III

O DIREITO TRIBUTÁRIO EM FACE DO CONSTRUCTIVISMO LÓGICO-SEMÂNTICO

o princípio da capacidade contributiva tem total correlação com o da igualdade.

Em matéria tributária, o critério de igualdade há de ser auferido de acordo com a riqueza de cada um, na medida em que a atividade tributária consiste exatamente em captar parte da riqueza individual em prol do interesse público. Por isso, contribuirão com o pagamento de tributos todos os que detenham riqueza, tratados igualitariamente na medida da igualdade de riqueza. É por meio da capacidade contributiva que se alcança o respeito ao princípio da igualdade.

José Maurício Conti[33] tem o entendimento que a capacidade contributiva possui os seguintes aspectos: o estrutural e o funcional. Estruturalmente, a capacidade contributiva é uma aptidão para suportar o ônus tributário, a capacidade de arcar com a despesa decorrente do pagamento de determinado tributo. Funcionalmente, a capacidade contributiva é um critério destinado a diferenciar as pessoas, de modo a fazer com que se possa identificar quem são os iguais, sob o aspecto do Direito Tributário, e quem são os desiguais, e em que medida e montante se desigualam.

No mesmo sentido são as palavras de José Marcos Domingos Oliveira:

> no Direito Tributário, a Igualdade se realiza através do princípio da capacidade contributiva, porque somente garantida a satisfação das necessidades mínimas, comuns a todos, é que, ao depois, se poderá tratar desigualmente os desiguais, discriminando-os licitamente com base nas respectivas riquezas diversas.[34]

Por outro lado, se o objeto da tributação é algum fato que revele capacidade contributiva, é correto afirmar que uma pessoa não pode ser tributada em nível tal que imponha um sacrifício

---

33. CONTI, José Maurício. *Princípios tributários da capacidade contributiva e da progressividade*. São Paulo: Dialética, 1997, p. 33.

34. DOMINGUES, José Marcos. *Capacidade contributiva:* conteúdo e eficácia do princípio. 2ª ed. Rio de Janeiro: Renovar, 1998. p. 57.

insuportável, que comprometa o mínimo vital, capaz de retirar sua capacidade de contribuir. A capacidade contributiva, nesse sentido, também é limite máximo da tributação, verificado quando a atividade tributária impeça a continuidade da atividade produtiva ou retire parcela da riqueza do indivíduo além de sua capacidade de contribuir. Aqui há o limite entre o princípio da capacidade contributiva e o princípio do não confisco.

Assim, o princípio da capacidade contributiva é instrumento para se alcançar a justiça tributária e a aplicação do princípio da igualdade em matéria tributária. A doutrina sempre defendeu esse pensamento que o princípio da igualdade na lei mediante o critério ou subprincípio da capacidade contributiva deve ser uma das mais notáveis especificações a constar nas constituições modernas.

A isonomia tributária consiste na igualdade jurídica informada pela teoria da capacidade contributiva, ou seja, consiste em tratar todos com igualdade, o que abrange o princípio da capacidade contributiva.

6. Do princípio constitucional da progressividade tributária

A doutrina conceitua o princípio constitucional da progressividade como orientação geral de caráter diretivo sobre as normas tributárias, que tem como característica a elevação dos tributos de maneira gradual, segundo critérios estabelecidos em lei. Decorre do princípio da capacidade contributiva e da igualdade, fundamentando-se nos mesmos.

Esse princípio pode ser usado para atendimento de finalidades fiscais, elevando-se a exigência tributária à medida que aumenta a capacidade contributiva do contribuinte e, ainda pode ser usado com conotação extrafiscal, de forma que, com a elevação de alíquotas, se possa estimular ou desestimular determinadas condutas.

III

O DIREITO TRIBUTÁRIO EM FACE DO CONSTRUCTIVISMO LÓGICO-SEMÂNTICO

De acordo com Ricardo Lobo Torres, o conceito de progressividade tem total correlação com a clássica distinção entre impostos fixos, proporcionais e progressivos. Pela sua relevância, importa melhor explicar tal classificação:

> Fixos são aqueles cujo valor vem definido na lei instituidora, independente da riqueza-alvo da tributação. Exemplo existente de imposto fixo é o ISSQN, devido por profissionais liberais. É estabelecido nas leis municipais de forma invariável, pagável por ano ou mês, em decorrência do exercício da profissão no território municipal, independentemente do preço cobrado pelo serviço. Não há, nesses casos, base de cálculo e alíquota.
>
> Proporcionais, por outro lado, são os impostos cujo valor a pagar é definido, em cada caso, considerando dois elementos estabelecidos abstratamente na lei tributária: base de cálculo e alíquota. A base de cálculo nos impostos proporcionais é a grandeza ou medida de valor estabelecida abstratamente na lei. A alíquota, por outro lado, é o percentual, a parte dessa grandeza que representa, após singela operação aritmética, o exato valor do imposto devido. É a alíquota, pois, o elemento definidor do valor devido ao Fisco.[35]

Nos impostos proporcionais, o montante a pagar a título de imposto é sempre proporcionalmente igual, independentemente das características de cada contribuinte, uma vez que nesses impostos a alíquota é única, invariável. A igualdade proporcional decorre do fato de que o montante a pagar, de acordo com o valor in concreto da base de cálculo, é maior ou menor proporcionalmente à riqueza tributada.

> "Progressividade" não se confunde com "proporcionalidade". A progressividade implica a elevação proporcional de alíquotas de acordo com o aumento do valor de riqueza tributado. Na proporcionalidade, ao contrário, a alíquota é invariável, alterando-se apenas o montante a ser pago na razão direta do aumento da riqueza tributada. Segundo Ricardo Lobo Torres, "progressividade significa que o imposto deve ser cobrado por alíquotas maiores na medida em que se alargar a base de cálculo".[36]

---

35. TORRES, Ricardo Lobo. *Curso de direito financeiro e tributário.* 8. ed. Rio de Janeiro: Renovar, 2001. p. 83.

36. TORRES, Ricardo Lobo. Proporcionalidade, progressividade e seletividade no IPTU. *Revista de Direito Tributário*, v. 85, p. 342-347.

CONSTRUCTIVISMO LÓGICO-SEMÂNTICO

Homenagem aos 35 anos do grupo de estudos de Paulo de Barros Carvalho

A progressividade clássica significa um aumento de alíquotas na medida da elevação da base de cálculo do imposto. Essa elevação proporcional de alíquota importa no aumento do imposto a recolher e decorre do aumento da medida de riqueza tributada, ou seja, base tributável. Nesse caso, os mais ricos pagam proporcionalmente mais do que os mais pobres. Exemplo de imposto progressivo é o imposto de renda de pessoa física, em que as alíquotas vão gradativamente aumentando à medida que se aumenta a base de cálculo do imposto.

Com efeito, a progressividade também pode ser utilizada com outras finalidades que não a de arrecadação, de forma que a elevação de alíquotas far-se-á de acordo com outros critérios fixados em lei. Por exemplo, para estimular a utilização de imóvel urbano, pode-se instituir um imposto progressivo em função do decurso do tempo; até que se utilize corretamente este imóvel, a alíquota será gradativamente maior.

Assim, não é inteiramente correto caracterizar a progressividade como um aumento de alíquotas na medida da elevação da base de cálculo do imposto. Esta é a definição clássica da progressividade, sempre lembrada pela doutrina. Entretanto, em face da possibilidade de utilização da progressividade com outra finalidade que não a fiscal, melhor caracterizar a progressividade como a elevação da alíquota de um tributo de maneira gradual, segundo critérios estabelecidos em lei.

Para Uckmar,[37] historicamente, a possibilidade de instituição de uma tributação progressiva foi fonte de intermináveis discussões. No passado, mais especificamente no princípio do século XIX, sustentava-se a impossibilidade de instituição de impostos progressivos, defendendo-se a utilização apenas da proporcionalidade na tributação, com base na ideia de que cada um deveria contribuir na proporção de suas posses uma vez que a utilização dos serviços públicos é proporcional à renda de cada cidadão. Revolucionários como

---

37. UCKMAR. Victor. *Princípios comuns de direito constitucional tributário*. São Paulo: Revista dos Tribunais, 1976, p. 73-75.

III
O DIREITO TRIBUTÁRIO EM FACE DO CONSTRUCTIVISMO LÓGICO-SEMÂNTICO

Lambon, Fabre d'Englantine e Robespierre foram ardorosos defensores destas ideias. A partir da segunda metade do século XIX, este pensamento evoluiu passando-se a reconhecer que a capacidade contributiva cresce mais do que proporcionalmente ao crescimento da renda. Com este novo pensamento, reconheceu-se legítima a tributação progressiva. No final do século XIX e no início do século XX, praticamente em todos os países existiam impostos com alíquotas progressivas.

As discussões anteriormente existentes foram praticamente superadas com a evolução da sistemática. A Suprema Corte americana em duas sentenças – Magoun c. Illinois Trust and Savings Bank (1898), 170 U.S. 283, e Knowlton c. Moore (1900), 178 U.S. 41 – examinou e entendeu ser constitucional a tributação progressiva. Em ambas as controvérsias fora sustentada a ilegitimidade de tal forma de imposição na medida em que contrária à regra constitucional da "uniformity". Sáinz de Bujanda[38] defende sua aplicação como forma de alcançar a igualdade tributária: "O princípio de progressividade, como forma de conseguir a efetiva igualdade, supõe que a carga tributária se reparta em forma mais que proporcional, atendendo ao nível de capacidade contributiva dos contribuintes".

O autor Uckmar[39] é um dos defensores deste princípio e traz argumentos fundados na ciência econômica para defender a possibilidade de uma tributação progressiva, baseada na igualdade tributária:

As discussões que, de início, proliferaram sobre a legitimidade constitucional dos impostos com alíquota progressiva, particularmente nos Estados cuja Constituição proclama a igualdade e a uniformidade da tributação, não tem razão de ser: na verdade, cabe à ciência econômica estabelecer o sistema que melhor possa assegurar uma justa repartição dos

---

38. SAÍNZ DE BUJANDA, Fernando. *Lecciones de derecho financiero*. 9. ed. Madrid: Facultad de Derecho/Universidad Complutense, 1991, p. 111.

39. UCKMAR, Victor. *Princípios comuns de direito constitucional tributário*. São Paulo: Revista dos Tribunais, 1976, p. 76.

CONSTRUCTIVISMO LÓGICO-SEMÂNTICO
Homenagem aos 35 anos do grupo de estudos de Paulo de Barros Carvalho

encargos públicos, e se a ciência econômica entende que tal resultado pode ser melhor obtido com um imposto progressivo do que com um imposto proporcional, o sistema fiscal – para ser mais adequado ao princípio supremo da igualdade – deverá compreender também impostos com alíquota progressiva.

A doutrina sustenta que a concepção da tributação progressiva surgiu com a ideia de quem tem mais deve pagar mais, porque tendo mais participa em maior medida nas vantagens da organização coletiva, e quem tem mais deve pagar mais porque ao ter mais pode pagar mais com menor sacrifício de seus meios de subsistência.

Ainda, é importante ponderar que o princípio da progressividade não é um instituto exclusivo do Ordenamento Jurídico Brasileiro. A Constituição Italiana, de acordo com os ensinamentos de Conti [40], em seu art. 53, consagra expressamente o referido princípio como critério para alcance da capacidade contributiva: *"Art. 53. Tutti sono tenuti a concorrere alle spese pubbliche in ragione della loro capacita contributiva. Il sistema tributário e informato a criteri di progressività."*

Da mesma forma, a Constituição da Espanha faz alusão expressa ao princípio da progressividade, no seu art. 31, dando a ele sentido semelhante ao dado na Constituição Italiana, qual seja, o de um instrumento para alcance da capacidade contributiva. Em seus comentários, Conti[41] menciona: "Todos contribuirão para as despesas públicas de harmonia com a sua capacidade econômica, mediante um sistema tributário justo, inspirado nos princípios da igualdade e progressividade, que, em caso algum, terá alcance confiscatório".

A doutrina nacional, de um modo geral, sempre defendeu a utilização do princípio da progressividade na tributação.

---

40. CONTI, José Maurício. *Princípios tributários da capacidade contributiva e da progressividade.* São Paulo: Dialética, 1997, p. 33.

41. Idem, 1997, p. 44

III

O DIREITO TRIBUTÁRIO EM FACE DO CONSTRUCTIVISMO LÓGICO-SEMÂNTICO

Misabel de Abreu Machado Derzi[42] é exemplo de quem assumiu essa posição, ao sustentar que "a graduação dos impostos, de forma que os economicamente mais fortes paguem progressivamente mais por esses gastos do que os mais fracos, levará a uma maior justiça social".

O princípio da progressividade, entretanto, não está imune a críticas. São relevantes os argumentos apresentados para negar a sua aplicabilidade. Parte da doutrina entende que a progressividade tributária penaliza os mais eficientes e desestimula o esforço e a criatividade, na medida em que a recompensa por um trabalho árduo é uma tributação mais elevada. Adhemar João de Barros[43] é um dos que sustenta tal crítica.

No mesmo sentido, Ives Gandra da Silva Martins[44] criticou duramente a utilização de uma tributação progressiva, pois, para ele, a progressividade afasta os investimentos e desestimula a vinda de capitais por tributar excessivamente o lucro, a renda e o patrimônio.

Nessas condições, a progressividade é a forma adequada de alcance dos princípios da capacidade contributiva e da igualdade. E, por consequência, são disponibilizados ao aplicador do direito métodos sofisticados como o constructivismo lógico-semântico que permite os recortes necessários para selecionar os fatos e a norma legal mais acertada com a experiência, dados axiológicos, com a linguagem comunicacional pertinente que prestigie o direito a isonomia.

---

42. DERZI, Misabel A. M. Princípio da igualdade no direito tributário e suas manifestações. In "V Congresso Brasileiro de Direito Tributário". São Paulo: Revista dos Tribunais, 1991, p. 178.

43. BARROS, Adhemar João de. A progressividade tributária. *O Estado de São Paulo*, São Paulo, 13 mar. 1988.

44. MARTINS, Ives Gandra da Silva. Princípios constitucionais tributários. *Caderno de Pesquisas Tributárias*, São Paulo: Resenha Tributária/ Centro de Estudos de Extensão Universitária, n. 18. 1993. p. 9.

Conclusão

A progressividade é um mecanismo constitucional importante que busca a justiça, igualdade, na tributação, a partir da limitação do poder de tributar. E, ainda, ao operador do direito são viabilizados métodos capazes de garantir a melhor interpretação e aplicação da norma do direito positivo, como é o constructivismo lógico-semântico. Obriga observar a capacidade contributiva. É preservar os direitos dos cidadãos enquanto contribuintes, protegendo dos abusos confiscatórios, ou seja, preservar o mínimo existencial.

Nessa linha de pensamento, diferencia, com base nos princípios da capacidade contributiva e da igualdade, os impostos proporcionais e progressivos, optando claramente pela última forma de tributação: a adequação do tributo à capacidade econômica do contribuinte, que encontra, ainda, expressão no princípio da proporcionalidade, em face do qual o gravame fiscal deve ser diretamente proporcional à riqueza. A mera ideia de proporcionalidade, porém, expressa apenas uma relação matemática entre o crescimento da base de cálculo e o do imposto, ou seja, a tributação ocorre na medida da riqueza de cada um ou de determinado segmento econômico.

Por outro lado, a capacidade contributiva exige que se afira a justiça da incidência em cada relação isoladamente considerada e não apenas a justiça relativa entre uma e outra das duas situações. O princípio da capacidade contributiva, conjugado com o princípio da igualdade, direciona os impostos para a proporcionalidade, mas não se esgota nesta. Parece-me que é possível evoluir muito na utilização desse mecanismo.

Com o apoio no princípio da capacidade contributiva e no da igualdade, tem sido discutida a constitucionalidade dos tributos fixos, pautas de valores não aderentes, atualizadas, com o mercado, assim chamados porque seu montante não se gradua em função da maior ou menor expressão econômica revelada pelo seu fato gerador.

III

O DIREITO TRIBUTÁRIO EM FACE DO CONSTRUCTIVISMO LÓGICO-SEMÂNTICO

Outro preceito que se aproxima do princípio da capacidade contributiva é o da progressividade, previsto para certos impostos, como o de renda. A progressividade não é uma decorrência necessária da capacidade contributiva, mas sim um refinamento deste postulado. A proporcionalidade implica que riquezas maiores gerem impostos proporcionalmente maiores. Já a progressividade faz com que a alíquota para as fatias mais altas seja maior.

Assim, a tributação progressiva é um instrumento muito mais eficaz do que a tributação proporcional e deve ser aplicada indistintamente aos impostos. Elizabeth Carrazza sustenta:

> a progressividade é uma característica de todos os impostos, da mesma forma que a todos eles se aplicam os princípios da legalidade, da generalidade e da igualdade tributária, que não são expressamente referidos na Constituição Federal, quando inclui hipóteses de incidência genéricas. Inexistindo progressividade descumpre-se o princípio da isonomia, uma vez que, como visto, a mera proporcionalidade não atende aos reclamos da igualdade tributária.[45]

Geraldo Ataliba[46] sempre defendeu a aplicação do princípio da progressividade a todas as espécies de impostos, como forma de redução das desigualdades sociais e meio de construção de uma sociedade justa e solidária:

Conforme sua natureza e características – no contexto de cada sistema tributário – alguns impostos são mais adequadamente passíveis de tratamento progressivo e outros menos. De toda maneira, como todos os impostos, sem nenhuma exceção, necessariamente são baseados no princípio da capacidade contributiva, todos são passíveis de tratamento progressivo. No Brasil, mais intensamente do que alhures, dado que a Constituição põe especial ênfase na necessidade de tratamento desigual às situações desiguais, na medida dessa

---

45. CARRAZZA, Elizabeth Nazar. *Progressividade e IPTU*. Curitiba: Juruá, 1998, p. 102.

46. ATALIBA, Geraldo. IPTU: progressividade. *Revista de Direito Público*, São Paulo, v. 23, n. 93, p. 233, jan./mar. 1990.

564

desigualdade, além de propor normativamente serem objetivos fundamentais da República.

Pelo exposto, é certo afirmar que o método do constructivismo lógico- semântico aliado ao princípio constitucional tributário da progressividade é um mecanismo importante que busca a justiça, igualdade, na tributação, a partir da limitação do poder de tributar, com a aplicação da capacidade contributiva, que visa a proteger o mínimo existencial. Em outras palavras, é princípio norteador das normas tributárias que visa a preservar os direitos dos cidadãos enquanto contribuintes, protegendo dos excessos e proporcionando eficiência na tributação.

Referências

ATALIBA, Geraldo. IPTU: progressividade. *Revista de Direito Público*, São Paulo, v. 23, n. 93, p. 233, jan./mar. 1990.

_____. Progressividade e capacidade contributiva. *Revista de Direito Tributário*. São Paulo: Revista dos Tribunais, 1991, p. 50.

_____. *República e Constituição*. 2ª ed. 2ª tir. atual. São Paulo: Malheiros, 2001, p. 158, 160, 161.

BALEEIRO, Aliomar. *Direito tributário*. 11 ed. atualizada por Mizabel Derzi, Rio de Janeiro: Forense,1999.

BARROS, Adhemar João de. A progressividade tributária. *O Estado de São Paulo,* São Paulo, 13 mar. 1988.

BANDEIRA DE MELLO, Celso Antônio. *O conteúdo jurídico do princípio da igualdade*. 3ª ed. 7ª tir. São Paulo: Malheiros, 1999, p. 23.

BERLIRI apud OLIVEIRA, José Marcos Domingues. *Capacidade contributiva:* conteúdo e eficácia do princípio. 2ª ed. Rio de Janeiro: Renovar, 1998. p. 61.

BOBBIO, Norberto. *Teoria do ordenamento jurídico:* tradução Maria Celeste C. J. Santos. 10. edição. Brasília, 1999, p. 158

III
O DIREITO TRIBUTÁRIO EM FACE DO CONSTRUCTIVISMO LÓGICO-SEMÂNTICO

CAMPOS, Roberto. As tentações de São João Batista. *O Estado de São Paulo*, São Paulo, p. 2, 4 mar. 1990.

CARRAZZA, Roque Antonio. *Curso de direito constitucional tributário*. 28. ed., Malheiros Editores, São Paulo, 2012, p. 45-74

CARRAZZA, Elizabeth Nazar. *Progressividade e IPTU*. Curitiba: Juruá, 1998, p. 102.

CARVALHO, Paulo de Barros. *Curso de direito tributário*. 7ª ed. rev. ampl. São Paulo: Saraiva, 1995, p. 90.

_____. *Direito tributário*: reflexões sobre filosofia e ciência em prefácios. São Paulo: Noeses, 2019, p. 91.

CONTI, José Maurício. *Princípios tributários da capacidade contributiva e da progressividade*. São Paulo: Dialética, 1997, p. 33.

DERZI, Misabel A. M. Princípio da igualdade no direito tributário e suas manifestações. *In* "V Congresso Brasileiro de Direito Tributário". São Paulo: Revista dos Tribunais, 1991, p. 178.

DOMINGUES, José Marcos. *Capacidade contributiva*: conteúdo e eficácia do princípio. 2ª ed. Rio de Janeiro: Renovar, 1998, p. 57.

KELSEN, Hans. *Teoria pura do direito*. Tradução João Batista Machado. 6ª ed. São Paulo: Martins Fontes, 1998.

MACHADO, Hugo de Brito. *Os princípios jurídicos da tributação na Constituição de 1988*. São Paulo: Revista dos Tribunais, 1989, p. 11-13.

MARTINS, Ives Gandra da Silva. Princípios constitucionais tributários. *Caderno de Pesquisas Tributárias*, São Paulo: Resenha Tributária/ Centro de Estudos de Extensão Universitária, n. 18. 1993, p. 5 -11.

MELLO, Celso Antônio Bandeira de. *Curso de direito administrativo*. 8ª ed. São Paulo: Malheiros Editores, 1996, pp.:545/546, *apud*, GRAU, Eros Roberto. *A ordem econômica*

CONSTRUCTIVISMO LÓGICO-SEMÂNTICO
Homenagem aos 35 anos do grupo de estudos de Paulo de Barros Carvalho

na constituição de 1988, 4ª ed.. São Paulo: Malheiros Editores, 1998, p. 78/79.

SAÍNZ DE BUJANDA, Fernando. *Lecciones de derecho financiero.* 9. ed. Madrid: Facultad de Derecho/Universidad Complutense, 1991, p. 111.

TORRES, Ricardo Lobo. *Curso de direito financeiro e tributário.* 8. ed. Rio de Janeiro: Renovar, 2001, p. 83.

_____. *Os direitos humanos na tributação.* 2ª ed. Rio de Janeiro: Renovar, 1998, p. 267.

_____. Proporcionalidade, progressividade e seletividade no IPTU. *Revista de Direito Tributário,* v. 85, p. 342-347.

UCKMAR. Victor. *Princípios comuns de direito constitucional tributário.* São Paulo: Revista dos Tribunais, 1976, p. 73-75.

_____. *Princípios comuns de direito constitucional tributário.* São Paulo: Revista dos Tribunais, 1976, p. 73-75.

VILANOVA, Lourival. *As estruturas lógicas e o sistema de direito positivo.* 4ª ed. São Paulo: Noeses, página 3.

XAVIER, Alberto. *Manual de direito fiscal.* Lisboa: Faculdade de Direito de Lisboa, 1974, p. 107.

YUNES JÚNIOR, Faissal. "Sistema Constitucional Tributário" in *Cadernos de Direito Constitucional e Ciência Política.* São Paulo: Revista dos Tribunais, n. 24, jul./set. 1998, p. 172.

A FALÁCIA DO DISCURSO JURÍDICO

Ana Luiza Vieira Santos[1]

1. Introdução

O construtivismo lógico-semântico e a retórica realista concernem em paradoxos, pois tratam de teorias que vão ao encontro de pensar o direito positivo, perante um universo complexo.

O direito positivo, como objeto cultural, não se apresenta imutável diante dos repertórios sociais, mas é ajustado por todos operadores do direito pertencentes às suas fontes.

O discurso resulta de uma nova discussão motivada pelo *status quo*. Assim como o discurso sobreposto, o discurso vencedor não é eterno, pois é linguístico, haja vista que a qualquer momento pode voltar ao estado anterior ante a repristinação do velho ato de fala. Assim, a retórica representa verdades relativas e fatos linguísticos, resultantes do consenso de atos de falas, dentre os comunicantes de um dado sistema que se moldam a sua evolução e estabelecem novas verdades.

A norma jurídica é o resultado do processo de interpretação que pressupõe a significação construída por intermédio

---

1. Mestranda em Direito Tributário pela PUC-SP. Pós-graduada em Direito Tributário pelo Insper e pelo COGEAE – PUC-SP.

III

O DIREITO TRIBUTÁRIO EM FACE DO CONSTRUCTIVISMO LÓGICO-SEMÂNTICO

de enunciados prescritivos do direito positivo. O construtivismo lógico-semântico é empregado para designar a intervenção do sujeito na formação do objeto. Trata da acepção ligada ao contexto epistemológico que é um processo de assimilação de formas. A interpretação consiste na composição de sentido da norma jurídica.

O ativismo judicial é a construção de soluções jurídicas por partes dos membros do Poder Judiciário que preencham as lacunas identificadas pelo direito positivo, buscando no Sistema do direito positivo a solução do conflito.

Em relação à matéria tributária, o discurso jurídico supera a dimensão da incidência jurídica do tributo. Logo, a delimitação do conteúdo e da norma jurídica resulta na tributação. No momento da interpretação da lei, os aplicadores da lei constroem a norma jurídica tributária com base em fatos econômicos, sociais, computacionais e contábeis, resultando em uma decisão judicial do fato concreto, norma individual e concreta.

2. Arcabouços do construtivismo lógico-semântico

Lourival Vilanova,[2] na construção de sua filosofia, constatou a necessidade de intersecção entre a teoria e a prática, após sucessivos graus de abstração ocorridos no empirismo.

O construtivismo lógico-semântico consiste numa filosofia de pensamento cujo direito positivo é constituído pela Ciência do Direito numa metalinguagem que possibilita o estudo da teoria comunicacional do direito.

Toda Ciência do Direito, como categoria cognoscitiva, decorre da formação conceitual de base de pressuposto e da constituição de um método. O método é o meio escolhido pelo sujeito cognoscente para se aproximar do objeto que propõe a conhecer.

---

2. VILANOVA, Lourival. *As estruturas lógicas e o sistema do direito positivo.* 4ª ed. São Paulo: Noeses, 2005, p. 35.

CONSTRUCTIVISMO LÓGICO-SEMÂNTICO
Homenagem aos 35 anos do grupo de estudos de Paulo de Barros Carvalho

Os objetos podem ser conhecidos por diversos ângulos como: o histórico, o sociológico e o filosófico. Assim, o método é fundamental para conhecimento científico, uma vez que não há conhecimento sem um sistema de referência.

O ato cognoscitivo do direito é compreendê-lo e entendê-lo, com fulcro de conferir conteúdo, sentido e alcance a mensagem normativa.

O direito positivo como objeto cultural não se apresenta imutável diante as alterações sociais, mas é ajustado por todos operadores no influxo constantes dentre as suas fontes.

Com a mudança da sociedade, os valores desta se alteram e o direito necessita se modificar para acompanhar a sociedade. As maiores mudanças do direito positivo referem-se às fontes do direito, perante a absorção crescente da função legislativa pelo Poder Executivo, por exemplo, a investigativa pelo viés das comissões parlamentares de inquérito. Já o Poder Judiciário tem a função primordial que busca a conciliação da prática Judiciária, que constituirá uma norma jurídica fruto de um discurso vencedor.

2.1 Construtivismo Lógico-Semântico e a retórica realista

O construtivismo lógico-semântico e a retórica realista concernem em paradoxos de linguagem, pois trata de teorias que vão ao encontro de pensar o direito positivo, perante um universo complexo.

Tais escolas filosóficas têm como premissa a ideia de uma sucessão de atos comunicacionais que constroem a realidade, posto que rechaçam a ideia que tanto o sujeito cognoscente como os objetos apresentam prontos e acabados e que a linguagem serve como instrumento de representação da realidade.

Ao passo que, os elementos são frutos do discurso que não escapa do cerco inapelável da linguagem. Neste contexto, a verdade está relacionada a um sistema de referência mediante o qual é criada, que depreende do tempo e do espaço.

III

O DIREITO TRIBUTÁRIO EM FACE DO CONSTRUCTIVISMO LÓGICO-SEMÂNTICO

Paulo de Barros Carvalho, em suas suscitações filosóficas sobre a relação do giro-linguístico, entende a verdade absoluta como uma desconstrução.[3]

As escolas filosóficas desenvolvidas por Paulo de Barros Carvalho e João Maurício Adeodato confirmam a autorreferenciabilidade da linguagem, pois o homem não se basta em si próprio, ao passo que envolve pelo contato linguístico com outro, que pelo instrumento da linguagem, constituem o repertório cultural que se encontram.

O repertório cultural e social se altera ao longo do tempo graças à construção de sucessivos discursos, servindo como fundamento da criação de uma nova realidade que não se pode afastar do universo comunicacional, em virtude do ser imponível.

De tal modo, o presente é o objeto de construção de consenso dos sujeitos cognoscentes que compõem a comunidade. A verdade se constrói a partir das regras do Poder Executivo, fruto de um dado grupo que cria as suas regras de regulação do discurso estabelecendo os requisitos cujas verdades da realidade vão se formando.

No mundo linguístico de João Maurício Adeodato, refere-se à condição retórica do indivíduo corresponde uma linguagem que caracteriza como condição de existir, retórica material, mediante o uso de signos que servem de estratégia para obter os efeitos em relação ao outro interlocutor (retórica estratégica), num ambiente que nos cerquei-a criado por intermédio da metalinguagem retórica analítica.[4]

O mundo que nos circunda explicita o direito positivo, como uma natureza cultural, constituída pela linguagem que é essencialmente mutável e ambígua.

---

3. CARVALHO, Paulo de Barros. *Direito Tributário, linguagem e método*. São Paulo: Noeses, 2011, p. 159.

4. ADEODATO, João Maurício. *Uma teoria da norma jurídica e direito subjetivo*. São Paulo: Noeses, 2011, p. 17.

CONSTRUCTIVISMO LÓGICO-SEMÂNTICO
Homenagem aos 35 anos do grupo de estudos de Paulo de Barros Carvalho

Por isso, é propagada por uma rigidez constitucional que não evita o surgimento dos conflitos de competências apesar da clara delimitação dos entes federados.

As referências teóricas adotadas pela retórica caminham para inclinação pragmática, uma vez que visam à análise linguística do discurso, enquanto ação comunicativa.

A comunicação humana é uma forma que altera a realidade, pois constrói infinitas vezes, por isso que é verdadeira, não é absoluta, uma vez que modifica à medida que as necessidades sociais mudam, modificando consequentemente os discursos.

O consenso dentre dois interlocutores não é uma relação de igualdade dentre o ato de fala e o objeto, sobre o qual se comunica, mas o encontro do ato de fala do ser cognoscente com aquilo que outro ser cognoscente fala, constituindo autorreferencialidade da linguagem.

A construção retórica da realidade está baseada em três condições: a *legitimidade,* quem proclama o discurso deve estar revestido de autoridade, a *credibilidade*, pois o orador deve ser levado a sério e a *persuasão*, haja vista que o interlocutor deve aceitar o discurso.[5]

A verdade é relativa, uma vez que os consensos não são imutáveis, e tendem alterar os integrantes do discurso e os espaços-temporais por se tratar de nível de discurso, em consonância a critério linguístico. Ambas escolas filosóficas entendem que os fatos não passam de relatos linguísticos que compõem a realidade por intermédio de situações comunicativas.

O discurso resulta de uma nova discussão, motivo que a discussão do *status quo*. Assim, como no discurso sobreposto, o discurso vencedor não é eterno, pois é linguístico, haja vista que a qualquer momento pode voltar ao estado *quo* ante a repristinação do velho ato de fala.

---

5. HENRIQUE, Antônio. *Argumentação e Discurso Jurídico*. São Paulo: Editora Atlas, 2008, p. 36.

III

O DIREITO TRIBUTÁRIO EM FACE DO CONSTRUCTIVISMO LÓGICO-SEMÂNTICO

Para retórica, as verdades são fatos linguísticos, resultados do consenso de atos de falas, dentre os comunicantes de um dado sistema. Os seres humanos estão em constante mutação que conformam a sua evolução estabelece novas verdades.

Tal premissa demonstra que não há prazo de validade do discurso, ao passo que, dada comunidade mantém a opinião sobre determinado tema, mas no transcurso do tempo é convidada a reanalisar, podendo implicar uma mudança de discurso, vislumbrando uma certa vulnerabilidade de posicionamentos.

Na seara jurídica, os entes julgadores, inclusive o Supremo Tribunal Federal, repetidamente reveem suas decisões passando a julgar de maneira diversa, nascendo novos discursos acerca da mesma temática.

O ordenamento jurídico institucionaliza e legitima a mutabilidade do conteúdo do direito positivo, autorizando a formação de discurso vencedores, sem que se vislumbre lesão ao respectivo ordenamento que, paradoxalmente, possibilite o fenômeno do ativismo judicial.

Neste contexto, trata de uma sobreposição de discursos, os quais são aplicáveis como fonte de legitimação de condutas, pois são considerados como discursos vencedores.

Tanto Supremo Tribunal Federal quanto Superior Tribunal de Justiça são órgãos legitimados pelo direito positivo para aduzir em última instância os discursos temporariamente vencedores, perante o ambiente retórico, permeado por diversas premissas e conclusões, implicando uma superposição de discursos, como uma única forma para garantir o exercício das faculdades humanas.

As realidades se alteram em consonância com a linguagem constituída em cenários diferentes e, ao longo do tempo, se confirma a superposição de discursos vencedores.

A partir da tentativa de definição para objeto de estudo prosseguimos na exposição teórica, apresentando considerações doutrinárias e judiciais do ativismo judicial.

574

CONSTRUCTIVISMO LÓGICO-SEMÂNTICO
Homenagem aos 35 anos do grupo de estudos de Paulo de Barros Carvalho

2.2 Interpretação do direito e o ativismo judicial

O fenômeno da percussão do direito vem-nos à mente a ocorrência de um fato que, subsumindo-se à previsão hipotética, refere-se ao surgimento do vínculo jurídico estipulado no consequente normativo. Eis que se denomina incidência tributária. Tal operação ocorre por ato de aplicação, pois as estruturas do direito se movimentam em proximidade às condutas intersubjetivas, por meio de certificação do fato conotativo, constituindo fato jurídico tributário, consequente norma jurídica.

A norma jurídica é o resultado do processo de interpretação que pressupõe a significação construída por intermédio de enunciados prescritivos do direito positivo.

Neste âmbito, o construtivismo lógico-semântico é empregado para designar a intervenção do sujeito na formação do objeto. Trata da acepção ligada ao contexto epistemológico. Logo, é um processo de assimilação de formas.

A interpretação consiste na composição de sentido da norma jurídica, que tem por objeto a sistematização de processos aplicáveis para determinação de processos aplicáveis para determinação de sentido de abrangência da expressão do direito positivo.

O construtivismo lógico-semântico é o método difundido com mestria de Paulo de Barros Carvalho, cujo direito positivo é enxergado na concepção hermenêutica-linguística.

A interpretação amparada pela semiótica, a decomposição do texto jurídico para estudá-lo minuciosamente é feita nos seus planos sintático (estrutural), semântico (significativo) e pragmático (plano de aplicação).

O plano sintático investiga as relações dentre signos no discurso. O plano semântico investiga a representação e sentido dos signos. O plano pragmático investiga os usos dos signos na comunicação. Assim, a utilização dos planos sintáticos de análise da linguagem jurídica possibilita o estudo analítico do direito positivo.

575

III
O DIREITO TRIBUTÁRIO EM FACE DO CONSTRUCTIVISMO LÓGICO-SEMÂNTICO

A filosofia da linguagem é o método que utiliza as acepções: enunciação, enunciação-enunciada e o enunciado. Ao passo que a fonte do direito positivo (fase pré-jurídica) é a enunciação. Não há enunciado sem enunciação.

A enunciação-enunciada trata de conjunto de enunciado e remete a atividade de enunciação. Trata do aglomerado de enunciados, correspondente à atividade de enunciação, informando o processo legislativo, produtor de norma, pela pessoa competente nas coordenadas de tempo e espaço dos eventos com termo de juricidade que constitui enunciado-enunciado é o enunciado prescritivo sem referência à enunciação.

No âmbito jurídico, as fontes do direito passam pela verificação do sujeito, da matéria e procedimento, que estão credenciados pelas normas jurídicas ingressadas no sistema do direito positivo pelos Poderes: Executivo, Judiciário e particulares.

O direito positivo é a linguagem constituída pelo objeto cultural. O bem cultural detém duas facetas: o suporte de linguagem e o significado constituído pela linguagem. Assim, o significado é construído pela interpretação empregada por valores.

De tal modo, o direito é o objeto cultural produzido pelo homem para disciplinar as condutas intersubjetivas, analisando valores que a sociedade deseja ser realizada. Motivo que por si só, justifica a aplicação da teoria hermenêutica.

Interpretar é atribuir sentido à significação do texto jurídico (dado bruto do direito positivo) por intermédio de atos de valoração, em consonância aos referenciais linguísticos do intérprete.

O processo de interpretação é descrito por quatro subsistemas: S1, o sistema de literalidade textual, suporte físico e significações, S2, conjunto dos conteúdos de significações dos enunciados prescritivos, S3, conjunto articulado de significações normativas ou sistema de norma jurídica *stricto sensu* e S4, a organização das normas construídas no nível S3 com coordenação e subordinação.

576

CONSTRUCTIVISMO LÓGICO-SEMÂNTICO

Homenagem aos 35 anos do grupo de estudos de Paulo de Barros Carvalho

A verdade construída é o relacionamento intersubjetivo, considerado um quadro referencial, pois é a verdade que estabelece dentre as condições humanas do discurso. À medida que a verdade lógica é a verdade em nome que se fala, prevalece como suficiente, por intermédio de coerência e bom senso, nos exatos termos prescritivos da verdade enunciada, verdade jurídica.

O evento para ingressar no enunciado jurídico vale-se pela interpretação. Os mecanismos de aplicação do direito, no âmbito processual, são realizados na esfera administrativa e Poder Judiciário.

Assim, os eventos não ingressam meios processuais, mas integram no processo os fatos, enunciados que declaram o acontecimento por uma alteração no plano físico-social, constituído pela facticidade jurídica.

Nem todas as linguagens são habilitadas para produzir efeitos jurídicos, mas o próprio sistema jurídico indica os instrumentos credenciados para constituir os fatos. Na seara processual, o fato só se considera provado por ato de interpretação e valoração do julgador que admite existente ou verdadeiro.

O conhecimento privado do julgador refere-se ao conjunto de fatos que chegaram ao seu intelecto, por diversos meios e atos processuais, mas podem ser invocados como justificativa de sua decisão.

A decisão não pode ser justificada somente da íntima convicção do julgador, mas deve observar os fatos constituídos nos autos, com fundamentação tipificada pelo requisito essencial do ato decisório.[6]

A interpretação da legislação ou por outro giro verbal é a busca ativa por parte do magistrado, que busca solução de um conflito posto sob sua jurisdição, que pode ser em cumprimento às determinações constitucionais em determinado

---

6. PONTES DE MIRANDA, Francisco Cavalcanti. *Comentários ao Código Processo Civil*. Vol. 3, Rio de Janeiro: Forense, 2008 p. 253.

III

O DIREITO TRIBUTÁRIO EM FACE DO CONSTRUCTIVISMO LÓGICO-SEMÂNTICO

caso concreto, aplicação de ordem contida em tratados e convenções internacionais de direitos humanos.

Os princípios constitucionais são aplicáveis e interpretados na solução do caso concreto. A Magna Carta veicula um importante arcabouço protetivo da dignidade humana, conferindo direitos humanos no rol de direitos e deveres individuais e coletivos, conferido pelo art. 5º.

O ativismo judicial é a construção de soluções jurídicas por partes dos membros do Poder Judiciário que preencham as lacunas identificadas pelo direito positivo, buscando, no sistema do direito positivo, a solução do conflito.

Em nossa jurisdição, há possibilidade de constitucionalidade e inconstitucionalidade da incidência do Imposto de Serviço de Qualquer Natureza na importação de serviços de softwares, conforme a Lei Complementar 116/2003.

O § 1º do art. 1º da Lei Complementar 116/2003 previu duas hipóteses de serviços prestados por prestador estrangeiro ou tomador no Brasil, que consideram sujeitos ao imposto municipal e os serviços iniciados no exterior aos serviços provenientes no exterior.

Neste dispositivo, há duas hipóteses de interpretação que podem ser aplicadas pelo magistrado com relação aos serviços iniciados no exterior ou serviços provenientes do exterior.

Na primeira hipótese prevista na primeira parte do dispositivo, a lei complementar busca fazer que o imposto incida sobre serviço prestado fora do Brasil e produza efeitos aqui. Neste caso, o serviço é executado fora do Brasil e produz seu resultado no território nacional. Já na segunda hipótese, o serviço é iniciado no território estrangeiro e implica que terminaria ser executado no território nacional.

Parece que nestas hipóteses, preocupou o legislador complementar a situação em que parte do serviço dá-se no exterior, porém gera dúvidas acerca da incidência do tributo. Primeiro, no caso do serviço prestado totalmente no Brasil,

578

há a conexão material de todo serviço, fato executado no território nacional.

Por outro lado, a importação de serviços ocorre quando o serviço é iniciado em território estrangeiro e o resultado for verificado no território nacional.. Neste aspecto, pode suscitar dúvidas, pois há conexão material do fato jurídico tributário com território do Município concluído o serviço que considera prestado quando concluído no território nacional.

As legislações do PIS e da COFINS, bem como do ICMS na importação preveem regras-matrizes de incidência tributária para o contratante ou beneficiário ou destinatário do serviço. Logo, o contribuinte brasileiro pode ser cobrado sem problemas pelos entes federados.

O ativismo judicial para Imposto de Serviço de Qualquer Natureza resolveu o problema atribuindo a responsabilidade do recolhimento do imposto no tomador de serviços que imposto é exequível para administração pública municipal e distrital, ressalvando que os serviços executados no território estrangeiro totalmente, há crítica quanto à incidência do imposto na importação de serviços.

Neste âmbito, o ativismo judicial acerca da incidência do ISS na importação de serviços, conforme dispõe a Lei Complementar 116/2003, passa desde a inconstitucionalidade com base do princípio da territorialidade. O contribuinte, prestador de serviço estrangeiro não pode ser atingido pela legislação brasileira. Pois o tomador será considerado como responsável tributário na hipótese doconsumo do serviço e não da sua prestação.

Embasado nas premissas acima, define-se ativismo judicial a construção de solução jurídica por parte dos magistrados, portanto, existe ofensa ao sistema jurídico tributário, conquanto a motivação seja expressa nas normas jurídicas, princípios constitucionais e a legislação positivada, embora não trate de uma mera subsunção de um fato à norma, ou não seja a mera aplicação de uma lei.

III
O DIREITO TRIBUTÁRIO EM FACE DO CONSTRUCTIVISMO LÓGICO-SEMÂNTICO

2.3 Ativismo judicial e o superado método tradicional da estabilidade de jurisprudências

O direito positivo regulamenta direitos e deveres, que estabelecem padrões de pensamento que se caracteriza no hábito de conduta. Trata de crenças e opiniões que orientam os homens que estão preparados para agir.

Paulo de Barros Carvalho entende que o direito positivo está sujeito às expectativas normativas estáveis e persistentes, em face da inevitável sobreposição de valores na análise do fenômeno jurídico. Ao mesmo tempo, o desejo e alcance da estabilidade reside no grande desafio do intérprete da norma jurídica, A busca do equilíbrio entre díspares fenômenos o da valoração (elemento subjetivo) e o da estabilidade (critério objetivo).[7]

Assim, o direito positivo pode ser interpretado como método pragmatismo jurídico, uma vez que permite o raciocínio pragmático na investigação do ordenamento jurídico. Na aplicação da lei se concretizam os direitos e deveres no contexto da situação de fato cuja incidência jurídica acontece.

A justiça se efetiva no desempenho de um contemporâneo ordenamento jurídico do direito positivo, com a finalidade da busca da justiça como exercício de razão prática, caracterizada pelos bens estético, ético e lógico. Referem-se às técnicas preclusivas que permitem o percurso processual e a renovação contínua de fatos jurídicos.

A atribuição de valores na interpretação no universo jurisdicional nas lides tributárias com permanente tensão dentre interesse da administração pública e dos contribuintes resulta na construção da norma individual e concreta.

A alegação de interesse público e de ordem pública respalda-se nos valores segurança e da isonomia os quais são

---

7. CARVALHO, Paulo de Barros. *Derivação e positivação no direito tributário*. Livro I. São Paulo: Noeses, 2011, p. XIX.

CONSTRUCTIVISMO LÓGICO-SEMÂNTICO
Homenagem aos 35 anos do grupo de estudos de Paulo de Barros Carvalho

pinçados ao se realizar a interpretação tendente a acolher teses jurídicas do contribuinte.

As acepções utilizadas no critério do direito positivo prima riqueza semântica e a imprecisão de palavras em seu estado de isolamento.

Com relação à estabilização da jurisprudência, as expressões devem submeter quanto aos seus usos de palavras, previsibilidade, estabilidade e uniformidade.

A doutrina de Luiz Guilherme Marinoni aduz que:

> [...] é possível distinguir estabilidade de certeza [...] a previsibilidade abre oportunidade para graus de certeza, tanto é que, ainda que o sistema de precedentes garanta a previsibilidade, um determinado precedente pode estar preste a ser revogado. Do mesmo modo, um sistema pode ser momentaneamente instável, em vista de reiteradas revogações de precedentes, ainda que dotado de previsibilidade inerente ao respeito aos precedentes.[8]

Por isso, defende que a estabilidade não se traduz em continuidade do direito legislado, no que concerne às decisões judiciais.

A previsibilidade é um indicativo para o futuro do percurso de cristalização do direito positivo. A estabilidade é a confirmação e não previsibilidade, passível de ser moldada nas técnicas de fortalecimento e conteúdo. Por fim, a uniformidade é a trajetória final do percurso, iniciando pela previsibilidade e chegou à estabilidade, alcançada pela proteção e princípio da isonomia.

O ativismo judicial pode ser enxergado na atualidade como técnica de estabilização no percurso do litígio, com finalidade de chegar a um discurso jurídico vencedor.

Trata de uma classificação procedimental em face de seu alcance, enquadrando na fase do processo na relação

---

8. CANOTILHO, João Joaquim Gomes. *Direito constitucional e teoria da Constituição*. 7°ed. Coimbra: Almedina, 2018, p. 559.

III

O DIREITO TRIBUTÁRIO EM FACE DO CONSTRUCTIVISMO LÓGICO-SEMÂNTICO

jurisdicional dentre Estado-juiz e partes (autor e réu), a sentença de mérito e apelação, que impõe ou não seu exame quando a matéria for pacificada no Supremo Tribunal Federal.

A adoção da técnica de estabilização é o mecanismo de durabilidade da jurisprudência, resultante da interpretação final do direito positivo no campo jurisdicional, a cargo dos Tribunais Administrativos e o Supremo Tribunal Federal.

A estabilidade é o primado da segurança jurídica na ressalva que o magistrado, no momento da interpretação da norma jurídica, não ignora as vantagens do sistema judicial, que garante um mínimo de durabilidade da jurisprudência em relação ao convencimento da tese jurídica em questões de idêntica apreciação do Judiciário.

Neste contexto, é certo que não se chega a uma metodologia perfeita, pois a estabilidade em relação à previsibilidade e à uniformidade, pretende que a verdade seja fator determinante em relação à racionalidade decisória.

2.4 Ativismo Judicial acerca da Constitucionalidade do ISS-importação

Os debates do discurso jurídico sobre a matéria tributária superam a dimensão da incidência jurídica do tributo. A delimitação do conteúdo e da norma jurídica resulta na tributação. Os juízes emitem uma decisão judicial de um fato concreto ao argumentarem os efeitos econômicos da norma jurídica tributária.

O sistema do direito positivo é interpretado a partir da perspectiva do contribuinte; interpretar estabelece limite ao poder de tributar com base positiva na invasão de patrimônio particular pela mão da tributação.

A tributação do consumo concentra-se nas mãos do Estado e Municípios, via imposto sobre circulação de mercadorias e serviços de transporte interestadual, intermunicipal e da

582

comunicação – ICMS e dos municípios, imposto sobre serviço de qualquer natureza - ISSQN.

A Lei Complementar 116/2003 dispõe acerca do Imposto Sobre Serviço de Qualquer Natureza e apresenta duvidosa legitimidade dos seguintes preceitos: primeiro, não retira o fundamento de validade do ordenamento constitucional, prova objetiva para alcançar fatos ocorridos fora do território nacional. Segundo, implica um ativismo judicial, perante a criação de uma esdrúxula obrigação tributária.

As competências tributárias, estabelecidas na Magna Carta, consideram o local onde se verifica a hipótese de incidência do tributo, onde se revela a respectiva riqueza. A extraterritorialidade trata da condição jurídica de incidir os fatos verificados fora do território nacional.

Os nacionais somente podem ser tributados no país que residem, pois pode ser alcançado como residentes estrangeiros, conforme princípio da territorialidade, como situação da nacionalidade, domicílio e residência do sujeito passivo.[9]

O Imposto sobre Valor Agregado (IVA) é um imposto não cumulativo cobrado em todas as etapas do processo de produção e comercialização. Trata de um tributo neutro cuja incidência independe da forma de produção e circulação do imposto pago pelo consumidor na etapa da cadeia de produção e comercialização.

Na exportação de serviços digitais, a hipótese de incidência é totalmente desonerada, ao passo que a importações de serviços digitais são tributados na forma equivalente à produção nacional.

Neste contexto, o IVA é de incidência sobre uma base ampla, pois alcança os bens e serviços pelo princípio do destino, no qual a transação dentre os países (estado) de destino é essencial para que o IVA seja um imposto sobre o consumo.

---

9. XAVIER, Alberto *Direito tributário internacional*. Coimbra: Almedina, 1993, p. 23.

III

O DIREITO TRIBUTÁRIO EM FACE DO CONSTRUCTIVISMO LÓGICO-SEMÂNTICO

A aplicação dos enunciados jurídicos na positivação do mundo fenomênico ocorre no contexto social, com todas as complexidades do mundo moderno, tecnologias digitais e de globalização.

A aplicação dos dilemas hermenêuticos relaciona-se à incidência tributária para serviços estrangeiros, por exemplo, serviços técnicos, que tenham sido iniciados no território estrangeiro que pode ser verificado a constitucionalidade, ou não da hipótese de incidência do ISS-importação.

O legislador, no momento da elaboração das leis, não consegue prever o rumo que os intérpretes imprimirão a significação das palavras prevista na lei em um momento futuro.

Assim, o legislador pode dispor livremente sobre conceitos jurídicos, desde que respeitado os limites semânticos, por exemplo, designar serviço de importação ensejando a transposição de fronteiras da razoabilidade.

Apesar do ISS-importação não estar previsto na Magna Carta, a Lei Complementar em seu art. 6º, § 1º, determinou a incidência do imposto sobre serviços cuja execução comece no território estrangeiro e a finalização ocorra no território nacional. Logo, é evidente que o legislador complementar se encontra investido de poderes para invocação da ordem jurídica, uma vez que cria realidades próprias no universo normativo.

A locução legislativa tributária para tornar uma norma de sentido amplo em sentido restrito, que o legislador resolvesse determinar, não olvidando, os balizamentos que demarcam a competência legislativa.

De tal modo, a omissão dos termos do direito positivo ao Imposto Sobre Serviço não cessa a competência dos Municípios em tributar em matéria de comércio exterior, desde que não infirmam nas decisões tomadas pela União Federal.

O labor exegético requer o patamar legal que compreende a legislação complementar. Assim, o contribuinte pode ser onerado, pois a prestação de serviço é executada dentro do território nacional, especificamente na competência do Município.

584

CONSTRUCTIVISMO LÓGICO-SEMÂNTICO

Homenagem aos 35 anos do grupo de estudos de Paulo de Barros Carvalho

Tal questão implica uma reflexão crítica, pois repousa na falácia formal representada pela positivação do discurso jurídico, de regras de interpretação, pois a regra estabelece *modus facendi* da interpretação e interpretada, razão pela qual existe sempre lacunas em torno do assunto.

A incidência tributária caracteriza-se pela hipótese prevista na prática do fato descrito no critério material, que acontece dentro dos limites do critério espacial delimitado na norma jurídica, vinculado ao contribuinte por intermédio de uma relação jurídica tributária, dentre o sujeito passivo e responsável, eleito pela legislação complementar como tomador de serviço.

Tal hipótese embasada acima é um exemplo de ativismo judicial, prevista constitucionalmente uma vez que houve alargamento do espectro semântico dos enunciados prescritivos localizados nos antecedentes das normas gerais abstratas.

A norma geral e abstrata não é dotada de formação jurídica e, logicamente, faleceria de condições jurídicas ante o labor exegético dos juristas do direito positivo.

Os textos normativos necessitam de interpretação, pois além de serem desconstituídos de clareza, devem ser aplicados no caso concreto, , iniciando pelos dados brutos, obtêm-se à norma jurídica para uma tomada de decisão que soluciona a lide.

Na norma jurídica produzida pelo intérprete, os elementos colhidos no texto normativo, mundo do dever-ser, e a partir daí será aplicada os dados da realidade obtidos no mundo do ser. Portanto, o caso concreto possui importância na construção das normas gerais e abstratas que ocorre dentro processo jurisdicional e outros processos de interpretação concreta do direito positivo.

Por fim, como corolário exposto, depara-se com a visão literal do direito positivo para produzir, exprimir o conteúdo e alcance da norma jurídica, bem como condição de validez, critérios imanentes ao lavor interpretativo. A interpretação somente é interrompida quando as categorias do direito privado

III

O DIREITO TRIBUTÁRIO EM FACE DO CONSTRUCTIVISMO LÓGICO-SEMÂNTICO

da referida legislação tributária são incorporadas sem alterações com efeito vinculante neste entrecho do direito positivo.

3. Conclusão

O construtivismo lógico-semântico consiste numa filosofia de pensamento cujo direito positivo é constituído pela Ciência do Direito numa metalinguagem que possibilita o estudo da teoria comunicacional do direito.

Assim, a Ciência do Direito, como categoria cognoscitiva, decorre da formação conceitual de base de pressuposto e da constituição de um método. O método trata de um meio escolhido pelo sujeito cognoscente para se aproximar do objeto que se propõe a conhecer.

A comunicação humana é uma forma que altera a realidade, pois constrói infinitas vezes, por isso que é verdadeira, mas não absoluta, pois se modifica à medida que as necessidades sociais mudam, modificando consequentemente os discursos.

O consenso dentre dois interlocutores não é uma relação de igualdade dentre o ato de fala e o objeto, sobre o qual se comunica, mas o encontro do ato de fala do ser cognoscente com aquilo que outro ser cognoscente fala, constituindo autorreferencialidade da linguagem.

A construção retórica da realidade é a construção de três condições: a *legitimidade*, quem proclama o discurso deve estar revestido de autoridade; a *credibilidade*, pois o orador deve ser levado a sério e a *persuasão*, haja vista que deve aceitar o discurso jurídico.

O ativismo judicial pode ser enxergado, na atualidade, como técnica de estabilização no percurso do litígio, com finalidade de chegar a um discurso jurídico vencedor.

Logo, implica uma reflexão crítica, pois repousa na falácia formal representada pela positivação do discurso jurídico, de regras de interpretação, pois a regra estabelece *modus*

586

CONSTRUCTIVISMO LÓGICO-SEMÂNTICO
Homenagem aos 35 anos do grupo de estudos de Paulo de Barros Carvalho

facendi da interpretação e interpretada, razão pela qual sempre existe lacuna em torno do assunto.

O Sistema Jurídico Tributário é interpretado a partir da perspectiva do contribuinte; interpretar é estabelecer limite ao poder de tributar com base positiva na invasão de patrimônio particular pela mão da tributação.

O labor exegético requer o patamar legal que compreende a legislação complementar. Assim, o contribuinte pode ser onerado, pois a prestação de serviço é executada dentro do território nacional, especificamente na competência do Município.

Tal questão implica uma reflexão crítica, pois repousa na falácia formal representada pela positivação do discurso jurídico, consubstanciada na incidência tributária. A incidência tributária se caracteriza pela hipótese prevista na prática do fato descrito no critério material, que acontece dentro dos limites do critério espacial delimitado na norma jurídica, vinculado ao contribuinte por intermédio de uma relação jurídica tributária, dentre o sujeito passivo e responsável, eleito pela legislação complementar como tomador de serviço.

A suposta constitucionalidade do ISS-importação é um exemplo de ativismo judicial, prevista constitucionalmente, pois houve alargamento do espectro semântico dos enunciados prescritivos, localizados nos antecedentes das normas gerais abstratas. Posto que, apesar de não existir o preceito constitucional para a instauração do ISS-importação no sistema jurídico-tributário, o discurso favorável à sua incidência tributária está pautado no cenário de comércio internacional, no qual o país taxa as importações e desonera as exportações. Esses fatos se baseiam da neutralidade, livre-concorrência, princípio do destino e tem como fundamentação o IVA europeu.

Verifique que ocorre uma busca do equilíbrio entre díspares fenômenos: o da valoração (elemento subjetivo) e o da estabilidade (critério objetivo).

III

O DIREITO TRIBUTÁRIO EM FACE DO CONSTRUCTIVISMO LÓGICO-SEMÂNTICO

Referências

ADEODATO, João Maurício. *Uma teoria da norma jurídica e direito subjetivo*. São Paulo, Noeses, 2011.

CARVALHO, Paulo de Barros. *Derivação e positivação no direito tributário*. Livro I. São Paulo: Noeses, 2011.

_____. *Direito tributário, linguagem e método*. São Paulo: Noeses, 2011.

HENRIQUE, Antônio. *Argumentação e discurso jurídico*. São Paulo: Atlas, 2008.

MARTINS, Vitor Teixeira Pereira; SILVA, Alice Marinho Corrêa; ALMEIDA, Mariana Quintanilha. *Computação, comércio eletrônico e prestação de serviços digitais sua tributação pelo ICMS e ISS*. São Paulo: Almedina, 2017.

PONTE DE MIRANDA. Francisco Cavalcanti. *Comentários ao Código Processo Civil*. Vol. 3. Rio de Janeiro: Forense, 2008.

PADILHA, Maria Ângela Lopes Paulino. *Tributação de software*: Exame da constitucionalidade da incidência do ISS e do ICMS-Mercadoria sobre a licença de uso de programa de computador disponibilizado eletronicamente. 2016. 369 f. Tese (Doutorado em Direito). Programa de Pós-Graduação em Direito Tributário, Pontifícia Universidade Católica de São Paulo, São Paulo, 2016.

XAVIER, Alberto. *Direito tributário internacional*. Coimbra: Almedina, 1993.